Manfred Pohl

Philipp Holzmann

Manfred Pohl

Philipp Holzmann

Geschichte eines Bauunternehmens
1849–1999

Verlag C. H. Beck München

Mit 105 Abbildungen im Text

Die Deutsche Bibliothek – CIP-Einheitsaufnahme

Pohl, Manfred:
Philipp Holzmann : Geschichte eines Bauunternehmens; 1849–1999 / Manfred Pohl. – München : Beck, 1999
ISBN 3-406-45339-2

ISBN 3 406 45339 2

Gesamtherstellung: Kösel, Kempten
Gedruckt auf säurefreiem, alterungsbeständigem Papier
(hergestellt aus chlorfrei gebleichtem Zellstoff)
Printed in Germany

Inhalt

VI.
Bauen für den «Führer» – Holzmann von 1933 bis 1945
Seite 192

VII.
Neubeginn und Wiederaufstieg
zu einem internationalen Bauunternehmen – 1945 bis 1974
Seite 281

VIII.
Zeiten des Booms und Zeiten der Krise – 1974 bis 1999
Seite 353

Anhang
Seite 403

Bildnachweis

Institut für Stadtgeschichte, Frankfurt am Main: S. 7, 9, 27, 312
Volker Rödel: S. 28
Hessisches Hauptstaatsarchiv Wiesbaden: S. 196
Alle anderen Abbildungen: Philipp Holzmann AG

Vorwort

Bauen ist ein Grundbedürfnis des Menschen. Der Stand der Zivilisation und Kultur der Völker spiegelt sich in den Bauwerken wider, die sie errichten. Mit dem Wandel der Bedürfnisse der Menschen, den Veränderungen in der Arbeitswelt und vor allem mit dem technischen Fortschritt änderte sich auch die Bauweise. Spätestens seit der Industriellen Revolution und der Entwicklung einer neuen Infrastruktur erhielt Bauen eine neue Dimension. Fabrikhallen, Produktionsstätten, aufwendige Verkehrsbauten entstanden, Verwaltungsbauten und später Hochhäuser prägten das Baugeschehen. Die Menschen drängten in die wachsenden Städte und Industriezentren, wo sich der Bau von Wohnungen in Massenproduktion entwickelte. Schnellstraßen und Eisenbahnlinien verbanden Städte und Industriezentren mit Fabriken, Kraftwerken und Einkaufszentren. U- und S-Bahnen sorgten unter- und oberirdisch für eine schnellere Beförderung der Menschen. Dem Bauen schien keine Grenze gesetzt. Die großen Baumeister sahen sich auch als Künstler und wollten mit ihren Bauwerken bleibende Werte schaffen. Bauwirtschaft, Bauunternehmen, Bauingenieure stellten sich aber auch in den Dienst totalitärer Machthaber und nahmen dabei in Kauf, daß Menschen als Arbeitssklaven mißbraucht wurden.

Bauen blieb lange Zeit eine Domäne der Techniker und Ingenieure, bis schließlich Manager auch in der Bauwirtschaft den Ton angaben und den oft engen Finanzrahmen absteckten, in dem die Bauausführung zu erfolgen hatte. Kapital- und kundenorientiertes Bauen steht heute im Vordergrund. Der Kunde gibt den Preis vor, zu dem dann das Bauwerk ausgeführt wird.

Charakteristisch für die Bauwirtschaft ist, spätestens seit den zwanziger Jahren, die Projektausführung in Arbeitsgemeinschaften. Eine Reihe der hier beschriebenen Bauwerke ist daher mitunter auch Teil der Geschichte anderer Unternehmen.

Bauen mag technisch nicht zu den schwierigsten Tätigkeiten gehören, es war jedoch schon immer eine organisatorisch komplizierte Aufgabe. Der Auftraggeber wechselt von Bau zu Bau, ebenso die Zusammensetzung der Mannschaft, die das Bauwerk ausführen soll. Mehr denn je ist Bauen heute eine Frage der flexiblen Organisation.

Die Entwicklung des Bauunternehmens Philipp Holzmann steht beispielhaft für die Geschichte der Bauwirtschaft insgesamt. Leider sind die geschichtlichen Quellen für eine Reihe von Zeitabschnitten dürftig. Wie viele andere Unternehmen hat auch Holzmann über lange Zeiträume keinen großen Wert auf die Aufbewahrung historischer Dokumente gelegt. So gibt es nur wenige Dokumente aus der Gründungszeit, und auch aus der dunkelsten Epoche des Unternehmens, der Zeit des Nationalsozialismus, ist die Überlieferung teilweise sehr lückenhaft. Vieles wurde sicherlich in den Wirren des Krieges zerstört, das meiste historisch relevante Material aber aus Unkenntnis oder Nachlässigkeit vernichtet. Mit den im Unternehmen vorhandenen Aufzeichnungen und einer, allerdings tendenziösen, Firmengeschichte von 1949 sowie historischen Unterlagen aus anderen Archiven, vor allem aus dem Historischen Institut der Deutschen Bank, des weiteren aus dem Bundesarchiv in Berlin, dem Hessischen Hauptstaatsarchiv in Wiesbaden und dem Institut für Stadtgeschichte in Frankfurt am Main, stand schließlich eine tragfähige Materialbasis zur Verfügung.

Dank gebührt dem jetzigen Vorstand der Philipp Holzmann AG, daß er diese Geschichte in einer für das Unternehmen schwierigen Phase ermöglichte und alle vorhandenen Quellen, auch aus der Zeit des Nationalsozialismus, offenlegte. So konnte versucht werden, eine kritische Darstellung des Bauunternehmens Philipp Holzmann zu verfassen, die den zeitgemäßen Anforderungen an eine wissenschaftliche Unternehmensgeschichte genügt.

Große Hilfe bei der Materialrecherche leisteten Reinhard Frost sowie im Unternehmen Johannes Marx und Barbara Luermann.

Frankfurt am Main, im Mai 1999
Manfred Pohl

I.
Die unruhige Jahrhundertmitte

1. Bauen im Industriezeitalter – der Sprung in die Moderne

Den Zeitpunkt, ein neues Bauunternehmen – oder in der damals üblichen, schlichteren Bezeichnung: eine Bauhandlung – zu etablieren, hatte der Dreieichenhainer Müllerssohn Johann Philipp Holzmann gut gewählt. Überall in Europa und Nordamerika kamen vielfältige und vor allem ganz neuartige Aufgaben auf das Bau- und Ingenieurwesen zu. Die Gründung der Bauhandlung durch Johann Philipp Holzmann im Jahre 1849 fiel in eine Zeit des völligen Umbruchs, der häufig als «Sprung in die Moderne» bezeichnet wird.

Der zur Londoner Weltausstellung 1851 von Sir Joseph Paxton errichtete monumentale Kristallpalast veranschaulichte die scheinbar unbegrenzten Möglichkeiten des Ingenieurbaus mit Glas und Eisen. Die weltweite Beachtung galt einem Repräsentations- und Ausstellungsgebäude, das perfekt das um 1850 vorhandene technische Können zur Schau stellte.

Es war nicht alleine die Erfindung der Dampfmaschine und vieler anderer technischer Neuerungen, die in das Industriezeitalter führte. Diese allgemein als Industrielle Revolution bezeichnete Periode war begleitet von einem sozialen, agrarischen, chemisch-medizinischen und geistigen Umbruch. Erst das Ineinandergreifen aller dieser Faktoren ermöglichte die gewaltigen Umwälzungen, die seit Mitte des 19. Jahrhunderts mehr und mehr das Leben aller Menschen veränderten. Deutschland wandelte sich von einem Agrarland in ein Industrieland.

Der Aufbau der großen Unternehmen des beginnenden Industriezeitalters erforderte eine große Zahl von Arbeitern. Erst die Stein-Hardenbergschen Reformen, die zu Beginn des 19. Jahrhunderts die Bauern aus der Abhängigkeit befreit (Bauernbefreiung) und den Handwerkern das Recht auf freie Berufswahl (Gewerbefreiheit) ermöglicht hatten, schufen jenes Arbeiterpotential, das die neuen Unternehmen und Fabriken benötigten, um ihre Produktion aufzubauen und zu erhöhen. Die Menschen zogen von den ländlichen Gebieten in die industriellen Ballungszentren. Die Einwohnerzahlen der aufstrebenden Industriestädte des Ruhrgebiets wie Essen, Dortmund und Duisburg, aber auch der alten Handelsstädte wie Frankfurt am Main verfünf- und verzehnfachten sich innerhalb weniger Jahrzehnte. Natürlich erforderte diese rasante Entwicklung eine neue Dimension in der Bauplanung der Städte.

Die in die Städte und industriellen Ballungszentren strebenden Menschen mußten ernährt werden. Nur der Einsatz von künstlichen Düngemitteln

(Justus von Liebig, Albrecht Thaer) seit Mitte des 19. Jahrhunderts und die damit verbundene Abschaffung der Dreifelderwirtschaft sicherte über höhere Erträge in der Landwirtschaft die Ernährung der Bevölkerung in den Städten. Gleichzeitig mußte die medizinische Betreuung den neuen Gegebenheiten angepaßt werden.

Schließlich rüttelten die seit der Aufklärung immer stärker propagierten freiheitlichen Ideen an den Grundfesten der damaligen staatlichen Ordnung. 1848 tagte in Frankfurt am Main in der Paulskirche die erste Nationalversammlung, und in Köln starteten Karl Marx und Friedrich Engels, die ersten frischgedruckten Manuskripte des «Kommunistischen Manifests» in der Tasche, die «Neue Rheinische Zeitung», um ihre Weltordnung zu propagieren. Nur wenige Straßen entfernt schufen David Hansemann, Abraham Oppenheim, Gustav Mevissen und Ludolf Camphausen mit der Umwandlung des Privatbankhauses Abraham Schaaffhausen in eine Aktiengesellschaft ein Sinnbild des Kapitalismus, die erste Aktienbank.[1] Beides, der Kommunismus und der Kapitalismus, bestimmten maßgeblich die Entwicklung im folgenden 20. Jahrhundert.

Die ersten baulichen Maßnahmen des Industriezeitalters galten insbesondere der beschleunigten Beförderung von Menschen und Gütern. Man baute Straßen, Kanäle, Brücken, Tunnels, Bahnstationen und in den Städten Kopfbahnhöfe, daneben auch Spinnereien, Lagerhäuser, Hotels, Börsen und Banken. Zur Überquerung von Flüssen und Kanälen mußten längere und höhere Brücken gebaut werden; gemauerte Brücken stießen an ihre Grenzen, der Eisenbrückenbau kam auf.[2]

Schon um 1830 waren die wesentlichen Probleme des Dampfzeitalters gelöst. Alle das 19. Jahrhundert prägenden Maschinen einschließlich der Ausrüstung der Eisenbahn standen für die Serienfertigung zur Verfügung. Die Bautätigkeit folgte zügig der Entwicklung in der Verkehrstechnik. Für die Fertigung und den Transport von Industrieprodukten entstanden bald Eisenhüttenwerke, Dampfsägewerke, Maschinenhallen und Werften. Die frühen Fabriken waren in der Regel solide, dekorlose Bauwerke aus Natur- oder Backstein, mit hölzernen Boden- und Dachkonstruktionen, für deren Ausführung zunächst selten ein Architekt bemüht wurde. Einige dieser frühen Fabrikbauten – besonders im Kernland der Industrialisierung Großbritannien – muten in ihrer nüchternen Bauweise überraschend modern an und sind keineswegs ohne ästhetischen Reiz. Nachdem 1828 in England die erste Eisenbahnstrecke eröffnet worden war, folgten im nächsten Jahrzehnt die Vereinigten Staaten, Frankreich, Belgien, Rußland, Italien, Holland und die deutschen Teilstaaten ins Eisenbahnzeitalter. Der Eisenbahnbau machte den Bau immer größerer Viadukte, Geländeeinschnitte und Tunnels notwendig.

Eng verbunden mit dem Ausbau des Eisenbahnnetzes war die Errichtung zahlreicher Bahnhofsbauten. Gerade der Bahnhof wurde zum architektonischen Sinnbild des 19. Jahrhunderts. Hier konnte der Erfindergeist der Ingenieure mit dem Repräsentationsbedürfnis der aufstrebenden Wirtschaftszentren eine Synthese eingehen, die einen ganz neuen Bautyp schuf: die Verkehrskathedrale. Für diese Kathedralen des Verkehrs wurde vor allem die Technik der Glasdächer weiterentwickelt.

In der Hochzeit des Bahnhofsbaus gelang es Holzmann, auf diesem Gebiet einige Glanzpunkte zu setzen (Hauptbahnhof in Frankfurt am Main und Amsterdam; Bagdadbahn, Station Haidar Pascha in Istanbul). Vor allem bei den großen Bahnhöfen zeigte sich, daß die bisher erforderlichen Fähigkeiten der Baumeister nicht mehr ausreichten. Entweder mußte ein Architekt weit mehr als bisher auch ein überragender Ingenieur sein, oder es wurde eine Arbeitsteilung erforderlich, wobei letzteres nicht ohne Wirkung auf den Gesamteindruck eines Bauwerkes blieb. Häufig kam es dann zu einem stilistischen Bruch zwischen der aufwendigen Fassade, die mit dem zunehmenden Eklektizismus in der zweiten Hälfte des 19. Jahrhunderts in weit zurückliegenden Stilepochen schwelgte, und den durch die statischen Vorgaben geprägten funktionalen, aber oft kühnen Bauleistungen der Ingenieure. Während viele öffentliche Repräsentationsbauten ihr modernes Innenleben weitgehend durch historisierende Formen kaschierten, traten bei den Verkehrsbauten die Ingenieurleistungen zwangsläufig deutlich zutage.

Die Trennung zwischen Architekten und Ingenieurtechnik hatte vor allem in Frankreich und Deutschland im 18. Jahrhundert begonnen. In Frankreich war die streng wissenschaftliche Fakultät für Bauingenieurwesen schon Mitte des 18. Jahrhunderts in Paris an der Ecole des Ingénieurs des Mézières und nach der Französischen Revolution ab 1794 an der Ecole Polytechnique mit den Hauptfächern Mathematik und Physik eingerichtet worden. Dieses Modell für fortgeschrittenes technisches Studium übernahmen die Hochschulen von Prag (1806), Wien (1815) und Karlsruhe (1825).[3] Der Besuch des Polytechnikums in Karlsruhe galt bald für angehende Ingenieure im Südwesten Deutschlands als unerläßlicher Standard, besonders nachdem seit der Jahrhundertmitte Hochschulabschlußprüfungen für Ingenieure Pflicht geworden waren. Auch für Philipp (ab 1856) und Wilhelm (ab 1861) Holzmann war der Besuch des Karlsruher Polytechnikums unerläßlich.

2. Handwerker im Umbruch

Der traditionelle Zweig der gewerblichen Wirtschaft, das Handwerk, war um die Mitte des 19. Jahrhunderts einer gewaltigen Neustrukturierung unterworfen. Einfache, gerade im Bereich der Landwirtschaft eingesetzte Handwerker wurden zum großen Potential der Industriearbeiterschaft. Zunehmend in ihrer herkömmlichen beruflichen Sphäre verarmt, mußten sie mobil werden und wanderten aus den Dörfern in Richtung der entstehenden industriellen Ballungsräume und Fertigungsstätten. Dazu zählten natürlich auch die Großbaustellen der neuen Eisenbahntrassen. Johann Philipp Holzmann hatte diese Handwerkerklientel, deren Herkunft er ja eigentlich teilte, im Auge, als er zu Beginn seiner Unternehmertätigkeit per Zeitungsannonce nach Baugehilfen für die Erdbauarbeiten an der Trasse Aschaffenburg–Lohr suchte. Im weiteren Verlauf sollte sich gerade in der Bauwirtschaft eine Mischung aus mehr oder weniger ungelernten Industriearbeitern, die die Masse der Belegschaft eines Unternehmens stellten, und einer weitaus geringeren Zahl von Facharbeitern entwickeln, wobei letztere industriespezifisch weitergebildete Handwerker waren.

Die genaue Begriffsbestimmung von «Handwerkern» und «Handwerk» in dieser Zeit fällt schwer. «Es ist schwierig, das Handwerk von Heimarbeit, von kleinen Fabrikbetrieben; ja selbst von bestimmten Handelsformen [...] statistisch abzugrenzen, es gibt handwerkliche Großbetriebe, wie handwerklichen Nebenerwerb.»[4] Die Zahl der Hilfskräfte ohne spezielle Kenntnis stieg überproportional an, während die Zahl der Handwerksmeister stetig sank. Auch entwickelten sich die einzelnen Handwerke sehr unterschiedlich. Die Industrie setzte die Normen, für Unter- oder Rückgang, für Fortexistenz oder gar Expansion, für Umstrukturierung und für Neuentstehung, sie verdrängte, verschonte oder eröffnete neue Möglichkeiten. Klassische Handwerker wie etwa Schuster und Schneider wurden von der Fabrikproduktion verdrängt und existierten oft nur noch als Arbeiter in einem Reparaturservice (Flickschuster) weiter.

Auch die Zahl der in der Holzverarbeitung benötigten Arbeiter ging drastisch zurück, aber hier bot sich der Ausweg in die boomende Bauwirtschaft. Der Wechsel Johann Philipp Holzmanns vom Betreiber einer dörflichen Mühle mit wasserbetriebenem Sägewerk zum Inhaber einer städtischen Bauhandlung mit modernem Dampfsägewerk war für die Neuorientierung in dieser Branche exemplarisch.

Das Bauhandwerk hatte um die Mitte des 19. Jahrhunderts noch wenig maschinell-industrielle Konkurrenz. Der Einsatz neuer Techniken beschränkte sich auf einige zumeist dampfbetriebene Maschinen. Ein Großteil der anfallenden Arbeiten wurde allein durch die Muskelkraft von Menschen und Zugtieren (vor allem Pferde) erbracht. Die mit der rasch fortschreitenden Urbanisierung ständig anwachsende Zahl der Stadtbevölkerung sorgte in der Baubranche für einen dauerhaften Aufschwung, denn neben Wohnbauten mußten ja auch zahlreiche Versorgungseinrichtungen (Kanalisation, Gasanstalten, Verkehrsbauten, Brücken usw.) errichtet werden. Die sprunghaft gestiegene Bautätigkeit führte auch dazu, daß die Rohstofflieferanten für das Bauhandwerk enormer neuer Arbeitskapazitäten bedurften (Steinbrüche, Zement- und Gipsherstellung).[5]

3. Der Unternehmer im frühen Industriezeitalter

Der heute übliche Begriff «Unternehmer» im Sinne von Wirtschaftsführer oder Geschäftsmann oder, international, *Businessman* hat sich im deutschen Sprachraum erst an der Wende vom 18. zum 19. Jahrhundert durchgesetzt. Während das Verb «unternehmen» im gewerblichen Sinne schon früher existierte, stand für das Nomen lange Zeit nur der französische *Entrepreneur* zur Verfügung. Erst 1801 empfahl das «Wörterbuch zur Erklärung und Verdeutschung der unserer Sprache aufgedrungenen Ausdrücke» den Begriff «Unternehmer» anstelle des bis dahin üblichen *Entrepreneurs*. Es ist bezeichnend, daß die damals zentrale europäische Wirtschaftsmacht Frankreich den Ausdruck lieferte, der zunächst als Fremdwort übernommen wurde, bemerkenswerterweise auch in Großbritannien, wo er sich bis heute erhalten hat. «Unter dem Wort ‹Entrepreneur› hatte man zunächst vornehmlich jene Leute verstanden, die Bau- und Lieferungsgeschäfte für den Staat ausgeführt hatten. Mit der Industrialisierung und Technisierung wurde der Begriff auf all jene angewendet, die sich in diesen Prozeß führend und schöpferisch einschalteten. Der bislang [...] in der ‹Fabrik› älteren Typs tätige Fabrikant wurde jetzt zum Unterbegriff im Rahmen des unternehmerischen Bereichs.»[6]

Die Mehrheit der Unternehmer bis 1850 war, auch wenn man von den Kleinbetrieben absieht, immer noch Eigentümerunternehmer. Der Antrieb zu Unternehmensgründungen speiste sich aus einer Vielzahl von Motiven:

> «Ökonomisches Erfolgs- und Gewinnstreben, Existenzsicherung bei den notbedrohten Aufsteigern, Selbständigkeitsstreben – gegen die Verlockungen des Beamtendaseins. Damit verquickten sich die vorgängigen wie nachträglichen Legitimationen des Unternehmerseins: die Erfüllung zivilisatorischer und nationaler Funktionen [...], das selbstverständliche Ethos von Arbeit und Leistung [...]; die Verselbständigung des Lebenswerkes und des ‹Werkes› als Ziel rastlosen Leistens und seine Verknüpfung mit der Familie über die Generationen hin. Ihr dient der Unternehmer. Das ist deshalb relevant, weil man hier langfristige Ziele über kurzfristige Gewinne, Kontinuitäten über Spekulation, Werk über Geld stellt.»[7]

Hinsichtlich der sozialen Herkunft stand das frühindustrielle Unternehmertum auf einer ziemlich breiten Grundlage. Es kam aus den verschiedensten Volksschichten und Berufsgruppen. Unternehmer rekrutierten sich aus Arbeiter- und Bauernsöhnen, Angehörigen des Mittelstandes, Handwerkern, Kaufleuten und mittleren Beamten, aber auch Männer aus den höheren Gesellschaftsschichten, Adelige, Geistliche und höhere Beamte fanden sich unter ihnen. Wichtig war das Zusammentreffen besonderer Eigenschaften. Technische und erfinderische Begabung allein genügte nicht, auch kaufmännischer Sinn war gefragt. Ein Unternehmer mußte in der Lage sein, eine Erfindung praktisch zu verwerten, aus ihr eine Innovation mit Gewinn zu machen.

Gegenden, in denen es Rohstoffvorkommen, Wasserkraft und Holzvorräte gab und die bereits eine unternehmerische Tradition besaßen, brachten einen auffallend hohen Anteil am künftigen Unternehmertum hervor.

Natürlich wurde vor allem der mittelalterliche und frühneuzeitliche Kaufmann als Vorfahre des modernen Unternehmers identifiziert. Fritz Redlich (1891–1979), Nestor der deutschen Unternehmensgeschichtsforschung, weist in seinem Standardwerk «Der Unternehmer» aber mit Nachdruck auch auf den Handwerkerstand als Quelle für Unternehmerpersönlichkeiten hin. «Den [nach den Kaufleuten] nächstgrößten Anteil an der Ahnenreihe von Unternehmern der Zeit vor dem 1. Weltkrieg hatten die Handwerker.»[8]

In dieser Übergangszeit Mitte des 19. Jahrhunderts waren Unternehmer, Handwerker, Kaufmann und Ingenieur vielfach noch in einer Person vereint.[9] Dies trifft in exemplarischer Weise auch auf Johann Philipp Holzmann zu, der handwerkliche und technische Begabung mit kaufmännischem Geschäftssinn und unternehmerischer Vision zu verbinden verstand. Um die Jahrhundertmitte änderte sich in den beginnenden Industriegesellschaften das Karrieremuster. Mechaniker und Ingenieure erreichten in der freien Wirtschaft angesehene Positionen. Doch diese gesellschaftliche Stellung konnte meistens erst die Generation der Söhne auskosten, die in der Regel mit einer soliden Fachausbildung ausgestattet waren und nicht mehr die Gründungskämpfe ihrer Väter führen mußten. «Hatte der Sohn, der so Erfolg hatte, eine bessere oder andere Ausbildung als sein Vater? Hat der Vater dem Sohn den Weg geebnet oder tat das der Sohn selbst? In ersterem Falle: Was ließ den Vater erkennen, daß sein Sohn besser ausgebildet oder in eine aussichtsreichere Karriere gelenkt werden sollte?»[10] Redlich stellt diese Fragen für die Gruppe der Unternehmensgründer-Söhne. Johann Philipp Holzmann hat seinen Söhnen den Weg zu einer qualifizierten Ausbildung, die Zeichen der Zeit erkennend, ermöglicht und ihnen damit das Tor zur bürgerlichen Lebenswelt, die er selber wohl nur in den späteren Lebensjahren kennenlernte, geöffnet.

4. Der Gewerbe- und Industriestandort Frankfurt in der Mitte des 19. Jahrhunderts

Die Etablierung von Holzmann in Frankfurt am Main fällt in die bereits beschriebene Epoche jenes gewaltigen wirtschaftlichen Transformationsprozesses, an dessen Ende um die Jahrhundertwende die moderne Großstadt stand. Doch davon war in Frankfurt um 1850 – es hatte zu dieser Zeit kaum mehr als 60000 Einwohner (1910 waren es dann schon 414000 Einwohner) – noch nicht allzu viel zu spüren. Im Gegenteil: Eine Weile sah es eher so aus, als sei die politische und wirtschaftliche Bedeutung des Standorts Frankfurt

Frankfurt am Main, Mainufer um 1870

im Schwinden begriffen. Die alte Handels- und Messestadt Frankfurt bekam seit den 1820er Jahren mehr und mehr die wachsende Vormachtstellung Preußens zu spüren.

In ihrer Binnenlage war die Freie Stadt – vor dem Ausbau der modernen Verkehrswege – wirtschaftlich leicht zu isolieren, was nach der preußischen Wirtschaftsunion auch in erheblichem Maße geschah:

«Zwar wehrte sich Frankfurt der Umklammerung, die der Anschluß (1828) Hessen-Darmstadts an den Preußischen Zollverein bedeutete, indem es mit anderen, noch ungebundenen Staaten den Mitteldeutschen Handelsverein gründete. Es schloß 1832 sogar einen Handels- und Schiffahrtsvertrag mit England, der den Frankfurtern für zehn Jahre Handelsfreiheit garantierte. Doch ohne eigene Kraft zu wirklich konstruktiver Wirtschaftspolitik konnte Frankfurt die völlige Beherrschung durch den Preußisch-Deutschen Zollverein (1834) nicht verhindern und mußte tatenlos zusehen, wie seine Kais verödeten, die Frachtfuhren auf seinen sieben Fernstraßen ausblieben, der Buchhandel nach Stuttgart abwanderte und der Weinhandel völlig zum Erliegen kam, während die Nachbarstädte Offenbach, Höchst und Bockenheim aufblühten. Eine gravierende innerstädtische Folge des wirtschaftlichen Rückgangs war der wachsende Notstand im Frankfurter Handwerk, von dem sich ganze Zweige nicht wieder erholten, was mit ein Grund für die soziale Unruhe der folgenden Jahrzehnte geworden ist. 1836 blieb Frankfurt nichts weiteres übrig, als sich ebenfalls dem Deutschen Zollverein anzuschließen und sein Freihandelsideal aufzugeben.»[11]

Der Weg Frankfurts in die politische Randlage begann sich also schon Jahrzehnte vor dem Verlust der staatlichen Selbständigkeit durch die preußische Annexion von 1866 abzuzeichnen. Frankfurt als Tagungsort der Deutschen Nationalversammlung 1848/49 rückte die Stadt noch einmal in den politischen Mittelpunkt Deutschlands. Doch hatte man bei der Wahl des Ortes vor allem die historische Sinnfälligkeit im Auge gehabt (Stadt der Kaiserwahlen und -krönungen), weniger die Tatsache, daß es sich um das politische Machtzentrum der deutschen Länder handelte. Hier tagte zwar der Bundestag, doch dessen reformfeindliche Starre sollte ja gerade überwunden werden. Die Weichenstellung für die weitere politische Zukunft Deutschlands ging jedenfalls spätestens nach dem Scheitern des Paulskirchenparlaments nicht mehr von Frankfurt, sondern zunehmend von Berlin aus. Frankfurt am Main aber blieb stets eine Stadt mit regionaler Bedeutung, immer auf dem Sprung an die politische und wirtschaftliche Spitze. Doch erst am Ende des 20. Jahrhunderts scheint es seine Chance zu nutzen, führendes Finanzzentrum in Europa und der Welt zu werden.

Damals konnte Frankfurt seine Bedeutung als Finanzmetropole nur teilweise bewahren. Neue Entwicklungen im Bankwesen spielten sich vielfach an anderen Orten ab.[12] So stellten sich Anfang der 1850er Jahre die Frankfurter Bankiers und Kaufleute David Hansemanns und Gustav Mevissens Plan in den Weg, die Bank für Handel und Industrie in Frankfurt am Main anzusiedeln, während Darmstadt sofort die Zusage gab. Nachdenklich mag auch stimmen, daß die Rothschilds zwar in Frankfurt groß geworden waren, aber in anderen Städten und Ländern ihre Zukunft sahen. 1901 schließlich schloß die Rothschild-Bank in Frankfurt ihre Tore.

Daß der wirtschaftliche Abstieg dennoch nicht bis hin zur Bedeutungslosigkeit führte, lag, neben vielen Gründen, die mit der inneren Struktur der Stadt (Kapitalkonzentration in den Bankhäusern, Messetradition, Kaufmannsgeist) zusammenhingen, an der nach wie vor begünstigten territorialen Lage an der Schnittstelle der wesentlichen mitteleuropäischen Handelsstraßen. Positiv wirkte sich natürlich die Eingliederung in eine größere organisatorische Einheit aus, die durch den Anschluß an den Deutschen Zollverein ab 1836 gegeben war. Denn es war die Verkehrsentwicklung, die der Stadt völlig neue Perspektiven eröffnete. Die schon in den 1820er Jahren ins Leben gerufene Rhein-Mainische Dampfschiffahrtsgesellschaft war allerdings keine besonders zukunftsträchtige Unternehmung, da der Main wegen der zunehmenden Versandung als Verkehrsweg immer mehr ausschied. Hier schuf erst die weit in der zweiten Jahrhunderthälfte einsetzende Mainregulierung den Weg für einen neuen Aufschwung in der Flußschiffahrt.

Es war ein bestimmter Verkehrsweg, der das 19. Jahrhundert prägen sollte und der auch das Unternehmen Holzmann zum Erfolg trug: die Eisenbahn. Ihre Bedeutung als Schlüssel für die Zukunft wurde in Frankfurt früh

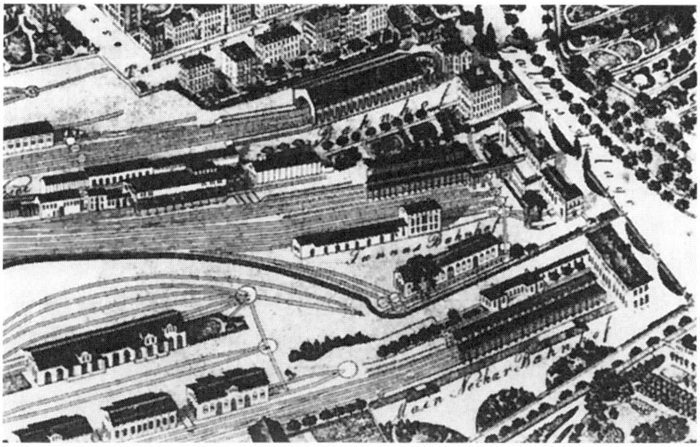

Die Lage der Frankfurter Bahnhöfe,
Ausschnitt Delkeskampplan von 1864

erkannt. Schon 1836 – ein Jahr nach Eröffnung der ersten deutschen Eisenbahnstrecke zwischen Nürnberg und Fürth – mahnten die Frankfurter Bankherren zu schnellem Handeln: «Unsere Vaterstadt, in dem Mittelpunkte Deutschlands gelegen, wo sich die Straßen von Nord zu Süd, von Ost zu West begegnen, darf nicht versäumen, sich der Verbindungsmittel zu versichern [...] Die Eisenbahnen von Hamburg, Leipzig, Augsburg, Nürnberg, Basel, Mainz müssen in Frankfurt zusammentreffen. Ist dies erreicht, so ist auch der Wohlstand unserer Stadt aufs neue gesichert.»[13]

1839 wurde die erste Linie, die «Taunusbahn» nach Wiesbaden, eröffnet. Die zweite Linie, die Main-Neckar-Bahn, führte 1846 von Sachsenhausen bis Heidelberg und wurde 1848 bis nach Frankfurt verlängert. Es folgten 1848 die Linie nach Hanau, die 1854 Würzburg erreichte, und 1850 die Main-Weser-Bahn, zunächst bis Friedberg und 1852 bis Kassel. Die entsprechenden Kopfbahnhöfe entstanden am damaligen Westrand der Stadt (Gallus- und Taunusanlage) beziehungsweise an der Hanauer Landstraße (heutiger Ostbahnhof). Zwischen den Westbahnhöfen und dem Hanauer Bahnhof schuf eine Verbindungsbahn ab 1859 eine Möglichkeit für den Ost-West-Transfer innerhalb der Stadt, erst nur für den Güter-, später auch für den Personenverkehr.

Der Einbruch der Technik begann Frankfurt entscheidend zu verwandeln, nicht nur äußerlich in der Trassenführung der Bahnlinien, sondern auch im inneren Gefüge, durch das Eindringen neuer Gewerbezweige mit fabrikmäßigen Fertigungsmethoden. So wurde 1835 die erste Dampfmaschine in Frankfurt aufgestellt. Die großen technischen Neuerungen in Versorgung und Entsorgung der Großstadt wirkten sich zwar erst nachhaltig in Wilhelminischer Zeit aus, aber etwa die Ursprünge der Gasversorgung reichten bis in das erste

Drittel des 19. Jahrhunderts zurück. Nachdem Frankfurt schon 1828 sein erstes Gaswerk erhalten hatte, begrüßten die Bürger 1845 die Gasbeleuchtung in der Frankfurter Innenstadt als großen Fortschritt.[14]

Die Ansiedlung der Gasgesellschaften selbst – eine davon in unmittelbarer Nachbarschaft der späteren Holzmann-Fabrik – wurde allerdings weniger euphorisch beurteilt. Das Frankfurter Bürgertum reagierte vielmehr gereizt auf die Errichtung von Fabrikgeländen im näheren Umfeld der Stadt. Während das traditionelle Handwerk seit jeher als Nahrungslieferant für einen Großteil der Bürger innerhalb der Stadtmauer hatte geduldet werden müssen, blieb das «schmutzige» Fabrikwesen lange Zeit suspekt, stammte doch der sprichwörtliche Reichtum Frankfurts aus den «sauberen» Handels- und Bankgeschäften. Insofern beeinträchtigte die mit Geräusch und üblen Ausdünstungen verbundene Herstellung von Produkten nichtzünftlerischen Gewerbes die bürgerliche Vorstellung von der «Luxusstadt». Vor allem störte das Gewerbe die zum Refugium des Bürgers vor der geräuschvollen Enge der Innenstadt gewordene «großbürgerliche suburbane Villenkultur» in den Gartenbezirken, deren Wert die Frankfurter höher einschätzten als den realen Zugewinn durch Fabrikationsbetriebe.[15] In mehreren Eingaben wurde der Frankfurter Senat in den Jahren ab 1856 deshalb ersucht, Nutzungsordnungen für neu entstehende Stadtquartiere zu erlassen, um so dem unkontrollierten Eindringen von Fabrikanlagen in Wohnquartiere entgegenzuwirken. Die Fabriken sollten durch eine sogenannte «Accise-Linie» weit vor den Toren der Stadt gehalten werden.

Der Senat war jedoch nicht sonderlich daran interessiert, durch allzu strikte Reglements mögliche Investoren von Frankfurt fernzuhalten. «Der Standort für die Fabrikgründung blieb weiterhin dem Unternehmer überlassen, der nach rein wirtschaftlichen Gesichtspunkten in Abhängigkeit vom Grundstückspreis, der Verkehrserschließung etc. seine Wahl traf. Ein Grund für die Ablehnung des Senats, die Fabriken in sicherer Entfernung von der Stadt anzulegen, lag wohl in der Angst begründet, außerhalb der Accise-Linie die Kontrolle über die dort produzierten, aber nach Frankfurt zu versteuernden Waren zu verlieren.»[16] Der Senat war deshalb tunlichst bemüht, keine Präzedenzfälle zu schaffen, und verhinderte daher mehrmals die Übersiedlung von Industrieunternehmen in die städtische Peripherie. Er befürchtete, weitere industrielle Unternehmen würden nachfolgen und damit die Überwachung der Accise für das Rechneiamt, die Steuerbehörde, ungemein erschweren, wenn nicht gar verhindern, so daß Frankfurt dadurch erhebliche Steuereinnahmen entgehen würden. «Es ist interessant festzustellen, daß der Senat ausnahmslos jedes Gesuch um Aufstellung einer Dampfmaschine bewilligte, auch gegen den Einspruch der Nachbarn, die vor allem die Belästigung durch Lärm und Rauch wie auch die erhöhte Brandgefahr fürchteten. Die Wirtschaftskraft der Konzessionisten – allein begüterte Bürger, Kaufleute wie Unternehmer waren in der Lage, die teuren Aggregate zu installieren – überdeckte den Protest der Nachbarn mit niedrigerer Steuerveranlagung.»[17]

Immer häufiger kam es jedoch zu Industrieansiedlungen in der außerhalb des Frankfurter Stadtgebiets gelegenen Peripherie. Gerade Unternehmen mit zu erwartendem großen Platzbedarf zogen eine Randlage vor. Bekanntestes Beispiel für eine Ansiedlung vor den Toren der Stadt war 1863 die Gründung von Meister, Lucius & Brüning (später Farbwerke Hoechst, heute Hoechst AG) im damals noch selbständigen Höchst am Main. Erst nach den Eingemeindungen der Jahrhundertwende und denen der 1920er Jahre befanden sich dann zahlreiche Industrieunternehmen – zum Beispiel Casella, Hartmann und Braun, Farbwerke Hoechst – auf Frankfurter Stadtgebiet.

5. Bautätigkeit und bauliche Struktur in Frankfurt in der ersten Hälfte des 19. Jahrhunderts

Die erste Hälfte des 19. Jahrhunderts gehört zu den weniger ergiebigen Zeiten in der Frankfurter Baugeschichte. An repräsentativen Großbauten ist in dieser Zeit der Turm der bereits im 18. Jahrhundert begonnenen Paulskirche vollendet worden (1833). Direkt gegenüber entstand 1843 das Gebäude der Frankfurter Börse.

Ansonsten begann die Stadt – seit der Schleifung der Stadtbefestigung unter Napoleon – langsam über ihre mittelalterlichen Grenzen hinauszuwachsen. Als geschlossenes, klassizistisches Stadtviertel war in den ersten Jahrzehnten des 19. Jahrhunderts das «Fischerfeldviertel» auf einem aufgeschütteten ehemaligen Überschwemmungsgebiet des Mains entstanden (in östlicher Nachbarschaft zum Fischerfeldviertel siedelte 1855 Johann Philipp Holzmann seine Baufabrik an). Dieses streng gegliederte Quartier mit seinem rechtwinkligen Straßengrundriß stand im starken Gegensatz zum Gassengewirr der Altstadt, aber auch zur losen Villenbebauung im Westend. Das Fischerfeldviertel war somit das erste einheitlich geplante Viertel in Frankfurt, im wesentlichen unter Stadtbaumeister Johann Friedrich Christian Hess (1785–1845) realisiert, der zugleich der bedeutendste Frankfurter Architekt dieser Epoche war.[18]

Einschneidende Veränderungen in der Stadtstruktur ergaben sich jedoch erst durch die Errichtung von Ingenieurbauten vor allem des Eisenbahnverkehrs. Mehr noch als die (zunächst noch recht bescheidenen) Bahnhofsbauten selbst veränderten Gleisanlagen und Brückenbauten das Gesicht der Stadt. Die Firma Holzmann war an dieser städtebaulichen Metamorphose nicht unwesentlich beteiligt. Am Eisenbahnbau in Frankfurt nahm sie praktisch von Anfang an teil. Schon 1840 hatte der «Kreuzmüller» Johann Philipp Holzmann Holzschwellen für den Bau der Taunuseisenbahn geliefert. Brücken- und Hochbauten des Unternehmens sollten ab den 1870er Jahren das Bild der Mainmetropole prägen. Doch um 1850 dominierte in Frankfurt noch die kleinteilige Bebauung. Anders als beim Fabrik- und Ingenieurbau blieb bei der Errichtung von Wohnbauten der Anspruch des Bürgertums auf die Gestaltung der Stadtplanung – unter krasser Nichtbeachtung der ständig wachsenden Industriearbeiterschaft – noch lange Zeit unangefochten. Während sich die Fabrikstandorte über die ganze Stadt auszudehnen begannen, unterblieb der Bau kleiner, preisgünstiger Wohnungen (eine Domäne, der sich Holzmann später in Frankfurt vor allem beim Bau der Hellerhofsiedlung widmete). «Diesem Markt entzogen die mit steigender Konjunktur günstigeren Anlagemöglichkeiten in der Industrie das Kapital. Spekulantengruppen produzierten am Wohnungsmarkt vorbei mittlere und große Wohnungen, für die es kein ausreichendes Mieterpotential gab. Der Mangel an kleinen Wohnungen für die in die Stadt strömende Arbeiterbevölkerung zog mit der Überbelegung des Wohnraums auch ungeheure Mietpreiserhöhungen nach sich.»[19] Als Wohnquartier der ärmeren und ärmsten Schichten diente daher zunehmend die Frankfurter Altstadt mit ihrer in einigen Fällen fast 1000 Jahre alten, aber wenig repräsentativen Bausubstanz sowie mittelalterlichen hygienischen Verhältnissen. Das führte schließlich zum Auszug des Bürgertums und Teilen des Handwerks und der schrittweisen Verelendung und dem baulichen Verfall des Quartiers. Eine ähnliche Entwicklung nahm die Frankfurter Judengasse. Nachdem ein großer Teil der ursprünglichen Bewohner im Zuge der jüdischen Emanzipation die enge, lichtlose Gasse verlassen hatte, zogen Arbeiter, Flickschuster und andere Betreiber handwerklicher Kleinstbetriebe in die Straße, die jedoch nach dem Einsturz mehrerer baufälliger Häuser in den 1860er (Westseite) und 1880er (Ostseite) Jahren niedergelegt und durch moderne, gründerzeitliche Wohnbauten ersetzt wurde.

Ohne eine konsequente Stadtplanung, gerade auch im Hinblick auf die Industrieansiedlung, bot Frankfurt in der Zeit vor der Errichtung der großen Gründerzeitviertel mit ihrer klaren Trennung von Wohn- und Gewerbegebieten, besonders am östlichen und südlichen Stadtrand, das Bild einer chaotischen Stadtentwicklung, die – vor allem in der Vorstellung des 19. Jahrhunderts – dringend ordnender Großbauten, seien sie nun verwaltender, kultureller, sakraler oder verkehrstechnischer Natur, bedurfte.

II.
Die ersten Jahre – vom Handwerksbetrieb zum Bauunternehmen

1. Herkunft der Familie Holzmann

Die Entwicklung der Familie Holzmann ist bis zum Ende des 18. Jahrhunderts nur in wenigen Zeugnissen dokumentiert. In der älteren Literatur zur Geschichte der Familie Holzmann begnügte man sich damit, die Ahnenforschung mit den ersten Aufzeichnungen über die Familie in Dreieichenhain aus dem Jahr 1711 beginnen und es bei der Vorzeit mit dem Hinweis auf die Wirren des Dreißigjährigen Krieges bewenden zu lassen.

Als ein Enkel Philipp Holzmanns, Karlfried Sonntag, im Jahr 1939 «zeitgemäß» nach den ältesten Wurzeln der Sippe grub, stellte sich heraus, daß der bis dahin älteste bekannte Vertreter Hans Georg Holzmann vermutlich aus dem Frankfurter Ort Bonames stammte.[1] In den Unterlagen der dortigen evangelisch-lutherischen Kirchengemeinde ist ein am 14. September 1675 geborener Johann (= Hans) Holtzmann aufgeführt, der später «verheiratet nach der Lochmühle bei Dreieichenhain und dort gestorben» ist. Die Eheschließung von Johanns Vater Johann Adam ist vermerkt, ebenso die Lebensdaten seines Großvaters Urban (1611–1669), der als Gerichtsschöffe in Bonames wirkte. Davor verliert sich die Familiengeschichte endgültig im dunkeln, da die Kirchenbücher in Bonames nur bis in das Jahr 1662 zurückreichen. Sollte der erste «Hainer» Holzmann Hans Georg mit dem Bonameser Johann Hol(t)zmann identisch sein, ließe sich also ein Stammbaum bis ins frühe 17. Jahrhundert zurückverfolgen.

Für die spätere Bauunternehmerdynastie Holzmann ist aber erst das etwa 15 km südöstlich von Frankfurt am Main gelegene Dreieichenhain (der Name setzte sich erst im Verlauf des 19. Jahrhunderts durch, davor wurde der Ort einfach «Hain» genannt) für die weitere Entwicklung wichtig gewesen. Der Wildbannforst Dreieichenhain diente seit der Karolingerzeit als kaiserliches Jagdgebiet. Unter Kaiser Otto I. wurde an der Stelle der heutigen Burgruine Dreieichenhain eine Vogtei zur Verwaltung der ausgedehnten Forste eingerichtet.[2] Als die Familie Holzmann dort heimisch wurde, hatte der Ort ungefähr 800 Einwohner. Als einer der wenigen Orte der Region hat Dreieichenhain sein mittelalterliches Bild innerhalb der teilweise erhaltenen Stadtmauern bis heute bewahren können. Einen Eisenbahnanschluß bekam der Ursprungsort der Firma Holzmann übrigens erst 1905, zu einer Zeit, als das Unternehmen bereits in Asien und Afrika epochemachende Bahnprojekte verwirklichte.

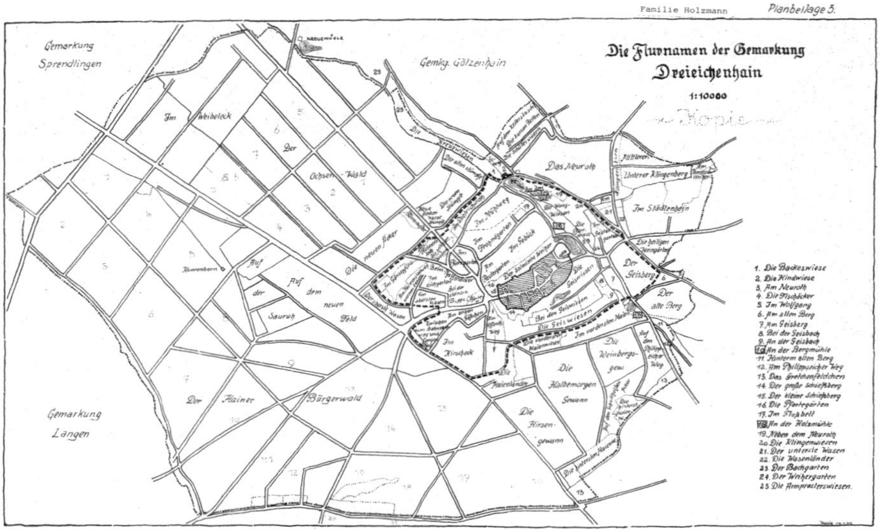

Gemarkung Dreieichenhain

Durch Dreieichenhain fließt der Hengstbach. Dieses im Nachbarort Götzenhain entspringende Gewässer trieb fünf Mühlen an, von denen die bereits aus dem Mittelalter stammende Bergmühle und die Kreuzmühle mit der Familie Holzmann in enger Verbindung stehen. Beide Gebäude sind noch vorhanden, die Kreuzmühle allerdings stark verändert.

Als Müller ist der erste «Hainer» Holzmann Hans Georg im Kirchenbuch bei seinem Tod am 19. Februar 1735 ausgewiesen. Die Bergmühle war durch die Einheirat der Holzmann-Tochter Gertraud in die ansässige Familie Laux vermutlich an Holzmann gekommen und ist der älteste nachgewiesene Wohnort in Dreieichenhain.[3] Sie wurde zwar von der Familie Holzmann bewohnt, eine Eintragung als Eigentümer des als «Bergmüller» benannten Johann Thomas (1716–1781) – des ältesten Sohns der zweiten Generation – liegt jedoch nicht vor. Wie gemeinhin üblich, übernahm der älteste Sohn die Mühle. Seine Brüder arbeiteten im Ort unter anderem als Schuster und Bierbrauer.

In der dritten Generation zog Johannes Holzmann (1743–1801) in die etwas weiter bachabwärts in Richtung Sprendlingen gelegene Kreuzmühle. Seine Schwester Anna Katharina blieb auf der Bergmühle, heiratete einen Laux, und die Bergmühle fiel somit an die alte Besitzerfamilie zurück.

Die Kreuzmühle war am Beginn des 18. Jahrhunderts erbaut worden, also etwa zu der Zeit, als sich der erste Holzmann in Dreieichenhain niedergelassen hatte. Sie sollte später zum Ausgangspunkt des Bauunternehmens Holzmann werden. Aber noch in der vierten Holzmann-Generation wurde von dem bereits mit 40 Jahren verstorbenen Johann Philipp Holzmann (1777–1817)

Bergmühle

Kreuzmühle

lediglich das Mühlengeschäft betrieben. Der entscheidende Umschwung vollzog sich erst in der fünften Generation, als mit dem ebenfalls Johann Philipp (1805–1870) genannten «Kreuzmüller» eine unternehmerisch denkende Persönlichkeit auftrat. Während die Generationen davor beim ererbten Müllerhandwerk verharrten, gelang Johann Philipp Holzmann der Sprung ins «operative» Geschäft. Der frühe Tod seines Vaters hatte Johann als Jugendlichen, gemeinsam mit der Mutter Katharina, in die berufliche Verantwortung katapultiert. Einstweilen fungierte der Dreieichenhainer Bürgermeister noch als Vormund des Dreizehnjährigen.

Von väterlicher Seite war zwar einerseits keine Hilfe, andererseits aber auch keine Bevormundung gegeben. Dies macht den Schritt ins Ungewisse, den Johann Philipp vollzog, erklärbarer. «In den meisten Handwerkerfamilien blieb die Berufs‹wahl› – wie die Wahl des Ehepartners – [...] eine von existentiellen wirtschaftlichen Bedürfnissen der ganzen Familie diktierte Entscheidung des Familienoberhauptes. Ihr vermochte sich das einzelne Individuum nur um den Preis seiner völligen Loslösung aus dem schützenden sozialen Verband zu widersetzen»,[4] beurteilt der Historiker Lothar Gall die Hemmnisse für damalige Berufsumsteiger. Aus der dörflichen Enge ist der Unternehmensgründer zwar erst später ausgebrochen, den «Blick über den Tellerrand» aber hatte die Halbwaise schon früh gewagt.

2. Der Unternehmensgründer Johann Philipp Holzmann

Johann Philipp Holzmann (1805–1870) ist als Müller ins Berufsleben eingetreten und als Bauunternehmer ausgeschieden. Er selbst hat keine Erinnerungen hinterlassen, die über die Gründe seines Handelns Auskunft geben könnten. Dies war auch nicht zu erwarten. Für das Reflektieren über das eigene Tun blieb im Leben der «Unternehmerpioniere» dieser Zeit in der Regel kein Raum. «Der Unternehmer des Kapitalismus arbeitet unentwegt, lebt für seinen und in seinem Beruf und gönnt sich eigentlich wenig: Er ist nicht kontemplativ, und er ist meist kein Genießer.»[5] Diese Einschätzung mag auch auf Johann Philipp Holzmann zutreffen, ebenso aber auch Max Webers Aussage, daß ein guter Unternehmer drei Kerneigenschaften in sich vereinigen müßte: Leidenschaft, Verantwortungsbewußtsein und Augenmaß.

Für die Baubranche ist in puncto schriftlicher Überlieferung festzuhalten, daß der Handschlag noch lange Zeit größere Bedeutung besaß als das geschriebene Wort. Eine Äußerung Philipp Holzmanns über seinen Vater weist darauf hin, daß sich Johann Philipp denkbar ungünstige Geschäftsbedingungen gefallen lassen mußte, weil keine schriftlichen Verträge gemacht wurden. Schriftliche Zeugnisse sind also schon branchenbedingt spärlicher als etwa im ganz auf den Schriftverkehr ausgerichteten Bankwesen, das eigentlich keine

Johann Philipp Holzmann (1805–1870)

«physischen» Produkte vorzuweisen hat. Erst wenige Jahre vor seinem Tod war Johann Philipp von der Produktionsstätte des Unternehmens in der Obermainstraße im Ostend auf die damals noble Frankfurter Zeil umgezogen. Bis zur Übergabe der Geschäfte an seine Söhne 1865 wohnte er praktisch «im Betrieb».[6]

Sein Sohn Philipp Holzmann hat im Jahr 1894 – anläßlich des 80. Geburtstages seiner Mutter – das Leben des Vaters geschildert. Es ist der einzige anschauliche, wenn auch knappe, Bericht, der über den Unternehmensgründer existiert:[7]

«Der Großvater starb schon 1818 [lt. Kirchenbuch 1817], als mein Vater 13 Jahre alt war. Mit seinem 14. Jahre kam derselbe aus der Schule und betrieb mit seiner Mutter die Mühle. Er fing alsbald an, die Mühle zu erweitern, richtete einen zweiten Mahlgang ein und baute ein Sägewerk und vergrößerte den Wasserweiher. Das Wasser lief in einer offenen Rinne vom Weiher nach dem Wasserrad. Der Bürgermeister Kiefer in Sprendlingen war seiner Mutter als Vormund beigegeben. Da wurde der Galgen in Offenbach auf den Abbruch ausgeschrieben, er bat seinen Vormund um die Erlaubnis, den Galgen kaufen zu dürfen, um mit den Quadern desselben seinen Mühlgraben zu überwölben. Der Vormund war entsetzt über die Idee, den Galgen zu erwerben und meinte, es würde kein Mensch mehr mit ihm verkehren, gab aber schließlich nach, und der Galgen wurde für wenig Geld erstanden. Derselbe bestand aus drei Steinpfeilern, worauf eine schwere Holzplatte ruhte. Die Holzpfette war zum Schutz gegen die Witterung mit Blei abgedeckt, dafür hat mein Vater über fl. 500,– gelöst. Die Steine wurden abgebrochen und auf die Kreuzmühle transportiert. Im Fundament wurde ein Steingefach gefunden mit drei Flaschen Wein und einer zinnernen Gedenktafel von dem Gräflich Isenburgischen Haus, welches den Galgen errichten ließ. Nach Jahren machte mein Vater größere Holzgeschäfte mit dem Grafen von Isenburg und wollte demselben die zinnerne Gedenktafel verehren. Er fragte die Mutter: ‹Wo ist die Gedenktafel?› Dieselbe sagte: ‹Die habe ich nach Frankfurt getragen und ein zinnernes Licht dafür eingetauscht.›

Wie ihr gehört habt, ist mein Vater von Anbeginn ein unternehmender, unruhiger Geist gewesen. Der Bürgermeister hat daher auch Anstand genommen, ihm seine Tochter zu geben mit den Worten: ‹Der Kreuzmüller baut zuviel.› Sie haben sich aber doch gekriegt, und 1833 war die Hochzeit. Unser Geburtstagskind kam auf die Kreuzmühle und lebte noch sechs Jahre mit ihrer Schwiegermutter zusammen. Mein Vater hat den Holzhandel immer mehr ausgedehnt und mit Meyer & Lind in Frankfurt viele Geschäfte gemacht. Dieselben hatten ihren Lagerplatz vor dem Obermaintor, das Plattenlager von Rübenach und den gegenüberliegenden jetzigen Lönhold'schen Häusern. Das größte Geschäft war die Schwellenanlieferung an die Taunusbahn 1840, das fiel gut aus und wurde in Gemeinschaft mit Meyer & Lind gemacht. Bei der Teilung des Gewinnes sagten Meyer & Lind: ‹Wir sind zwei, uns gehören zwei Drittel und Holzmann nur ein Drittel›. Ein schriftlicher Vertrag war nicht gemacht und mein Vater mußte sich diese Teilung gefallen lassen. In dieser Zeit kaufte Rothschild die Günthersburg, welche eine Dampfmühle war und dem Rat Beil gehörte. Mein Vater wollte die Dampfmaschine erwerben und seine Holzschneiderei damit vergrößern, teilte dies Meyer & Lind mit, welche meinten: «Wir wollen das Geschäft mitmachen und auch die Mühle erwerben und nach Sprendlingen stellen.» Daher wurde im Anfang der 40er Jahre die Mühle auf der Günthersburg gekauft und für Rechnung Meyer & Lind & Holzmann auf der Kreuzmühle neu erbaut. Die Mühle war sehr gut gebaut und lieferte sehr feines Mehl; aber die Kohlen und die Frucht mußten von Frankfurt nach Sprendlingen gefahren werden und das Mehl wieder nach Frankfurt. Die Dampfmaschine verlangte zuviel Kohlen. Gleich bei Beginn des Geschäftes hatten sie Pech mit einer Lieferung von Mehl an die Garnison in Darmstadt für mehrere Jahre, während welcher das Korn um das Doppelte aufschlug. Dem Geburtstagskind hatte der Detailverkauf des Mehls viel Freude beim Einnehmen der Mehlkreuzer gemacht. Es war halt ein unrentables Unternehmen, aber diesmal hatten Meyer & Lind auch zwei Teile und Holzmann nur einen Teil am Verlust. Da kam Mitte der 40er Jahre der Bau der Main-Neckar-Bahn, woran sich mein Vater als Unternehmer beteiligte und gute Geschäfte machte, aber was verdient wurde, verschlang die Mühle. 1849 machte mein Vater Meyer & Lind den Vorschlag, er wolle aus der Firma ausscheiden mit Verzicht auf seinen Anteil am Vermögen, ging aber mit leeren Händen heraus. Meyer & Lind dachten ein gutes Geschäft zu machen, die Mühle ging noch ein paar Jahre und wurde dann aus Mangel an Geld stillgelegt. Meine Eltern zogen 1849 von der Kreuzmühle nach Sprendlingen in das Haus meines Onkels Herbert und der letztere als Betriebsleiter auf die Kreuzmühle. Die nächsten Jahre hat mein Vater die Hanauer Bahn und Teile der

Main-Weser-Bahn gebaut. 1849 wird also die Jahreszahl der Gründung des Geschäftes sein. Die Mutter wohnte in Sprendlingen, der Vater war immer auswärts unterwegs und hatte dabei gute Geschäfte gemacht. 1852 wurde eine größere Arbeit im Spessart an der Rampe von dem Tunnel übernommen, wobei die Familie auf der Arbeitsstelle selbst oben auf dem Berge Wohnung nahm. Ich war mit meinem Bruder Wilhelm in Darmstadt, seine Schwester Sannchen in Friedrichsdorf und meine Schwester Marie in Götzenhain in Pension, Kathinka und Elise waren mit im Spessart. Menschen und 100 Pferde haben alle unter einem Dach gewohnt, die Mutter hat für alle Aufseher und Knechte gekocht, der Betrieb ging Tag und Nacht, das war wohl die höchste Leistung unseres Geburtstagskindes. Nachdem sie drei Jahre im Spessart gewohnt hatten, zogen sie nach Hanau in die Vorstadt bei Zenner und bauten die Bahn Hanau–Aschaffenburg, das war 1855. Dann wurde die Holzschneiderei in Frankfurt gebaut und ein kleines Wohnhaus dabei, und meine Eltern zogen nach Frankfurt über. Ende 1858 brannte die Fabrik ab, und meine Eltern zogen an die Schöne Aussicht. 1859 Bau der Homburger Bahn. 1860 wurde der Hafenbau in Oberlahnstein übernommen. Ich verheiratete mich mit Eleonore Elisabeth Bastert, und meine Eltern und wir zogen nach Oberlahnstein. 1863 zogen meine Eltern wieder nach Frankfurt vor das Obermainthor in das Wecker'sche Haus. Dann wurde die heutige Fabrik erbaut. Ende 1864 fühlte sich mein Vater sehr unwohl und drang darauf, daß ich mit meinem Bruder das Geschäft am 1. Januar 1865 übernehmen sollte mit einer Teilung unter den Lebenden. Das Haus auf der Zeil hat mein Vater behalten und zog mit seiner Familie da hinein. Mein Vater hat noch bis 1870 gelebt, das waren nicht die angenehmsten Stunden meiner Mutter. Uns Brüdern ging es anfänglich auch schlecht, und da hat er auch immer gespart und war nur bestrebt, uns mit Geld zu unterstützen. Katinka war schon beim Tode meines Vaters leidend, ging nach Görbersdorf, und die Mutter war beinahe ein Jahr bei ihr in Görbersdorf, bis sie 1871 starb. Dann zogen sie und Laura in die Rückertstraße neben uns. 1874–1879 wohnten wir in der Leerbachstraße 27, während dieser Zeit hat die Mutter in der Rückertstraße gewohnt. Dann zogen wir hierher ans Untermainkai und die Mutter mit uns in das Haus, in dem sie heute noch wohnt.»

Es ist bemerkenswert, daß das erste Bauprojekt eines Holzmanns der Abbruch eines Bauwerks war, welches zu jener Zeit zwar als anachronistische Richtstätte schon außer Gebrauch gekommen war, im Empfinden der damaligen Zeitgenossen aber noch die Aura des Unantastbaren besaß. Johann Philipp Holzmann war diese irrationale Scheu anscheinend fremd, während sein Vormund über das geplante Geschäft entsetzt war und die gesellschaftliche Ächtung fürchtete. Die Umbau- und Erweiterungsmaßnahmen – die Einrichtung des zweiten Mahlgangs und vor allem des Sägewerks – überstiegen dann ebenfalls den Rahmen des Üblichen in einem Handwerksbetrieb. «Der Kreuzmüller baut zuviel», wehrte der Schwiegervater in spe das Werben Holzmanns um die Hand seiner Tochter zunächst ab. Der Einbau des Sägewerks aber war langfristig eine äußerst gewinnbringende Investition. Der Holzhandel wurde für Johann Philipp Holzmann ein ertragreicher Erwerbszweig. Der beginnende Eisenbahnbau machte aus ihm auf einmal einen Zulieferanten für eine das 19. Jahrhundert prägende Verkehrsindustrie. Für die Trasse der Taunusbahn, das erste Bahnprojekt im hessischen Raum, lieferte das Holzmannsche Sägewerk 1840 die Schwellen. Daß das von ihm begründete Unternehmen im Eisenbahnbau später einmal eine Rolle von internationaler Bedeutung spielen sollte, dürfte Holzmanns Vorstellungskraft überstiegen haben. Auf die Bauhandlung Meyer & Lind war er zu diesem Zeitpunkt als Geschäftspartner noch angewiesen. Diese Verbindung ermöglichte ihm einerseits die Teilhabe am Eisenbahnbau, doch mußte er sich andererseits ungünstigen Geschäftsbedingungen unterwerfen.

Der Ausstieg Holzmanns aus der Partnerschaft mit Meyer & Lind 1849 schien zunächst ein Verlustgeschäft zu sein, doch hatte sich der flexibel handelnde Johann Philipp damit einer Fessel entledigt und Vorausschau bewiesen, da die mit Meyer & Lind betriebene Dampfmühle wenige Jahre später mangels Rentabilität stillgelegt wurde.

Bemerkenswert in der Schilderung seines Sohnes ist Johann Philipps Zeit beim Eisenbahnbau im Spessart. Gemeinsam mit Ehefrau, Töchtern, Bahnarbeitern und Zugtieren hauste der Unternehmer auf der Baustelle, während Sohn Philipp bereits der Besuch der Höheren Gewerbeschule in Darmstadt ermöglicht wurde. Daß die Unternehmersgattin Elisabeth dabei die ganze Arbeiterschaft verköstigte, ging in die Annalen der Unternehmensgeschichte ein. Es zeigt eine auf die ganze Familie bezogene Einsatzbereitschaft und gleichzeitig noch eine Gemeinsamkeit von Leitung und Personal, die in dieser Pionierphase existierte. Von den Unternehmensleitern der Holzmann-Dynastie ist Johann Philipp der am wenigsten Seßhafte. Als er sich 1849 selbständig machte und von der Kreuzmühle ins benachbarte Sprendlingen zog, war das mehr ein Zwischenaufenthalt, denn die meiste Zeit wohnte er auf Baustellen, sei es beim Eisenbahnbau im Spessart und Hanau oder später beim Hafenbau in Oberlahnstein. Zuletzt war er im benachbarten Götzenhain gemeldet. So blieb auch die erste Übersiedlung 1855 nach Frankfurt zunächst eine Etappe, da die neue Holzschneiderei, die erste Holzmann-«Fabrik», schon wenige Jahre später abbrannte.

Ein bemerkenswertes Dokument hat sich aus dieser Zeit erhalten. Auf der ältesten Industriephotographie, die aus Frankfurt existiert (1859), ist die ruinierte Hauptfront des abgebrannten Dampfsägewerks zu sehen (siehe Abbildung S. 30). Im Vordergrund posieren zwei Männer, von denen der rechte vermutlich Johann Philipp Holzmann ist. Diese 140 Jahre alte Momentaufnahme gibt den Blick frei auf eine Phase des Unternehmens, die ansonsten – zumal an bildlichen Dokumenten – weitgehend im dunkeln liegt.[8] Nachdem die Fabrik wieder aufgebaut war, zog der Unternehmer wieder dorthin. Als er, noch keine sechzig, seine physischen Kräfte schwinden sah, übergab er 1865 die Geschäfte an seine Söhne Philipp und Wilhelm und verbrachte seine letzten Lebensjahre als Privatier in Frankfurt auf der Zeil. Die Konsolidierung des Unternehmens – das schließt auch die endgültige Entscheidung für den Unternehmenssitz Frankfurt ein – fiel erst in sein letztes Lebensjahrzehnt.

Daß Johann Philipp Holzmann schließlich in Frankfurt am Main den dauerhaften Standort seines Unternehmens sah, ist somit sicher. Ob er sich selbst als Teil der Frankfurter Bürgerschaft fühlte, ist jedoch schwerer zu beurteilen. Mit der traditionellen Frankfurter Handels- und Bankelite, den Gwinners, den Metzlers, den Bethmanns, den Rothschilds verband den einstigen «Kreuzmüller» nichts (außer daß er von Rothschild die Dampfmühle auf der Günthersburg gekauft hatte). Als Frankfurt 1866 von Preußen annektiert wurde, brach für viele Altfrankfurter Dynastien eine Welt zusammen. Doch bis auf den tragischen Selbstmord des Bürgermeisters Carl Fellner, der sich für die Zahlung der von den preußischen Militärs der Stadt auferlegten Kriegskontributionen verantwortlich fühlte, überlebte das Frankfurter Bürgertum diese Zeitenwende besser als erwartet. Von den legendären Einladungskarten mit dem dezenten Hinweis: „o. P." (ohne Preußen) ist kein Exemplar überliefert.

Die Frage, ob die heutige Namensform des Unternehmens «Philipp Holzmann AG» sich auf den Gründer Johann Philipp oder den Sohn Philipp bezieht, ist häufig gestellt worden. KG (ab 1873) und GmbH (ab 1895) sind zu Lebzeiten von Philipp Holzmann entstanden, bei der Fusion bzw. Umwandlung in eine AG 1917 war «Philipp Holzmann» schon der Markenname. Da Johann Philipp Holzmann zuweilen lediglich mit Ph. Holzmann zeichnete,[9] ist es auch möglich, daß sich die Firma «Philipp Holzmann» immer auf den Vater und eigentlichen Unternehmensgründer bezogen hat.

Nach vier Generationen als Müller in einer dörflichen Umwelt hat Johann Philipp Holzmann, vor dem Hintergrund des beginnenden Industriezeitalters und der speziellen familiären Situation, das weitere Geschick seiner Familie aktiv gestaltet. Daß es der Eisenbahnbau war, der seinen Geschäften Schubkraft gab, zeigt, wie sehr diese umwälzende technische Innovation in über Jahrhunderte unveränderte Wirtschaftsstrukturen eindrang. Die räumliche Nähe zum ursprünglichen Wohnort der Holzmanns, Dreieichenhain, in der sich diese Ereignisse abspielten, hat auf Johann Philipp Holzmann zudem große Anziehungskraft ausgeübt. «Bei dem unternehmenden und unruhigen Geist des Johann Philipp war es durchaus begreiflich, daß dieses ‹Neue› [der Eisenbahnbau], was 1845 nur wenige 1000 Meter westlich seiner Mühle [Trasse Frankfurt–Darmstadt] mit Hand- und Pferdekarren, Pickel und Schaufel zu Einschnitten geformt wurde, ihn stark erregte.»[10]

Er zählt damit zu der nicht geringen Zahl von Unternehmern dieser Zeit, denen ohne spezielle Ausbildung, aber mit unternehmerischem Eifer und Vorausschau der Schritt vom Handwerker zum Industriellen gelang. Seinen Söhnen ermöglichte er bereits das Fachstudium, so daß diese ihre Unternehmerlaufbahn mit einer kaufmännischen und technischen Ausbildung beginnen konnten.

Über die Unternehmergeneration Johann Philipp Holzmanns urteilte der Historiker Thomas Nipperdey: «Zum Unternehmer-Sein gehörten bestimmte

Talente, zweckrationales, kalkulierendes Handeln und Weitblick, Dynamik, Sinn für Innovation, Risikobereitschaft, Fleiß und Nüchternheit, ein ausreichendes Wissen und das Erkennen und Ergreifen unternehmerischer Gelegenheiten, gehörte Kapital (oder der Zugang dazu) und eine Portion Chancenglück.»[11] Solche Eigenschaften konnte Holzmann durchweg für sich reklamieren, der Zugang zum Kapital sollte später, durch die Verbindung mit der Internationalen Baugesellschaft, auf lange Sicht gewährleistet sein.

3. Erstes Engagement im Eisenbahnbau

Aus den ersten anderthalb Jahrzehnten der Geschäftstätigkeit des Bauunternehmens Holzmann liegen keinerlei Geschäftsunterlagen vor. Auskunft über diese Zeit gibt Philipp Holzmann in der bereits zitierten Lebensbeschreibung seiner Eltern. Die Beteiligung an der Ausführung mehrerer Eisenbahntrassen (Hanauer Bahn, Main-Weser-Bahn, Bahnstrecke Aschaffenburg–Lohr) umfaßte vor allem die Erdarbeiten (insbesondere Aufschüttung des Bahndammes). Schon vor der Auflösung der Partnerschaft mit Meyer & Lind hatte sich Johann Philipp Holzmann ab 1845 bei Erdarbeiten an der Main-Neckar-Bahn beteiligt.

Bei den Erdmassenbewegungen wurden als Hilfsmittel vor allem Pferdefuhrwerke eingesetzt. In einer Anzeige der Darmstädter Zeitung vom 30. April 1852 sucht Johann Philipp Holzmann nach Arbeitern für den Bau der Strecke Aschaffenburg–Lohr. Es ist ein seltenes Dokument der Frühzeit: «Diejenigen Arbeiter, welche Beschäftigung bei dem Königl. Bayerischen Eisenbahnbau suchen, haben sich nicht allein mit Reisepässen (von den Großherzogl. Regierungskommissionen ausgestellt), sondern auch noch mit Zeugnissen über gute Aufführung zu versehen. Im Interesse der Arbeiter ihrer Gemeinden ersucht man Großherzogliche Bürgermeister hierauf Rücksicht nehmen zu wollen. Zugleich verbinde ich damit die Anzeige, daß gute Arbeiter noch Beschäftigung bei mir finden können.»

Für die von Holzmann übernommenen Aufgaben wurde die einfachste Kategorie der Bauarbeiter, die sogenannten Erdarbeiter, gebraucht. Sie waren ungelernt und erhielten die niedrigsten Löhne. Sie stammten vornehmlich aus der einheimischen Landbevölkerung.

«Hier bot sich verarmten ländlichen Handwerkern, die im Heimgewerbe kein Auskommen mehr fanden, Kleinbauern und Tagelöhnern, also bäuerlichen und unterbäuerlichen Schichten, eine Verdienstmöglichkeit [...] Daneben gibt es Hinweise, daß sich unter den einfachen Erdarbeitern von Anfang an ein gewisser Ausländeranteil befand, denn immer wieder tauchen Klagen über die hohe Zahl fremder Arbeiter auf [...] Innerhalb der Gruppe der einfachen Arbeiter gab es nochmals Untergliederungen. Weil für bestimmte Arbeiten nur besonders erfahrene und fleißige Arbeiter in Frage

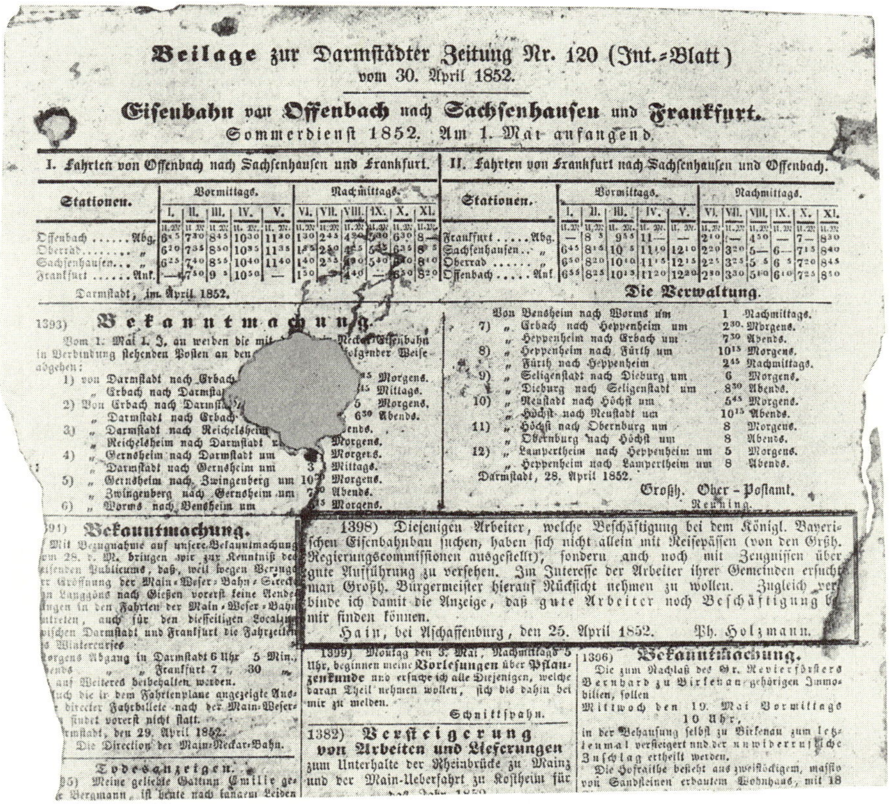

Beilage zur Darmstädter Zeitung Nr. 120 (Int.-Blatt)
vom 30. April 1852.

Eisenbahn von Offenbach nach Sachsenhausen und Frankfurt.
Sommerdienst 1852. Am 1. Mai anfangend.

I. Fahrten von Offenbach nach Sachsenhausen und Frankfurt.

Stationen.	Vormittags.					Nachmittags.					
	I.	II.	III.	IV.	V.	VI.	VII.	VIII.	IX.	X.	XI.
	u. M.	u. M.	u. M.	u. M.	u. M.	u. M.	u. M.	u. M.	u. M.	u. M.	u. M.
Offenbach ......Abg.	6 5	7 30	8 45	10 30	11 30	1 30	2 45	4 20	5 30	6 30	8 —
Oberrad........ „	6 10	7 35	8 50	10 35	11 35	1 35	2 50	4 25	5 35	6 35	8 5
Sachsenhausen... „	6 25	7 40	8 55	10 40	11 40	1 40	2 55	4 30	5 40	[illegible]	8 10
Frankfurt ......Ank.	—	7 50	9 5	10 50	—	1 50	[illegible]	4 40	—	6 50	8 20

Darmstadt, im April 1852.

II. Fahrten von Frankfurt nach Sachsenhausen und Offenbach.

Stationen.	Vormittags.					Nachmittags.					
	I.	II.	III.	IV.	V.	VI.	VII.	VIII.	IX.	X.	XI.
	u. M.	u. M.	u. M.	u. M.	u. M.	u. M.	u. M.	u. M.	u. M.	u. M.	u. M.
Frankfurt .....Abg.	—	8 5	9 55	11 —	—	2 10	—	4 50	—	7 —	8 30
Sachsenhausen.. „	6 45	8 15	10 5	11 10	12 10	2 20	3 20	5 —	6 —	7 15	8 40
Oberrad ...... „	6 50	8 20	10 10	11 15	12 15	2 25	3 25	5 5	6 5	7 20	8 45
Offenbach .....Ank.	6 55	8 25	10 15	11 20	12 20	2 30	3 30	5 10	6 10	7 25	8 50

Die Verwaltung.

1393) Bekanntmachung.

Vom 1. Mai l. J. an werden die mit [illegible] Neckar-Eisenbahn in Verbindung stehenden Posten an den [illegible] folgender Weise abgehen:

1) von Darmstadt nach Erbach [illegible] Morgens.
„ Erbach nach Darmsta[illegible] Mittags.
2) Von Erbach nach Darmst[illegible] 5 Morgens.
„ Darmstadt nach Erbach [illegible] 6 30 Abends.
3) „ Darmstadt nach Reichelsheim [illegible] Abends.
„ Reichelsheim nach Darmstadt [illegible] Morgens.
4) „ Gernsheim nach Darmstadt um [illegible] Morgens.
„ Darmstadt nach Gernsheim um 3 [illegible] Mittags.
5) „ Gernsheim nach Zwingenberg um 10 [illegible] Morgens.
„ Zwingenberg nach Gernsheim um 7 [illegible] Abends.
6) „ Worms nach Bensheim um [illegible] Morgens.
Von Bensheim nach Worms um 1 Nachmittags.
7) „ Erbach nach Heppenheim um 2 30 Morgens.
„ Heppenheim nach Erbach um 7 30 Abends.
8) „ Heppenheim nach Fürth um 10 15 Morgens.
„ Fürth nach Heppenheim 2 45 Nachmittags.
9) „ Seligenstadt nach Dieburg um 6 Morgens.
„ Dieburg nach Seligenstadt um 8 30 Abends.
10) „ Neustadt nach Höchst um 5 45 Morgens.
„ Höchst nach Neustadt um 10 15 Abends.
11) „ Höchst nach Obernburg um 8 Morgens.
„ Obernburg nach Höchst um 8 Abends.
12) „ Lampertheim nach Heppenheim um 5 Morgens.
„ Heppenheim nach Lampertheim um 8 Abends.

Darmstadt, 28. April 1852.

Großh. Ober-Postamt.
Reuning.

[illegible]91) Bekanntmachung.

Mit Bezugnahme auf unsere Bekanntmachung [illegible]m 28. v. M. bringen wir zur Kenntniß de[illegible] [illegible]eisenden Publicums, daß, weil wegen Verzög[illegible] [illegible]r Eröffnung der Main-Weser-Bahn-Strecke [illegible]n Langgöns nach Gießen vorerst keine Aende[illegible]ungen in den Fahrten der Main-Weser-Bahn [illegible]ntreten, auch für den diesseitigen Localz[illegible] [illegible]wischen Darmstadt und Frankfurt die Fahrzeiten [illegible]s Wintercurses
[illegible]orgens Abgang in Darmstadt 6 Uhr 5 Min.,
[illegible]ends „ „ Frankfurt 7 „ 30 „
[illegible] auf Weiteres beibehalten werden.
[illegible]uch die in dem Fahrtenplane angezeigte Aus[illegible] [illegible] directer Fahrbillete nach der Main-Weser-[illegible] [illegible] findet vorerst nicht statt.
[illegible]rmstadt, den 29. April 1852.
Die Direction der Main-Neckar-Bahn.

Todesanzeigen.

[illegible]5) Meine geliebte Gattin Emilie ge[illegible] [illegible] Bergmann, ist heute nach langem Leiden

1398) Diejenigen Arbeiter, welche Beschäftigung bei dem Königl. Bayerischen Eisenbahnbau suchen, haben sich nicht allein mit Reisepässen (von den Grßh. Regierungscommissionen ausgestellt), sondern auch noch mit Zeugnissen über gute Aufführung zu versehen. Im Interesse der Arbeiter ihrer Gemeinden ersucht man Großh. Bürgermeister hierauf Rücksicht nehmen zu wollen. Zugleich verbinde ich damit die Anzeige, daß gute Arbeiter noch Beschäftigung bei mir finden können.

Hain, bei Aschaffenburg, den 25. April 1852. Ph. Holzmann.

1399) Montag den 3. Mai, Nachmittags 5 Uhr, beginnen meine Vorlesungen über Pflanzenkunde und ersuche ich alle Diejenigen, welche daran Theil nehmen wollen, sich bis dahin bei mir zu melden.

Schnittspahn.

1382) Versteigerung von Arbeiten und Lieferungen

zum Unterhalte der Rheinbrücke zu Mainz und der Main-Ueberfahrt zu Kostheim für [illegible]

1396) Bekanntmachung.

Die zum Nachlaß des Gr. Revierförsters Bernhard zu Birkenau gehörigen Immobilien, sollen

Mittwoch den 19. Mai Vormittags 10 Uhr,

in der Behausung selbst zu Birkenau zum letztenmal versteigert und der unwiderrufliche Zuschlag ertheilt werden.

Die Hofraithe besteht aus zweistöckigem, massiv von Sandsteinen erbautem Wohnhaus, mit 18 [illegible]

Darmstädter Zeitung vom 30. April 1852

kamen, konnte diesen, die als Schachtmeister, Planierer, Vorkarrer und Hinterkarrer tätig waren, ein etwas höherer Lohn gezahlt werden.»[12]

Mit dem Bau einer Tunnelrampe auf der Eisenbahnstrecke Aschaffenburg–Lohr hatte Holzmann erstmals den Zuschlag für eine bedeutende technische Bauaufgabe erhalten. «Es galt unter anderem, eine 50 Meter lange gewölbte Unterführung in Sandstein etwa 12 Meter hoch zu bauen und 20000 Kubikmeter Mauerwerk, und einen Bahndamm von rund 40 Meter Höhe aus benachbarten Seitenentnahmen zu schütten. Bei einem Damminhalt von ca. 600000 Kubikmetern müssen Spitzenleistungen von 1500 Kubikmetern am Tag erzielt worden sein».[13] Johann Philipp Holzmann zog während der Bauarbeiten mit seiner Familie auf die Baustelle nach Hain im Spessart. Die Arbeiten an diesem Streckenabschnitt dauerten bis zur Mitte des Jahres 1854. Die königlich-bayerische Eisenbahnbau-Sektion, Bauherr auf dieser Eisenbahnstrecke, bescheinigte dem Jungunternehmer eine vorbildliche Durchführung der ihm aufgetragenen Bauaufgaben:

Eisenbahn-Unterführung auf der Strecke Aschaffenburg–Lohr von 1852

«Herr Philipp Holzmann aus Sprendlingen im Großherzogthum Hessen hatte im August 1851 die Herstellung des IV. Loses der unterfertigten k. Eisenbahnbau-Sektion übernommen, welches in einer Länge von 5125 Fuß und die Fertigung von 187400 Schachtruthen Erd- und 5122 Schachtruthen Mauerwerk verschiedener Gattung dann verschiedener sonstiger Nebenarbeiten, zusammen veranschlagt zu 445375 Gulden umfaßte, wobei der Beendigungstermin auf den 30. Juni laufenden Jahres festgesetzt war. Herr Holzmann hat seine übernommenen Verbindlichkeiten auf das Pünktlichste gelöst und seine Arbeiten in jeder Beziehung solid, schön und ganz zu rechter Zeit vollendet, so daß er jetzt blos noch mit den unvermeidlichen Nacharbeiten, Eindecken des Geleises usw. beschäftigt ist. Zudem ist Herr Holzmann selbst Sachverständiger, reeller Geschäftsmann, mit allen Einrichtungen zu den größten Bauten versehen und behandelte seine Arbeiter stets auf das Beste, so daß er zur Übernahme ähnlicher Bauten nur bestens empfohlen werden kann.»[14]

Mit dieser Visitenkarte, die seine kaufmännische Kompetenz vermerkt, konnte sich Johann Philipp Holzmann nun auch außerhalb seines bisherigen Arbeitsgebiets bekannt machen.

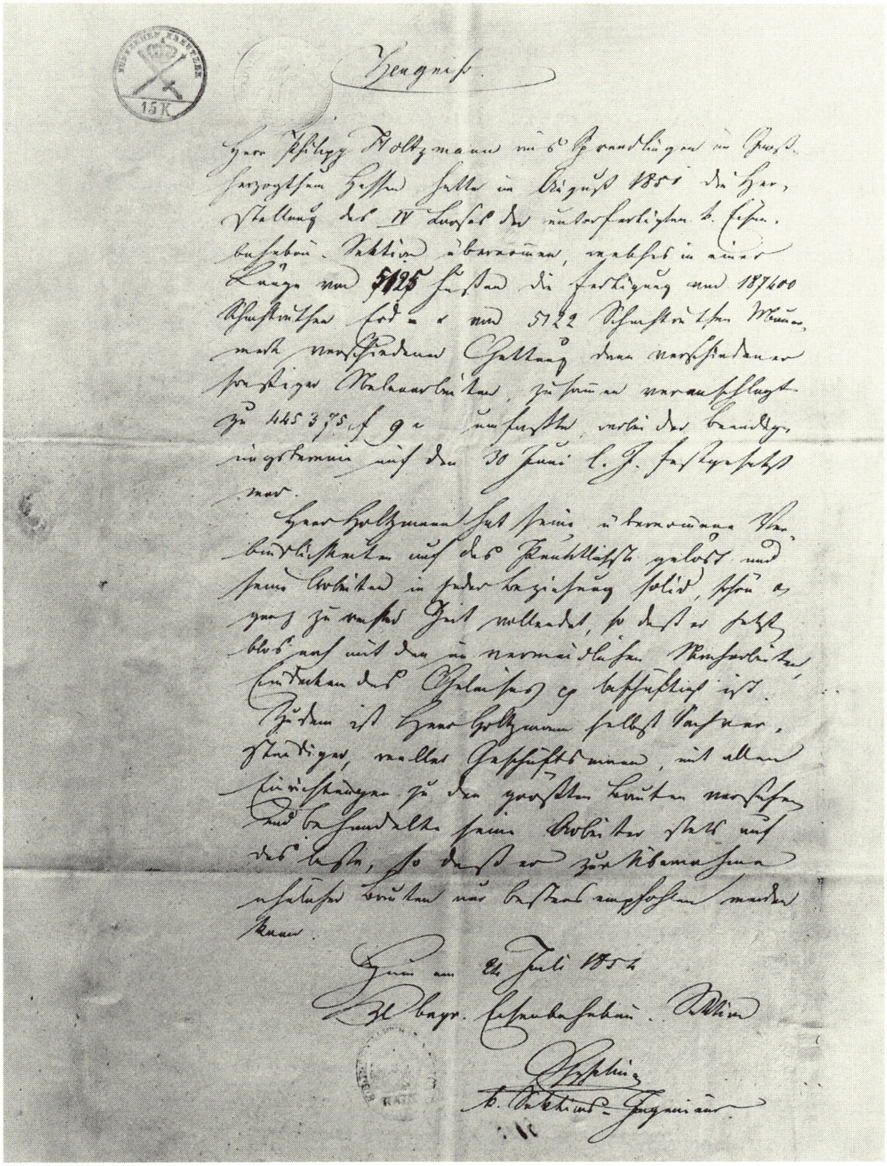

Zeugnis für Johann Philipp Holzmann vom 24. Juli 1854

4. Etablierung in Frankfurt

Nach dem Abschluß dieses Großprojekts entschloß sich Johann Philipp Holzmann, nicht mehr nach Dreieichenhain bzw. Sprendlingen zurückzukehren. Seine Söhne befanden sich bereits in der Ausbildung, wobei sein Sohn Philipp kurz vor dem Abschluß des Besuchs der höheren Gewerbeschule in Darmstadt stand. Schon am 14. Januar 1851 hatte Johann Philipp Holzmann für sich und seine Familie um das Frankfurter Bürgerrecht nachgesucht. Es ist eines der wenigen Dokumente, in welchem der Unternehmensgründer, der – den damaligen Formen entsprechend – sein Anliegen in der dritten Person vortrug, selbst zu Wort kommt. Bemerkenswert ist vor allem sein Hinweis darauf, daß er mit seiner geplanten Holzschneiderei eine wichtige Marktlücke schließen werde:

«Der gehorsamst Unterzeichnete beabsichtigt in hiesiger Gemarkung eine Schneidemühle zu errichten und wünscht deshalb in das hiesige Bürgerrecht aufgenommen zu werden.

Bis 1849 war er Besitzer einer Mühle bei Sprendlingen. Er besorgte außerdem die Holzlieferungen für die Taunus-Main-Neckar- und Main-Weser-Eisenbahn sowie ihm auch ein großer Teil der Erdarbeiten an jenen Eisenbahnen übertragen war.

Die von ihm jetzt projektierte Herrichtung einer Schneidemühle für Holz dürfte um so mehr die Genehmigung Hohen Senats finden, da ein derartiges Geschäft in Frankfurt am Main und dessen Gebiete noch nicht besteht.

Ueber die Familienverhältnisse des gehorsamst Unterzeichneten ist zu bemerken, daß er sich 1833 mit Elisabeth Laux verehelichte und aus dieser Ehe sechs Kinder hat, wovon das älteste jetzt 14 Jahre alt ist [Philipp, geboren 1836].

Im Besitz von mehr als dem gesetzlich erforderlichen Vermögen, erlaubt er sich hiernach die gehorsamste Bitte: Hoher Senat wollen ihm, nach vorgängiger Instruierung durch das hiesige Bürgermeisteramt, die Aufnahme in das hiesige Bürgerrecht für sich und seine Familie zu verwilligen geruhen.

Eures Hohen Senats gehorsamster

Ph. Holzmann»[15]

Die endgültige Zusage zur Übersiedlung wurde Holzmann allerdings erst im Oktober 1854 erteilt. Die genauen Gründe für die lange Verzögerung sind anhand der Frankfurter Senatsakten nicht nachzuvollziehen. Nachdem Holzmann 1851 alle erforderlichen Urkunden und vor allem Vermögensnachweise vorgelegt hatte, findet sich erst drei Jahre später die Genehmigung zum Zuzug. Holzmann mußte 1149 Gulden und 11 Kreuzer sogenanntes «Burger- und Anzugs-Geld» an das Frankfurter Rechnei- und Rentenamt bezahlen.[16] Da er aber mit seiner Familie ab 1852 ohnehin die meiste Zeit auf der Baustelle zubrachte, ließ er das Ersuchen um Erwerb des Bürgerrechts zunächst ruhen. Er scheint somit, erst als der Abschluß der Bahnstrecke Aschaffen-

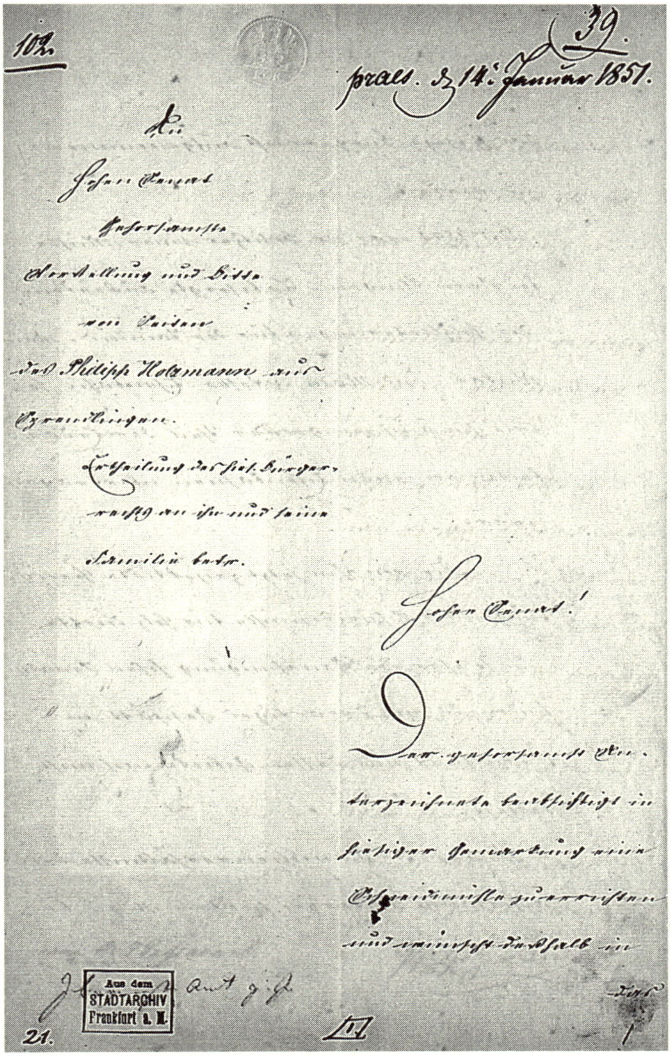
102.

39.

praes. d. 14. Januar 1851.

Aus dem STADTARCHIV Frankfurt a. M.

21.

Antrag auf das Frankfurter Bürgerrecht vom 14. Januar 1851

burg–Lohr absehbar war, die Aufnahme in die Frankfurter Bürgerschaft wieder mit Nachdruck betrieben zu haben.

Die Übersiedlung in die damals noch Freie Stadt Frankfurt im Jahre 1855 mag aus heutiger Sicht ganz naheliegend erscheinen. Doch in dieser Zeit galt die Niederlassung eines gerade dem Handwerkerstand entwachsenen Unternehmers in Frankfurt durchaus als Wagnis. Denn anders als das Frankfurt umschließende nassauische und hessen-darmstädtische Gebiet war die selbständige Stadt vielfach noch von der aus dem Mittelalter herstammenden

Zunftordnung geprägt. Erst 1864, kurz vor dem Anschluß an Preußen, setzte sich in Frankfurt die volle Gewerbefreiheit durch. Daß der Frankfurter Senat dennoch die Niederlassung befürwortete, lag an der von Holzmann genau erkannten Marktlücken-Funktion seines Betriebes. Die einschlägige Forschung zur Frankfurter Wirtschaftsentwicklung dieser Zeit analysiert und untermauert diesen Aspekt:

«Untersucht man weiter die Gewerbezweige, in denen vom [Senat] bereitwillig Konzessionen vergeben wurden, so stößt man fast ausschließlich auf Bereiche der Produktion, die nicht zum Zunfthandwerk gehörten oder in denen das traditionelle Handwerk von sich aus an die Grenzen seiner Möglichkeiten gestoßen war. Entweder erforderten die technischen Anlagen Investitionen, die von einem Handwerker nicht mehr geleistet werden konnten [...] oder es handelte sich um Bereiche mit neuen Verfahren und Produkten, für die es überhaupt keine zünftige Reglementierung gab. [...] Die Fabriken traten somit in den seltensten Fällen als direkte Konkurrenten des Handwerks auf, sondern konzentrierten sich nach wie vor in den Bereichen, in denen neuaufkommende Bedürfnisse Innovation verlangten.»[17]

Der Ingenieurbau – besonders der Eisenbahnbau – hatte noch keine lange Tradition, und so brauchte Holzmann als unternehmerischer «Newcomer» keine Rücksicht auf zukünftige Strukturen zu nehmen.

In der Obermainstraße errichtete Holzmann schließlich 1855 seine Holzschneiderei, die zu diesem Zeitpunkt der einzig industriell geführte

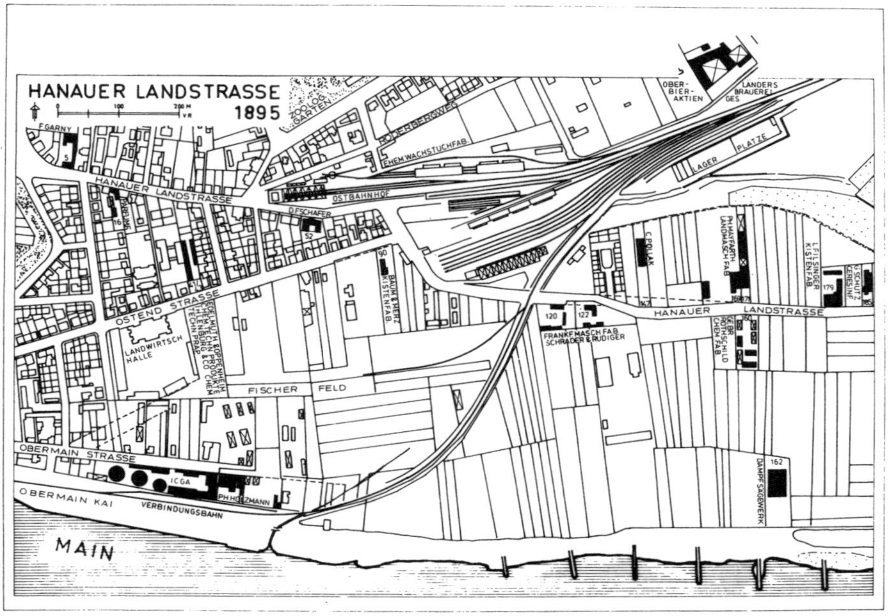

Lageplan der Holzschneiderei und des Dampfsägewerks

Betrieb des Bauhandwerks in Frankfurt war. Die Ansiedlung erfolgte im entstehenden Frankfurter Ostend. Hier begann sich die Stadt nach Niederlegung der Stadtmauern ins Umland auszudehnen. Während sich im Nordwesten das «Westend» als Villengegend etablierte, siedelte sich im Osten, entlang des Mainufers und der Hanauer Landstraße, eine Reihe von Gewerbebetrieben an. In unmittelbarer Nachbarschaft zum Holzmannschen Betrieb befand sich seit 1844 die sogenannte «Englische Gasanstalt», eigentlich «Imperial Continental Gas Association».[18] Die Ortswahl sollte sich in den kommenden Jahren als äußerst vorausschauend erweisen. Denn schon 1857 wurde hier die Verbindungsbahn zwischen dem Ostbahnhof (ursprünglich Hanauer Bahnhof) an der Hanauer Landstraße und den drei Westbahnhöfen (Taunus-, Main-Weser- und Main-Neckar-Bahnhof) gezogen.

Die Firma Holzmann bekam praktisch zu Beginn ihrer Frankfurter Zeit einen direkten Bahnanschluß vor ihre Betriebsstätten gelegt. Als Unternehmer mit ausgesprochener Erfahrung im Eisenbahnbau hat Johann Philipp Holzmann für den Sitz seines Unternehmens die Verkehrsinfrastruktur und Anbindung von vornherein (mit)geschaffen, ein in der Unternehmensgeschichte wohl einmaliger Fall.

Die in zeitgenössischen Angaben meist als «Baufabrik» bezeichneten Firmengebäude lagen, lediglich durch die Verbindungsbahn getrennt, in unmittelbarer Nähe zum Main. In den frühen Jahren waren alle Bauten noch an einem Platz versammelt. Das Dampfsägewerk wurde später einen knappen Kilometer weiter östlich ins freie Feld gesetzt.

Die Holzmannschen Betriebsanlagen existierten im Frankfurter Osten bis zum Bau des Osthafens in den Jahren ab 1908. Dieser hat die Topographie des Terrains völlig verändert, so daß die ehemalige Lage der Holzmann-Bauten, zumal nach den Zerstörungen des Zweiten Weltkrieges, nur noch schwer zu lokalisieren ist. Sie befanden sich etwa in dem Winkel, der heute vom östlichen Teil der Großmarkthalle und der Auffahrt zur Deutschherrenbrücke (Eisenbahnbrücke) gebildet wird. Einzige greifbare Erinnerung an die einstige Präsenz des Unternehmens an diesem Ort ist die Holzmannstraße (1910 nach Philipp Holzmann benannt), die dort von der Großmarkthalle auf die Hanauer Landstraße stößt.

Ein fundamentales Ereignis traf das junge Bauunternehmen im Jahr 1859. Durch einen Großbrand wurden die erst wenige Jahre alten Fabrikgebäude bis auf die Grundmauern zerstört. Die bereits erwähnte Photographie zeigt das ganze Ausmaß der Verwüstungen. Ob bei dem Brand Arbeiter und Angestellte zu Schaden kamen, ist unbekannt. Jedenfalls konnte der Betrieb in den verbliebenen Gebäuderesten nicht fortgeführt werden. Es wurde gemutmaßt, daß der Brand durch einen Defekt des Dampfkessels für den Betrieb des Sägewerks verursacht worden war.[19]

Ruine der Baufabrik nach dem Brand von 1859

Dampfsägewerke existierten seit etwa 1800, zunächst in England, dann vor allem in den USA, wo die Holzverarbeitung aufgrund der enormen Waldvorkommen ein wichtiger Industriezweig wurde. Die Holzstämme konnten auf einem Vorschubwagen während des Sägevorgangs vorgeschoben werden. Das ergab gegenüber herkömmlichen, zumeist mit Wasserkraft betriebenen Sägewerken, eine dreifach erhöhte Leistung.[20]

In Deutschland sind die ersten Dampfsägewerke für die Jahre ab 1840 nachgewiesen. Während Holzmann in Dreieichenhain – als ehemaliger Müller – natürlich noch ein wasserbetriebenes Sägewerk unterhielt, wurde in Frankfurt, trotz der unmittelbaren Nähe des Mains, bereits die neue Technik verwendet. Für die Vermutung, daß das Dampfsägewerk den Brand von 1859 ausgelöst hat, spricht die Tatsache, daß beim Neubau der Anlagen Baufabrik und Dampfsägewerk getrennt wurden. Die neue Holzschneiderei lag, wie bereits erwähnt, knapp 1000 m weiter östlich auf freiem Feld (Hanauer Landstraße 162).

Wie aus den Frankfurter Adreßbüchern ersichtlich, wohnte der Unternehmensleiter Johann Philipp Holzmann vor und nach dem Brand unmittelbar bei den Werksanlagen (Obermainstraße 22). Die Zeit bis zum Ende der Neuerrichtung der Fabrik verbrachte Holzmann überwiegend außerhalb Frankfurts. Holzmann war mit der Ausführung der Eisenbahnstrecke Rüdesheim–Wetzlar beschäftigt (Auftragsvolumen 425 000 Gulden). In dieser Zeit übernahm das Unternehmen aber auch mit dem Bau des Hafens von Oberlahnstein das erste Projekt im Wasserbau. Leider existieren zu diesem Auftrag keine Unterlagen mehr. Wahrscheinlich wurde die Erdarbeit dieses Hafenbaus unter offener Wasserhaltung durchgeführt, wobei eine Kreiselpumpe mit Lokomobilantrieb verwendet wurde.[21]

Mit der Wiedererrichtung der Baufabrik 1863 entschied sich Johann Philipp Holzmann endgültig für Frankfurt als Sitz des Unternehmens, dessen inzwischen gewonnene Bedeutung auch die Größe seiner Betriebsanlagen spiegelte. Das neue Gebäude der Baufabrik, die in ihren Räumen die Schreinerei, Zimmerei, Schlosserei, Schmiede und Wagnerei mit allen Arbeitsmaschinen aufnahm, sowie die etwas später errichtete Steinschneiderei ließen sich als Fabrikkomplex mit der in unmittelbarer Nachbarschaft liegenden Gasanstalt durchaus vergleichen. Auch in der baulichen Konzeption zeigten sich die neuen Fabrikanlagen – wie für ein Bauunternehmen eigentlich selbstverständlich – auf der Höhe der Zeit. Der Kunsthistoriker Volker Rödel widmet den Bauten sogar eine kurze architekturgeschichtliche Abhandlung:

«Die 1863 errichtete Ph. Holzmannsche Baufabrik leitete in Frankfurt über von den frühen Fabrikbauten zu den Bau- und Gestaltungsformen der zweiten Hälfte des

Neubau der Baufabrik in der Obermainstraße

19. Jahrhunderts. In der Gesamtkonzeption – den zweigeschossigen, durch einen vorgestellten Kamin mit zwei wiederum symmetrisch angeordneten Kesselhäusern zentrierten Mitteltrakt flankierten beidseitig zweigeschossige Eckbauten – übernahm die Baufabrik an der Obermainstraße noch die traditionell symmetrische Anordnung der Gebäude. Mit ihren den Backsteinrohbau, der künftig den klassizistischen Putzbau ersetzen sollte, schmückenden Ecklisenen und Friesen verwies sie aber bereits auf den in den siebziger Jahren allgemein üblichen Dekor industrieller Bauten. Von dieser, eine neue Epoche des Fabrikbaus ankündigenden Ph. Holzmannschen Baufabrik abgesehen, boten die einheimischen Fabriken am Ende der frühen Industrialisierungsphase [...] ein durch die Einfachheit der Ausführung [...] geprägtes Bild.»[22]

Das Holzmannsche Fabrikgelände stach also, inmitten der eher bescheidenen Werksanlagen, als moderner Industriebetrieb hervor. Die über das Mittelmaß herausragende Gestaltung warb für die Leistungsfähigkeit des Unternehmens, das mit dem Wiederaufbau des Firmensitzes gleichzeitig seinen ersten bedeutenden Hochbau errichtete. Kurz vor der Zeitenwende in Frankfurt, die im Juli 1866 durch die Annexion durch Preußen eintrat, hatte sich Holzmann als in Größe und Vielseitigkeit einzigartiges Unternehmen in der Stadt positioniert. Für die kommenden, gerade auch in der Baubranche rasanten Gründerzeit-Jahrzehnte hatte Johann Philipp Holzmann durch die vorausschauende Wahl des Unternehmensstandorts – besonders in infrastruktureller Hinsicht – die Weichen für den langfristigen unternehmerischen Erfolg gestellt.

Johann Philipp Holzmann war sicherlich in Frankfurt am Main kein Unbekannter, als er sich in dieser Stadt niederließ. Seine Bauten in der Umgebung Frankfurts, insbesondere aber der Bau der Bahn Hanau–Aschaffenburg, hatten seinen Namen bekannt gemacht. Gleichwohl gehörte er nicht zu den ersten Bürgern der Stadt, sondern galt anfangs als ein Zugezogener, der sich, wie viele andere, in Frankfurt eingekauft hatte. Das Wirtschaftsleben Frankfurts war von den großen Bankiers beherrscht, den Rothschilds, Bethmanns, von Metzlers, Grunelius' und vielen anderen, sowie von den politischen Repräsentanten des Frankfurter Senats.

III.
Expansion in Deutschland – 1865 bis 1895

1. Der Wirtschaftsstandort Frankfurt an einer Zeitenwende

Das Frankfurt der 1850er und 1860er Jahre ähnelte durchaus noch der von Johann Wolfgang von Goethe so eindrucksvoll beschriebenen «ehrwürdigen Reichsstadt». Nur die Wälle und Gräben hatten nach den Freiheitskriegen schönen Anlagen Platz gemacht. In der inneren Stadt dagegen war alles noch unverändert geblieben.[1] Auf der Hinterseite des Goetheschen Hauses hatte man «eine sehr angenehme Aussicht über eine beinah unabsehbare Fläche von Nachbarsgärten, die sich bis an die Stadtmauern verbreiteten».[2] Die Häuser am Roßmarkt besaßen weitläufige Hintergebäude und große Gärten, während «wir aber uns durch eine ziemlich hohe Mauer unseres Hofes von diesen so nahe gelegenen Paradiesen ausgeschlossen sahen».[3] Aus jenen Gärten heraus hörte Goethe die Kinder spielen, die Gesellschaften sich ergötzen, die Kegelkugeln rollen und die Kegel fallen. In einem dieser Gärten, der zu dem Gontardschen Haus gehörte, das später den Namen «Diotima-Haus» erhielt, hat Hölderlin gedichtet, geliebt und gelitten. Ein anderer Garten, der auf der gleichen Seite des Hirschgrabens wie Goethes Geburtshaus lag, gehörte dem letzten Regierenden Bürgermeister der Freien Reichsstadt Frankfurt, Friedrich Gwinner. Arthur von Gwinner, der Enkel des letzten Regierenden Bürgermeisters, spielte 1917 als Vorstandssprecher der Deutschen Bank für die Weiterentwicklung des Unternehmens Philipp Holzmann eine entscheidende Rolle. Die Familie Gwinner hatte das Haus im Hirschgraben dem Goetheschen Geburtshaus, das ebenfalls zum Verkauf anstand, vorgezogen, weil dieses durch eine ziemlich hohe Mauer «von diesen so nahe gelegenen Paradiesen» getrennt war.[4] Außerhalb der Anlagen und Gärten begannen die Straßenzüge weit über das alte Stadtbild hinaus zu wachsen.

Wie der große Dichter, so sah wohl auch Johann Philipp Holzmann die Freie Reichsstadt Frankfurt, als er 1856 in der Obermainstraße eine Holzschneiderei mit einem kleinen Wohnhaus errichtete und dorthin übersiedelte. Als 1858 die Fabrik abbrannte, zog er in die Schöne Aussicht, zwei Jahre später nach Oberlahnstein und 1863 zurück nach Frankfurt vor das Obermaintor ins Weckersche Haus, wo dann die neue Fabrik, die spätere Baufabrik, erbaut wurde. Bereits ein Jahr nach der endgültigen Wahl Frankfurts zum Familien- und Firmensitz entschloß sich Johann Philipp Holzmann aus gesundheitlichen Gründen, das Geschäft zum 1. Januar 1865 an seine beiden Söhne

Philipp Holzmann (1836–1904)

Philipp (1836–1904) und Wilhelm (1842–1913) zu übergeben. Die Übernahmebilanz vom 31. Dezember 1864, die älteste erhalten gebliebene Bilanz aus den ersten Jahrzehnten des Unternehmens, nennt folgende Aktiva:

Grundstücke und Gebäude	248569 Gulden
Maschinen und Geräte	55762 Gulden
Holzbestände	86631 Gulden
Verschiedenes	50012 Gulden
Insgesamt	440974 Gulden

Der Unternehmensgründer hatte zwangsläufig in den ersten beiden Jahrzehnten des Bestehens des Unternehmens mit primitiven Mitteln gearbeitet, die der Technik der Zeit entsprachen. Hand- und Pferdebetrieb waren die einzige damals übliche Art, Erdarbeiten auszuführen. Bei zwölfstündiger Arbeitszeit in der trockenen Jahreszeit und voller Arbeitsruhe im Winter wurden für einen kargen Lohn von 20–25 Pfennigen je Stunde hervorragende Leistungen

Wilhelm Holzmann (1842–1913)

erzielt. Ein bei diesen Erdarbeiten eingesetztes Pferd bewegte am Tag rund 20 m^3 Erde.

Die vertragliche Übernahme des Unternehmens erfolgte am 15. Mai 1865, wie die Eintragung im Handelsregister Frankfurt am Main belegt: «Am 15. Mai 1865 übergab der Bürger- und Handelsmann Johann Philipp Holzmann aus gesundheitlichen Gründen die seither von ihm unter der Firma Philipp Holzmann betriebene Handlung seinen beiden Söhnen, den hier verbürgerten Kaufleuten und Bauunternehmern Philipp und Johann Wilhelm Holzmann mit allen Aktiven und Passiven.»[5] Philipp Holzmann hatte von 1853 bis 1855 das Polytechnikum in Darmstadt besucht und nach einer zweijährigen praktischen Ausbildung als Kaufmann und Bauführer auf der Polytechnischen Hochschule Eisenbahnbau, Wasserbau, Brückenbau und Maschinenbau studiert. Sein Bruder Wilhelm hatte von 1860 bis 1865 in Karlsruhe und Stuttgart das Baufach erlernt. Während Philipp mehr den zukunftsorientierten Manager darstellte und die Verbindung von Bau- und Finanzgeschäften suchte, scheute Wilhelm das Risiko eines eigenständigen Unternehmers. Philipp wollte auf eigene Gefahr bauen und fremdes Kapital einspannen und setzte voll auf den Hochbau, während Wilhelm eher den Tiefbau bevorzugte. Diese unterschiedlichen Eigenschaften der beiden Brüder sollten Anfang der 1870er Jahre noch deutlicher zutage treten.

Bereits ein Jahr nach der Übernahme des väterlichen Unternehmens durch Philipp und Wilhelm Holzmann befand sich der Unternehmenssitz Frankfurt am Main angesichts der politischen Querelen zwischen Preußen und Österreich in einer problematischen Situation, was auch die Aktivitäten im Baugeschäft vorübergehend hemmte. Die Auseinandersetzungen zwischen Österreich und Preußen im Jahre 1866 zerstörten den politischen Rahmen, der seit dem Wiener Kongreß Deutschland staatlich geformt hatte.[6] Die Politik Otto von Bismarcks setzte dieser Epoche gewaltsam ein Ende.[7] Preußen sicherte sich seine Vorherrschaft durch den Norddeutschen Bund und brachte vier selbständige Gliedstaaten des vormaligen Deutschen Bundes durch Annexion unter seine direkte Herrschaft, nämlich das Königreich Hannover, das Kurfürstentum Hessen, das Herzogtum Nassau und eben die Freie Stadt Frankfurt am Main. Die privaten, gesellschaftlichen und geschäftlichen Kontakte der Frankfurter Kaufmannschaft tendierten traditionsgemäß eher zu Österreich als zu Preußen. In der Stadt herrschte 1866 eine antipreußische Stimmung. Die Frankfurter Kaufmannschaft und der Senat waren von Anfang an der Meinung, sie stünden mit ihrer Zuneigung zu Österreich auf der siegreichen Seite. Doch diese eindeutige Stellungnahme der Frankfurter Bürger gegen Preußen wurde alsbald nachhaltig korrigiert. Der Senat der Freien Stadt Frankfurt hatte zwar erklärt, daß er auf dem Boden des Bundesrechts stehe, aber keinen Krieg führe. Man wollte den Konflikt als «offene Stadt» überstehen. Am 16. Juli 1866 besetzte jedoch die Preußische Mainarmee unter General Vogel von Falckenstein das österreichisch gesinnte Frankfurt. Preußen legte der Stadt eine Kriegskontribution von 6 Mio. Gulden auf (etwa 10 Mio. Mark), die in der Frankfurter Bank vorhanden waren und unter Protest prompt bezahlt wurden. Vier Tage später forderte der Nachfolger von General Vogel von Falckenstein, General Edwin von Manteuffel, eine Kontribution von 25 Mio. Gulden. Diese letztlich nicht durchgesetzten Forderungen riefen energische Proteste in den Repräsentativorganen und der Bevölkerung der Stadt hervor.

Die preußische Militärherrschaft über Frankfurt dauerte ein knappes Vierteljahr. Nach dem Annexionsgesetz vom 23. September 1866 wurden Preußische Gesetze und Verordnungen, zudem Ministerialerlasse, Verordnungen des Oberpräsidenten in Kassel und der Königlichen Regierung in Wiesbaden für Frankfurt verbindlich, um die rechtliche Einbindung in die preußische Monarchie herbeizuführen. Zwar wurde die erhobene Kriegskontribution von 6 Mio. Gulden zurückgegeben, aber Bismarck wollte nicht nur der ehemaligen Bundeshauptstadt die Selbständigkeit nehmen, sondern er hegte wohl auch einen kleinen Groll gegen die hochmütigen Frankfurter, die ihn während der Zeit, als er preußischer Gesandter am Bundestag gewesen war, mit wenigen Ausnahmen nur höflich, aber nicht mit Herzlichkeit aufgenommen hatten. Die Stimmung in Frankfurt blieb nach der Annexion weiterhin antipreußisch. Erst der siegreiche Feldzug gegen Frankreich 1870/71 und die Erhebung des preußischen Königs zum Kaiser schufen eine pro-preußische Gesinnung. Der Frankfurter Friede wurde nach Bismarcks Worten auch der Frieden mit Frankfurt. Jetzt erst war das Jahr 1866 vergessen.

Für die Neubürger-Familie Holzmann konnte das Ende der Frankfurter Selbständigkeit eigentlich nur von Vorteil sein. Die schon 1864 erreichte Gewerbefreiheit schuf mehr unternehmerischen Freiraum. Die Zugehörigkeit zum preußischen Staatsverband öffnete dem Bauunternehmen schließlich einen ganz neuen Wirtschaftsraum. Die bei der Annexion bereits gut etablierte Bauhandlung Holzmann konnte als Teil einer boomenden Branche den neuen politischen Verhältnissen mit Optimismus entgegensehen.

2. Die Verbindung zur Internationalen Baugesellschaft – Gründerzeit-Boom und Krise

Frankfurt am Main war bis zur Gründung des Deutschen Reiches 1871 der zentrale Bank- und Börsenplatz in Deutschland, ein international anerkannter Finanzplatz, Berlin noch nicht das beherrschende Zentrum. Mit dem politischen Aufstieg und der wirtschaftlichen Konzentration in der neuen Hauptstadt, aber vor allem mit der Konzentration aller bedeutenden neugegründeten Aktienbanken bis Mitte der 1880er Jahre begann der unaufhaltsame Aufstieg Berlins zu einem weltweit anerkannten Bank- und Börsenplatz. Frankfurt war nun zu einer preußischen Provinzstadt degradiert.[8] Die großen Banken, die Deutsche Bank, die Berliner Handelsgesellschaft und die Disconto-Gesellschaft, aber auch die großen Unternehmen wie Siemens, AEG, Borsig, Krupp, Thyssen und viele andere konzentrierten sich auf Berlin, das rheinisch-westfälische und das schlesische Industriegebiet. Die Frankfurter Banken und Unternehmen hatten es versäumt, in der neuen Industriegesellschaft eine führende Position zu erlangen.

Der auf den Deutsch-Französischen Krieg folgende Gründungsboom konzentrierte sich im wesentlichen auf die neue Reichshauptstadt, wo Banken und Unternehmen in der Rechtsform einer Aktiengesellschaft wie Pilze aus dem Boden schossen. Am 11. Juni 1870 hatte die preußische Regierung eine Novelle herausgegeben, die unter dem Einfluß der liberalen Wirtschaftsauffassung die Konzessionspflicht für Aktiengesellschaften und jede Art von Staatszwang aufhob. In dieser Novelle wurde auch festgelegt, daß von nun an jede Aktiengesellschaft als Handelsgesellschaft zu gelten habe, auch dann, wenn der Gegenstand des Unternehmens nicht in Handelsgeschäften bestand. Die Gründung des Deutschen Reiches am 18. Januar 1871 im Spiegelsaal von Versailles sowie die hohe französische Kriegskontribution von 5 Mrd. Francs riefen in Verbindung mit einer politischen und wirtschaftlichen Euphorie ein Gründungsfieber hervor und führten zu einer Umstrukturierung des wirtschaftlichen Lebens in einem nie zuvor gekannten Ausmaß. Frankfurt konnte den Kapitalbedarf der süddeutschen Staaten, in denen der Gulden vorherrschte, nicht mehr decken und verlor seinen Ruf als erster Finanzplatz Deutschlands.[9] Der Preußische Taler begann zu jener Zeit seinen Siegeszug. Hinzu kam, daß das Frankfurter Bankhaus Rothschild seine dominierende Position bei der preußischen Staatsanleihe verlor und an seine Stelle die Disconto-Gesellschaft und die Deutsche Bank zu Berlin traten. In dem unter Führung der Seehandlung stehenden «Preußenkonsortium» spielten sie zusammen mit Bleichröder, Berlin, die führende Rolle.[10]

Unter den Neugründungen von Banken und Unternehmen befanden sich auch zahlreiche Baubanken, Bau- und Immobiliengesellschaften. Allein im Jahre 1872 wurden 61 Baubanken, Bau- und Immobiliengesellschaften mit einem Kapital von 227,3 Mio. Mark gegründet. Es war in jener Zeit üblich, daß Baugesellschaften in Baubanken umgewandelt wurden, die das Gründungsgeschäft intensiv betrieben.[11] Auch im ersten Halbjahr 1873 kam es noch, nach Aufstellungen von Berliner Zeitungen, zur Gründung von 22 Baugesellschaften mit einem Kapital von 26,56 Mio. Mark. Viele dieser Baubanken, Bau-, Immobilien- und Terraingesellschaften waren jedoch Eintagsfliegen, sogenannte Etagengesellschaften, die in der Mitte 1873 einsetzenden Krise sofort wieder verschwanden. Nur wenige überstanden die schwere Krise. Eine dieser Terraingesellschaften, die 1872 in Frankfurt am Main als Aktiengesellschaft errichtete «Internationale Bau- und Eisenbahngesellschaft» (Umbenennung am 28. Juni 1893 in «Internationale Baugesellschaft») überstand die Krise ohne Schwierigkeiten.[12] Die Gründer der Internationalen Baugesellschaft waren:

Name der Gründer	Ursprüngliche Beteiligung (Taler)	Von der Deutschen Vereinsbank inklusive Gründerrechte zurückgenommen (Taler)	Verbliebene Gründerrechte (Taler)
Anglo-Deutsche Bank, Hamburg	700 000,–	– 217 000,–	483 000,–
M. M. Warburg & Co., Hamburg	900 000,–	– 456 000,–	444 000,–
Deutsche Bank, Berlin	1 500 000,–	– 590 000,–	910 000,–
E. J. Meyer, Berlin	4 350 000,–	– 145 000,–	4 205 000,–
Anglo-Österreichische Bank, Wien	2 550 000,–	– 2 240 400,–	309 600,–
Deutsche Vereinsbank, Frankfurt am Main		+ 3 648 400,–	6 351 600,–
Insgesamt	10 000 000,–		10 000 000,–

Offensichtlich hatte sich bald nach der Gründung 1872 gezeigt, daß das Kapital von 10 Mio. Taler nicht an der Börse unterzubringen war. Aus diesem Grunde erklärte sich die Deutsche Vereinsbank, Frankfurt am Main, als Initiator der Gründung bereit, Teile der Gründungsaktien der fünf anderen Bankhäuser zu übernehmen, so daß sie Anfang 1873 knapp 62% des Aktienkapitals der Internationalen Baugesellschaft besaß.[13] Das Kapital von 10 Mio. Talern, das zunächst mit 10% und alsbald mit bis zu 25% eingezahlt worden war, wurde 1876 unter Erlaß der Resteinzahlung von 75% in 7500000 Mark zusammengelegt. 1882 wurde das Kapital auf 3300000 Mark reduziert und um 3150000 Mark Vorzugsaktien wieder erhöht. Die Gründungsrechte der Anglo-Deutschen Bank gingen später auf die Dresdner Bank im Wege der Fusion über.

Doch auch in den nachfolgenden Jahren spielte die Deutsche Vereinsbank, Frankfurt am Main, die führende Rolle in der Internationalen Baugesellschaft. Die Deutsche Vereinsbank war 1871 von mehreren süd- und norddeutschen Banken gegründet worden. Die Führung im Gründungskonsortium lag bei der Württembergischen Vereinsbank in Stuttgart und der Rheinischen Creditbank in Mannheim. Die Deutsche Vereinsbank trat im Laufe der 1880er Jahre in enge Verbindung mit dem Wiener Bankverein und der Deutschen Bank. Sie gehörte wie die Württembergische Vereinsbank und die Rheinische Creditbank dem Einflußbereich der Deutschen Bank an. 1929 allerdings wurde sie nicht von der Deutschen Bank, sondern von der Deutschen Effekten- und Wechselbank übernommen, die 1872 unter Mitwirkung der Deutschen Vereinsbank gegründet worden war.[14] Die Zugehörigkeit der Internationalen Baugesellschaft zum Einflußbereich der Deutschen Bank Ende des 19. Jahrhunderts sollte für das Bauunternehmen Philipp Holzmann eine zentrale Rolle in seiner Entwicklung spielen.

Zu den Aufgaben der Internationalen Baugesellschaft gehörten:
- Unternehmung und Ausführung von Bauten aller Art, sowohl für eigene wie für fremde Rechnung oder gemeinschaftlicher Unternehmung, insbesondere Bau von Eisenbahn(-strecken) entweder in eigener Bauherrschaft oder im Auftrag von Regierungen, Kommunen, Gesellschaften oder Privaten
- Bau von Brücken, Kanälen, Wohnhäusern
- An- und Verkauf von Immobilien jeder Gattung
- Anlage von Straßen und Stadtteilen
- Fabrikation von Baumaterialien, Erwerb und Ausbeutung von Steinbrüchen, Schiefergruben und Wallgruben
- finanzielle und technische Beteiligung an anderen Gesellschaften, welche gleiche Zwecke anstreben.[15]

Die Internationale Baugesellschaft besaß allein in Frankfurt einen erheblichen Grundbesitz in bester Lage von rund 250000 m^2, der in der Bilanz von 1875 mit 3,9 Mio. Mark zu Buche stand, mehrere Wohn- und Geschäftshäuser im Buchwert von rund 1,4 Mio. Mark. Gleichzeitig war sie an auswärtigen Immobilien und Bauausführungen finanziell beteiligt.

Für die Ausführung ihrer großen Baupläne suchte diese Gesellschaft nun gemäß ihrer Zielsetzung (finanzielle und technische Beteiligung an anderen Gesellschaften, welche gleiche Zwecke anstreben) einen tatkräftigen und weitschauenden Unternehmer. Die Internationale Baugesellschaft verfügte über hohe finanzielle Mittel und besaß gleichzeitig genügend hochwertigen Grundbesitz, führte aber selbst keine Bauprojekte aus. Dem Bauunternehmen Philipp Holzmann hingegen fehlten die finanziellen Mittel und der notwendige Grundbesitz, um in der stark wachsenden Baukonjunktur Anfang der siebziger Jahre erfolgreich mithalten zu können. Die starke Nachfrage nach Bauland und großen Bauprojekten im Hochbau, in der Kanalisation und Wasserversorgung, im Brückenbau, Eisenbahnbau, Wasserbau und im Erdbau war eine Folge und ein Ergebnis der politischen, industriellen und der sozial-ökonomischen Revolution. Die Befreiung des Bodeneigentums aus den alten feudalen Bindungen und die Industrielle Revolution führten zur Mobilisierung der menschlichen Arbeitskraft und zur Urbanisierung, zur Verdichtung der Bevölkerung in den Städten als Folge der Land-Stadt-Wanderung und zu neuen Arbeitsplätzen. Der Bedarf an Wohnraum und damit an bebaubaren Grundstücken in den großstädtischen Agglomerationen wuchs stürmisch.[16] Auf der Basis dieser Nachfragesteigerung machten die Terraingesellschaften den Boden nutzbar, indem sie ihn aus den zum Teil geschäftlich unbeweglichen Händen des Urbesitzes lösten und ihn der Bebauung zur Verfügung stellten.

Das Unternehmen Philipp Holzmann stand Anfang der siebziger Jahre infolge des sich anbahnenden Baubooms vor der Entscheidung, entweder als kleines, regionales Bauunternehmen weiterzuwirtschaften oder nach Möglichkeiten zu suchen, rasch zu expandieren und zu einem bedeutenden Bauunternehmen aufzusteigen. Es war klar, daß Philipp Holzmann, der das Risiko liebte, sich für die Expansion entschied. Sein Bruder Wilhelm allerdings, risikoscheu und eher dem Tiefbau zugetan, wollte diese Expansion als Teilhaber des Baugeschäftes nicht mittragen. Es scheint in dieser Zeit zu erheblichen Meinungsverschiedenheiten über die zukünftige Richtung des Unternehmens zwischen den beiden Brüdern gekommen zu sein. Philipp Holzmann setzte sich schließlich mit seiner Idee durch, so daß es Anfang 1873 zu einer Neuordnung der Geschäftsleitung kam. In einem Vertrag vom 1. März 1873 trat Wilhelm seinen Geschäftsanteil an seinen Bruder Philipp ab und erhielt hierfür ca. 885000 Mark, davon 500000 Mark in bar, den Rest als hälftigen Anteil auf die von dem Unternehmen auf eigene Rechnung gebauten

Wohnhäuser, die damit aus dem Vermögen des Unternehmens ausschieden. Da Philipp seinen Bruder Wilhelm als Ingenieur und Sachkenner des Erd- und Eisenbahnbaus hoch schätzte, erfolgte diese Umorganisation jedoch einvernehmlich. Der Vertrag wurde auf neun Jahre mit automatischer Verlängerung abgeschlossen. Wilhelm trat als Leiter der Eisenbahnabteilung in das Unternehmen ein und verpflichtete sich unter Zahlung einer Konventionalstrafe von 100000 Talern «bis zum 31. Dezember 1878 in Frankfurt am Main oder fünf Meilen im Umkreis kein Geschäft in der Branche der Firma Philipp Holzmann & Co. zu errichten oder sich an einem solchen zu beteiligen: ausgenommen hiervon sollen Übernahme bei Erdarbeiten und Kunstbauten sein».[17]

In dieser Änderung an der Firmenspitze ist die grundsätzliche Verschiedenheit der beiden Brüder sowohl in ihrer charakterlichen als auch in ihrer kaufmännischen und technischen Veranlagung sichtbar. Philipp war von seinen Fähigkeiten und von einer großen Entwicklungsmöglichkeit des Unternehmens überzeugt. Er wagte den vollen Einsatz, selbst unter Aufgabe seiner finanziellen Selbständigkeit. Wilhelm dagegen war der vorsichtigere der beiden Brüder, der zwar bereit war, als Baumeister große Wagnisse auf sich zu nehmen, aber lieber der kleine, unabhängige Unternehmer geblieben wäre. Die Befreiung des Erd- und Kunstbaus von der Konkurrenzklausel zeigt darüber hinaus deutlich, daß Philipp die Entwicklung des Unternehmens zur Größe im Hochbau sah und nicht im Tiefbau, eine Blickrichtung, die allerdings in der folgenden Zeit dahingehend korrigiert wurde, daß auch der Tiefbau sich zu einem bedeutenden Geschäft des Unternehmens entwickelte. Wilhelm blieb auch in der Nachfolgezeit dem Unternehmen treu. Er leitete die großen Tiefbauarbeiten, wurde 1876 Prokurist und übernahm nach dem Tod seines Bruders Philipp im Jahre 1904 den Vorsitz im Beirat der Gesellschaft, den er bis zu seinem Tode 1913 innehatte.

Philipp suchte nun, um seine Ideen zu verwirklichen, einen finanzkräftigen Partner, den er in der Internationalen Baugesellschaft fand. Unter dem Datum des 13. August 1873 wurde im Handelsregister zu Frankfurt am Main folgender Eintrag getätigt:

«Herr Philipp Holzmann, Kaufmann und Bauunternehmer von hier, hat am 1. dieses Monats dahier in Gemeinschaft mit der hiesigen Aktiengesellschaft ‹Internationale Bau- und Eisenbahnbau-Gesellschaft› eine Kommanditgesellschaft unter der Firma ‹Philipp Holzmann & Co.› errichtet, welche er (Holzmann) als persönlich haftender Gesellschafter vertritt und die Firma zeichnet. Die obenbesagte Aktiengesellschaft hat sich als Kommanditistin mit einer Kapitaleinlage von einer Million viermalhunderttausend Gulden beteiligt; ferner hat die obenbesagte Kommanditgesellschaft den Herrn Salomon Jacob Katz und Georg Naes, beide dahier, jedem für sich Prokura erteilt. Die Aktiven und Passiven der Firma ‹Philipp Holzmann› sind auf obige Gesellschaft übergegangen.»[18]

An dieser neuen Kommanditgesellschaft Philipp Holzmann & Co. beteiligte sich die Internationale Bau- und Eisenbahngesellschaft mit 1,4 Mio. Gulden, die 1874 auf 1 Mio. Taler (3 Mio. Mark) erhöht wurden. Der Vertrag mit der Internationalen Baugesellschaft wurde zunächst auf zehn Jahre geschlossen. Philipp Holzmann war allein vollhaftender Teilhaber mit einer Kapitaleinlage von lediglich 550000 Mark, während die Internationale Baugesellschaft als Kommanditistin mit ihrer Geschäftseinlage von 3 Mio. Mark haftete. Am 1. Januar 1883, nach Ablauf der zehnjährigen Frist, wurde der Vertrag in Anbetracht der «intimen Verhältnisse zwischen der I. B. und ihrem Baugeschäft» erneuert und in der Weise abgeändert, daß die Internationale Baugesellschaft als offener Gesellschafter in die Kommanditgesellschaft eintrat. Da jetzt nur noch die beiden Gesellschafter eingetragen waren, wandelte sich Philipp Holzmann & Co. zu einer offenen Handelsgesellschaft. Die Direktion der Internationalen Baugesellschaft bildeten Franz Lion und Philipp Holzmann.

Einen guten Überblick über die Verhältnisse der neuen Gesellschaft gibt die Bilanz vom 31. Dezember 1873, die ursprünglich in Gulden geführt und aufgestellt war, hier aber in abgerundeten Markbeträgen (1 Gulden = 1,71 Mark) dargestellt wird.

Bilanz per 31. Dezember 1873

Soll		M	Haben		M
Kasse		41000	Kapitaleinlage I.B.		2400000
Fabrikgebäude	156000		Kapitaleinlage		
Ziegeleien	530000		Philipp Holzmann		600000
Grundstücke	415000		Wechsel		255000
Cöllner Steinbruch (Pfalz)	63000		Gläubiger:		
	1164000	1164000	Frankfurter		
Geräte und Maschinen			Vereinsbank	900000	
in den Fabriken			Ph. Holzmann	366000	
u. Ziegeleien		122000	Sonstige	335000	
Bauinventar		470000		1601000	1601000
Fuhrwesen, Pferde			Hypotheken		87000
Wagen, Geschirre		54000	Gewinn		353000
Holz, Eisen u. Baustoffe		585000			
Steinmetzkonto		52000			
Büro-Neubau		82000			
Schuldner		1700000			
Aversalkonto der Firma Ph. Holzmann		1026000			
		5296000			5296000

Der Umsatz betrug 1873 lediglich rund 4 Mio. Mark. Die Kapitaleinlage wurde somit nur 1,33fach umgeschlagen. Auf dieser Ausgangsbasis entwickelte sich das Baugeschäft in den nächsten Jahren jedoch hervorragend.

Obwohl die Internationale Baugesellschaft in ihren Geschäftsberichten immer von «unserem Baugeschäft» sprach, geht aus allen Unterlagen der nachfolgenden Jahre hervor, daß Philipp Holzmann das alleinige Sagen hatte und die Gründer der Internationalen Baugesellschaft, hier insbesondere natürlich der Vorstand der Deutschen Vereinsbank, sich lediglich auf die Zuteilung der finanziellen Mittel und des Baugeländes beschränkten.

3. Die Entwicklung der organisatorischen Grundstruktur

Charakteristisch für die erste Epoche des Unternehmens (1849–1865) war im wesentlichen die Begrenzung des Tätigkeitsfeldes auf die Umgebung von Frankfurt. Es gab noch keinen festen Unternehmenssitz, von dem aus das Unternehmen geleitet wurde. Vielmehr zog der Gründer Johann Philipp Holzmann mit seiner Familie und den Arbeitern von Baustelle zu Baustelle. Fachlich wurde der Erdbau bevorzugt. Aber dennoch sind erste strategische Überlegungen erkennbar. So schuf Johann Philipp Holzmann mit der Holzschneiderei in der Obermainstraße in Frankfurt 1855/56 eine erste «Zentrale». Zwar brannte diese zwei Jahre später völlig aus, aber acht Jahre später errichtete er an gleicher Stelle die Baufabrik, die mit Gatter- und Werkzeugmaschinen aller Art ausgestattet war und durch eine 60-PS-Maschine und eine Kesselanlage für 60000 Gulden angetrieben wurde.[19] In der Baufabrik wurden Fenster, Türen, Treppen und Beschläge für den Hochbau hergestellt sowie das Holz für die Zimmerei vorbereitet.

Bereits zu diesem Zeitpunkt hatte sich eine Entwicklung angebahnt, die Philipp Holzmann, der Sohn des Gründers, vorantrieb und als Grundstruktur des Unternehmens beibehielt: Die Herstellung der Baustoffe erfolgte stets im eigenen Betrieb. Hieraus entwickelte sich im Laufe der Jahre die vertikale Gliederung des Unternehmens.[20] Aus dieser Idee heraus entstanden als Basis des Unternehmens die Fabrikationsbetriebe, die Baufabrik und die Holzschneiderei, die Ziegeleien und die Abteilung für Steinmetzarbeiten. In diesen Basisbetrieben arbeitete ein hochqualifiziertes Personal, das in den nachfolgenden Jahren den Erfolg des Unternehmens im Hochbau, in der Kanalisation und der Wasserversorgung, im Brückenbau, Eisenbahnbau und Wasserbau sowie im Erdbau garantierte.

Die bis 1887 unter der Leitung von Karl Sonntag arbeitende Baufabrik Obermainstraße 52 bestand aus Schreinerei, Zimmerei, Schlosserei, Schmiede und Wagnerei mit den notwendigen Arbeitsmaschinen. Ihre wesentliche Aufgabe bestand darin, die Bauarbeiten für andere Abteilungen vorzubereiten. In Nachbarschaft der Baufabrik am Main lag die Holzsägerei mit vier Sägegattern, fünf Zirkularsägen und einer Brettersäge, die alle von einer Dampfmaschine mit 30 PS betrieben wurden. Hier wurden von zwei Polieren, die 300 Zimmerleute beaufsichtigten, alle Schreinerarbeiten für die großen Hochbauten, etwa die Kasernenbauten in Metz oder die schweren Tore zur Mainkanalisierung, erstellt. Karl Sonntag hatte hier auch die Errichtung einer Imprägnieranstalt in der «Kreissäge» veranlaßt; aus ihr stammte das erste Holzpflaster, das in Frankfurt an der Hauptwache verlegt wurde. Auch entstanden in der Baufabrik die ersten Holzkastenkipper sowie viele andere wichtige Baugeräte.

In der Unternehmensstruktur von Philipp Holzmann durften natürlich auch die eigenen Ziegeleien nicht fehlen. Bereits vor 1868 hatte Philipp Holzmann in Hainstadt, Kreis Offenbach am Main, eine Ziegelei errichtet, die nach und nach mit drei Hoffmannschen Ringöfen, vier Muffelöfen für Eisenschmelz-Verblender-Brand und einem Kanalofen ausgestattet wurde. Am 10. Februar 1872 pachtete Philipp Holzmann für 25 Jahre das Hofgut Gehespitz von der Fürstlich Isenburgischen Kellerei für 600 Gulden und errichtete ein Jahr später hier eine leistungsfähige Ziegelei mit einer Jahresproduktion von 4 Mio. Steinen, die zusammen mit den Hainstädter Erzeugnissen bis auf mehr als 17 Mio. Stück im Jahr 1890 anstieg. Bei Bauherren besonders beliebt waren glasierte Verblendsteine, Fußboden- und Wandplatten sowie Baderaumsteine, die in 17 Farben in den Ziegeleien hergestellt wurden. In den Jahren 1905–1914 betrug die Jahresleistung der verschiedenen Erzeugnisse rund 40 Mio. Stück, die auch im Ausland, besonders in Rußland, in großen Mengen abgesetzt werden konnten. Die Ziegelei Hainstadt wurde 1920 verkauft. 1873 erwarb Philipp Holzmann in der Gemarkung Rödelheim bei Frankfurt ein Grundstück, auf dem er die dritte Ziegelei errichtete. Dort wurden jährlich etwa 10 Mio. Hintermauersteine erzeugt. Organisatorisch wurden die drei «Holzmannschen Ziegeleien» Hainstadt, Gehespitz und Rödelheim bereits 1873 vom Baugeschäft abgetrennt und als selbständige Einheit weitergeführt. Sie bildeten die Urzelle der späteren Ziegeleiabteilung. Zwei weitere Ziegeleien errichtete Philipp Holzmann 1889: das Werk Rosenkrantz bei Kiel zur Deckung des großen Bedarfs an roten Vormauersteinen für den Bau des Kaiser-Wilhelm-Kanals (heute Nord-Ostsee-Kanal) und das Werk Sauen im Kreis Beeskow in der Mark im Hinblick auf den Bedarf Berlins an Ziegelsteinen. 1892 erzeugten die fünf Ziegeleibetriebe 48 Mio. Steine.

Bereits diese Entwicklung zeigt, daß das Unternehmen Philipp Holzmann in den neunziger Jahren weit über den Raum Frankfurt hinaus gewachsen war und in allen Teilen Deutschlands eine vielseitige Bautätigkeit entwickelt hatte. Die Erzeugnisse der Holzmannschen Ziegeleien zeichneten sich durch eine hervorragende Frost- und Säurebeständigkeit aus. Für ihren Vertrieb wurde nach und nach eine umfangreiche Vertreterorganisation, zunächst im Bereich Frankfurt, dann aber in 70 in- und ausländischen Städten aufgebaut. Die Steinprodukte der Ziegeleien wurden mehrfach auf Industrieausstellungen ausgezeichnet. So erhielt das Unternehmen beispielsweise auf der Pariser Weltausstellung 1890 eine goldene Medaille.

Der von Philipp Holzmann forcierte Einstieg des Unternehmens in den Hochbau verlangte von Anfang an eine hochqualifizierte Steinmetz- und Bildhauereiarbeit. Aus diesem Grunde gliederte er Anfang der siebziger Jahre der Baufabrik, der Holzsägerei und den Ziegelbetrieben eine Steinschneiderei an, die für die nachfolgende Entwicklung des Unternehmens vor allem im Hochbau eine überragende Bedeutung erlangte. Um bei den geplanten großen Monumentalbauten nicht auf kleine Handwerksbetriebe angewiesen zu sein, kaufte oder pachtete Philipp Holzmann viele Steinbrüche im Maintal, in der Pfalz, in Bayern und Schlesien, richtete Werkstätten mit Bahn- und Wasseranschluß ein und stattete die Bruchbetriebe mit allen notwendigen und auf dem neuesten technischen Stand befindlichen Geräten aus. Auf diese Weise schuf er eine Steinmetz- und Bildhauereiabteilung, deren Umsatz bereits im Jahre 1875 mehr als 15% des Gesamtumsatzes betrug. Diese Abteilung hatte seit 1875 maßgeblichen Anteil an der Errichtung fast aller bedeutenden, mit Natursteinen ausgeführten Bauten in Deutschland. In den Holzmannschen Steinbrüchen wurde roter Sandstein in Großheubach, in Eichenbühl im Maintal und in Olsbrücken in der Pfalz gewonnen, grauer Sandstein in Lauterecken in der Rheinpfalz, gelber Sandstein in Burgpreppach in Unterfranken, in Haßfurt bei Schweinfurt, in Leiningen in der Rheinpfalz, in Kudowa in Schlesien und Wandersleben bei Erfurt. Grauen Tuffstein lieferte der Bruch in Ettringen (Eifel), Muschelkalkstein die Brüche in Grünsfeld in Baden und in Kirchheim (Unterfranken). In den Brüchen in Gronsdorf bei Kelheim, in

Steinbruch Marching bei Neustadt an der Donau

Ebenwies bei Regensburg und in Marching bei Neustadt an der Donau wurde der Donaukalkstein abgebaut und in Weilheim bei Treuchtlingen in Bayern schließlich Juramarmor.

Die Steinschneiderei, die neben der Baufabrik stand, arbeitete mit vier Sägegattern und Steinhobelmaschinen, die durch eine Dampfmaschine mit 12 PS angetrieben wurden.

Der Fuhrpark des Unternehmens bestand 1875 aus 37 eigenen Pferden mit Wagen und Geschirr. Außerdem waren täglich verschiedene Lohnfuhrwerke mit durchschnittlich 120 Pferden im Einsatz. Die Zahl der in den Basisbetrieben beschäftigten Arbeiter belief sich im Durchschnitt auf 1800 Personen. Der Umsatz des Jahres 1875 verteilte sich auf die verschiedenen Geschäftszweige wie folgt:

Erdarbeiten, Chaussierungen und Kunstbauten	1463000 Mark	22,4%
Kanal- und Wasserleitungsarbeiten	565000 Mark	8,5%
Hochbauten	2581000 Mark	39,5%
Steinmetzarbeiten und Werksteine	935000 Mark	14,3%
Bildhauerarbeiten	77000 Mark	1,2%
Ziegeleibetrieb	480000 Mark	7,4%
Holzschneiderei, Reparaturbauten und Diverses	437000 Mark	6,7%
Insgesamt	6538000 Mark	100 %

Bereits 1876 besaß das Unternehmen eine straffe Organisation. In den einzelnen Abteilungen arbeitete ein hervorragend ausgebildetes Personal, das unter der Leitung von Philipp Holzmann den Erfolg des Unternehmens garantierte. Ihm zur Seite standen Ludwig Becker als Prokurist und Peter Ullmicher als sein Sekretär, heute würde man Vorstandsreferent sagen. Die Verwaltung des Unternehmens bestand im wesentlichen aus acht Abteilungen:

1. Kaufmännisches Büro – fünf Personen
2. Materialverwaltung – zehn Personen
3. Abteilung Bahnbau – sieben Personen
4. Abteilung Kanalbau und Wasserleitung – 14 Personen
5. Abteilung Hochbau – 18 Personen
6. Steinmetzabteilung – sieben Personen
7. Bildhauerei – eine Person
8. Baufabrik und Holzschneiderei – zwölf Personen.

Mit Philipp Holzmann arbeiteten in der Verwaltung insgesamt 75 Personen. Über das Generalsalärkonto (Gehaltskonto) wurden außer Philipp Holzmann offensichtlich nur die ersten sieben leitenden Beamten geführt. Ihr Gehalt betrug im Mittel der Jahre 1876–1878 insgesamt rund 76000 Mark, und die sachlichen Generalspesen beliefen sich auf 65000 Mark. Der Leiter der Steinmetzabteilung erhielt als Vergütung für eine Kutsche, eine Fourage und ein Pferd 1800 Mark und Philipp Holzmann selbst über ein Unkostenkonto für

Fourage von drei Pferden und für eine Kutsche 3600 Mark. Die Geschäftsräume der acht Verwaltungsabteilungen befanden sich in dem neuerrichteten Bürogebäude der Obermainstraße 51. Philipp Holzmann war als alleiniger Chef für den gesamten Betrieb verantwortlich, zugleich bildete er zusammen mit dem Bankier Franz Lion den Vorstand der Internationalen Bau- und Eisenbahngesellschaft. Nach dem Geschäftsbericht über das Jahr 1874 beschäftigte das Unternehmen in diesem Jahr bereits 102 Techniker und Verwaltungsbeamte, 2012 Handwerker und Arbeiter, während es noch 1869 lediglich vier Beamte besessen hatte. Außerdem waren 24 Dampfmaschinen mit insgesamt 200 PS vorhanden.

Schon früh ging Philipp Holzmann daran, ständige Baubüros zu errichten, so in Straßburg 1879 für die großen Bauten der neuen Universität, in München 1880 für den Bau der Wasserversorgung, für die Kleinkanalisationsarbeiten in Düsseldorf, Elberfeld und Krefeld sowie 1882 in Hamburg, als ihm der Ausbau des Segelschiffhafens übertragen wurde. In Berlin ließ er 1886 das dortige Büro als Zweigniederlassung handelsgerichtlich eintragen, nachdem ihm der schwierige Bau der Kaiser-Wilhelm-Brücke zwischen Lustgarten und Kaiser-Wilhelm-Straße übertragen worden war. Als kluger Geschäftsmann ging Philipp Holzmann von dem Grundsatz aus, stets beste Arbeit zu liefern, auch wenn die Arbeit höhere Kosten verursachte, als in der Preisberechnung vorgesehen war. So hat er zum Beispiel die Kosten bei der Korrektion des Landgrabens in den Gemarkungen Karlsruhe und Mühlburg (1880–1883) selbst übernommen.

Kaiser-Wilhelm-Brücke in Berlin, 1886

4. Die Tätigkeitsfelder

Hochbau

Philipp Holzmanns Bauleidenschaft richtete sich auf den Hochbau. Schon bald nach der Übernahme des Baugeschäftes von seinem Vater begann er in Frankfurt auf einem zum Teil noch vom Vater erworbenen Gelände an der späteren Rückertstraße, am Palmengarten und an der Leerbachstraße mit dem Bau von 16 firmeneigenen, mehrstöckigen Wohnhäusern. Die Baukosten betrugen 915 000 Gulden (1,55 Mio. Mark) und waren zur Hälfte mit Krediten finanziert. Neben einigen Zweckbauten (Bahnwärterhäuser, Güterhallen, Lokomotivschuppen) baute er 1870/71 die Bockenheimer Kavalleriekaserne, die vor der Verbindung mit der Internationalen Baugesellschaft seine größte Hochbauleistung blieb.

Dem Hochbau gehörte nach 1870 die Zukunft. Vor allem die Industriestädte wuchsen rasant an, da die Menschen nach Bauern- und Gewerbefreiheit neue Arbeitsmöglichkeiten suchten und vom Land in die Stadt, das heißt in die Nähe ihres Arbeitsplatzes zogen. In Frankfurt am Main war die Gewerbefreiheit erst 1867 voll eingeführt, so daß nun auch in dieser Banken-, Messe- und Handelsstadt sich neue Gewerbe- und Industriebetriebe ansiedelten. Die Bevölkerung wuchs auch in Frankfurt rasch an, von 1866 mit 65 000 Einwohnern auf 245 000 Einwohner 1895. Wohn- und Geschäftshäuser mußten gebaut werden sowie Mietwohnungen, aber auch repräsentative Villen. Philipp Holzmann hatte diese Entwicklung erkannt und wußte, daß sein Unternehmen den «Sprung in die Moderne» nur über einen leistungsfähigen Hochbau schaffen konnte.

Um bei dieser Entwicklung mithalten zu können, bedurfte es hoher finanzieller Mittel, einer soliden Kapitalbasis, die Philipp Holzmann fehlte. Durch die Bauten in der Rückertstraße, am Palmengarten und an der Leerbachstraße, vor allem aber durch die Errichtung der Bockenheimer Kavalleriekaserne und der Errichtung der Baufabrik waren die flüssigen Mittel äußerst stark in Anspruch genommen, so daß Philipp Holzmann mit erheblichen Geldschwierigkeiten zu kämpfen hatte. Die Jahre 1866–1872 zählten wohl zu den schwierigsten des jungen Unternehmens. Philipp Holzmanns Ehefrau erzählte noch Jahre danach, «es seien als die Pferde im Stall gepfändet gewesen».[21] Das «als» bedeutete in Frankfurter Mundart «bisweilen» oder «ab und zu».

Die Diskussion um die Unternehmensstrategie der Zukunft war sicher auch eine Diskussion um den Einsatz finanzieller Mittel, das heißt Einstieg in den Bauboom und Expansion über die Grenzen Frankfurts vor allem im Hochbau oder Verharren als regionales Frankfurter Bauunternehmen. Die Grundsatzentscheidung, die Holzmann zu einem international operierenden Weltunternehmen werden ließ, fiel Anfang der siebziger Jahre, als Philipp

Holzmann sich mit seiner Lieblingsidee «Hochbau» durchsetzte und Wilhelm ins zweite Glied als Angestellter zurücktrat. Philipp Holzmann wußte allerdings auch, daß er ohne fremde Hilfe diesen Weg nicht gehen konnte. Ein Freund soll ihm damals geraten haben: «Du willst bauen, hast aber kein Geld, die Internationale Baugesellschaft hat Geld, aber nichts zu bauen.»[22] So führte die Verbindung mit der Internationalen Baugesellschaft gleich zu Beginn zu einer fruchtbaren Gegenseitigkeitspolitik, indem die Internationale Baugesellschaft der Kommanditgesellschaft die Bebauung ihres Geländes in dem Gebiet an der Bockenheimer Landstraße zwischen der Arndtstraße und Beethovenstraße übertrug. Auch in Zukunft wurde häufig so verfahren: Die Grundstücksgesellschaft stellte der Baufirma baureifes Gelände zur Verfügung, um das schwerverkäufliche Terrain nutzbringend zu gestalten. Die Kooperation begann zeitgleich mit der Gründerkrise, die Mitte 1873 einsetzte und bis in die achtziger Jahre andauerte. Philipp Holzmann hielt sich in dieser Zeit beim Bau von Mietshäusern auf eigene Rechnung völlig zurück. Er vermied so die großen Verluste, die andere Firmen in dieser spekulativen Gründerzeit hinnehmen mußten.

Gepflegt wurden zwar alle Gebiete des Hochbaus, vom einfachsten Weichenwärterhaus in Verbindung mit den Eisenbahnbauten über Güterhallen und Lagerhäuser hin zu den umfangreichen Fabrikbauten, wie zum Beispiel den Lahmeyerwerken und der Hanauer Pulverfabrik. Aber die Stärke des Unternehmens lag auf dem Gebiet des Baus der herrschaftlichen Villen, der repräsentativen Geschäfts- und Bankhäuser und des monumentalen Kulturbaus, Bauten also, bei denen Geld zu verdienen war. Hier erst war die Möglichkeit gegeben, den gepflegten Geschmack der eigenen Architekten, das handwerkliche Können einer ausgewählten Facharbeiterschaft, die Verwendung sauberer Werksteinarbeit aus den firmeneigenen Steinbrüchen, Bildhauereien und die künstlerische Verarbeitung edler Hölzer und handgeschmiedeten Eisens aus der eigenen Baufabrik zur qualitativen Anwendung zu bringen.

Die Jahre 1873–1895 gaben dem Unternehmen mannigfaltige Gelegenheit, sein großes Können zu beweisen. Der Bau des Frankfurter Opernhauses, des Städelschen Kunstinstituts, des Hamburger Rathauses und der Lager- und Silospeicher im Hamburger Hafen, des Amsterdamer Bahnhofs und des Schlosses Friedrichsdorf in Kronberg im Taunus sind nur einige herausragende Beispiele dieser Unternehmensstrategie im Hochbau.

Als erste bautechnische Glanzleistung nach der Kooperation mit der Internationalen Baugesellschaft ist der Bau des Opernhauses (Alte Oper) in Frankfurt am Main in den Jahren 1873–1880 zu nennen. Bereits am 14. Dezember 1869 hatte der Frankfurter Oberbürgermeister Daniel Heinrich Mumm von Schwarzenstein vor der Stadtverordnetenversammlung eine programmatische Rede zur Zukunftsgestaltung der Stadt Frankfurt gehalten und den «Neubau eines geräumigen Opernhauses»[23] gefordert. Im April 1871 wurden die Archi-

Frankfurter Opernhaus im Bau, 1873–1880

tekten Gédéon Bordiau (Brüssel), Rudolph Heinrich Burnitz (Frankfurt), Otto Brückwald (Leipzig), Johannes Heinrich Strack (Berlin) und Richard Lucae (Berlin) zu einem engeren Wettbewerb eingeladen. Letzterer erhielt am 14. August 1871 von der Jury, der auch Gottfried Semper und Friedrich Hitzig angehörten, den Zuschlag für seinen Entwurf. Lucae arbeitete dann die Pläne aus, die am 6. Juni 1872 von der Stadtverordnetenversammlung grundsätzlich genehmigt wurden, obwohl der Kostenrahmen noch nicht bestimmt war. Erst als dieser mit 1 200 000 Gulden feststand, entschied sich die Stadtverordnetenversammlung endgültig für das Projekt nach den Plänen von Lucae. Ursprünglich sollte auf dem Gelände der heutigen Börse gebaut werden. Die Stadtverordnetenversammlung entschied sich jedoch 1872 für den ehemaligen Scherbiusschen Garten am Bockenheimer Tor, so daß Lucae seine Pläne umändern und diesem Platz anpassen mußte.

Noch im Frühjahr 1873 begann Philipp Holzmann mit den Bauarbeiten. Auf einer Grundfläche von 4000 m² entstand inmitten der Bockenheimer Anlage in Anlehnung an die italienische Hochrenaissance ein prächtiges Gebäude von 34 m Höhe. Die Fassaden wurden, sieht man von einigen wenigen mit Sgraffito-Malereien verschönerten Wandflächen ab, ausschließlich mit französischem Kalkstein aus Savonnières-en-Perthois verkleidet. Diese Kalksteine stellten einen Teil der französischen Reparationsleistungen nach dem Deutsch-Französischen Krieg von 1870/71 dar. Der Unterbau wurde im Erdgeschoß gequadert und mit rundbogigen Türen versehen, «am Hauptgeschoß aufgelöst in Säulen- und Pilasterstellungen mit dazwischen gespannter Rundbogenarchitektur».[24] Der Oberbau wurde ebenfalls durch Pilaster gegliedert, zwischen denen sich 16 Nischen mit Figuren befanden. Die Gestaltung der Fassade weist gleichzeitig auf die Dreiteilung des Inneren in Bühnenhaus, Zuschauerraum und Foyer hin. Die Säulengalerie, das Treppenhaus und die prachtvolle Ausgestaltung des gesamten Inneren des Opernhauses stellten nicht nur eine architektonische, sondern auch eine bautechnische Glanzleistung dar, die das Können der Steinmetze und der Bildhauer von Philipp Holzmann vielfältig unter Beweis stellte. 16000 m^3 Werksteine mußten gebrochen, behauen, poliert und versetzt werden.

Am 20. Oktober 1880 wurde das Opernhaus in Anwesenheit von Kaiser Wilhelm I. eröffnet. Er soll ob der glanzvollen Ausstattung gesagt haben: «Ein solches Theater könnte ich mir in Berlin nicht leisten.» Dementsprechend waren auch die endgültigen Kosten. Die Stadt Frankfurt hatte 4156571 Mark für das Opernhaus, 520500 Mark für das Dekorationsmagazin und 544633 Mark für die Bühnentechnik und sonstige technische Einrichtungen ausgegeben.

Mit dem Neubau der Königlich Preußischen Bank (die 1876 in die Frankfurter Reichsbankhauptstelle umgewandelt wurde) in der Frankfurter Jung-

Königlich-Preußische Bank Niederlassung Frankfurt, 1873/74

Hotel Frankfurter Hof, 1876–1878

hofstraße errichtete das Unternehmen 1873/74 sein erstes repräsentatives Geschäftsgebäude. Das mehrmals erweiterte Gebäude mit seinen ausgewogenen Proportionen und der geschmackvollen Neorenaissance-Fassade hat stilbildend auf viele weitere Bankgebäude der frühen Gründerzeit gewirkt und blieb, zumindest im Äußeren, fast unverändert erhalten.

In der zweiten Hälfte der 1870er Jahre wurden das Städelsche Kunstinstitut (Architekt Oskar Sommer) auf dem Schaumainkai[25] und das damals repräsentativste Hotel Deutschlands, der Frankfurter Hof, das sogenannte Aktien-Hotel (Architekten Jonas Mylius und Friedrich Bluntschli), ausgeführt. Es handelte sich auch hier um sehr anspruchsvolle Architektur mit Werkstein-Fassaden und qualitätsvoller Innenausstattung. In betriebstechnischer Hinsicht bot die Ausführung dieser stattlichen Gebäude nichts umwälzend Neues. Der Gerüstbau für den Bau solcher hohen Monumentalbauten bestand aus einer vollen Einrüstung durch sauber abgebundene Holzgerüste, auf denen einfache hölzerne Lafettenkräne mit Handzugwinden eigener Bauart als Versetzkräne liefen, die später durch eiserne, schwenkbare Lafettenkräne ersetzt wurden. Die Gerüste waren inventarisiert und wurden sorgfältig gepflegt. Die reichen Steinfassaden erforderten eine außergewöhnlich große Zahl von Steinmetztechnikern, da die meisten Profile in natürlichem Maßstab aufgezeichnet werden mußten. Es sollen in dieser Zeit auf den Baustellen allein 64 Steinmetztechniker beschäftigt gewesen sein.

Die beiden Frankfurter Kirchenbauten, die Dreikönigskirche am Mainkai (1875) und die Christuskirche auf dem Beethovenplatz (1882) sowie die Schulbauten Adlerflycht-Schule (1874), Wöhler-Schule (1879), Elisabethen- und Musterschule (1878) zeigen, daß die Aktivitäten im Hochbau zunächst noch auf Frankfurt beschränkt blieben, aber beim schwierigen Bau des Niederwalddenkmals (1877–1883) mit seinen umfangreichen Steinmetzlieferungen erhielt das Unternehmen einen ersten spektakulären Auftrag außerhalb der Stadt. Der Transport der 12 m hohen Germania, deren schwerstes Stück 200 Zentner wog, das Herausheben aus dem Rheinschiff und das Aufstellen der Statue auf den Sockel brachten hohe Anerkennung für die Hochbauer, so daß nun auch zum ersten Mal das Ausland einen Hochbauauftrag erteilte. 1882 wurde der Firma Holzmann der Neubau des Amsterdamer Bahnhofs übertragen und unter der Leitung von Theodor Richter, dem Vater des späteren Vorstandsmitglieds, ausgeführt. Ihm folgte 1883 das stattliche Empfangsgebäude des Hauptbahnhofs Frankfurt am Main.

Niederwalddenkmal bei Rüdesheim, 1877–1883

Weitere Bauten 1877–1880 (Auswahl)

1877	Neubau Kaiserstraße 7 in Frankfurt am Main (Louis Peter)	127400 Mark
1878	Erweiterung des Reichsbankgebäudes	162000 Mark
	Musterschule Frankfurt am Main	161707 Mark
	Schloß Philippsruhe bei Hanau	
	Häuser Kaiserstraße 8/10 in Frankfurt am Main (Architekt Paul Wallot[26])	
	Brauneck in Mainz	
1879	Wöhlerschule in Frankfurt am Main	244248 Mark
	Panorama in Frankfurt am Main (Architekt Seestern Pauly)	225143 Mark
	Wiederaufbau des abgebrannten Restaurationsgebäudes des Palmengartens in Frankfurt am Main	317766 Mark
	Postgebäude in Worms, Wetzlar und Marburg	
1880	Haus Lucius in Frankfurt am Main	
	Fabrikgebäude Wurmbach in Frankfurt am Main	

Eine besonders lebhafte und abwechslungsreiche Bautätigkeit entfaltete das Hochbauressort Straßburg. Von 1879 bis 1883 wurde hier der Neubau der Universität Straßburg mit zahlreichen Instituten errichtet. Es folgten der Kaiserpalast zu Straßburg (1884) und die großen Kasernenbauten von Dieuze bei Metz (1887). Sie stellten eine organisatorische Glanzleistung dar, doch brachte dieses Projekt hohe finanzielle Verluste. Im gleichen Jahr wurde der Bau der Artillerie-Kaserne in Dieuze begonnen. Von 1890 bis 1893 führte das Unternehmen den Bau zahlreicher militärischer Verwaltungs- und Unterkunftsgebäude in Straßburg durch.

Äußerst schwierig verliefen die Umbauten der beiden Metzer Forts Goeben und Steinmetz, die eine neue Frontrichtung nach Westen bekommen sollten. Hier wurde für 2 Mio. Mark gebaut. Um die Baustelle auf den hochgelegenen Forts zugänglich zu machen, mußte vom Hafen aus eine sehr schwierige Anschlußbahn, 90 cm Spur mit drei Spitzkehren, angelegt werden.

Eine glückliche Hand bei Personalentscheidungen bewies Philipp Holzmann 1877, als er den Architekten Hermann Ritter einstellte. Dieser wurde 1851 in Liestal in der Schweiz geboren. Nach dem Besuch der Gewerbeschule in Basel begann er, gerade 17 Jahre alt geworden, seine Studien am Polytechnikum in Zürich, wo er unter anderem Schüler von Gottfried Semper war. Im Jahre 1872 kam er nach Frankfurt am Main zu den Architekten Jonas Mylius und Friedrich Bluntschli. 1877 unternahm er zusammen mit Friedrich von Thiersch und Julius Habich eine Italienreise, die ihm viele Anregungen vermittelte und seine Entwürfe stark beeinflußte.[27] Philipp Holzmann hatte ihn als Bauleiter der Architektenfirma Mylius & Bluntschli beim Bau des Frankfurter Hofes kennen- und schätzengelernt und engagierte ihn 1878 für sein Unternehmen. Er war eine Persönlichkeit von hohem künstlerischen und organisatorischen Können, so daß er nach 1895 als Nachfolger von Philipp Holzmann die Leitung des Unternehmens übernahm.

Die Ergänzung des Hochbauressorts war naturgemäß eine Folge der vermehrten Aufgaben der Hochbauer, die sich nicht damit begnügten, nur die Bauentwürfe fremder Architekten auszuführen, sondern die auch eine eigene Entwurfstätigkeit entfalten wollten. Der private Villen- und Geschäftshausbau entwickelte sich hierbei so ausgezeichnet, daß jährlich zwölf bis fünfzehn neue stattliche Bauten unter der Leitung der Firma entstanden.

So führte ein öffentlicher Wettbewerb für den Neubau der Frankfurter Bank, zu dem 75 Entwürfe eingegangen waren, zur Preiskrönung des von Hermann Ritter eingereichten Entwurfs und auch zum Auftrag für die Bauausführung.[28] Die zwischen 1888 und 1890 von Philipp Holzmann errichtete Frankfurter Bank besaß eine große Schalterhalle und Büroräume, die «ohne Anwendung von Oberlicht gute Beleuchtung haben», während «die großen Gewölbe zur Aufbewahrung der Wertpapiere sich bis ins erste Obergeschoß erstreckten».[29]

Von Hermann Ritter wurde das Hochsche Konservatorium entworfen und 1886 von Philipp Holzmann nach seinen Plänen gebaut. Bereits 1885 war das stattliche Verwaltungsgebäude der Lebensversicherungsgesellschaft «Germania», ein Entwurf der Berliner Architekten Kayser und von Großheim, auf dem Roßmarkt in Frankfurt begonnen worden.

An großen Gebäuden in Frankfurt und seiner engsten Umgebung entstanden unter anderem 1889 die Lutherkirche, 1890 die Hauptpost und das Gerichtsgebäude, 1893 das Geschäftsgebäude von Schwarzschild-Ochs, das Palais Reichenbach und 1898 das Schloß Friedrichsdorf der Kaiserin Viktoria in Kronberg. Die Gattin des «99-Tage-Kaisers» Friedrich II., die von Reichskanzler Bismarck stets abschätzig als «Engländerin» bezeichnet wurde, hatte nach dem Tode ihres Mannes Berlin verlassen und sich schließlich in Kronberg das heutige Schloßhotel erbauen lassen. Hier verbrachte die Witwe zurückgezogen ihre letzten Jahre. Das ursprünglich getrübte Verhältnis zu ihrem Sohn Wilhelm besserte sich mit den Jahren, und am 5. August 1901 verstarb sie in Schloß Friedrichsdorf im Beisein ihres Sohnes.

Weitere Bauten 1881–1895 (Auswahl)

1881	Bauten für die Patent- und Musterschutzausstellung in Frankfurt am Main Pferdebahndepot in Bockenheim (105 700 Mark) Panorama in Hamburg
1882	Hochbauten für die Chemische Fabrik Griesheim und Chemische Fabrik «Maintal» in Griesheim Panorama in München (Auftraggeber: Erlanger & Söhne)
1883	Mehrgeschossiges Fabrikgebäude in Bockenheim für die Gasapparate- und Maschinenfabrik Bibergasse 6 für das «Frankfurter Journal»
1884	Rathaus Wiesbaden
1885	Zwei Lagerhäuser in Hamburg für die neu errichtete Hamburger Freihafenlagerhausgesellschaft (1 548 000 Mark)

1886 Dr. Hoch's Konservatorium, Frankfurt am Main
Physikalischer Verein, Frankfurt am Main
Wohn- und Geschäftshaus Veit Wohlfahrt, Frankfurt am Main
1887 Villa Borguis in Bensheim
Kaiserpavillon in Bad Homburg (roter Mainsandstein)
1888 Marienkirche in Kaiserslautern
Villa Rothschild in Königstein (Burgpreppacher Stein)
Bergisch Märkische Bank in Elberfeld
Bankgebäude Fischer & Cie. in Barmen
1889 Empfangsgebäude in Düsseldorf
Gerichtsgebäude in Köln (Steine aus Lauterecken)
Essighaus in Frankfurt am Main (roter Mainsandstein)
Wohnhaus v. d. Beecke in Antwerpen
Wohnheim Mannheimer in Berlin
Villa vom Rath in Köln (Burgpreppacher Stein)
1891 Umbau der Adlerwerke in Frankfurt am Main
Fabrikbau Lahmeyer & Co., Frankfurt am Main
Villa Haniel in Düsseldorf
Bank für Handel und Industrie, Berlin
1892 Palais Reichenbach-Lessowitz in Frankfurt am Main
(Burgpreppacher Stein, 320000 Mark)
Bürogebäude der Firma Lahmeyer & Co., Höchsterstraße
Umbau Bahnhof Hagenau (Elsaß)
1893 Direktionsgebäude der Höchster Farbwerke (roter Mainsandstein, 305000 Mark)
Frankfurter Hypothekenbank, Frankfurt am Main
Hamburger Hypothekenbankgebäude in Berlin
Villa von Liebieg in Frankfurt am Main
1894 Basler Lebensversicherungsgesellschaft, Frankfurt am Main Goethestraße 34
1895 Neubau der Goethestraße 9, 12, 14, 16, 20, 22, 24, 26, 28, 30, 31, 33 und 34

Ein Muster der Zusammenarbeit zwischen der Internationalen Baugesellschaft und der Firma ist die Bebauung der neuen Goethestraße in Frankfurt am Main gewesen. Bereits 1892 hatte sich unter Führung der Internationalen Bau- und Eisenbahnbau-Gesellschaft ein Konsortium für die Herstellung einer neuen Verbindungsstraße zwischen Goetheplatz und Opernhaus gebildet. Dieses hatte mit der Stadt Frankfurt einen Vertrag abgeschlossen, nach dem das Konsortium gegen eine städtische Subvention von 1,5 Mio. Mark sowie gegen Überlassung mehrerer Parzellen die rund 280 m lange, durchschnittlich 17 m breite Straße freizulegen hatte, während die Stadt die vollständige Straßenherstellung mit allen Nebenarbeiten auszuführen hatte. An dem Konsortium war Philipp Holzmann mit 10% beteiligt. Von ihm ging die ganze Idee dieses Straßendurchbruchs aus. Die Internationale Baugesellschaft hatte sämtliche in Betracht kommenden Grundstücke erworben. Im Jahre 1893 wurde bereits mit der Bebauung der neuen Goethestraße begonnen. Philipp Holzmann hat dann den größten Teil der hier stehenden Häuser in den folgenden Jahren teils für Rechnung der Internationalen Baugesellschaft, teils für Rechnung der neuen Grundstückseigentümer erbaut. Viele der hier errichteten Gebäude sind nach Entwürfen der Abteilung Hochbau entstanden, allerdings wurden die meisten von ihnen im Zweiten Weltkrieg zerstört.

Im Jahre 1891 arbeitete Philipp Holzmann erstmals mit der AEG zusammen. Durch Vermittlung von Georg von Siemens lernte er Emil Rathenau und Oskar von Miller kennen, die im Gegensatz zu Werner von Siemens und Thomas Alva Edison die Zukunft der Elektrizität im Wechselstrom und nicht im Gleichstrom sahen. Die Auseinandersetzung um die beiden Techniken eskalierte, als die Stadt Frankfurt den Auftrag zum Bau eines Kraftwerkes zur Stromversorgung ausschrieb. Aufschluß über Vor- und Nachteile der konkurrierenden Systeme sollte eine internationale elektrische Ausstellung 1891 in Frankfurt geben. Zum Organisator wurde Oskar von Miller aus München ernannt, der später das Walchenseekraftwerk erbaute und das Deutsche Museum in München gründete.[30] Er sollte das Problem der Kraftübertragung über weite Entfernung beispielhaft vorführen und plante, eine 175 km lange Fernleitung vom Kraftwerk Lauffen am Neckar nach Frankfurt zu installieren.[31] Die AEG erhielt hierbei die Gelegenheit, das innerhalb kurzer Zeit von ihrem Ingenieur Michael von Dolivo-Dobrowolsky entwickelte Dreiphasen-Wechselstromsystem, genannt Drehstrom, zu präsentieren. Philipp Holzmann erhielt den Auftrag, das Hauptrestaurationsgebäude, das Ausstellungsgebäude und das Panorama in Frankfurt zu erbauen. Bei der Ausstellungseröffnung am 24. August 1891 wurden 1000 Glühlampen in einer großen, von der AEG installierten Leuchttafel am Eingang der Ausstellung und ein 100 PS starker Drehstrommotor, der die Pumpe für einen 10 m hohen künstlichen Wasserfall antrieb, vom Kraftwerk Lauffen aus in Betrieb gesetzt. Philipp Holzmann erlangte durch seine Mitwirkung bei diesem experimentellen und richtungsweisenden Projekt, der Geburtsstunde einer wirtschaftlich arbeitenden Großraumversorgung mit elektrischer Energie, nicht nur hohe Anerkennung, sondern legte gleichzeitig den Grundstein für die großen nachfolgenden Bauaufträge von Wasserkraftanlagen in Deutschland und im Ausland, die später noch Erwähnung finden werden.

Der Bau des «Deutschen Dorfes» für die Weltausstellung in Chicago gilt als ein besonders interessanter Auftrag, den die Ethnographische Gesellschaft Berlin erteilte (über 300000 Mark). Von ihm handelt die folgende Geschichte von Bruno Rudloff, dem späteren Leiter der Niederlassung Berlin:

«Im Jahre 1893 sollte in Chicago eine Weltausstellung stattfinden, auf der die deutsche Abteilung in Gebäuden untergebracht werden sollte, die in Nachbildung von baulichen Häusern aller deutschen Landesteile bestanden und in ihrer Gesamtheit die Bezeichnung ‹Deutsches Dorf› erhielten. Die Einzelentwürfe waren im staatlichen Auftrag von einem Berliner Architekten aufgestellt, während die Ausführung der Firma übertragen wurde. Alle Gebäude waren in Holzkonstruktion zu errichten, die auf unserem Büro eingehend durchgearbeitet und berechnet und auf dem Zimmerplatz der Baufirma so vollständig abgebunden wurden, daß sie von hier aus aufstellungs-

Hamburger Speicherstadt, 1885–1890

fertig nach Chicago verfrachtet werden konnten. Zur Leitung der Aufstellungsarbeiten wurde Herr Architekt Belschner von der Hochbauabteilung nach Chicago gesandt. Kurz vor der geplanten Eröffnung der Ausstellung, als schon fast alle Ausstellungsgebäude der einzelnen Länder und mit ihnen das ‹Deutsche Dorf› bezugsfertig waren, zerstörte ein plötzlich auftretender schwerer Wirbelsturm das gesamte Ausstellungsgelände mit allen darauf errichteten Baulichkeiten, jedoch mit Ausnahme der Gebäude des ‹Deutschen Dorfes›, die infolge ihrer gut durchgearbeiteten Konstruktion dem verheerenden Unwetter standgehalten hatten. Der noch in Chicago anwesende Herr Belschner berichtete darüber sofort telegraphisch nach Frankfurt, und, das eingegangene Telegramm freudestrahlend in der Hand schwingend, erschien Herr Philipp Holzmann persönlich auf unserem Büro und zeigte dasselbe unserem Oberingenieur Luck mit den Worten: ‹Luck, lese' S'es mal›, stolz darüber, daß unsere konstruktive Arbeit sich so hervorragend bewährt hatte. Als selbstverständlich ist wohl kaum zu erwähnen, daß dieser Erfolg in der bei solchen Gelegenheiten üblichen Weise im ‹Stift› in der Mainzer Gasse gebührend begossen wurde.»[32]

Mehr und mehr wurden dem Unternehmen Aufträge außerhalb Frankfurts erteilt, so 1884 der erste große Hochbauauftrag in Berlin, das Verwaltungsgebäude der Auskunftei Schimmelpfenng.

Von 1885 bis 1890 baute Philipp Holzmann im Hamburger Hafen acht große Kaispeicher für fast 7 Mio. Mark. Der Bau der Kaispeicher war für das Unternehmen auch deshalb ein Erfolg, weil zur gleichen Zeit (1885/86) die Stadt Frankfurt am Main zwar den Ingenieuren Lauter und Heuser von Philipp Holzmann sowie Hessler von der Firma Gebr. Weissmüller (Maschinenbau) den ersten Preis für Entwürfe zur Errichtung von Lagerhäusern (Bodenspeicher) am Main zuerkannte, die Ausführung aber der Firma Gebr.

Helfmann, Frankfurt am Main, der späteren Aktiengesellschaft für Hoch- und Tiefbau, und der Maschinenfabrik G. Luther aus Braunschweig zukommen ließ.[33]

Unter Leitung von Theodor Richter wurde für 3 Mio. Mark von 1886 bis 1889 das Hamburger Rathaus in Burgpreppacher Sandsteinverkleidung erbaut. Bereits am 20. März 1876 war ein Wettbewerb ausgeschrieben worden. Von den

Hamburger Rathaus, 1886–1889

126 Architekten und Architektengruppen, die an dem Wettbewerb teilnahmen, gewann das Frankfurter Architekturbüro Mylius & Bluntschli den ersten Preis. In den nachfolgenden Jahren versuchte der Hamburger Senat, diesen preisgekrönten Entwurf mit anderen Entwürfen zu kombinieren, so daß schließlich Ende 1886 ein Entwurf vorlag, an dem nicht weniger als neun Architekten beteiligt waren. Sie hießen in Hamburg nur «die Rathausbaumeister».[34] Philipp Holzmann begann noch Ende 1886 mit dem Bau, der auf fast 4000 Rammpfählen errichtet wurde und 111 m lang und 70 m breit ist. Sein Turm ragt 112 m hoch in den Himmel. Das Gebäude ist in nordischer Neo-Renaissance gehalten, innen wechseln sich verschiedene Stile ab, so zum Beispiel die «altdeutschen» Dielenhallen und die barock gehaltenen Treppenhäuser.

Wichtig für das Renommee des Unternehmens war natürlich die Mitwirkung am Neubau des Berliner Reichstages ab 1885 als Bauprojekt von großer nationaler Bedeutung. Philipp Holzmann war mit den Architekten Paul Wallot noch aus dessen Frankfurter Zeit befreundet und hatte ab 1878 einige Geschäftshäuser in der Kaiserstraße nach Wallots Entwürfen errichtet. Als Wallot den Zuschlag für den Bau des Reichstages bekam, telegraphierte ihm Holzmann nach Berlin: «Herzliche Glückwünsche. Freut mich riesig.»[35] Vor allem die Steinmetzabteilung des Unternehmens kam beim Reichtagsbau zum Einsatz. Gemeinsam mit anderen Firmen erhielt Holzmann im Juni 1885 den Auftrag über die Ausführung der Steinmetzarbeiten am Erdgeschoß des südlichen Innenhofes. Außerdem war das Unternehmen mitverantwortlich für die Koordination der Maurerarbeiten zuständig; bei 32,7 Millionen zu verbauenden Ziegeln eine nicht unbedeutende Aufgabe.[36]

In der behandelten Epoche wurde für 45 Mio. Mark gebaut, und es entstanden Bauwerke von sehr heterogener Bestimmung, künstlerischer und technischer Gestaltung.

Kanalisation und Wasserversorgung

Die nachfolgende Beschreibung der primitiven Zustände des Abwassersystems erinnert an die Romane von Emile Zola. Aber nicht dieser, sondern der Leiter des Kanalbaus von Holzmann, Friedrich Barth, der über 50 Jahre in diesem Gebiet tätig war, schildert hier eindrucksvoll die Situation in den deutschen Städten.

«Damals setzte die Zeit ein, in der die immer mehr anwachsenden Städte durch die Kanalisation zu gesunden Wohnorten umgewandelt werden mußten. Die Zustände bis dahin waren unbeschreiblich; von ihnen kann sich heute niemand mehr ein Bild machen. – In Frankfurt benutzten die Leute offene Kübel, die am Morgen von Arbeitern in einen offenen Wagen entleert wurden. Mit zugehaltenen Nasen eilten die Passanten vorbei. – In München gingen die Überläufe aus den Versitzgruben in die Isarkanäle; das Bauamt duldete stillschweigend dieses Unwesen. Da der Satz in den Abortgruben sitzen blieb, verschlammten diese. Vielfach entleerten die Schlöte der angebauten Häuser unmittelbar in die Kanäle. Wurde das Wasser abgelassen, so häufte sich der Schmutz unter freiem Himmel. – In Regensburg war es teilweise noch schlimmer. Dort diente ein sogenanntes Gassl als Lichthof für die Häuser zweier Straßen, und in diesen Lichthof gingen von umgebenden Häusern die hölzernen Abortschlöte hinein. Von Zeit zu Zeit wurde der angehäufte Unrat in den alten Kanal abgeschwemmt. Ursprünglich hatten das die städtischen Arbeiter zu tun; als sie sich zuletzt weigerten, gewann man den Abdecker für diese Arbeiten. Man macht sich keinen Begriff, wie da die Ratten herumspazierten. In einer anderen Gasse hatten drei Häuser eine einzige Abortgrube, in die alles hineinlief. – In Ingolstadt herrschten so grauenvolle Zustände, daß der Bezirksarzt keine Verantwortung mehr für den Gesundheitszustand der Stadt übernahm. – In Augsburg gab es zwar Kanäle, aber nur für das Regenwasser. Die Kläranlagen befanden sich in den Kellern; vielfach waren es nur Fässer, die mit Deckeln verschlossen waren. Wenn ein Faß voll war, wurde es durch ein anderes ersetzt, und so könnte ich viele Beispiele aus den älteren Stadtteilen süddeutscher Städte nennen. Es waren Engländer, die mit ihrer Technik die Wendung zum Besseren brachten. Der Senat der Hansestadt Hamburg forderte die beiden englischen Ingenieure Lindley und Gordon auf, ein Gutachten zur Neukanalisation Hamburgs auszuarbeiten. Als zweite Stadt in Deutschland beauftragte der Magistrat der Stadt Frankfurt ungefähr in der Mitte der sechziger Jahre diese beiden Ingenieure mit dem gleichen Gutachten. München und Stuttgart folgten, ebenso Danzig. Später wurde der Sohn des oben genannten Lindley, H.W. Lindley, Baurat und Vorstand des Frankfurter Tiefbauamtes. Wasser- und Gaswerk, Kanal- und Straßenbau waren ihm unterstellt.

Holzmann war der erste Unternehmer in Frankfurt, der die Kanäle nach dem System der Ingenieure H.W. Lindley und Gordon baute. Er führte auch die Baugrubenverschalungen und Verbolzung ein, wie sie heute noch gemacht werden; desgleichen führte er die Dreifußhaspeln mit Ketten und Kübeln zu Erdaufzügen bei größeren Tiefen ein. Das Stein-, Zementmörtel- und auch das Röhrenmaterial wurde mittels Mauerdreifüßen, bei denen eiserne, mit Sperrhaken versehene Rollen verwendet wurden, und auch mit Kettenzügen, unter Anwendung von 50 Liter fassenden eisernen Kübeln hinabgelassen. In Frankfurt wurden zunächst die Kanäle in der Bornheimer Landstraße, in der Eisernen Hand und in der Weserstraße gebaut. 1872 wurde als neues Arbeitsgebiet der Bau von Quellwasserleitungen aufgenommen; und bis 1874 wurden allein 77000 m Hauptleitungsstränge verlegt.»[37]

Durch die vorbildliche technische und wirtschaftliche Ausführung der übertragenen Bauarbeiten auf dem großen und neuen Gebiet der Kanalisation der Städte und ihrer Versorgung mit frischem Trinkwasser hatte sich Holzmann sehr schnell die Anerkennung der deutschen Stadtbaubehörden erworben. Die musterhaften Ausführungen solcher Arbeiten in Frankfurt und Düsseldorf (1873/74), Krefeld, Stuttgart und München (1876) führten 1876 zu dem ersten großen Vertragsabschluß für Kanalisation im Ausland. Die Stadt Linz übertrug Philipp Holzmann eine Kanalstrecke von der bedeutenden Länge von 17000 m für 480000 Gulden, ein lohnender Auftrag, der sich unter fortwährender Erweiterung bis 1881 hinzog.

Das Frankfurter Kanalbaubüro des Unternehmens erfreute sich eines so guten Rufs, daß hier in diesen Jahren die Entwürfe für die Kanalisation der Städte Landshut, München, Heilbronn und Bockenheim bei Frankfurt baureif bearbeitet wurden. In München wurde bis 1893 eine Wasserversorgung von ausgedehntem Umfang gebaut. Für 4,5 Mio. Mark wurden 18000 m Druckrohrleitungen und 132000 m Verteilungsleitungen verlegt. Dabei handelte es sich aber nicht nur um einfache Bauarbeiten, sondern viele Strecken mußten sogar im Stollenbauverfahren erbaut, und die Isar mußte durch eine schwierige Unterdükerung, also ein unterirdisch verlegtes Rohrleitungssystem, gekreuzt werden.

Im Jahre 1880 folgten ähnliche Arbeiten für Darmstadt und Karlsruhe, die in Karlsruhe zu der Vertiefung des durch die Stadt fließenden Landgrabens führten. Es waren hier für eine Kanalisation große Massen zu bewältigen, was nur im Maschinenbetrieb durchgeführt werden konnte. 50000 m³ Aushub und 7500 m³ Kanalmauerwerk mußten unter sehr schwierigen Grundwasserverhältnissen geleistet werden.

Im Rheinland hatten kleinere Aufträge der Städte Trier und Uerdingen (1885/86) das Unternehmen für die sehr schwierigen Kanalisationsarbeiten der Stadt Elberfeld (1887/88) empfohlen. Hier mußten zahlreiche Kanäle in Felsboden gesprengt werden.

Die Jahre 1888/89 brachten wieder eine Neuerung in der Herstellung von Kanalstrecken. Zum ersten Male wandte das Unternehmen das bergmännische Vortriebsverfahren an, das von jetzt ab besonders bei verkehrsreichen Hauptstraßen und Kreuzungen bei genügender Überdeckung eingesetzt wurde. 1890–1893 verlegten die Kanalarbeiter von Philipp Holzmann in drei Losen die Wasserleitungsrohre durch Innsbruck. Im gleichen Jahr begannen in Mannheim Kanalisationsarbeiten mit einem beachtenswerten Auftrag von 6400 m begehbaren, gemauerten Kanälen und 10000 m Steinzeugrohrkanälen.

In Mannheim, München und Düsseldorf waren die Baustellenbüros für diese Kanalarbeiten bald zu dauernden Kanalbüros geworden und bildeten so die Ursprungszellen für spätere Zweigniederlassungen.

Mit dem Bau der Leitungen allein war es aber nicht getan. Alle sonstigen Bauten wie Quellfassungen (Amberg), Hochbehälter (Frankfurt, Friedberg und Innsbruck), Klärbecken (Homburg), Dükerarbeiten und Rohrbrücken gehörten in das Aufgabengebiet dieses schwierigen Ingenieurfachs. Sogar die Druckluftgründung wurde eingesetzt, so bei der Abteufung des 20 m tiefen Brunnens in Mainz-Köstrick (1887/88). Eine besonders schwierige Arbeit stellten die vom Berliner Wasserwerk 1891 übertragene Überführung der Druckleitungen über das Münchshofe-Dahlwitzer Moor sowie das Köpenicker Fließ dar. Hier mußten 2700 bis zu 20 m lange Holzpfähle gerammt werden, um die Betonsättel für die Rohre aufzunehmen. Drei Dampframmen waren in Betrieb. Bei dem schwankenden Untergrund bargen diese Arbeiten eine hohe Gefahr in sich. Als äußerst schwierig erwiesen sich auch die Rohrverlegungsarbeiten im Oosbett der Stadt Baden-Baden, Arbeiten, die durch die schnell und plötzlich ansteigende Oos häufig durch Überflutung gestört wurden.

Die Kanalingenieure und Techniker waren bestrebt, stets verbesserte Bauarten in der Verbölzung der Kanalgruben, der Schalung der Gewölbe, des Erdaushubs und der Wasserhaltung zu erfinden. Besonders wichtig für das gute Gelingen eines Kanalbaus war die vorbildliche und wohlüberlegte Einschalung. Hierin hatte Philipp Holzmann immer seine besondere Tradition gesehen. Die hier gemachten Erfahrungen wirkten sich befruchtend auf die Ausführungsarbeiten bei den späteren Untergrundbahnen aus. Bei der Zusammenführung mehrerer Kanalstrecken verschiedener Querschnitte und Anschlußwinkel entstanden zudem sehr komplizierte Baukörper, die in ihren Verschneidungen große mathematische Berechnungsschwierigkeiten brachten. Die Münchner Kanalbauer von Philipp Holzmann erleichterten sich diese Aufgabe, indem sie Modelle aus rohen Kartoffeln schnitten, die Querschnitte durch das Messer trennten und dann abzeichneten.

Insgesamt wurden 1874–1893 für fast 21 Mio. Mark Kanalbauten ausgeführt. Im Rahmen des Gesamtgeschäfts betrachtet, hatte der Kanalbau in dieser Periode einen Umsatzanteil von rund 10%.

Brückenbau

Zu den dankbarsten Aufgaben des Bauingenieurs hat immer der Brückenbau gehört. Philipp Holzmann hat diesem Fachgebiet als fortschrittlich eingestellter Unternehmer stets besondere Beachtung geschenkt.

Die erste Brücke, die Philipp Holzmann baute, war die Untermainbrücke in Frankfurt, die dritte der von dem bekannten Ingenieur Johann Peter Wilhelm Schmick entworfenen Mainbrücken. Diese im Zweiten Weltkrieg zerstörte und 1948 wiederaufgebaute Brücke endet auf der Frankfurter Mainseite an der westlichen ehemaligen Grenze der Stadt. Hier stößt der Anlagenring, Nachfolger der alten Stadtbefestigung, auf den Main.[38] Erstmals wurde dieses Projekt am 23. Februar 1866 in der Gesetzgebenden Versammlung der Freien Stadt Frankfurt, also noch vor der Annexion durch Preußen, verhandelt. Die Planungen des Ingenieurs Schmick waren Ende der sechziger Jahre abgeschlossen. Die Stadt Frankfurt am Main hatte für den Bau der 50 Fuß breiten Brücke an der Neuen Mainzer Straße einen Betrag von 655 000 Gulden bereitgestellt. Der Ausbruch des Deutsch-Französischen Krieges verzögerte den Baubeginn allerdings. Erst am 10. März 1872 konnte mit dem Einschlagen des ersten Pfahles zur Sicherung des Untergrundes für die Herstellung der Fundamente begonnen werden. Noch im gleichen Jahr konnte Holzmann die Fundamente errichten, drei Strompfeiler wurden in offener Baugrube zwischen Spundwänden gegründet.

Die Magdeburger Brückenbauanstalt[39] lieferte 1873 die Eisenkonstruktion der Stromüberbauten für die fünf Flußöffnungen in Einzelteilen. Am 1. August 1874 konnte die Brücke durch den Frankfurter Oberbürgermeister

Untermainbrücke in Frankfurt, 1872–1874

Mumm von Schwarzenstein in Anwesenheit des Architekten Schmick dem Verkehr übergeben werden.

Wie so häufig holte Philipp Holzmann auch im Brückenbau die richtigen Männer an die richtige Stelle, allen voran den Badener Ingenieur Wilhelm Lauter, der dem deutschen Brückenbau zahlreiche Impulse gab. Lauter war eine Persönlichkeit, die in seltener Weise Konstrukteur, Künstler und Unternehmer in sich vereinte. Lauter und die Brückenfachleute stießen mit ihren Neuerungen bei Philipp Holzmann auf große Aufgeschlossenheit. So kam es, daß Holzmann als erstes deutsches Unternehmen bereits 1876 die «pneumatische Fundierung» einführte und in den kommenden Jahren so entwickelte, daß in Deutschland alle Druckluftgründungen von 1882 bis 1900 mit nur drei Ausnahmen von Holzmann ausgeführt wurden.

Da überdies dem Unternehmen in seinen mit Wasser, Holz und Steinen von Jugend auf vertrauten Spessarter Stammleuten eine fähige Brückenbaumannschaft zur Verfügung stand, waren hiermit alle Voraussetzungen geschaffen, um auf dem begehrten Gebiet des Brückenbaus hervorragende Leistungen zu vollbringen. Holzmann arbeitete eng mit der Eisenfirma Gebr. Benckiser, Pforzheim, zusammen, einem Partner, mit dem er gemeinsam zu jedem Wettbewerb mit Aussicht auf Erfolg antreten konnte, wenn eiserne Tragwerke zur Anwendung kamen. Neben zahlreichen kleinen Viadukten und Brücken, die im Zuge der Eisenbahnbauten errichtet wurden, hat Holzmann in rund 20 Jahren 30 große Brücken über alle bedeutenden Flüsse Deutschlands, mit Ausnahme der Donau, gebaut. Von diesen waren 17 pneumatisch gegründet.

Ausgeführte Brücken ab 1876 (Auswahl)

Zweck und Ort	Fluß	Baujahr	Meter	Bausumme	Gründungsart
Straßenbrücke Obermainbrücke Frankfurt	Main	1876/77	200	1 130 000 Mark	Spundwand
Straßenbrücke Wettsteinbrücke Basel	Rhein	1877	200	1 870 000 Sfr.	Druckluft
Straßenbrücke Johanniterbrücke Basel	Rhein	1879–1882	200	1 575 000 Sfr.	Druckluft
Eisenbahnbrücke Niederrad bei Frankfurt	Main	1879–1881	220	210 000 Sfr.	Spundwand
Eisenbahnbrücke Zentralbahnhof Frankfurt	Main	1880	270	260 000 Mark	Spundwand
Eisenbahnbrücke Hannoversch-Münden	Fulda	1879/80	190	390 000 Mark	Spundwand
Straßenbrücke Zürich	Limmat	1882	120	860 000 Mark	Druckluft
Straßenbrücke Mainz	Rhein	1882–1885	520	3 200 000 Mark	Druckluft
Straßenbrücke Holzminden	Weser	1884/85	130	290 000 Mark	Druckluft
Straßenbrücke Offenbach	Main	1886	200	740 000 Mark	Spundwand
Straßenbrücke Kostheim	Main	1887	370	770 000 Mark	Druckluft (Holzcaisson)
Straßenbrücke Stettin	Dievenow	1889	235	185 000 Mark	Druckluft
Straßenbrücke Cannstatt	Neckar	1891	294	391 000 Mark	Druckluft
Eisenbahnbrücke Longueville	Mosel	1891–1899	250	690 000 Mark	Spundwand
Straßenbrücke Frankfurt an der Oder	Oder	1892–1895	250	100 000 Mark	Druckluft
Straßenbrücke Carolabrücke Dresden	Elbe	1893	300	750 000 Mark	Druckluft

Die erste Druckluftarbeit war die Gründung der beiden Strompfeiler für die Baseler Wettsteinbrücke über den Rhein (1877). Die eisernen Caissons waren 24,5 m lang, 7,1 m breit, und an der Schmalseite halbkreisförmig ausgebildet. Abgeteuft wurde bis 7,70 m unter Rheinpegel. Die Bauleitung lag bei Lauter selbst. Bei der im Anschluß an diesen Brückenbau durchgeführten Ausführung der Baseler Johanniterbrücke wurden sechs Senkkästen im Mittel 9,30 m tief versenkt. Ein Senkkasten wog 52 t bei 130 m^2 Grundfläche und 585 m^3 umbautem Raum. Der tägliche Arbeitsfortschritt betrug im Mittel

0,35 m. Die Caissons hingen in Gerüsten, deren Pfosten aus I-Trägern 125 von 9,5 m Länge bestanden. Die Kompressoren wurden mit Dampfmaschinen betrieben. Die Bauwerksmassen betrugen rund 15 000 m^3.

Die schwierigen Brücken- und Kaibauten im Züricher See von 1882 bis 1885 waren ebenfalls eine Glanzleistung der Brückenbauer, da Holzmann hier zum ersten Male eine Taucherglocke anwandte, die bei 61 m^2 Grundfläche aus Holz gefertigt war.

Angespornt durch die Erfolge in öffentlichen und engeren Wettbewerben, beteiligte sich das Unternehmen zusammen mit Benckiser am Preisausschreiben für den Bau einer festen Straßenbrücke über den Rhein bei Mainz am 1. April 1881. Unter 39 Entwürfen wurde der erste Preis in Höhe von 8000 Mark Holzmann und Benckiser zuerkannt. Über den Entwurf mit dem Motto «Pons Palatinus» führte die Deutsche Bauzeitung aus: «Das mit dem ersten Preis gekrönte Projekt leistet erheblich mehr als gefordert wurde, da dasselbe neben einer großen Menge von Gesamt- und Detailzeichnungen auch eine Anzahl bildlicher auf den Effekt berechnete Darstellungen von höchst malerischer Vollendung bringt.»[40] Die als Kunstwerke bezeichneten Entwürfe waren Aquarelle von Lauter. Von 1882 bis 1885 wurde dieses Bauwerk errichtet. Leider wurde die Brücke im Zweiten Weltkrieg zerstört. Alle vier Strompfeiler standen auf Caissons (24,3 × 9,5 m), die mit Druckverhältnissen bis zu 2,5 atü (Atmosphärenüberdruck) abgeteuft werden mußten.

Viele der in diesem Zeitabschnitt gebauten Flußbrücken hatten eiserne Tragwerke. Einige wurden jedoch als Steinbrücken ausgeführt, so die für die Hanau-Friedberger Bahn gebauten Brücken, etwa die Wetterbrücke bei Friedberg, weiterhin die Eisenbahnbrücke über die Mosel bei Longueville, die acht Korbbogen von 20,5 m Spannweite hatte und deren Gewölbe aus Bruchsteinen bestanden. Fast 12 000 m^3 Mauerwerk wurden für diese Brücke vermauert. An dieses Bauwerk schloß sich noch eine Flutbrücke von 62 m Spannweite, ebenfalls gewölbt, an. Auch die Oderbrücke bei Frankfurt an der Oder bestand aus acht gemauerten Gewölben, deren Spannweiten zwischen 27 und 31 m lagen. An der Carolabrücke in Dresden, für die Caissons von 324 m^3 Grundfläche abgeteuft werden mußten, sind nur die Seitenöffnungen gewölbt gewesen, während die Hauptöffnungen durch eiserne Tragwerke überspannt wurden.

Eine besonders schwierige Wölbarbeit mußte beim Bau der Kaiser-Wilhelm-Brücke im Berliner Lustgarten 1886 geleistet werden. Die Brücke lag zu den Pfeilerachsen im Winkel von 86 Grad 26 Minuten. Die Pfeiler waren im Grundriß bogenförmig gestaltet. 322 verschiedene windschiefe Wölbsteine mußten ausgetragen werden. Bei der Ausführung dieses anspruchsvollen Brückenbaus wurden 20 Mio. Mark umgesetzt.

Bruno Rudloff, ein Brückenbauer Holzmanns, beschreibt eine amüsante Begebenheit, die sich während der Arbeiten an der Berliner Moltkebrücke, mit dem Namensgeber des Bauwerks, abspielte:

«Als ich beim Bau der Moltkebrücke in den Sommerferien des Jahres 1890 tätig war, war es mir durch Zufall vergönnt, mit dem berühmten Generalfeldmarschall Moltke, nach dem die Brücke ihren Namen erhielt, in persönliche Berührung zu kommen. Als ich an einem Wochentag wieder einmal die Vesperpause benutzte, um auf dem Bau Messungen vorzunehmen, betrat plötzlich durch die nach dem Generalstabsgebäude gelegene Zauntür der Feldmarschall ohne jede Begleitung die Baustelle. Als ich seiner ansichtig wurde, unterbrach ich natürlich sofort meine Arbeit, eilte auf den hohen Besuch zu, der mir kurz sagte, daß er die Herren Ingenieure Luck und Regierungsbaumeister X zu sprechen wünschte. Ich schickte sofort meinen Meßgehilfen zu den Herren, die sich in ihrem Baubüro aufhielten und blieb bis zu deren Erscheinen in der Nähe des Feldmarschalls. Als erster traf Herr Ingenieur Luck ein, der nach erfolgter Vorstellung von dem Feldmarschall sehr freundlich begrüßt wurde und die gewünschten Erläuterungen gab. Etwas später erschien auch Herr Regierungsbaumeister X und meldete sich, die Hacken zusammenschlagend, in strammer militärischer Haltung mit den Worten: X, Sec. Leutnant der Reserve in dem und dem Infanterie-Regiment, was der Feldmarschall mit den Worten quittierte: ‹Ich wollte den Regierungsbaumeister X sprechen.› Nach längerem Verweilen auf der Baustelle verließ der Feldmarschall diese wieder auf demselben Weg, auf dem er gekommen war, nachdem er sich mit freundlichen Dankesworten von Herrn Luck und mit einem kurzen militärischen Gruß von Herrn X verabschiedet hatte. Leider hat der Marschall die Eröffnung der Brücke nicht mehr erlebt, da er kurz vor dem dafür in Aussicht genommenen Termin im Frühjahr 1891 verstorben war. Aber mit der Leichenparade zu Ehren des Marschalls, die über diese Brücke geleitet wurde, konnte sie eingeweiht und dem öffentlichen Verkehr übergeben werden.»[41]

Eisenbahnbau

Frankfurt am Main, Messeort, Handelszentrum und zeitweise auch politisches Zentrum Deutschlands, erregte natürlich das Interesse der verschiedenen Eisenbahngesellschaften, die nach dem Start der ersten Eisenbahn zwischen Nürnberg und Fürth am 7. Dezember 1835 in großer Zahl errichtet worden waren.[42] Zwischen 1838 und 1868 hatten acht überregionale Bahnlinien einen Haltepunkt in Frankfurt, von denen als erste im Jahr 1848 die am 1. August 1846 eröffnete Main-Neckar-Bahn von Frankfurt nach Heidelberg die Barriere des Mains durch den Bau der Main-Neckar-Brücke überwand. Diese war nach der Alten oder Sachsenhäuser Brücke die älteste feste Mainüberquerung auf Frankfurter Gemarkung. Bis zum 15. November 1848 hatte die Main-Neckar-Bahn lediglich auf dem Bahnhof Sachsenhausen auf dem südlichen Mainufer gehalten. Mit der Eröffnung der doppelgleisigen Brücke über den Main und der Errichtung des Main-Neckar-Bahnhofs auf dem Frankfurter Ufer erfolgte die Trennung von Personen- und Güterzügen, so daß fortan für die Reisenden unnötige Wartezeiten auf den Stationen entfielen.

Am Bau der Main-Weser-Bahn 1845–1852 und bei der Fortführung der Hanauer Bahn zwischen Hanau und Aschaffenburg (1852–1854) war Johann Philipp Holzmann bereits beteiligt. Von diesem Zeitpunkt an bildeten der

Eisenbahnbau, der Bahnhofsbau und der Bau von Eisenbahnbrücken einen wesentlichen Bestandteil der Tätigkeit des Unternehmens Philipp Holzmann. Vor allem Wilhelm Holzmann spezialisierte sich auf den Bau von Schienenwegen. Als erstes eigenständiges Projekt führte er 1869 den Bau der hessischen Odenwaldbahn Reinheim–Lengfeld–Großumstadt (12 km) durch. Auch bei diesem Bahnbau wurde der Boden noch mit der Hand gelöst und geladen und im Pferdebetrieb transportiert. Zum ersten Mal aber wurde versucht, den Boden durch Pflüge, die sogenannten Hohenheimer Pflüge, aufzulockern – ein schwacher und wohl auch unbefriedigender Versuch einer Mechanisierung des Erdbaus.

Nach 1870 war Philipp Holzmann bei fast allen Eisenbahnbauten in und um Frankfurt involviert. Von 1872 bis Anfang 1876 erfolgte der Neubau des Bahnhofs Sachsenhausen. Die dort ausgeführten Erdarbeiten umfaßten die Anschüttung des Güter- und Personenbahnhofs und der nach Oberrad anschließenden Strecke sowie die Herstellung des Einschnittes der Strecke Sachsenhausen–Goldstein. Da die hier gewonnenen Erdmassen zu den Ausschüttungsarbeiten nur zum Teil ausreichten, wurden die übrigen Bodenmengen in einer Seitenentnahme im Frankfurter Stadtwald in der Nähe der Station Louisa gewonnen. Bei diesen Sachsenhausener Schüttungen ging Holzmann erstmals zum Dampflokomotivbetrieb über. Eingesetzt wurden sieben kleine Maschinen mit 20–30 PS. Die Erdarbeiter nannten diese Lokomotiven «Kaffeemühlen», da sie noch kein Führerhaus hatten. Gefördert wurde auf Gleisen mit 60 cm Spur und wahrscheinlich mit 1,25-Kubikmeter-Hohlkastenkippern. Der Pferdebetrieb wurde jedoch für kleinere Förderweiten noch längere Zeit beibehalten.[43] Anfang der achtziger Jahre war das Unternehmen an Bahnbauarbeiten der Strecke Babenhausen–Hanau (1880/81), am Umbau des Bahnhofs Bad Homburg v.d.H. (1880–1883), am Bau des Bahnhofs Griesheim und gleichfalls an der Neubaustrecke Seckbach–Walldürn, der sogenannten Lebkuchenbahn, über 20 km (1886–1888) beteiligt.

Zur gleichen Zeit liefen die Planungen und begann der Bau des Zentralbahnhofs in Frankfurt. Dieser war dort um so notwendiger, als sich innerhalb der 25 vorangegangenen Jahre entlang der Wallanlagen westlich des Stadtkerns ein schwer koordinierbares System dreier vorwiegend im Nord-Süd-Verkehr wichtigen Eisenbahnlinien entwickelt hatte.[44] Den Auftrag zur Errichtung des Empfangsgebäudes erhielt Philipp Holzmann. Anfang Mai 1883 wurde mit dem Bau begonnen. Am 9. Juni meldete der Frankfurter Beobachter:

«Die Arbeiten am Bau des Zentralbahnhof-Gebäudes sind nunmehr soweit fortgeschritten, daß am kommenden Montag (11. Juni) mit dem Asphaltieren der Kellersohle begonnen werden kann. In ca. drei Wochen soll sämtliches Mauerwerk bis auf den Plattenboden des Kellers fertiggestellt sein. Man hat um den ganzen Bau herum Schie-

Frankfurter Hauptbahnhof, Empfangsgebäude, 1883–1886

nen gelegt, auf welchen die mit Steinen, Sand, Kalk und dergleichen beladenen Eisenbahnwagen bis zur Baustelle gefahren werden können. Bis zur Fertigstellung der Kellersohle sind 70 Maurer beschäftigt, die täglich 200 m² Sandstein vermauern.»[45]

Den Arbeiten am Kellergeschoß und den Mauerarbeiten folgten bald der Bau der übrigen Geschosse und die Lieferung der Werksteine für das Sockelgeschoß (Granit), die Außenfassaden (Heilbronner Stein) und Perronfassaden (Bayerfeldsteine). Bis September 1885 waren etwa 15000 m³ hergestellt und 5000 m³ Werksteine versetzt, die meist rohbeschlagen angeliefert und am Platze bearbeitet wurden. 1886 stand das Empfangsgebäude im Äußeren bis zum Kranzgesims. Betriebsbereit war Frankfurts zentraler Personenbahnhof am 1. Januar 1888.

Bereits 1885 wurden neben den Arbeiten an dem Hauptempfangsgebäude auch die Arbeiten für das Post- und Telegraphengebäude neben dem Zentralbahnhof nebst den Steinmetzarbeiten in rotem Sandstein für 129850 Mark von Philipp Holzmann übernommen, ferner die Entwässerung des Werkstättengebäudes für 27218 Mark, der Bau des Eilgutschuppens und der Fettgasanstalt für 300 l tägliche Leistung und 1886 die Errichtung der Grund- und Sockelmauern für das Hofgebäude des Posthauses am Zentralbahnhof für rund 44000 Mark.

Bis zum Ende des Jahres 1888 wurden einschließlich der genannten Erdarbeiten und Kunstbauten für den Zentralbahnhof und für die Hessische Ludwigsbahn für 2072000 Mark Arbeiten und Lieferungen ausgeführt, ohne die oben erwähnten Arbeiten für den Güterbahnhof bei Griesheim und die im großen Umfang von der Baufabrik ausgeführten Arbeiten für Fenster, Türen, Fußböden, Stuckarbeiten und vieles andere einzubeziehen.

Schon ein Jahr bevor Philipp Holzmann den Auftrag zum Bau des Frankfurter Bahnhofs erhalten hatte, konnte mit dem Bau des Amsterdamer Bahnhofs der erste große und bedeutende Auslandsauftrag hereingenommen werden. Mit dem Bau dieser beiden Bahnhöfe hatte sich Philipp Holzmann in ganz Europa einen hervorragenden Namen gemacht.

Aber auch außerhalb Frankfurts war das Unternehmen bald gefragt. Einen Markstein in der Geschichte des Unternehmens Philipp Holzmann bildete die Übernahme des Baus der Kraichgaubahn 1876. Am 27. November 1876 wurde zwischen der Stadt Karlsruhe, dem Unternehmen Philipp Holzmann & Co. in Frankfurt am Main und dem Ingenieur Georg Kögler in Bretten der Bauvertrag über die Herstellung der 42 km langen, zweigleisigen Bahnstrecke von Durlach über Bretten nach Eppingen mit vier Tunnels von einer Gesamtlänge von 946,37 m einschließlich Lieferung der Oberbaustoffe für ein Gleis über die Gesamtsumme von 9064000 Mark abgeschlossen. Der Bau sollte in drei Jahren bewerkstelligt werden. Die gesamte Bauleitung lag in den Händen von Wilhelm Holzmann, der seinen Wohnsitz für die Zeit des Baus nach Bretten verlegte. Die personelle Organisation und das Inventar, welche zum Bau der Kraichgaubahn und der dazugehörigen Tunnels notwendig waren, vermitteln eindrucksvoll, wie die Ausführung eines solchen Projektes in der damaligen Zeit funktionierte. Gleichzeitig wird aber auch deutlich, daß ein solches Projekt ein vollkommen eigenständiges Gebilde innerhalb des Unternehmens darstellte.[46] Die zentrale Projektleitung hatte ihren Sitz in Bretten, die Strecke war in vier Sektionen eingeteilt. Das Beamtenpersonal bestand aus einem Chefingenieur für die Ausführung, einem Bürochef mit vier Ingenieuren, einem Oberarchitekten mit sechs Architekten, vier Sektionsingenieuren mit zwölf Bauführern, einem Buchhalter und Kassierer, einem Assistenten und zwei Schreibern sowie verschiedenen Magazinbeamten. An Material wurden eingesetzt: 50 km Hilfsbahngleise mit den notwendigen Weichen und Kreuzungen; zwölf Tenderlokomotiven mit 30–40 PS; sieben Lokomobile mit 8–10 PS; zwei Steinbohrmaschinen (System Burleigh); vier Steinbrechmaschinen; eine Dampframme; acht sonstige Schlagwerke; zwölf größere und neun kleinere Versetzkrane; vier Zentrifugalpumpen; 21 diverse Saug- und Druckpumpen; 600 Rollwagen nach eigener Konstruktion mit Gußstahlrollen und elektrischen Zughacken sowie mit verschlossenen Öllagern usw., des weiteren die für große Eisenbahnbauunternehmen notwendigen Werkzeuge und Gerätschaften in kompletter Ausrüstung.

Amsterdamer Bahnhof, 1882

Bei den Felsensprengungen wurden 24 t Pulver und 15 t Dynamit verbraucht. Der Betrieb der Lokomotiven erforderte 49600 Zentner Kohle. In eigens von Philipp Holzmann erbauten Kalköfen wurden 84000 Zentner Kalk gebrannt, und das nötige Sandsteinmaterial zu den Kunst- und Hochbauten wurde aus ca. 20 Steinbrüchen, worunter drei Brüche in eigener Regie waren, gezogen. Bemerkenswert in dieser Aufstellung ist die für die damalige Zeit große Anzahl von Lokomotiven und Wagen. Die Lokomotiven hatten damals noch einen offenen Führerstand, die Wagen besaßen bereits 90 cm Spur. Aufschlußreich sind zudem die Kosten der vier zweigleisigen Tunnels.

Jöhlinger-Tunnel	220,80 m	886 Mark pro lfd. m ohne Sohlengewölbe
Brettener-Tunnel	217,50 m	892 Mark pro lfd. m ohne Sohlengewölbe
Gölshäuser-Tunnel	150,07 m	1117 Mark pro lfd. m mit Sohlengewölbe
Salzfelder-Tunnel	50,00 m	1110 Mark pro lfd. m mit Sohlengewölbe

In den Preisen waren zudem die Preise für die Portale enthalten. An der Bahnstrecke selbst waren rund 479000 m^3 Boden auf eine mittlere Entfernung von 834 m zu bewegen. Das Lösen kostete 52 Pfennig, der Transport 66 Pfennig pro Kubikmeter, und das Planieren, die Wasserableitung und die Stützmauer wurden mit 21 Pfennig berechnet, so daß sich ein Gesamtbetrag für die Erdarbeiten von 1,39 Mark pro Kubikmeter ergab. Da der Tunnelbau sich äußerst schwierig gestaltete, die Preise aber zuvor festgelegt worden waren, konnte kein Gewinn erzielt werden. Wird berücksichtigt, daß alle Erd- und Felsmassen mit der Hand geladen wurden, so waren die Preise für Erdarbeiten äußerst gering. Einschließlich der während des Baus übernommenen Nebenarbeiten wie Hochbauten wurden auf dieser Baustelle Arbeiten für 11208000 Mark geleistet. Der Oberbau für das zweite Gleis der Bahnstrecke wurde erst 1887 von Philipp Holzmann für 196967 Mark ausgeführt. Im Inventarverzeichnis vom 31. Dezember 1880 ist bereits eine hydraulische Presse für Räder verzeichnet. Hier handelte es sich offenbar um eine Räderpresse für die Radsätze der Kippwagen mit 90 cm Spur. Der Fassungsraum der hölzernen Kippwagen, die beim Bau der Kraichgaubahn eingesetzt wurden, betrug 1,25 m^3. Ein Versuch mit 2-Kubikmeter-Wagen fiel allerdings unbefriedigend aus. Denselben Typ der Wagen mit 1,25 m^3 Fassungsvermögen verwendete das Unternehmen bis 1887, erst für die 1887 beginnenden Arbeiten an dem Bahnbau Weizen– Immendingen, Strecke Waldshut–Immendingen setzte das Unternehmen hölzerne Kippwagen von 3 m^3 ein.

Zweifellos war der Bau der strategischen Bahn Weizen–Immendingen, einer Gebirgsbahn im südlichen Schwarzwald von 40 km Länge, das bedeutendste Bahnprojekt des Unternehmens in dieser Zeit. Vier schwierige Tunnelbauten, darunter der 1700 m lange Kehrtunnel an der Stockhalde, mächtige Felseinschnitte im englischen Einschnittbetrieb, eine Gesamterdbewegung von 2 Mio. m^3, elegante Talbrücken von 20 und 30 m Höhe über die Wutach und die tiefen Talgründe bei Fützen und Epfenhofen, zum Teil mit tiefen pneumatischen Gründungen, stellten eine herausragende Ingenieurleistung der damaligen Zeit dar. Sicherlich war dies eine der schwierigsten, aber gleichzeitig auch schönsten Bahnstrecken Deutschlands mit einem Vertragswert von rund 12 Mio. Mark, die innerhalb von drei Jahren verbaut wurden. Bei der Übernahme dieses Baus ging Philipp Holzmann auch finanziell ein hohes Risiko ein. Die Einrichtungskosten dieser Baustelle mit Unterkünften für mehrere Tausend Arbeiter, der Bau der Dienstbahn, die allein durch ihre schwierige Linienführung und zahlreichen hohen Notbrücken fast 0,5 Mio. Mark kostete, sowie die notwendige Ergänzung des Maschinen- und Geräteparks verschlangen derart hohe finanzielle Mittel, daß ein außerordentlicher Kredit von 500000 Mark bei der Deutschen Vereinsbank in Frankfurt am Main aufgenommen werden mußte. Fast das gesamte Baugerät des Unternehmens war für diesen Bau zusammengezogen.

An weiteren interessanten Bahnprojekten wurden ausgeführt:

1886	19,56 km Sekundärbahn Seckach–Walldürn für die Großherzoglich Badische Staatsbahn	660000 Mark
1886	Bau des großen Eisenbahnviaduktes Eigelstein–Gereonswall beim neuen Zentralbahnhof in Köln	294240 Mark

Darüber hinaus erhielt das Unternehmen bis 1889 Aufträge für eine Reihe von Anschlußarbeiten an den Bau des neuen Zentralbahnofs in Köln:

1887	Teil der Hansa-Ring-Unterführung	141 106 Mark
1888	Fundamente der Trankgassen-Unterführung und einschließlich der anschließenden Stützmauer bis zur Johannisstraße, Fundamente der Stützmauer an der neuen Maximiliansstraße, Widerlagspfeiler der Unterführung der Eigelsteinstraße	
	Senkung, Um- und Neupflasterung der Eigelsteinstraße, der Allerheiligenstraße, der neuen Maximiliansstraße und des anschließenden Teils der Domstraße	35 456 Mark
1889	Stützmauer zwischen Trankgasse und Johannisstraße längs des neuen Bahnkörpers und einschließlich des Grundmauerwerkes des anschließenden Kesselhauses nebst Fundamenten für die Druckpumpen	24 532 Mark

1891 wurden Philipp Holzmann die Steinmetzarbeiten (Kudowasteine) zu dem Hauptempfangsgebäude in Köln für 158 913 Mark übertragen.

1887 wurde die Sekundärbahn Mannheim–Weinheim über Käfertal übernommen und noch im gleichen Jahr zum Preis von 946 223 Mark beendet. Ferner wurde der zweigleisige Ausbau der Strecke Courselles–Teterchen (Metz–Saargemünd in Lothringen) für die Generaldirektion der Reichseisenbahnen zum Preis von 563 077 Mark durchgeführt.

Auch seine erste ausländische Eisenbahn konnte das Unternehmen 1888 in Auftrag nehmen. Am 23. Mai 1888 wurde Philipp Holzmann in Gemeinschaft mit dem Ingenieur Jakob Mast in Zürich die betriebsfertige Herstellung der Bahn Landquart–Davos–Platz in der Schweiz nach den eigenen Entwürfen des Unternehmens für rund 5 Mio. Sfr. übertragen. Philipp Holzmann hatte die Offerte nur deshalb zusammen mit dem Schweizer Ingenieur Jakob Mast abgegeben, weil sein Bruder Wilhelm annahm, daß das Unternehmen in Verbindung mit einem Schweizer Bürger eher den Zuschlag erhalten würde. Die Ausführung allerdings erfolgte für Rechnung des Unternehmens allein, während Jakob Mast nur mit seinem Namen an dem Unternehmen beteiligt war. Das Unternehmen stellte die Betriebsmittel und die Kaution, Jakob Mast besorgte gegen ein festes Gehalt die Bauleitung und Ausführung nach den Instruktionen des Unternehmens.

Die Spurweite betrug 1 m, und ihre Länge war nach dem ursprünglichen Projekt auf 45,28 km festgelegt. Da sich die Länge der Strecke Klosters–Davos, die im ursprünglichen Projekt 12,48 km betragen hatte, auf 17,40 km vergrößerte, betrug die Gesamtlänge der Bahn schließlich 50,2 km. Auf der Strecke zwischen Klosters und Davos überstieg die Bahn die Höhe von 1635 m, und war damit zu dieser Zeit die höchste Adhäsionsbahn Europas.

Die Bahn Landquart–Davos stellte nur das erste Drittel des geplanten Alpenübergangs Landquart über Davos, Samaden und Maloja nach Chiavenna dar. Auch dieses Projekt der Linie Davos–Chiavenna mit dem 7500 m langen Scalettatunnel zwischen dem Sertigtal und dem Inntal, dessen Scheitelpunkt auf einer Höhe von 2200 m lag, wurde von Philipp Holzmann bearbeitet. Das Gesamtprojekt war mit 43 Mio. Sfr. veranschlagt. Die Ausführung dieser Linie kam allerdings nicht zustande. Am Ausbau der Graubündener Bahnen war Philipp Holzmann jedoch noch eine Reihe von Jahren durch Projektbearbeitungen weiterhin tätig.

Vor allem durch den Bau der Kraichgaubahn und der Strecke Weizen–Immendingen sowie der Schmalspurbahn Landquart–Davos mit ihren Tunnel- und Brückenbauten hatte sich Holzmann auch im Ausland einen hervorragenden Namen gemacht. Dies führte dazu, daß bald größere ausländische Projekte an das Unternehmen herangetragen wurden, so zum Beispiel der Bau der Bagdadbahn. Das Auftragsvolumen der Eisenbahnabteilung von Wilhelm Holzmann betrug von Anfang der siebziger bis Anfang der neunziger Jahre allein rund 30 Mio. Mark.

Wasserbau und Erdbau

Der Wasserbau erlangte Anfang der 1880er Jahre im Unternehmen Philipp Holzmann eine herausragende Bedeutung. Den Umgang mit großen Erdmassen hatte das Unternehmen bei den verschiedensten Projekten seit der Gründung sehr erfolgreich gemeistert. Beim Brückenbau über die großen deutschen Flüsse hatte das Unternehmen zudem bei der Verankerung der Pfeiler seine Qualifikation bei Projekten im Wasser bewiesen, so vor allem auch bei der Erstellung der Rheinstraßenbrücke am Harzgraben, der sogenannten Wettsteinbrücke in Basel. Es verwundert daher nicht, daß das erste bedeutende Projekt im Wasserbau 1882 von der Stadt Zürich an das Unternehmen vergeben wurde, nämlich Arbeiten für die Umgestaltung der Kläranlagen in Zürich 1882. Bis 1885 wurden hier 90000 m^3 Erdmasse bewegt und umfangreiche Mauerarbeiten ausgeführt. Der Kostenvoranschlag für Erd- und Mauerarbeiten lag bei 2 Mio. Sfr. Der Gerätepark, insbesondere für Naßbetrieb dieser Baustelle, war entsprechend umfangreich. Es wurden dort die Bagger «Vulkan» (Kiesbagger) und «Pluto» (Schlammbagger) eingesetzt, die eigens für diese Arbeiten von der Firma Gebr. Schulz in Mainz gekauft worden waren. Gleichzeitig wurde hier mit einem kleineren Bagger der Stadt Zürich gearbeitet, der in den Inventarbüchern von Philipp Holzmann stets als «Kaffeemühle» bezeichnet wurde, sowie einer kleinen Handbaggermaschine. Ferner wurden hier die Elevatoren «Katz» und «Hund» sowie drei Dampfer «Merkur», «Saturn» und «Jupiter», die ebenfalls neu angeschafft wurden, nebst zwölf Prähmen und 13 sogenannten Ledischiffen für die Arbeit benutzt. Ende 1882 standen Geräte auf dieser Baustelle für 226938 Sfr. zu Buche.

Zur gleichen Zeit wurde dem Unternehmen in Gemeinschaft mit Ingenieur Jakob Mast in Zürich die Kaibrücke (Straßenbrücke) über die Limmat zur

Ausführung für 860000 Sfr. übertragen. Wegen der großen Breite der Brücke waren die Pfeiler und Widerlager nicht in ihrer ganzen Länge heruntergeführt, sondern die Ingenieure hatten bei jedem Pfeiler zwei einzelne Pfeilerschäfte hochgeführt und diese dann unter Wasser miteinander verbunden. Hierzu wurde eine zweite kleinere hölzerne Tauchglocke benutzt. Allerdings endete dieses Geschäft mit einem Verlust. Das schwimmende Inventar mußte nach Beendigung der Arbeiten zum Teil verkauft werden, da die Geräte nicht vom Züricher See abtransportiert werden konnten.

Neben der Mainkanalisierung einschließlich des Baus des Frankfurter Westhafens von 1885 bis 1887 anstelle des alten Winterhafens wurden zahlreiche weitere Wasserbauten übernommen, so vor allem die technisch schwierigen Werft- und Hafenarbeiten für den Rheinauhafen der Stadt Köln. Hier wurden von dem Unternehmen Wasserbauten aller Art ausgeführt, darunter 2700 m Kaimauern auf Fundamenten aus Unterwassertrichterbeton und Speicherbauten, die auf Brunnen gegründet waren. Zum ersten Male wurden Elektromotoren zum Antrieb der Zentrifugalpumpen eingesetzt. Die erste elektrische Maschine überhaupt wurde von Philipp Holzmann als Dynamo für Lichterzeugung beim Bau der Kaimauer für den Baakenhafen in Hamburg benutzt, die im Zeitraum von 1884 bis 1887 errichtet wurde. Hierfür wurden übrigens die drei ersten Dampframmen mit direkt wirkendem Bär von 1200 kg Gewicht angeschafft, um die umfangreichen Rammarbeiten termingemäß beenden zu können.

Der Umbau einer Schleuse im Rhein-Rhône-Kanal wurde mit Druckluft durchgeführt. Alle diese vielfältigen und wagnisreichen Wasserbauten wie auch etwa die Regulierung der Nidda oder die Hochwasserdammarbeiten an dem rechtsseitigen Regnitzarm in Bamberg treten jedoch weit in den Hintergrund gegenüber dem Bau des Nord-Ostsee-Kanals.

Als diese gewaltigen Arbeiten 1888 begonnen wurden, erhielt Philipp Holzmann zunächst am 26. September 1888 den Zuschlag für die Erdarbeiten in den Losen 13 und 14 von km 81,22 bis km 91,93 für 12313421 Mark. Am 19. November des gleichen Jahres erfolgte der Auftrag zur Ausführung der Erdarbeiten für die Holtenauer-Schleuse für 397065 Mark, und schließlich wurden der Firma am 13. Juni 1889 aufgrund der öffentlichen Ausschreibung vom 18. Mai 1889 die Erdarbeiten in Los 9 von km 60,0 bis km 65,1 und km 48,7 für 3011814 Mark übertragen.[47] Die innerhalb von neun Monaten übernommenen Arbeiten stellten somit einen Wert von rund 15,7 Mio. Mark dar und dauerten sechs Jahre. Die Ausführungen dieser Arbeiten stellten an die Ingenieure und Arbeiter besonders hohe Anforderungen. Der Inventarpark mußte bedeutend vergrößert werden, da ein großer Teil der Gerätschaft noch bei den Arbeiten an der Neubaustrecke Weizen–Immendingen festgelegt war. Namentlich die umfangreichen Naßbaggerungen machten die Beschaffung von zahlreichen neuen Geräten erforderlich, da das Unternehmen nur über die beiden noch dort liegenden Naßbagger «Pluto» und «Vulkan» verfügte. Nach den guten Erfahrungen, die Philipp Holzmann mit dem für den Mühlau-Hafen in Mannheim angeschafften Bagger gemacht hatte, entschloß sich die Unternehmensleitung, eine Reihe von gleichartigen Geräten zu beschaffen. Damit war selbstverständlich auch die Anschaffung der für diese Betriebe erforderlichen Lokomotiven, Wagen und Gleise bedingt. Bereits vor der Übertragung der Arbeiten in den Losen 13 und 14 am 9. September 1888 hatte Philipp Holzmann in Erwartung des Auftrages 1500 t, also etwa 50000 m alte Schienen gekauft.

Für diese umfangreichen Materialbeschaffungen und für die großen Installationen mußten zudem im Gebiet der Lose 13 und 14 vier Wohnungen für verheiratete Ingenieure, 16 Wohnungen für verheiratete Unterbeamte und 20 Wohnungen für verheiratete Aufseher geschaffen werden. Die Geldmittel der Firma reichten natürlich hierzu nicht aus, so daß erhebliche Bankkredite in Anspruch genommen werden mußten. Von einem Finanzkonsortium unter Führung der Deutschen Vereinsbank in Frankfurt am Main wurde dem Unternehmen nach Übernahme der Arbeiten in diesen beiden Losen ein Kredit von 2,5 Mio. Mark und für die Arbeiten in Los 9 ein weiterer Kredit von 1,25 Mio. Mark zur Verfügung gestellt. Dies waren die höchsten Kredite, die das Unternehmen bisher in Anspruch genommen hatte. Für die Abtragung der Kredite war ein genauer Plan entsprechend dem Fortschritt der Arbeiten ausgearbeitet. Durch eine garantierte Gewinnbeteiligung war dem Bankkonsortium eine Verzinsung des geliehenen Kapitals von 8% zugesichert.

Für das Projektmanagement in den Losen 13 und 14 und für die Arbeiten an der Holtenauer Schleuse wurde ein Büro in Kiel errichtet, ein weiteres in Rendsburg für die Arbeiten in Los 9. Wilhelm Holzmann bearbeitete das Projekt in der Zentrale in Frankfurt. Den beiden Büros unterstanden zwei Ingenieure, neun Bauführer und 42 Aufseher. Die Arbeiter waren in Baracken untergebracht, die vom Staat finanziert und zum Teil von Philipp Holzmann errichtet worden waren. Nur bei Groß-Nordsee und nördlich von km 89,5 errichtete 1889 das Unternehmen zwei eigene Baracken für je 100 Arbeiter. Die Lose 13 und 14, bei denen zusammen 12675135 m³ gefördert wurden, gestaltete sich deswegen besonders schwierig, weil der neue Kanal zum Teil im Bett des alten Eiderkanals von Rendsburg nach Kiel verlief. Die Schiffahrt auf dem Eiderkanal durfte durch die Bauarbeiten nicht behindert werden. Hinzu kam, daß für die Absenkung der einzelnen Haltungen des alten Kanals ein genauer Plan bestand, in den sich der Fortschritt der Arbeiten einfügen mußte. Im Vertrag war als Endtermin der 1. Januar 1895 festgesetzt, daneben waren Zwischentermine vorgesehen, nach denen in den ersten drei Baujahren 9622044 m³, im nächsten Baujahr 1114110 m³ und in den beiden letzten Baujahren 1938981 m³ zu fördern waren. Nach dem im Juli 1889 aufgestellten Bauprogramm für diese Strecke war vorgesehen, 5318863 m³ mit Trocken-

Baggerarbeiten am Kaiser-Wilhelm-Kanal (Nord-Ostsee-Kanal), 1888–1895

baggern und die übrigen Erdmassen mit Schwimmbaggern zu fördern. Hierfür waren sechs Trockenbaggerbetriebe bis Ende 1891 vorgesehen und für den Naßbetrieb während der stärksten Betriebszeit sechs Schwimmbagger.

Da die Arbeiten sich in den ersten Jahren verschiedentlich verzögerten, wurden für die Baujahre 1891 und 1892 noch zwei weitere Trockenbagger beschafft, so daß 1890 acht Trockenbagger fast das ganze Jahr dort arbeiteten. Der größte Lokomotivbestand in diesen Losen stand 1890 mit 28 Stück zu Buche. In den Jahren 1891–1893 arbeiteten dort sechs Naßbagger.

Ferner wurde dem Unternehmen 1890 die pneumatische Absenkung von gemauerten Pumpenbrunnen übertragen. Zuerst war lediglich ein Brunnen vorgesehen, später folgte noch die Übertragung von zwei weiteren.

Neben den Erdarbeiten wurden im Laufe der Jahre umfangreiche andere Arbeiten am Kanal der Firma übertragen. Hier zu nennen sind insbesondere die Uferbefestigungsarbeiten, Erdarbeiten und Wegeanlagen der Fähren bei Landwehr und bei Nobisrug. Im ganzen wurden für 19364943 Mark Bauarbeiten ausgeführt.

Die geleisteten Erdarbeiten betrugen beim Bau des Nord-Ostsee-Kanals insgesamt 18 Mio. m^3, an Böschungsbefestigungen 450000 m^2 und an Uferbefestigungen 31400 m^2, Mauerarbeiten 5237 m^3, Betonierungsarbeiten 8000 m^3, Fundierung mit Luftdruck 6700 m^3.

Seit dem Frühjahr 1890 wurde hier erstmals im Tag- und Nachtbetrieb gearbeitet. Da nicht alle Baggergeräte mit elektrischer Beleuchtung versehen waren, wurden viele mit Öllampen ausgerüstet, was eine umständliche und schlechte Beleuchtung darstellte, da sich die Düsen ständig verstopften. Der Stundenlohn lag bei rund 0,25 Mark für den Hilfsarbeiter und 0,35 Mark für den Maschinisten. Die Festpreise je Kubikmeter betrugen im Mittel 0,97 Mark für die Lose 13 und 14, 0,83 Mark für das Los 9 und 0,70 Mark für den Naßbetrieb bei der Holtenauer Schleuse.

Die Beteiligung am Bau des Nord-Ostsee-Kanals ohne jahrelange Erfahrungen auf dem Gebiet des maschinellen Großerdbaus stellte für das Unternehmen ein hohes Risiko dar. Durch die Beteiligung an diesem Projekt gelangte Philipp Holzmann in die Spitzengruppe der größten deutschen Bauunternehmen. Zudem besaß Philipp Holzmann nun einen Gerätepark wie kaum ein anderes Unternehmen in Europa. Mit diesem Gerätepark zogen das eingeübte Bedienungspersonal der Bagger, Aufzüge, Lokomotiven sowie die bewährten Kipp- und Schachtmeister unter Führung erprobter Ingenieure durch ganz Deutschland von einem Kanal zum anderen, von diesem Hafen zu jenem Hafen; überall wurden Dämme und Deiche errichtet. Anfang 1891 waren die ersten Trockenbaggerbetriebe beim Kaiser-Wilhelm-Kanal frei geworden, und bereits am 21. April 1891 übernahm Philipp Holzmann die Arbeiten für die Weichselregulierung bei Danzig, den rund 10 km langen Weichseldurchstich mit einem Flußbett von 230 m Breite, 7,2 Mio. m³ Erdbewegung, 300000 m³ Uferbefestigung mit Sinkstücken, Faschinen und Steinschüttungen sowie 100000 m² Uferpflaster, 35000 m² Rauhwehr und 48000 m

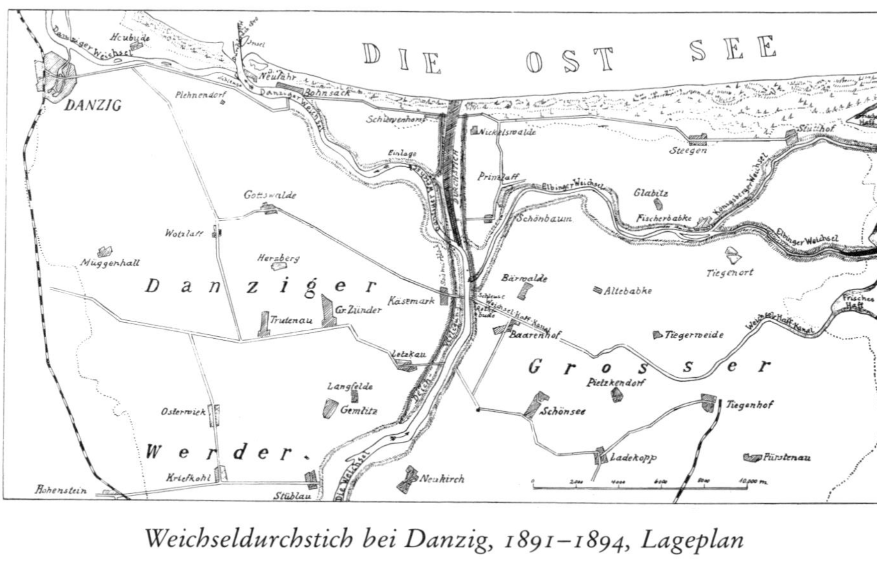

Weichseldurchstich bei Danzig, 1891–1894, Lageplan

Pfahlreihen. Die Fertigstellung erfolgte innerhalb von drei Jahren. Auch hier mußte ein Kredit in Millionenhöhe aufgenommen werden. Zum ersten Male setzte Wilhelm Holzmann hier den 4-Kubikmeter-Holzkastenkipper nach Holzmannscher Bauart ein. Insgesamt wurden für diese schwierigen Wasserbauten rund 8,1 Mio. Mark eingesetzt. Trotz des scharfen Konkurrenzpreises von im Mittel 0,72 Mark pro Kubikmeter waren diese Arbeiten finanziell einträglicher als diejenigen am Kaiser-Wilhelm-Kanal.

5. Fazit

In den Jahren 1873–1894 wurden mehr als 200 Mio. Mark umgesetzt, die sich auf die einzelnen Fachgebiete wie folgt verteilen:

Steinmetzbetriebe	22,98 Mio. Mark	10,0%
Ziegeleibetriebe	13,85 Mio. Mark	6,1%
Baufabrik	13,85 Mio. Mark	7,9%
Hochbau	46,29 Mio. Mark	20,4%
Kanalbau	22,36 Mio. Mark	9,8%
Sonstiger Tiefbau	104,33 Mio. Mark	45,8%
	223,66 Mio. Mark	100,0%

Aus dem regionalen Unternehmen Philipp Holzmann war eines der größten deutschen Bauunternehmen entstanden, das in allen Arbeitsbereichen hervorragende Erfolge erzielte. Vor allem die Mechanisierung hatte in diesem Zeitraum große Fortschritte gemacht. Die Entwicklung der Baumaschinen war durch die Erfahrungen und Anregungen des Unternehmens maßgeblich beeinflußt worden. Neue Gründungsarten wurden erdacht und mit Erfolg angewandt. Organisatorisch blieb das Unternehmen immer noch stark zentralisiert, obwohl nach und nach seit Anfang der achtziger Jahre Stadtbaubüros in Berlin, München, Straßburg, Mannheim, Düsseldorf und Köln eingerichtet wurden und sich Ansätze zu einer Dezentralisierung zeigten.

IV.
Internationalisierung – von Deutschland in die Welt 1895 bis 1917

Unternehmen und ihre Produkte verändern den Alltag. Nie zuvor hat ein Jahrhundert dies so deutlich gezeigt wie das zwanzigste: von der Dampfmaschine, dem sichtbaren Symbol des 19. Jahrhunderts, hin zu Auto und Flugzeug, Radio und Fernsehen, Mikrochip und Internet, aber auch der Atomkraft.

Als Philipp Holzmann 1836 geboren wurde, begann die Industrielle Revolution in Deutschland gerade. Als er 1904 starb, hatte sie Wirtschaft und Gesellschaft in Deutschland ein neues Gesicht gegeben: Eisenbahnen verbanden die wichtigsten Städte Deutschlands und des Kontinents, auf den Straßen fuhren die ersten Autos und elektrischen Straßenbahnen. Die chemische und pharmazeutische Industrie drang mit ihren Produkten in alle Lebensbereiche ein, und die Elektroindustrie hatte den Alltag der Menschen grundlegend verändert. Aus einem Agrarstaat war ein hochentwickelter Industriestaat geworden, in dem neue Lebensformen langfristig mehr Lebensqualität versprachen. Produktion und Absatz von Massengütern bestimmten die Geschäftstätigkeit in der Industrie, neue Organisationsstrukturen in der Wirtschaft wie etwa die Aktiengesellschaft hatten vielfältige Möglichkeiten der Finanzierung, Investition, Produktion und des Absatzes geschaffen.

Dem Erfindungsdrang der Menschen sind offensichtlich keine Grenzen gesetzt. Der Alltag Ende des 19. Jahrhunderts unterscheidet sich wesentlich von demjenigen Ende des 20. Jahrhunderts. Die neuen Produkte dienten allerdings nicht nur friedlichen Zwecken, sondern wurden von den politischen und militärischen Machthabern gezielt zum Aufbau einer gewaltigen Kriegswirtschaft benutzt. Der Erste Weltkrieg zeigte in aller Deutlichkeit, daß viele der Erfindungen und die daraus entwickelten Produkte gleichzeitig auch eine verheerende Wirkung beim Kriegseinsatz hatten. Eisenbahnlinien und Schiffswerften wurden unter strategischen Gesichtspunkten erbaut. Autos, Panzerwagen, Flugzeuge, chemische Waffen, Schnellfeuergewehre, Dynamit und hieraus entwickelte Produkte bildeten die Basis für die Massenvernichtungsschlachten des Ersten Weltkriegs.

Neben Bauten für rein friedliche Zwecke prägten die Aktivitäten des Bauunternehmens Philipp Holzmann mehr und mehr auch Projekte, die dem Ausbau der Militärmacht Deutschland dienten, so im Eisenbahnbau, in der Errichtung von Schiffahrtsstraßen, im Hafenbau sowie im Marine- und Seebau. Aber auch im Ausland waren viele Projekte umstritten. War der Bau der

Bagdadbahn Entwicklungshilfe für die Türkei, oder stellte diese Bahn eine wichtige militär-strategische Anlage dar? Gleiches gilt für die Aktivitäten in Deutsch-Ostafrika. Keinen politischen Hintergrund dagegen hatten die Bauaktivitäten Holzmanns in Südamerika. Die Vergrößerung der deutschen Kriegsflotte erforderte auch eine Anpassung der baulichen Anlagen entsprechend den vergrößerten Abmessungen der Schlachtschiffe. In erster Linie mußten sowohl für den Neubau der Kriegsschiffe als auch für ihre laufende Instandsetzung und Überholung Docks und Hellinge in ausreichender Zahl in den Kriegshäfen Kiel und Wilhelmshaven errichtet werden. Die Kaiserliche Marine übertrug Holzmann sowohl in Kiel als auch später in Wilhelmshaven den Bau von Trockendocks. Fast alle neuen Erfindungen fanden in militärischen Bereichen Anwendung. Viele von ihnen wurden in der militärischen Erprobung weiterentwickelt.

Im letzten Jahrzehnt des 19. Jahrhunderts und im ersten Jahrzehnt des 20. Jahrhunderts veränderten Jahr für Jahr neue Erfindungen den Alltag der Menschen grundlegend.

1. Philipp Holzmann – der Weg ins 20. Jahrhundert

Beton – Baustoff der Zukunft

Der Baustoff Beton, der sowohl als Stampfbeton als auch als Eisenbeton hergestellt wurde, beeinflußte das Bauen sowohl konstruktiv als auch betrieblich erheblich. Vor allem den Tiefbau bzw. im weiteren Sinne den Ingenieurbau veränderte er grundlegend. Bis 1860 war die Erzeugung von Zement, ohne den kein Zementbeton hergestellt werden kann, in Deutschland gering. Erst allmählich wuchs die Produktion. So stieg etwa von 1886 bis 1900 die Zahl der in der Zementindustrie tätigen Arbeiter von 12 000 auf 32 000 an. Schon in den Jahren zuvor war Beton verarbeitet worden, insbesondere für Fundamente unter Wasser bei Tiefbauprojekten im ganzen Deutschen Reich.

Die von Philipp Holzmann für die Eisenbahn in Nürnberg um die Jahrhundertwende in Stampfbeton ausgeführten Kunstbauten waren die ersten Betonbrücken, die von Eisenbahnzügen befahren wurden. Die Zement- und Betonprüfungen steckten zu diesem Zeitpunkt aber noch in den Kinderschuhen, und viele Behörden wie zum Beispiel die Eisenbahnverwaltungen Deutschlands ließen Beton für ihre Kunstbauten überhaupt nicht zu. Die Anwendung des Eisenbetons im Brückenbau wurde von der Deutschen Reichsbahn in größerem Umfange erst nach dem Ersten Weltkrieg allgemein genehmigt. Im klassischen Hoch- und Tiefbau wurde gemauert, die Ansichtsflächen in Werksteinen und das innere Mauerwerk als Füllmauerwerk. Soweit Beton verbaut wurde, war er meist von Hand oder mit den Mörtelmaschinen gemischt.[1]

Der erste Eisenbeton in Frankfurt am Main war demnach noch ein technisches Ereignis. Das Monierpatent hatte die Offenbacher Firma Martenstein und Josseaux 1884 erworben. Eine ihrer ersten Ausführungen betraf den Belag des «Eisernen Steges». Es handelte sich um 7 cm dicken Eisenbeton, der, kreuzweise armiert, im Mischverhältnis 1:2 hergestellt war. Wie wichtig diese technische Neuerung von den Brückenbauingenieuren des Unternehmens genommen wurde, geht aus einem sehr sorgfältigen Eintrag in das «Selbstkostensammelbuch» des Brückenbaubüros hervor. Danach betrug der Preis bei zehnjähriger Garantie 11 Mark pro Quadratmeter.

Die Einführung des Eisenbetons stieß bei den Vertretern der alten Bauweise auf erheblichen Widerstand. Auch bei Philipp Holzmann kostete es manchen Kampf, die Widerstände insbesondere der alten Ingenieure zu überwinden. Ihnen lag diese «Zuckerbäckerarbeit» nicht, weil sie in Massenbewegungen geschult waren. Doch diese blieben auch beim Beton nicht aus, wie die bereits Ende des Jahrhunderts errichteten Betonbauwerke zeigen. Die großen Marinebauten verlangten Bauwerksmassen mit weit über 100000 m^3 Beton, Massen wie sie bis zu diesem Zeitpunkt im Mauerwerk am einzelnen Objekt nie erreicht worden waren. Diese Neuerungen erforderten völlig neue Betriebseinrichtungen und vor allem sehr leistungsfähige Spezialmaschinen. Zum Massenprodukt «Erde» war somit neu das Massenprodukt «Beton» gekommen.

Eine zweite Erfindung, die eiserne Spundwand, verdrängte die Holzspundwände fast vollkommen; hierdurch blieb mancher Wald erhalten, der sonst hätte abgeholzt werden müssen.

Mit dem Löffelbagger, den Philipp Holzmann etwa ab 1900 im deutschen Erdbau einführte, war eine Grabmaschine geschaffen worden, die leicht ihren Standort ohne Umbau wechseln und somit auch schmale fortschreitende Einschnitte herstellen konnte. Er bildete das Idealgerät für den Eisenbahn- und Straßenbau, ein Gerät, das im deutschen Tiefbau bis dahin gefehlt hatte. Im Erdbau setzte nun ein Konkurrenzkampf zwischen dem Eimerbagger und dem Löffelbagger ein. Der Löffelbagger verdrängte im allgemeinen Tiefbau rasch den Eimerbagger, letzterer wurde jedoch vor allem in vielen Spezialfällen weiterhin eingesetzt.

Untergrundbahnen – eine zukunftsorientierte Städteplanung

Berlin war Ende des 19. Jahrhunderts unbestritten das politische, wirtschaftliche und finanzielle Zentrum Deutschlands, ein wichtiger Banken- und Börsenplatz in der Welt und gleichzeitig der Sitz großer deutscher Unternehmen. Hier hatte Werner von Siemens 1847 Siemens & Halske gegründet, und hier war 1887 aus der 1883 errichteten Deutschen Edison Gesellschaft die Allgemeine Elektrizitätsgesellschaft (AEG) hervorgegangen.[2] Aber auch die großen bedeutenden Banken hatten hier ihren Sitz, so die Deutsche Bank mit Georg von Siemens, einem Vetter Werner von Siemens', an der Spitze, die Disconto-Gesellschaft mit Adolph von Hansemann und die Berliner Handelsgesellschaft mit Karl Fürstenberg. Während im Ruhrgebiet die großen Eisenbarone wie August Thyssen oder Alfred Krupp dominierten, hatten sich in Berlin die vornehmlich innovativen Unternehmen niedergelassen. Werner von Siemens, Emil Rathenau, Georg von Siemens, Karl Fürstenberg, Alfred Borsig und viele andere bestimmten das Wirtschaftsleben der Hauptstadt. Jedes Unternehmen, das in Deutschland eine bedeutende Rolle spielen wollte, mußte in Berlin eine Zweigstelle haben. Dies hatte auch Philipp Holzmann rechtzeitig erkannt und bereits 1886 eine Zweigniederlassung handelsgerichtlich eintragen lassen.[3]

Die beiden führenden Persönlichkeiten der Elektrizitätswirtschaft, Werner von Siemens und Emil Rathenau, hatten frühzeitig bemerkt, daß die öffentlichen Verkehrsmittel wie Pferdebahnen und Omnibuslinien infolge des raschen Anwachsens der Hauptstadt und auch des Verkehrs bereits in den neunziger Jahren des 19. Jahrhunderts an Grenzen gestoßen waren. Beide Unternehmer gingen davon aus, daß ein Verkehrschaos vorprogrammiert war. Sie folgerten daraus, daß diese langen Strecken nur durch elektrische Schnellbahnen entweder unter oder über der Erde in kürzerer Zeit zu bewältigen waren. Bereits 1891 hatte die AEG einen Entwurf vorgelegt, der vorsah, sämtliche Stadtteile nach und nach miteinander durch Untergrundbahnen zu verbinden.[4] Die Stadt Berlin und insbesondere die zuständigen Aufsichtsbehörden standen dem Projekt einer Untergrundbahn jedoch äußerst skeptisch gegenüber, zumal der Untergrund fast nur aus Sand bestand und zudem das verhältnismäßig hoch stehende Grundwasser den Schachtbau sehr erschwerte. Sie machten daher die Konzession für den Bau einer Versuchsstrecke zwischen den damaligen Vororten Treptow und Stralau, die durch die Spree getrennt waren, von eingehenden Untersuchungen abhängig.

Georg von Siemens, Vorstandssprecher der Deutschen Bank und gleichzeitig Aufsichtsratsvorsitzender der AEG, stand diesem Plan äußerst positiv gegenüber. Er empfahl, Philipp Holzmann zur Realisierung dieses Projektes hinzuzuziehen, da das Unternehmen insbesondere beim Bau des Tunnels und der dazugehörigen Rampen seine Erfahrungen in der Anlage von Kanalisationen und im Wasserbau einbringen könne. Die eingehenden Untersuchungen wurden dann auch von Philipp Holzmann & Co., der AEG und dem Königlichen Eisenbahndirektor Ernst Mackensen, der einen Apparat zum Vortrieb von Tunnels in schwimmendem Gebirge erfunden hatte, durchgeführt. Das positive Ergebnis dieser Untersuchungen veranlaßte die Stadt Berlin bzw. die Aufsichtsbehörden, das Projekt einer ersten Untergrundbahn zu genehmigen. Unter Führung der Deutschen Bank wurde am 9. Oktober 1894 in Berlin die Gesellschaft für den Bau von Untergrundbahnen als Gesellschaft mit beschränkter Haftung mit einem Gesellschaftskapital von 600000 Mark gegründet und am 30. Oktober 1894 in das Handelsregister in Berlin eingetragen. Dieses Kapital wurde wie folgt aufgeteilt:

Philipp Holzmann & Co.	175000 Mark
AEG	125000 Mark
Deutsche Bank	75000 Mark
Berliner Handelsgesellschaft	60000 Mark
Delbrück Leo & Co.	52500 Mark
Nationalbank für Deutschland	37500 Mark
Bankhaus Jakob Landau	37500 Mark
Bankhaus Gebr. Sulzbach	37500 Mark
Insgesamt	600000 Mark

Die Vorprojekte, Vorstudien und Vorversuche, die von der AEG und Philipp Holzmann in Gemeinschaftsarbeit mit Ernst Mackensen durchgeführt werden sollten, ebenso wie die Modelle und erworbenen Patente zum Vortreiben von Stollen wurden von der AEG mit 50000 Mark und von Philipp Holzmann & Co. mit 100000 Mark in die Baugesellschaft eingebracht. Zu Geschäftsführern der neuen Gesellschaft wurden der Königliche Regierungs- und Baurat Schnebel aus Bromberg[5] und der Oberingenieur Lauter von der Firma Philipp Holzmann & Co. bestellt. Der Aufsichtsrat setzte sich zusammen aus: Georg von Siemens (Deutsche Bank, Vorsitzender), Karl Fürstenberg (Berliner Handelsgesellschaft, stellvertretender Vorsitzender), Emil Rathenau (Vorstandsvorsitzender der AEG), Philipp Holzmann, Adelbert Delbrück (Bankhaus Delbrück Leo & Co.), J. Peter (Nationalbank für Deutschland), Jakob Landau (Berlin) und Rudolf Sulzbach (Bankhaus Gebr. Sulzbach in Frankfurt am Main).

Der ursprüngliche Plan, einen Tunnel zwischen Treptow und Stralau bis 1896 zur Gewerbeausstellung in Treptow fertigzustellen, wurde infolge der schwierigen Verhandlungen mit der Stadt Berlin fallengelassen. Philipp Holzmann und die AEG errichteten daher zunächst lediglich eine Demonstrationsstrecke. Die vorbereitenden Arbeiten für die Ausführungen der im Treptower Park herzustellenden Tunnelprobestrecke wurden im Mai 1895 aufgenommen. Der Vortriebsapparat, die maschinelle Einrichtung und die Tunnelverkleidung, die im wesentlichen von Philipp Holzmann & Co. durchgeführt wurden, konnten am 25. Februar 1896 begonnen werden. Die Versuchsstrecke war Anfang September 1896 fertiggestellt. Das Tunnelstück war 162 m lang. Es wurde Mitte Dezember für die Besucher der Gewerbeausstellung freigegeben. Das Interesse der Vertreter der Stadt Berlin und der Berliner Bevölkerung war so groß, daß innerhalb kürzester Zeit rund 45000 Besucher den «Tunnel unter der Spree» besuchten.

Diese positiven Signale führten dazu, daß das Gesamtprojekt nun von der Firma Philipp Holzmann ausgeführt werden konnte. Der bergmännisch hergestellte Teil des Tunnels war im Januar 1898 vollendet. Der eigentliche

Tunnel Stralau, 1897–1899

Ausbau des Tunnels, des gekrümmten Teils auf dem Stralauer Ufer und der beiden sich an die Tunnelenden anschließenden offenen Rampen in einer Gesamtlänge von 581 m, war Anfang des Jahres 1899 fertiggestellt und konnte am 2. März 1899 dem Aufsichtsrat als betriebsfertig vorgeführt werden. Am 18. Dezember 1899 wurde der normale Straßenbahnbetrieb zwischen Treptow und dem Schlesischen Bahnhof eröffnet. Die Gesamtkosten für den Spreetunnel und die elektrische Straßenbahn zum Schlesischen Bahnhof betrugen 2641000 Mark. Das Gesamtprojekt wurde 1900 auf der Pariser Weltausstellung einer größeren Öffentlichkeit vorgestellt.

Neben den Planungen der AEG und des Unternehmens Philipp Holzmann hatte auch Siemens & Halske Entwürfe für elektrische Schnellbahnen, die teils als Hochbahnen, teils als Untergrundbahnen im Stadtinneren gedacht waren, ausgearbeitet und ebenfalls unter Führung der Deutschen Bank eine Gesellschaft gegründet.[6] Georg von Siemens, der bei beiden Gesellschaften den Aufsichtsratsvorsitz innehatte, war sehr daran gelegen, daß diese zusammenarbeiteten und sich nicht in Konkurrenz gegenseitig die Aufträge wegnahmen. Im Dezember 1898 wurde daher zwischen der Siemens & Halske AG, der AEG, der Hochbaugesellschaft und der Baugesellschaft ein Abkommen über eine gemeinsame Ausführung der Berliner Untergrundbahnen getroffen, wonach die Baugesellschaft alle erforderlichen Bauarbeiten zu Selbstkosten mit einem entsprechenden Gewinnaufschlag bzw. zu Festpreisen ausführen sollte. Hierdurch wurde eine Umorganisation der Baugesellschaft erforderlich, die am 2. November 1899 erfolgte. Das Kapital der Baugesellschaft wurde auf 1 Mio. Mark erhöht, und die neuen Stammeinlagen von zusammen 400000 Mark wurden übernommen von:

Deutsche Bank	127500 M
Mitteldeutsche Kreditbank	50000 M
Elektrische Licht- und Kraft AG	50000 M
Siemens & Halske AG	75000 M
Philipp Holzmann & Co.	37500 M
AEG	22500 M
Geheimer Baurat Mackensen	15000 M
Berliner Handelsgesellschaft	10000 M
Delbrück Leo & Co.	7500 M
Nationalbank für Deutschland	2500 M
Gebr. Sulzbach	2500 M
Insgesamt	400000 M

Die erwähnte 1 Mio. Mark wurde ebenfalls von den Banken und Unternehmen des Konsortiums übernommen. Das Bankhaus Jakob Landau, das inzwischen in Liquidation gegangen war, schied aus der Baugesellschaft aus. Die Stammeinlagen dieses Bankhauses übernahm Philipp Holzmann & Co. mit einem Betrag von 37500 Mark. Dem neugebildeten Aufsichtsrat stand wiederum Georg von Siemens als Vorsitzender vor. Ferner gehörten ihm an: Karl Fürstenberg (stellvertretender Vorsitzender), Emil Rathenau, Philipp Holzmann, J. Peter, Ludwig Delbrück, Heinrich Schwieger, Karl Mommsen und Arthur von Gwinner.

Eine weitere Veränderung größeren Ausmaßes vollzog sich nach dem Ersten Weltkrieg, als die unterdessen zu einer Aktiengesellschaft umgewandelte Philipp Holzmann AG im Dezember 1918 sämtliche Geschäftsanteile der Baugesellschaft zum Werte von 165% erwarb, wodurch Philipp Holzmann alleiniger Gesellschafter wurde.[7] Der Aufsichtsrat wurde daraufhin verstärkt von Persönlichkeiten der Philipp Holzmann AG (Otto Riese, Ferdinand Grages, Julius Kesselheim), der Vereinsbank Frankfurt am Main (Sigmund H. Wormser) und der Deutschen Bank (Arthur von Gwinner) besetzt. Die Geschäftsanteile des Geheimen Baurats Ernst Mackensen übernahm nach dessen Tod 1909 sein Neffe Albert Mackensen, Düsseldorf.

Nach der ersten Versuchsstrecke wurden im letzten Jahrzehnt des 19. Jahrhunderts und in den nachfolgenden Jahrzehnten von Philipp Holzmann in Berlin zahlreiche Untergrundbahnen gebaut. So erhielt die Baugesellschaft von der Hochbaugesellschaft im September 1904 den Auftrag zum Bau der 435 m langen Erweiterungsstrecke der Untergrundbahn in der Bismarckstraße, 1905 der Untergrundbahnstrecken in Charlottenburg, und im Frühjahr 1910 wurden die Arbeiten für die Untergrundbahn mit der Fortsetzung

Bau der Berliner Untergrundbahn

der Strecke vom Spittelmarkt über den Alexanderplatz nach der Schönhauser Allee bis zur Hochbahnrampe an der Danziger Straße ausgeführt.

Aber auch andere Städte interessierten sich nun für die Projekte der Baugesellschaft, so im Jahre 1908 die Stadt Hamburg. Hier wurden die Strecke Schlump–Sternschanze und im Juni 1909 die 140 m lange Tunnelstrecke Sternschanze–Lagerstraße gebaut.

2. Das Unternehmen und seine Organisation

Die Umwandlung in eine GmbH

Das Unternehmen Philipp Holzmann & Co. war in der Zeit von 1873 bis 1895 kontinuierlich gewachsen. Die Bilanzsumme war von 5 296 000 Mark auf 13 540 000 Mark angestiegen. Es hatte sich gezeigt, daß die Zusammenarbeit mit der Internationalen Baugesellschaft ausschließlich Vorteile gebracht hatte. Zwischen beiden Gesellschaften herrschte eine klare Aufgabenteilung. Die Internationale Baugesellschaft betätigte sich vor allem als Immobiliengesellschaft und war kapitalmäßig an einigen Baugesellschaften beteiligt. Ihre Erträge erzielte sie im wesentlichen aus der Vermietung von Immobilien und aus Grundstücken inner- und außerhalb Frankfurts, die sie der Firma Philipp Holzmann zur Bebauung zur Verfügung stellte. So besaß sie Immobilien in Frankfurt in der Taunusstraße, in der Töngesgasse, der Hasengasse, der Beethovenstraße, der Schwindstraße, der Wöhlerstraße, der Corneliusstraße, der Rückertstraße, der Friedensstraße, der westlichen Eppsteinerstraße und der Mainzer Landstraße.[8] Darüber hinaus besaß sie Bauterrain zwischen der Bockenheimer Landstraße und dem Kettenhofweg in Frankfurt sowie Anteile an den Schwanenguts-Ländereien und dem Hellerhofterrain. Ferner gehörten ihr zur Hälfte Grundstücke an der Eschersheimer Landstraße in der Eckenheimer Gemarkung, die damals außerhalb von Frankfurt lag.

Weiterhin war sie beteiligt an der Terraingesellschaft Klosterland in Hamburg, der Internationalen Gesellschaft für Bergbahnen in Liquidation, den vormals Lönholdtschen Liegenschaften in Frankfurt, Bockenheim und Rödelheim sowie der Gesellschaft für den Bau der kleinasiatischen Eisenbahnen.

Der Wert der Immobilien stand in der Bilanz per 31. Dezember 1890 mit 5 341 723 Mark zu Buche. Das Konsortialbeteiligungskonto wies 876 115 Mark aus. Der Reingewinn betrug im gleichen Jahr 590 858 Mark. Den größten Teil des Gewinnes, nämlich 319 000 Mark, trug das Baugeschäft Philipp Holzmann & Co. bei. Die dominierende Persönlichkeit auch innerhalb der Internationalen Baugesellschaft war Philipp Holzmann, der zusammen mit Franz Lion deren Direktion bildete. Die führenden Persönlichkeiten im Aufsichtsrat waren Stadtrat Heinrich Flinsch und der Bankier Marcus M. Goldschmidt. Nach dem Ausscheiden von Stadtrat Flinsch übernahm Wilhelm Köster vorübergehend dessen Position. Diese Konstellation zeigt eindeutig, daß die Internationale Baugesellschaft zwar kapitalmäßig den äußeren Rahmen bildete, Philipp Holzmann jedoch mit seinem Baugeschäft die dominierende und tragende Rolle innehatte.

Aufgrund dieser Konstellation wurde bereits 1890 von führenden Aktionären der Internationalen Baugesellschaft und Philipp Holzmann die Forderung aufgestellt, das Unternehmen Philipp Holzmann in eine Aktiengesellschaft umzuwandeln, an der dann die Internationale Baugesellschaft die Mehrheit haben sollte. Philipp Holzmann sah zwar ein, daß das Unternehmen vor allem mehr Kapital brauchte, konnte sich jedoch mit der Rechtsform einer Aktiengesellschaft nicht anfreunden. In ihr wäre er zwar Vorstandsvorsitzender geworden, aber die Abhängigkeit von den Aktionären, insbesondere von den führenden Banken Deutsche Vereinsbank (Frankfurt am Main), Deutsche Bank (Berlin) und Württembergische Vereinsbank (Stuttgart), schien ihm zu groß und nicht wünschenswert. Er glaubte, daß hierdurch seine unternehmerischen Aktivitäten erheblich eingeschränkt werden würden. Wie weit die Überlegungen in Bankenkreisen, Philipp Holzmann in eine Aktiengesellschaft umzuwandeln, zu diesem Zeitpunkt gediehen waren, geht allein aus der Tatsache hervor, daß die Banken bereits eine Holzmann-Bilanz vorgelegt hatten, in der das Unternehmen Philipp Holzmann als Aktiengesellschaft mit einem Kapital von 10 Mio. Mark ausgewiesen war.[9]

Nach langen Gesprächen einigten sich die beteiligten Banken und Philipp Holzmann, das Unternehmen zum 1. Januar 1895 von einer offenen Handelsgesellschaft in eine Gesellschaft mit beschränkter Haftung und einem Stammkapital von 6 Mio. Mark umzuwandeln. Gesellschafter wurden die Internationale Baugesellschaft und Philipp Holzmann. Die Internationale Baugesellschaft, die bereits in den Jahren zuvor ihr verfügbares Kapital dem Baugeschäft gegen Verzinsung überlassen hatte, erhöhte ihre Beteiligung von 3 Mio. Mark auf 5 Mio. Mark. Die restliche 1 Mio. Mark übernahm Philipp Holzmann, der auch gleichzeitig Vorsitzender des Aufsichtsrates wurde. Die Leitung des Unternehmens wurde einem Direktorium anvertraut, das aus folgenden Herren bestand: dem Kaufmann Franz Lion (gestorben 1898), dem Ingenieur Wilhelm Lauter, der 1910 als Direktor zur Gesellschaft für den Bau von Untergrundbahnen nach Berlin ging (gestorben 1920), dem Ingenieur Karl Sonntag, Schwiegersohn Philipp Holzmanns (gestorben 1900), dem Architekten Hermann Ritter, Schwiegervater von Heinrich Holzmann (gestorben 1918), und dem Juristen Felix Reinert, seit 1894 Direktor der Internationalen Baugesellschaft (gestorben 1908).

Zu Prokuristen wurden berufen der Ingenieur Robert Behrends, der seit 1884 bei Philipp Holzmann tätig war und 1903 in den Vorstand eintrat (gestorben 1917), der Kaufmann Hermann Augst, seit 1878 bei Philipp Holzmann (gestorben 1912), und der Ingenieur Fritz Gutmann, der 1907 aus der Firma ausschied.

Der erste Aufsichtsrat bestand aus den Herren Philipp Holzmann (Vorsitzender), Bankier Marcus M. Goldschmidt, Bankdirektor Jakob Lion, Architekt H. V. Kauffmann, Geheimer Kommerzienrat Kilian Steiner.

Eröffnungsbilanz von Philipp Holzmann & Co. G.m.b.H. per 1. Januar 1895 in Mark[10]

	Aktiva	Kostenpreis	Abschreibung 1873–1894	Buchwert			Passiva
1a	Fabrikanlage Frankfurt	1641000	831000	810000	1	Stammeinlage der I.B.	5000000
b	Bürogebäude	238000	198000	40000	2	Stammeinlage	1000000
2	Ziegelei Frankfurt	1931000	1206000	725000		Ph. Holzmann	
3	Ziegelei Sauen	1333000	633000	700000	3	Deutsche Vereinsbank	1800000
4	Ziegelei Rosenkranz	550000	350000	200000		Darlehen	
5	Steinbrüche	263000	173000	90000	4	Hypothekenkonto	453000
6	Wohnhäuser und				5	Akzeptenkonto	102000
	Bauplätze	514000	114000	400000	6	Creditoren	1452000
7	Elektr. Kraft- und				7	Filialen	741000
	Lichterzeugung	84000	59000	25000	8	Reservefond	358000
8	Ständiges Bauinventar	4700000	4665000	35000	9	Avalkonto	2634000
9	Inventar für Fluß- und						
	Eisenbahnbau	5308000	4731000	578000			
		16562000	12960000	3603000			
10	Generalwarenkonto			1831000			
11	Effekten, Kautionen						
	Hypotheken			267000			
12	Kasse und Wechsel			26000			
13	Baukonto der Filialen			1076000			
14	Debitoren			4103000			
15	Avalkonto			2634000			
				13540000			13540000

Die Bilanz zeigt deutlich, daß das Unternehmen noch immer mit hohem Bankkredit arbeiten mußte. Bei den Anlagewerten der Fabriken fällt auf, daß die recht beträchtlichen Maschinenkonten auf geringe Markkosten abgeschrieben sind, so daß die Buchwerte im Hinblick auf die wertvollen Grundstücke und Gebäude stille Reserven enthalten. In der Position «ständiges Bauinventar» sind die Bauhilfsstoffe, Gerüste, Kleingerät und Bauholz sowie diejenigen Baumaschinen und Gleisbaustoffe, die nicht zum Inventar für Fluß- und Eisenbahnbau gerechnet wurden, enthalten. Philipp Holzmann hatte seit seinem Bestehen für rund 8,5 Mio. Mark Baumaschinen und Gleisbaustoffe beschafft, die mit rund 625000 Mark bilanzmäßig zu Buche standen. In einer Bilanznotiz vom 1. Januar 1895 wird der Betriebswert dieses Bauinventars mit 2,3 Mio. Mark angegeben. Auch in dieser Position sind beträchtliche stille Rückstellungen enthalten.

Mit der neuen Struktur des Unternehmens hatte Philipp Holzmann die Voraussetzungen für eine weitere Expansion des Unternehmens, insbesondere auch über Deutschland hinaus, geschaffen. Gleichzeitig hatte er dem Direktorium eine Gestalt gegeben, die alle Bereiche des Unternehmens abdeckte. Er hatte zwei Ingenieure und je einen Juristen, Architekten und Kaufmann zu

Mitgliedern der Direktion bestellt und damit der Eigenart und dem Umfang des Geschäftes gebührend Rechnung getragen. Die rund 200 Angestellten waren zudem zur Hälfte Techniker und zur Hälfte Kaufleute. Zu den alten, erfahrenen Ressortchefs, Bauleitern und Baukaufleuten waren meist als ihre früheren Schüler und Lehrlinge neue Persönlichkeiten mittleren Alters getreten, zu denen zu Beginn des 20. Jahrhunderts wieder eine neue Nachwuchsgeneration stieß. Die Zahl der Angestellten einschließlich der leitenden Ingenieure, Kaufleute und Juristen des Unternehmens stieg bis 1913 auf fast 600. Hiervon arbeiteten 530 Angestellte für Projekte in Deutschland und 70 ausschließlich für das Ausland. In gleicher Weise stieg auch die Belegschaft (also die Summe von kaufmännischen und technischen Angestellten und des großen Heers der Bauarbeiter) im Inland und zwar von 4000 Mitarbeitern 1895 auf 12000 im Jahre 1913. Das Zahlenverhältnis zwischen Angestellten und Arbeitern lag – ein sehr konstanter Wert – etwa bei 1:10. In Deutschland alleine konnte der Bedarf an Bauarbeitern nicht gedeckt werden. Die fehlenden Arbeitskräfte konnten nur aus dem Ausland beschafft werden. In erster Linie kamen vorzügliche Fach- und Hilfsarbeiter aus Italien, vor allem aus Norditalien. Mit weitem Abstand folgten Polen, die fast ausschließlich als Erdarbeiter tätig waren, und in geringem Maße schließlich Kroaten und Tschechen, wobei vor allem die Kroaten sich als geschickte Mineure bewährten.

Das Direktorium allerdings mußte bald umbesetzt werden. Franz Lion starb bereits 1898, und Karl Sonntag starb 1900. An seiner Stelle verpflichtete Philipp Holzmann den damaligen Regierungs- und Baurat a.D. und Beigeordneten der Stadt Frankfurt, Otto Riese. Er trat am 1. Oktober in den Vorstand der Gesellschaft ein. Philipp Holzmann hatte Riese als Organisator der elektrischen Straßenbahnen der Stadt Frankfurt kennen- und schätzengelernt und ihn für sein Unternehmen gewonnen.

Der aus Breslau stammende Otto Riese (1850–1939) hatte an der Bauakademie in Berlin das Bauingenieurwesen studiert. Anschließend trat er in den Dienst der Preußischen Staatsbahn, wo ihm die Bearbeitung ausgedehnter Umgestaltungen und umfangreicher Erweiterungen übertragen wurde, die bei der Verstaatlichung der Eisenbahnen in Preußen und bei ihrer Vereinigung in ein einheitliches Netz notwendig wurden. Er wurde der Eisenbahndirektion Frankfurt am Main zugeteilt und hier später mit der Leitung des Baubüros für Neubauarbeiten betraut. Aus dieser Tätigkeit heraus wurde er 1896 vom damaligen Oberbürgermeister der Stadt Frankfurt, Franz Adickes, als Stadtbaurat für Tiefbau berufen. Er entfaltete in einer Zeit, in der die Stadt sich aus einer Provinzialstadt zu einer deutschen Großstadt zu entwickeln anschickte und eine Reihe städtischer Unternehmen aufbaute, eine große schöpferische Tätigkeit. Im Vorstand sollte er sich insbesondere in Zusammenarbeit mit den großen Bankhäusern dem Auslandsgeschäft widmen. Er

Otto Riese (1850–1939)

arbeitete vor allem mit den leitenden Persönlichkeiten der Deutschen Bank zusammen und begann, angeregt von Arthur von Gwinner, mehrere Bauprojekte in Nord- und Südamerika, aber auch an der nordafrikanischen Küste sowie in Deutsch-Ostafrika. Vor allem in der Türkei übernahm er die Leitung großer Projekte. Zusammen mit Hermann Ritter baute er das Unternehmen Philipp Holzmann zu einem Weltunternehmen aus. Fast vier Jahrzehnte hat er sein Wissen und Können dem Unternehmen zur Verfügung gestellt. 1911 verlieh ihm die Technische Hochschule in Darmstadt «in Anerkennung seiner Verdienste um die zielbewußte Förderung des deutschen Ingenieurwesens, insbesondere des Eisenbahnbaus im Ausland», den Doktor-Ingenieur.[11] 1912 wurde er Geheimer Baurat, und 1919 wurde er zum außerordentlichen Mitglied der Akademie des Bauwesens ernannt.

Am 14. Mai 1904 verstarb der Vorsitzende des Aufsichtsrates, der Königliche Baurat Philipp Holzmann. Über 30 Jahre hatte er die Geschicke des Unternehmens geleitet. Persönlich war Philipp Holzmann ruhig, liebenswür-

Hermann Ritter (1851–1918)

dig, humorvoll und bei aller Intelligenz von großer Herzensgüte.[12] Auf langen Bahnfahrten spielte er gerne mit seinen Ingenieuren und Bauleitern Skat, um sich vom Geschäft abzulenken. Es wird erzählt, daß vor allem die jüngeren Ingenieure, kaum waren sie in das Unternehmen eingetreten, Skat lernen mußten, um auf den langen Bahnreisen mit Philipp Holzmann spielen zu können.[13] Er hatte es verstanden, sein Bauunternehmen rechtzeitig mit der kapitalstarken Internationalen Baugesellschaft zu verbinden, so daß das Unternehmen die Krisenzeit nach 1873, in der viele Terrain- und Baugesellschaften untergingen, nicht nur ohne Verluste, sondern mit positiven Ergebnissen überstehen konnte. Gleichzeitig hatte er sich frühzeitig durch seine Verbindung mit der Internationalen Baugesellschaft die Kapitalkraft bedeutender Banken gesichert, so der Deutschen Vereinsbank, der Württembergischen Vereinsbank und vor allem der Deutschen Bank, über die er nach 1895 in das große Auslandsgeschäft einsteigen konnte. Nach seinem Tode übernahm sein Bruder Wilhelm, dessen Prokura für die offene Handelsgesellschaft 1895 erloschen war und der von diesem Zeitpunkt an Direktor der Internationalen Bau- und Eisenbahnbau-Gesellschaft geworden war, den Vorsitz im Beirat. Auch als GmbH blieb das Unternehmen fest in den Händen der Familie.

Die Grundstruktur des Unternehmens

Im neuen «General-Regulativ für die Beamten», das Philipp Holzmann am 1. Januar 1895 herausgab, legte er die Grundprinzipien des Unternehmens fest: «Es ist in allen Büros, Baustellen, Werkstätten und Fabrikbetrieben im großen wie im einzelnen als das oberste Grundgesetz das Ziel, im Auge zu behalten, daß die Gesellschaft bei den Projekten, Bauausführungen und der Fabrikation stets das Ausgezeichnetste und möglichst Vollkommene zu leisten habe.»[14]

Der Geschäftsbetrieb des Unternehmens war in fünf Abteilungen, und diese waren wiederum in entsprechende Ressorts eingeteilt:

Abteilung 1 für Hochbauten mit:	1) bis zu vier Ressorts zur Ausführung von Hochbauten in Frankfurt am Main 2) bis zu fünf Ressorts zur Ausführung außerhalb von Frankfurt am Main 3) ein Ressort für Steinmetz- und Bildhauerarbeiten 4) ein Ressort für Fabrikation von Bedarfsartikeln, für Bauausführungen
Abteilung 2 für Tiefbauten mit:	1) bis zu fünf Ressorts für Eisenbahn-, Straßen- und Wasserbauten 2) ein Ressort für die Ziegeleien 3) ein Ressort für Baumaterialien und Bauinventar
Abteilung 3 für Brücken- und Kunstbauten mit:	1) bis zu fünf Ressorts für Ausführung von Brücken und Kunstbauten 2) ein Ressort für Ausführung von Kanal und Wasserleitungsarbeiten

Abteilung 4 für das Finanzwesen, Disposition und Kontrolle über Ein- und Ausgang der Gelder

Abteilung 5 für die rechtlichen Angelegenheiten betreffend: Verträge und Rechtsfragen, Steuerwesen, Überwachung der Geschäfte der Krankenkasse, der Unfallversicherung und der Invaliditäts- und Altersversicherung sowie der Pensions- und Unterstützungskassen und sonstiger Wohlfahrtseinrichtungen.

Jede Abteilung wurde von einem vom Aufsichtsrat dazu bestimmten Geschäftsführer als Abteilungsvorstand, der gleichzeitig Mitglied des Direktoriums war, so geleitet, daß er den laufenden Betrieb überwachte, regelte und die Verantwortung speziell für seine Abteilung zu tragen hatte. Den einzelnen Ressortchefs unterstanden die Werkstätten und Baustellen, an deren Spitze die verantwortlichen Betriebs- oder Bauführer standen.

Die Anzahl der auswärtigen Betriebsstellen wuchs fortlaufend an. 1904 unterhielt das Unternehmen an 49 verschiedenen Orten in Deutschland und einer Stelle im Ausland eigene Baubüros, während bereits neun Jahre später 92 deutsche und acht Auslandsbaustellen aufgeführt wurden. Hierbei handelte es sich zum Teil um ständige Baubüros in Berlin, München, Straßburg und ständige Werksanlagen wie Steinbrüche und Ziegeleibetriebe oder um die Baustellenbüros, die als sogenannte Wanderbetriebe lediglich zum Zwecke der Durchführung einer übernommenen Bauaufgabe unterhalten wurden. Die Größe dieser zuletzt genannten Büros schwankte vom Einmannbetrieb der Kleinstbaustelle bis hin zum mit Architekten, Ingenieuren und Kaufleuten besetzten Büro der Großbaustelle. Viele der ständigen Baubüros entwickelten nach und nach den Charakter von Zweigstellen und Niederlassungen. Solche ständigen Baubüros entstanden in Berlin (seit 1884), München (seit 1895, handelsgerichtlich eingetragen 1901), Düsseldorf (seit 1899, handelsgerichtlich eingetragen 1899), Dresden (seit 1907, handelsgerichtlich eingetragen 1907), Danzig (seit 1909, handelsgerichtlich eingetragen 1909), Hamburg (seit 1912, handelsgerichtlich eingetragen 1915), Straßburg (seit 1879) und Mannheim (seit 1889).

Verwaltungstechnisch waren diese Baubüros zunächst noch keine selbständigen Niederlassungen, sondern gewissermaßen nur örtlich gebundene Dauerbaustellen, deren Bücher in der Zentrale in Frankfurt geführt wurden. Die Erweiterung ihres Aufgabenfeldes und das Erreichen der Selbständigkeit hingen nicht selten vom Können und dem wirtschaftlichen und technischen Erfolg des Leiters ab. Rein buchtechnisch erschienen in den Hauptbüchern zuerst Berlin, dem Danzig und Dresden unterstellt waren, dann München und Straßburg mit eigenen Sammelkonten. Scharf umrissene Abgrenzungen der Zuständigkeiten zwischen Niederlassungen und der Zentrale fehlten aber noch, so daß es vorkam, daß in einer Stadt oder ihrer Umgebung Baustellen des Baubüros neben Baustellen der Zentrale lagen, was Außenstehende oft verwirrte. Diese Mängel der Organisation, die als Übergangszustand von einer starken Zentralisierung zu einer gemäßigten Dezentralisierung eines schnell wachsenden Unternehmens unvermeidlich waren, wurden restlos beseitigt, als das Unternehmen sich gegen Ende des Ersten Weltkriegs wiederum eine neue Struktur geben mußte.

3. Die ersten großen Auslandsprojekte

Obwohl die Firma bis zum Ausbruch des Ersten Weltkriegs ihr Haupttätigkeitsfeld in Deutschland hatte, entwickelte sie sich schrittweise zu einem internationalen Bauunternehmen. Von der gesamten Bauleistung im In- und Ausland von 1895 bis 1914 von rund 942 Mio. Mark entfielen 660 Mio. Mark auf das Inland und bereits 282 Mio. Mark auf das Ausland. Wenngleich der Beginn des Ersten Weltkrieg im Herbst 1914 hinsichtlich der Auslandstätigkeit von Holzmann eine Zäsur darstellte, bedeutete dieser Schritt ins Ausland den Aufstieg von Philipp Holzmann zu einem Weltunternehmen, das auch nach dem Ersten Weltkrieg seine Tätigkeit fortsetzen konnte.

Der Einstieg Philipp Holzmanns ins internationale Baugeschäft hing eng mit der Verbindung der Deutschen Bank zur Internationalen Baugesellschaft, der Deutschen Vereinsbank in Frankfurt am Main und der Württembergischen Vereinsbank, Stuttgart, zusammen. Die beiden letztgenannten Banken gehörten zum Einflußbereich der Deutschen Bank. Georg von Siemens, Sprecher des Vorstands der Deutschen Bank, pflegte enge Kontakte zu Alfred Kaulla, dem Vorstandsvorsitzenden der Württembergischen Vereinsbank. Dieser wiederum und ein Vorstandsmitglied der Deutschen Bank hatten einen Sitz im Aufsichtsrat der Deutschen Vereinsbank. Vor allem Alfred Kaulla und Kilian Steiner, ebenfalls Vorstandsmitglied der Württembergischen Vereinsbank, berieten Georg von Siemens bei den türkischen, ostafrikanischen und südamerikanischen Geschäften. Diesen drei Bankiers verdankt es Philipp Holzmann & Co., daß das Bauunternehmen Ende der 1880er Jahre mit in die großen Auslandsprojekte der Deutschen Bank einbezogen wurde.

Die Deutsche Bank hatte seit Mitte der achtziger Jahre kontinuierlich in allen Bereichen der Wirtschaft erheblichen Einfluß gewonnen, so bei der AEG, später bei Siemens im Elektrobereich, bei Mannesmann in der Metallbranche, bei Bayer Leverkusen in der Chemie, bei Daimler in Stuttgart (über die Württembergische Vereinsbank) und Benz in Mannheim (über die Rheinische Creditbank). Philipp Holzmann sollte Ende der achtziger Jahre als internationales Bauunternehmen aufgebaut werden, um die großen anstehenden Projekte in der Türkei, in Deutsch-Ostafrika, in Nord- und Südamerika sowie in den europäischen Ländern durchzuführen. Nicht selten kam es hierbei zu Kooperationen mit anderen Unternehmen, die der Deutschen Bank verbunden waren, etwa mit der AEG beim Bau der großen Elektrizitätswerke in Südamerika. Die Deutsche Bank sorgte mit den ihr nahestehenden Banken für die Finanzierung, die befreundeten Unternehmen übernahmen Bau und Produktion. So entstand vor 1914 ein geschlossenes Finanz- und Produktionsimperium unter Führung der Deutschen Bank, die als Universalbank Wirtschaft und Politik verband und deren Einfluß durchaus auch politischer

Natur war im Gegensatz zu heute, wo sich der Einfluß in der Globalisierung auf die Finanzkraft des Instituts beschränkt.[15] Trotz der finanziellen Dominanz der Deutschen Vereinsbank in der Internationalen Baugesellschaft gelang es Philipp Holzmann von Anfang an, als Direktionsmitglied (Vorstandsmitglied) die führende Rolle in diesem Unternehmen zu übernehmen und kontinuierlich auszubauen. Ohne Einschränkung kann festgestellt werden, daß Philipp Holzmann die Internationale Baugesellschaft leitete. Das heißt aber auch, daß das Bauunternehmen die tragende Säule der Internationalen Baugesellschaft bildete. Ohne Holzmann wäre die Internationale Baugesellschaft inhaltslos und nicht handlungsfähig gewesen.

Ausgedehnte Aktivitäten in Kleinasien

Der Bau der Anatolischen Bahn und der Bagdadbahn. Wohl kaum ein Projekt hat Ende des 19. und Anfang des 20. Jahrhunderts die europäischen Gemüter in Politik, Wirtschaft, Gesellschaft und Kultur so erregt wie der Bau der Bagdadbahn, die ihren Ausgangspunkt im asiatischen Teil von Konstantinopel auf dem von Philipp Holzmann erbauten Bahnhof von Haidar Pascha hatte. Die Strecke verlief dann über Ismid, Eskischehir, Afiun, Konia, Adana bis hin nach Bagdad und schließlich sogar bis Basra. Der Bau dieser Eisenbahn symbolisiert eindrucksvoll den Anspruch des Deutschen Reiches, außerhalb seiner Grenzen eine entscheidende Rolle zu spielen, ohne Rücksichten auf bestehende Interessen anderer europäischer Großmächte wie Großbritannien, Frankreich und Rußland zu nehmen.[16] Otto von Bismarcks taktisches Konzept, die orientalischen Interessen dem guten Verhältnis zu Rußland unterzuordnen, mußte letztlich scheitern, da der Übergang Deutschlands vom Agrar- zum Industrie- und Handelsstaat, begleitet von einer wachsenden Bevölkerung, der Notwendigkeit der Sicherung von Rohstoffgebieten und neuen Absatzmärkten, veränderte Voraussetzungen schuf.[17] Starke wirtschaftliche Interessen und politisches Kalkül führten schließlich dazu, daß der Rückversicherungsvertrag mit Rußland 1890 nicht erneuert wurde, was zur Folge hatte, daß ein Jahr später der «Zweibund» zwischen Rußland und Frankreich zustande kam, der wesentlich dazu beitrug, daß die deutschen Beziehungen zur Türkei intensiviert wurden.

Dabei waren die wirtschaftlichen Beziehungen Deutschlands zur Türkei eher unterentwickelt. Weder an der 1881 aufgrund des sogenannten Muharrem-Dekrets zusammengelegten Staatsschuld der Türkei und der Wahrnehmung ihres Zinsen- und Tilgungsdienstes im sogenannten *Conseil d'Administration de la Dette Publique Ottomane* noch an sonstigen türkischen Projekten war das Deutsche Reich wesentlich beteiligt. An den wenigen Eisenbahnlinien, die damals in der Türkei vorhanden waren und von privaten Konzessionsgesellschaften betrieben wurden, hatte Deutschland überhaupt keinen Anteil. Allerdings bewirkte die 1881 vorgenommene Neuordnung der türkischen Staatsschuld, daß die Kreditfähigkeit der Türkei eine neue Qualität erhielt und der Glaube an die wirtschaftliche Potenz des Landes erheblich gestärkt wurde. Deutsche Kaufleute und Industriebetriebe bekundeten nun ein wachsendes Interesse an den türkischen Handelsplätzen, allen voran die deutsche Waffenindustrie. Preußische Offiziere und deutsche Waffen waren wesentlich an der Armeereform der Türkei beteiligt. Sultan Abdul Hamid II. hatte erkannt, daß der Aufbau einer ertragsfähigen Landwirtschaft und einer leistungsfähigen Industrie wesentlich durch den Bau einer ausgedehnten Eisenbahnlinie zu erreichen war.

Auf dieser Basis gewannen die türkisch-deutschen Beziehungen rasch an Intensität. Der seit Mitte des 19. Jahrhunderts gehegte Traum, eine Bahnverbindung von Kleinasien nach Bagdad und zum Persischen Golf herzustellen, konnte nun in die Phase der Realisierung geführt werden. Abdul Hamid II. sah sich allerdings dem erheblichen Druck der von französischem Kapital beherrschten Banque Impériale Ottomane, der Ottomanbank, ausgesetzt, die für sich und das französische Kapital diese Eisenbahnkonzession sichern wollte.

In dieser Situation beauftragte Abdul Hamid II. Wilhelm Pressel, sich mit deutschen Finanzkreisen in Verbindung zu setzen. Wilhelm Pressel, seit 1872 Generaldirektor der türkischen Eisenbahnen in Asien, hatte bereits im Auftrag des Barons Moritz von Hirsch, genannt «Türken-Hirsch», die Bahnlinien in der europäischen Türkei (Orient-Express) konzipiert und war mit den innertürkischen Verhältnissen bestens vertraut. Er wandte sich Anfang 1887 auch an Georg von Siemens, der dem Projekt jedoch zunächst äußerst zögerlich gegenüberstand, da «einerseits die Finanzierung derartiger Unternehmen außerhalb des Bereichs der regelmäßigen Tätigkeit der Deutschen Bank liege, andererseits auch die augenblicklich obwaltenden politischen Verhältnisse es nicht für rätlich erscheinen ließen, sich auf weitaussehende Unternehmungen einzulassen, selbst wenn mit Gewißheit auf eine Rentabilität gerechnet werden dürfe».[18] Erst als Alfred Kaulla, Vorstandsmitglied der Württembergischen Vereinsbank, und Kilian Steiner, Vorstandsvorsitzender der Württembergischen Vereinsbank und Mitglied des Aufsichtsrats der Deutschen Bank, sich für das Projekt einsetzten, und Otto von Bismarck am 2. September 1888 der Deutschen Bank mitteilte, «daß politische Bedenken gegen die Bewerbung für eine Konzession für kleinasiatische Eisenbahnbauten nicht bestehen»,[19] bewarb sich die Deutsche Bank um die Konzession für den Bau der Eisenbahnlinien von Haidar Pascha nach Angora (Ankara).

Es galt nun, ein tragfähiges organisatorisches und verwaltungstechnisches Netz aufzubauen, um die Finanzierung und den Bau der Eisenbahnlinien abzusichern. Die Hoffnung Georg von Siemens', daß die Banken der Londoner City bei der Finanzierung mitwirken würden, zerschlug sich allerdings rasch. Auch die deutschen Kreditinstitute hielten sich merklich zurück, so vor allem die Geschäftsinhaber der Disconto-Gesellschaft. So blieb der Deutschen Bank im November 1888 nichts anderes übrig, als die 5%-Ottomanische Staatsanleihe in Höhe von 30 Mio. Mark über ein Anleihekonsortium zu emittieren, in dem von deutscher Seite neben der Deutschen Bank die Berliner Handels-Gesellschaft, Robert Warschauer & Co., Berlin, die Deutsche Vereinsbank, Frankfurt am Main, und die Württembergische Vereinsbank, Stuttgart, mitwirkten. Die Bau- und Betriebskonzession für die Eisenbahn wurde einer Aktiengesellschaft türkischen Rechts übertragen, der Société Chemin de Fer Ottoman d'Anatolie, der Anatolischen Eisenbahn-Gesellschaft, die am 4. März 1889 mit Sitz in Konstantinopel gegründet wurde. Das Baukapital wurde zum größten Teil durch die Ausgabe von Obligationen der Anatolischen Eisenbahn-Gesellschaft aufgebracht. 1890 übernahm die Deutsche Bank zusammen mit dem Wiener Bankverein die Aktien der «Betriebs-Gesellschaft der Orientalischen Eisenbahnen» aus dem Besitz des Barons von Hirsch und hiermit die Kontrolle über die Eisenbahnen im europäischen Teil des Osmanischen Reichs. Mit der Erteilung der Anatolischen Eisenbahnkonzession, der Kontrolle über die orientalischen Eisenbahnen und der mazedonischen Eisenbahnkonzession, wurde in den folgenden Jahren im äußersten Südosten Europas und daran anschließend in Kleinasien ein entwicklungs- und ausdehnungsfähiges Eisenbahnnetz von zunächst ca. 2000 km Streckenlänge gewissermaßen in einer Hand zusammengefaßt. Hinzu kamen die zahlreichen notwendigen Bauten wie Verwaltungsgebäude und Stationshäuser. Als Dachorganisation gründete die Deutsche Bank in der zweiten Hälfte des Jahres 1890 die «Bank für Orientalische Eisenbahnen» mit Sitz in Zürich und einem Grundkapital von 50 Mio. Sfr.

Nachdem nun die Finanzierung des Bahnbaus gesichert war, stand noch die Frage offen, wer die Ausführung übernehmen sollte. Da die deutschen Unternehmen zu diesem Zeitpunkt nicht über die notwendigen Erfahrungen in der Ausführung großer Eisenbahnbauten unter schwierigen ausländischen Verhältnissen verfügten, verhandelte Georg von Siemens mit der französischen Baugesellschaft des Grafen Vitali, der Régie Générale des Chemins de Fer. Auch hier hatte die Verbindung Alfred Kaulla geknüpft. Vitali war bereit, den Bau der Gesamtstrecke zu einem festen, durch die Garantie gedeckten Höchstsatz, zu übernehmen. Hierdurch nahm er der Anatolischen Eisenbahn-Gesellschaft jedes Baurisiko ab. Darüber hinaus gestand er zu, den größten Teil der an die europäische Industrie zu vergebenden Lieferungen (Schienen, Lokomotiven, Waggons etc.) bei deutschen Unternehmen zu bestellen. Entscheidend für die Einigung mit Vitali aber war, daß er einem Wunsch Georg von Siemens' entsprach, ein deutsches Bauunternehmen für Aufgaben dieser Art im Ausland «heranzuschulen». Siemens stellte deshalb die Bedingung, daß die der Deutschen Bank nahestehende Baufirma Philipp Holzmann & Co. am Bau beteiligt werde. Es war der Einstieg von Philipp Holzmann in das internationale Baugeschäft und gleichzeitig der Beginn einer neuen Dimension für das Unternehmen. Die Régie Générale des Chemins de Fer und Philipp Holzmann & Co. gründeten daraufhin eine neue Gesellschaft für den Bau der Kleinasiatischen Eisenbahnen mit Sitz in Frankfurt am Main. So gewann Philipp Holzmann die gewünschte praktische Erfahrung, die später beim Bau der Konia-Linie und dem Bau der Bagdadbahn verwertet werden konnte. Dem Vorstand der auf fünf Jahre befristeten Gesellschaft gehörten Graf Vitali und Philipp Holzmann an, den Vorsitz im Aufsichtsrat übernahm Georg von Siemens.

Während noch an der Strecke nach Angora gebaut wurde, erhielt die Anatolische Eisenbahn-Gesellschaft am 15. Februar 1893 die Bau- und Betriebskonzession für die Linie Eskischehir–Konia. Allerdings gab es beim Bau dieser Strecke eine wesentliche Änderung. Bei den Ausführungsarbeiten der Ankara-Linie war es zwischen Vitali und der Anatolischen Eisenbahn-Gesellschaft zu erheblichen Auseinandersetzungen gekommen, die eine weitere Zusammenarbeit ausschlossen. Aus diesem Grunde kam es im Frühjahr 1894 zur Gründung einer neuen Baugesellschaft ohne französische Beteiligung. Im März 1894 wurde die «Gesellschaft für den Bau der Eisenbahn Eskischehir–Konia GmbH» mit Sitz in Frankfurt am Main gegründet, deren technische Leitung allein bei Philipp Holzmann lag. Die Bauleitung vor Ort blieb in den Händen des Baurates Ernst Mackensen, der von 1894 bis 1909 den Bau der Bahnstrecken Eskischehir–Konia und Konia–Burgulu leitete. Mackensen hatte das Vertrauen von Philipp Holzmann bereits 1891 in Berlin gewonnen, als er ihm beim Bau der ersten Untergrundbahn zur Seite stand. Die neue Baugesellschaft übernahm 1894 den Bau zu einem festen Höchstpreis und sicherte der Bahngesellschaft 40% einer etwaigen Ersparnis zu. Das Baumaterial und die gesamte Ausstattung der neuen Linie wurden so gut wie ausschließlich von der deutschen Industrie bezogen. Am 20. Juli 1896 konnte die neue Strecke in Betrieb genommen werden. Damit verfügte die Anatolische Eisenbahn-Gesellschaft über ein Netz von rund 1020 km, das den zentralen Teil der kleinasiatischen Halbinsel erschloß und die Hauptstadt des türkischen Reiches zugleich mit dem europäischen Verkehrssystem verband.

Zeittafel für den Bau der Anatolischen Eisenbahn[20]

Strecke	Länge (in km)	Zeitpunkt der Eröffnung
Haidar Pascha–Ismid	93	Oktober 1888
Isdmid–Arifie	41	Juni 1890
Arifie–Eskischehir	182	Juni 1892
Eskischehir–Angora	263	Dezember 1892
Eskischehir–Alayunt–Kutahia	77	Dezember 1894
Alayunt–Afiun	94	August 1895
Afiun–Konia	274	Juli 1896
Gesamtlänge	1024	

Die Strecke Afiun–Konia war im Juli 1896 fertiggestellt. Die Verhandlungen über die Weiterführung der Koniabahn nach Bagdad gestalteten sich äußerst zäh. Georg von Siemens sah durchaus die wirtschaftlichen Vorteile, einmal für die Deutsche Bank, aber auch für die deutschen Unternehmen, die am Bau der Anatolischen Eisenbahn mitgewirkt hatten. Doch hoffte er zunächst auf eine längere Konsolidierungsphase. Abdul Hamid aber wollte die Bahn weiter bis Bagdad bauen und drohte Georg von Siemens, notfalls einer französischen Gruppe die Konzession für die Verlängerung der Anatolischen Eisenbahn zu geben. Im Oktober und November 1898 besuchte Kaiser Wilhelm II. auf seiner zweiten Orientreise das Bagdadbahnprojekt. Das Interesse des Kaisers nutzte der schlaue Abdul Hamid aus und erklärte seine definitive Bereitschaft, die Konzession für die Bagdadbahn an eine deutsche Gruppe zu vergeben. Trotz der Befürwortung durch Kaiser Wilhelm II. und der vielfachen Aufforderung des Auswärtigen Amtes blieb Georg von Siemens skeptisch und äußerte sich sehr zurückhaltend. Mancher seiner engen Mitarbeiter fragte sich zu dieser Zeit: «Baut er sie nun, oder baut er sie nicht?»[21]

Erst nachdem auf Vermittlung des französischen Botschafters Jean-Antoine-Ernest Constans Verhandlungen mit der Ottomanbank, der Eisenbahngesellschaft Smyrna-Kassaba und der Baugesellschaft Régie Générale des Chemins de Fer stattgefunden hatten und erfolgreich beendet worden waren, stimmte Georg von Siemens dem Bau der Bagdadbahn zu. Am 26. November 1899 erhielt die Anatolische Eisenbahn-Gesellschaft die «Vorkonzession» für die Bagdadbahn. Am Heiligen Abend des gleichen Jahres unterzeichnete Georg von Siemens in Konstantinopel zusammen mit dem türkischen Arbeitsminister Zihni Pascha feierlich die Verträge.

Doch erst 1903 konnte mit dem Bau der Bagdadbahn begonnen werden. Die Anatolische Eisenbahn-Gesellschaft mußte zur Durchführung der Konzession eine besondere Gesellschaft errichten. Diese wurde am 13. April 1903 unter der Firma «Société Impériale Ottomane du Chemin de Fer de Bagdad»

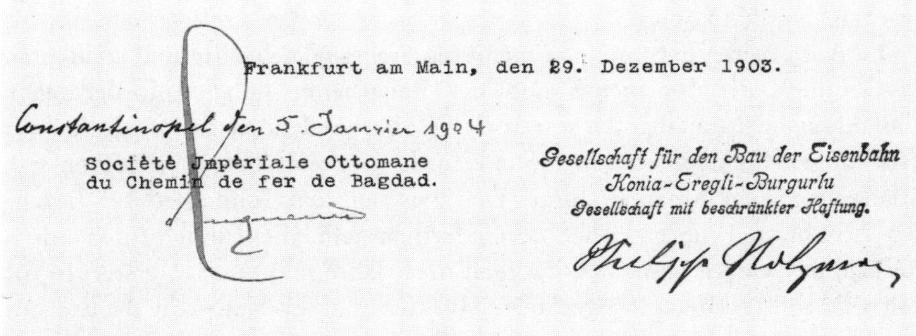
Frankfurt am Main, den 29. Dezember 1903.

Constantinopel den 5. Janvier 1904

Société Impériale Ottomane
du Chemin de fer de Bagdad.

Gesellschaft für den Bau der Eisenbahn
Konia-Eregli-Burgurlu
Gesellschaft mit beschränkter Haftung.

Philipp Holzmann

Bauvertrag zur Bagdadbahn, Unterschriften, 1903

unter Federführung der Deutschen Bank und der Ottomanbank gegründet. Der Bau der Bagdadbahn lief nun endlich an. Um das Risiko zu vermindern, hatte sich die Deutsche Bank im Einverständnis mit der türkischen Regierung entschlossen, in Etappen von je 200 km Länge zu bauen. Zunächst ging es von Konia über Eregli bis Burgulu am Fuße des Taurus. Der Bau wurde der im November 1903 gegründeten «Gesellschaft für den Bau der Eisenbahn Konia–Eregli–Burgulu GmbH» mit Sitz in Frankfurt am Main übertragen. Gesellschafter waren die Deutsche Bank, die Internationale Baugesellschaft und die Deutsche Vereinsbank. In Burgulu endete 1904 der erste Abschnitt der Bagdadbahn.

1909 ging es dann endlich weiter, nachdem die Finanzierung nach langwierigen Verhandlungen gesichert war. Am 1. Dezember 1909 wurde die «Gesellschaft für den Bau von Eisenbahnen in der Türkei» gegründet. Als Sitz wurde Glarus in der Schweiz gewählt, um ihr auch äußerlich das internationale Gepräge zu geben, das sie nach der Zusammensetzung ihrer Aktionäre besaß. Das Aktienkapital in Höhe von 10 Mio. Sfr. übernahmen die Deutsche Bank, Philipp Holzmann & Co., die Banque Impériale Ottomane in Paris, die Schweizerische Kreditanstalt in Zürich, der Wiener Bankverein und die Banca Commerciale in Mailand.

Dem geschäftsführenden Direktionskomitee gehörten Otto Riese (Vorsitzender), Arthur von Gwinner und Eduard Huguenin an. Letzterer war ab 1890 stellvertretender Generaldirektor, 1908–1917 Generaldirektor der Anatolischen Eisenbahn-Gesellschaft.[22] Die Oberleitung der Bauausführung lag in den Händen des Komiteevorsitzenden Otto Riese, der dem Hauptsitz Holzmanns in Frankfurt ein besonderes Hauptbüro der Gesellschaft angliederte, das zum größten Teil mit Mitarbeitern von Holzmann besetzt war. Zu den Aufgaben dieses Baubüros gehörten die Überwachung der Verwendung der Baugeldmittel, Aufstellung der allgemeinen Arbeitspläne, Bearbeitung der Sonderentwürfe für größere und wichtige Bauwerke, Anstellung der erforderlichen geschulten Mitarbeiter für die Bauausführung sowie Beschaffung und Transport der Baustoffe, Baugeräte etc., die nicht an den Baustellen selbst beschafft werden konnten.

Die Bauarbeiten begannen an mehreren Stellen gleichzeitig und stellten an das Können der Ingenieure und der Bauarbeiter hohe Anforderungen. Umfangreiche Tunnelbauten waren im zu überwindenden Taurusgebirge mit Erhebungen bis über 3000 m Höhe erforderlich und ebenso im östlich von Adana gelegenen Amanusgebirge. Die zwischen den Tunnelstrecken liegenden Abschnitte wurden daher zuerst fertiggestellt, die Tunnelbauten durch die beiden Gebirge brauchten dagegen noch Jahre und wurden erst 1916 für militärische Transporte freigegeben. Von der anderen Seite von Bagdad aus wurde in nördlicher Richtung auf Mosul zu gebaut. Bei Ausbruch des Ersten Weltkriegs waren hier rund 120 km bis Samara fertiggestellt.

Bagdadbahn, Bau eines Viadukts im Taurusgebirge

1911 und 1912 gab es bereits empfindliche Störungen auf den Baustellen. Der Krieg der Türkei mit Italien und auf dem Balkan beeinträchtigte die Arbeiten von Philipp Holzmann und den beteiligten Firmen durch die Ausweisung der zahlreichen beschäftigten Italiener, durch die Mobilmachung der türkischen Arbeiter und die Behinderung der Materialtransporte. Für die Beförderung der umfangreichen Baugüter aus Europa, die im Hafen von Mersina eintrafen, mußten die Ingenieure einen leistungsfähigen eigenen Schiffspark betreiben. Die Baumaterialien wurden dann zum Teil per Bahn, zum Teil auf Esel- und Kamelrücken in tagelangen Märschen an die Baustellen transportiert. Der Eintritt der Türkei in den Ersten Weltkrieg am 1. November 1914 verschärfte die Lage weiter. Die erforderlichen Arbeitskräfte waren immer schwerer zu bekommen, und nach der Vertreibung und Ermordung der Armenier standen nur noch die «Heeresuntauglichen» zur Verfügung, in der Mehrzahl ungeübte Kräfte. Trotzdem wuchs die Arbeiterzahl zeitweise auf 35 000 Menschen an. Organisation und Verpflegung auf den Baustellen und die Verteilung der Lebensmittel gestalteten sich äußerst schwierig.

Anfang 1918 trat die Baugesellschaft in Glarus in der Schweiz in Liquidation. Die Deutsche Bank und Philipp Holzmann gründeten jedoch sofort eine neue Gesellschaft unter gleichem Namen und brachten das Stammkapital von 1 Mio. Mark alleine auf, die Deutsche Bank zu zwei Dritteln, Philipp Holzmann zu einem Drittel. Der Ausgang des Ersten Weltkriegs und die territorialen Neuordnungen auf dem Gebiet des ehemaligen Osmanischen Reichs schufen jedoch eine völlig neue Situation.

Im Friedensvertrag mit der Türkei nach dem Ersten Weltkrieg wurde als Südgrenze der Türkei eine 5 km südlich der Bagdadbahn verlaufende Linie festgelegt. Endpunkte der Bahn waren Tel Kotschek, 12 km östlich von Nissibin, und Samara von Bagdad her. Die Nachfolgestaaten Irak und Syrien konnten sich über den Bau des 387 km langen Zwischenstücks zwischen Tel Kotschek und Samara erst 1939 einigen, und am 15. Juli 1940 wurde das Schlußstück der Bagdadbahn, die Strecke Mossul–Beidschi, dem Betrieb übergeben. Nach zwanzigjähriger Unterbrechung wurde der Bau dieses Verkehrsweges, der den Nahen Osten und Indien mit Europa verbindet, endlich beendet.

Hochbauten in Kleinasien. Der Bau der Anatolischen Eisenbahn und der Bagdadbahn zog eine Reihe von weiteren Projekten nach sich. Am 20. April 1899 übertrug der Sultan der Anatolischen Eisenbahn-Gesellschaft den Bau und den Betrieb eines Hafens in Haidar Pascha. Hierzu wurde eine eigene Gesellschaft «Société du Port de Haidar Pascha» gegründet.[23]

Dem Verwaltungsrat dieser Gesellschaft gehörten Karl Schrader, Eisenbahndirektor und Mitglied des Deutschen Reichstags als Vorsitzender, Arthur von Gwinner, Deutsche Bank, als stellvertretender Vorsitzender, Max Steinthal (Deutsche Bank), Kurt Zander, der Generaldirektor der Anatolischen Eisenbahn-Gesellschaft und Eduard Huguenin, stellvertretender Generaldirektor der Anatolischen Eisenbahn-Gesellschaft, an.

Der Sultan übertrug dieser Gesellschaft den Bau und Betrieb:

«1. eines Hafens und von Quais zu Haidar Pascha, Kopfstation der Anatolischen Eisenbahn,
2. von Docks, Zollagerhäusern, Steinkohlendepots, Getreidespeichern und anderen bedeckten und unbedeckten Magazinen und Depots zur Lagerung von Waren aller Art, mit Berechtigung der Gesellschaft zur Ausstellung von Warrants an die Lagerer,
3. von Getreide-Elevatoren und sonstigen hand- und mechanischen Ladeeinrichtungen, welche zur Erleichterung der Beladungs- und Entladungsmanipulationen bei Schiffen und Waggons dienen.»[24]

Mit der Bauausführung wurde Philipp Holzmann betraut. Im September 1900 konnte mit den Arbeiten begonnen und am 14. April 1903 der neue Hafen eingeweiht werden.

1905 begann die Hafen-Gesellschaft Haidar Pascha mit dem Bau eines neuen Empfangsgebäudes der Anatolischen Eisenbahn auf dem Hafengelände. In diesem Zusammenhang wurde in Konstantinopel eine besondere Hochbauabteilung gegründet. Ihre Leiter waren: von 1905 bis 1914 Architekt Hellmuth Cuno, von 1914 bis 1918 Architekt Eugen Rückgauer, von 1926 an Ingenieur Alvert Jenke zuerst allein, später zusammen mit Architekt Emil Imhoff und schließlich unter Imhoffs alleiniger Leitung. Das Baubüro Kon-

Bahnhof Haidar Pascha in Konstantinopel, 1905–1909

stantinopel führte die zahlreichen Hochbauten mit geringen Ausnahmen durchweg nach eigenen Entwürfen aus.

Das Empfangsgebäude der Bahnstation Haidar Pascha (Eröffnung am 4. November 1909) war gleichzeitig Verwaltungsgebäude der Bahngesellschaft. Trotz der Verquickung zweier grundverschiedener Funktionen fand sich in seiner architektonischen Gestaltung eine Lösung, die beiden gerecht wurde und sich mit Geschick der unvergleichlichen Lage anpaßte. Holzmann baute hier ein prächtiges, geradezu monumentales Gebäude, das sich gut in die Landschaft einfügte und als «Eingangstor nach Kleinasien» fungierte. Für die Fassaden des Empfangsgebäudes in Haidar Pascha wurde neben der Strecke der Anatolischen Bahn in Lefke ein neuer Steinbruch aufgemacht, der einen geeigneten Keupersandstein in grauem, ins Grünliche und Gelbliche spielenden Farbton lieferte. Während des Ersten Weltkriegs wurde das Empfangs- und Verwaltungsgebäude durch eine Munitionsexplosion im Hafengelände erheblich beschädigt, später jedoch originalgetreu wiederhergestellt.

Im Zusammenhang mit dem Bau des Empfangsgebäudes wurde dem Baubüro Konstantinopel von der Hafengesellschaft Haidar Pascha noch der Bau eines Getreidesilos aus Eisenbeton (5000 t), eines Speichers mit massiven Außenwänden und innerer Holzkonstruktion mit einer Gesamtschüttfläche von 3500 m^2 und einer Getreide-Verschiffungsanlage übertragen. Die Verschiffungsanlage bestand aus einer Brücke in leichter Eisenkonstruktion, die durch Förderbänder, Rohrleitungen und Becheraufzüge den Verkehr zwischen den Speichern und Kais vermittelte. Bei der erwähnten Explosion wurden die Speicheranlagen und die Verschiffungsanlage zerstört.

Die hauptsächlichen Auftraggeber des Baubüros Konstantinopel waren: von deutscher Seite die Kaiserlich Deutsche Botschaft, das Generalkonsulat, der Deutsche Wohlfahrtsverein, dem die Deutsche Schule, das Deutsche Krankenhaus und das Kinderkranken- und Waisenhaus unterstanden, die Evangelische Gemeinde sowie die Deutsche Bank und von türkischer Seite das Zivilkabinett des regierenden Sultans, die meisten Ministerien, in erster Linie das Scheich-ul-Islamat, die Hohe Pforte, das Evkafministerium, das die Güter der Toten Hand verwaltete und dem die Mehrzahl der Wohlfahrtsanstalten und die geistlichen Schulen unterstanden, das Kriegs- und das Marineministerium, die großen Banken, das neugegründete Elektrizitätswerk, die Straßenbahn usw. Kurzum, das Baubüro Konstantinopel arbeitete in dieser Zeit eine Unzahl von Entwürfen auf jedem Gebiet des Hochbaus aus. Es würde zu weit führen, alle Bauausführungen aufzuzählen. Es sollen nur einige besonders reizvolle Bauwerke genannt werden: der Wiederaufbau der abgebrannten Hohen Pforte, das Mausoleum für den regierenden Sultan Mehmed mit angeschlossenem Realgymnasium, der Wiederaufbau mehrerer durch Erdbeben eingestürzter Minarette, an den sich kein anderer Unternehmer getraute, Wiederherstellungsarbeiten an der Hagia Sophia und der Valide Moschee in Stambul, die Wiederherstellung und Ausmalung der Deutschen Evangelischen Kirche (Malerarbeiten durch Professor Otto Linnemann, Frankfurt am Main), der Erweiterungsbau des Deutschen Krankenhauses, der Neubau des Kinderkranken- und Waisenhauses, die Wiederherstellung des Staudamms Göksu des Wasserwerks Skutari-Kadikeui, das die anatolische Seite Konstantinopels mit Wasser versorgte, die Fundierungsarbeiten der Hochbauten im Hafengelände Haidar Pascha (4500 Pfähle).

Das Baubüro Konstantinopel war bemüht, möglichst nur einheimische, also türkische Baustoffe zu verwenden, und nur für gewisse Ausführungen des inneren Ausbaus, die in der Türkei nicht zu beschaffen waren, wurden die fertigen Bauteile aus Deutschland bezogen und von deutschen Facharbeitern angeschlagen und montiert. Die Lieferungen aus dem Ausland bedingten eine besonders gewissenhafte Vorausberechnung der Liefertermine, da durch Verzögerungen in der Anlieferung der Baustoffe und etwaige Fehlanordnungen auf diesem Gebiet große Verluste entstehen und unter Umständen die Leistung einer ganzen Bauperiode in Frage gestellt werden konnten.

Holzmann beschäftigte in erster Linie einheimische Arbeiter, in der Hauptsache Türken und Griechen; es wurden aber auch in größerem Umfang deutsche Meister, Vorarbeiter und Facharbeiter herangezogen, und für die Ausführung der Steinmetzarbeiten der Fassaden des Empfangsgebäudes in Haidar Pascha warb man italienische Arbeiter an. Angeblich lernten die einheimischen Arbeiter von den Italienern das «Streiken». Ein erster Versuch der Arbeitsverweigerung wurde allerdings «von dem diensthabenden Polizeioffizier mit einigen kräftigen Ohrfeigen abgebogen».[25]

Bei den Bauausführungen – namentlich in Konstantinopel und im Gebiet des Landbruches zwischen Dardanellen, Marmarameer und Bosporus – mußte besondere Rücksicht auf die Gefahr genommen werden, die den Bauten durch die regelmäßig auftretenden Erdbeben drohte. Das Bauhandwerk in Konstantinopel konnte in Maßnahmen gegen diese drohende Gefahr auf eine alte geschichtliche Erfahrung und Überlieferung zurückblicken und wußte ihrer mit den einfachsten Mitteln – mit weitgehenden Verankerungen der Mauerecken in paralleler oder diagonaler Richtung – in der Hauptsache Herr zu werden. Das große Erdbeben im Jahre 1911 hat den Hochbauten im Gefahrengebiet kaum Schaden angetan, abgesehen von geringfügigen Verschiebungen in den massiven Giebelspitzen und Bekrönungen.

Weitere Bautätigkeit in Kleinasien. Im November 1907 schloß die Anatolische Eisenbahn-Gesellschaft mit der türkischen Regierung einen Vertrag über die Ausführung einer großzügigen Anlage für die Bewässerung der Ebene in der Umgebung der Stadt Konia. In ihm verpflichtete sich die Gesellschaft, aus dem 80 km südwestlich von Konia und 120 m höher als diese Stadt gelegenen Bey-Schehir-See und aus dem Bey-Schehir- und Tschartschamba-Fluß ein Gebiet der Koniaebene von 500000 Deunum (45965 ha) zu bewässern, ferner den unterhalb des Bey-Schehir-Sees gelegenen Karawiransee, in den der Bey-Schehir-Fluß mündete, trockenzulegen und die dadurch gewonnenen fruchtbaren Landflächen von 80000 Deunum (7354 ha) gleichfalls zu bewässern. Als Bauzeit für die Anlage waren sechs Jahre vorgesehen. Darüber hinaus hatte die Gesellschaft die Anlagen fünf Jahre nach ihrer endgültigen Abnahme gegen Erstattung der entstehenden Kosten zu unterhalten. Ihre Gesamtkosten waren in dem Vertrag zu 19,5 Mio. Francs veranschlagt.

Die ihr nach diesem Vertrag obliegenden Verpflichtungen übertrug die Anatolische Eisenbahn-Gesellschaft durch einen Bauvertrag der für diesen Zweck mit einem Kapital von 500000 Mark neu gebildeten «Gesellschaft für die Bewässerung der Koniaebene». Diese Gesellschaft hatte ihren Sitz in Frankfurt am Main.[26] Gesellschafter waren Philipp Holzmann & Co. GmbH und die Anatolische Eisenbahn-Gesellschaft. Die Stammeinlagen wurden zunächst mit 25% eingezahlt. Als Geschäftsführer bestellte die Gesellschaft den Geschäftsführer von Philipp Holzmann & Co. Otto Riese und den Generaldirektor der Anatolischen und Bagdad-Eisenbahn-Gesellschaft Eduard Huguenin.

Die Gesellschaft für die Bewässerung der Koniaebene schloß ihrerseits mit der Firma Messieurs G. et. D. Laporte Frères et Co. in Konstantinopel einen Vertrag, in dem sie diese unter den landesüblichen Bedingungen mit der Ausführung der Bauarbeiten betraute.[27] Im ersten Viertel des Jahres 1914 wurde die Bewässerungsanlage schrittweise in Betrieb genommen. Trotz der großen Schwierigkeiten aufgrund innenpolitischer Wirren konnte das Werk in fünfeinhalb Jahren fertiggestellt werden. Die offizielle Betriebseröffnung konnte Anfang April 1914 vorgenommen werden. Die Frankfurter Zeitung schrieb in ihrem Morgenblatt am 4. April 1914:

> «Damit wird ein Werk fruchtbar, an dem deutsche Energie, Technik und Finanz in sieben Jahren stiller, zäher Hingabe gearbeitet haben. Die Frankfurter Baufirma Philipp Holzmann & Cie. hatte im Jahr 1907 mit der Anatolischen Baugesellschaft zusammen eine ‹Gesellschaft für die Bewässerung der Koniaebene› gegründet, die von Abdul Hamid die Erlaubnis und die Aufgabe erhielt, die verschüttete Fruchtbarkeit der Koniaebene zu neuem Leben zu erwecken.»[28]

Zur Erhöhung der Leistungsfähigkeit der Hafenanlage in Haidar Pascha erteilte die Hafengesellschaft Haidar Pascha Philipp Holzmann & Co. 1912 den Auftrag zur Ausführung einer eingleisigen Verladebrücke in der Bucht von Kadiköi, die unmittelbar mit dem Güterbahnhof Haidar Pascha verbunden war. Die 140 m lange Brücke ruht auf gerammten und miteinander verspannten eisernen Breitflanschträgern.

Ferner führte Holzmann eine Reihe von Entwurfs- und Vorarbeiten durch. Von diesen seien hier genannt:

- Vorarbeiten für den Hochwasserschutz der Stadt Adana
- Vorstudien für die Wasserversorgung der Stadt Diarbekir sowie eine Wasserkraftanlage bei Arghana Maden
- Entwürfe für den Ausbau des Hafens Alexandrette sowie für eine Erweiterung des Hafens Haidar Pascha durch den Ausbau der Bucht von Kadiköi.

Studien zur Erschließung des Kohlegebietes von Sunguldak durch eine Eisenbahn über 142 km Länge von Adazabar bis Bolu führten nicht zum Erfolg. Das Angebot Holzmanns wurde wegen des Ausbruchs des italienisch-türkischen Krieges und der Fortsetzung des Baus der Bagdadbahn nicht weiter verfolgt.

Der Bau der Centralbahn in Deutsch-Ostafrika

Vor allem hanseatische Kaufleute hatten lange vor dem Beginn der eigentlichen Kolonisation Handelsbeziehungen zur ostafrikanischen Küste unterhalten. Mitte des 19. Jahrhunderts knüpften die Hamburger Firmen O'Swald & Co. (1847) und Hansing & Co. (1853) Handelsbeziehungen zu Sansibar. Das Hamburger Elfenbeinhaus H. A. Mejer unterhielt in den 1870er Jahren ebenfalls wertvolle Handelsbeziehungen zu Sansibar.[29] Allerdings gab es für die Hamburger Handelshäuser keine Veranlassung, politischen Schutz vom Deutschen Reich zu fordern, zumal Otto von Bismarck dem Erwerb von Kolonien äußerst skeptisch gegenüberstand.[30] Erst als im Frühjahr 1884 Großbritannien, Frankreich, Belgien und Portugal gezielte kolonialpolitische Aktivitäten in Afrika entwickelten, schaltete sich das Deutsche Reich in die politischen Auseinandersetzungen vor allem zwischen Großbritannien und Frankreich ein. Auf der sogenannten Kongo-Konferenz, die von November 1884 bis Februar 1885 in Berlin stattfand, wurde eine Kongo-Freihandelszone in Form eines multilateralen Handelsvertrags geschaffen, die Bismarck als Garantie für «den freien Zutritt in das Innere des afrikanischen Kontinents» ansah.[31] Aber erst die Aktivitäten der von Carl Peters im März 1884 gegründeten «Gesellschaft für deutsche Kolonisation» und die von Peters durchgeführte Expedition ins Landesinnere führten zur Gründung einer deutschen Kolonie in Ostafrika. Peters hatte im November und Dezember 1884 auf eigene Faust mit Häuptlingen im Hochland von Usagara zwölf Verträge abgeschlossen und hierdurch 140000 km^2 ostafrikanisches Land erworben.[32] Nach anfänglichem Zögern erteilte Bismarck am 27. Februar 1885 der Gesellschaft für deutsche Kolonisation, die kurz darauf in «Deutsch-Ostafrikanische Gesellschaft» umbenannt wurde, einen kaiserlichen Schutzbrief, der Carl Peters und seiner Gesellschaft fast uneingeschränkte Machtbefugnisse in den erworbenen Gebieten einräumte. Nach langwierigen Streitigkeiten vor allem mit dem Sultan von Witn, Seyid Barjasch, kam es am 1. Juli 1890 zwischen dem Deutschen Reich und Großbritannien zu dem sogenannten Helgoland-Sansibar-Vertrag, in dem die endgültigen Grenzen von Deutsch-Ostafrika festgelegt wurden, wie sie bis November 1918 bestanden.

Am 11. März 1895 schlossen die Kolonialabteilung des Auswärtigen Amtes, die Deutsche Bank und die Deutsch-Ostafrikanische Gesellschaft einen Vertrag ab, in dem sie festlegten, eine «Centralbahn» in Deutsch-Ostafrika zu errichten. In dieser Vereinbarung erklärten sich die drei Parteien bereit, sich zu je einem Drittel an den Kosten der Vorarbeiten, deren Gesamtsumme allerdings 300000 Mark nicht überschreiten sollte, zu beteiligen.[33] Durch dieses Abkommen erwarb die Deutsche Bank ein Vorzugsrecht, das ihr in erster Linie die Aufbringung der für den Bahnbau erforderlichen Mittel und die Bildung des hierzu notwendigen Syndikats zusicherte. Am 13. März 1895 wurde dieses Syndikat errichtet. Ihm gehörten an:

Deutsche Bank	50000 Mark
Mendelssohn & Co.	20000 Mark
Delbrück Leo & Co.	10000 Mark
Von der Heydt & Co.	10000 Mark
Robert Warschauer & Co.	10000 Mark

Am 17. April 1895 konstituierte sich das «Komitee für den Bau einer ostafrikanischen Centralbahn» unter dem Vorsitz des Geheimen Kommerzienrats Oechelhäuser sowie Georg von Siemens' von der Deutschen Bank und Kurt Zanders, der von 1897 bis 1905 Generaldirektor der Anatolischen Eisenbahn-Gesellschaft war. Dieses Komitee beschloß in seiner Sitzung am 22. Juni 1895,

geeignete Sachverständige nach Ostafrika zu entsenden, um erste Erkundungsarbeiten für den Bau einer Eisenbahn von Dar-es-Salam über Bagamoyu nach Ukami und weiter in das Innere Ostafrikas durchzuführen. Die Expeditionsmannschaft, die vom 19. Oktober 1895 bis 15. März 1896 in Ostafrika tätig war, legte am 19. Juni 1896 einen ersten konkreten Bericht vor, der auch an Reichskanzler Bismarck ging und den Bau einer Centralbahn befürwortete. Die Baukosten für die auf 258 km veranschlagte Bahnlinie Dar-es-Salam–Morogoro sollten sich unter Zugrundelegung einer Spurweite von 0,75 m auf 8493400 Mark belaufen. Nach Streitigkeiten mit der Deutsch-Ostafrikanischen Gesellschaft schied diese 1896 aus. Die Kolonialabteilung erklärte sich in einem Schreiben vom 27. Juni 1896 an Oberregierungsrat G. Magnus, Mitglied des Komitees, bereit, den Anteil der Deutsch-Ostafrikanischen Gesellschaft zu übernehmen. Dem Reichskanzler sollte es nun vorbehalten sein, auf der Basis dieser Vorstudien sich für den Bau einer Eisenbahn in Ostafrika zu entscheiden.

Ende September 1896 trat die Bankengruppe in Verhandlungen mit der Kolonialabteilung ein, so daß unter dem Datum des 5. Oktober 1896 folgendes beschlossen wurde:

«1. Errichtung einer Gesellschaft aufgrund des Reichsgesetzes vom 15./19. März 1888 und der zu erteilenden Konzession mit einem Anteilschein-Kapital von 12 Millionen Mark.
2. Verwendung dieses Kapitals zum Bau und Betriebe einer von der Küste Deutsch-Ostafrikas möglichst tief in das Innere von Ukami führenden Centralbahn.
3. Beschaffung des Kapitals, Bau und Betrieb der Centralbahn durch die Gesellschaft unter starker behördlicher Teilnahme.
4. Reichsgarantie: 3prozentige Verzinsung des Anteilschein-Kapitals unter direkter Garantie der Anteilscheine durch das Deutsche Reich.
5. Rückerstattung der vom Reich in Anrechnung auf diese Garantie geleisteten Auslagen durch Emission von Anteilscheinen Lit. B.
6. 20prozentiger Anteil der Gesellschaft an allen Überschüssen, welche die Zölle der Kolonien über 1 Million Mark jährlich einbringen werden.
7. Rückkaufsrecht des Reiches nach fünf Jahren von der völligen Betriebseröffnung an durch Einlösung der Anteilscheine.»[34]

Am 3. Mai 1897 wurde das Komitee aufgelöst, und die Rechte an der Centralbahn wurden der Deutschen Bank übertragen.

Erst 1899 kam es wieder zu Verhandlungen zwischen der Kolonialabteilung und der von der Deutschen Bank geführten Bankengruppe. Hierbei erklärte sich die Bankengruppe bereit, «eine Aktiengesellschaft zu errichten, welche gegen Zusicherung einer unbedingten Zinsgarantie von 3,5% einen Geldbetrag von 10–12 Mio. Mark aufzubringen [hat] und demnächst zum Bau einer Bahn von unbestimmter Länge von Dar-es-Salam ins Innere verwendet [und die] auch eine solche Bahn betreibt unter der Voraussetzung, daß der Betriebsverlust nicht ihr zur Last fallen und nicht von der Zinsgarantie in

Abzug gebracht werden darf».[35] Ende des Jahres 1900 begann die Kolonialabteilung erneute Verhandlungen mit der Bankengruppe, die dann zu der Vorlage im Reichstag am 20. April 1901 führte. In dieser Sitzung des Reichstags setzte sich vor allem Georg von Siemens für den Bau der Centralbahn ein. Dabei bezeichnete er sich «als freiwilligen Fanatiker für die Kolonien»[36] und verdeutlichte, daß es wenig Interesse unter den beteiligten Banken und Unternehmen am Ausbau der Kolonien gebe. Aus diesem Grunde sei es schwer, finanzielle Unterstützung und ausführende Bauunternehmen zu finden.

Offensichtlich gab es erhebliche Differenzen in der Beurteilung der aufzubringenden finanziellen Mittel, die von den Ingenieuren der Münchener Firma Arthur Koppel mit 15 Mio. Mark angegeben wurden, von anderer Seite sogar mit 24 Mio. Mark. Aus diesem Grunde wurde beschlossen, nochmals eine Expedition aufzustellen, um «die Bauwürdigkeit von Eisenbahnen in Deutsch-Ostafrika, insbesondere zur Aufstellung genereller Vorarbeiten für eine Linie von Dar-es-Salam nach Morogoro» festzustellen.[37] Dem Expeditionskonsortium, das am 14. August 1903 gebildet wurde, gehörten die Deutsche Bank, die Disconto-Gesellschaft, Mendelssohn & Co., S. Bleichröder, Robert Warschauer & Co., Delbrück Leo & Co., von der Heydt & Co. sowie die Firma Philipp Holzmann an. Nachdem die Deutsche Bank hervorragende Erfahrungen mit Philipp Holzmann beim Bau der Bagdadbahn gemacht hatte, sollte das Unternehmen nun auch die Centralbahn Dar-es-Salam–Morogoro bauen. Justus Strandes von der Firma Hansing & Co., einer der besten Kenner Ostafrikas, wurde mehrfach zur Beratung von Philipp Holzmann und der Deutschen Bank herangezogen.[38] Gleichzeitig wurde das Unternehmen Arthur Koppel, das sich mit dem Bau schmalspuriger Bahnen befaßte und seinen Sitz in Berlin hatte, mit in das Konsortium aufgenommen. Am 10. Oktober 1904 teilte die Deutsche Bank Arthur Koppel mit:

> «Wir teilen Ihnen vertraulich mit, daß die Ostafrikanische Eisenbahngesellschaft den Bau ihrer Bahn an Philipp Holzmann & Cie. GmbH übertragen wird. Dabei haben wir der letztgenannten Firma gegenüber zur Bedingung gemacht, daß diese Ihnen eine Beteiligung an dem Baugewinne einräume, die gleich 25 Prozent des der Firma Philipp Holzmann & Cie. verbleibenden Anteils am Gewinn, oder gleich 16 2/3 Prozent des ganzen Baugewinnes ist.»[39]

Am 30. November 1904 schließlich beschloß das Syndikat für Eisenbahnen in Deutsch-Ostafrika (Deutsche Bank, Disconto-Gesellschaft, Mendelssohn & Co., Delbrück Leo & Co., von der Heydt & Co., Robert Warschauer & Co., Jacob S. H. Stern) die Emission der Anteile der Ostafrikanischen Eisenbahngesellschaft vorzunehmen und den Prospekt in den Abendblättern des 6. bzw. den Morgenblättern des 7. Dezember zu veröffentlichen. Für die Subskription wurde der 12. Dezember bestimmt, die Abnahme der Stücke sollte vom 9. Dezember bis 4. Januar 1905 erfolgen. Der Emissionskurs wurde auf 103,5% zuzüglich 3% Stückzinsen vom 1. Oktober des Jahres 1905 festgesetzt.

Bau der Bahnlinie Dar-es-Salam – Morogoro, 1905–1914

Dem Bau der Centralbahn stand nun nichts mehr im Wege. Nachdem die Ostafrikanische Eisenbahngesellschaft im November 1904 einen Vertrag betreffend die Übernahme des Baus der Bahnlinie Dar-es-Salam–Morogoro abgeschlossen hatte, begann Philipp Holzmann noch 1905 mit den Bauarbeiten. Diese dauerten bis Anfang 1908 und waren dann im wesentlichen abgeschlossen.[40] Die reich verzierte Schaufel für den ersten Spatenstich besitzt das Unternehmen noch heute.

Am 18. Dezember 1912 konnte Otto Riese von Philipp Holzmann & Co. der Deutschen Bank die Schlußabrechnung für die Strecke Dar-es-Salam–Morogoro vorlegen und den endgültigen Baugewinn nachweisen. Nach dem Abschluß vom 31. Dezember 1908 betrug der Baugewinn 3307335 Mark, bereits verteilt zu diesem Zeitpunkt waren 3280000 Mark; für Restausgaben waren zurückgestellt worden 27335 Mark.

Die Strecke Dar-es-Salam–Morogoro betrug 209 km. Noch während des Baus dieser Strecke zeichnete sich ab, daß die Bahn bis zum Tanganjika-See weitergebaut werden sollte.[41] Da die Strecke Dar-es-Salam–Morogoro nur als Stichbahn gedacht war, mußten nun die Trassierungsbedingungen, die Konstruktion des Oberbaus und sonstige Einrichtungen dieser neuen Situation angepaßt werden. Bereits 1911 waren die Vorarbeiten für die Weiterführung der Bahn hin zum Tanganjika-See beendet, so daß 1912 mit den Bauarbeiten begonnen werden konnte. Die zweite Stichstrecke Morogoro–Kilossa–Dodoma–Tabora über 636 km wurde von vier Bauabteilungen mit 18 Sektionen bewältigt. Eine Sektion betrug 30–40 km. Die dritte Teilstrecke über 405 km führte von Tabora nach Kigoma am Tanganjika-See und wurde von zwei Bauausführungen mit elf Sektionen errichtet.

Bereits am 1. Februar 1914 legte Philipp Holzmann das letzte Gleis am Endpunkt Kigoma am Tanganjika-See, so daß nach Beendigung der Schotterarbeiten und Fertigstellung der Hochbauten, hier insbesondere des Hafens sowie der Zoll- und Schiffahrtsanlagen am Endbahnhof Kigoma, am 1. Juli 1914 die Bahn dem öffentlichen Verkehr und Betrieb übergeben werden konnte.[42]

Doch Philipp Holzmann plante noch eine weitere Bahnstrecke. Am 21. September 1912 teilte Baurat Riese dem Reichskolonialamt mit, daß sein Unternehmen bereit sei, eine Stichbahn von Tabora oder einem anderen geeigneten Punkt der Linie Tabora–Kigoma aus nach Ruanda zu bauen.[43] 1914 waren die Vorarbeiten soweit gediehen, daß die Ostafrikanische Eisenbahngesellschaft und Philipp Holzmann einen Bauvertrag über den Bau der Stichbahn von Tabora nach Ruanda abschließen konnten.[44] Der Bau dieser Bahnstrecke war mit rund 19,2 Mio. Mark geplant, wobei Philipp Holzmann zur Deckung der sonstigen Kosten und als Gewinn 1,4 Mio. Mark und zudem von der Ostafrikanischen Eisenbahngesellschaft einen zinsfreien Vorschuß von 1 Mio. Mark erhalten sollte, der bei Abnahme der Bahn zurückzugeben war. Außerdem erhielt Philipp Holzmann monatliche Abschlagszahlungen in Höhe der dem Unternehmen im vorausgegangenen Monat entstandenen Auslagen. Dem Konsortium gehörten an:

Deutsche Bank (Führung), Berlin	20%
Disconto-Gesellschaft, Berlin	20%
Mendelssohn & Co., Berlin	10%
S. Bleichröder, Berlin	10%
Philipp Holzmann & Co. GmbH, Frankfurt am Main	10%
Delbrück Schickler & Co., Berlin	5%
von der Heydt & Co., Berlin	5%
Bank für Handel und Industrie, Berlin	5%
Deutsch-Ostafrikanische Gesellschaft, Berlin	5%
Jacob S. H. Stern, Frankfurt am Main	5%
Sal. Oppenheim Jr. & Cie, Köln	5%

Diese Bahn sollte das Deutsch-Ostafrikanische Zwischenseegebiet erschließen, insbesondere Ruanda und einen Teil von Urundi,[45] also die weiten Gebiete zwischen dem Südwestufer des Victoria-Sees und dem nordöstlichen Teil des Tanganjika-Sees. Neben der wirtschaftlichen Notwendigkeit wurde insbesondere auch die große militärisch-strategische Bedeutung hervorgehoben,[46] die vor allem bei der Trassenführung zu berücksichtigen sei. Aber gerade die Trassenführung führte zu erheblichen Auseinandersetzungen im Reichstag. Unter drei bestehenden Möglichkeiten wurde schließlich dem von der Regierung vorgeschlagenen Projekt der von Tabora ausgehenden Zweigbahn nach Ruanda der Vorzug gegeben. Die Bahn mit einer Länge von 330 km sollte zunächst den fruchtbaren Norden des Bezirks Tabora erschließen, dann sich mehr nordwestlich wenden und nach Ruanda hineinführen, um am sogenannten Kageraknie zu enden. Im Flußgebiet des Kagera sollte im Anschluß an die Bahn auf den schiffbaren Strecken der großen dort befindlichen Flüsse eine Flußschiffahrt eingerichtet und so ein Netz von Zubringerwegen auf einfache und billige Weise geschaffen werden.

Die Entwürfe und Pläne für diese Bahn waren Ende 1914 fertiggestellt, so daß mit den Vorarbeiten, den Erd- und Mauerarbeiten zur Herstellung des Bahnkörpers begonnen werden konnte. Das Gleis konnte jedoch nur soweit verlegt werden, als es die vorhandenen Materialbestände erlaubten, da die neuen Oberbausendungen den Bestimmungsort nicht mehr erreichten.[47] Der Ausbruch des Ersten Weltkriegs hatte auch in Ostafrika die Situation vollkommen verändert. Der Geschäftsbericht von Philipp Holzmann für 1917 teilt lapidar mit: «Unsere Arbeiten an Bahnen in Ost-Afrika konnten infolge der Besetzung des Gebietes durch feindliche Streitkräfte nicht fortgeführt werden.»[48]

Schon in der zweiten Hälfte des Jahres 1916 waren die Gebiete der Tanganjikabahn und der Ruandabahn von den englischen Truppen besetzt worden. Es war für die Ingenieure von Philipp Holzmann tragisch, daß sie von den deutschen Behörden aufgefordert wurden, alle großen Bauwerke, die sie kurze Zeit zuvor unter extremen Bedingungen errichtet hatten, durch Sprengungen wieder zu zerstören, um die Inbetriebnahme der Bahn auf lange Zeit zu unterbinden. Nach Kriegsende wurde die Ostafrikanische Eisenbahngesellschaft von den Engländern übernommen und die Bahn von diesen verwaltet. Allerdings hatte Philipp Holzmann & Co. nach Angaben der Ostafrikanischen Eisenbahngesellschaft bis auf geringe Nachforderungen die volle Bezahlung für das Bauprojekt erhalten. Gegenüber der Ostafrikanischen Eisenbahngesellschaft bestand jedoch Anfang der zwanziger Jahre weiterhin die Verpflichtung des Syndikats. Die Rechtslage war zu diesem Zeitpunkt vollkommen ungeklärt, so daß eine genauere Bewertung der Syndikatsbeteiligung nicht möglich war.[49]

Die ostafrikanischen Schmalspurbahnen über rund 1300 km Länge mußten unter schwierigen klimatischen und wirtschaftlich völlig fremden Verhältnissen gebaut werden und stellten eine organisatorische Spitzenleistung dar.

Rege Aktivitäten in Amerika

Nordamerika. Auch in Nordamerika war es die Deutsche Bank, die Philipp Holzmann & Co. ins Geschäft brachte. Der Repräsentant der Deutschen Bank in den Vereinigten Staaten, Edward D. Adams, der für die Deutsche Bank am Ende des 19. Jahrhunderts bereits das schwierige Problem der Northern Pacific mit gelöst hatte, hatte Ende 1904 Arthur von Gwinner, den Sprecher des Vorstands der Deutschen Bank, auf Möglichkeiten der Beteiligung an bestimmten Baugeschäften vor allem in New York aufmerksam gemacht. Allerdings stand Otto Riese von der Geschäftsführung von Philipp Holzmann & Co. den USA-Aktivitäten äußerst skeptisch gegenüber: «Was das in Aussicht stehende amerikanische Geschäft anlangt, so glaube ich, daß nicht unerhebliche Schwierigkeiten zu überwinden sein werden.»[50]

Vor allem zweifelte er an den Fähigkeiten des amerikanischen Consulting-Engineers Bates, der aufgrund seiner politischen Tätigkeit und seines Eintretens für die Wahl des Präsidenten Roosevelt zwar bei verschiedenen großen Bauausführungen beteiligt war, jedoch keine großen Erfolge erzielte. Nicht zuletzt aus diesem Grund schaltete die Deutsche Bank ihren Repräsentanten in den USA, Adams, ein, um nicht hier ähnlich wie bei der Beteiligung an der Northern Pacific Schiffbruch zu erleiden. Bates hatte in Aussicht gestellt, die Deutsche Bank und Philipp Holzmann & Co. könnten sich vor allem an der Ausführung von vier Losen des New York State Barge-Canals beteiligen. Adams befürwortete die Beteiligung an diesem Geschäft, lehnte aber Bautätigkeiten in Arizona, die ebenfalls von Bates vorgeschlagen worden waren, konsequent ab.

Zur besseren Koordination der Aktivitäten in den USA schlug Adams vor, eine eigene Gesellschaft unter dem Namen «Empire-Engineering-Corporation» zu errichten. Um Überraschungen zu verhindern, bestand Otto Riese darauf, im Statut dieser Gesellschaft die Geschäftstätigkeit klar zu definieren: «Die Gesellschaft hat den Zweck, selbst oder in Verbindung mit anderen Bauausführungen jeder Art, in jedem Umfange und an jedem Ort zu übernehmen und durchzuführen, Baumaterialien zu gewinnen oder herzustellen und sich an anderen Gesellschaften, welche gleiche Zwecke anstreben, zu beteiligen. Zunächst wird die Gesellschaft einen Teil des New York State Barge-Canal ausführen.»[51]

Anfang Februar gingen die Entwürfe für die *By-Laws* und das *Certificate of Incorporation* ein, so daß der Gründung der Gesellschaft nichts mehr im Wege stand. Die Deutsche Bank, die Internationale Baugesellschaft, amerikanische Finanzinstitute und Ingenieure gründeten daraufhin in New York mit einem Kapital von 1 Mio. Dollar die Baugesellschaft «Empire-Engineering-Corporation», die zunächst als größeres Objekt die Ausführung von vier Losen des New York State Barge-Canals übernahm.[52] Am Abend des

8. Februar 1905 kabelte Adams von New York nach Berlin: «Officially awarded New York Canal contract No. 1, No. 4, aspect award No. 5 in few days.»[53] Arthur von Gwinner und Otto Riese waren nun vom Erfolg dieses Amerikageschäfts überzeugt. Gwinner seinerseits schlug lediglich vor, hinsichtlich der Gewinnausschüttung nichts zu präjudizieren, da nach amerikanischen Gepflogenheiten der Verwaltungsrat die weitergehenden Befugnisse besitze. In den nachfolgenden Jahren war die Empire-Engineering-Corporation in New York an der Durchführung zahlreicher größerer Bauten beteiligt, so unter anderem am Bau des Kensiko-Damms bei New York, bei dessen Errichtung rund 1 Mio. m^3 Beton verarbeitet wurden, am Bau einer der größten Talsperren sowie an großen Felsbaggerungen unter Wasser im Hafen von Buffalo. Offensichtlich beteiligten sich die Deutsche Bank und Philipp Holzmann 1911 auch an der H. S. Kerbaugh Incorporated, die nun zusammen mit der Empire-Engineering-Corporation eine Reihe von Projekten in den USA durchführte, insbesondere an der New York Subway. Allerdings war die Deutsche Bank 1912 nicht mehr bereit, der H. S. Kerbaugh Incorporated weitere Kredite zur Verfügung zu stellen: «Die Kredite, die der Konzern bei uns bereits in Anspruch genommen hat, betragen ein mehrfaches der eigenen Mittel des Unternehmens – dessen Stammaktien eben auch heute noch Luft sind – und stehen zu diesen auch jetzt schon kaum mehr in einem angemessenen Verhältnis.»[54]

Die H. S. Kerbaugh Incorporated hatte offensichtlich Anfang 1912 ihren Namen in Kerbaugh-Empire-Corporation geändert und von ihren 2 Mio. Dollar autorisierten Vorzugsaktien erst 1,2 Mio. Dollar ausgegeben, während die übrigen 0,8 Mio. Dollar von Anfang an dazu bestimmt waren, das Betriebskapital bei der Übernahme großer Projekte zu vermehren. Die Deutsche Bank bestand daher darauf, zunächst die 0,8 Mio. Dollar Vorzugsaktien am New Yorker Markt unterzubringen. Die Deutsche Bank hatte zu diesem Zeitpunkt der Empire-Engineering-Corporation bereits einen Kredit von 1 Mio. Dollar, der Kerbaugh-Empire-Corporation einen Kredit von gleichfalls 1 Mio. Dollar gewährt. Erst nach langen Verhandlungen stellte die Deutsche Bank der Kerbaugh-Empire-Corporation im Jahr 1913 zur Stärkung ihrer Betriebsmittel einen weiteren Kredit über rund 600000 Dollar (2,5 Mio. Mark) gegen 6% Zinsen und 1% p.a. Kommission zur Verfügung. Den neuen Kredit finanzierten die Deutsche Treuhand-Gesellschaft, Berlin (500000 Mark), Philipp Holzmann & Co. (1 Mio. Mark) und die Deutsche Bank (1 Mio. Mark). Auf der Basis dieses Kredits konnte die Kerbaugh-Empire-Corporation sich an weiteren Projekten in New York beteiligen.

Mit dem Ausbruch des Ersten Weltkriegs und dem Eintritt Amerikas in den Krieg gingen allerdings die amerikanischen Beteiligungen für die Deutsche Bank und Philipp Holzmann & Co. verloren.

Südamerika. Bereits 1907 hatte Philipp Holzmann & Co. in Buenos Aires eine Zweigniederlassung errichtet, die in den nachfolgenden Jahren hervorragende Ergebnisse erzielte. Zunächst war sie am Bau der großen Anlagen der Deutsch-Ueberseeischen Elektricitätsgesellschaft in Buenos Aires in Dock Sud auf schwierigem Untergrund beteiligt. Auch hier hatte das Tochterinstitut der Deutschen Bank, die am 2. Oktober 1886 errichtete Deutsche Ueberseeische Bank, den Weg für Philipp Holzmann geebnet. Am 5. August 1887 hatte die Deutsche Ueberseeische Bank unter dem Namen Banco Alemán Transatlántico (BAT) in Buenos Aires eine Filiale errichtet und 1897 nach eineinhalbjährigen Verhandlungen für die AEG die Konzession für den Bau eines Kraftwerks in Buenos Aires erhalten. Als Betriebs- und Finanzierungsgesellschaft war im Januar 1897 die Deutsch-Ueberseeische Elektricitätsgesellschaft errichtet worden, die sich innerhalb der ersten zehn Jahre ihres Bestehens zum bedeutendsten Stromversorgungsunternehmen in Buenos Aires entwickelte.[55] An der Gründung der Ueberseeischen Elektricitätsgesellschaft 1898 nahmen außer der Deutschen Bank teil: AEG, Berliner Handelsgesellschaft, Bankhaus Delbrück Leo & Co., Nationalbank für Deutschland (später Danatbank), Bankier Jacob Landau, Bankhaus Gebr. Sulzbach in Frankfurt am Main (später Kirchholtes & Co.), Schweizerische Kreditanstalt in Zürich, Bank für Elektrische Unternehmungen in Zürich (später Elektrowatt) und die Londoner Firma Wernher, Beit & Co. Das Aktienkapital betrug 10 Mio. Mark mit 25prozentiger Einzahlung.[56]

Der Bau der «Dampfkraftzentrale» für die Deutsch-Ueberseeische Elektricitätsgesellschaft erforderte ungewöhnlich umfangreiche Pfahlgründungen und einen Wasserstollenbau. Das gesamte Schalholz, jeder Sack Zement, das Bewehrungseisen, sämtliches Gerät und Handwerksmaterial mußten aus Deutschland eingeführt werden. Die Bausumme belief sich auf 11 Mio. Pesos, damals 25 Mio. Mark.

Das Baubüro in Buenos Aires wurde rasch zu einer Niederlassung ausgebaut. Der vorzügliche Eindruck, den die Organisation der Großbaustelle machte, brachte bald den ersten Bauauftrag aus dem Gastland selbst: Das Ministerium für öffentliche Arbeiten betraute 1909 Holzmann mit den für damalige Verhältnisse sehr bedeutenden Speicherbauten im Hafengebiet, acht Lagerhäusern für die Zollbehörde im Dock 4 im Werte von 7,5 Mio. Pesos. Neben der Herstellung von 96 km Schiffahrtskanälen mit 9,5 Mio. m^3 Naßbaggerung im Parana-Delta für 6 Mio. Pesos erhielt Holzmann 1911 von der «Tramway-Gesellschaft Anglo Argentina» den Auftrag, die erste Untergrundbahnlinie in Buenos Aires zu bauen, die zunächst von der Plaza de Mayo nach der Plaza Once de Septiembre führen sollte und an die sich später alle ihre Verlängerungen anschlossen. Diese Bahn war, genauer gesagt, eine Unterpflasterbahn, die in offener Baugrube von 3600 m Länge mit gemauerten Seitenwänden und Betondecke zwischen eisernen Trägern ausgeführt wurde. Die

Dampfkraftzentrale Buenos Aires

Untergrundbahnen, die in den folgenden Jahren in Buenos Aires herzustellen waren, wurden im tragfähigen Lößboden im Tunnelvortrieb gebaut. Die Errichtung verschiedener bedeutender Kühlhäuser für die großen Kühl- und Gefrierfleisch-Exportgesellschaften und großen Hochbauten rundeten die ersten erfolgreichen Jahre der jungen Niederlassung ab. Zu diesen Hochbauten gehörte der erste Wolkenkratzer in Buenos Aires, die Galería Gúemes, ein imposanter Bau in Stahlbeton von 80 m Höhe mit 17 Stockwerken.[57]

Außerdem wurden 1912 und 1913 zahlreiche Hoch- und Tiefbauten übernommen bzw. fertiggestellt, so das große Geschäftshaus Florida Pasaje in Buenos Aires sowie einige größere Fabrikgebäude und Villen in Buenos Aires und Umgebung. Für die argentinische Regierung wurden das Colegio Nacional in Parana errichtet und ein großes Los der Cloaca maxima für die Kanalisation von Buenos Aires durchgeführt. Ferner wurde eine große Wassertriebwerksanlage in den Cordilleren bei Mendoza mit Wehr, Kanalstollen und Kraftstation für die Empresa Luz y Fuerza in Mendoza erstellt.

Die günstige Entwicklung der Geschäftsverhältnisse in Argentinien führte dazu, daß Philipp Holzmann & Co. 1912 die Compañía General de Obras Públicas (Geopé) als Aktiengesellschaft errichtete. Sie sollte vor allem die in Argentinien anfallenden Bauarbeiten koordinieren. Das Aktienkapital von 4 Mio. Papierpesos wurde neben Philipp Holzmann & Co. in Frankfurt von der Firma Gebr. Goedhardt AG in Düsseldorf, der Aktiengesellschaft für ueberseeische Bauunternehmungen in Berlin (Tochter der Deutschen Ueberseeischen Bank) und dem Bankhaus Ernesto Tornquist & Co. in Buenos Aires aufgebracht. Der neuen Gesellschaft wurden sofort die von den Firmen Philipp Holzmann und Goedhardt-Hermanos in Argentinien bereits übernommenen Bauaufträge zur Ausführung überwiesen. An die neugegründete Gesellschaft gingen damit auch das gesamte Inventar und die Mehrzahl der Mitarbeiter des früheren Filialbüros von Philipp Holzmann & Co. Am 30. Juni 1913 beendete die Gesellschaft ihr erstes erfolgreiches Geschäftshalbjahr und konnte 10% Dividende ausschütten. Bis 1915 konnte die Compañía General de Obras Públicas zahlreiche Hoch- und Tiefbauten vollenden, so etwa das Verwaltungsgebäude der Compañía Alemana Transatlántica de Electricidad in Buenos Aires sowie das Geschäftshaus für die Versicherungsgesellschaft «La Sudamerica» in Buenos Aires und einige Mietshäuser für Privatpersonen. Ferner wurden durchgeführt: die Baggerung der Kanäle im Delta des Parana für die Provinz Buenos Aires, die Terrain-Aufhöhung auf dem Gelände Demarchi bei Buenos Aires, der Neubau eines Lagerhauses für die Firma Siemens & Schuckert in Buenos Aires und eines Geschäftsgebäudes für die Continental Compañía Transatlántica de Caoutchouc sowie Baggerarbeiten im Kanal Piaggio für die argentinische Nationalregierung.

Die Compañía General de Obras Públicas konnte auch zum 30. Juni 1914 nach Beendigung des zweiten Geschäftsjahres eine Dividende von 10% verteilen. Nach Kriegsausbruch mußten wegen Zahlungsstockung und Materialmangels einige Bauten eingestellt werden, doch konnte die Mehrzahl der Bauten, insbesondere diejenigen der Nationalregierung, weitergeführt werden.

Von Buenos Aires aus wurden zur gleichen Zeit erste Bauaktivitäten in Chile übernommen, so wurden bereits 1905 eingehende Studien für die rund 500 km lange Bahnlinie Arica–La Paz von Philipp Holzmann & Cia., Buenos Aires, vorgenommen, aufgrund derer ein bindendes Angebot abgegeben wurde. Die chilenische Regierung übertrug dann dem Unternehmen unter anderem die Bearbeitung der Projekte für die «Ferocaril-Longitudinal». Beide Projekte wurden jedoch vom chilenischen Parlament nicht genehmigt.

Es folgten 1913/14 zahlreiche Bauausführungen für Unternehmen, so zum Beispiel wurde Philipp Holzmann & Cia. mit dem Bau eines neuen Verwaltungsgebäudes für den Banco Alemán Transatlántico in Santiago sowie die Herstellung eines größeren Kohlensilos in Eisenbeton beauftragt. Diese Aufträge beliefen sich auf etwa 5 Mio. Pesos chilenos (2,5 Mio. Mark).

Weitere Auslandstätigkeiten

Aber auch in anderen Ländern konnte Philipp Holzmann Ende des 19. und Anfang des 20. Jahrhunderts Fuß fassen. In Rußland wurden bereits 1885 Geschäftsbeziehungen geknüpft, die dann Anfang 1912 zur Gründung der «Russischen Aktiengesellschaft für Hoch- und Tiefbau Philipp Holzmann &

Cie.» in St. Petersburg führten. Diese Gesellschaft errichtete bedeutende Tiefbauten, unter anderem die Erweiterung der Hafenanlagen von St. Petersburg sowie Baggerungen, Molenbauten und Hellinge in Reval.[58] Der Ausbruch des Ersten Weltkriegs beendete 1914 die Tätigkeit dieser Gesellschaft.

In der Schweiz wurde die mittlere Rheinbrücke in Basel aufgrund eines gewonnenen Wettbewerbes von 1902 bis 1905 von Philipp Holzmann gebaut.

1905 übernahm die Brückenbauabteilung in Frankfurt die Ausführung des Baus des neuen Hafens in Tanger, Marokko.

Obwohl das Unternehmen bis zum Ausbruch des Ersten Weltkriegs sein Haupttätigkeitsfeld weiterhin in Deutschland sah, hatte es sich zu einem internationalen Bauunternehmen entwickelt. Von der gesamten Bauleistung im In- und Ausland von 1895 bis 1914 von rund 942 Mio. Mark entfielen 660 Mio. Mark auf das Inland und bereits 282 Mio. Mark auf das Ausland.

Die auswärtigen Unternehmungen von Philipp Holzmann & Co. hatten Ende des 19. und Anfang des 20. Jahrhunderts an Umfang und Bedeutung so zugenommen, daß Otto Riese hierfür eine besondere Organisation schuf. Die Auslandstätigkeiten wurden in drei Hauptgruppen eingeteilt:

- Gruppe 1: die Bagdadbahn
- Gruppe 2: Häfen Alexandrette, Haidar Pascha, die Koniabewässerung und Ostafrika
- Gruppe 3: Amerika und sonstiges Ausland.

Im Rahmen der Hauptgruppierungen wurden Untergruppen geschaffen für:

1. Organisation, allgemeine Verwaltung und Entwürfe
2. Rechts-, Personal- und Verkehrsfragen
3. Maschinentechnische Fragen
4. Brücken- und Kunstbauten
5. Baustoffe
6. See- und Bahntransporte, Havarien und Kaskosachen sowie Kleininventar
7. Buchhaltung und Finanzen.

Auch diese Aufgliederung zeigt, daß sich innerhalb des Unternehmens nun ein vollständiger Strukturwandel vollzogen hatte.

4. Starke Position im Inland

Von 1895 bis 1917 konnte das Unternehmen seine Position im Inland weiter ausbauen. Der Inlandsumsatz von 660 Mio. Mark verteilte sich wie folgt:[59]

	1895–1917	in %	vor 1895
1. Fabrikationsbetriebe	111,6 Mio. Mark	16,9%	24,0%
2. Hochbau	72,5 Mio. Mark	11,0%	20,4%
3. Tiefbau	475,9 Mio. Mark	72,1%	55,6%
	660,0 Mio. Mark	100,0%	100,0%

Aus diesen Zahlen wird die Strukturänderung im Inlandsgeschäft des Unternehmens sichtbar. Der von Philipp Holzmann bevorzugte Hochbau hatte einen weiteren Rückgang hinnehmen müssen, während der Tiefbau weiter an Bedeutung gewonnen hatte. Fast drei Viertel der Unternehmensaktivitäten entfielen auf ihn. Die Gründe für diese rasche Ausdehnung des Tiefbaus liegen auf der Hand. Der Hochbau beschränkte sich weiterhin auf den Bau von Privathäusern, Verwaltungsgebäuden und Industriebetrieben, Kirchen, Schulen, Bahnhöfen etc., das heißt, die Anzahl der Bauten konnte sich erhöhen, die Struktur konnte jedoch nicht verändert werden. Die Tätigkeitsfelder waren beschränkt und festgelegt. Anders verhielt es sich im Tiefbau. Hier ergaben sich immer wieder neue Arbeitsfelder, die zu den ursprünglichen hinzukamen. Darüber hinaus besaßen diese Projekte eine andere, das heißt größere finanzielle Dimension. Schließlich griff gerade im Tiefbau die Mechanisierung in stärkerem Maße als im Hochbau, so zum Beispiel im Marine- und Seebau, im Hafenbau, im Flußbau, beim Bau von Schiffahrtsstraßen etc. Die Innovationen machten sich gerade in diesen Bereichen bemerkbar und führten zum Beispiel zur Bewältigung größerer Erdmassen in kürzerer Zeit.

Hochbau

Auch nach der Neustrukturierung des Unternehmens im Jahre 1895 dominierten zunächst noch die bewährten Architekten und Ingenieure unter Hermann Ritter den Hochbau. Aber allerorts zeigten bereits junge Nachwuchsleute mit ihren Entwürfen und ersten Bauausführungen, daß auch die nächste Generation hervorragende Leistungen vollbringen konnte, so zum Beispiel die Architekten Eugen Rückgauer (seit 1895 im Unternehmen), Hellmuth Cuno (seit 1904) oder Hans Oswalt und Willy Schmitt.

Noch immer herrschte der repräsentative Hochbau vor, vielfach mit reichen Fassaden aus wertvollen Werksteinen, die in den zahlreichen Steinmetzwerkstätten des Unternehmens bearbeitet wurden. In der Bildhauerei wurden auch weiterhin Modelle für die Bildhauer und ihre Stuck- und Feinputzarbeiten hergestellt.

Fast alle Frankfurter repräsentativen Bankgebäude wurden von Philipp Holzmann & Co. erstellt.[60] Eugen Rückgauer entwarf unter vielen anderen Bauwerken das Direktionsgebäude der Disconto-Gesellschaft am Roßmarkt sowie die Mitteldeutsche Creditbank in Frankfurt. Das monumentale Verwaltungsgebäude der Frankfurter Providentia, die Zentrale der Frankfurter Metallgesellschaft mit ihrer vornehmen Louis-Seize-Fassade und den Neubau der Deutschen Effekten- und Wechselbank plante und baute Philipp Holzmann & Co. Auf dem Platz des früheren Frankfurter Theaters errichtete das Unternehmen nach den Plänen von Willy Schmitt das Geschäftshaus Sigmund Strauß.

Neubau der Hauptverwaltung in der Taunusanlage, 1915

Auch das eigene Geschäftshaus in der Taunusanlage, das Hans Oswalt im Rahmen eines Wettbewerbs innerhalb des Unternehmens entworfen hatte und das 1915 bezogen wurde, zählt zu den repräsentativen Hochbauten der Stadt Frankfurt. Oswalt baute das Verwaltungsgebäude von Philipp Holzmann & Co. nach dem Ausspruch Johann Wolfgang von Goethes: «Das einfach Schöne wird der Kenner schätzen und das Verzierte steht der Menge an.»

Oswalt konnte sein großes Erstlingswerk nicht mehr beenden, da er 1914 in Frankreich fiel. Die Innenausstattung des Stammhauses wurde deshalb von Eugen Rückgauer vorgenommen.

Nicht allein in Frankfurt, sondern in allen Gegenden des Deutschen Reiches und auch im Ausland war Holzmann tätig. Andere große Bauwerke, die in der gleichen Zeit von den Hochbau-Abteilungen Holzmanns gebaut wurden, stammen von anderen deutschen Architekten mit guten Namen: so die großen Geschäftshäuser Wronker, Schmoller, Brauerei Jung in Frankfurt, Stahlhof in Düsseldorf, das Kruppsche Verwaltungshaus in Essen und das Museum Alexander König in Bonn. 37 Schlösser und hochherrschaftliche Villen entstanden in dieser Bauperiode, so die Anwesen der Gräfin Amélie Reichenbach in Frankfurt, des Prinzen Adolf Schaumburg-Lippe in Bonn, des Freiherrn von Mumm, Frankfurt, die Landhäuser sowie das Gestüt der Herren von Weinberg in Frankfurt und die Villen Henschel in Kassel, ferner Dr. von Böttingen in Elberfeld und Arnold von Guilleaume in Köln und Schloß Falkenhof für Ritter von Marx bei Bensheim. 52 große öffentliche Bauten wurden errichtet, davon elf Kultgebäude und Kirchen und 21 Bahnhofsgebäude, darunter die Mitteldeutsche Creditbank in Karlsruhe, die Deutsche Bank in Wiesbaden sowie die Disconto-Gesellschaft in Mannheim und Freiburg.

In Koblenz errichtete Holzmann das Oberpräsidium (1907), eines der wenigen Gebäude der Stadt, die dem Zweiten Weltkrieg nicht zum Opfer gefallen sind, und baute dann später 1914 in Köln die Oberpostdirektion. Bad

Erlöserkirche Bad Homburg, 1905

Homburg bekam 1905 seine monumentale Erlöserkirche im neoromanischen Stil.

Von den 19 Bädern, Kurhäusern, Kliniken und Hotels verdienen besonders erwähnt zu werden: das Stadtschwimmbad in Frankfurt, das große Genesungsheim in Falkenstein (1908), das stattliche Parkhotel in Düsseldorf (1901/02) und schließlich die beiden nach eigenen Entwürfen entstandenen Bauten: das Inhalatorium in Bad Soden und das Kurhaus in Schlangenbad, dessen gefällige Putzarchitektur die vollkommene Überwindung der Wilhelminischen Stilepoche zeigt. In der ehemaligen Kolonie Deutsch-Ostafrika wurden die Hotels Kaiserhof in Dar-es-Salam, in Tabora und Kigoma erbaut.

Von den 21 Bahnhofsgebäuden war der Bau des Zentralbahnhofs in Nürnberg 1905 der bedeutendste.

Elf Ausstellungsgebäude wurden von Holzmann errichtet, und zwar vor allem die Bayerische Landausstellung Nürnberg 1896, das Deutsche Haus der Pariser Weltausstellung 1900, das Dauerkunstausstellungsgebäude in Düsseldorf 1901 und die Internationale Kunstausstellung in Rom 1911.

Als das Deutsche Haus in Paris gebaut wurde, gelang es Hermann Ritter, für Frankfurt einen kunsthistorisch wertvollen Fund zu machen. Von dieser Entdeckung berichtet ein damaliger Holzmann-Mitarbeiter:

«In unserem Stadtarchiv befand sich der untere Teil eines alten Merianschen Planes von 1628 von Frankfurt am Main. Herr Baurat Ritter entdeckte den oberen Teil in einem Pariser Museum. Die Stadt Frankfurt am Main kaufte mit Unterstützung von Frankfurter Bürgern den Franzosen für viele tausend Franken den oberen Teil des Planes ab. Die Firma ließ den Plan rekonstruieren, denselben in zwölf Platten in der Reichsdruckerei drucken, und ich setzte sie in mehreren Exemplaren zusammen, zog sie auf Leinwand auf und versah sie mit schwarzen Holzstäbchen.»[61]

Abgesehen von dem großen Gebiet repräsentativer Bauten wurde aber auch der reine Zweckbau nicht vernachlässigt. Von den 27 großen Industrieanlagen, die Holzmann vollständig oder teilweise errichtet hat, sollen hier nur einige genannt werden: der Wiederaufbau der durch die Explosion 1896 zerstörten Griesheimer Werke Elektron, das Elektrizitätswerk Mannheim, das Gaswerk Nürnberg, die Vereinigten Ölwerke Mannheim, die Ölwerke Spyk bei Cleve 1910, zahlreiche Werkgebäude im Leunawerk 1917/18, die Zeche Gustav in Dettingen am Main, die Chemischen Werke Leopold Casella & Cie. in Mainkur.

In bescheidenem Umfang begann auch 1904 der Kleinsiedlungsbau. Holzmann erbaute fast 1000 Kleinwohnungen für die Hellerhof AG, für die Bürkle-Braunkohlenwerke, Casella und die Farbwerke Hoechst. Hier bildete sich bereits die Urzelle für die Entwicklung des Siedlungsbaus.

Von den sechs von Holzmann erbauten großen Denkmälern wurde das bedeutendste, das 1896 errichtete Deutsche Eck in Koblenz, im Zweiten Weltkrieg zerstört und erst in den 1990er Jahren weitgehend wiederhergestellt.

Tiefbau

Kanalisation. Dieses schwierige Sondergebiet des Tiefbaus stand unter der Leitung des Prokuristen und Oberingenieurs Robert Behrends, der 1903 in den Vorstand des Unternehmens berufen wurde. Ihm standen die alten, erfahrenen Kanalbauingenieure und Bauführer zur Seite. Mit ihrer Hilfe wurden in vielen deutschen Städten neue Kanalisationsanlagen gebaut, so in Marburg, München, Baden-Baden, Frankfurt, Mannheim, Landshut, Würzburg, Straßburg, Elberfeld (1895–99), Offenbach, Ludwigshafen, Ingolstadt und Pforzheim, wo die Hauptkanäle 1902 gebaut wurden, Mühlhausen im Elsaß und Fürth 1903, Rastatt 1904, Wiesbaden, Berlin mit verschiedenen Vorstädten 1905, Reichenhall, Potsdam und schließlich Włocławek (Leslau) 1913.

Die beim Bau des Spreetunnels angewandte Bauweise des Schildvortriebes mit und ohne Druckluft wurde weiterentwickelt. Von 1899 bis 1902 wurden in Hamburg zwei Stammsiele und 1902 zwei weitere Stammsiele am Johannisbollwerk gebaut, große und schwierige Bauarbeiten, die allein einen Kostenaufwand von 4,2 Mio. Mark verursachten. Nach dem gleichen Verfahren wurden 1911–1913 Stammsiele in Altona gebaut. Die hier und bei der Tochterfirma, der Gesellschaft für den Bau von Untergrundbahnen, gesammelten Erfahrungen führten zu einer der interessantesten Ausführungen der deutschen Ingenieurbaukunst, nämlich zu dem Bau des Elbtunnels in Hamburg, der als unterirdischer Verkehrstunnel nach dem Vorschlag des Hamburger Baurats Wendemuth tief unter der Sohle des 400 m breiten Elbstromes St. Pauli mit Steinwerder verbindet.

In seiner Veröffentlichung über diesen ersten Unterwassertunnel Deutschlands führt Baumeister Otto Stockhausen, der Vertreter der Stadt Hamburg, aus:

«Die Bauarbeiten der gesamten Tunnelanlage wurden am 27. März 1907 an Philipp Holzmann & Cie. GmbH als einzige deutsche Firma, die im Bau von Unterwassertunnels Erfahrung besaß, auf Grund der von ihr eingereichten vorläufigen Arbeitspläne und bindenden Angebote übertragen. Die Arbeiten begannen am 22. Juli 1907 und wurden so gefördert, daß das Bauwerk in vier Jahren vollendet am 7. September 1911 dem Fuhrwerksverkehr geöffnet werden konnte.»[62]

Die vielen konstruktiven Einzelheiten der Tunnelröhren und die besonderen Feinheiten der Schildanlage wurden von Paul Rheindorff, der später in den Vorstand von Philipp Holzmann eintrat, gelöst. Er hatte Fachkenntnisse bei vielen Druckluftgründungen des Unternehmens erworben und sie für den Tunnelbau durch eine Studienreise in die Vereinigten Staaten ergänzt.

Unter der örtlichen Bauleitung von Franz Xaver Beck, der durch Ingenieur Otto Richter, das spätere Vorstandsmitglied, unterstützt wurde, verliefen die nicht ungefährlichen Arbeiten mit Ausnahme eines Luftausbruches am 24. Juni 1909 planmäßig. Über diesen Unfall schreibt Stockhausen: «Die Luft

Elbtunnel in Hamburg, 1907–1911

entwich plötzlich reißend an der Brust, riß den Brustverhau nach außen, warf eine 6–8 m hohe Wassersäule auf und zerstreute rund 600 Kubikmeter Erde in das Elbbett. [...] Zum Glück konnten sich sämtliche Arbeiter retten, obwohl die im Schilde beschäftigten in den ersten Sekunden in Gefahr waren, mit ausgeblasen zu werden, und als sie sich festklammerten, wie Fahnen waagrecht geweht wurden.»[63] Trotz dieses Unfalls ist festzustellen, daß mit großer Sorgfalt gearbeitet wurde. Das läßt sich am besten an der Tatsache ablesen, daß die Tunnelröhre bei dem Durchschlag nur eine Abweichung von 12 mm nach Osten zeigte. Die Kosten betrugen rund 10 Mio. Mark (Tiefbauanteil etwa 8 Mio. Mark).

Nach dem gleichen Verfahren wurde 1911 die Emscher in einem Tunnel unter dem Dortmund-Ems-Kanal bei Rauxel unterdükert, ein kleines Objekt von rund 400000 Mark.

Mit Tunnelarbeiten ganz anderer Art mußte sich die Kanalabteilung beim Bau des badischen Murgkraftwerks bei Forbach befassen. Schon in den Jahren 1904–1906 hatten verschiedene Unternehmen Konzessionsgesuche für die Ausnutzung des Gefälles der Murg zur Erzeugung elektrischen Stroms eingereicht. Als dann im Jahre 1912, nach Klärung der rechtlichen Verhältnisse, von den badischen Landständen die Mittel für den Bau und den Betrieb eines staatlichen Kraftwerks, des ersten Hochdruck-Wasserkraftwerks in Deutschland, bereitgestellt wurden, konnte im März 1913 mit dem Bau von drei Probestollen begonnen werden. Aufgrund einer öffentlichen Ausschreibung konnte sodann Anfang 1914 zwischen der Oberdirektion des Wasser- und Straßenbaus in Karlsruhe und Holzmann ein Vertrag für den Bau des Druckstollens, Wasserschlosses, der Druckrohrleitung und des Krafthauses abgeschlossen werden. Die Bauleitung wurde Oberingenieur Franz Xaver Beck übertragen. Die Oberleitung wurde entsprechend der großen Bedeutung als erste Hochdruckanlage Deutschlands von der Zentrale selbst durch Robert Behrends ausgeübt.

Die Bauarbeiten umfaßten den 5543 m langen Druckstollen mit durchschnittlich 13 m² Ausbruch einschließlich der Betonauskleidung, das 34 m tiefe, ganz in Fels auszubrechende Wasserschloß, den 425 m langen Druckrohreinschnitt bei einem Höhenunterschied von 160 m und schließlich die Ausbruch-, Fundierungs- und Hochbauarbeiten des Krafthauses. Die Leistungssumme aller Arbeiten einschließlich der Kriegsverteuerungen betrug 5,1 Mio. Mark.

Der gesamte Strombedarf der Baustellen wurde in vier Kraftzentralen erzeugt, wobei zum ersten Male auch drei Dieselmotoren von je 80 PS auf Baustellen verwendet wurden. Der Vortrieb wurde an zehn Stellen begonnen; bis zum 31. Juli 1914, also innerhalb von sechs Monaten, waren bereits 22% des Stollens ausgebrochen.

Der Krieg brachte jedoch große Erschwernisse, Mangel an Arbeitskräften und Baustoffen und stellte zeitweise die Möglichkeit des Weiterbaus in Frage. Trotzdem gelang es, den Betrieb durchzuhalten, und am 27. April 1917 erfolgte der Durchschlag der letzten Stollenstrecke Raumünzach–Stangenbrück. Am 24. Juni 1918 war der gesamte Ausbruch des Stollens und des Wasserschlosses mit 78000 m³ Granitfels beendet. Die Beton-, Dichtungs- und Putzarbeiten konnten planmäßig durchgeführt werden. Trotz der sehr schweren Bedingungen, die die Bauausführung kriegsbedingt betroffen hatten, konnte man Mitte 1918 mit der Stromabgabe aus diesem ersten Hochdruckwerk Deutschlands beginnen.

Zu erwähnen sind noch die pneumatischen Schachtbauten für die Java-Schächte (85 m Tiefe) Ickern und Diergardt (1911–1913), die pneumatische Fassung der Löwenquelle für das Bad Nauheim (1905) und die drei großen Dükerbauten, zwei durch die Elbe bei Dresden (1907/08) und Altona (1912/13, Bausumme 1,3 Mio. Mark) und ein Dükerbau durch den Rhein bei Himmelgeist. Insgesamt ergibt sich eine stattliche Ingenieurleistung mit einem Umsatz von rund 65 Mio. Mark für die betrachtete Epoche, die die Leistungen der Kanalbauabteilung gegenüber der Periode von 1873 bis 1895 weit in den Schatten stellt.

Brückenbau. In der Tätigkeit des Unternehmens nahmen auch während dieser Periode die Brückenbauten einen bedeutenden Raum ein. Nicht weniger als 41 große Strom- und Flußbrücken und zahlreiche kleinere Brücken verschiedenster Art über Kanäle, Eisenbahngleise und Straßen wurden in diesen Jahren errichtet.

Unter anderem baute Holzmann drei Brücken über die Mosel (Metz und Longueville), zwei über den Main (die neue Alte Brücke in Frankfurt und die Eisenbahnbrücke bei Hochheim) und zwei Brücken über die Elbe bei Magdeburg und Dresden, sechs Brücken über die Oder, davon allein vier bei Stettin, drei über die Weichsel, eine in Königsberg über den Pregel und sieben in Berlin über Spree, Havel und Kanäle.

Allein sieben Brücken über den Rhein wurden von Holzmann gebaut:

Kehl	1895–1897
Düsseldorf	1896–1898
Kaiserbrücke Mainz	1901–1904
Mittlere Rheinbrücke Basel	1902–1905
Rüdesheim	1914/15
Engers	1915/16
Remagen	1915/16

Die kleinen Brücken aufzuzählen würde zu weit führen. Erwähnt seien lediglich die 40 Brücken, die im Zusammenhang mit dem Bau des Rhein-Herne-Kanals und der Emscher-Regulierung ausgeführt wurden.

Die durch Holzmann in dieser Epoche errichteten Brücken besaßen nicht weniger als 220 Pfeiler und Widerlager. Für jedes dieser Bauwerke wurden sowohl Form und Gestaltung als auch die zweckmäßigste Art der Ausführung und der Gründung von den Ingenieuren bestimmt. Zur Anwendung gelangten alle im Tiefbau bekannten Gründungsarten; vor allem im Rhein, in der Oder und in der Elbe wurde die Druckluftgründung angewandt, im Ganzen bei 82 Bauwerken.

Die bedeutendste Anwendung der Druckluftgründung und wohl eine der umfangreichsten in Europa während dieser Zeit erfolgte beim Bau der Weichselbrücke bei Marienwerder in den Jahren 1905–1909. Alle elf Pfeiler dieser Brücke wurden auf Druckluftsenkkästen gegründet und nur die beiden Widerlager in offenen Baugruben zwischen Spundwänden ausgeführt. Die Grundfläche der Senkkästen schwankte bei dieser Brücke zwischen 195 und 325 m^2. Während bei früheren Druckluftgründungen zur Herstellung der Senkkästen vorwiegend Holz und Mauerwerk zur Anwendung gelangten, wurden bei der Weichselbrücke fast ausschließlich Stahlsenkkästen verwandt.

Die Pfeiler der Weichselbrücke mußten 16,5 m unter Mittelwasser abgesenkt werden, da in dem sandigen Weichselgrund noch in erheblicher Tiefe Kolke mit zum Teil starken Baumstämmen angetroffen wurden. Sehr erschwert wurde der Bau im Winter durch das Zufrieren des Flusses. Besonders im ersten Winter gelang es nur unter größten Anstrengungen der Druckluft-

Umbau der Augustusbrücke in Dresden, 1907–1910

mannschaft, den noch im Absenken begriffenen letzten Pfeiler der Bauperiode bis zur vorgeschriebenen Tiefe herunterzubringen und den Arbeitsraum mit Beton auszufüllen. Das Hochmauern der Pfeiler mußte stets mit dem Absenken Schritt halten. Bei dem ersten auf Senkkasten gegründeten Pfeiler rief das Versenken bei den Maurern, denen die Druckluftgründung noch unbekannt war, höchstes Erstaunen und ernstliche Unzufriedenheit hervor, da sie ihre mühsame Tagesarbeit über Nacht regelmäßig verschwinden sahen.

In die Bauperiode fällt auch der Umbau der Augustusbrücke in Dresden und der Alten Brücke in Frankfurt am Main. In beiden Fällen handelte es sich um den Bau von massiven Brücken mit Hausteingewölben, die als Ersatz für die alten, aus dem Mittelalter stammenden Brücken dienen und den neuzeitlichen Ansprüchen der Schiffahrt wie auch des Straßenverkehrs entsprechen sollten.

Der von der Stadt Frankfurt geplante Umbau der Alten Brücke führte Ende des 19. und Anfang des 20. Jahrhunderts zu heftigen Diskussionen im Frankfurter Architekten- und Ingenieur-Verein, die sich über Jahre hinzogen. Es ging hierbei um die Frage, ob die Neugestaltung der Brücke den modernen Ansprüchen auf der Basis einer kompromißlosen Technik oder dem stadtbildprägenden Charakter als historisches Denkmal gerecht werden sollte. Auch der gerade erst neu gegründete Verein für Heimatschutz befaßte sich 1908 in einer seiner ersten Aktivitäten mit der Alten Brücke als Symbol der Stadt Frankfurt. Ein ausgeschriebener Wettbewerb brachte 1911 noch keine end-

Neue «Alte Brücke» in Frankfurt am Main, 1912–1926

gültige Lösung. Dennoch wurde mit der Eröffnung des Osthafens am 23. Mai 1912 auch der Grundstein zum Neubau der Alten Brücke gelegt. Die Stadt hatte die Architekten Franz Heberer und Hermann von Hoven jun. (1. Preis) und C. F. W. Leonhardt (2. Preis) zu einem gemeinsamen Entwurf zusammengebracht, so daß 1913 eine endgültige Lösung vorlag und mit den Bauarbeiten zügig fortgefahren werden konnte. Die Rohbauarbeiten wurden an Philipp Holzmann & Co. vergeben, die Steinmetzarbeiten an Philipp Holzmann, Arnold & Söhne, Pius Arnold, Gebr. Hensch und Franz Seller.[64]

Während die Pfeiler der Augustusbrücke, deren Ausführung in die Zeit von 1907 bis 1910 fällt, in der Hauptsache auf Druckluftsenkkästen gegründet wurden, stellte Holzmann die Pfeiler der Frankfurter Brücke im Schutze von kräftig ausgesteiften Stahlspundwandkästen bei offener Wasserhaltung her. Ob die mit dieser Bauweise angestrebte Kostenersparnis gegenüber einer Druckluftgründung tatsächlich erreicht wurde, ist schwer zu sagen, da sich der Bau der Frankfurter Mainbrücke bis in die Inflationszeit nach dem Ersten Weltkrieg hinzog. Erst am 3. Juli 1926 konnte die Brücke eröffnet werden.

Eine besonders schwierige Aufgabe übernahm Philipp Holzmann im Ersten Weltkrieg. Hier galt es 1914 und 1915, unmittelbar hinter der Front, gemeinsam mit Stahlbauunternehmen zahlreiche zerstörte Brücken, teils behelfsmäßig in kurzer Zeit, teils endgültig wiederherzustellen. Verbunden mit den Aufbauarbeiten war meist auch eine zeitraubende Räumung der Brückenbaustelle von den Sprengtrümmern der zerstörten Bauwerke. Neben zahlreichen Brücken über die Oise und ihre Seitenkanäle wurden allein im Westen fünf Maasbrücken bei Charleville, Revin, Monthermé und Fumay sowie die Sambrebrücke bei Berlaimont und die Scheldebrücke östlich von Audernarde und im Osten die große Eisenbahnbrücke bei Mosty über die Njemen und die Alexanderbrücke über die Weichsel in Warschau wiederhergestellt sowie 1915 eine große Kriegsbrücke über die Weichsel bei Plock im russischen Teil Polens gebaut.

Im Vergleich zu den Brückenbauleistungen von 1873 bis 1895 fällt auf, daß die Beteiligung an öffentlichen Ideenwettbewerben nachgelassen hatte. Der Grund ist in der allzu starken Beanspruchung der Brückenbaubüros für die Planbearbeitung der zahlreichen Kunstbauten und für die großen Auslandsbauten, insbesondere die Ostafrikanische Bahn und die Bagdadbahn, zu suchen. Trotzdem konnten mit den beteiligten Stahlbaufirmen zwei bedeutende erste Preise gewonnen werden, nämlich für die dritte Rheinbrücke bei Basel und die Neumarktbrücke über den Rhein bei Köln mit dem Kennwort Alaaf Colonia.

Die Gesamtlänge der Strom- und Flußbrücken, die Philipp Holzmann & Co. von 1895 bis 1918 baute, beträgt rund 10000 m.

Eisenbahnbau. Um 1900 war das deutsche Eisenbahnnetz weitgehend ausgebaut. Die nunmehr zur Ausführung kommenden Bauaufgaben waren häufig Umbauten veralteter Anlagen, Verbesserungen der Linienführung, Neubau von Umgehungs- und Abkürzungsstrecken sowie von großen Verschiebebahnhöfen.

Im Baubetrieb wurden in der ersten Hälfte des betrachteten Zeitabschnitts im Bau von Eisenbahnstrecken die Erdmassen noch vornehmlich mit der Hand geladen. Der Löffelbagger als die einzige geeignete Grabmaschine für schmale, fortschreitende Einschnitte wurde erst im Jahre 1909 bei dem Bau der Bahnlinie nach Garmisch zum ersten Mal von Holzmann eingesetzt. Bei großen Seitenentnahmen wurden Eimertrockenbagger als Hoch- und Tiefbagger benutzt.

Über den Bau der Umgehungsbahn Nürnberg (Fürth–Dutzendteich) und des Rangierbahnhofs, der von 1895 bis 1901 unter Peter Schneider mit einer großen Erdarbeit von 1 Mio. m^3 und zahlreichen Bauwerken für insgesamt 3,2 Mio. Mark durchgeführt wurde, berichtet ein Holzmann-Erdbauingenieur:

«Der Einsatz eines Lübecker Eimerbaggers bildete eine Sensation für die Nürnberger Einwohnerschaft, da ein derartiges Baugerät wohl in ganz Bayern noch nicht eingesetzt war. Es gab daher in der ersten Zeit richtige Völkerwanderungen nach der Baustelle. [...] Bei den später hinzugekommenen umfangreichen Arbeiten für den Rangierbahnhof Nürnberg wurden auch im wesentlichen Handschächte angelegt, für deren Einrichtung des öfteren von Herrn Wilhelm Holzmann persönlich Anordnungen getroffen wurden. Von den damals zur Verfügung stehenden Arbeitskräften für Tiefbauarbeiten, den sogenannten Monarchen, die von einem Bahnbau zum anderen zogen, wurden für die heutigen Begriffe erstaunliche Leistungen erzielt. Im Sandboden, der teilweise sogar etwas lehmige Schichten enthielt, wurden in 11 Stunden im Akkord ziemlich regelmäßig von einem Mann 33 Kubikmeter geladen. Dabei verdienten die Leute im Akkord Mark 5,20, während der Tageslohn für die 11-Stundenschicht (Stundenlohn gab es nicht) Mark 3,20 betrug. Daß hierbei namentlich in heißen Sommermonaten erhebliche Mengen Bier getrunken wurden, dürfte erklärlich sein. Trotzdem kamen Verstöße gegen die Disziplin infolge Trunkenheit kaum vor, wenn auch mancher bis zum Abend nicht bloß auf die 2 Kubikmeter-Wagen ganz gut geladen hatte.»

Auch bei dem 18 km langen Bahnbau Graben–Neudorf–Karlsruhe wurde für die Seitenentnahme von 750000 m³ ein Eimerbagger eingesetzt.

Zur gleichen Zeit (1895/96) war der schwierigere Bahnbau der Teilstrecke Wittringen–Kalhausen bei Saargemünd im Gange mit dem zwar nur 240 m langen, aber im schwersten Druckgebirge liegenden zweigleisigen Tunnel von Saargemünd. Die Bausumme belief sich auf fast 1,2 Mio. Mark.

Eine abwechslungsvolle Ingenieurarbeit war der Bau der Umgehungsbahn Mainz–Bischofsheim, die wegen der Mainbrücke bei Kostheim Beachtung verdient. Die Bauleitung für den eigentlichen Bahnkörper lag bei den Unternehmen Rieß und Koch.

Die Bahnhofserweiterung von Worms mit 1,1 Mio. m³ Erdbewegung (1898–1900), die Strecke Teterchen–Hargarten, ein Bauobjekt von 2 Mio. Mark (1904–1907), die Aufschüttungsarbeiten für den Bahnhof Metz mit 1,5 Mio. m³ (1903–1908), die kleineren Arbeiten am Rangierbahnhof Zell am Main sowie in Fürstenhausen-Großrosseln und schließlich auch die beiden großen Bauaufträge für die Kleinbahn Dortmund–Hafen–Hoesch, die 1906/7 für 1 Mio. Mark durchgeführt wurden, und die Bahnhofserweiterung von Pforzheim mit einer Summe von 800000 Mark waren zwar lohnende Unternehmeraufgaben, boten aber keine besondere technische Herausforderung.

Wechselvoll gestalteten sich die Aufgaben bei verschiedenen Bauaufträgen für die Umgestaltung der Bremer Bahnanlagen. Von 1908 bis 1914 wurden hier bei Hemelingen, Sebaldsbrück und Oslebshausen 25 km Bahnstrecke mit einer Erdschüttung von 3 Mio. m³ und zahlreichen Bauwerken gebaut.

Schwieriger aber waren die drei zweigleisigen Tunnelbauten, nämlich der Tunnel Teterchen–Hargarten mit 937 m Länge, der Königstuhltunnel Heidelberg mit 2487 m Länge und der Rudersdorfer Tunnel mit 2645 m Länge. Der letztgenannte Tunnel betraf Los II der 25 km langen Strecke Weidenau–Dillenburg. Das Unternehmen führte von 1911 bis 1916 für fast 7 Mio. Mark diese schwierigen Arbeiten durch. Im Zuge der Strecke liegen auch drei Talbrücken. Bei dem Viadukt bei Anzhausen wurde fast gerüstlos gebaut, da das Tal mit einem Kabelkran überspannt wurde, der nicht nur alle erforderlichen Baustoffe beförderte, sondern auch die Lehrbögen an einem Stück ein- und umsetzte.

Eisenbahnbau Aachen–Tongern, 1916/17

Ende 1913 wurden Holzmann die Bahnhofsumbauten Weißenfels (Saale), Dortmunderfeld (1,5 Mio. Mark), Petingen in Luxemburg und Titisee sowie die großen Arbeiten für die Teilstrecke Los V Witten–Barmen mit dem 840 m langen Tunnel bei Silschede (3,5 Mio. Mark) übertragen.

Eine Besonderheit ergab sich beim Bau des Loses der Strecke Dortmund–Münster. Der Ort Ascheberg liegt 8 km westlich des kleinen Bahnhofs Rinkerode an der Hauptbahn Dortmund–Münster. Die von Holzmann für die Beförderung der großen Baustoffmengen nach den Plänen Erwin Scotlands von dem unermüdlichen Bauführer Schädel angelegte 90 cm spurige Schleppbahn diente von Kriegsbeginn bis zum Jahre 1925 als öffentliche Kleinbahn auch dem Personenverkehr. Ein mitfahrender Postbeamter verkaufte die Fahrkarten. Es war ein idyllischer Betrieb, der an die Urzeit der deutschen Eisenbahn erinnerte. Der Fahrplan stand sogar im Reichskursbuch.

Unter den großen Kriegseisenbahnbauten, Riesenburg–Miswalre (15 km, 1,9 Mio. Mark), Konitz–Cczersk–Lubischow (55 km, fast 7 Mio. Mark), 1917/18 der Verbindungsbahn Ötringen–Luxemburg (1,6 Mio. Mark) und dem Bahnbau Aachen–Tongern, nimmt letzterer eine besondere Stellung ein. Der Zweck dieser neuen Bahnverbindung war, unter Umgehung von Lüttich die Steilrampen bei Ans und Aachen (etwa 1:35) durch Überquerung der Maas in 25 m Höhe bei Visé auszuschalten. Im Rahmen dieser Aufgabe, an der viele deutsche Großunternehmen beteiligt waren, hatte Holzmann den 27 m tiefen Einschnitt bei Visé mit 2 Mio. m³ Erdbewegung (Los VI) und den 1640 m langen Geertunnel (Los III) herzustellen.

Im großen Einschnitt arbeiteten drei Eimerbagger und acht Löffelbagger.

In harter Tag- und Nachtarbeit, wobei das knappe Fachpersonal bis zu 14 Stunden täglich arbeiten mußte, wurden Tagesleistungen von bis zu 12 000 m^3 erzielt. Obwohl der Tunnelbau im trockenen Kreidemergel keine besonderen Schwierigkeiten bot, trat, durch tonige Schichten veranlaßt, kurz vor dem Durchschlag ein gefährlicher Einbruch ein, wobei 16 Mann eingeschlossen wurden, die erst nach fünfzigstündiger rastloser Arbeit lebend befreit werden konnten. Der Oberbau wurde mit der Gleisvorstreckmaschine nach dem Patent des Oberingenieurs Hoch von Holzmann verlegt. Am 16. Februar 1917 fuhr der erste planmäßige Zug von Tongern nach Aachen. Holzmann hatte für 16 Mio. Mark Bauarbeiten erbracht.

Die Leistungen im Eisenbahnwesen in dieser Epoche betrugen bei vierzig Großaufträgen eine Bausumme von rund 100 Mio. Mark, 20 Mio. m^3 Erdbewegung, 360 km Streckenlänge und 9200 m Tunnelbau.

Schiffahrtsstraßen. Handel und Industrie hatten in Deutschland Ende des 19. und Anfang des 20. Jahrhunderts einen Aufschwung genommen, der nicht vorherzusehen gewesen war. Hatte sich zum Beispiel die britische Stahlerzeugung von 1887 bis 1912 verdoppelt, so war die deutsche um das fünfzehnfache gestiegen. Der deutsche Außenhandel erhöhte sich um mehr als das dreifache und war nahe daran, die Größe des britischen zu erreichen. Zur Ergänzung des Eisenbahnnetzes sollte der Ausbau der Wasserstraßen beitragen, sei es durch die Schiffbarmachung der großen Flüsse des Landes, sei es durch den Bau neuzeitlicher Schiffahrtskanäle, an deren Ausbau sich die Anlage leistungsfähiger Häfen anschließen mußte, um ein lebendiges Zusammenspiel zwischen Schiene und Wasserweg zu schaffen. Mit diesem Ausbau waren nicht nur große Kunstbauten wie Wehre, Schleusen und Kaianlagen, sondern auch sehr bedeutende Erdarbeiten verbunden. Die großen Erdgeräte waren nach dem Weichseldurchstich frei und konnten nunmehr mit großem Erfolg für die neuen Aufgaben eingesetzt werden.

Sechs Jahre lang, von 1896 bis 1902, gruben die Bagger Holzmanns den Elb-Trave-Kanal für eine Bausumme von rund 8 Mio. Mark (7,7 Mio. m^3 Erdbewegung).

1901 wurden zwei Lose des Teltowkanals übernommen, 1911 ein Teilstück des Bromberger Kanals und im gleichen Jahr das erste Probestück des Masurischen Kanals bei Allendorf, nachdem bereits 1908 zwei Lose des Rhein-Herne-Kanals mit 5,5 Mio. m^3 Aushub begonnen worden waren.

Fast alle diese Bauten wurden im harten Konkurrenzkampf hereingeholt, da die Unternehmer, die an den großen Erdarbeiten der Vorepoche geschult und mit Erdgerät reichlich ausgestattet waren, Einsatzmöglichkeiten für das teure Großgerät suchten.

Während die Preise bei den großen Erdarbeiten des Nord-Ostsee-Kanals oder des Weichseldurchstiches beim Stundenlohn eines Tiefbauarbeiters von

25 Pfennig zwischen 70 und 80 Pfennig je Kubikmeter lagen, gingen sie trotz eines wesentlich höheren Stundenlohnes, der um 1910 für ungelernte Arbeiter zwischen 38 Pfennig und 43 Pfennig lag, bis auf 60 Pfennig herunter, zum Teil natürlich veranlaßt durch Verbesserung der Betriebseinrichtung und durch einen geringeren Kapitaldienst für das bereits stark abgeschriebene Gerät, im Ganzen aber vielfach nicht ausreichend, um dem Unternehmen den angestrebten Gewinn zu sichern.

Besonders umkämpft waren die großen Arbeiten, die 1912/13 für den Oder-Seiten-Kanal und für die Kanalstrecke Seelze–Linden des Ems-Weser-Kanals von 1912 bis 1917 für 3,9 Mio. Mark durchgeführt wurden, wobei Eimerbaggerleistungen von über 3000 m³ Sand je Schicht erzielt werden konnten. Kurz nach Kriegsbeginn gelang dann noch ein großer Wurf durch die Übernahme des Baues von zwei Losen des Lippe-Seiten-Kanals, mit zusammen 32 km Länge und 6 Mio. m³ Erdbewegung, Arbeiten, die erst nach Kriegsende als Notstandsarbeiten beendet wurden.

Mit den damals im Bau befindlichen Kanalbauten (ca. 129 km mit ca. 28 Mio. m³ Erdmassen) standen die großen Schleusenanlagen und andere Kunstbauten in Verbindung, so die 1904 begonnene Ems-Jade-Kanalschleuse, die Schleusentreppe Niederfinow (1910–1913), die doppelte Schleppzugschleuse IV des Rhein-Herne-Kanals (1911/12) sowie die große Aufstiegs- und die kleinere Abstiegsschleuse bei Linden (1913) mit einer Wehranlage in der Leine und das später ausgeführte Hafenbecken in Hannover-Linden.[65] Holzmann schuf in diesem Zeitraum bedeutende Bauwerke in Stampfbeton, ein Beleg für die Verwendung von Beton als Massenbaustoff.

Flußbau und Talsperren. Flußkanalisierungen im großen Maßstab wurden in der betrachteten Zeit noch nicht ausgeführt. Die Wehr- und Schleusenanlage Kassel – ein Walzenwehr mit zwei Öffnungen – diente der Schiffahrt, wurde aber 1911–1914 in erster Linie im Zusammenhang mit dem vollständigen Umbau der Wasserkraftanlage der Vogtschen Mühle errichtet. Die Sicherung der Schleusenhäupter gegen Unterspülung wurde zum ersten Male im Holzmannschen Baubetrieb mit einer eisernen Spundwand, System Larssen, durchgeführt.

Die sehr schwierigen Arbeiten an der 1909 in Betrieb genommenen Weserstaustufe Hemelingen dienten der Instandsetzung der zu Bruch gegangenen mittleren Schleusenmauer. Im Februar 1912 war bei dem Ablassen des Treibeises die Mittelmauer auf einer Länge von 25 m eingestürzt, und der übrige Teil der Mauer hatte sich in seiner ganzen Länge bis zu 1 m nach außen verschoben.

Das Duisburger Ruhrwehr, von dessen vier Öffnungen zwei mit Segmenten und zwei durch senkrechte Schützen geschlossen wurden, bezweckte nicht die Schiffbarmachung der Ruhr, sondern speiste die erste Kanalhaltung des Rhein-Herne-Kanals. Es war ein Objekt von 1 Mio. Mark und wurde 1913/14 durch eine seitliche Verbreiterung der Ruhr in einem Stück gebaut, wobei 6,5 m breite Fangedämme die Baugrube umschlossen, die aus 14 m langen und 20 cm dicken hölzernen Spundwänden gebildet wurden. Es war dies die letzte große Arbeit, bei der für die Umschließung der Baugrube Fangdämme aus Holzspundwänden derartig großer Abmessungen hergestellt wurden. Fast jede Bohle bedeutete die Abholzung einer stattlichen Schwarzwaldtanne. Die Durchführung dieses Wasserbaus mit einer eisernen Spundwand stellte damals ein großes Problem dar, da das autogene Schneiden unter Wasser noch nicht erfunden war und der untere Teil der Spundwand zur Sicherung des Fundamentes im Flußbett verbleiben mußte. Erst diese Erfindung brachte einen gewaltigen Fortschritt.

Der Verbesserung der Schiffahrtsverhältnisse diente auch die Edertalsperre, die von 1910 bis 1914 ausgeführt wurde. Durch sie sollte nicht zuletzt das Niedrigwasser der Fulda und der Weser angeglichen werden. Es war damals das bedeutendste Stauwerk Deutschlands. Bei einer Höhe von 48 m hatte die Sperrmauer einen Rauminhalt von 300000 m³, der aufgestaute Edersee faßte 202 Mio. m³. Trotz des Vordringens des Stampfbetons in den Ingenieurbau wurde diese Talsperre damals noch gemauert, weil noch keine ausreichenden Erkenntnisse über das Verhalten des Betons (Temperatur, Schwinden, Kriechen, Wasserdurchlässigkeit usw.) vorhanden waren.

Mächtige Steinbrüche wurden im Gebiet des Edertales oberhalb der Sperrstelle durch Holzmann aufgeschlossen. Die Sperrstelle selbst wurde durch zwei Kabelkräne mit 300 m Spannweite und 3 t Tragkraft überspannt.

Edertalsperre, 1910–1914

Im Zweiten Weltkrieg wurde 1943 die Mauer bei einem alliierten Luftangriff schwer beschädigt. In der Mitte der Mauer wurde bei fast gefülltem Stausee ein halbkreisförmiges Loch von rund 16000 m³ Mauerwerk herausgeschlagen, eine ungeheure Wassermasse von etwa 160 Mio. m³ ergoß sich in wenigen Stunden über das ganze Tal und vernichtete alles, was sich ihr entgegenstellte. Die Niederlassung Hannover von Holzmann baute im Tag- und Nachtbetrieb, häufig bedroht von neuen Fliegerangriffen, die Mauer in wenigen Monaten wieder auf. «Talsperren sind immer Kinder der Not, der Not am Wasser», so hat der Leiter des Ruhrtalsperrenverbandes Link sie bezeichnet.

Wachsende Bevölkerung und wachsende Gewerbetätigkeit bedeuten wachsenden Bedarf an Trink-, Brauch- und Kraftwasser. Diesen Aufgaben dienten die kleinen Sperren, und zwar die Radaune-Sperre bei Straschin-Prangschin in Westpreußen (1908), die Radüe-Sperre bei Nedlin in Pommern und die Drohne-Sperre bei Trier (beide 1911) und vor allem die große Urfttal-Sperre, die ebenfalls als Mauerkörper (152000 m³) mit einer Höhe von 58 m mit gutem technischen, aber finanziell wenig erfreulichem Erfolg von Holzmann durchgeführt wurden.

Hafenbau. Im deutschen Wasserstraßennetz nimmt die bedeutendste Stellung der Rhein ein. Die Zunahme des Verkehrs in seinen Häfen steigerte sich im Betrachtungszeitraum ständig. Von 13 Mio. Tonnen im Jahr 1890 erhöhte sich der Güterumschlag auf 67 Mio. Tonnen im Jahr 1913. Diese Steigerung war aber nur möglich durch den großzügigen Ausbau seiner Häfen. Für die Neuanlagen und Verbesserungen der Rheinhäfen wurden von staatlichen, kommunalen und privaten Stellen im gleichen Zeitraum 230 Mio. Mark ausgegeben. Nur ein Teil dieser Summe entfiel auf den eigentlichen Wasserbau, da der Grunderwerb sowie die Eisenbahn- und Umschlagsanlagen einen sehr erheblichen Anteil an dieser Kostensumme verschlangen.

Die Philipp Holzmann & Co. GmbH hat von dieser Bausumme einen sehr beachtlichen Teilbetrag für die von ihr geleisteten Hafenbauten erhalten.

Holzmann baute neben zahlreichen Kranfundamenten, Lagerschuppen und Ladestraßen:

1895–1899	Parallelhafen Duisburg	1500000 Mark
1896–1899	Petroleumhafen von Düsseldorf	900000 Mark
1896–1900	Krupphafen Rheinhausen	2250000 Mark
1896–1900	Industriehafen Mannheim	2200000 Mark
1896–1903, 1907	Rheinhafen Mannheim	7100000 Mark
1898–1902	Rheinhafen Karlsruhe	2600000 Mark
1898, 1903/04	Frankenwerft Köln	815000 Mark
1903–1908	Erweiterung des Krupphafens Rheinhausen einschließlich des Hüttenwerks	6000000 Mark
1903–1905, 1918	Hafen der Gutehoffnungshütte Walsum	4000000 Mark
1912–1914	Thyssenhafen Mannheim	1200000 Mark

Osthafen Frankfurt am Main, 1908–1911

Rechnet man den Osthafen der Stadt Frankfurt mit einer Erdbewegung von 1220000 m³, der verkehrstechnisch zum Rhein gehört und dessen Bau von 1908 bis 1911 für eine Bausumme von 4,1 Mio. Mark Eduard Holzmann leitete, den Rheinhafenbauten hinzu, so ist Holzmann allein am Rheinstrom für Hafenbauten mit fast 33 Mio. Mark beteiligt gewesen.

Auch die Hafenbauten Torgau 1896, Cuxhaven 1894–1896, Bremen mit dem Bassin II und dem Molenbau 1902–1905, die großen Kaianlagen in Wilhelmshaven mit Mole und Deichbau, 1904–1907, allein ein Bauobjekt von 5 Mio. Mark, sowie der Hamburger Holzhafen 1912–1916 ergaben eine Gesamtsumme von 12,5 Mio. Mark.

Bei allen ausgeführten Hafenarbeiten handelte es sich aber nicht nur um den Erdaushub für die Hafenbecken (14 Mio. m³), sondern auch um den Bau von Kaimauern mannigfaltigster Bauart, wobei alle bekannten Gründungssysteme angewandt wurden, unter anderem in Walsum umfangreiche Brunnengründungen. Etwa 70000 Stück Holzpfähle und 40000 m² Spundwände mußten gerammt, und rund 700000 m³ Beton wurden verbaut, wiederum ein Beweis für das Vordringen des Massenbaustoffes Beton.

Im Erdbau selbst waren hierbei die bekannten Großgeräte eingesetzt: Eimertrockenbagger, Schwimmbagger, Elevatoren und Spüler. Die Preise waren durch den scharfen Wettbewerb bis auf das äußerste Maß zurückgeschraubt. Sie betrugen zum Beispiel in Mannheim 55–62 Pfennig, in Rheinhausen (1903–1908) 64 Pfennig und im Hamburger Holzhafen 83–87 Pfennig je Kubikmeter Erdbewegung.

Der Tagelohnstundensatz für Erdarbeiter war 1903–1905 in Walsum auf 45 Pfennig und für Poliere auf 80 Pfennig vertraglich vereinbart. Die Unkostenzuschläge auf den reinen Lohn betrugen damals 20–25%, die Preise für die Herstellung des Stampfbetons und Mauerwerks, ohne Stofflieferung, bewegten sich zwischen 6 und 7,50 Mark je Kubikmeter.

Marine- und Seebau. Die schon in den 1880er Jahren gesetzmäßig festgelegte bedeutende Vergrößerung der Kriegsflotte erforderte auch eine Anpassung der baulichen Anlagen entsprechend den vergrößerten Abmessungen der Schlachtschiffe. In erster Linie mußten sowohl für den Neubau der Kriegsschiffe als auch für ihre laufende Instandsetzung und Überholung Docks und Hellinge in ausreichender Zahl in den Kriegshäfen Kiel und Wilhelmshaven gebaut werden. Die Kaiserliche Marine übertrug Holzmann sowohl in Kiel als auch später in Wilhelmshaven den Bau von Trockendocks.

Bei einer nutzbaren Länge von 175 m, einer Einfahrtsweite von 30 m und einer Tiefe am Haupt von 11,25 m entstanden Bauwerke in einer Größenordnung, wie sie bisher im deutschen Tiefbau noch nicht vorgekommen waren. Holzmann führte allein fünf Trockendocks aus, und zwar zwei in Kiel-Gaarden, von 1897 bis 1904, und drei in Wilhelmshaven (IV-VI), von 1901 bis 1909. Die schwierigen Untergrundverhältnisse bedingten Bauausführungen, wie sie zumindest im deutschen Seebau neu waren.

In Kiel-Gaarden lag der tragfähige Grund 16–17 m unter dem Pegelnullpunkt. Die sehr wechselnden Bodenverhältnisse: Schlamm, Sand, Lehm, Ton mit eingesprengten Moorschichten, und die zu erwartende Quellenbildung verboten die Herstellung der Bauwerke im Trockenen, zumal Fangedämme ungeheure Kosten verursacht hätten. Die Ingenieure entschlossen sich daher zur Anwendung der Druckluftgründung unter Benutzung großer Taucherglocken.

Die aufgehenden Seitenmauern wurden mit einer kleinen schwimmenden Glocke von 7 × 10 m und einem Gewicht von 25 t eingebaut, in der bei zwölfstündiger Schicht zehn bis zwölf Mann arbeiteten und an einem Betriebstag 50 m³ Beton einbauten. Etwa 1 km von der Baustelle entfernt, am Wellingdorfer Strand, war ein großes Mörtelwerk mit allen erforderlichen Anlagen geschaffen worden.

Als sich später schwere Schäden im Sohlenbeton ergaben, wurden diese von der einen Seite dem Glockenbetrieb, von der anderen Seite der Verwendung des nicht zu ausreichender Feinheit vermahlenen Trasses zur Last gelegt. Daß der Glockenbetrieb hierfür verantwortlich war, bewiesen die späteren Ausführungen bei den Wilhelmshavener Docks und der Kohlenmole in Kiel. Die

Seeschleuse Brunsbüttelkoog, 1910–1914

schlechten Erfahrungen, die Bauherr und Unternehmer hier machen mußten, sind ohne Zweifel auf die damals noch immer ungenügenden Kenntnisse des Verhaltens von Kalktraßbeton in Seewasser zurückzuführen. Besonders auf die nach den späteren Forschungsergebnissen für die Dichtigkeit des Betons als notwendig erkannte Kornzusammensetzung der Zuschläge war keine Rücksicht genommen worden. Bei einem Zementtraßbeton wären die Schäden vermutlich nicht eingetreten.

Die Beschaffung der Taucherglocken und der Bau des Mörtelwerks hatten 850000 Mark gekostet. 1 m^3 fertiger Beton kostete einschließlich aller Stoffe im Mittel 33 Mark. Die Bausumme für die fünf Docks belief sich auf rund 9 Mio. Mark.

Nach dem gleichen System wurde 1904–1908 in Wilhelmshaven die große Seeschleuse für die dritte Hafeneinfahrt gebaut, das damals größte Bauwerk Deutschlands mit einer Länge von 260 m, einer Breite von 40 m und einer Tiefe von 16,8 m. Bei diesem Bauwerk wurden allein 340000 m^3 Beton mit der Taucherglocke eingebaut. Die Vertragssumme betrug 5,2 Mio. Mark, abgerechnet wurden aufgrund vieler Zusatz- und Nachtragsverträge Arbeiten von fast 8 Mio. Mark. Auch die Nordmole am Holtenauer Marine-Kohlenhof, ein Bauobjekt von 1,4 Mio. Mark mit 40000 m^3 Beton, wurde mit der Taucherglocke 1914–1917 von Holzmann ausgeführt. Für die genannten sieben Bauwerke wurden im Taucherglockenbetrieb 725000 m^3 Beton verarbeitet.

Ganz andere Wege ging Holzmann beim Bau der großen Seeschleuse von Brunsbüttelkoog, die im Zusammenhang mit der Erweiterung des Kaiser-Wilhelm-Kanals von 1910 bis 1914 errichtet werden mußte. Dieses Bauwerk übertraf an Größe noch die Wilhelmshavener Seeschleuse in seiner Gesamtlänge von 330 m und seiner Breite von 45 m. Diese Doppelschleusen waren damals die größten Seeschleusen der Welt.

Bei einer Baugrubentiefe von 25 m war eine vertragliche Tagesleistung von 1500 m^3 Erdaushub und 1000 m^3 Betonmauerwerk gefordert. Die Aufgabe wurde gelöst durch eine großzügige Grundwasserabsenkung und durch die erstmalige Verwendung von Seilkränen mit Förderkübeln von 1,75 m^3 Inhalt und einer Spannweite von 170 m. Rund 760000 m^3 Beton und Mauerwerk und 50000 m^2 Spundwand mußten eingebaut werden, eine noch nie dagewesene Menge für den Baustoff Beton. Die Bausumme belief sich auf rund 9 Mio. Mark.

Fast 8 Mio. m^3 Erde wurden für die Hafenerweiterungen Bremen und Bremerhaven (1908) und die Deichverlegung Geestemünde (Objekthöhe 1,35 Mio. Mark) und allein 5,2 Mio. m^3 für die Erweiterung des Kaiser-Wilhelm-Kanals (1912–1917) bewegt.

Abgesehen von diesen großen Staatsaufgaben wurden für die Kruppsche Germaniawerft von 1899 bis 1902 sieben Hellinge gebaut mit 365000 m^3 Erdbewegung, 67000 m^3 Beton und 17000 m^2 Spundwand. Anschließend wurde die Helling Nummer 8 im Jahre 1912 gebaut. Die Ausführung aller Hellinge verursachte Baukosten in Höhe von 4,5 Mio. Mark.

5. Fazit

In den Jahren 1895–1917 konnte sich die Philipp Holzmann AG als international operierendes Unternehmen etablieren. Mit der Umwandlung in eine GmbH war der erste Schritt vom reinen Familienbetrieb hin zur Aufteilung der Geschäftsverantwortung getan, eine Entwicklung, die sich nach dem Tod Philipp Holzmanns fortsetzte. Mit dem Baustoff Beton brach für die gesamte Bauindustrie ein neues Zeitalter an. Seine Verwendung setzte sich bei Holzmann nach anfänglicher Skepsis rasch durch. Mit dem Bau der Bagdadbahn, der Ostafrikanischen Eisenbahn und den amerikanischen Aufträgen wurden Arbeiten durchgeführt, die das Unternehmen mit der Aura eines in allen Winkeln der Welt erfolgreich agierenden Pioniers der Ingenieurbaukunst umgaben. In fast allen Bereichen waren die Zeichen auf Expansion und Weiterentwicklung der bestehenden Fähigkeiten gestellt. Der Beginn des Ersten Weltkriegs beendete diese Entwicklung abrupt. Nicht nur die internationale Ausrichtung des Unternehmens erlitt einen schweren Rückschlag, auch die Zeit der großen Repräsentationsbauten war zunächst vorüber.

V.
Inflation und Krise – 1917 bis 1933

1. Veränderte Rahmenbedingungen

Der Aufstieg des Bauunternehmens Philipp Holzmann erfuhr nach siebzigjähriger Tätigkeit 1917/18 einen tiefgreifenden Einschnitt. Nicht nur wurde das Unternehmen in eine Aktiengesellschaft umgewandelt und die Internationale Baugesellschaft liquidiert, vielmehr veränderte sich auch das politische, wirtschaftliche und soziale Umfeld, in dem das Bauunternehmen arbeitete, grundlegend. Nach Jahren der Prosperität, kontinuierlichen Wachstums und hoher Arbeitsqualität sah sich die Leitung des Unternehmens nun völlig neuen Rahmenbedingungen ausgesetzt.

Der Krieg war verloren, und das Waffenstillstandsangebot Deutschlands nach dem Vorschlag des Reichskanzlers Prinz Max von Baden schuf für Deutschland äußerst schwierige Bedingungen. Am 9. November 1918 war die Revolution ausgebrochen, die zur Abdankung des Kaisers führte. Überall in Deutschland entstanden Arbeiter- und Soldatenräte, prägten blutige Aufstände in Berlin und an vielen anderen Orten des Reiches das Bild und führten so zu instabilen politischen und wirtschaftlichen Verhältnissen. Am 6. Februar 1919 trat in Weimar die neugewählte Nationalversammlung zusammen, nahm am 10. Februar eine Notverfassung an, wählte Friedrich Ebert zum vorläufigen Reichspräsidenten und ratifizierte am 9. Juli unter ultimativem Druck der Entente den Friedensvertrag von Versailles, der am 28. Juni dort bereits von den deutschen Unterhändlern unterzeichnet worden war. Nach dem Versailler Vertrag mußte Deutschland die alleinige Kriegsschuld auf sich nehmen und verlor nicht nur 15% seines Territoriums und seinen gesamten Kolonialbesitz, sondern mußte neben zahlreichen Verpflichtungen auch die völlige Wiedergutmachung aller Kriegsschäden der Entente übernehmen, die nach einer Berechnung der Entente vom Januar 1921 auf 226 Mrd. Goldmark bestimmt wurden und die bis 1963 bezahlt werden sollten. Schwere innere Unruhen, häufige Aufstände von Rechts- und Linksradikalen (Kapp, Hitler, Hölz) trugen nicht nur zur politischen Instabilität Deutschlands bei, sondern rissen auch Wirtschaft und Währung mit in den Abgrund. Diese gesamte Entwicklung gipfelte politisch im passiven Widerstand an der Ruhr, der am 26. September 1923 zusammenbrach, und wirtschaftlich in der Inflation, die am 15. November 1923 mit der Stabilisierung der Mark und der Einführung der Rentenmark und der Reichsmark (RM) zwar endete, aber das wirtschaftliche Leben in Deutschland schwer getroffen hatte. Die spätere

Modifikation der Reparationszahlungen durch den Dawes- und den Young-Plan sowie die 1929 hereinbrechende Weltwirtschaftskrise bestimmten das Geschick der deutschen Wirtschaft im ganzen und die Entwicklung des Unternehmens Philipp Holzmann AG im speziellen. Der Vorstand der Philipp Holzmann AG beschrieb in der ordentlichen Generalversammlung am 29. April 1919 die Situation wie folgt:

«Hand in Hand mit einer bedenklichen Abnahme der Leistungsfähigkeit der Arbeiterschaft und vielfach auch mit mangelndem Willen zu ernster angestrengter Arbeit, ohne die wir doch auf die Dauer nicht bestehen können, gingen und gehen auch weiterhin unangemessene Lohn- und Gehaltsbewegungen und übertriebene Forderungen nach Verkürzung der Arbeitszeit. Als unmittelbare Wirkungen dieser Verhältnisse ergeben sich für uns unverhältnismäßig hohe Selbstkosten der Bauarbeiten, eine unwirtschaftliche Ausnutzung der kostspieligen, noch für längere Zeit nur in beschränktem Umfange beschaffbaren Arbeitsmaschinen und Geräte sowie eine erhebliche Verlängerung der früher üblichen Baufristen.»[1]

Der Vorstand von Philipp Holzmann sah die Zukunft äußerst düster, zumal sich auch die soziale Struktur im Unternehmen schrittweise völlig veränderte. Vor allem die Einführung des Acht-Stunden-Tages, der bereits vom Rat der Volksbeauftragten proklamiert worden, sowie das Betriebsrätegesetz, das am 4. Februar 1920 von der Nationalversammlung verabschiedet worden war, hatten eine völlig neue Lage geschaffen. Die Mitbestimmung der Arbeitnehmer sowie die Wahrung ihrer Interessen wurden hier geregelt, unter anderem auch durch die Entsendung von Betriebsratsmitgliedern in die Aufsichtsräte der Aktiengesellschaften. Zwar konnte der Vorstand bereits 1920 feststellen, daß «der Arbeitswille und die Leistungsfähigkeit der Arbeiterschaft sich im allgemeinen gehoben hat»,[2] er beklagte aber gleichzeitig den Mangel an Bau- und Betriebsstoffen sowie die Folgen politischer und wirtschaftlicher Kämpfe, die die Durchführung zahlreicher Unternehmungen in erheblichem Maße erschwerten. Unter dem Druck steigender Löhne und Materialpreise mußte der Vorstand feststellen, daß auch 1920 die erhoffte intensive Belebung der allgemeinen Bautätigkeit ausgeblieben war. Dennoch kamen, zusätzlich zu den zuvor übernommenen, noch nicht vollendeten Aufträgen neue Bauausführungen in beträchtlichem Umfang herein. Um hierfür gerüstet zu sein, deckte sich Holzmann mit reichlichen Vorräten an Bau- und Betriebsstoffen ein, die noch bei günstiger Marktlage beschafft werden konnten. Auch der Bestand an Baumaschinen und Baugeräten sowie der Vorrat an wertvollen Ersatzteilen konnten erheblich vermehrt werden.

Allerdings zeigte sich 1920 erstmals deutlich, daß die Geldentwertung die Ausdehnung der Bautätigkeit teilweise nur vortäuschte. Durch Beschluß der Generalversammlung vom 11. Mai 1920 wurde das Grundkapital von 12450000 Mark auf 24900000 Mark verdoppelt, und in der außerordentlichen Generalversammlung vom 17. Februar 1921 wurden die Erhöhung des

Stammkapitals auf 49800000 Mark und die Emission von 6 Mio. sechsprozentiger Vorzugsaktien beschlossen. Letztere sollten der Überfremdungsgefahr begegnen; sie waren daher mit achtfachem Stimmrecht in gewissen Fällen versehen worden. Die Einführung der Aktien erfolgte im Juli 1921 an den Börsen zu Berlin und Frankfurt am Main. Der Prospekt wurde in Berlin von der Deutschen Bank (Führung) und E. J. Meyer, Berlin, unterschrieben, in Frankfurt von der Deutschen Vereinsbank (Führung), der Deutschen Bank Filiale Frankfurt, B. Metzler seel. Sohn & Co., Lazard Speyer-Ellissen und Jacob S. H. Stern.[3] Bereits am 23. Januar 1922 beschloß der Vorstand, das Kapital der Stamm- und Vorzugsaktien nochmals um 27900000 Mark zu erhöhen. Das Kapital der Aktiengesellschaft bestand nun aus 74700000 Mark Stammaktien und aus 9 Mio. Mark sechsprozentigen mit 25% einbezahlten Vorzugsaktien. Die neuen Aktien waren ab 1.Januar 1922 dividendenberechtigt.[4] Die Geldentwertung gewann im Laufe des Jahres 1922 derart an Tempo, daß der Vorstand gezwungen war, weitere Kapitalerhöhungen vorzunehmen. Die Deckung des zunehmenden Geldbedarfs des Unternehmens war lediglich über Kapitalerhöhungen möglich, da die Lage am Geldmarkt äußerst ungünstig war. Demgemäß wurde das Kapital im Laufe des Jahres 1922 wie folgt erhöht:

1) Aufnahme einer fünfprozentigen Obligationsanleihe von 50 Mio. Mark (Aufsichtsratsbeschluß vom 12. April 1922)

2) Erhöhung der Stammaktien von 74700000 Mark auf 149400000 Mark (Beschluß der außerordentlichen Generalversammlung vom 28. Oktober 1922)

3) Erhöhung der Stammaktien von 149400000 Mark auf 210 Mio. Mark und der Vorzugsaktien von 9 Mio. Mark auf 12 Mio. Mark (Beschluß der außerordentlichen Generalversammlung vom 23. Februar 1923)[5]

Um eine Überfremdung zu verhüten, wurde das Stimmrecht der Vorzugsaktien in der Generalversammlung am 28. Oktober 1922 vom achtfachen Stimmrecht auf das sechzehnfache Stimmrecht erhöht. Diese Kapitalerhöhungen zeigen eindeutig, daß alle Aktivitäten des Unternehmens nun unter dem Diktat der Inflation standen. 1923 ging die Erhöhung des Kapitals schrittweise weiter, bis schließlich die Stammaktien 330 Mio. Mark und die Vorzugsaktien 18 Mio. Mark erreicht hatten. Nach diesen Kapitalerhöhungen gaben der Vorstand und der Aufsichtsrat es auf, das Kapital weiter zu erhöhen, da es bereits zu diesem Zeitpunkt in keinem Verhältnis mehr zu den anderen Zahlen der Bilanz stand.

Abschluß Bilanz (Vermögen, Aktiva) am 23. November 1923[6]

Kasse	294 289 590 000 000 000,00 Mark
Bankguthaben	30 691 990 000 000 000,00 Mark
Wertpapiere	114 124 427 157,76 Mark
Häuser und Liegenschaften	5 214 814,44 Mark
Bauinventar	7 342 000 000 000 000,00 Mark
Gebäude und Grundstücke zum eigenen Geschäftsbetriebe	2 227 882 569 908 419,00 Mark
Einrichtung der Geschäftsräume	1,00 Mark
Anteile an Gemeinschaftsgeschäften	3 702 942,16 Mark
Waren	1 313 281 110 006 111 526,00 Mark
Hypotheken	68 791,50 Mark
Kautionen	1 050 000 013 926 430,00 Mark
Schuldner	1 259 900 160 273 687 737,74 Mark
	2 908 782 846 997 047 789,60 Mark

Die Wertstellung der Häuser und Liegenschaften wurde mit 5 Mio. Mark angegeben, die fast ihren Goldwert darstellten, die Einrichtung der Geschäftshäuser mit dem Merkposten von 1 Mark. Diese Zahlen wurden bedenkenlos mit den nicht mehr vorstellbaren Millionenzahlen zusammengefaßt, einen besseren Beweis für Bilanzunsinn kann es nicht geben.

Trotz der Entwicklung der Inflation trat die befürchtete Folge der Geldentwertung, nämlich eine Verminderung der Bautätigkeit, nicht ein. Im Gegenteil: In den Jahren 1921, 1922 und 1923 konnten die Auftragsbestände erheblich gesteigert werden.

«Wir waren im Gegenteil im Berichtsjahr genötigt, zur Ausführung der uns übertragenen umfangreichen Arbeiten unseren Arbeiterbestand gegen die Vorjahre erheblich zu erhöhen. Auch im laufenden Jahre sind uns bereits neue Aufträge in solchem Umfange zugegangen, daß die Aussichten für das neue Geschäftsjahr als günstig bezeichnet werden dürfen, sofern nicht unvorherzusehende Ereignisse eintreten. Der starke Beschäftigungsgrad in Verbindung mit den stetig steigenden Lohnsätzen und Materialpreisen hat im Berichtsjahr zu einem Umsatz geführt, dessen Höhe die des Vorjahres um ein vielfaches übersteigt, der aber in Goldmark umgerechnet immer noch erheblich unter dem Umsatz der Friedensjahre bleibt.»[7]

Es bestand demnach ein Mißverhältnis zwischen der Zahl der beschäftigten Angestellten und Arbeiter auf der einen Seite und der Produktion und der Ertragslage auf der anderen Seite.

Infolge des andauernden Wertverlusts der Mark entstand im Inland eine fieberhafte Nachfrage nach Sachgütern, die sich auch auf den Börsenverkehr in Industrieaktien übertrug. Diese Spielwut und Spekulationslust veranlaßten zum Beispiel den Börsenvorstand in Berlin, nur noch an zwei Tagen in der Woche Kursnotierungen vornehmen zu lassen. Es traten ähnliche Verhältnisse wie im Gründungsboom von 1871/72 ein, wobei jedoch zwei wesentliche

Merkmale, nämlich das Problem des Wertverfalls der Mark und das bedenkliche Anschwellen des Notenumlaufs und der Staatsschulden damals gefehlt hatten,[8] die in der Inflationszeit «dem wirtschaftlichen Kreislauf eine künstliche äußerliche Schwungkraft verliehen».[9]

Zur Geldinflation trat aber natürlich auch eine Kasseninflation hinzu. Die Lohnbüros kamen mit der Geldentwertung nicht mehr mit. Schneller, als eine Zahl geschrieben werden konnte, hatte sich der Wert des Betrages schon verflüchtigt. Schließlich mußten täglich Löhne auf Abschlag bezahlt werden. Da hierzu die Geldscheine des Reiches nicht ausreichten, mußte Philipp Holzmann selbst die Notenpresse in Betrieb setzen. Die Baustelle Schwiecheldt gab zum Beispiel am 8. August 1923 für insgesamt 100 Mrd. Mark Gutscheine zu 200000 Mark, 500000 Mark und 1 Mio. Mark aus. In gleicher Weise gaben das Stammhaus in Frankfurt 10 Mrd. Mark und die Zweigniederlassung Hamburg 50 Mrd. Mark Notgeld heraus; andere Betriebsstellen des Unternehmens folgten mit ähnlichen Beträgen.

Die chaotischen Geldverhältnisse zwangen die Regierung im Herbst 1923, den Ausnahmezustand zu verhängen. Hungerrevolten und Plünderungen verrieten den Ernst der Lage. Die Umrechnung auf Gold über den Dollar war allmählich allgemein üblich geworden, neue wertbeständige Anleihen auf der Basis von Holz, Kohle, Kali, Kilowatt, insbesondere auch die Goldpfandbriefe der Hypothekeninstitute waren bereits seit 1922 eingeführt worden. Die Mark mußte stabilisiert werden, um das Wirtschaftsleben wieder in normale Bahnen zu leiten. Die Einführung der Rentenmark war für den 15. November 1923 vorgesehen. Da der Dollarkurs an der Berliner Börse nicht der Realität entsprach und im Ausland und an anderen Börsen höher gehandelt wurde, mußte der Dollarkurs in den Tagen nach dem 12. November heraufgesetzt werden. Er erreichte am 15. November 4,2 Billionen Mark. Die Reichsbank kam daher auf die Idee, einen Dollar = 4,2 Billionen Papiermark = 4,20 Rentenmark oder 1 Billion Papiermark = 1 Rentenmark festzusetzen. Der Reichsbank war von Anfang an klar, daß nun das gesamte Notgeld zu beseitigen war, sie lehnte daher die Abnahme von Notgeld jeder Art ab. Die Spekulation gegen die Rentenmark brach innerhalb weniger Tage zusammen. Am 23. Dezember 1923 stand der New Yorker Kurs auf 4,20 Rentenmark. Als kurze Zeit darauf auch ein Ausgleich des Budgets zustandekam, konnte die neue Rentenmark als gefestigt gelten.

Die Folge dieser Währungsreform brachte für die Philipp Holzmann AG in erster Linie die Umstellung der Bilanz von Papiermark auf Goldmark. Die außerordentliche Generalversammlung vom 15. Dezember 1924 genehmigte die neue Goldbilanz mit Wirkung vom 1. Januar 1924.

Goldmarkeröffnungsbilanz zum 1. Januar 1924[10]

Vermögen		Verbindlichkeiten	
1. Kasse	294289,–	1. Obligationen	111258,–
2. Bankguthaben	30692,–	2. Bankschulden	50909,–
3. Wertpapiere	1,–	3. Gläubiger	2578378,–
4. Häuser und Liegenschaften	4850000,–	4. Hypotheken 15%	
5. Bauinventar	6200000,–	von M 760999,–	114000,–
6. Gebäude und Grundstücke			2854545,–
zum eigenen Betrieb	4450000,–	Vermögen-Saldo	22090000,–
7. Einrichtung der			
Geschäftsräume	1,–		
8. Anteile an Gemeinschafts-			
geschäften	3402700,–		
9. Waren	3500000,–		
10. Wechsel	–		
11. Hypotheken	7500,–		
12. Kautionen	1050,–		
13. Schuldner	2208312,–		
	24944545,–		24944545,–

Die Aufstellung der Goldmarkeröffnungsbilanz zeigt deutlich, was der Bauboom und die hohen Aktivitäten eigentlich wert waren.

Die Goldmarkeröffnungsbilanz vom 1. Januar 1924 war mit großer Sorgfalt aufgestellt worden. So wurde zum Beispiel das Bauinventar mit seinem Gesamtgewicht von 56800 t mit 6,2 Mio. aktiviert, somit einem Tonnenpreis von 118 Goldmark. Das war gewiß nicht zu hoch bewertet. Bedenkt man aber, daß es in der Eröffnungsbilanz der Aktiengesellschaft am 31. Dezember 1917 mit knapp 1 Mio. Mark oder 20 Mark pro Tonne aktiviert war, so offenbart sich hier, daß die großen inneren Reserven der Bilanz von 1917 nicht mehr bestanden. Es gab im Vorstand und im Aufsichtsrat damals eine ausführliche Diskussion darüber, ob das Umwandlungsverhältnis von 1:15 nicht zu günstig sei. Die nachfolgenden Jahre gaben den Zweiflern recht. Mit dieser Umstellung auf die neue Reichsmark war aber keineswegs die Kaufkraft der alten Goldmark von 1914 erreicht worden, obwohl erstere genau wie die alte Goldmark den Goldwert von 1:2790 kg Gold besaß.

Beim Übergang zur neuen Währung war allgemein eine starke Aufwertung der Preise eingetreten, die teils durch die aus der Inflationszeit üblichen erhöhten Zuschläge für Risiko und Gewinn, teils durch den Leistungsabfall der Arbeiter zu erklären sind.

	1914	1924	Teuerungsindex
Maurerlohn pro Stunde	0,67 RM	0,74 RM	110
1000 Ringofensteine in Mark	22,– RM	35,– RM	159
1 t Zement	38,– RM	55,– RM	145
1 t Rundeisen	100,– RM	160,– RM	160
1 m Kantholz	50,– RM	70,– RM	140

Diese Aufwertung der Preise hatte zur Konsequenz, daß der Reichsbaukostenindex Ende 1924 auf 170 (1914 = 100) gestiegen war. In der Folgezeit kam es zu sehr starken Schwankungen dieses Bauindexes: Dem Höchststand von 178 im Jahre 1929 stand der Tiefststand mit 118 im Jahre 1933 gegenüber. Bei der großen Lohnintensität der Bauindustrie – etwa ein Drittel aller Kosten waren reine Löhne und Gehälter – waren es die Personalkosten, die den Bauindex am stärksten beeinflußten.[11]

Es galt nun, die Stabilisierung der Mark mit allen Mitteln auch für die Zukunft zu sichern. Der Reichshaushalt wurde durch stärkste Sparmaßnahmen ausgeglichen, die Gehälter und Löhne in Staat und Wirtschaft wurden drastisch herabgesetzt, und die Kreditvergabe wurde durch hohe Zinsen und die Einstellung der Diskontierung von Wechseln durch die Reichsbank so erschwert, daß die Unternehmen zunächst mit einer neuen Situation fertig werden mußten. Eine wertvolle Stützung erfuhr die neue Währung durch eine Anleihe von 800 Mio. RM, die aus dem Dawes-Abkommen stammte.[12] Dieses Abkommen, das im Londoner Vertrag im August 1924 von Deutschland akzeptiert wurde, regelte die Reparationszahlungen. Der Dawes-Plan beinhaltete die Verstaatlichung der Deutschen Reichsbahn, die eine Obligationsschuld von 11 Mrd. RM zugunsten des Planes mit 5% verzinsen mußte, und führte zu einer Belastung der gesamten deutschen Industrie mit 5 Mrd. RM, die ebenfalls mit 5% zu verzinsen waren. Beide Schuldsummen waren außerdem mit 1% zu amortisieren. Diese sogenannte Industriebelastung brachte auch der Philipp Holzmann AG eine neue, in die Millionen gehende Belastung.

Da in Deutschland selbst keine Sparguthaben in genügender Höhe zur Verfügung standen, um den Kreditbedarf der Wirtschaft zu decken, wandten sich die kreditsuchenden Unternehmen an die Geldinstitute vor allem in den USA, die hohe Zinsen von 8–12% forderten. So floß ein gewaltiger Geldstrom nach Deutschland, der Ende 1927 bereits 9 Mrd. RM erreicht hatte und in der deutschen Wirtschaft zu einem vorübergehenden Aufschwung führte, der sich allerdings als Scheinblüte entpuppte. Während 1924 und 1925 die Philipp Holzmann AG noch unter den ungünstigen Wirtschaftsverhältnissen litt und ein deutlicher Auftragsmangel innerhalb der Bauindustrie zu verzeichnen war, trat 1926 die große Kapitalnot der Vorjahre nicht mehr in gleichem Umfange in Erscheinung. Die Zinssätze gingen zurück, der Geldmarkt erfuhr gleichzeitig eine Entspannung. Die Geldflüssigkeit blieb aber äußerlich, da die Kapitalbildung selbst nur langsam vor sich gehen konnte. Das Baugewerbe blieb somit auch in diesem Jahre ungenügend beschäftigt.[13] Erst 1928 konnte die Philipp Holzmann AG die Bilanzsumme von 1917 mit 46,2 Mio. RM wieder erreichen.

Umsatzzahlen 1924–1930[14]

Geschäftsjahr	Umsatz	Bauindex gegenüber 1913
1924	31,50 Mio. RM	138,9
1925	42,01 Mio. RM	170,9
1926	56,66 Mio. RM	165,8
1927	57,53 Mio. RM	167,9
1928	80,27 Mio. RM	173,3
1929	81,21 Mio. RM	178,1
1930	73,87 Mio. RM	170,9
Gesamt	423,05 Mio. RM	–

Bei einer mittleren Belegschaft von etwa 9000 Mitarbeitern wurde in diesen Jahren ein absoluter Bauumsatz von rund 425 Mio. RM erzielt, der aber im Vergleich mit den Preisen der Vorkriegszeit nur einen Wert von ca. 250 Mio. RM besaß. Der mittlere Verteuerungsfaktor gegenüber der Vorkriegszeit betrug 170 Prozent. Die Umsätze erreichten in den letzten Jahren dieselbe Höhe wie kurz vor dem Ersten Weltkrieg.

Aber bereits das Geschäftsjahr 1929 stand im Zeichen einer sich vertiefenden allgemeinen deutschen Wirtschaftskrise, die naturgemäß auch den Baumarkt stark in Mitleidenschaft zog. Der Kapitalmangel nahm ungewöhnliche Ausmaße an. Die Auftraggeber der öffentlichen Hand beschränkten ihre Bauvorhaben auf das allernötigste.

1930 traten die Wirtschaftskrise und die mit ihr verbundene Kapitalverknappung auf dem Baumarkt immer stärker in Erscheinung. Philipp Holzmann sah sich im Laufe des Jahres 1930 veranlaßt, die Durchführung fast aller in Aussicht genommenen Projekte zurückzustellen. Der Inlandsumsatz sank gegenüber dem Vorjahr um etwa 15%. Wie in den Jahren zuvor wurde der Gewinn, der sich 1930 auf 2009217 RM belief, stark geschmälert. Die Gesamtbelastung an Steuern und sozialen Aufwendungen betrug in diesem Jahr 3707784 RM, was 18,46% des Aktienkapitals ausmachte. Als dann im Ausland, ganz besonders in den USA, die Krise hereinbrach, verursacht durch eine maßlose Überproduktion aller Bedarfsgüter und einen zu hohen Valutastand in diesen Ländern, begann das Ausland, seine Darlehen aus Deutschland zurückzuziehen. Bereits bis zum Herbst 1931 waren 4 Mrd. RM der deutschen Wirtschaft entzogen worden, so daß die Reichsbank gezwungen war, ihre Devisen zu verkaufen und ihren Schuldnern, vornehmlich den Banken, die Kredite zu kündigen, die nun ihrerseits der Kundschaft ebenfalls den Kredit aufkündigen mußten.

Der Philipp Holzmann AG kam in puncto Kreditgewährung die jahrzehntelange enge Verbindung zur Deutschen Bank zugute. Die Deutsche Bank hatte Philipp Holzmann bereits 1927 einen größeren Kredit in Schweizer Franken gewährt und 1928 auf Wunsch von Philipp Holzmann der «Heimat» Gemeinnützige Bau- und Siedlungsgesellschaft Berlin-Zehlendorf gegen

Bürgschaft der Philipp Holzmann AG einen Kredit von 800000 RM eingeräumt. Im Februar 1931 wurden nochmals 5 Mio. RM gewährt. Die Unterstützung, die die Deutsche Bank Philipp Holzmann gewährte, erstreckte sich vornehmlich auf die Übernahme von Bürgschaften (Bietungen, Anzahlungs- und Leistungsgarantien gegenüber in- und ausländischen Auftraggebern). Es handelte sich zum Teil um recht umfangreiche Beträge. 1930 bezifferten sich die gesamten Bürgschaften auf etwa 11 Mio. RM.[15] Der Konjunkturrückgang am deutschen Baumarkt, so berichtet der Vorstand der Philipp Holzmann AG in seinem Jahresbericht 1931, setzte sich im abgelaufenen Geschäftsjahr weiter fort und nahm unter dem Einfluß der Ereignisse des Juli 1931 (Bankenkrise) ungewöhnliche Formen an.

«Während der Beschäftigungsgrad im deutschen Baugewerbe im Monatsdurchschnitt des Jahres 1929 sich auf 53,8 Prozent belief (berechnet vom 100 der Höchstbelegschaft aller Betriebe), betrug er im Monatsdurchschnitt 1930 35,6 Prozent, im Jahre 1931 21,4 Prozent und lag zu Beginn des Jahres 1932 nur noch bei etwa 8 Prozent.»[16]

Entsprechend ging auch die Bilanzsumme der Aktiengesellschaft zurück, 1930 auf 44,7 Mio. RM, 1931 auf 36,7 Mio. RM und 1932 auf 24,2 Mio. RM (letztere Bilanzzahl entsprach etwa der Goldmarkeröffnungsbilanz von 1924) und 1933 auf 23,2 Mio. RM. Das Baugewerbe in Deutschland hatte 1932 den niedrigsten Beschäftigungsgrad seit Eintritt der Stabilisierung zu verzeichnen. Im großen und ganzen mußte sich das Baugewerbe 1932 mit der Aufarbeitung der Restauftragsbestände aus den Vorjahren befassen. Neue wurden bis zum Herbst nur in ganz geringem Umfang vergeben. Im Oktober 1932 brachte dann der erste Teil des Arbeitsbeschaffungsprogramms der Reichsregierung eine kleine Auftragsbelebung. Diese kam jedoch zu spät, um das Jahr 1932 noch maßgeblich zu beeinflussen, und war im übrigen auch zu gering, um den außergewöhnlichen Auftragsmangel auch nur einigermaßen zu beheben.[17] Wenngleich der Vorstand der Philipp Holzmann AG auf eine Katastrophenbewertung verzichtete, war er sich völlig bewußt, daß jeder Optimismus bei der Bemessung der Werte fehl am Platze war. Dennoch zeigten die zweite Hälfte des Jahres 1932 und die erste Hälfte des Jahres 1933, daß die Krise zwar überwindbar war, sich aber nun aufgrund der politischen Veränderungen völlig neue Probleme ergaben.

2. Neue Organisationsstruktur

Umwandlung in eine Aktiengesellschaft

Im Mai 1917 schrieb Arthur von Gwinner, der Vorstandssprecher der Deutschen Bank, an Sigmund H. Wormser, den Vorstandsvorsitzenden der Deutschen Vereinsbank, Frankfurt am Main:

«Ich habe mir seit unserer letzten Holzmann-Sitzung mehrfach die Situation Internationale Bau–Holzmann durch den Kopf gehen lassen und auch Herr Warburg hat mich neulich in Hamburg darauf angeredet. Ich komme zu keinem anderen Ergebnis, als daß wir die beiden Gesellschaften in irgend einer Weise verschmelzen müssen. Soll die Internationale Bau erhalten bleiben, so müßten die Gründerrechte beseitigt werden. Schließlich sind die Gründer doch fast durchweg Geschäftsleute, die einsehen werden, daß die Beteiligung an einem Syndikat [...] für sie das vorteilhafteste ist und es wird kaum einer den Mut haben, die Gesellschaft seines Egoismus wegen zur Liquidation zu treiben, womit dann die Gründerrechte von selbst aufhören würden. So viel wie eine Neuerrichtung bis zur Höhe des heutigen Kapitals kostet, wenn man selbstverständlich den Gründern allemal etwas in irgend einer anderen Form bewilligen und möglicherweise noch etwas zulegen muß. Schicken Sie mir doch freundlichst mal die Liste und Quoten der Gründer und sagen Sie mir, was Sie sich überlegt haben.

Die Steuern werden gewaltig steigen. Es ist offenbar undurchführbar, auf den gleichen Gewinn zweimal Steuern zu zahlen. Endlich ist es unsinnig, daß die schöne Holzmanndividende beim Durchgang durch die Internationale so verwässert wird, daß prozentual kaum mehr als die Hälfte übrig bleibt. Auch hier sind wir neuerdings von Aktionären der Internationalen Baugesellschaft auf diese unhaltbare Situation hingewiesen worden.»[18]

Die Initiative, die Internationale Baugesellschaft und Philipp Holzmann zusammenzulegen, ging offensichtlich von Arthur von Gwinner von der Deutschen Bank und dem Bankhaus M. M. Warburg & Co., Hamburg, aus. Die Deutsche Vereinsbank und vor allem ihr Vorsitzender Wormser konnten sich mit diesem Gedanken nur schwer anfreunden, wie aus dem Antwortschreiben an Arthur von Gwinner hervorgeht.

«Mit Ihnen bin ich der Ansicht, daß es für letztere (Internationale Baugesellschaft) sich unter allen Umständen empfehlen würde, die Gründerrechte zurückzuerwerben und ich glaube auch, daß dies auf der von Ihnen angedeuteten Grundlage, d.h. unter Anwendung der bei Umgründung für Aktienstempel und für Umschreibung der für Immobilien etc. eventuell entstehenden Kosten, sich ungefähr erreichen lassen sollte. Andererseits werden Sie mir darin beipflichten, daß man an die Frage des Rückkaufs der Gründerrechte erst heranzutreten vermag, wenn die Verschmelzung der Internationalen Baugesellschaft und der Firma Philipp Holzmann & Co. im Prinzip beschlossen und die Bedingungen für dieselbe festgelegt sind; denn die Kosten des Rückkaufs könnten ja nicht von der über keinerlei stille Reserven verfügenden Internationalen Baugesellschaft, sondern nur von der Firma Philipp Holzmann & Co. bestritten werden.

Was nun die Vereinigung der beiden Unternehmen anbelangt, so würde sie unbestreitbar gewisse Vorteile bieten; allerdings gestatten Sie mir, verehrter Herr von Gwinner, Ihnen zu sagen, daß ich diese Vorteile nicht so hoch einschätze, als Sie es zu tun scheinen. Gewiß wird, seitdem der Immobilienmarkt sich in so ungünstiger Verfassung befindet und so lange hierin eine Besserung nicht eintritt, das Erträgnis der Firma Holzmann & Co. um das Passivergebnis der Internationalen Baugesellschaft geschmälert und auch in Zukunft geschmälert werden, aber – dies wird auch nach einer Fusion, wenigstens für absehbare Zeit, in weitgehendem Maße der Fall sein. Möglich, daß ein Teil der an und für sich nicht erheblichen Gestionskosten sowie der

Einkommensteuer erspart würde; nicht der Fall wäre dies aber bei der Immobiliensteuer und – was ja hauptsächlich ins Gewicht fällt – bezüglich des Mißverhältnisses zwischen den Erträgnissen der Immobilien und den darauf lautenden Unkosten und Passivzinsen. Eher käme, angesichts der je unter allen Umständen zu erwartenden bedeutenden Steuererhöhungen die Frage der Doppelbesteuerung in Betracht und ich glaube, mich aus Ihren eigenen Äußerungen erinnern zu können, daß die Gesetzgebung in Fällen, in welchen ein überwiegender Teil des Kapitales eines Unternehmens in einer Hand sich befindet, in Zukunft die Doppelbesteuerung ausschließen dürfte.»[19]

Wormser sah neben den Vorteilen der Vereinigung auch zahlreiche Schattenseiten. Insbesondere führte er an, daß Philipp Holzmann als GmbH die Öffentlichkeit nicht über die Geschäftstätigkeit und die Bilanzzahlen informieren müsse. Hätte die Firma dies tun müssen, so wäre Holzmann nach der Ansicht von Wormser mit Sicherheit nicht zu der Stärke gelangt, die alle Beteiligten so sehr an dem Unternehmen schätzten. Aber nicht nur in materieller Beziehung, sondern auch hinsichtlich der Bewegungs- und Entschlußfreiheit der leitenden Persönlichkeiten von Philipp Holzmann habe das Unternehmen große Vorzüge. Wormser sah in der Einbindung der GmbH in die Internationale Baugesellschaft mehr Vorteile als Nachteile, insbesondere was die Information der Öffentlichkeit und Entscheidungsunabhängigkeit der Gesellschafter von Philipp Holzmann betraf. Wormser gab ferner von Gwinner deutlich zu verstehen, daß die Deutsche Vereinsbank als Eigentümerin bzw. als Vertreterin von 70% der nicht im Besitze der Internationalen Baugesellschaft befindlichen Anteile der Philipp Holzmann & Co. GmbH sich mit einer Fusion einverstanden erklären müsse.

Obwohl er offensichtlich nicht viel von einer Zusammenlegung von Philipp Holzmann und der Internationalen Baugesellschaft hielt, gab er dennoch zu verstehen, daß er eine Fusion nicht grundsätzlich ablehne. Allerdings, so führte er aus, wolle er die Sache zunächst mit Otto Riese und Hermann Ritter von Philipp Holzmann besprechen und hiervon seine Entscheidung abhängig machen. Offensichtlich wurde Arthur von Gwinner erst zu diesem Zeitpunkt richtig bewußt, daß die Deutsche Bank zwar seit Ende der 1880er Jahre zusammen mit der Württembergischen Vereinsbank die Geschäftstätigkeit von Philipp Holzmann wesentlich mitbestimmt hatte, vor allem maßgeblich an bedeutenden Auslandsgeschäften des Unternehmens beteiligt war, selber aber mit maximal 375000 Mark an der Internationalen Baugesellschaft beteiligt war. Das waren bei einem Kapital von 6450000 Mark im Jahre 1917 knapp 5%. Dennoch betrieb von Gwinner die Fusion von Internationaler Baugesellschaft und Philipp Holzmann weiter. Am 19. Juni 1917 teilte er Wormser mit, nach einem Gespräch mit Otto Riese habe sich seine Position dahingehend gefestigt, daß auf den Namen Holzmann in keinem Falle verzichtet werden dürfe und «daß deshalb die richtige Form der Konsolidierung sein wird, daß Philipp Holzmann & Cie. G.m.b.H. unter gleicher Firma sich selbst zur Aktiengesellschaft umwandeln» müsse.[20] Er fügte weiter an, daß die Gründerrechte bei der Internationalen Baugesellschaft auf diesem Wege durch die Liquidation zwar wertlos würden, aber alle diejenigen, denen moralische Rechte zustünden, allen voran die Deutsche Vereinsbank, ja überreichlich bei einer derartigen Kombination entschädigt würden. Wormser bestätigte, er wolle unter diesen Umständen sich darauf beschränken, für die Erhaltung des Namens Holzmann zu plädieren, die Erhaltung des Namens sei die Voraussetzung für eine Umformung. Gleichzeitig aber stellte er fest, «daß ich aber für die Verschmelzung – sofern man sich zu derselben entschließen sollte – eine Kombination vorschlagen würde, welche den Zweck auch erreichen, aber große Ausgaben für Aktien- und Immobilienstempel erreichen und vielleicht auch die Durchführung vereinfachen würde».[21]

Es hatte sich somit Ende Juli die Konstellation ergeben, daß die Deutsche Vereinsbank einer Verschmelzung zwar kritisch gegenüberstand, letztlich aber gegen die Deutsche Bank und gegen Philipp Holzmann nicht auf dem Status quo bestehen wollte. Da auch M. M. Warburg & Co. in Hamburg und die Württembergische Vereinsbank eine Auflösung der Internationalen Baugesellschaft befürworteten und sich zudem dafür aussprachen, daß Philipp Holzmann die Internationale Baugesellschaft übernehmen und gleichzeitig in eine Aktiengesellschaft umgewandelt werden solle, mußte sich die Deutsche Vereinsbank mit der Auflösung der Internationalen Baugesellschaft abfinden.

Die Deutsche Bank hatte bereits Ende der 1880er Jahre, als sie Philipp Holzmann die Tür zu den internationalen Geschäften öffnete, versucht, Philipp Holzmann in eine Aktiengesellschaft umzuwandeln, da sie der Meinung war, daß das Bauunternehmen als Aktiengesellschaft mit einer stärkeren Kapitalbasis besser und erfolgreicher im internationalen Geschäft würde agieren können. Als dann die Internationale Baugesellschaft Anfang des 20. Jahrhunderts kaum noch Geschäfte tätigte, da die Zeit der großen Grundstücksgesellschaften vorüber war und so ihre Hauptaufgabe, Philipp Holzmann Grundstücke für den Hochbau zur Verfügung zu stellen, nicht mehr vorhanden war, sah die Deutsche Bank erneut eine Chance, die Internationale Baugesellschaft aufzulösen, fand aber bei den übrigen Aktionären wenig Widerhall, da diese lediglich an den Erträgen der Internationalen Baugesellschaft interessiert waren. Hierbei übersahen die übrigen Aktionäre allerdings, daß die hohe Dividende der Internationalen Baugesellschaft wesentlich auf die erfolgreichen Aktivitäten von Philipp Holzmann zurückzuführen waren, die anderen Beteiligungen der Internationalen Baugesellschaft brachten kaum Gewinne. Es war demnach nur eine Frage der Zeit, bis auch sie einsahen, daß die Internationale Baugesellschaft keine Existenzberechtigung mehr hatte.

Um auch die restlichen Bedenken der übrigen Aktionäre der Internationalen Baugesellschaft zu beseitigen, beriet sich Arthur von Gwinner mit der Rechtsabteilung der Deutschen Bank und der Deutschen Treuhandgesellschaft, die einen Plan zur Umwandlung von Philipp Holzmann in eine Aktiengesellschaft erstellten.[22] Dieser Plan sah vor:

1) Die Holzmann GmbH verwandelt sich selbst noch innerhalb des laufenden Jahres zur Aktiengesellschaft. Sie nimmt aus ihren Reserven solche Abschreibungen auf Häuser, Grundstücke und Anlagen einerseits, auf Beteiligungen und andere Aktiven andererseits vor, daß eine offene Reserve von 7200000 Mark übrig bleibt, außer den Dispositionsfonds für Beamte und Arbeiter.

2) Anfang 1918 macht die Internationale Baugesellschaft einen Abschluß auf den 31. Dezember 1917 und legt ihn einer ordentlichen und außerordentlichen Generalversammlung ihrer Aktionäre vor. In diesem Abschluß könnten die angesammelten Reserven auf die teilweise sicher abschreibungsbedürftigen Immobilien abgesetzt sein. Anstelle der 4750000 Holzmann-Anteile würde in der Bilanz der gleiche Betrag als bares Bankguthaben erscheinen.

3) Die Generalversammlungen der Internationalen Baugesellschaft sowie der Holzmann AG beschließen die Fusion unter dem Namen der letzteren und mit einem Kapital von 6 Mio. Mark plus 6450000 Mark, also insgesamt 12450000 Mark.

4) Ein Syndikat wird im Dezember 1917 von der Internationalen Baugesellschaft deren 4750000 Holzmann-Anteile zu pari übernehmen und sich verpflichten:

a) diese Anteile der Internationalen Baugesellschaft zurückzugeben, falls die Fusion innerhalb bestimmter kurzer Frist nicht beschlossen werden sollte,

b) den Aktionären der Internationalen Baugesellschaft für 1917 einen Betrag von 10% Dividende zu bezahlen,

c) sämtliche Kosten der Operation zu tragen,

d) etwaige erforderliche oder nützliche Abfindungen zu zahlen (hierbei war insbesondere an die Gründeranteile der Internationalen Baugesellschaft gedacht),

e) für die Jahre 1918, 1919 und 1920 den Aktionären der Holzmann AG denjenigen Betrag zuzuzahlen, der etwa an 12% Dividende fehlen sollte.

Durch dieses Vorgehen, so stellten die Gutachter fest, würde das Syndikat zwar ein gutes Geschäft machen, seine Gewinne würden sich aber innerhalb vertretbarer Grenzen halten. Die Philipp Holzmann AG hätte bei diesem Vorgehen ein Kapital von 12450000 Mark erhalten, ohne künftig eine prozentual allzu hohe Dividende zu bezahlen, die ihrer Konkurrenzfähigkeit geschadet hätte. Gleichzeitig sollte Philipp Holzmann 4,5 Mio. Mark Kasse erhalten, was das Unternehmen in die Lage versetzen würde, sämtliche Passivhypotheken der Internationalen Baugesellschaft zu tilgen. Damit wäre die Aktiengesellschaft in die Lage versetzt, ihre Beteiligungen nach der Fusion wieder zu höheren Beträgen aufzunehmen und dafür sämtliche keine Zinsen tragenden Immobilien der Internationalen Baugesellschaft gleich ihren eigenen Immobilien auf ganz geringe Summen abzuschreiben. Des weiteren hätte die Philipp Holzmann AG bereits für das Jahr 1917 nur ihre eigene Dividende zu zahlen, und zwar an die Besitzer der ehemaligen Anteile, also in dem konkreten Falle an das Syndikat, an die Deutsche Vereinsbank und deren Unterbeteiligungen. Diese hätten dann durch die neuen Holzmann-Aktien ein gesundes, wertvolles, gut verzinsliches und namentlich auch verkäufliches Papier erhalten. Nach dem vorgeschlagenen Programm würde zudem die Ausgabe von Genußscheinen, die immerhin etwas ungewöhnlich war, vermieden, da die Kapitalien der beiden Gesellschaften einfach zusammengelegt würden und die Philipp Holzmann AG die Möglichkeit behielte, sich große Beträge neuen Geldes jederzeit durch Ausgabe von Obligationen zu beschaffen.

Otto Riese hielt die von Arthur von Gwinner vorgeschlagene Lösung für anfechtbar und einer entscheidenden Änderung bedürftig.[23] Trotz seiner Bedenken stellte die Rechtsabteilung der Deutschen Bank einen ersten Vertragsentwurf zwischen der Philipp Holzmann & Co. GmbH, Frankfurt am Main, und der Internationalen Baugesellschaft AG, Frankfurt am Main, auf. Otto Riese äußerte jedoch erhebliche Bedenken, da den Interessen der Aktionäre der Internationalen Baugesellschaft und der übrigen Gesellschafter von Philipp Holzmann GmbH nicht in gleicher Weise Rechnung getragen werde. Vor allem bezweifelte Riese, daß die Internationale Baugesellschaft, die 1916 Verluste in Höhe von 150000 Mark erzielt hatte, auch in den nachfolgenden Jahren mit Verlust arbeiten werde. Er bestand daher darauf, den Aktionären der Internationalen Baugesellschaft mitzuteilen, es bestehe die Möglichkeit, daß die Internationale Baugesellschaft in den nächsten Jahren eventuell wieder Gewinne bis zur früheren Höhe erzielte. «Gegenüber dem Buchwert ist selbst der heutige niedrigere Verkaufswert der Grundstücke um mindestens 3 Mio. Mark höher und ebenso übersteigt der jetzige niedrige Wert der Beteiligungen den Buchwert um mehr als 1,5 Mio. Mark.»[24] Sollten diese Probleme gelöst werden, war auch Otto Riese mit dem Vertrag zwischen der Internationalen Baugesellschaft und Philipp Holzmann in der vorliegenden Form einverstanden.

Am 30. Oktober 1917 konnte der Gesellschaftsvertrag endlich abgeschlossen werden. Die Internationale Baugesellschaft wurde liquidiert, und Philipp Holzmann wurde eine Aktiengesellschaft. Das voll eingezahlte Aktienkapital betrug 12,45 Mio. Mark. Dabei rührten 6 Mio. Mark aus dem Umtausch der Geschäftsanteile von Philipp Holzmann her und 6,45 Mio. Mark aus dem Umtausch der Aktien der Internationalen Baugesellschaft. Die Rücklagen beliefen sich auf 7,2 Mio. Mark. Da die neue Aktiengesellschaft durch diese Transaktion einen Teil ihres eigenen Aktienkapitals erworben hatte, wurde die Verschmelzung durch die Einschaltung eines Syndikats unter Leitung der

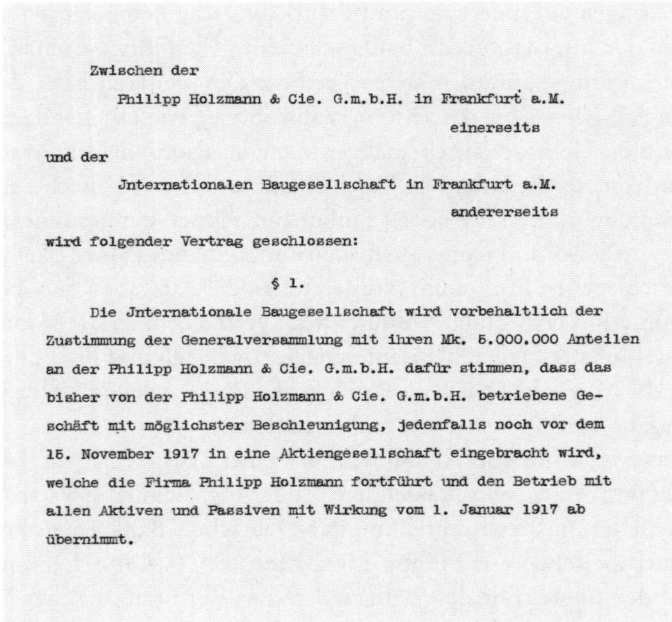

Zwischen der

Philipp Holzmann & Cie. G.m.b.H. in Frankfurt a.M.

einerseits

und der

Jnternationalen Baugesellschaft in Frankfurt a.M.

andererseits

wird folgender Vertrag geschlossen:

§ 1.

Die Jnternationale Baugesellschaft wird vorbehaltlich der Zustimmung der Generalversammlung mit ihren Mk. 5.000.000 Anteilen an der Philipp Holzmann & Cie. G.m.b.H. dafür stimmen, dass das bisher von der Philipp Holzmann & Cie. G.m.b.H. betriebene Geschäft mit möglichster Beschleunigung, jedenfalls noch vor dem 15. November 1917 in eine Aktiengesellschaft eingebracht wird, welche die Firma Philipp Holzmann fortführt und den Betrieb mit allen Aktiven und Passiven mit Wirkung vom 1. Januar 1917 ab übernimmt.

Gesellschaftsvertrag zur Umwandlung in eine AG,
30. Oktober 1917

Deutschen Bank und der Deutschen Vereinsbank vermittelt, wobei dem Syndikat dieser Teil der Aktien unter bestimmten Verpflichtungen zu 162,5% zum Vertrieb übergeben wurde.

Durch die Gründung der Aktiengesellschaft schieden die beiden Söhne von Wilhelm Holzmann, Eduard und Heinrich, die durch den Erbfall mit dem Anteil ihres Vaters an der GmbH Teilhaber geworden waren, nunmehr als Teilhaber aus und wurden Aktionäre und Mitglieder des Vorstands der neuen Gesellschaft.

Durch die Verschmelzung floß der Philipp Holzmann AG nicht nur ein bedeutender Grundbesitz zu, sondern das Unternehmen erhielt auch Anteile an mehreren Terraingesellschaften in Berlin und Frankfurt am Main. Der gesamte Grundbesitz betrug damals 257 ha, während er bisher für den eigenen Geschäftsbetrieb nur 171 ha umfaßt hatte.

Auf der ersten ordentlichen Generalversammlung, die am 29. April 1918 in Frankfurt, Taunusanlage 1, stattfand, legte der Vorstand der neuen Gesellschaft den Aktionären die neue Bilanz vor und begründete die Umwandlung in eine Aktiengesellschaft. Die Generalversammlung stimmte daraufhin der Umwandlung zu.

Abschluß (Bilanz) vom 31. Dezember 1917 in Mark[25]

Vermögen		Verbindlichkeiten	
1. Kasse	318830,25	1. Aktienkapital	12450000,00
2. Bankguthaben	3933623,08	2. Rücklagen	7200000,00
3. Wertpapiere	3464445,61	3. Gläubiger	16536792,97
4. Häuser und Liegenschaften	4925657,97	4. Hypotheken	4340940,00
5. Bauinventar	351967,86	5. Beamtendispositions-fonds	1200099,35
6. Gebäude und Grundstücke zum eigenen Betrieb	2418769,84	6. Arbeiterdispositions-fonds	314517,30
7. Einrichtung der Geschäfts-räume	1,00	7. Reingewinn	1505953,34
8. Anteile an Gemeinschafts-geschäften	5658261,42		
9. Waren	1082604,08		
10. Wechsel	5706,80		
11. Hypotheken	734275,60		
12. Kautionen	1091315,00		
13. Schuldner	18962897,45		
	42948355,96		31098302,96

Den ersten Vorstand der Aktiengesellschaft bildeten Otto Riese, Carl Kölle, Ferdinand Grages, Eduard Holzmann, Heinrich Holzmann, Julius Kesselheim und Georg Franke. Stellvertretende Mitglieder des Vorstands waren Adolf Haag, Paul Rheindorff und Hellmuth Cuno. Baurat Hermann Ritter war bereits am 25. März 1914 aus dem Vorstand ausgeschieden und in den Beirat der GmbH und anschließend in den Aufsichtsrat eingetreten. Er verstarb am 4. Mai 1918, nachdem er über 40 Jahre dem Unternehmen angehört hatte.

Die Zahl der Vorstandsmitglieder wechselte häufig. Die größte Mitgliederzahl betrug elf, die kleinste drei. Zu den zehn Vorstandsmitgliedern, die bei der Gründung der Aktiengesellschaft amtierten, trat 1918 der Jurist Charles A. Rosenthal hinzu, der das Dezernat Rechts- und Vertragswesen übernahm und sich in der Folgezeit insbesondere im Umgang mit den schwierigen Finanzfragen der Gesellschaft in der Inflation und in der Weltwirtschaftskrise auszeichnete. Die Vorsitzenden des Vorstands bis 1933 waren Otto Riese (1917–30. April 1924, danach Aufsichtsrat), Julius Kesselheim (30. April 1924–9. Juni 1931), Ferdinand Grages (9. Juni 1931–9. Juli 1932) und Hermann Galewski (9. Juli 1932–30. Oktober 1933). Vor allem in der Krisenzeit von 1929 bis 1933 schrumpfte der Vorstand erheblich zusammen. Die beiden Vorstandsmitglieder Hellmuth Cuno und Ferdinand Grages schieden 1932 aus dem Vorstand aus und wurden später in den Aufsichtsrat gewählt. Drei Vorstandsmitglieder verstarben in diesen Jahren: Eduard Holzmann am 10. März 1929, ein Jahr später Paul Rheindorff und am 9. Juni 1931 Julius Kesselheim. Somit bestand der Vorstand lediglich aus Hermann Galewski, Robert Hartmann, Heinrich Holzmann, Otto Richter und Charles A. Rosenthal.

Den ersten Aufsichtsrat bildeten: Sigmund H. Wormser, Frankfurt am Main, Vorsitzender; Arthur von Gwinner, Deutsche Bank, stellvertretender Vorsitzender; Eduard Beit von Speyer, Frankfurt am Main; Alfred Blinzig, Deutsche Bank; Wilhelm Holzmann, Kunsthistoriker in Berlin; Ernst Meyer, Berlin; Hugo von Metzler, Frankfurt am Main; Hermann Ritter, Frankfurt am Main; Paul Stern, Frankfurt am Main; Max M. Warburg, Hamburg; Rudolf Wolfskehl, Deutsche Vereinsbank, Frankfurt am Main.

Auch im Aufsichtsrat kam es im Laufe der Jahre zu einigen Veränderungen: Paul Reusch, Generaldirektor der Gutehoffnungshütte, Oberhausen (1922); Max Najork, Deutsche Vereinsbank, Frankfurt am Main, für Rudolf Wolfskehl (1923); Karl Bergmann, Haag (1924); Otto Riese, Frankfurt am Main (1924); Fritz Hartmann, Berlin (1928). 1928 wurden als Vertreter des Betriebsrates Julius Müller, Frankfurt am Main, und Willi Scheel, Berlin, in den Aufsichtsrat delegiert. Auch in den nachfolgenden Jahren waren zwei Vertreter des Betriebsrates im Aufsichtsrat. 1925 wurde Otto Riese Vorsitzender des Aufsichtsrates, er löste Sigmund H. Wormser ab. 1932 übernahm Alfred Blinzig, Vorstandsmitglied der Deutschen Bank und Disconto-Gesellschaft, den Vorsitz im Aufsichtsrat. Otto Riese wurde stellvertretender Vorsitzender. Arthur von Gwinnner war 1931 aus dem Aufsichtsrat ausgeschieden. Von der Deutschen Bank kam 1932 noch Peter Brunswig, Direktor der Deutschen Bank und Disconto-Gesellschaft in Berlin, in den Aufsichtsrat.

Die Situation der Angestellten und Stammarbeiter des Unternehmens gestaltete sich am Ende dieser Periode schwierig. Die Belegschaft war von rund 9000 auf rund 2700 abgesunken, die Zahl der Angestellten von 930 auf 360 gefallen. Die meisten von ihnen reihten sich in das Heer der 5–6 Mio. Arbeitslosen ein und hofften auf Besserung der wirtschaftlichen Verhältnisse und auf einen Wiedereintritt in das Unternehmen. Der Vorstand hatte allen ausscheidenden Mitarbeitern versprochen, daß bei Besserung der Situation zunächst die Angestellten und Stammleute wieder eingestellt würden. Als sich die wirtschaftliche Situation 1933/34 verbesserte, kamen viele aus der alten Belegschaft wieder zurück.

Dezentralisation in Verwaltung und Organisation

Die Struktur des Stammhauses Philipp Holzmann in Frankfurt wurde wegen seiner übergeordneten Aufgabe als Verwaltungsorgan nach der Umwandlung in eine Aktiengesellschaft der neuen Situation angepaßt:

Kaufmännische Verwaltung:	*Technische Verwaltung:*
– Finanz- und Revisionsabteilung	– Technische Abteilung
– Sekretariat und Steuerabteilung	– Maschinentechnische Abteilung
– Einkauf und Versicherungswesen	– Kalkulationsabteilung

– Inventarverwaltung
– Grundstücksverwaltung
– Personalabteilung
– Statistische Abteilung

Ähnlich waren auch die Niederlassungen gegliedert, wobei allerdings entsprechend der Größe der Niederlassung oft mehrere Verwaltungszweige unter einem Leiter zusammengefaßt waren. Die Geschäftsleitung der Niederlassungen, an deren Spitze jeweils grundsätzlich ein Bauingenieur oder Architekt stand, war zum Teil in eigenen Häusern untergebracht, zum Teil in Mietshäusern. Alle Niederlassungen verfügten über eigene Werk- und Lagerplätze, die je nach Lage und Bedeutung der Niederlassung ausgestattet waren. Die bedeutendsten waren in Frankfurt die Gehespitz als Hauptlager und Werkplatz, Düsseldorf-Reisholz und Nieder-Neuendorf bei Berlin. Die Fabrikationsbetriebe, also die Ziegeleien, Steinmetzbetriebe und die Baufabrik sowie die Betriebskrankenkasse fanden in dieser Organisation ihren Platz als den Niederlassungen gleichgestellte Abteilungen und waren intern ähnlich aufgebaut.

Nach der Umwandlung in eine Aktiengesellschaft änderte sich auch die Gliederung der Geschäftsbetriebe, die bis zu diesem Zeitpunkt nach «Ressorts», rein fachlich nach Hoch-, Tief-, Kanal-, Brückenbau sowie Rechts- und Finanzwesen, aufgeteilt waren. Sie wurden nun, soweit es die Produktionsbetriebe angeht, rein geographisch umgestellt, das heißt, der Geschäftsbereich wurde in «Gebiete» eingeteilt, die mit allen hier auftretenden Bauaufgaben einzeln einem Vorstandsmitglied als Dezernenten übertragen wurden. In diesen Gebieten waren bereits die ständigen Baubüros vorhanden, die nunmehr als Zweigstellen und als Zweigniederlassungen den Dezernenten unterstanden. Als dann 1920 in diesen Abteilungen die selbständige Buchhaltung eingeführt und so gestaltet wurde, daß jederzeit periodische Ergebnisrechnungen durchgeführt werden konnten, war hiermit ein Schritt in Richtung Dezentralisation vollzogen. Auftragswerbung und Baudurchführung lagen nun in der selbständigen Verantwortung der Niederlassungen. Doch hatten diese in enger Abstimmung mit dem zuständigen Vorstandsmitglied als Dezernenten zu erfolgen.

Die Vorzüge dieser Organisationsform lagen auf der Hand. Die Niederlassungsleiter wohnten dort, wo sie arbeiteten, kannten Land und Leute und waren eng mit den Auftraggebern verbunden. Die eigene Buchhaltung der Niederlassung erlaubte zudem, neben dem technischen Ablauf der Bauten auch den wirtschaftlichen ständig zu beobachten. Sie zwang die Niederlassungsleiter daher zu höchster Leistungsanspannung und zu einem wirtschaftlichen Einsatz der Produktionsmittel der Gesellschaft unter strengster Beachtung des obersten Grundsatzes, «stets das Ausgezeichnetste und möglichst Vollkommene zu leisten».[26] Aber diese Organisationsform hatte auch ihre

Schattenseiten. So bestand bei eigensüchtigen Niederlassungsleitern ohne Zweifel die Gefahr, daß sie ihre Befugnisse überschritten, Risiken ohne Kenntnis des Stammhauses eingingen, Person und Gerät festhielten und damit die zentrale Auftragslenkung erschwerten. Dem Vorteil, daß durch die Niederlassungsbüros mehr Spitzenkräfte ausgebildet und angestellt werden konnten, stand der Nachteil gegenüber, daß bei sinkender Konjunktur die allgemeinen Geschäftskosten schwerer anzupassen waren. Es war daher die Aufgabe des Vorstands, zwischen den unterschiedlichen Vorstellungen der einzelnen Niederlassungen einen vernünftigen Ausgleich zu finden, der im Interesse des Gesamten lag.

In der behandelten Periode bestanden in Deutschland folgende Niederlassungen:

- Hochbauabteilung Frankfurt
- München mit Nürnberg, Stuttgart, Mannheim
- Düsseldorf
- Tiefbauabteilung Frankfurt
- Köln
- Hamburg
- Hannover
- Berlin mit Breslau, Stettin und Magdeburg
- Königsberg mit Danzig
- Dresden mit Leipzig
- Halle mit Gera und Bitterfeld

Jede Niederlassung hatte hinsichtlich der Art der von ihr durchgeführten Bauaufgaben ein eigenes Gepräge, das im wesentlichen durch die topographische Gestaltung des Arbeitsgebietes beeinflußt war. Die Tiefbauabteilung Frankfurt am Main war 1908 aus dem früheren Kanalbaubüro hervorgegangen. Ihre Bauaufgaben bestanden anfangs hauptsächlich in der Herstellung von größeren Staustufen und anderen Wasserbauten, später in der Durchführung von Autobahn- und Industriebauten. Die Hochbauabteilungen konzentrierten ihre Tätigkeit zunächst auf den repräsentativen Hochbau. Nach dem Ersten Weltkrieg wandten sie sich vornehmlich dem Wohnungs- und Siedlungsbau zu. Daneben waren auch zahlreiche Industriebauten zu erstellen. In das Arbeitsgebiet der Niederlassung München, die anfangs fast ausschließlich Arbeiten im städtischen Tiefbau ausführte, fielen neben Bahnbauten insbesondere der Ausbau der bayerischen Wasser- und Elektrizitätswerke und dann Straßenbauten und flußbauliche Arbeiten. Das Baubüro Mannheim führte bedeutende flußbauliche Arbeiten am Neckar, an der Lahn und am Oberrhein aus. Die Niederlassung Düsseldorf war insbesondere für das rheinisch-westfälische Industriegebiet zuständig und hatte demzufolge umfangreiche und schwierige Bauaufgaben für die Schwerindustrie zu lösen. Daneben führte die Niederlassung große Brücken- und Wasserbauten an Rhein, Ruhr und Emscher sowie Kanal- und Schleusenbauten aus. Eng verbunden mit Düsseldorf war die Niederlassung Köln. Zu Beginn des 20. Jahrhunderts war in Düsseldorf ein Hochbaubüro gegründet worden, das 1908 nach

Aachen verlegt worden war. Erst drei Jahre später entstand in Köln eine selbständige Zweigstelle. Zum Arbeitsgebiet der Niederlassung Hamburg gehörten die deutsche Nordseeküste und der westliche Teil der Ostseeküste. So ist es verständlich, daß Hamburg in erster Linie Hafenbauten, Naßbaggerarbeiten, Deichbauten und andere Wasserbauten ausführte, deren Errichtung durch die Verkehrssteigerung in den Häfen notwendig wurde. Erst in zweiter Linie wurden in Hamburg Brückenbauten und flußbauliche Arbeiten durchgeführt, vorübergehend nach der Inflation in starkem Umfang auch Hochbauten. Da im Arbeitsgebiet der Zweigniederlassung Hannover nur wenig Großindustrie vorhanden war und der nordöstliche Teil, die Lüneburger Heide, eine zu geringe Bevölkerungsdichte aufweist, mußte sich die Bautätigkeit der Niederlassung im wesentlichen auf die Errichtung von Ingenieurbauten an Flüssen und Kanälen sowie für Eisenbahn und Autobahn beschränken. Lediglich im Gebiet von Hannover und Salzgitter und für das Volkswagenwerk wurden Industriebauten ausgeführt.

Die Art der Beschäftigung der Zweigniederlassung Berlin wurde im wesentlichen bestimmt durch die Erfordernisse Berlins als Reichshauptstadt und Weltstadt. Bis zum Ersten Weltkrieg wurden fast ausschließlich Tiefbauten ausgeführt, vorwiegend Brückenbauten und Verkehrsanlagen, die durch die Steigerung und Zusammenballung des Verkehrs in Berlin bedingt waren, sowie auch umfangreiche Kanalisationen und Erdarbeiten für Kanäle. In der Zeit zwischen den beiden Weltkriegen waren Hochbauten vorherrschend und hierbei besonders Siedlungsbauten. In diesem Zeitraum wurden von der Berliner Niederlassung mehr als 14000 Wohnungen errichtet. Hinzu kam eine bedeutende Anzahl repräsentativer Gebäude für staatliche Behörden und große Wirtschaftsverbände. Die Berliner Niederlassung beschränkte sich aber in ihrem Arbeitsgebiet nicht auf Berlin und Brandenburg, sondern faßte bald in den benachbarten Provinzen Fuß. So baute die Niederlassung Berlin um die Jahrhundertwende in den Provinzen Posen, Pommern, Sachsen, teilweise auch in West- und Ostpreußen und im Lande Sachsen verschiedene Brücken und führte später weitere Verkehrsbauten, Kanäle und andere Wasserbauten aus. Die ursprünglich unter der Obhut Berlins stehenden Niederlassungen Dresden, Leipzig und Halle mit Gera und Bitterfeld wurden später selbständig. 1909 führte Berlin erste Arbeiten in Schlesien aus. 1928 entstand hieraus die Zweigstelle Breslau. Ebenso wie Breslau blieb auch die Zweigniederlassung Stettin stets unter der Obhut von Berlin. Sie entstand aus dem 1922 gegründeten Baubüro Berlin.

1908 war die Niederlassung Danzig entstanden. Zu ihren Aufgaben gehörten, durch die Lage an der See bestimmt, zahlreiche Hafenbauten. Daneben wurden im Binnenland umfangreiche Verkehrs- und Wasserbauten durchgeführt. Wesentlich größer als in Danzig war die Betätigung der Niederlassung in Königsberg auf dem Gebiet des Seebaus. Die Königsberger Niederlassung baute an vielen Stellen Ufermauern, Kai-, Werft- und Hafenanlagen. Hinzu kam der Bau von bedeutenden Industriewerken und die Instandsetzung großer Brücken. Die Zweigniederlassung Dresden, die aus Anlaß des Neubaus der Augustusbrücke über die Elbe im Jahre 1907 als Baubüro gegründet und noch viele Jahre von Berlin aus betreut wurde, schuf, dem industriellen Charakter entsprechend, zahlreiche Ingenieurbauten für die Industrie. Außerdem führte sie Wasserbauten an Flüssen und Kanälen sowie bedeutende Verkehrsanlagen aus. Zur Niederlassung Dresden gehörte die 1927 errichtete Zweigniederlassung Leipzig, die sich wesentlich auf dem Gebiet des Hochbaus betätigte. Ausschlaggebend für die Bautätigkeit der Niederlassung Halle war die sprunghafte industrielle Entwicklung, insbesondere im Merseburger und Bitterfelder Bereich. Halle führte außer industriellen Anlagen vor allem größere Wasser-, Straßen- und Brückenbauten aus. Der Niederlassung Halle unterstanden die Zweigstelle Gera, die 1929 aufgelöst wurde, und die Zweigstelle Bitterfeld.

Es war bei der Philipp Holzmann AG üblich, daß der Vorsitzende des Vorstands das Dezernat des Finanz- und Personalwesens führte. Das Ausland wurde von Otto Riese, Carl Kölle, Ferdinand Grages und Robert Hartmann bearbeitet. Die deutschen Baudezernate waren so aufgeteilt, daß im großen und ganzen der Norden und die Mitte des Deutschen Reiches Julius Kesselheim, den Westen und Süden Eduard und Heinrich Holzmann sowie Paul Rheindorff betreuten. Die Abteilungen des Stammhauses wurden unter allen Mitgliedern des Vorstands verteilt, so führten insbesondere Georg Franke die Ziegeleiabteilung und Otto Richter das einflußreiche Dezernat «technisches Büro».

Personal- und Tarifregelungen

Der Erste Weltkrieg hatte auch für die Zusammensetzung der Belegschaft einschneidende Folgen. Über 100 Angestellte waren gefallen, davon 25 Angestellte in Ostafrika und 25 in der Türkei. Die Lücken wurden insbesondere durch die zahlreichen Techniker und Kaufleute, die aus den Interniertenlagern des Auslandes allmählich wieder nach Frankfurt zurückkamen, und die frei gewordenen Arbeitskräfte aus den stillgelegten Rüstungsbetrieben aufgefüllt. Von wesentlicher Bedeutung war das Fernbleiben der ausländischen Arbeitskräfte. Italiener, Polen und Kroaten verschwanden nun für die Folgezeit fast vollständig aus der Belegschaft von Philipp Holzmann und mußten durch deutsche Arbeitskräfte ersetzt werden. Die deutschen Arbeiter mußten wieder selbst zu Pickel und Schaufel greifen und auch als ungelernte Arbeiter ihren Dienst erfüllen, mitbedingt durch einen Mangel an anderen Arbeitsmöglichkeiten. Die Lohn- und Arbeitsbedingungen, die vor dem Krieg nur für den Bereich des Hochbaus auf freiwilliger Basis durch Tarifverträge geregelt waren, mußten nunmehr aufgrund neuer Vorschriften für alle Angestellten und Arbeiter durch Tarifverträge festgesetzt werden. Auf seiten der Arbeitgeber traten anfangs als Tarifträger der Reichsverband des deutschen Tiefbaugewerbes und der Deutsche Arbeitgeberbund für das deutsche Baugewerbe auf, später noch der Reichsverband Industrieller Bauunternehmer, während die Arbeitnehmer durch den Deutschen Baugewerksbund, den Zentralverband der Zimmerer, Heizer und Maschinisten und verwandte Berufsgenossenschaften repräsentiert waren. Die Angestellten waren vertreten durch den Zentralverband der Angestellten (ZdA) und den Deutschen Handlungsgehilfen Verband (DHV), durch den Gewerkschaftsverband der Angestellten (GdA) und den Verband weiblicher Angestellter.

Der erste Reichstarifvertrag für das Tiefbaugewerbe kam am 17.April 1919 zustande. In der Folgezeit brachen aufgrund der turbulenten Wirtschaftsverhältnisse zahllose Tarifkämpfe aus, die mit Streiks und Aussperrungen verbunden waren und oft tage- und nächtelange Verhandlungen zur Folge hatten. Diese Tarifkämpfe führten schließlich zu einer verfeinerten Unterscheidung der einzelnen Berufszweige und resultierten, dem technischen Fortschritt entsprechend, in der Schaffung auch ganz neuer Arbeitergruppen wie etwa Einschaler, Eisenflechter, Betonfacharbeiter und Stammarbeiter. Außerdem kam es zu einer genauen Regelung der Arbeits- und Urlaubszeiten sowie der Stundenlöhne mit zahlreichen Zuschlägen für Mehrarbeit und Erschwernisse. In ähnlicher Weise fanden auch die Belange der Angestellten ihre tarifrechtliche Regelung.

Philipp Holzmann war anfangs Mitglied des Reichsverbandes des deutschen Tiefbaugewerbes, ab 1923 Mitglied des Beton- und Tiefbau-Arbeitgeberverbandes und trat schließlich dem Reichsverband Industrieller Bauunternehmungen (Ribau) bei. Im nationalsozialistischen Deutschland wurde der Ribau zu der Wirtschaftsgruppe Bauindustrie (Wibau) umgeformt.

In der zweiten Hälfte der 1920er Jahre wurde bei Philipp Holzmann ein Mangel an Facharbeitern und Baustoffen fühlbar. Preissteigerungen waren die Folge und ein ständiges Ansteigen der Löhne, was zwangsläufig mit scharfen Betriebskämpfen verbunden war. In Frankfurt stieg der Maurerlohn von 0,74 RM im April 1924 auf 1,17 RM im September 1925 und erreichte im Frühjahr 1929 seinen Höchststand mit 1,36 RM. Die Baustoffpreise schwankten zwar auch, konnten aber im allgemeinen gehalten werden. Die Folge dieser instabilen Marktlage war die Beibehaltung der Gleitverträge zumindest für die Lohnanteile.

Gerade in dieser schwierigen Zeit verfeinerte Philipp Holzmann seine Kalkulationsmethoden auf betriebswirtschaftlicher Basis. Hand in Hand mit der Verbesserung der Berechnung der Selbstkosten ging vor allem deren sorgfältige Erfassung auf allen Betriebsstellen des Unternehmens, die monatliche Meldungen nach einheitlichen Gesichtspunkten über die Ist- und Soll-Aufwendungen für Lohnstunden und Materialaufwand zu erstatten hatten. Diese wurden in den statistischen Abteilungen der Niederlassungen ausgewertet und dem Stammhaus in Frankfurt zur Zusammenfassung und Bekanntgabe an sämtliche Geschäftsstellen der Firma zugeleitet. Diese Kalkulationsmethoden hielten erst deshalb so spät im Baugewerbe Einzug, weil bis zum Ersten Weltkrieg die Preise im Baugewerbe so konstant gewesen waren, daß vielfach Neuaufstellungen der Einzelpositionen bekannter Bauvorgänge nur Zeitverschwendung gewesen wären. Die Angebote wurden durch Einsetzen eines prozentualen Zuschlags berichtigt, der insbesondere den örtlichen Verhältnissen Rechnung trug und mit Sorgfalt ermittelt wurde.

Nicht nur die Baustoff- und Betriebsstoffpreise, sondern in verstärktem Maße auch die Löhne sowie die körperliche und manuelle Leistung veränderten sich nach dem Ersten Weltkrieg entscheidend, abgesehen davon, daß die Anschaffung ganz neuartiger Maschinen ohnehin fortlaufend zu neuen Betriebsforschungen zwang. Gerade der scharfe Wettbewerb führte nun in den kommenden Jahren durch die Einführung neuartiger oder die Verbesserung bereits vorhandener Maschinen zu einem wesentlich komprimierteren Ablauf der baubetrieblichen Vorgänge sowie zu einer neuartigen konstruktiven Gestaltung der Bauwerke selbst.

3. Technischer Fortschritt im Gerätebereich

Anläßlich der Erstellung der Goldmarkeröffnungsbilanz vom 1. Januar 1924 wurde auch eine Übersicht der Geräte der Philipp Holzmann AG aufgestellt.[27] An allgemeinem Bauinventar waren vorhanden:

100 Bagger aller Art	6500 t
86 Rammen und 87 Kräne	1200 t
233 Lokomotiven und 7374 Rollwagen	13400 t
89 Betonmaschinen	300 t
539 Motoren und 1743 Winden	1400 t
665 Pumpen mit Zubehör	1200 t
82 Kompressoren und 16 Druckluftschleusen	500 t
2 Spüler und 3 Elevatoren	1300 t
190 Wasserfahrzeuge	4800 t
7 Gleisrückmaschinen	2000 t
Gleisbaustoffe	24200 t
Insgesamt	56800 t

Bei einer mittleren Belegschaftsstärke von 10000 Arbeitern für das deutsche Geschäft standen somit 6 t Baugerät für einen Bauarbeiter zur Verfügung. Dies war doppelt so viel wie 1895. Von der Maschinenleistung entfielen etwa 4,5 PS auf jeden Arbeiter.

Im Erdbau wurde als Innovation der Selbstkipper eingeführt, für dessen Entwicklung die Philipp Holzmann AG selber wertvolle Konstruktionsarbeit geleistet hatte. Sie führte dann auch den Umbau ihres Wagenparks in den eigenen Werkstätten zu Selbstkippern durch. Während der nicht selbstkippende Erdtransportwagen von 4 Kubikmeter Inhalt bisher durch acht bis zehn Mann gekippt werden mußte, warfen den «Automatenkipper» jetzt mühelos zwei Mann um. Auf den Kippen selbst pflügte der neuentwickelte Kipppflug, den Holzmann ebenfalls in seinen eigenen Werkstätten baute, in wenigen Durchgängen die auf dem Gleisplan liegenden Erdhaufen die Böschung hinunter, wo früher, je nach Bodenart, 20 Arbeiter und mehr Schaufelarbeit zu leisten gehabt hätten.

Die Bagger liefen neuerdings auf Raupen und benötigten keine Gleismatratzen mehr. Dazu arbeiteten sie mit wesentlich erhöhter Geschwindigkeit. Die alterprobten Eimerbagger wurden auf den sauberen elektrischen Betrieb umgestellt und die schweren fünffachen Baggergleise mit der Gleisrückmaschine, System Arbenz-Kammerer, gerückt.

Die Dampfmaschine wurde weitgehend durch den Dieselmotor verdrängt. Im Betonbetrieb wurden nicht nur zahlreiche hochleistungsfähige Mischmaschinen eingesetzt, sondern vor allem ganz neue Methoden für das Einbringen des Mischgutes in die Schalung angewendet.

Zahlreiche Formen der Mechanisierung gingen auf Konstruktionsideen oder Methoden zurück, die während des Ersten Weltkriegs (zum Beispiel der Raupenbetrieb) oder in den USA entwickelt worden waren. Diese modernen Baumethoden waren den deutschen Ingenieuren auf Studienreisen in die USA in den Jahren 1926 bis 1928 bekannt geworden.

Aber auch bei den Konstruktionsprinzipien fand eine Weiterentwicklung statt. Vor allem der Eisenbeton, später Stahlbeton genannt, wurde, nachdem man als Bewehrung nur noch hochwertige Stähle verlegte, insbesondere im Ingenieurhochbau verwendet. Mit dem Betonbau war dem Stahlbau ein sehr beachtenswerter Konkurrent erwachsen. Im Grundbau waren zur Eisenspundwand Pfähle in Eisenbeton, in Stahlrohren oder als Bohr- und Preßpfähle verschiedenster Bauarten hinzugekommen. Holzmann selbst lieferte zu dieser Entwicklung einen Beitrag durch die Einführung und Weiterentwicklung des Frankipfahles. Nach einem 1926 abgeschlossenen Vertrag übertrug die Compagnie Internationale des Pieux Armes Frankignoul in Lüttich Philipp Holzmann die Ausführungsrechte des Frankipfahles für die Gebiete des Deutschen Reichs, Danzigs, Österreichs, Ungarns und der Tschechoslowakei. Holzmann entwickelte vor allem die Ausführung des Frankipfahles als Schrägpfahl und führte den Einbau eines spiralumschnürten Bewehrungskorbes ein. Ende 1932 wurde die Frankipfahl-Baugesellschaft mbH in Düsseldorf gegründet, deren Teilhaber die oben genannte belgische Gesellschaft und die Philipp Holzmann AG waren. Hier wurden der Verdichtungspfahl und der Preßrohrpfahl, zwei Sonderausführungen des Frankipfahles, entwickelt.

Eine weitere Neuerscheinung im Zusammenhang mit dem Auftragswettbewerb trat zu dem Zeitpunkt ein, als die Auftragsdecke zu kurz wurde: das Angebot und die Übernahme von Bauaufträgen in Arbeitsgemeinschaften (Arge). Zwei oder mehrere Unternehmen schlossen sich für die Leistung einer Bauaufgabe zu einer gemeinsamen Ausführung zusammen, übernahmen dem Bauherren gegenüber die gesamtschuldnerische Bürgschaft, waren intern am Gewinn und Verlust mit einem vertraglich festgelegten Anteil beteiligt und verpflichteten sich gegenseitig zu anteiliger Stellung von Personal, Geräten und Betriebsmitteln. Diese Form der Arbeitsübernahme schränkte gewissermaßen als Selbsthilfe der Unternehmen den Kreis der Konkurrenz ein und führte zu einer Verteilung der Arbeiten, ohne daß die Einheitlichkeit der Bauausführung gefährdet wurde, wobei allerdings eine Teilung der Auftragssumme für die Beteiligten mit in Kauf genommen werden mußte. Auch Holzmann ging nun sehr häufig solche «Argen» ein. 1927 wurden 10%, 1928 fast 20% und 1933 nahezu 50% aller Großbaustellen in Arbeitsgemeinschaft durchgeführt. Die Arbeitsgemeinschaften zogen indessen einen schwerfälligen Verwaltungsapparat nach sich, und die damit verbundenen Mehrkosten waren erheblich. Holzmann hat im Laufe der Zeit mit fast allen deutschen Großbaufirmen und auch zahlreichen kleinen und mittleren Unternehmen Gemeinschaftsbaustellen betrieben.

4. Bauaktivitäten in schwieriger Zeit

Ein neuer Geschäftszweig im Hochbau – der Siedlungsbau

Nach dem verlorenen Ersten Weltkrieg fand eine Strukturänderung im Hochbau statt. Hatte sich Philipp Holzmann bis zum Ersten Weltkrieg im wesentlichen auf den repräsentativen Hochbau konzentriert und vor allem Schlösser, vornehme Herrensitze, Kirchen und Regierungsgebäude, Bankpaläste, Rathäuser und Villen errichtet, so trat nun der Bau von Mietshäusern oder von Siedlungen in den Vordergrund. Dies war bis zu diesem Zeitpunkt unbestritten die Domäne kleiner und mittlerer Baugeschäfte gewesen.

Der Siedlungsbau war aus ganz kleinen Anfängen seit dem Jahre 1901 entstanden. Bis 1917 hatte Philipp Holzmann fast 1000 Kleinwohnungen für die Hellerhof AG, für die Bürkle-Braunkohlenwerke, Casella und die Farbwerke Hoechst gebaut. Hier bildete sich bereits die Urzelle für die Entwicklung des Siedlungs- und Mietshausbaus nach dem Ersten Weltkrieg. Vor allem für die großen Industrieunternehmen, deren Verwaltungsgebäude und Produktionsstätten zu einem großen Teil von Philipp Holzmann erbaut worden waren, wurden diese Mietshäuser und Siedlungen errichtet.

Hellerhofsiedlung Frankfurt am Main, 1925–1933

Aber nicht nur im Auftrag und für Rechnung fremder Bauherren pflegte Philipp Holzmann den Siedlungsbau, vielmehr versuchte das Unternehmen schon bald nach dem Ersten Weltkrieg, durch eigene, ad hoc gegründete oder bereits durch Verschmelzung mit der Internationalen Baugesellschaft erworbene Wohnungsbaugesellschaften den Mietshaus- und Siedlungsbau zu intensivieren. Zu den Aufgaben dieser Gesellschaften gehörte neben der Erschließung der zu bebauenden Grundstücke und der Projektbearbeitung auch die Finanzierung der Bauvorhaben. Die älteste derartige Tochtergesellschaft war die 1899 errichtete «Terraingesellschaft Klettenberg GmbH, Köln». Die AG Hellerhof, Frankfurt am Main, für die Philipp Holzmann mehr als 3000 Wohnungen baute, war 1901 zur Verwertung des Grundbesitzes der Internationalen Baugesellschaft gegründet worden. Aber auch in anderen Städten wie Berlin, Hamburg, Köln und Offenbach am Main errichtete Philipp Holzmann derartige Gesellschaften, so etwa die «Terrassenhaus-Bau GmbH, Berlin-Charlottenburg», die «Garten- und Heim GmbH, Köln» und die «Süddeutsche Großbauten GmbH, Frankfurt am Main». Rund 20000 Wohnungen stellte Philipp Holzmann schlüsselfertig her, etwa 12000 allein im Berliner Raum, rund 5000 in Frankfurt, hier neben der Hellerhofsiedlung zum Beispiel die Heimatsiedlung in Sachsenhausen und die Westhausen-Siedlung.

Ein typisches Beispiel des Siedlungs- und Mietshausbaus stellt die Hellerhofsiedlung dar, die in mehreren Bauabschnitten von 1901 bis 1954 entstand. Als die Planungen begannen, waren die Straßen zwischen Idsteiner Straße und Frankenallee bereits trassiert.[28] Hier entstand eine Siedlung für Arbeiter, die vor allem in den Industriebetrieben um die Mainzer Landstraße arbeiteten. Eine beachtliche Ausdehnung erfuhr die Hellerhofsiedlung zwischen 1925 und 1933, als der von Sozialdemokraten geführte Frankfurter Magistrat unter dem Oberbürgermeister Ludwig Landmann und dessen Baudezernent, dem

Siedlung Müllerstraße Berlin, 1927–1930

Frankfurter Architekten Ernst May, das «Neue Frankfurt» proklamierte. Vor allem die erhebliche Wohnungsnot der einkommensschwachen Bevölkerung sollte beseitigt werden. Unter Ernst May wurden 800 Wohnungen, ein Drittel der insgesamt 2600 Wohnungen, und bis 1932 nochmals 400 Wohnungen nach denselben Plänen von Holzmann erbaut. Es waren wohnfreundliche Häuser mit hellen Küchen und Loggien, eingerahmt von Grünflächen. Ernst May vertrat nicht nur das Flachdach leidenschaftlich, sondern förderte auch durch die sogenannte Plattenbauweise den Montagebau zur Verbilligung und zur Beschleunigung des Wohnungsbaus. Unter Beteiligung der Stadt Frankfurt wurde eine große Plattenfabrik gegründet. Philipp Holzmann beteiligte sich daran nicht nur finanziell, das Unternehmen übernahm vielmehr auch einen Teil der technischen Ausführung. 1927 erbaute Philipp Holzmann mit der Siedlung Praunheim die erste Probesiedlung nach dem System des Plattenbaus. Allerdings ist diese Bauweise vor 1945 nicht weiterentwickelt worden, sondern durch zweifellos vorhandene Anfangsmängel in Mißkredit geraten.

Die größte zusammenhängende Siedlung baute Philipp Holzmann mit 1440 Wohnungen für den Bau- und Sparverein «Eintracht» in der Müllerstraße in Berlin. Verantwortlich für die Wohnbauten war der Leiter der Hochbauabteilung Berlin, der Architekt Otto Müller-Reppen, den das Vorstandsmitglied Hellmuth Cuno in Konstantinopel kennengelernt und mit der Einrichtung der Leitung der neuen Abteilung für Wohnungs- und Siedlungsbau betraut hatte. Nur eine bis in die Einzelheiten verfeinerte Planung, eine wohldurchdachte Typisierung und Normierung, eine weitgehende Vergabe des Ausbaus an die einzelnen Handwerker und schließlich allerbeste Baudurchführung nach Zeit und Güte sicherten einen bescheidenen wirtschaftlichen Erfolg dieser an sich einfachen Bauaufgaben.

Otto Müller-Reppen suchte nach neuen Wegen für den modernen Wohnungsbau, um sich von der altüberkommenen Ziegelbauweise freizumachen. Durch Anwendung eines Gußbetons mit Zuschlagstoffen aus künstlich hergestellten Ziegelsteinkügelchen sollte eine Masse gewonnen werden, die alle stofflichen Vorteile des gebrannten Lehmsteines mit den arbeitstechnischen des Betons verbinden sollte. Diese Entwicklung wurde jedoch nicht weiterverfolgt. Die gewonnenen Erkenntnisse gingen aber nicht verloren, sondern wurden bei späteren Hochbauverfahren berücksichtigt.

Neben dem Tiefbau und dem klassischen Hochbau hatte sich nach dem Ersten Weltkrieg der Ingenieurhochbau durch die Entwicklung der Eisenbetonbauweise etabliert. Ihrer großen Bedeutung entsprechend, ganz besonders für die Bauten der Großindustrie, maß das Unternehmen diesem Zweig der Bautätigkeiten große Bedeutung zu.

Die zahllosen kleineren und mittleren Bauwerke auf dem Gebiet des Eisenbetonbaus aus dieser Zeit brachten nicht nur die gewünschte Erhöhung des Umsatzes, sondern trotz ihrer beschränkten Größe oft auch schwierige technische und statische Probleme mit sich. Von den 18 Großbauten dieses Tätigkeitsfeldes sollen acht Großraumbunker, meist für Braunkohlewerke (Mansfeld, Deuben, Bitterfeld), in Huckingen die große Hochofenanlage für die Mannesmannwerke mit Stahlwerk und Kokerei und der Kalispeicher im Reiherstieghafen in Hamburg genannt werden.

Natürlich pflegte Holzmann nach dem Ersten Weltkrieg neben dem Bau von Beamten- und Arbeiterwohnhäusern, Siedlungen usw. auch den Neu- und Umbau von Bank- und Geschäftsgebäuden, die Herstellung von Verwaltungs- und Bürogebäuden, Neu- und Umbauten von Fabrikanlagen und den Bau von Privatwohnhäusern, Villen usw. Genannt seien hier die Umbauten an der Frankfurter Börse, an der Deutschen Bank, die Neubauten der Warenhäuser der Sinn & Co. GmbH in Gelsenkirchen und Essen oder die stattlichen Verwaltungsgebäude für Kathreiner am Landwehrkanal in Berlin, der Lederwerke Dörr und Reinhardt in Worms und vor allem das Gebäude der I.G. Farben AG in Frankfurt am Main. Dieses 1930/31 errichtete Bauwerk nach einem Entwurf von Hans Poelzig ist als seinerzeit größtes Büro- und Verwaltungsgebäude Europas ein Stück Architekturgeschichte. Der Grundriß dieses Stahlskelettbaus wurde auf einen 250 m langen Kreisbogen mit knapp 11 m Breite angeordnet und von sechs radial stehenden Querflügeln von je 50 m Länge durchbrochen. Das neungeschossige (35 m hohe) Gebäude umfaßt knapp eine Viertelmillion Kubikmeter umbauten Raumes. Gemeinsam mit Grün & Bilfinger führte Holzmann die Erdarbeiten aus. Als eine Reihe von Bohrproben starke Verwerfungen des Geländes (unter Löß und Ton war der Boden mit

Verwaltungsgebäude I.G. Farben Frankfurt am Main, 1930/31

Basaltgeröll durchsetzt) ergeben hatten, wurde die ursprünglich geplante Pfahlgründung fallengelassen und dafür eine Flachgründung realisiert.[29]

1931 gingen die großen Bauarbeiten erheblich zurück. Die Krise machte sich deutlich bemerkbar. Ein äußeres und sichtbares Zeichen dieser Krise stellte die Stillegung der Baufabrik am 31. Dezember 1931 dar. Viele Mitarbeiter von Philipp Holzmann sahen in der Schließung der Baufabrik, dieser Urzelle des Unternehmens, den Anfang vom Ende des Unternehmens Philipp Holzmann AG. Wer konnte ihnen dies zu diesem Zeitpunkt verübeln, waren doch über drei Viertel der Mitarbeiter bereits entlassen, und war die Bautätigkeit fast zum Stillstand gekommen? Leider mußten bei der Auflösung der Baufabrik auch große Bestände edelster Hölzer – unter anderem Mahagoni, Zeder und Nußbaum – veräußert werden. Die Stillegung der Baufabrik beschreibt der Mitarbeiter des Unternehmens, Ludwig Bormann, als ein ergreifendes Erlebnis:

«Es war der Zeitpunkt der Stillegung der guten, alten, von dem treuen Maschinisten Schäfer drei Jahrzehnte betreuten Dampfmaschine. Das große Schwungrad sollte seine letzten Umdrehungen machen. Betriebsleiter und Personal versammelten sich zur angegebenen Zeit im Maschinenraum. Das an der Wand hängende Bild des Herrn Baurat Holzmann war mit einem Trauerflor umgeben. Der Betriebsführer, Herr Jung, gab dem Maschinisten das Zeichen, worauf derselbe die Maschine abstellte. Erst noch auf vollen Touren wurden die Radumdrehungen langsamer, um nach einigen Minuten für immer aufzuhören. [...] Den Anwesenden standen die Tränen in den Augen; tiefbeeindruckt von dem Erleben dieses historischen Augenblicks in der Geschichte der Philipp Holzmann AG, ging jeder an seinen Platz zurück.»[30]

Tiefbau, das wichtigste Tätigkeitsfeld

Der Tiefbau spielte auch nach dem Ersten Weltkrieg die entscheidende Rolle bei Philipp Holzmann. Es wurden vor allem Arbeiten auf folgenden Gebieten ausgeführt:[31]

1) Baggerungen in verschiedenen See- und Flußhäfen
2) Erweiterungs- und Umbauten von Hafenanlagen
3) Fortsetzung der Entfestigungsarbeiten in Helgoland und in der Kieler Bucht
4) Abdeckung von Braunkohlelagern und andere bedeutende Erdarbeiten
5) verschiedene Wasserkraft- und Wasserversorgungsanlagen sowie Brükkenbauten
6) Fortführung der Arbeiten am Weser-Elbe-Kanal, am Masurischen Kanal, an verschiedenen Eisenbahnlinien und an der Untergrundbahn in Berlin
7) zahlreiche Kanalbau- und Wasserleitungsarbeiten.

Gerade im Tiefbau erreichte Philipp Holzmann in der Inflationszeit, aber auch in den Jahren danach einen hohen Beschäftigungsgrad. Erst Anfang der dreißiger Jahre in der Weltwirtschaftskrise ging auch der Tiefbau erheblich zurück.

Im Hafen- und Seebau wurden 30 bedeutende Aufträge abgewickelt, so die Hafenerweiterung Geestemünde, der Molenbau an der Nordschleuse Bremerhaven, Kaibauten am Weichseluferbahnhof von Danzig und in Weichselmünde, im Hamburger Hafen für den Burchhardt-Kai. Der Königsberger Seekanal mit 1,6 Mio. m^3 Erdmassen wurde von der Königsberger Niederlassung Philipp Holzmanns erweitert und der große Deichbau im Norden mit über 3 km Länge von der Hamburger Niederlassung ausgeführt, während die Düsseldorfer Niederlassung im Duisburger Außenhafen eine Kaimauer von 750 m Länge erbaute.

Auf dem Gebiet des Flußbaus führte Philipp Holzmann in dieser Epoche 22 Aufträge aus, unter anderem die Eindeichung des Rheins bei Huckingen, die Errichtung des Schiffahrtkanals Billbrook, die umfangreichen Bagger- und Deicharbeiten bei Wörth an der Donau, den Ausbau der mittleren Isar in Form eines 10 km langen Abfangkanals mit fast 3 Mio. m^3 Erdbewegung und 60000 m^3 Beton. Die Niederlassung Dresden erweiterte 1926 die Kaditzer Flutrinne, und die Niederlassung Hannover unterdükerte den Mittellandkanal an elf Stellen, insbesondere bei Neu- und Althaldensleben. Ganz andere Aufgaben mußte die Düsseldorfer Niederlassung lösen beim Bau der zahlreichen Kanalschleusen bei Datteln mit 95000 m^3 Gußbeton und bei den Schleppzugschleusen bei Hünxe und Friedrichsfeld, die als Schleusen mit je rund 21000 m^2 Spundwänden und rund 32000 m^3 Beton ausgeführt wurden.

Hindenburgdamm, 1927

Das Unterhaupt der Friedrichsfelder Schleuse mußte auf einem Caisson mit dem stattlichen Ausmaß von 615 m^2 gegründet werden.

Von den zwölf großen Aufträgen, die Holzmann während der Scheinblüte auf dem Gebiet des Eisenbahn- und Straßenbaus ausführte, war der weitaus interessanteste und größte der Bau des Hindenburgdamms, der in einer Länge von rund 12 km die Insel Sylt mit dem Festland verband, mit einer Erdbewegung von 3,5 Mio. m^3 bei einer mittleren Schütthöhe von 7,5 m.

Im Untergrundbahnbau betätigte sich nach Berlin zum ersten Mal auch eine andere Niederlassung des Unternehmens. Die Hamburger Niederlassung baute die Strecke am Bahnhof Stephansplatz und diesen Bahnhof, das Einfahrtsbauwerk Eppendorfer Damm, die Strecke am Bahnhof Klosterstern sowie den gewölbten Streckenabschnitt unter dem Dammtorbahnhof.

Im Kanalbau blieben, wie schon immer, Berlin mit den Arbeiten in Spandau und Lichtenrade, München mit der Herstellung von zahllosen Kabelkanälen und der Erweiterung des Hauptkanalnetzes in der Elsenheimer Straße, Mannheim mit den Sielbauten in Sandhofen und Halle mit der Verlegung des Strengbaches in Bitterfeld sowie mit der Ausführung von Werkkanälen im Leunawerk die führenden Niederlassungen. Neben dem Bau mehrerer Schnellfilteranlagen und Kläranlagen verlegte Philipp Holzmann einige größere Düker, so die Tiefbauabteilung Frankfurt am Main einen Gasrohrdüker durch den Main bei Offenbach von 250 m Länge, die Danziger Niederlassung einen Doppeldüker durch die Mottlau und die Berliner Niederlassung einen Rohrdüker durch die Oder bei Schwedt. Die Düsseldorfer Niederlassung baute bei der Kanalausmündung der Kläranlage Köln-Stammheim zum ersten Mal den Unterwasserbeton nach dem schwedischen Kontraktorverfahren mit sehr gutem Erfolg ein.

Ein ganz besonderes Gepräge erfuhren aber gerade die Tiefbauaktivitäten in diesen Jahren durch den Bau von zahlreichen Wasserkraftanlagen. Einige dieser Kraftanlagen waren mit den Flußstaustufen, zum Teil mit Talsperren verbunden. In einigen Fällen handelte es sich auch um Speicherwerke. Jedenfalls waren es große und schwierige Ingenieurwerke, die zu den Spitzenleistungen der Branche zählten. Von den 18 Großbauten, die in den zwanziger Jahren errichtet wurden, seien folgende genannt:

- die Lahnstaustufe Balduinstein mit einem 600 m langen Kraftwerktunnel (ca. 2,1 Mio. RM)
- die Donaustaustufe Kachlet (ca. 2,3 Mio. RM)
- das Kraftwerk Feudenheim mit der Staustufe Ladenburg am Neckar (ca. 1,2 Mio. RM)
- das Oberrheinkraftwerk Ryburg-Schwörstadt (ca. 4,8 Mio. RM)
- das Speicherbecken Herdecke (ca. 6 Mio. RM)
- das Speicherwerk Oberwartha (ca. 2,3 Mio. RM)
- das Kraftwerk Hengstey (ca. 0,7 RM)
- die Bleilochsperre mit 65 m Höhe und über 200000 m³ Gußbeton (ca. 2,2 Mio. RM)
- die Schluchseesperre im Hochschwarzwald mit über 100000 m³ Beton (ca. 2,7 Mio. RM).

Bau der Saaletalsperre am Bleiloch, 1931

Allein acht von diesen zehn Großbaustellen wurden in Arbeitsgemeinschaft ausgeführt, ein Zeichen, daß auf diesem Gebiet die Argen funktionierten.

Eine Bauaufgabe von ganz besonderem Rang war der Vortrieb des Druckstollens des Vermunt-Kraftwerks in Vorarlberg, der 2400 m durch härtesten Gneis geschlagen werden mußte. Die Baustelle lag in rund 1800 m Höhe und wurde in Arbeitsgemeinschaft mit den Unternehmen Innerebner & Meyer in Innsbruck für die Elektrizitäts AG, vormals W. Lahmeyer & Co., Frankfurt am Main, ausgeführt. Der Anteil von Philipp Holzmann betrug bei diesem Projekt 1,8 Mio. RM. Die beiden großen Talsperren wurden im Blockbau betoniert, also nicht mehr gemauert, wie dies früher allgemein üblich war und zuletzt noch beim Bau der Muldenbergtalsperre von der Dresdner Niederlassung der Philipp Holzmann AG durchgeführt worden war. Sowohl bei der Kachletstufe als auch beim Bau des Kraftwerks Ryburg mußten wegen des felsigen Flußbettes Fangdämme aus Beton bis zu einer Höhe von 10 m konstruiert werden, deren Bau besonders bei den großen Strömungsgeschwindigkeiten des Oberrheins schwierig und für die ausführenden Arbeiter höchst gefährlich war.

Als reine Erdarbeit aus dieser Zeit ist der Abraumbetrieb in Borken, insgesamt 7 Mio. m^3, im Bezirk Kassel für die Preußische Elektrizitäts AG, Berlin, zu nennen, der 1928 von der Zweigniederlassung übernommen und nach einer Unterbrechung in den Jahren 1932/33–1943 von der Tiefbauabteilung Frankfurt am Main fortgeführt wurde.

Im Brückenbau wurden viele, zum Teil sehr bedeutende Brücken errichtet, von denen aber nur noch sechs mit Druckluft gegründet wurden. Allein drei lagen im Bereich der Zweigniederlassung Berlin, nämlich die Eisenbahnbrücke über die Havel bei Rathenow, die Eisenbahnbrücke über die Oder bei Küstrin und die Straßenbrücke über den Humboldt-Hafen in Berlin. Besonders stattliche Bauwerke waren die gewölbten Brücken über die Ruhr bei Mülheim und Hohensyburg und die Saalebrücke bei Kröllwitz. 1927/28 gründete Philipp Holzmann die Pylonen und die beiden Ankerpfeiler der Hängebrücke über den Rhein zwischen Köln und Mülheim mit zusammen 1460 m^2 Caissonfläche. Zur selben Zeit wurde ebenfalls mit Druckluft die Straßenbrücke über den Rhein zwischen Düsseldorf und Neuss gegründet. Bemerkenswert bei diesem Bauwerk war, daß zum ersten Mal auf dem Rhein ein Caisson schwimmend zur Einbaustelle gebracht und nicht wie bisher üblich von einem Gerüst abgesenkt wurde. Diese Maßnahme zeigt deutlich, daß die Befürworter der Druckluftgründung durch eine wirtschaftlichere Ausführungsart den Wettbewerb mit der Spundwandgründung aufgenommen hatten, ebenso wie sie es bereits bei früheren Gelegenheiten mit Erfolg durch die Montage und Absenkung der Caissons von einer künstlichen Insel getan hatten.

5. Aktivitäten im Ausland

Im April 1919 stellte der Vorstand der Philipp Holzmann AG fest, «daß in der Türkei, in Belgien, Luxemburg und in Elsaß-Lothringen die Arbeiten des Unternehmens mit dem Zeitpunkt der feindlichen Besetzung jener Gebiete hatten eingestellt werden müssen».[32] Den Stand der Geschäftstätigkeit in Südamerika und Rußland konnte der Vorstand zu diesem Zeitpunkt nicht beurteilen, da ihm hierzu keine Informationen vorlagen. Der Weiterbau der Eisenbahnlinie in Ostafrika war von den Briten übernommen worden. Allerdings konnte sich Philipp Holzmann mit der Ostafrikanischen Eisenbahngesellschaft über die dem Unternehmen zustehenden Ansprüche vorläufig verständigen.

Aber bereits 1920 konnte Philipp Holzmann im Ausland einige große Aufträge in Südamerika und umfangreiche Projektierungsarbeiten in Spanien übernehmen. Allerdings litt auch das Auslandsgeschäft unter erschwerten Bedingungen für die Materialbeschaffung sowie unter ständig steigenden Arbeitslöhnen und Materialpreisen.[33] In den nächsten Jahren hielt sich Holzmann auch aus Rücksicht auf Valutarisiken und auf die ungeklärten politischen und wirtschaftlichen Verhältnisse im Auslandsgeschäft äußerst zurück. Erst seit Mitte der zwanziger Jahre ist eine Belebung des Auslandsgeschäftes festzustellen. Gleichzeitig kristallisierten sich die Länder heraus, in denen Philipp Holzmann in den nachfolgenden Jahren zahlreiche Aktivitäten entwickeln konnte. An erster Stelle stand in dieser Zeit das Südamerikageschäft, wobei Holzmann in fast allen Ländern Südamerikas große Bauprojekte übernahm. Außer in Südamerika war Holzmann in dieser Epoche vor allem in Persien erfolgreich tätig.

Holzmann in Südamerika

Die Geopé in Argentinien. Die 1912 gegründete Compañía General de Obras Públicas, Sociedad Anónima (Geopé) führte auch von 1917 bis 1933 zahlreiche Aktivitäten im Hoch- und Tiefbau durch. Sie entwickelte sich zu einem der bedeutendsten Bauunternehmen in Argentinien.

1931 ging die Beteiligung von Ernesto Tornquist auf die anderen Aktionäre über. Die Geschäftsanteile des Bauunternehmens Goedhardt, Düsseldorf, wurden 1929 auf deren holländische Tochtergesellschaft N.V. Gebroeders Goedhardts Aannemingsbedrijf in Amsterdam übertragen. Im Jahre 1939/40 wurden sie von Holzmann in Frankfurt übernommen.

Das erste gewählte Directorio, das nach deutschem Recht etwa dem Aufsichtsrat entsprach, bestand aus folgenden Herren:

Präsident:	Samuel Hale Pearson	Director Gerentes:	Robert Hartmann
Vizepräsident:	Miguel Piñeiro Sorondo	Sub-Gerentes:	J. v. Braam Houckgeest
Beisitzer:	Walter Bürhaus		Juan König
	Gustavo A. Frederking	Syndico:	Carlos Meyer Pellegrini
	P.C. Geodhart	Syndico suplente:	Silvestre H. Blousson
	Pablo Habich		
	Jacobo Kade		
	Carl Koelle		
	Otto Riese		
	Juan M. Goedhart		

Während des Ersten Weltkriegs litt die Geopé an erheblichem Baustoffmangel. Hinzu kam, daß der Staat seine Zahlungsverpflichtungen, insbesondere für den Bau des zehnstöckigen Hafengebäudes, nicht erfüllte. Nur mit Hilfe der Kredite des Banco Alemán Transatlántico gelang es dem Unternehmen, diese schwierige Zeit zu überstehen.

Auch das Jahr 1919 brachte wenig Auftragszugang. Es war aber das letzte Krisenjahr vor einem neuen Auftrieb, der im Gefolge der Nachkriegskonjunktur einsetzte. Die Summe der seit der Gründung 1912 bis einschließlich 1919 übernommenen Aufträge betrug rund 70 Mio. Pesos, von denen etwa 43 Mio. Pesos auf die von Philipp Holzmann vor der Gründung übernommenen Arbeiten entfielen, die aber zum Teil in die Tätigkeit der Geopé hineinreichten.

1919 zeigte sich, daß viele der einst so bedeutenden Beteiligungen in Argentinien nicht mehr zu halten waren. Vor allem schmerzte die Deutsche Bank und ihre Tochter in Argentinien, den Banco Alemán Transatlántico, der Verlust der Deutsch-Ueberseeischen Elektricitätsgesellschaft, für die Holzmann so viele Bauaufträge ausgeführt hatte. John Maynard Keynes bezeichnete dieses Unternehmen 1919 als «fine and powerful German Enterprise in South America».[34] Die Gesellschaft hatte allerdings einen enormen Kapitalbedarf, der zu dieser Zeit am deutschen Kapitalmarkt nicht zu befriedigen war. Ihre Geschäfte gingen 1920 auf die Compañía Hispano-Americano de Electricidad (CHADE, später CADE) über. Da die Sofina, Brüssel, einen Großteil des Kapitals übernahm, wurde der Sitz des Unternehmens nach Brüssel verlegt.[35] Trotz des vollständigen Wechsels der Leitung blieb das enge Verhältnis zu Holzmann bestehen.

Die Jahre 1920–1925 zeigten ein rasches Zunehmen der Hochbautätigkeit. Für Privatpersonen und Unternehmer wurde die Herstellung vieler Häuser, Fabriken und anderer Bauten übernommen. In diese Zeit fiel auch der Bau einer Reihe von Bankgebäuden, die durch ihre Architektur das Stadtbild beeinflußten und für die neue wirtschaftliche Blüte charakteristisch waren, und zwar für «The First National Bank of Boston», «Banco Escandinavo-Argentino», «Banco Alemán Transatlántico» und «Banco Tornquist». An diese Reihe schloß sich 1928 noch der Bau der «Banco Popular Argentino» an. Die Bausumme für diese fünf Banken betrug 8,6 Mio. Pesos.

Im Zeitraum nach 1925 traten zahlreiche Tiefbauarbeiten hinzu: in Buenos Aires die Herstellung einer 8 km langen Eisenbeton-Druckwasserleitung und in der Provinz Córdoba fast 300000 m^2 Landstraßenbauten nach dem Makadam-Verfahren. Im Jahre 1927 übernahm die Geopé in der Provinz Mendoza die ersten Straßenbauten nach einem Asphalt-Emulsionsverfahren. In den Jahren der Hochkonjunktur von 1925 bis 1930 baute die Geopé in Buenos Aires zwei Dampfkraftwerke.

Das Aufblühen der Stadt und ihrer Vororte erforderte eine rasche Vergrößerung der Stromlieferungsmöglichkeiten. Da im alten Hafengebiet von Dock Sud eine durchgreifende Verstärkung der Anlagen wegen der Ungunst der Kühlwasserverhältnisse und der Schwierigkeiten des Baugrundes nicht ratsam war, sollte das in der Brüsseler Zentrale entworfene neue Großkraftwerk im großzügig projektierten sogenannten Neuen Hafen errichtet werden, den die Hafenbehörde gerade zu jener Zeit in eigener Regie baute. Die Elektrizitätsgesellschaft konnte sich keinen besseren Platz wünschen. Das Baugelände wurde dem Río de la Plata durch Auffüllen gebaggerter Massen abgewonnen, die umgebenden, 8 m tiefen Hafenbecken und der Schiffahrtskanal gewährleisteten reichlichen Kühlwasserzu- und -abfluß, und die Kabelleitungen zu den Hauptentnahmezentren der Stadt blieben aufgrund der günstigen Lage kurz.

Das gesamte Baugebiet wurde mit einem Fangdamm aus doppelten Larssenspundwänden mit Erdkern umschlossen und trocken gehalten. Der Aushub und Bau der Fundamente und Kanäle konnten so mit geringer Wasserhaltung leicht durchgeführt werden. Für die Betonarbeiten wurden ein großes Betonwerk mit Entladekernen für die mit Schiffen ankommenden Rohstoffe und ortsfeste sowie fahrbare Gießtürme errichtet. Es gelang, eine ungewöhnlich kurze Bauzeit zu erzielen. Vom Beginn der Rammung des Fangdammes bis zur Inbetriebsetzung der ersten Dampfturbine im fertigen Werk waren nur 34 Monate vergangen. Die Höhe des Auftrages dieser ersten Ausbaustufe überstieg 20 Mio. Pesos. Nach einigen Jahren fielen die folgenden Ausbaustufen ebenfalls der Geopé zu.

Kaum war im Jahre 1928 dieses Großkraftwerk in Betrieb genommen, als auch die andere Elektrizitätsgesellschaft der Stadt, die Compañía Italo-Argentina de Electricidad den Bau eines Großkraftwerks vorantrieb. Sie erhielt die Konzession auf ein ebenfalls dem Río de la Plata abzugewinnendes Gelände unmittelbar neben dem ihrer Konkurrentin. Der Geopé fiel auch diese Aufgabe zu (Bausumme fast 18 Mio. Pesos), so daß die Gesellschaft das gesamte Baugerät fast unverändert abermals einsetzen konnte.

Für die beiden Elektrizitätsgesellschaften baute die Geopé im Neuen Hafen Kaimauern von insgesamt 2150 m Länge und baggerte 1,5 Mio. m^3 Boden im Trockenen, zu deren Durchführung Fangdämme von fast 3400 m Länge notwendig waren; rund 200000 m^3 Beton und Eisenbeton und 23000 m^3 Mauerwerk stehen als wesentliche Leistungsziffern für diese beiden «Superusinas» (Großkraftwerke).

Das Jahr 1928 brachte noch einen technisch ungewöhnlich schwierigen Bau für die CADE in Rosario. Es mußte eine Wasserentnahme mit Pumpenhaus in der starken Strömung des Paranáflusses erbaut werden. Dabei lag die Gründungssohle des Pumpenhauses 23 m unter dem Wasserspiegel.

Zur gleichen Zeit übernahm die Geopé die Herstellung eines großen Teiles der Straßen der Stadt Corrientes, in den meisten Teilen in Eisenbeton, im Werte von über 5,5 Mio. Pesos. Unter einer bemerkenswerten Reihe neuer Hochbauten, Rentenhäuser und Fabrikbauten ist ein sehr bedeutendes Objekt zu nennen: der Schlachthof und die Kühlhallen von Buenos Aires, deren Bausumme über 7,5 Mio. Pesos betrug.

Das Jahr 1929 brachte der Geopé als Aufträge den Bau großer Werkstatthallen für die Eisenbahn der Provinz Buenos Aires in La Plata und die Herstellung eines Teiles einer neuen Untergrundbahnstrecke in Arbeitsgemeinschaft mit der Siemens-Bauunion. Der Ruf, den die Geopé sich durch die Bauten für die beiden großen Elektrizitätsgesellschaften von Buenos Aires erworben hatte, zog die Auftragserteilung für weitere Kraftwerksbauten nach sich. 1930 fiel ihr die Erbauung der Verwaltungsgebäude für die Stadt Bahía Blanca zu. Die Pfahlgründung dieses Baues brachte unerwartete Schwierigkeiten mit sich, da die Eisenbetonpfähle eine Schicht sehr fest gelagerten, feinkörnigen Sandes nicht durchdrangen und bei einer Veränderung der Grundwasserverhältnisse instabil wurden.

Mit dem Jahre 1930 schloß eine Dekade des Aufschwungs und der großen Erfolge. Der Auftragsumfang hatte die stattliche Ziffer von 230 Mio. Pesos erreicht, was einen Zuwachs von rund 160 Mio. in nur zehn Jahren bedeutete. Aber gleichzeitig markierte dieses Jahr eine Wende.

Die Weltwirtschaftskrise traf auch Argentinien. Der Preissturz auf allen Gebieten rief Geldmangel hervor und führte zu Massenentlassungen. Auch für die Geopé änderte sich langsam das Bild. Die großen Bauten wurden fertig, und ein Teil des zahlreichen Personals wurde freigesetzt. Spielte bisher die Konkurrenz der anderen deutschen Baufirmen nur wenig und die der größeren argentinischen Firmen fast gar keine Rolle, so mußte jetzt im harten Kampf um die verbliebenen Bauobjekte versucht werden, Arbeit für das Personal zu finden.

Das Jahr 1931 brachte noch einen Auftragszugang von rund 8 Mio. Pesos, darunter den Bau des 19 Stockwerke hohen Bürohauses «Comega» und des noch größeren Rentenhauses «Safico» in Buenos Aires. Aber unter diesen neuen Aufträgen entwickelte sich einer von fast 4 Mio. Pesos im Verlauf der weiteren Jahre zu einem starken Verlustgeschäft, weil die Zahlungen eingestellt wurden. Es handelte sich hierbei um die Herstellung von Betonfahrbahnen in Straßen verschiedener Vororte.

Untergrundbahn Buenos Aires, 1929/30

Der Zugang an neuen Aufträgen war in den drei nächsten Jahren noch geringer. Um die Kosten zu senken, willigten die Mitarbeiter in die Herabsetzung ihrer Bezüge ein. Das Jahr 1935 zeigte endlich deutlich den beginnenden Umschwung der Konjunktur; es brachte neue Aufträge mit rund 22 Mio. Pesos, darunter die auf Brunnen gegründete Eisenbeton-Straßenbrücke über den Rio Neuquen mit neun Bogen zu je 51,6 m.

Aber die Geschäftspraktiken hatten sich sehr geändert. Die Hälfte dieser neuen Aufträge war mit Finanzierungsgeschäften verknüpft, die nur durch die Inanspruchnahme sehr großer Kredite durchgeführt werden konnten. Das bedeutete, daß ein Großteil des erhofften Gewinns den Kreditgebern geopfert werden mußte.

Ein sehr großes und interessantes Objekt mit Kreditgewährung war der Bau der dritten Untergrundbahnlinie in Buenos Aires für ein spanisches Konsortium in Arbeitsgemeinschaft mit der Siemens-Bauunion und Grün & Bilfinger. Die 5,6 km lange Strecke Plaza de Mayo–Plaza Italia wurde in tragfähigem Lößboden durchgeführt, der fast durchweg den Untergrund von Buenos Aires bildet. Der Anteil der Geopé an diesem Auftrag belief sich auf etwa 8,5 Mio. Pesos. Ferner wurde 1935 mit dem Bau einer großen Kunstseidefabrik für den amerikanischen Dupont-Konzern in Berazategui bei Buenos Aires begonnen. Die Pläne waren in den USA erarbeitet worden. Die Geopé hatte einen Ingenieur als Berater dorthin entsandt, damit die Eisenbetonkonstruktionen den argentinischen Vorschriften genügten, die übrigens mit den deutschen fast übereinstimmten. Dieses Objekt erreichte eine Bausumme von 5,6 Mio. Pesos.

Damit konnte im Zeitraum von 1930 bis 1935 ein Auftragszugang von insgesamt 40 Mio. Pesos verbucht werden. Um das Jahr 1936 stellte die Geopé das größte Bauunternehmen Südamerikas dar. In dieser Zeit waren 300 Angestellte und 5000 Arbeiter beschäftigt.

Die Geopé in Uruguay.[36] Mit der Übernahme eines Brückenbaus im Jahre 1918 (Straßenbrücke aus Eisenbeton über den Río Daymán, elf Bögen mit je 32 m lichter Öffnung) im Nachbarland Uruguay wurde dort zum ersten Male Fuß gefaßt. Daraus entstand die Niederlassung Montevideo. Sie widmete sich dem Straßenbau und der Herstellung von Kanalisationen und Hochbauten.

Die Dirección de Saneamiento de Uruguay beauftragte die Geopé im Jahre 1925 mit dem Bau einer Talsperre für die Stadt Rivera mit einer Bausumme von 2,5 Mio. Pesos.

In den Jahren 1925–1930 führte die Niederlassung Montevideo umfangreiche Be- und Entwässerungsarbeiten für die Städte San José, Rocha, Treinta y Tres, Florida und Melo mit einer Auftragssumme von mehr als 4 Mio. Pesos aus. Zur selben Zeit wurden für die Stadtverwaltung Montevideo die ersten Eisenbetonstraßen in einem Umfang von 220 000 m^2 hergestellt.

Im Jahre 1930 gewann die Geopé die Ausschreibung für den Bau der neuen staatlichen Dampfkraftzentrale in Montevideo in Arbeitsgemeinschaft mit Metropolitan-Vickers und Babcock and Wilcox, Ltd. Diese Kombination war notwendig geworden, da die großen deutschen elektrischen Lieferfirmen keine Kapazitäten frei hatten. Die Planbearbeitung in den Einzelheiten war nicht leicht und erforderte viele Reisen zwischen Manchester, London, Dortmund, Frankfurt, Montevideo und Buenos Aires. Das Stammhaus wirkte durch ein Büro in Frankfurt mit, und es gelang, die kurz bemessene Baufrist einzuhalten. Der Objektwert für die Geopé belief sich auf etwa 16 Mio. Pesos.

Zu diesem Bauauftrag, der von Buenos Aires aus direkt bearbeitet wurde, kam ein anderer, der für die Geopé der größte ihrer Geschichte sein sollte. Es handelte sich um den baulichen Teil des staatlichen hydroelektrischen Werkes am Río Negro in Uruguay. Dieses Objekt wurde nach zweimaliger Ausschreibung von einem Konsortium gewonnen, das aus Siemens-Schuckert und AEG für den elektrischen Teil, Voith für die Turbinen etc. und Siemens-Bauunion und Geopé für den Bau zusammengesetzt war. Der Objektanteil der Geopé belief sich auf über 40 Mio. Pesos.

Der wesentliche Teil des Baus bestand aus einer 1174 m langen und 40 m hohen Betonmauer quer durch das Flußtal des Río Negro, wodurch ein Bin-

Kraftwerk Río Negro/Uruguay, 1932–1942

nensee entstand, mit einer Oberfläche von nicht weniger als rund 1400 km² und einem Inhalt von 15 Mrd. m³ Wasser. Den Hauptteil der Sperre, die etwa 250 km von der Hauptstadt Montevideo entfernt ist und fast im Mittelpunkt des Landes liegt, bildet die 413 m lange Staumauer aus Strebepfeilern. Beiderseits der Mauer schlossen sich Schwergewichtsmauern an von 717 und 44 m Länge. Der Pfeilerteil umfaßte außer einem nicht überströmten Mauerteil den Hochwasserüberfall, bestehend aus zwölf durch Schütze verschließbaren Öffnungen, von dem aus über vier Rohre das Kraftwerk mit Wasser gespeist wurde. Um den stellenweise stark zerklüfteten Fels genügend gegen Unterströmungen zu sichern, wurde dieser nach Errichtung der Sperre weitgehend mit Hilfe von Zementverpressungen und chemischen Bodenverfestigungen gedichtet.

Obwohl der Vertrag mit der uruguayischen Regierung über den gesamten Bau und die Lieferungen in einer Atmosphäre freundschaftlichen Einvernehmens zustandegekommen war, enthielt der Vertrag eine Klausel für einen eventuellen Kriegsfall: Bau und Lieferungen sollten für die Kriegsdauer aussetzen und wieder aufgenommen werden, wenn die Umstände es erlaubten. Nach Kriegsausbruch nahm die Aufsichtsbehörde eine ausgesprochen deutschfeindliche Haltung ein und erklärte 1942, ohne Rücksicht auf die vorgesehene Kriegsklausel, den Vertrag für nichtig, um die Lieferung der Turbinen und der elektrischen Ausrüstung, die aus Deutschland nicht mehr herantransportiert werden konnten, statt dessen aus den Vereinigten Staaten zu beziehen. Die Baufirma mußte so lange weiterarbeiten, bis der Erfolg des Baues sichergestellt und der Bau für die Montage der elektrischen Ausrüstung bereit war. Dann übernahm die Regierung das gesamte Gerät, ohne eine Entschädigung zu zahlen.

Die Geobra in Brasilien.[37] Philipp Holzmann hatte die Absicht auch in Brasilien, dem größten, noch am Anfang einer aussichtsreichen Entwicklung stehenden Staate Südamerikas, festen Fuß zu fassen, nachdem bereits verhältnismäßig früh in Argentinien sowie später auch in Chile und Peru Tochtergesellschaften gegründet worden waren. Dieses Vorhaben nahm erst um die Mitte der 1920er Jahre konkretere Formen an. In Brasilien bestand bereits eine beachtliche heimische Bauindustrie. Darüber hinaus arbeiteten die Niederlassungen anderer europäischer Großbauunternehmen mit gutem Erfolg, so daß Holzmann damit rechnen mußte, nur mit erheblichen Schwierigkeiten Eingang in das mit besonderen Eigenarten belastete brasilianische Baugeschäft zu finden. Um sich bereits nach Möglichkeit vor der Gründung einer eigenen Gesellschaft einen Bau als geeignetes Einführungsobjekt für die neue Gesellschaft zu sichern, trat Holzmann dem Projekt des Ausbaus des Hafens von São Francisco do Sul im Staate Catarina näher. Die günstige Entwicklung in der Finanzierungsfrage und die gute Aussicht auf die Auftragserteilung für den Hafenbau sowie die bereits angeknüpften Beziehungen zwecks Prüfung und Bearbeitung weiterer Bauobjekte in Brasilien führten am 8. September 1927 zur Gründung der Companhia Geral de Obras e Construcções, Sociedade Anónima, Geobra mit Sitz in Rio de Janeiro. Die Zusammensetzung des Direktoriums der Geobra war folgende:

Präsident	Leopold Lewin
Vizepräsident	James Magnus
Director Delegado	Robert Hartmann
Director Gerente	Reichsbahnoberrat Eugen Bloch
Direktoren	Oscar Weinschenk, Mário de Almeida Ramos, Edgard Raja Gabaglia

Als erste technische und kaufmännische Kräfte wurden von der Geopé in Buenos Aires Rudolf von Raumer und der spätere langjährige Prokurist der Geobra, Friedrich Ensslin, übernommen. Im Jahre 1930 erfolgte die Ernennung von Heinrich Schloemann zum Director Gerente. Das neue Unternehmen wurde als Aktiengesellschaft nach brasilianischem Recht mit einem Kapital von 3 Mio. Pesetas, unterteilt in 3000 Anteile zu je 1000 Pesetas, konstituiert.

Der brasilianische Baumarkt befand sich zur Zeit der Gründung der Geobra in einer schwierigen Lage. Die starke Beteiligung großer einheimischer Baufirmen am modernen Hochbau sowie die Konkurrenz zahlreicher kleiner Unternehmer hatten die Preise auf diesem Gebiet auf einen sehr niedrigen Stand gebracht und das Hochbaugeschäft mit erheblichen Unsicherheiten und Schwierigkeiten belastet, die sich für eine junge Organisation von der Art der Geobra ungünstig auswirkten. Da engere Beziehungen zu einheimischen Handels- und Industriekreisen fehlten, kamen als Auftraggeber für Ausführungen im Ingenieurbau zunächst fast nur Regierungsstellen und Verwaltungsbehörden in Frage. Da diese Stellen im allgemeinen über geringe finanzielle Mittel verfügten, war auch die Zahl der zur Vergabe gelangenden größeren Bauobjekte verhältnismäßig beschränkt und ihre Übernahme oft nicht ohne Risiko möglich.

Die Erfahrungen, die in den ersten Jahren des Bestehens der Geobra auf dem Gebiet des Hochbaus gemacht wurden, gaben wegen der anhaltenden schlechten Marktlage keinerlei Anreiz zum Ausbau der Tätigkeit auf diesem Gebiet, obwohl das Ergebnis, im ganzen genommen, keinen Verlust beinhaltete. Ein Mitte 1928 übernommener Auftrag für die Ausführung von etwa 160000 m^2 Straßenpflasterung für die Präfektur von Rio de Janeiro sowie der Bau zweier Teilstrecken der Sorocabana-Eisenbahn im Staate São Paulo, deren Zuschlag im Oktober desselben Jahres erfolgte, führten wegen unvorhergesehener Schwierigkeiten während des Baus sogar zu finanziellen Verlusten.

Im Gegensatz zu den wenig glücklichen Anfangsergebnissen in Mittel-Brasilien schien sich im Süden des Landes, im Staate Santa Catarina, ein größeres Arbeitsfeld mit günstiger Entwicklung zu eröffnen. Trotz der eingetretenen Krise im Holzexport, die eine starke Verminderung der Güterumschlagmenge im Hafen von São Francisco do Sul zur Folge hatte, kam es im Oktober 1928 zu einem Abkommen über die Ausführung der geplanten Hafenanlagen durch die Geobra. Die Einrichtung der Baustelle sowie vorbereitende Arbeiten wurden sofort in Angriff genommen. Im November 1928 ging die Geobra mit der einheimischen Baugesellschaft Cobrasil ein Arbeitsverhältnis ein, um die für das Mündungsgebiet des Itajahy-Assú im Staate Santa Catarina geplanten Molen- und Leitwerkbauten beschleunigt durchführen zu können. Die bis zum 30. November 1930 auszuführende Leistung – Gewinnung und Einbau von 286000 t Steinschüttmaterial – wurde schon am 30. September erreicht.

Ende 1929 gelang es zudem, im Staate Santa Catarina den Zuschlag für den Bau einer 200 m langen Eisenbahnbrücke über den Itajahy-Assú in Blumenau zu erhalten. Blumenau, das damals noch wie ein deutsches Landstädtchen anmutete, war Mittelpunkt eines im Laufe des 19. Jahrhunderts von deutschen Ansiedlern erschlossenen und seitdem tatkräftig weiterentwickelten Gebietes, in dem bis Ende der zwanziger Jahre noch überall und fast ausschließlich deutsch gesprochen wurde. Die Brücke bestand aus den beiden Widerlagern, zwei Strompfeilern und einem Überbau in Eisenfachwerk mit einem Mittelfeld von 80 und zwei Seitenöffnungen von je 60 m. Die Baustelle wurde ständig durch die gefürchteten, mit großer Geschwindigkeit anströmenden Hochwasserwellen des Itajahy-Assú bedroht. Die 648 t schwere Eisenkonstruktion des Überbaus wurde von der deutschen Eisenbaufirma Eilers, Hannover, hergestellt und montiert.

Die Revolution vom Oktober 1930 wirkte sich für die Geobra im Süden des Landes äußerst ungünstig aus. Während der Bau der Blumenauer Brücke Mitte 1931 zu Ende geführt werden konnte, die Zahlungen jedoch jahrelang ausblieben, kam der Molenbau in Itajahy auf lange Zeit völlig zum Erliegen, und der Hafenbau von São Francisco do Sul wurde eingestellt.

Mit der Übernahme eines Auftrags von größerer Bedeutung und beachtlichem Umfang verlagerte sich der Schwerpunkt der Tätigkeit der Gesellschaft stark in den Norden des Landes. Es handelte sich um den Ausbau des Hafens von Cabedelo im Staate Paraíba do Norte, dessen Projekt von der Geobra mit besonderem Interesse ausgearbeitet worden war. Der Auftrag sah den Bau einer 510 m langen Kaikonstruktion als Stahlspundwand mit Verankerung (insgesamt 2326 t Stahl) für 8 m Wassertiefe unter Niedrigwasser mit Eisenbetonholm sowie die Auffüllung des von der Kaikonstruktion begrenzten Hafengeländes mit rund 200000 m^3 Bodenmassen vor. Die Summe des in 14 Monaten auszuführenden Auftrags belief sich auf rund 5,8 Mio. Pesos, von denen etwa die Hälfte in englischen Pfunden zu begleichen war, um die Zahlung des einzuführenden Stahlmaterials zu sichern. Das Angebot der Geobra bot dem Staat die Möglichkeit, gegen Deponierung des Betrags oder seines Gegenwertes beim Banco Alemán Transatlántico in Rio, der die Funktion eines Treuhänders übernommen hatte, die Zahlung für die Ausführung des Hafenbaus erst nach Fertigstellung und Abnahme durch die Bundeshafenbehörde zu leisten.

Nachdem Ende August 1931 für den Hafenbau in Cabedelo noch eine größere Naßbaggerarbeit in der Baixada Fluminense, der großen Niederung in der Nähe von Rio, in Auftrag genommen worden war, begann die allgemeine Wirtschaftskrise sich dergestalt auszuwirken, daß es der Geobra trotz größter Anstrengungen nicht gelang, während der nächsten Jahre neue, größere und lohnende Arbeiten von Regierungsstellen oder von privater Seite zu erhalten.

Die Copru in Peru.[38] Die Republik Peru, an der Westküste Südamerikas gelegen, ist etwa doppelt so groß wie Deutschland in den Grenzen von 1937, besaß damals aber nur 7 Mio. Einwohner, von denen etwa die Hälfte Indianer waren. Als es in den zwanziger Jahren dem außergewöhnlich dynamischen Präsidenten von Peru, Augusto B. Leguia, gelang, in den Vereinigten Staaten größere Anleihen aufzunehmen, erlebte das Land einen plötzlichen und bedeutenden

Aufschwung, der am ehesten an der großen Zahl öffentlicher Bauten zu erkennen ist, die damals entstanden.

Um die gleiche Zeit nahm die von den USA ausgehende Idee des sogenannten Panamerican Highway konkrete Formen an, was für fast alle südamerikanischen Republiken die Verpflichtung mit sich brachte, den auf ihr Territorium treffenden Teil dieser vom Norden des Kontinents bis nach Südchile gedachten Verbindungsstraße auszuführen.

Die daraus resultierenden Projekte und die Tatsache, daß es zu jener Zeit in Peru keine leistungsfähigen Großbaufirmen (außer einer nordamerikanischen) gab, veranlaßten die Regierung, eine große, seriöse Baugesellschaft ins Land zu rufen, um sie an der Ausführung der geplanten öffentlichen Bauvorhaben teilnehmen zu lassen. So kam es, daß ein Beauftragter der peruanischen Regierung sich an die chilenische Niederlassung von Holzmann wandte und vorschlug, ihre Tätigkeit auf Peru auszudehnen. Diesem Wunsch stimmte der Vorstand in Frankfurt nach positivem Abschluß der Vorarbeiten zu. Am 1. Oktober 1925 wurde unter Übernahme eines kleinen deutschen Bauunternehmens (Dünkelberg & Pellny) die Compañía General de Construcciones del Perú S.A., Lima (Peru), Copru genannt, mit einem Kapital von 1 Mio. Soles (damals etwa 1 Mio. RM) ins Leben gerufen.

Als erste größere Arbeit führte die Copru den Bau des neuen staatlichen Kinderhospitals in Lima aus. Ein etwa 100 m langes, dreistöckiges Hauptgebäude und vier kleinere Pavillons wurden mit einem Gesamtwert von rund 1 Mio. Soles errichtet. Zur gleichen Zeit wurde der Bau einer etwa 200 m langen Straßenbrücke in Stahlbeton über den Jequetepeque im Norden Perus in Angriff genommen, der ohne Zwischenfall zur Zufriedenheit der Regierung beendet wurde. Diese Brücke, wie alle weiteren im Laufe der Jahre von der Copru ausgeführten Straßenbrücken im Norden des Landes, wurde im Zuge der oben erwähnten Interamerikanischen Autobahn errichtet.

Im Jahre 1926 wurde die Copru mit der Trassierung und Ausführung der Straße Cuzco-Abancay beauftragt. Es handelte sich hierbei um einen Straßenbau in etwa 4000 m Höhe in Macadam-Bauweise, der das bis dahin fast unzugängliche Hinterland der Stadt Cuzco (Südperu) mit der bis zu dieser Stadt führenden Eisenbahn verbinden sollte. Der von der Copru gebaute Abschnitt hatte eine Länge von etwa 500 km und führte zum größten Teil an unwegsamen Steilhängen entlang. Zum besseren Verständnis der hier vollbrachten Leistung muß erwähnt werden, daß der Ausgangspunkt der Trasse einen Tagesritt von Cuzco entfernt lag, während Cuzco selbst von Lima aus nur nach dreitägiger Seereise und eintägiger Bahnfahrt zu erreichen war. Alle Maschinen und Baumaterialien mußten auf diesem Weg nach Cuzco und von dort aus mit Maultierkarawanen auf die Baustelle gebracht werden. Es wurde in drei Sektionen gearbeitet; jede wurde von einem deutschen Ingenieur geleitet. Die Belegschaft bestand aus etwa 4000–5000 Indios, die mit ihren Familien und Haustieren in großen Lagern untergebracht waren und von peruanischer Polizei bewacht werden mußten, um die häufigen Desertionen zu verhindern. Der Wert dieser Arbeit war auf etwa 25 Mio. Soles veranschlagt. Die Belieferung, Verwaltung und Überwachung dieser Baustelle bereiteten erhebliche Schwierigkeiten, doch verliefen die Arbeiten zufriedenstellend bis zu ihrer zwangsläufigen Einstellung nach dem Sturz des Präsidenten Leguia. Von den gesamten Arbeiten waren bis dahin etwa 20% durchgeführt worden. Erwähnenswert ist, daß diese Straße durch landschaftlich und historisch höchst interessante Gebiete führt, nämlich durch das vor der Eroberung durch die Spanier von den Inkas beherrschte Hochland, wo heute noch unzählige Ruinen und Siedlungsreste Zeugnis von der hochentwickelten Kultur dieses Volkes ablegen. Im gleichen Jahr 1926 wurde der Bau einer größeren Steinbrücke über den Santa-Fluß an der Nordküste Perus begonnen. Der Oberbau der Brücke bestand aus einer Stahlkonstruktion, die, wie alle späteren Brückenkonstruktionen, aus Deutschland geliefert und von der Copru selbst montiert wurde.

Gleichzeitig wurde die Gesellschaft mit Vorstudien für die Trassierung und den Bau einer Eisenbahnlinie vom Hafen Chimbote nach Recuay (Nordperu) beauftragt. Diese Bahnlinie hatte den Zweck, das fruchtbare und landschaftlich schöne Gebiet um Recuay im sogenannten Callejón de Huaylas mit dem Hafen Chimbote zu verbinden. Die Copru erhielt später auch den Auftrag zur Durchführung der Bauarbeiten. Auf der 22 km langen Strecke durch den Cañon de Pato von Huallanca bis Mato mußten 65 Tunnels von 20–300 m Länge hergestellt werden; die Einschnitte waren bis zu 80 m tief. Diese Arbeit machte zufriedenstellende Fortschritte, bis sie, ebenso wie der Straßenbau Cuzco-Abancay, eingestellt werden mußte.

1927 wurde eine weitere Straßenbrücke über den Moche-Fluß in Nordperu gebaut. In Lima übernahm die Copru den Bau der neuen staatlichen Ackerbauschule, die aus drei großen Gebäuden in Stahlbeton, fünf Wohnhäusern für Professoren und einem Wasserturm in Stahlbeton bestand. Nach dreijähriger Bauzeit konnte die Schule dem Betrieb übergeben werden. Als 1941 ein schweres Erdbeben die Umgebung Limas erschütterte, wurde diese Anlage bis auf den Wasserturm zerstört. Untersuchungen seitens der Regierung ergaben, daß das Gebiet der Ackerbauschule genau im Verlauf der Bebenwelle gelegen war.

Ebenfalls 1927 wurden in der Innenstadt ein fünfstöckiges Geschäftsgebäude mit unterirdischer Garage für die Firma Gildemeister & Co. sowie ein Geschäftshaus mit großem Laden für die Firma Rehder ausgeführt.

Neben den großen laufenden Arbeiten wurden 1928 zwei kleinere Straßenbrücken in Nordperu gebaut und einige Hochbauten in Lima errichtet.

Nachdem 1930 im Süden des Landes ein Teil des peruanischen Heeres gegen den Präsdenten Leguia geputscht hatte, richtete sich der Unmut der neuen Machthaber auch gegen die Copru. Alle Zahlungen wurden eingestellt, die Kontrakte annuliert und die Anerkennung der von der Gesellschaft finanzierten Leistungen verweigert. Die früheren langfristigen Kontrakte wurden teilweise in eigener Regie weitergeführt. Infolge der Weltwirtschaftskrise war an größere Staatsaufträge in Peru bald nicht mehr zu denken. Deswegen mußte sich die Haupttätigkeit der Copru in den dreißiger Jahren auf den Kampf um Privataufträge mit einheimischen und nordamerikanischen Konkurrenzfirmen beschränken. Es gelang die Übernahme des Baus einer großen Lebensmittelfabrik für die Firma Bunge & Born, Buenos Aires, einer Flugzeugfabrik mit großer Halle für die italienischen Caproni-Werke und eines Flugplatzes für die Lufthansa in Lima. Ferner wurden Umbauarbeiten im Gebäude des Banco Alemán Transatlántico und verschiedene Erweiterungsbauten übernommen.

Die Construct in Chile.[39] Die im Jahre 1913 von Buenos Aires aus gegründete chilenische Tochter «Philipp Holzmann & Cie.» wurde nach erfolgreicher Geschäftstätigkeit 1921 in eine chilenische Aktiengesellschaft umgewandelt. Das Aktienkapital betrug im Anfang 1 Mio. Pesos und wurde nach und nach auf 4 Mio. Pesos erhöht. Hauptaktionär war das Frankfurter Stammhaus. Das Direktorium (Aufsichtsrat) bestand aus einflußreichen chilenischen Persönlichkeiten, deren Mitarbeit viel zu den Erfolgen der neuen Firma beitrug. Langjähriger Präsident dieses Direktoriums bis 1937 war Don Manuel Ossa, ein angesehener Senator der chilenischen Republik.

Von der Philipp Holzmann & Cie konnte ein Auftragsbestand von 12 Mio. Pesos übernommen werden. Darunter waren zwei Regierungsaufträge über den Bau einer Verladebrücke im südlichsten Hafen Chiles «Magallane» sowie einer 1100 m langen Straßenbrücke über den Fluß Itata, ferner Aufträge für den Bau eines hydraulischen Kraftwerks in der Zentral-Cordillere, verschiedener Industriebauten usw. Alle Bauten wurden in Stahlbeton nach eigenen Entwürfen ausgeführt. Wegen der Erdbebengefahr waren besondere Konstruktionen notwendig. Daß diese Gefahr aber doch nicht beseitigt werden konnte, zeigt das Schicksal der 490 m langen, auf Stahlbetonsenkbrunnen gegründeten Itata-Brücke in Nipas, die durch das große Erdbeben vom Januar 1939, die die Stadt Concepción und die nördlich gelegenen Städte Chilan und Parral fast ganz in Trümmer legte, ebenfalls völlig zerstört wurde. Dagegen blieb die «Banco Anglo Sudamericano» in Concepción, 1923 ebenfalls in Stahlbeton errichtet, mitten in einem großen Trümmerfeld als einziges völlig unbeschädigtes Gebäude stehen.

Bis zum Jahre 1925 kamen noch Aufträge im Wert von 15 Mio. Pesos hinzu, darunter eine weitere, 162 m lange, auf Stahlbetonrohren gegründete Verladebrücke im nördlichsten Hafen Chiles «Arica», zwei Sektionen der Bahn Lebu–Los Sauces in Länge von 66 km, eine Artilleriekaserne in Arica, eine elektrische Kraftzentrale der Kohlenmine Coronel usw. Von 1925 bis 1927 widmete sich die Construct besonders der Herstellung von Arbeitersiedlungen, da die Ausführung öffentlicher Bauten infolge der Salpeterkrise eingeschränkt worden war. Neun Siedlungen mit 1095 Häusern im Wert von 18 Mio. Pesos wurden gebaut.

Inzwischen hatte sich die wirtschaftliche Lage in Europa und in den Vereinigten Staaten derart gebessert, daß die chilenische Regierung unter Führung des neu gewählten Präsidenten, General Carlos Ibáñez, auswärtige Anleihen für die Ausführung eines großzügigen Bauprogramms aufnehmen konnte. Da sich für die Construct gleichzeitig die Möglichkeit bot, mit Garantie der Geopé größere Kredite aufzunehmen, beteiligte sich die Construct in Konkurrenz mit bedeutenden nordamerikanischen Baufirmen erfolgreich an der Bearbeitung von Ausschreibungen großer Bauobjekte.

Auf diese Weise erhielt die Construct Ende 1927 den Auftrag zum Bau des bedeutenden Salpeterhafens Iquique mit einer Bausumme von 72 Mio. Pesos. Infolge der modernen Einrichtung der Baustelle und reibungslosen Abwicklung der Arbeiten konnte der fertige Hafen bereits im Oktober 1931, also 15 Monate vor dem vertraglichen Termin, den Behörden übergeben werden.

Abgesehen von einer Reihe kleinerer Bauten konnte die Construct 1930 auf der Basis von Selbstkostenverträgen noch den Bau von zwei Talsperren im Norden Chiles für Bewässerungszwecke mit einer Bausumme von 33 Mio. Pesos sowie einer Talsperre in der Zentral-Cordillere mit Verlegung einer Teilstrecke der Transandinobahn, Vertragssumme 23 Mio. Pesos, in Angriff nehmen. Insgesamt betrug somit der Auftragsbestand der Construct in den Jahren 1927–1931 rund 130 Mio. Pesos.

Als Folgeerscheinung der Weltwirtschaftskrise brach im Juli 1931 in Chile eine Revolution aus, so daß der Zufluß der Baugelder aus den auswärtigen Anleihen plötzlich aufhörte. Alle Regierungsbauten wurden eingestellt, darunter auch die Talsperrenbauten, die vollständig fertiggestellt waren und bei denen die Construct bereits mit den Gründungen begonnen hatte. Nur die letzten Arbeiten am Hafenbau Iquique mußten mit eigenen Mitteln der Construct zu Ende geführt werden, um große Schäden zu vermeiden. Die nordamerikanischen Baufirmen, die finanziell nicht so stark engagiert waren wie die Construct, zogen sich ohne weiteres aus Chile zurück, während für die Construct ein jahrelanger Kampf um die Abrechnung und Auszahlung ihrer Guthaben begann. Die eingetretene Inflation erschwerte die Regelung, und erst 1935 kam es zu einem einigermaßen annehmbaren Vergleich.

Da in Chile für lange Zeit keine Aussicht auf größere Tiefbauarbeiten bestand, wurde das Großinventar teils nach Deutschland geschickt, teils im Lande veräußert.

Holzmann im Iran (Persien)[40]

1925 hob die gesetzgebende Nationalversammlung in Teheran den amtierenden Ministerpräsidenten Reza Khan Pahlevi als erblichen Schah auf den persischen Thron. Er verfolgte den Plan, das Kaspische Meer mit dem Persischen Golf durch eine Bahn zu verbinden. Aus den Einnahmen des Zucker- und Teemonopols sollten die Baukosten gedeckt werden. Nachdem die Vorarbeiten einer amerikanischen Ingenieurskommission nicht den gewünschten Erfolg gebracht hatten, wurde im April 1928 ein Vertrag zwischen der iranischen Regierung und einem Syndikat, bestehend aus einer deutschen und einer amerikanischen Gruppe, für die Vorarbeiten der gesamten, 1400 km langen Bahnstrecke und den Bau und die Inbetriebsetzung zweier Probestrecken abgeschlossen.

Die deutsche Gruppe führte den Namen «Konsortium für Bauausführungen in Persien» und bestand aus den Firmen Julius Berger Konsortium, Berlin, Philipp Holzmann AG, Frankfurt am Main, und Siemens-Bauunion m.b.H., Berlin. Das Personal wurde größtenteils durch Holzmann gestellt.

Die Probestrecke im Norden begann in Benderschaf mit einer hölzernen Landungsbrücke von 120 m Länge und führte durch das leicht hügelige Vorgelände der Provinz Mazanderan bis nach Aliabad, später Schahi, am Fuße des Elbrusgebirges. Die 128 km lange Strecke bot keine besonderen Schwierigkeiten; die Arbeiten umfaßten 830000 m^3 Erd- und Felsarbeiten, sieben größere Brücken mit eisernen Überbauten, 67000 m^3 umbauten Raum für Hochbauten. Die Telefon- und Telegrafenanlagen, sieben Lokomotiven, zwölf Personen- und 114 Güterwagen wurden aus Deutschland, Schienen und Zement aus Rußland bezogen. Die endgültige Übergabe an die Regierung fand im April 1931 statt; die Gesamtkosten der im Selbstkostenvertrag ausgeführten Arbeiten betrugen ca. 30 Mio. Goldmark.

Die Vorarbeiten, die das deutsche Konsortium auszuführen hatte, umfaßten die Nordstrecke bis Teheran und darüber hinaus bis zum Anschluß an die Probestrecke der amerikanischen Gruppe. Das gesamte Gelände für eine Bahnlänge von 590 km wurde durch Luftbilder vermessen, eine weitere Strecke von 310 km dagegen tachymetriert. Es wurde dann 1930 ein vollständiger Einzelentwurf bis Teheran vorgelegt, während die Amerikaner über Vorstudien in großen Linien nicht hinauskamen.

Auf der Südstrecke waren die Arbeiten der amerikanischen Gruppe 1930 wegen Differenzen mit der iranischen Regierung ohne Fertigstellung der Probestrecke abgebrochen worden. Die Bahnarbeiten durch das schwierige Anschwemmungsgebiet waren bis Disful fertig und auf weitere 100 km vorbereitet. Die Regierung führte dann den Weiterbau in eigener Regie fort, und 1933 war der Verkehr auf 250 km bis Salehabad eröffnet.

Auch auf der Nordstrecke wurden 1932, nach Ablauf des Vertrages mit der

Bahnhof Teheran, 1936–1940

deutschen Gruppe, die Arbeiten von der Regierung in eigener Regie weitergeführt, jedoch ohne den erwarteten Erfolg. Darauf schloß im April 1933 die iranische Regierung mit dem dänisch-schwedischen Konsortium Kampsax einen Vertrag ab, nach welchem diese Gruppe die technische und kaufmännische Leitung des gesamten Bahnbaus gegen einen festen Betrag je km Bahnlänge übernahm. Zwischen Schahi im Norden und dem Endpunkt der Bahn im Süden, Salehabad, waren noch rund 1000 km Bahn zu bauen.

Im Juli 1933 schrieb Kampsax die ersten Baulose der Nordstrecke international aus. Da die Siemens-Bauunion sich an diesen Ausschreibungen nicht beteiligen wollte, schlossen Holzmann und Berger sich zu einer neuen Interessengemeinschaft zusammen. Zum Studium der ausgeschriebenen Arbeiten und zur Abgabe von Angeboten wurde ein Ingenieurteam nach Persien gesandt. Bei der damals in Europa vorhandenen Arbeitsnot gaben Baufirmen aus zehn Nationen Angebote ab, jedoch gelang es weder Holzmann noch der Firma Berger, einen Auftrag zu erhalten.

Erst 1935, als Kampsax die gesamten Bauarbeiten für den Bahnhof Teheran in einem beschränkten Kreis von sechs europäischen Firmen ausschrieb, gelang es Holzmann unter dem Namen der Schweizer Tochtergesellschaft «Sofitec», diesen Auftrag hereinzuholen. Die Bahnstation Teheran, mit ihrem modernen Empfangsgebäude, ihren Güterschuppen und Werkstätten, Kraft- und Heizungsanlagen, Wohngebäuden für das Personal, ihren Zollschuppen und dem Zollverwaltungsgebäude waren die ersten im Iran ausgeführten Stahlbetonbauten. Die Fassade des Empfangsgebäudes wurde in verschiedenfarbigen Travertin, und die Innenhallen und Empfangsräume wurden mit geschliffenen Kalkplatten verkleidet, deren Rohsteine aus einer Entfernung bis zu 1400 km mit Lastwagen aus Steinbrüchen herbeigeholt wurden. Diese Arbeiten wurden mit einer eigenen Steinsäge mit Fräs- und Poliermaschinen durchgeführt. Die finanzielle Abwicklung dieses Geschäfts im Gesamtbetrag von über 9 Mio. RM war nur deshalb in befriedigender Weise durchzuführen, weil nach Abschluß des deutsch-iranischen Clearing-Abkommens größere

Reichsmarkbeträge außerhalb des vertraglichen Devisenanteils überwiesen werden konnten. Der letzte Garantiebetrag wurde im Mai 1940 gezahlt.

6. Fazit

Die Zeit von 1918 bis 1933 war durch die Inflation, eine kurze Scheinblüte und schließlich durch die Weltwirtschafts- und Bankenkrise gekennzeichnet. Holzmann, gerade in eine Aktiengesellschaft umgewandelt, durchlief die erste für den Weiterbestand des Unternehmens gefährliche Krise. Zwar konnte das Unternehmen während der Inflationszeit die Aufträge ständig erhöhen, die Goldmarkeröffnungsbilanz zeigte jedoch in aller Deutlichkeit, was diese Aufträge wirklich wert waren. Erst 1928 erreichte Holzmann wieder den Vorkriegsstand. Aber die nachfolgenden Jahre, vor allem die Krisenjahre 1930 und 1931, führten das Unternehmen an den Rand des Ruins. Die Belegschaft sank zwischen 1920 und 1931 auf 20% ihres ursprünglichen Bestandes von rund 10000 Arbeitern. Und selbst für diese 2000 Mitarbeiter gab es nicht genügend Arbeit. Erst die Arbeitsbeschaffungsmaßnahmen des Jahres 1932 leiteten die langsame Wende ein. Holzmann mußte 1933, wollte das Unternehmen überleben, mit den neuen Machthabern zusammenarbeiten. Die Konsequenz dieser Zusammenarbeit aber – sowohl in personeller wie organisatorischer Hinsicht – zeigte sich bereits 1933, dem ersten Jahr der Machtergreifung, in aller Schärfe.

VI.
Bauen für den «Führer» – Holzmann von 1933 bis 1945

1. Schwierige Forschungsposition

Da die Archivunterlagen der Philipp Holzmann AG teilweise durch Kriegseinwirkungen verlorengingen, teilweise aber auch nach dem Krieg vernichtet wurden, ist es aussichtslos, genaue Zahlen über die Belegschaft (Angestellte, Stammarbeiter, ausländische Arbeiter etc.) sowie über ausländische Zivilarbeiter, Kriegsgefangene und Zwangsarbeiter zu erhalten. Darüber hinaus ist auch eine lückenlose Darstellung der Projekte unmöglich, obwohl hier über die Vorstandsprotokolle und die Nachrichtenblätter des Unternehmens zumindest für einige Projekte Hinweise oder technische Beschreibungen vorliegen. Es fällt jedoch bei der Durchsicht auf, daß die Menschen, die in den einzelnen Projekten tätig waren, in den Beschreibungen keine Rolle spielen. Die Geräte und die Betonmassen, die verwendet wurden, werden ausführlich beschrieben. Wenn Leistungen geschildert werden, dann nur diejenigen der Angestellten und Stammarbeiter, also der Mitarbeiter bei Holzmann, während das Heer der Kriegsgefangenen oder der Zwangsarbeiter kaum Erwähnung findet. Die Geschäftsberichte nennen in den Jahren 1939–1945 nicht einmal die Zahl der Mitarbeiter, sondern beschreiben in der damals üblichen Sprache die gewaltigen Leistungen der Gefolgschaft im allgemeinen.

In der Literatur über die Organisation Todt (OT) oder die einzelnen unter ihrer Bauherrschaft entstandenen Bauwerke, zum Beispiel Fabrikanlagen, Straßen- und Brückenbauten, aber auch Verteidigungsanlagen, fehlen Informationen über die beteiligten Unternehmen fast gänzlich. Das hat seinen Grund in den nicht vorhandenen Unterlagen vor allem in den Unternehmen, aber auch in vielen staatlichen Archiven. Darüber hinaus haben sich bisher nur wenige Historiker mit der Rolle einzelner Unternehmen in dieser Zeit befaßt. Zumeist wurden Untersuchungen angefertigt, die sich mit der Struktur des Systems, den Verflechtungen von Politik und Wirtschaft und der Tätigkeit einzelner Unternehmer im NS-System beschäftigten. Über die Baufirmen gibt es kaum eine wissenschaftlich tragfähige Untersuchung, obwohl sie die Basis der OT bildeten. Auch interessierte die Forschung bislang mehr die Struktur der OT und das Verhältnis der Organisation zur Bauwirtschaft als das zu einzelnen Unternehmen. Gerade in jener Zeit entwickelten die Bauunternehmen, vollkommen in die Kriegsmaschinerie integriert, vielfältige Aktivitäten in allen Teilen Europas. In Frankreich und Norwegen beispielsweise waren Hunderte von deutschen Baufirmen beim Festungsbau aktiv. Sie hatten zwar, da sie der OT unterstellt waren und in Arbeitsgemeinschaften (Argen) arbeiteten, viel von ihrer eigenen Identität verloren, aber dennoch bildete jedes einzelne Bauunternehmen ein Rad im Getriebe der OT. Das Verhältnis der Philipp Holzmann AG zur OT ist oftmals nur schwer nachzuvollziehen, vor allem weil zum Beispiel die Vorstandsprotokolle als Ergebnisprotokolle aufgrund der Geheimhaltung nach 1942 keine konkreten Aussagen mehr enthalten. So bleibt nur zu hoffen, daß neues Quellenmaterial, gerade auch in den Archiven Osteuropas, im Laufe der Zeit das hier Beschriebene ergänzen und vervollständigen wird.

2. «Umstellung» von Vorstand und Aufsichtsrat

Am 14. September 1933 besuchten die Vorstandsmitglieder Robert Hartmann und Charles A. Rosenthal Alfred Blinzig, den Aufsichtsratsvorsitzenden der Philipp Holzmann AG und Vorstandsmitglied der Deutschen Bank und Disconto-Gesellschaft, in Oberstdorf und teilten ihm mit,

«dass in Richtung der Gleichschaltung bei H. unbedingt schleunigst etwas geschehen müsse, um ernsten Schaden von der Gesellschaft abzuwenden. Das sogenannte ‹Deutsche Zeugnis›, das die Gesellschaft erwirkt hat, schütze sie keineswegs genügend. Heinrich Holzmann habe kürzlich mit dem obersten Leiter des Autostrassenbaus, Herrn Todt, eine vertrauliche Aussprache gehabt, in der ihm gesagt worden sei, man empfinde es unangenehm, dass bei H. in der Besetzung von Vorstand und A.R. der herrschenden Richtung noch in keiner Weise Rechnung getragen worden sei. Gewiss werde Holzmann auch künftig zur Abgabe von Offerten aufgefordert werden, jedoch sei unausbleiblich, dass andere rein arische Firmen bei der Vergebung bevorzugt würden. Die Herren berichteten, dass diese Einstellung sich bereits auswirke, und sich sicher in der Zukunft noch viel stärker auswirken werde, wenn nicht etwas Ernstliches geschehe. Z.B. seien sie jetzt für einen Strassenbau, sogar im Frankfurter Bezirk, nicht einmal zur Offertenabgabe aufgefordert worden.

Die Herren schlugen dringend folgendes Vorgehen vor, dem ich zugestimmt habe:

1) Baurat Galewski, der über 60 Jahre alt ist, wird pensioniert; die Einstellung einer Ersatzkraft ist nicht erforderlich, vielmehr können seine Agenden unter den übrigen Vorstandsmitgliedern aufgeteilt werden;

2) die Herren Meyer und Dr. Paul Stern, die in einer früheren Besprechung mit Dr. Rosenthal sich bereit erklärt haben, ihre Aufsichtsratsmandate zur Verfügung zu stellen, wenn es das Interesse der Ges. erfordern sollte, sollen nunmehr durch den Vorstand aufgefordert werden, ihre Demission einzureichen. Dagegen soll jedenfalls versucht werden, Herrn Warburg zu halten; die Herren vom Vorstand glauben aber, dass notwendig werden dürfte, auch an ihn heranzugehen.

Es wird gehofft, dass nach diesen Massnahmen Dr. Rosenthal, der bei der Ges. schwer zu entbehren sein würde, gehalten werden kann, und zwar in seiner bisherigen Eigenschaft als Vorstandsmitglied. Sollte aber auch das nicht möglich sein, so wird ferner in Aussicht genommen:

3) Dr. Rosenthal tritt aus dem Vorstand aus und wird Direktor der Schweizerischen Untergesellschaft von Holzmann, der ‹Sofitec›, um von dort aus die ausländischen Interessen von H. zu bearbeiten, was nach Ansicht der Direktion sehr nützlich sein kann. Vorläufig aber leiht die Sofitec Dr. R. an H. aus – wo er aber keine Unterschrift in irgendeiner Form mehr haben wird –, damit er hier seine bisherigen Agenden mindestens solange bearbeitet, bis eine Ersatzkraft eingearbeitet ist.

Bei ihrem Besuch berichteten mir die Herren gleichzeitig, dass Oberregierungsrat Riese, jetzt im Justizministerium in Berlin – Sohn von Geheimrat Riese –, der sich in seiner jetzigen Stellung nicht mehr ganz befriedigt zu fühlen scheine, seinen Wunsch zu erkennen gegeben habe, bei Holzmann einzutreten. Der Zufall wolle es, dass er mit Todt befreundet sei, und letzterer habe bei der erwähnten Rücksprache das Engagement direkt befürwortet. Die Herren meinten zwar, dass nach den obigen Massnahmen nicht auch noch das Engagement von Riese jr. nötig sei. Aber da mir scheint, dass wir gerade in diesem Punkt den Wünschen des einflussreichen Todt ohne Schaden für die Firma am leichtesten entsprechen können, habe ich empfohlen, den Gedanken doch weiter zu verfolgen. Riese jr. wurde mir von Dr. Rosenthal schon früher als ganz ausserordentlich tüchtig geschildert, und H. habe mit ihm auch schon vor einigen Jahren wegen eines Engagements verhandelt, das aber nicht zustande kam. Da, nach Ansicht der Herren, Riese jr. keinesfalls auf einen Platz im Vorstand aspiriert, sondern höchstens auf Prokura und nicht zu hohe Bezüge Anspruch machen würde, kann das Risiko nicht gross sein.»[1]

Im Gegensatz zu heute hielten die Vorstandsmitglieder der deutschen Banken ihre Gespräche in einer relativ ausführlichen, klar gegliederten Aktennotiz fest, so daß der Verlauf der «Umstellung» – so der von den Nationalsozialisten verwendete verharmlosende Terminus – in Vorstand und Aufsichtsrat Schritt für Schritt nachvollzogen werden kann. Weder Vorstand noch Aufsichtsrat waren auf die neuen Machthaber vorbereitet. Daß das neue System nicht nach Größe, Leistung oder gar einer ruhmvollen Geschichte des Unternehmens urteilte, mußten die Vorstandsmitglieder sehr bald nach der «Machtergreifung» Hitlers erfahren, als Holzmann gerade beim prestigeträchtigen Reichsautobahnbau nicht berücksichtigt wurde.

Die leitenden Persönlichkeiten bei Holzmann waren zu keiner Zeit politisch engagiert. Weder vom Firmengründer noch von seinen beiden Söhnen Philipp und Wilhelm Holzmann sind 1866 oder 1870/71 politische Äußerungen bekannt. Sie waren Ingenieure und Techniker, Wilhelm Holzmann noch mehr als sein Bruder Philipp. Selbst beim Bau der Bagdadbahn, der Centralbahn in Deutsch-Ostafrika oder den Aktivitäten in Südamerika enthalten die Briefe nur geschäftliche und technische Äußerungen, während Georg von Siemens und Arthur von Gwinner von der Deutschen Bank, die Holzmann in diese Geschäfte brachten, politisch dachten und handelten und ihre Briefe von Äußerungen und Einschätzungen zur politischen Lage durchzogen sind. Auch Otto Riese, die zentrale Persönlichkeit des Unternehmens in der Zwischenkriegszeit, scheint ohne jedes politische Interesse gewesen zu sein. Arthur von Gwinner mußte ihn wiederholt auf politische Konstellationen hinweisen, die ein Geschäft erleichterten oder erschwerten.

Aber nach 1933 mußten die Vorstandsmitglieder rasch lernen, daß Politik, und zwar die der Partei und ihrer Organisationen, den geschäftlichen Erfolg oder Mißerfolg bestimmte. Sie lernten schrittweise, aber nachhaltig; alle Vorstandsmitglieder mit Ausnahme von Martin Arndt traten bis 1942 in die NSDAP ein und kooperierten mit dem System. Nach der «Umstellung» von Vorstand und Aufsichtsrat war Holzmann bei allen Prachtbauten der Partei, beim Bau vieler militärischer Anlagen und beim Einsatz von ausländischen Arbeitern, Kriegsgefangenen, nichtjüdischen und jüdischen Zwangsarbeitern in der Baubranche in der Spitzengruppe zu finden und blieb das größte Bauunternehmen in Deutschland.

Zunächst aber stand dieser «Erfolgsentwicklung» die Zusammensetzung von Vorstand und Aufsichtsrat entgegen. Die jüdischen Vorstandsmitglieder Charles A. Rosenthal und Hermann Galewski sowie die Aufsichtsräte Max M. Warburg, Adolf Meyer und Paul Stern gerieten in das Kreuzfeuer der neugebildeten NS-Wirtschaftsgremien.

Am 11. August 1933 erreichte die Oberste Bauleitung Reichsautobahn (OBR) ein Schreiben des Gaufachschaftsberaters für Wirtschaftstechnik der NSDAP Gau Hessen-Nassau, worin mitgeteilt wurde, «daß die Firma Gebr. [sic!] Holzmann heute noch mit jüdischem Kapital arbeitet. Es wird daher empfohlen, dieses Unternehmen nicht zu beschäftigen und an deren Stelle die Firma Wayss & Freytag, sowie kleinere und mittlere Unternehmen heranzuziehen».[2]

Diese Empfehlung kam einem Arbeitsverbot für Holzmann am Autobahnbau gleich. Die namentliche Erwähnung eines Ersatzunternehmens macht die fatale Situation besonders deutlich. Für Vorstand Heinrich Holzmann, der als Enkel des Firmengründers die «arische» Herkunft des Unternehmens repräsentierte, wurde der Spielraum eng. Eine Woche später mußte er sich bei Fritz Todt, dem Generalinspektor für das deutsche Straßenbauwesen, zu einem vertraulichen Gespräch einfinden. Todt legte Holzmann nahe, «die Firma umzustellen», das heißt, die Juden aus der Unternehmensführung zu entfernen. Das Unternehmen war nun im Zugzwang. Am 16. Oktober 1933 erhielt der beschwerdeführende Gaufachschaftsberater von Todt den handschriftlichen Vermerk: «Die Firma hat inzwischen mitgeteilt, daß sie sich umstellen werde. Weiteres bleibt abzuwarten.»[3]

Der Hauptbetroffene Charles A. Rosenthal (1888–1938) selbst, sicher zu diesem Zeitpunkt der klarsichtigste Holzmann-Vorstand, drängte auf eine zügige personelle Umstrukturierung, im Klartext «Arisierung» des Vorstands. Sein Einsatz für das Unternehmen, dem er seit 1921 als Vorstand angehört hatte, gibt Zeugnis von einer bemerkenswerten Verbundenheit zur Philipp Holzmann AG.

Der ganze von Alfred Blinzig in der Aktennotiz vom 18. September 1933 festgehaltene Plan trug die Handschrift Rosenthals, der für das Unternehmen

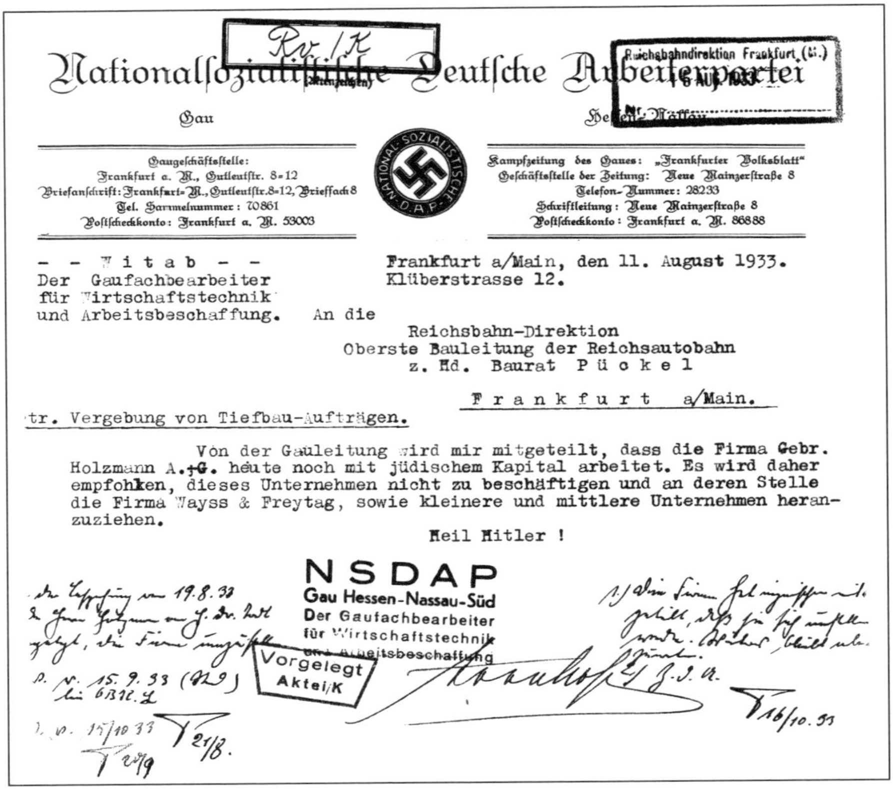

Nationalsozialistische Deutsche Arbeiterpartei

Gau Hessen-Nassau

Gaugeschäftsstelle: Frankfurt a. M., Gutleutstr. 8-12
Briefanschrift: Frankfurt-M., Gutleutstr. 8-12, Brieffach 8
Tel. Sammelnummer: 70861
Postscheckkonto: Frankfurt a. M. 53003

Kampfzeitung des Gaues: „Frankfurter Volksblatt"
Geschäftsstelle der Zeitung: Neue Mainzerstraße 8
Telefon-Nummer: 28233
Schriftleitung: Neue Mainzerstraße 8
Postscheckkonto: Frankfurt a. M. 86888

Reichsbahndirektion Frankfurt (M.) 16 AUG 1933

– – Witab – –
Der Gaufachbearbeiter
für Wirtschaftstechnik
und Arbeitsbeschaffung.

Frankfurt a/Main, den 11. August 1933.
Klüberstrasse 12.

An die
Reichsbahn-Direktion
Oberste Bauleitung der Reichsautobahn
z. Hd. Baurat Pückel
Frankfurt a/Main.

Btr. Vergebung von Tiefbau-Aufträgen.

Von der Gauleitung wird mir mitgeteilt, dass die Firma Gebr. Holzmann A.-G. heute noch mit jüdischem Kapital arbeitet. Es wird daher empfohlen, dieses Unternehmen nicht zu beschäftigen und an deren Stelle die Firma Wayss & Freytag, sowie kleinere und mittlere Unternehmen heranzuziehen.

Heil Hitler !

NSDAP
Gau Hessen-Nassau-Süd
Der Gaufachbearbeiter
für Wirtschaftstechnik
und Arbeitsbeschaffung

Vorgelegt
Aktei/K

Schreiben des Gaufachschaftsberaters für Wirtschaftstechnik vom 11. 8. 1933

und auch für seine eigene Person eine für die nationalsozialistischen Behörden akzeptable Lösung suchte. Für ihn selbst bedeutete es einen Abschied aus dem Unternehmen auf Raten, denn die geplante verdeckte Weiterführung der Geschäfte, quasi als Beauftragter des Vorstands, ließ sich nicht verwirklichen.

Über die Reaktionen auf diesen in der Unternehmensgeschichte der Philipp Holzmann AG beispiellosen Eingriff von außen in die personelle Zusammensetzung der Führungsspitze gibt es nur wenige Dokumente. Zudem fehlen für die Jahre 1933–1937 (sicher kein Zufall) die – allerdings für diese Art von Personalfragen ohnehin wenig aussagekräftigen – Vorstandsprotokolle. Immerhin ist aus einer Aktennotiz Blinzigs vom 26. September 1933[4] ersichtlich, daß sein Aufsichtsratskollege Paul Reusch, Generaldirektor der Oberhausener Gutehoffnungshütte, so entrüstet über die geplante Entfernung Rosenthals aus dem Vorstand war, daß er ankündigte, in diesem Fall sein eigenes Mandat niederzulegen, was er allerdings dann doch unterließ. Blinzig ließ ihn durch Rosenthal selbst davon überzeugen, daß eine exponierte Stellung Rosenthals das Unternehmen in eine Sackgasse führe.

Charles A. Rosenthal (1888–1938)

Rosenthals Verwendung für das Südamerikageschäft Holzmanns über die Schweizer Tochter «Sofitec», Société Financière et Technique S.A., Binningen, das er von Bogotá aus koordinierte, bedeutete schließlich nur eine Verschnaufpause auf dem Weg aus dem Unternehmen. Schon im März 1934 fragte die Verbindungsstelle Hamburg des Außenpolitischen Amtes der NSDAP beim Vorstand an, wie man sich die Mitarbeit des Juden Rosenthal im Unternehmen vorzustellen habe. Heinrich Holzmann sprach persönlich vor und wies die NS-Behörde darauf hin, daß die Verwendung ehemaliger jüdischer Vorstände im Ausland ursprünglich gebilligt worden sei. Zur Antwort erhielt er, «daß das wohl zutreffe, daß aber jetzt ein anderer Standpunkt eingenommen werden müsse, da nichtarische Vertreter deutscher Gesellschaften, die ins Ausland geschickt worden seien, sich dort vielfach gegen die nationalsozialistische Regierung ausgesprochen hätten».[5] Im Falle von Rosenthal stellte dies eine völlig abwegige Behauptung dar. Nach Abwicklung der laufenden Geschäfte wurde jedenfalls ein Ausscheiden Rosenthals aus dem Unternehmen von der Partei erwartet.

Der Briefwechsel zwischen Blinzig, Reusch und Rosenthal aus den Jahren 1934 und 1935 gibt zwar einerseits Auskunft über die hohe Wertschätzung, die Rosenthal, der als Jurist aus dem Bankgeschäft zu Holzmann gekommen war, gerade auch bei dem Deutsche-Bank-Vorstand Blinzig besaß, gleichzeitig spiegelt er die Ohnmacht oder auch Tatenlosigkeit selbst einflußreicher Wirtschaftsführer im Hinblick auf die Entrechtung ihrer jüdischen Kollegen wider. Im Mai 1934 wandte Rosenthal, der unterdessen nach Bogota ausgewandert war, sich in einem verzweifelten Brief an Reusch:

«Während ich hier in Bogota mit der Abwicklung des Engagements von Holzmann und Siemens beschäftigt bin, und auch trotz der grossen entgegenstehenden Erschwernisse bereits einige Teilerfolge erzielte, erhalte ich aus Deutschland die Nachricht, dass die Partei erneut Schwierigkeiten macht, weil sich die Firma Holzmann meiner nichtarischen Person als Auslandsvertreter bedient. Wie Sie wissen, hat die Wirtschaftsstelle der NSDAP in Frankfurt seinerzeit selbst angeregt, dass die Firma Holzmann sich meine Erfahrungen im Auslandsdienst nutzbar machen solle. Es zeigt sich aber neuerdings ein Umschwung in dieser bisherigen Stellungnahme. Herr Dr. Hartmann hat daraufhin mir gegenüber Bedenken geäussert, ob es in den nächsten Jahren praktisch für mich möglich sein würde, in Erfüllung des mit der Schweizer Tochtergesellschaft der Ph. Holzmann A.G. geschlossenen Vertrages im Ausland für die Firma weiter tätig zu sein. Er sprach weiterhin die Befürchtung aus, dass ich unter Umständen beschäftigungslos mein Gehalt beziehen müsse und gab mir den Rat, frühzeitig den Versuch zu machen, eine neue Stellung bei einer ausländischen Firma zu finden. Sie selbst, sehr verehrter Herr Kommerzienrat, wissen, wie sehr ich an der Firma Holzmann hänge, der ich seit meinem Ausscheiden aus der Darmstädter Bank, das ist seit 17 Jahren, angehöre. Wenn ich also auf Anraten von Herrn Dr. Hartmann versuche, eine andere Stellung zu finden, so geschieht dies mit Hinblick auf die Verhältnisse, und um nicht unter Umständen tatenlos eine Sinekure zu besetzen. Ich bin mir leider darüber klar, dass es in der heutigen Zeit schwer ist, im Ausland bei einer ausländischen Firma eine entsprechende Position zu erhalten, obwohl ich neben dem Baugeschäft und seiner Finanzierung das Bankgeschäft erlernt und geführt habe, Englisch, Französisch und Spanisch spreche und eine reiche kaufmännische Praxis hinter mir habe. Meine heutige Bitte an Sie geht dahin, mir zu sagen, welche ausländischen Gesellschaften Ihnen bekannt sind, die vielleicht eine kaufmännische Kraft wie mich benötigen könnten, und ob es Ihnen weiterhin möglich wäre, mir Empfehlungsschreiben an die eine oder die andere Stelle zu geben. Ich bitte es zu entschuldigen, dass ich Sie mit vorstehender Bitte behellige. Angesichts des grossen Wohlwollens, das Sie mir jederzeit entgegen brachten, habe ich jedoch geglaubt, Ihnen einerseits von der neuen Situation Kenntnis geben zu müssen, wie andererseits diese Bitte anschliessen zu dürfen.»[6]

Offensichtlich hatte Fritz Hartmann vom Vorstand der Philipp Holzmann AG nach der Anfrage der Verbindungsstelle Hamburg für die Hauptabteilung 3 des Außenpolitischen Amtes der NSDAP Rosenthal empfohlen, auch aus der «Sofitec» und somit aus dem Holzmann-Konzern ganz auszuscheiden und sich bei einem anderen Unternehmen im Ausland eine neue Stelle zu suchen.

Für Rosenthal muß diese Mitteilung ein schwerer Schlag gewesen sein, da er nun von allen fallengelassen wurde. Der Vorstand in Frankfurt hatte nach einem Jahr nationalsozialistischer Herrschaft die Spielregeln des Regimes gelernt. Der direkte Einfluß der Partei war unübersehbar, und die Fahrten Heinrich Holzmanns nach Hamburg und die Vorsprache bei den zuständigen Stellen der NSDAP zeigen deutlich, daß es keinen alternativen Weg gab, wenn man das Unternehmen weiterführen wollte. Nicht mehr der Vorstand von Holzmann bestimmte die Richtung, sondern die Partei.

Auch Blinzig und Reusch änderten nun ihre Meinung und empfahlen Rosenthal, sich bei einem anderen Unternehmen im Ausland eine Stellung zu suchen. Beide drückten zwar in allen Briefen ihre hohe Wertschätzung aus, unternahmen aber selbst nicht mehr den Versuch, Rosenthal zu helfen, zumal die «Arisierung» von ihm selbst durchgeführt worden sei, wie Blinzig feststellte.

«Er ist seinerzeit an mich mit Anregungen wegen der nach seiner Ansicht im Interesse der Firma notwendigen Schritte herangetreten. Damals haben wir, auf seine Anregung, zunächst versucht, für die Firma das sogenannte ‹Deutsche Zeugnis› zu bekommen, und das ist uns auch, auf die Schritte, die ich unternommen habe, gelungen. Als sich im weiteren Verlauf aber die Unwirksamkeit dieses Dokuments erwies, war es wieder Herr Dr. Rosenthal, der die dringende Anregung zu den dann erfolgten Schritten gegeben hat, wobei er es selbst als unumgänglich notwendig bezeichnet hat, dass auch er aus dem Vorstand von Holzmann ausscheide.»[7]

Gleichzeitig nahm Blinzig das Vorstandsmitglied Hartmann in Schutz, das nicht anders hätte handeln können.

Hartmann wiederum bereitete in den Monaten Juli bis Dezember 1934 das Ausscheiden Rosenthals aus dem Konzern vor. Anfang Dezember konnte er Blinzig einen konkreten Vorschlag unterbreiten:

«Nach dem Ihnen bekannten Brief der Parteistelle in Hamburg und den mit dieser Stelle gepflogenen Verhandlungen halten wir es nicht für ratsam, bei Auflösung des Vertrages irgendwelche neuen Versprechungen mit Herrn Dr. R. zu treffen, die eine eventuelle Beschäftigung des Herrn Dr. R. nach Erledigung seiner Aufgabe in Columbien vorsehen. Die Hamburger Parteistelle legte in ihrem Brief eindeutig fest, dass eine Beschäftigung des Herrn Dr. R. nach Erfüllung seiner Aufgabe in Columbien unerwünscht sei.»[8]

Hartmann wies in diesem Brief auch darauf hin, daß eine weitere Beschäftigung in irgendeiner anderen Position bei einer Tochtergesellschaft auch nicht möglich sei, da in diesem Falle «Parteikreise unserer Gefolgschaft, die Herrn Dr. R. nicht wohl wollen»,[9] die Frage wieder aufwerfen würden. Diese Äußerung verdeutlicht, daß auch im Unternehmen Ende 1934 die Position Rosenthals nicht mehr stabil war.

Am 9. Dezember konnte Hartmann Blinzig mitteilen, daß «der Vertrag des Herrn Dr. Rosenthal mit der Sofitec mit sofortiger Wirkung aufgehoben wird gegen Zahlung einer Abfindung in Halbjahresraten».[10] Damit entfiel auch eine etwaige Pensionsverpflichtung der Sofitec.[11] Für die Zeit vom 1. Juli 1935 bis 1. Juli 1940 wurde Rosenthal eine jährliche Abfindungszahlung von 28150 Sfr. zugesichert. Sollte Rosenthal vor dem 1. Juli 1940 versterben, so würden die Abfindungszahlungen entfallen. Charles A. Rosenthal verstarb am 4. Februar 1938 in New York. Wie sehr er dem Unternehmen Philipp Holzmann verbunden war, geht aus einem Brief vom Dezember 1934, also nach Auflösung seines Vertrages, nochmals hervor:

> «Angesichts der Tatsache, daß mein Auslandsvertrag nunmehr doch gelöst wurde, um der Zeitströmung in Deutschland Rechnung zu tragen, wollte ich Ihnen gerne noch einmal mündlich versichern, daß trotz dieses Vorganges mein Herz der Philipp Holzmann AG gehört, der ich meine ganze Arbeitskraft fast zwei Jahrzehnte gewidmet habe.»[12]

Blinzig antwortet freundlich, aber ins Phrasenhafte ausweichend. «Der Neid der Götter», wie er es ausdrückte, hätte ihm nun einmal ein großes Opfer abverlangt.[13]

Das zweite prominente Opfer der «Arisierung» bei Holzmann, der seit Gründung der Philipp Holzmann AG im Jahre 1917 im Aufsichtsrat vertretene, international hochangesehene Hamburger Bankier Max M. Warburg (1867–1946), war nicht geneigt, sich den NS-Repressionen klaglos zu beugen und seine zahlreichen Mandate aufzugeben. Nur «unter Gewalt» würde er weichen.[14] Im Fall Warburg konnte die Philipp Holzmann AG zumindest einigermaßen ihr Gesicht gegenüber einem jüdischen Aufsichtsratsmitglied wahren. Der Verbindungsstab der NSDAP, Abteilung Wirtschaft, akzeptierte den Vorschlag des Unternehmens, Max M. Warburg aufgrund seiner großen Reputation im Auslandsgeschäft noch bis zum Jahre 1936 im Aufsichtsrat zu belassen. Dann trat er unter Hinweis auf seinen 70. Geburtstag zurück. Auf eine Zuwahl Rudolf Brinckmanns, der nach der Arisierung der Bank Teilhaber geworden war, in den Aufsichtsrat wurde verzichtet, obwohl des öfteren Gustav Schlieper vom Vorstand der Deutschen Bank diesen Wunsch geäußert hatte. Das Bankhaus M. M. Warburg & Co., Hamburg, blieb die Zahlstelle.

Vorstand und Aufsichtsrat der Philipp Holzmann AG[15]

Anfang 1933	*Anfang 1934*
Vorstand:	*Vorstand:*
Hermann Galewski	Robert Hartmann
Robert Hartmann	Heinrich Holzmann
Heinrich Holzmann	Otto Richter
Otto Richter	
Charles A. Rosenthal	

Aufsichtsrat:	Aufsichtsrat:
Alfred Blinzig	Alfred Blinzig
Otto Riese	Otto Riese
Eduard Beit von Speyer	Carl Bergmann
Carl Bergmann	Peter Brunswig
Peter Brunswig	Fritz Hartmann
Fritz Hartmann	Philipp Wilhelm Holzmann
Philipp Wilhelm Holzmann	Hugo von Metzler
Hugo von Metzler	Paul Reusch
Adolf Meyer	Max M. Warburg
Paul Reusch	Gotthard Pfeiffer (Betriebsrat)
Paul Stern	Hans Probst (Betriebsrat)
Max M. Warburg	
Adam Böhm	
Josef Merling	

Der Nationalsozialismus in Gestalt seiner wirtschaftspolitischen Gremien hatte auf die Philipp Holzmann AG massiven Druck ausgeübt. Während bei Staatsunternehmen, wie etwa dem Energieversorger VIAG, gezielt Parteimitglieder für ehemalige jüdische Vorstände und Aufsichtsräte eingesetzt wurden,[16] hatte man die Philipp Holzmann AG, als Vertreterin der privaten Bauwirtschaft, durch strikte Fernhaltung von den offiziellen Großprojekten des NS-Staates zur Trennung von ihren «nichtarischen» Vorständen gezwungen. Für Heinrich Holzmann, bislang einer von sieben Holzmann-Vorständen, wurde es einsam in der Unternehmensspitze. Charles A. Rosenthal und Hermann Galewski wurden als Juden entfernt, Hellmuth Cuno und Ferdinand Grages waren schon 1932 aus Altersgründen ausgeschieden. Von Heinrich Holzmann selbst abgesehen, waren Ende 1933 nur die beiden auch schon betagten Vorstandsmitglieder Robert Hartmann und Otto Richter übriggeblieben. Einen nur dreiköpfigen Vorstand hatte es bis dahin in der Philipp Holzmann AG noch nie gegeben. Statt Austausch also einfach Ausdünnung. Erst 1939 gelangte mit Karl Eckardt, Gauwirtschaftsberater der NSDAP für den Gau Hessen-Nassau, ein Kontaktmann zur Partei zumindest in den Aufsichtsrat. Er gehörte der gleichen Parteiorganisation an, die das Unternehmen im August 1933 sozusagen auf die «schwarze Liste» gesetzt hatte.

In dieser geschrumpften Besetzung blieb der Vorstand zunächst bestehen. Die Philipp Holzmann AG war am Ende des Jahres der «Machtergreifung» 1933 im Sinne des NS-Staates «umgestellt». Daß mit Rosenthal ein in der Baubranche nicht allzu oft zu findender Finanz- und Rechtsexperte verdrängt wurde, sollte sich für das Unternehmen auch auf lange Sicht als großer Verlust erweisen. Neben der Führung der Rechtsangelegenheiten – er war ja 1921 als Syndikus der Darmstädter Bank zu Holzmann gekommen – hatte er die Oberaufsicht über den kaufmännischen Betrieb und die Finanzangelegenhei-

Heinrich Holzmann (1878–1962)

ten innegehabt. In der immer stärker von staatlichem Dirigismus geprägten Bauwirtschaft wurde dieser Aderlaß an kaufmännischem Know-how zunächst weniger sichtbar. Aber der gerade in der Baubranche zu findenden Neigung, kaufmännische Belange eher als zweitrangig bzw. als dem Ingenieurswollen stets untergeordnet zu betrachten, konnte ohne Männer wie Rosenthal leichter nachgegeben werden.

Mit der Durchführung der «Umstellung» hatte die Philipp Holzmann AG die Forderungen des NS-Staates erfüllt. Da der Ausschluß Holzmanns, etwa vom Reichsautobahnbau, weiter anhielt, mußte das Unternehmen jedoch durch seine eigene Nationalsozialistische Betriebszellen-Organisation (NSBO) der Partei die durchgeführte «Arisierung» des Vorstands wieder in Erinnerung bringen. Am 5. Dezember 1933 richtete der Leiter des Verbindungsstabes der NSDAP, Abteilung Wirtschaft, ein Schreiben an die Oberste Leitung Reichsautobahn:

«Die NSBO der Philipp Holzmann AG hat sich wiederholt an mich gewandt, da durch die Ausschaltung ihrer Firma von der Übertragung öffentlicher Aufträge die Belegschaft aufs höchste gefährdet ist, was insbesondere durch die dauernden Entlassungen in Erscheinung tritt. Auf meine Veranlassung sind am 3.10.33 die nichtarischen Aufsichtsrats- und Vorstandsmitglieder Mayer, Stern, Galewski und Rosenthal aus der Firma Holzmann AG ausgeschieden. Im Aufsichtsrat verblieb mit Rücksicht auf die Pflege des Auslandsgeschäftes als einziger Jude der Bankier Max Warburg. Die Mehrheit des Aktienkapitals der Ph. Holzmann AG befindet sich in arischen Händen. Die bisher bestehenden sachlichen und psychologischen Bedenken für die Vergebung von Aufträgen an die genannte Firma sind damit beseitigt.

Ich erhielt heute von der NSBO der Firma Holzmann AG die Mitteilung, daß Sie für die Kilometer 40 bis 60 der Reichsautobahn Frankfurt–Darmstadt beschränkte Lose vergeben. Es soll sich um Aufträge im Gesamtbetrag von etwa 2 Millionen handeln, mit Einreichungstermin der Angebote zum 11. bis 12. Dezember. Zu dieser Submission sei die Philipp Holzmann nicht aufgefordert worden. Ich bitte Sie mit Rücksicht auf die Weiterbeschäftigung der zahlreichen Belegschaft bei der Vergebung von Aufträgen für die Reichsautobahnen auch die Philipp Holzmann AG zu berücksichtigen.»[17]

Doch die Sorge, sowohl der NSBO als auch des Verbindungsstabes, erwies sich als unbegründet. Von Todt selbst kam postwendend die Entwarnung: «Die Firma Ph. Holzmann AG ist zur Angebotsabgabe für die beiden in Frage kommenden Lose [...] noch rechtzeitig aufgefordert worden.»[18]

Im Februar 1936 starb Robert Hartmann, der sich dreieinhalb Jahrzehnte für Holzmann und dabei vor allem für das Südamerikageschäft engagiert hatte. Nachdem auch Otto Richter, der ebenso lang im Unternehmen tätig gewesen war, sein Vorstandsamt aus gesundheitlichen Gründen aufgegeben hatte und in den Aufsichtsrat gewechselt war, konnte die dringend erforderliche Verjüngung des Vorstands umgesetzt werden, denn auch Heinrich Holzmann bewegte sich mittlerweile auf die 60 zu.

Zunächst wurde 1936 der Vorstand ergänzt durch die Berufung der beiden Prokuristen Friedrich Linsenhoff und Hans Meyer-Heinrich. Linsenhoff hatte die Niederlassung Hamburg seit ihrer Gründung geleitet, Meyer-Heinrich bis dahin die Frankfurter Tiefbauabteilung und die Zweigstelle Mannheim geführt. Vorstand Heinrich Holzmann wurde gemäß dem nationalsozialistischen Führerprinzip zum «Betriebsführer» ernannt. Im Juli 1937 wurde der Vorstand um den bisherigen Leiter der Niederlassung Halle, Franz Rudolph, als stellvertretendes (seit 1943 als ordentliches) Vorstandsmitglied und im März 1938 um Martin Arndt als ordentliches Vorstandsmitglied erweitert. Arndt hatte 13 Jahre mit viel Geschick die argentinische Holzmann-Tochter Geopé geleitet, nachdem er zuvor die Niederlassungen in Dresden und Halle installiert hatte.

Mit Ausnahme von Martin Arndt traten bis Ende 1942 alle Vorstandsmitglieder in die NSDAP ein:[19]

	Eintritt in den Vorstand	Eintritt in die NSDAP
Heinrich Holzmann	1.7.1913	1.6.1940
Friedrich Linsenhoff	1.4.1936	Oktober 1942
Dr. Martin Arndt	1.2.1938	–
Dr. Hans Meyer-Heinrich	1.4.1936	1.5.1933
Franz Rudolph	15.6.1937	1.5.1933

Der somit wieder auf fünf Mitglieder angewachsene Vorstand blieb in dieser Besetzung bis zum Ende des Zweiten Weltkriegs im Amt. 1939 trat Alfred Blinzig von seinem Posten als Aufsichtsratsvorsitzender zurück. Sein Nachfolger wurde der gerade in den Vorstand der Deutschen Bank berufene Hermann J. Abs, der dieses Amt 30 Jahre lang bis 1969 wahrnahm. Hier konnte die Kontinuität gewahrt werden: Der Aufsichtsratsvorsitzende war immer ein Vertreter der Holzmann-Hausbank. Das Verhältnis zwischen der Philipp Holzmann AG und der Deutschen Bank, beide etwa gleichbedeutend in der hervorgehobenen Position innerhalb ihrer jeweiligen Branche, ist in der Unternehmensgeschichte von seltener Dauerhaftigkeit. Wahrscheinlich im Zusammenhang mit Heinrich Holzmanns 40jährigem Dienstjubiläum im Frühjahr 1944 ließ Abs von seiner Volkswirtschaftlichen Abteilung die Geschichte der Verbindung Philipp Holzmann/Deutsche Bank recherchieren, die bis in die Anfänge der Internationalen Baugesellschaft 1873 zurückreichte.[20] Mit Abs wurde der Holzmann-Aufsichtsrat von einer Persönlichkeit geführt, die zu den bedeutendsten, aber auch umstrittensten Bankiers des 20. Jahrhunderts zählt.[21]

Die Aufgabenteilung innerhalb des Vorstands hinsichtlich der Dezernate und die Aufsicht über die einzelnen inländischen Niederlassungen wurden Ende 1938, Anfang 1939 neu gegliedert. Nach dem «Anschluß» Österreichs kam die Niederlassung Wien hinzu. Die Zweigstelle Posen und die Zweigniederlassung Danzig wurden Ende 1939 nach dem Überfall auf Polen und der Wiedereingliederung dieser Städte in das Deutsche Reich eröffnet.

Dezernat Heinrich Holzmann – «Betriebsführer»:
- Finanzen, Personal, Sekretariat, Rechtsabteilung und Grundstückswesen
- Zweigniederlassung München, Leiter Reg.-Baumeister a.D. Rudolph Stober, mit Nürnberg, Leiter Hans Strehl

Dezernat Friedrich Linsenhoff:
- Maschinentechnische Abteilung, Inventarverwaltung, Ausland ohne Südamerika
- Zweigniederlassung Hamburg, Leiter Dipl.-Ing. Max Piehn
- Zweigniederlassung Wien, Leiter Dipl.-Ing. Carl Jansen

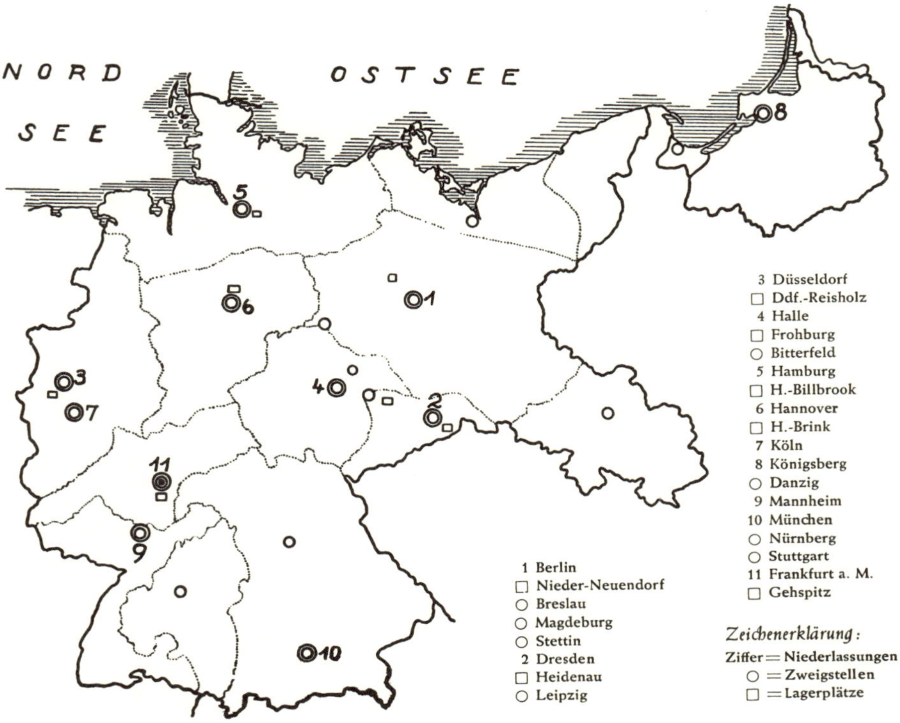

Niederlassungsgliederung der Philipp Holzmann AG 1937

Dezernat Dr.-Ing. Hans Meyer-Heinrich:
- Kalkulationswesen, Betriebskrankenkasse
- Hochbauabteilung Frankfurt, Leiter Architekt Johann Kempf
- Tiefbauabteilung Frankfurt, Baurat Wilhelm Imm
- Zweigstelle Mannheim, Dipl.-Ing. Theobald Ott
- Zweigniederlassung Düsseldorf mit Köln, Leiter Dipl.-Ing. Albrecht Bischof
- Zweigniederlassung Hannover, Leiter Oberingenieur Ernst Dademasch
- Zweigniederlassung Stuttgart, Leiter Oberingenieur Fritz Straube

Dezernat Dr.-Ing. Martin Arndt:
- Südamerika, Technische Abteilung
- Ziegelei und Steinmetzabteilung Frankfurt, Leiter Friedrich Herget
- Steinmetzabteilung Berlin, Leiter Architekt J. Renker
- Zweigniederlassung München, Leiter Architekt Josef Baumann
- Zweigniederlassung Berlin, Leiter Reg.-Baumeister Fritz Herkner, Kaufmann Georg Tusch, mit den Zweigstellen:
- Breslau, Reg.-Baumeister Dr.-Ing. Hanns Lehmann

– Magdeburg, Oberingenieur Otto Wagner
– Posen, Oberingenieur Otto Riesbeck
– Stettin, Dipl.-Ing. Theodor Heesch

Dezernat Franz Rudolph:
– Material- und Versicherungswesen, statistische Abteilung
– Zweigniederlassung Halle, Leiter Dipl.-Ing. Paul Steinheit
  mit Zweigstelle Bitterfeld, Oberingenieur Alfred Baudach
– Zweigniederlassung Dresden, Leiter Dipl.-Ing. Carl Außendorf
  mit Zweigstelle Leipzig, Oberingenieur Franz Meyer
– Zweigniederlassung Königsberg, Leiter Dipl.-Ing. Hans Sommer
– Zweigniederlassung Danzig, Leiter Dipl.-Ing. Hans Sommer

Im Frankfurter Stammhaus wurde der Vorstand durch zehn Prokuristen unterstützt: Bernhard Bahr, Leiter der Finanzabteilung; Carl Bollmann, Leiter der Personalabteilung; Karl Eysenbach, Leiter der Einkaufs-, Material- und Versicherungsabteilung; Dr.-Ing. Hermann Goebels, Leiter der Technischen Abteilung; Marinebaurat Otto Hänisch, Leiter der Maschinentechnischen Abteilung; Eduard Jonsek, Leiter des Sekretariats und der Steuerabteilung; Oberingenieur Karl Alfred Leeger, Leiter der Auslandsabteilung; Dr.-Ing. Hugo

Mitarbeiterappell der Philipp Holzmann AG am 1. Mai 1938 vor dem Frankfurter Stammhaus

Ritter, stellvertretender Leiter der Auslandsabteilung; Reg.-Baumeister a.D. Erwin Scotland, Leiter der Statistischen Abteilung; Alfred Straube, Leiter der Revisionsabteilung.[22]

3. Organisation und Entwicklung der Bauwirtschaft vor Kriegsbeginn

Staatlicher Einfluß

Wie alle Wirtschaftsbereiche wurde natürlich auch das Bauwesen von der nationalsozialistischen Gleichschaltungswelle erfaßt. Das Bauen nahm in der NS-Ideologie einen wichtigen Stellenwert ein. Hier gedachten die Nationalsozialisten, die «Arbeiter der Faust» mit den «Arbeitern der Stirn», in diesem Fall also die Bauhandwerker mit den Technikern, zusammenzuschmieden.

Allerdings befand sich die Bauindustrie in Deutschland zum Zeitpunkt der nationalsozialistischen «Machtergreifung» auf dem niedrigsten Stand seit dem Ende der Inflation 1923. Dennoch waren es nicht die Nationalsozialisten, die den Aufschwung einläuteten, vielmehr hatte das im August 1932 verkündete Papen-Programm, das eine aktive Konjunkturpolitik beinhaltete, zu einer Wandlung der staatlichen Wirtschaftspolitik geführt. In der Bevölkerung und vor allem bei den Unternehmen waren erste Anzeichen eines neuen Vertrauens in die staatliche Wirtschaftspolitik zu erkennen.[23]

Adolf Hitler nutzte diese Entwicklung propagandistisch geschickt aus. Er verkündete bereits zwei Tage nach seinem Regierungsantritt am Abend des 1. Februar 1933 in einer Rundfunkrede, daß die Bekämpfung der Arbeitslosigkeit das wirtschaftspolitische Ziel des Nationalsozialismus sei. Seine Regierung beabsichtige, «mit zwei großen Vierjahresplänen» einerseits die Bauern zu retten, andererseits durch einen «gewaltigen und umfassenden Angriff gegen die Arbeitslosigkeit» den Arbeitern wieder Beschäftigung zu geben. Innerhalb von vier Jahren sollte die «Arbeitslosigkeit endgültig überwunden» sein.[24]

Ob es Hitlers eigene Idee war, die Bauindustrie zum klassischen Ansatzpunkt der Arbeitsbeschaffung hochzustilisieren oder ob der mittlere Beamtenapparat in den Ministerien, wo die unterschiedlichsten Sofortprogramme ausgearbeitet worden waren, den Anstoß gab, ist nicht eindeutig zu beantworten.

Die allgemeinen Erholungstendenzen der Konjunktur und den saisonalen Schub, der die Saat der Vorgängerregierungen rasch keimen ließ, verstanden die neuen Machthaber jedoch geschickt als ihre eigenen Leistungen auszugeben. Gerade in der Bauindustrie setzten viele Unternehmer auf die neue Regierung. Ein typisches Beispiel bei Holzmann war das Vorstandsmitglied Hans Meyer-Heinrich, der 1946, während seines Entnazifizierungsverfahrens in Frankfurt am Main, in der Begründung, warum er bereits am 1. Mai 1933 in die Partei eingetreten sei, darlegte:

«Ich bin am 1. Mai 1933 in die Partei eingetreten, da ich den Glauben hatte, dass es der Partei gelingen würde, die damals herrschende Wirtschaftskrise zu überwinden. In der Bauindustrie wirkte sich diese Krise besonders scharf aus. Ich musste täglich erleben, unter welchem Druck meine Angestellten und Arbeiter standen, da sie von Monat zu Monat mit ihrer Entlassung rechnen mussten. Eine Reihe von Einzelfällen, die mich besonders packten, gaben mir die Gewissheit, dass alles daran gesetzt werden müsse, um die Wirtschaftskrise zu wenden. Ich glaubte, dass dies nur mit neuen und radikalen Mitteln möglich sei, deshalb schien mir die von der NSDAP propagierte Massnahme die einzige Rettung.»[25]

Es verwundert dennoch, daß gerade die Bauunternehmer nicht erkannten, daß der Aufschwung bereits 1932 seinen Anfang genommen hatte und daß der Autobahnbau nur geringfügig zur Beseitigung der Arbeitslosigkeit beitrug. Vielmehr hatten die positive wirtschaftliche Entwicklung und die zahlreichen Sofortprogramme ein unerwartet rasches Absinken der Arbeitslosenzahlen zur Folge.

Der Vorstand rechnete mit einem weiteren Aufschwung im Jahre 1933 und hielt sich «von einer Katastrophenbewertung» fern.[26] Im Geschäftsbericht für 1933, der im April 1934 erstellt wurde, feierte der Vorstand dann die neue Regierung für den Rückgang der Arbeitslosigkeit: «Mit der Übernahme der Regierung durch die nationalsozialistische Bewegung wurde die Wirtschaft von dem Druck der politischen Unbeständigkeit befreit. Das Baugewerbe ist durch die großzügigen Arbeitsbeschaffungsmaßnahmen der nationalsozialistischen Regierung neu belebt worden.»[27]

Bei der Philipp Holzmann AG vollzog sich die Umsatzsteigerung für die Jahre 1933 und 1934 noch sehr langsam, wuchs aber dann im ähnlichen Maße wie die gesamte baugewerbliche Produktion Deutschlands, die von 3,2 Mrd. RM im Jahr 1933 auf mehr als 11 Mrd. RM im Jahre 1939 anstieg (Umsatz bei Philipp Holzmann 1933: 23,2 Mio., 1939: 55,7 Mio.).[28] Am Umsatz dieses Reichsbauvolumens waren 1938 rund 4000 Bauunternehmungen, die in der Wirtschaftsgruppe Bauindustrie organisiert waren, und rund 112 000 Handwerksbetriebe allein des Bauhauptgewerbes beteiligt; dies zeigt, wie stark das deutsche Bauwesen vor Kriegsbeginn noch differenziert war.[29]

Das Arbeitsbeschaffungsprogramm der NS-Regierung im Zeitraum von 1933 bis 1939 führte nun zu einem außerordentlichen Auftragsboom im deutschen Baugewerbe und damit zu einer entsprechenden Senkung der Arbeitslosigkeit in dieser Branche. Im Deutschen Reich war die Zahl der Arbeitslosen im Oktober 1932 von 5,1 Millionen ein Jahr später bereits auf 3,7 Millionen abgesunken und betrug im Oktober 1938 nur noch 164 000, von denen aber nur 88 000 voll einsatzfähig waren. Die Vollbeschäftigung war damit nahezu erreicht.

Die Baukosten, die zur Zeit der Scheinhöchstblüte 1929 um 78,1 % höher als 1913 lagen (Index 100), hatten durch die Deflationserscheinungen 1932 mit dem Index 125,9 ihren tiefsten Stand erreicht, stiegen 1933 wieder (Index 132) und blieben durch die Preiskontrollen der NS-Regierung fast konstant. Das geringe Anwachsen um 6 Punkte bis 1939 war zurückzuführen auf die Erhöhung der sozialen Abgaben, die im Vergleich zu 1913 um 9% (1924) und weiter bis zu 17% (1940) stiegen, unter anderem verursacht durch die Bezahlung einer längeren Urlaubszeit sowie durch Erstattung der zusätzlichen Lohnnebenkosten; das waren Fahr- und Wegegelder, Kosten für doppelten Haushalt und schließlich die Schlechtwetterregelung.

Voraussetzung für das schnelle Wachsen der Bauleistung war die Wiederauffüllung des Personal- und Facharbeiterstandes. Der Tiefstand des Jahres 1932 mit 360 Angestellten war sehr schnell überwunden. Bereits 1935 wurde die alte Stärke mit 800 Angestellten, 1939 die seit dem Bestehen des Unternehmens höchste Zahl mit 1600 erreicht, von denen etwa 45% Techniker waren. Die Zahl der Meister und Arbeiter stieg von 2700 (1932) über 10000 (1934) auf mehr als 21000 (1939).[30]

Ein ganz wesentliches Merkmal der Bauwirtschaft während des Nationalsozialismus war die Projektdurchführung in Arbeitsgemeinschaften. Große Verkehrsprojekte wie die Reichsautobahn oder die Staatsbauten in Berlin und Nürnberg konnten selbstverständlich nicht von einem Einzelunternehmen ausgeführt werden, und so gewann diese Form des Firmenzusammenschlusses auf Zeit immer größere Bedeutung. Im Verlauf des Krieges wurde der gemeinsame Einsatz von Bauunternehmen in sogenannten «Kriegsbaugemeinschaften» praktisch zum Normalfall. Dadurch daß das einzelne Bauunternehmen in den Hintergrund trat, verringerte sich die Identifikation mit den in Argen errichteten Bauten, ebenso wie das Verantwortungsgefühl für diese gebauten Zeugen ihrer Epoche. Nach 1945 wurde an die großen Repräsentationsbauten, mit Ausnahme der Reichsautobahn, nur noch wenig erinnert. Um so mehr wurden immer wieder – vor allem in der Holzmann-Jubiläumsschrift von 1949 – die Auslandsprojekte während der NS-Zeit, etwa der Bau des Río Negro Wasserkraftwerks in Uruguay hervorgehoben, handelte es sich hierbei doch um genuine Holzmann-Produkte bzw. in diesem Fall um ein Projekt der Tochter Geopé.

Zu Beginn des Dritten Reiches änderten sich die Kapitalverhältnisse des Unternehmens. Am 12. Mai 1933 beschlossen der noch nicht «arisierte» Vorstand und Aufsichtsrat zwecks Vornahme von Sonderabschreibungen in Höhe von 8,6 Mio. RM eine Herabsetzung des Grundkapitals von 18,99 Mio. RM auf 13,32 Mio. RM, wenig später auf 12,9 Mio. RM. Erst während des Krieges wurde 1941 mit einer Kapitalerhöhung auf 25,62 Mio. RM das Grundkapital nahezu verdoppelt.[31]

Während der Weimarer Republik waren die vier deutschen Industrieverbände und die im Reichsbund des Deutschen Baugewerbes oder im Reichsverband Deutscher Bauinnungen organisierten Handwerksbetriebe in der Fachgruppe

Bauindustrie des Reichsverbandes der Deutschen Industrie zusammengefaßt. Nach den Plänen der 1933 neu eingerichteten NS-Wirtschaftsgremien sollten Bauindustrie und Bauhandwerk zu einem zentralen Bund gleichgeschaltet werden. Dazu kam es nicht, weil der Reichsbund des Deutschen Baugewerbes in den Reichsstand des Deutschen Handwerks einbezogen wurde. Die Bauindustrie blieb also mit der Gründung des Reichsverbandes des Ingenieurbaus am 4. Juli 1933 unter sich. Chef des Reichsverbandes wurde im Februar 1934 der Vorstandsvorsitzende von Hochtief, Eugen Vögler; vor 1933 hatte er bereits dem Reichsverband industrieller Bauunternehmungen angehört. Als der Reichswirtschaftsminister aufgrund des «Gesetzes zur Vorbereitung des organischen Aufbaus der deutschen Wirtschaft» vom 27. Februar 1934 die gesamte gewerbliche Wirtschaft in Deutschland in zwölf, später 13 Hauptgruppen einteilte, entstand als Hauptgruppe IV der Reichsverband «Steine und Erden, Holz-, Bau-, Glas- und Keramikindustrie», dem auch die Philipp Holzmann AG angehörte. Den Vorsitz dieses Reichsverbandes übernahm gleichfalls Vögler. Bauausführende Betriebe gab es jedoch auch in der Hauptgruppe VII «Handwerk». Durch eine Anordnung Völgers wurde im Dezember 1934 der Reichsverband des Ingenieurbaus in Wirtschaftsgruppe Bauindustrie umbenannt. Die Leitung übergab Vögler 1941 an Bruno Gärtner. Die fachliche Gliederung innerhalb der Wirtschaftsgruppe Bauindustrie wurde bis 1945 mehrfach modifiziert.[32]

Bereits vor dem Bau des Westwalls unterlag die Bauindustrie zwar schon erheblichen staatlichen Zwängen. Dennoch konnten die Bauunternehmen ihr angestammtes Bauprogramm durchführen. Im Hoch- und Tiefbau stellte Holzmann sein Können weiterhin unter Beweis, verstärkt durch die Ausführung von Pracht- und Prestigebauten der Partei. Lediglich der Reichsautobahnbau stellte ein neues Arbeitsgebiet dar. Die Beteiligung am Bau der einzelnen Streckenabschnitte hing allerdings wesentlich von der Gunst der Partei ab, wie Holzmann frühzeitig feststellen mußte.

Reichsautobahnbau

Die sich lange Zeit hartnäckig haltende These, Hitler und die nationalsozialistische Führung hätten das System kreuzungsfreier Fernstraßen, also Autobahnen, damals als «Nur-Autostraßen» bezeichnet, erfunden, ist längst wissenschaftlich widerlegt und bedarf keiner näheren Erläuterung.[33] Der am 6. November 1926 in der «Geschlechterstube» des Frankfurter Rathauses gegründete «Verein zur Vorbereitung der Autostraße Hansestädte–Frankfurt–Basel», kurz HAFRABA genannt, aber auch andere zum Bau der Autobahnen gegründete Gesellschaften hatten die wichtigsten Strecken bereits geplant und warteten nur noch auf die Möglichkeit, mit dem Bauen zu beginnen.

Allerdings gab es erhebliche rechtliche Schwierigkeiten und Differenzen zwischen den Ländern, so daß der Bau der ersten Strecken immer wieder verschoben werden mußte. Vor allem die Interpretation von § 13 des Finanzausgleichsgesetzes in der Fassung vom 27. April 1926 konnte gegen die Absichten der Planungsgesellschaften gewendet werden: «Mit dem Inkrafttreten des Kraftfahrzeugsteuergesetzes wird die Erhebung von Chaussee- und ähnlichen Wegegeldern von Kraftfahrzeugen für die gewöhnliche Benutzung öffentlicher Wege mit Ausnahme solcher für selbständige Verkehrsanlagen unzulässig.»[34] Der Paragraph hatte die mancherorts gepflegte Sitte beendet, auf öffentlichen Landstraßen und Wegen sowie an Ortsdurchfahrten Pflasterzölle, Chaussee- und Brückengelder zu kassieren.[35]

Die Führungsgremien der HAFRABA und der übrigen Autobahnplanungsgesellschaften erkannten offensichtlich die Problematik von § 13 nicht, zumal die Länder Baden und Hessen nicht nur die Planungsarbeiten und die verkehrswirtschaftlichen Untersuchungen unterstützten, sondern auch ihre Ingenieure, Techniker und Juristen tatkräftig bei den Planungsarbeiten mitwirken ließen. Als dann allerdings die Ausführung des Projektes einer Autobahn Köln–Düsseldorf sowie die Genehmigung der Strecke Mannheim–Heidelberg mit Hinweis auf § 13 des Finanzausgleichsgesetzes verweigert wurden, erkannten die Befürworter des Autobahnbaus, daß sowohl im Reichsverkehrsministerium als auch in den zuständigen regionalen Behörden erheblicher Widerstand gegen den Bau von Autobahnen bestand, vor allem gegen die Erhebung von Autobahngebühren, die von den Befürwortern mit dem Hinweis gefordert wurde, Autobahnen seien Privatstraßen, eine Diskussion, die bis heute Bestand hat.

Nach der «Machtergreifung» Hitlers und seiner Rede auf der Automobilausstellung in Berlin bekamen die Initiativen zum Bau von Autobahnen einen neuen Auftrieb. Im Gesetz über die Errichtung eines Unternehmens «Reichsautobahnen» in der Fassung vom 27. Juni 1933 wurde in § 7 festgelegt: «Das Unternehmen Reichsautobahnen hat das Recht, Benutzungsgebühren zu erheben. Der Gebührentarif bedarf der Genehmigung des Reichsverkehrsministers.»[36] Doch diese im Sinne der HAFRABA festgelegten Benutzungsgebühren wurden nie erhoben.

In diesem Gesetz vom 27. Juni 1933 wurde die Reichsautobahngesellschaft ermächtigt, ein Zweigunternehmen zum Bau und Betrieb eines leistungsfähigen Netzes von Kraftfahrbahnen zu errichten. Hitler hatte bereits im März 1933 die Einwände des Generaldirektors der Reichsbahn, Julius Dorpmüller, mit einer Handbewegung beiseite gefegt. Allerdings konnte die Direktion der Reichsbahn ohnehin so gut wie keinen Einfluß auf das Straßenbauwesen nehmen, da im selben Gesetz die mächtige Position eines «Generalinspektors für das deutsche Straßenwesen» geschaffen wurde. Dieses Amt übernahm am 5. Juli 1933 Fritz Todt, der zu diesem Zeitpunkt Ingenieur des Straßenbauunternehmens Sager & Woerner in München war und hier bereits verschiedene Autobahnprojekte, so zum Beispiel München–Chiemsee, betrieben hatte. Er genoß das Vertrauen Hitlers und bestimmte letztlich die Linienführung. Allerdings wurden alle technischen und organisatorischen Maßnahmen und die 15 «Obersten Bauleitungen» (OBR) im wesentlichen von Reichsbahnbeamten geleitet.[37] Die HAFRABA wurde am 18. August 1933 in die «Gesellschaft zur Vorbereitung der Reichsautobahn e.V.» (GEZUVOR) mit Sitz in Berlin umgewandelt. Ihre elf Sektionen sollten im ganzen Reichsgebiet tätig sein und Autobahnen planen.

Nach Todts Vorstellungen sollten im ganzen Reichsgebiet 6000 km Autobahnen gebaut werden. Von diesem geplanten Grundnetz wurden bis 1938 rund 2800 km und bis 1945 3800 km fertiggestellt, wobei zu berücksichtigen ist, daß der Reichsautobahnbau ab 1941 so gut wie ruhte. Die Kosten von rund 6,5 Mrd. RM wurden zu 60% aus den Mitteln der Reichsanstalt für Arbeitsvermittlung und Arbeitslosenversicherung gedeckt.

Am 23. September 1933 wurde zunächst ohne Philipp Holzmann mit den Bauarbeiten an der Strecke Frankfurt–Darmstadt–Heidelberg begonnen.[38] Erst am 11. Dezember 1933 teilte die OBR Frankfurt am Main Holzmann mit, daß das Unternehmen sich noch rechtzeitig für die Lose 40 und 60 gemeldet habe.[39]

Die gelegentlich immer noch vertretene These, der Autobahnbau habe sowohl die beschäftigungspolitischen als auch die strukturpolitischen Entwicklungen nach 1933 erheblich begünstigt und gefördert, ist nur bedingt richtig.[40] Hitler und die nationalsozialistische Führungsspitze sprangen vielmehr auf einen bereits ins Rollen gekommenen Zug auf. Zahlreiche Autobahnen und ihre Linienführung waren längst geplant und harrten lediglich des Baubeginns.[41] Daß die Arbeitsbeschaffungsmaßnahme Autobahnbau aus propagandistischen Gründen maßlos überhöht wurde, geht allein aus der Tatsache hervor, daß Ende 1933 nur 4000 Arbeiter beim Autobahnbau beschäftigt waren, die Investitionen einschließlich Grunderwerbs- und Verwaltungskosten beliefen sich nur auf 15 Mio. RM. Die Arbeitslosenzahl war aber bereits von sechs auf vier Millionen zurückgegangen. Erst 1934 waren 85000, im Juni 1935 117000 und 1936 122000 Arbeiter im Autobahnbau tätig. Im gleichen Zeitraum erhöhten sich die Investitionen von 178 Mio. RM auf 692 Mio. RM.[42]

Trotz des verspäteten Einstiegs beim Autobahnbau gelang es der Philipp Holzmann AG, bis zur weitgehenden Einstellung des Reichsautobahnbaus im Dezember 1941 noch den Zuschlag für 22 Baulose zu bekommen. Auf Streckenabschnitten mit einer Gesamtlänge von über 300 km Länge führte das Unternehmen entweder den Unterbau oder die Fahrbahndecken aus. In den sogenannten «Vergebungstabellen» im Bereich der Obersten Bauleitung Reichsautobahn Frankfurt am Main, die die Bautätigkeit der einzelnen Baufirmen vergleichsweise gut dokumentieren, ist eine Reihe von «Holzmann»-Abschnitten belegt.

Auf der Strecke Heidelberg–Frankfurt–Gießen übernahm Holzmann Abschnitte im Bereich Lorscher Wald (Los 9), Bad Homburg und Butzbach, wobei bei letzterem Abschnitt sowohl der Unterbau als auch die Fahrbahndecken ausgeführt wurden. Die Erdarbeiten im dortigen Bauabschnitt (Streckenkilometer 50,8 bis 56,5) hatten ein Auftragsvolumen von 1203034 RM, das Verlegen der Autobahndecken (Streckenkilometer 49,1 bis 56,5) ein Volumen von 770432 RM.

Am 14. Januar 1935 gab Holzmann sein Angebot für die Herstellung der Betondecken für die Reichsautobahn Darmstadt–Heidelberg–Mannheim ab. Es betraf die Lose 7 bis 12.[43] Am 28. Januar 1935 erhielt Holzmann die mündliche und am 6. Februar 1935 die schriftliche Zusage für die Herstellung der Betonfahrbahndecke der Reichsautobahn für das Los 9 von km 42,5 bis 48,5 dieser Strecke. Holzmann kalkulierte einen vorläufigen Gesamtbetrag von 664819 RM.[44] Dieses Angebot lag mit einem Preis von 7,39 RM je Quadratmeter unter dem von der Obersten Bauleitung ermittelten angemessenen Preis.[45] Der günstige Betrag war jedoch nur erreicht worden, weil Holzmann in Arge mit Grün & Bilfinger von früheren Erdarbeiten einen Teil der Baustelleneinrichtung zur Verfügung hatte und den Transport der Materialien vom Bahnhof Lorsch vornehmen konnte. Der Arge «Lorscher Wald» gehörten die Unternehmen Philipp Holzmann, Grün & Bilfinger, Mannheim, Sager & Wörner, München, und W. Hagen, Berlin, an.

Am 18. März 1936 erhielt Holzmann den Zuschlag für die Herstellung der Betonfahrbahndecken Los 5 von km 6,2 bis 13,9 der Strecke Frankfurt–Gießen zum vorläufigen Gesamtbetrag von 937422 RM.[46] Hierbei wurde eine

Reichsautobahnbau

Bau der Theißtalbrücke bei Niedernhausen, 1938

Reihe an Firmen nicht berücksichtigt, obwohl sie günstigere Angebote abgegeben hatten.

Die Begründung lautete: «Die Firma Phil. Holzmann, die bei uns schon das Deckenlos 9 Frankfurt (M)–Mannheim–Heidelberg zu unserer Zufriedenheit ausgeführt hat und als zuverlässige Firma bekannt ist, bietet Gewähr für eine ordnungsgemäße Ausführung. Der Preis ist angemessen. Der Firma ist der Zuschlag zu erteilen.»[47]

Natürlich baute Holzmann auch Brücken im Verlauf der Autobahnen, so die Theißtalbrücke bei Niedernhausen und, in Arge mit der Grün & Bilfinger AG, Mannheim, die Reichsautobahnbrücke über den Rhein bei Frankenthal. Am Bauvolumen von 8,6 Mio. RM war Holzmann mit 50% beteiligt.[48] Holzmann war vor allem verantwortlich für die Herstellung der Strompfeiler, die unter Anwendung von Druckluft 27 m unter Wasserspiegel zu gründen waren. Ferner hatte Holzmann die beiden Uferpfeiler und die anschließenden Flutbrücken und Widerlager zu errichten. An dem «Gesamtkunstwerk» Reichsautobahn, das als «Schwingende Bahn» ja auch unter ästhetischen Gesichtspunkten den Straßenbau revolutionieren sollte, war bei den einzelnen Baulosen nie ein Unternehmen allein beschäftigt. Mutterbodenarbeiten, Entwässerungsarbeiten, Bepflanzung, für jedes Detail waren Betriebe, zumeist Mittelständler der jeweils betreffenden Region, eingesetzt.

Die Bereitstellung der Arbeitskräfte, soweit es sich nicht um Stammarbeiter handelte, organisierten der Generalinspektor für die Reichsautobahn (Todt) bzw. die Oberste Bauleitung Reichsautobahn. Die Bezahlung galt – zumindest in der Anfangsphase – allgemein als gut, wenn sie auch zunehmend durch die in Rüstungsbetrieben gezahlten Löhne überflügelt wurde.[49] In Ausnahmefällen wurden jedoch für damalige Verhältnisse üppige 1,00–1,40 RM Stundenlohn bezahlt.

Trotzdem hatte der Reichsautobahnbau mit Abwanderungsproblemen zu kämpfen. So waren Mitte des Jahres 1937 knapp 100000 Personen, mehr als 20000 unter dem Soll, beim angeblich größten Arbeitsbeschaffungsprogramm des NS-Systems beschäftigt, während ein Jahr später fast fünfmal so viele Arbeiter am Bau des Westwalls eingesetzt waren.[50] Mit Beginn des Westwallbaus mußten ständig Arbeiter von den Autobahnbaustellen abgegeben werden. Der Austausch von Westwall-Arbeitern gegen Reichsautobahn-Arbeiter[51] vollzog sich beispielsweise im Dezember 1939 wie folgt:

Es wurden zugeteilt der OBR folgende RAB-Arbeiter		und zwar von der OBR	
Aachen	230	Köln	85
		Essen	47
		Frankfurt am Main	98
Düren	650	Hamburg	116
		Hannover	172
		Berlin	189
		Stettin	50
		Königsberg	25
		Stuttgart	98
Bitburg	500	Kassel	319
		Frankfurt am Main	173
		Stuttgart	8
Trier	350	Wien	84
		Halle	235
		Kassel	31
Saarbrücken/St. Wendel	550	Nürnberg	207
		Linz	230
		Villach	30
		Wien	83
Homburg	230	München	132
		Nürnberg	98
Pirmasens	318	Dresden	240
		München	78
Speyer	350	Breslau	350
Landau	460	Breslau	250
		Dresden	210
Gruppe Bauleitung Oberrhein in Freudenstadt	240	München	240
Insgesamt	3878		3878

Ab 11. Dezember 1935 wurde durch Verfügung der Obersten Bauleitung der Reichsautobahnen (OBR) eine laufende Berichterstattung über die Stimmung bei den Arbeitern auf den Autobahnbaustellen gefordert. Im Stimmungsbericht vom 1. November 1938 wurde beispielsweise festgestellt, daß mit der Zuweisung von Arbeitskräften aus dem Sudetenland «die Arbeitsauffassung bei den bereits vorhandenen Arbeitskameraden teilweise erheblich gesteigert» worden sei.[52] Die «Kameraden aus dem Sudetenland» hätten sich gut eingelebt, zumal die Löhne hier bedeutend höher seien als bei ihnen zu Hause. Ferner wurde versichert, «daß die Arbeitskameraden aus der Ostmark jetzt auch zufrieden seien, nachdem die Nörgler ausgeschieden oder von Wochenendheimfahrten nicht mehr zurückgekehrt seien».[53] Schließlich wurde darauf hingewiesen, daß montags etwa 30% der Arbeiter nicht mehr auf der Baustelle erschienen. Die Bauunternehmer drückten wiederholt ihren Unmut über die hohen Ausfälle aus und forderten die Oberste Bauleitung der Reichsautobahnen auf, vor allem die Überstellung von Sudetendeutschen an den Westwall zu verhindern.

Von der technischen Seite her stellte der Autobahnbau neue Anforderungen an die Holzmann-Ingenieure. «Während die Eisenbahndämme mit Überhöhung geschüttet wurden und sich ‹setzen› durften und sollten, da der Oberbau erst nach dem Setzen der Dämme aufgebracht wurde, mußten die Autobahndämme setzungsfrei gebaut, also lagenweise geschüttet und stark abgestampft werden, damit sie sofort die fast starre Betonfahrbahndecke aufnehmen konnten. Diese Verfeinerung des Erdbaues brachte auch eine wissenschaftliche Untersuchung des Schüttgutes über Schwere, Löslichkeit, Dichte, Stampfbarkeit und andere Eigenschaften mit sich. Zur Durchführung derartiger Aufgaben schuf die Firma Holzmann ein Erdlaboratorium, das ebenso wie das später angegliederte Betonlaboratorium dem Leiter der Technischen Abteilung, Dr.-Ing. Goebels, unterstellt wurde.»[54]

Repräsentative Partei- und Industriebauten

Im Hochbau zeigte sich für das Unternehmen im Vergleich zur Zeit der Weimarer Republik in den Jahren von 1933 bis 1939 ein starker Strukturwandel. Der soziale Wohnungsbau, der in der Zeit vor 1933 durchaus zu einer Holzmann-Domäne geworden war, geriet ins Hintertreffen. In den «Friedensjahren» des Dritten Reiches entstanden nur 5700 Wohnungen, zwischen 1924 und 1933 waren es 21300 gewesen. Partei- und Industriebauten kriegswichtiger Betriebe hatten Vorrang.

Wirft man einen Blick auf die großen Aufträge, die die Philipp Holzmann AG nach 1933 ausführte, kann man diese – aus der historischen Rückschau – teilweise auch als ein Programm zur Kriegsvorbereitung interpretieren.

Für die I. G. Farben kanalisierte Holzmann das Werk Schkopau und erwei-

Gehespitzgelände Neu-Isenburg, 1939

terte das Wolfener Muldenwasserwerk. Für die Brandenburger Motorenwerke wurden neue Werkhallen errichtet, für Henschel ein neues Flugzeugwerk, in Pölitz entstand ein Hydrierwerk, in Vockerode ein Kraftwerk, in Berlin-Lichterfelde eine neue Fabrik für die Telefunken AG, und in Derben an der Elbe und München-Krailling wurden große Öltankanlagen gebaut. Gleichzeitig entstanden in Magdeburg drei große Getreidesilos von 10000 t, 15000 t und 20000 t Fassungsraum, zwei weitere für die Rhenus AG in Düsseldorf und drei Stahlbetonspeicher in Hannover-Vinnhorst, Hannover-Stöcken und Haldensleben.

Hand in Hand mit dem Ausbau der Industrie ging der Neubau zahlreicher Geschäftshäuser für Verwaltung und Wirtschaft einher. Die Berliner Hochbauabteilung baute unter anderem die Verwaltungsgebäude für die Wirtschaftsgruppe Einzelhandel, die deutsche Milchwirtschaft und die Getreide- und Futtermittelwirtschaft sowie die Bürohäuser für das Kalisyndikat und die Krupp AG, während die Frankfurter Hochbauabteilung das neue Verwaltungsgebäude für die Vereinigten Deutschen Metallwerke in Frankfurt-Heddernheim und die Kölner Hochbauabteilung das Haus der Pharma in Leverkusen ausführte.

1937 wurde auf dem traditionellen, seit 1872 im Unternehmensbesitz befindlichen Bauplatz Gehespitz in Neu-Isenburg unter Beteiligung der Wirtschaftsgruppe Bauindustrie eine Lehrwerkstätte für Baufacharbeiterlehrlinge errichtet, die der Wirtschaftsgruppe mietweise zur Verfügung gestellt wurde.

Jagdhaus Karinhall

Ein wichtiges Betätigungsfeld wurde die Beteiligung der Philipp Holzmann AG an einer Reihe von Repräsentations- und Verwaltungsbauten für den NS-Staat; aufgrund der Größe und Komplexität der Projekte wurden diese allerdings fast gänzlich in Arbeitsgemeinschaft errichtet. Zu den Bauten zählen unter anderem das aufwendige Jagdhaus Karinhall für Hermann Göring in der Schorfheide mit einem Auftragsvolumen von 3 Mio. RM und der Neubau der Reichsbank im Berliner Bankenviertel nach einem Entwurf des Architekten Heinrich Wolff (Bauzeit 1934–1940). Obwohl der am Spreearm gelegene Bau eine enorme Fläche einnahm, fügte sich der fünfgeschossige, mit Werksteinfassade verkleidete Betonbau gut in die städtebauliche Situation ein. Es handelt sich dabei auch nicht um typische NS-Architektur, sondern um ein konservativ-repräsentatives Bankgebäude. «Hier läßt sich der Übergang von der modernen, funktionalen Architektur der zwanziger Jahre zur ‹Neuen Deutschen Baukunst› Albert Speers studieren.»[55] Dieses Gebäude sollte eine bewegte Geschichte haben. Im Zweiten Weltkrieg nur wenig beschädigt, wurde das Reichsbankgebäude nach 1949 vom DDR-Finanzministerium übernommen. 1959 bezogen das Zentralkomitee und das Politbüro der SED den Bau. Nach der Wiedervereinigung wurde das Gebäude aufwendig saniert – erste Umbaumaßnahmen wurden gleich nach der Wende von Holzmann ausgeführt –, und es dient seit dem Umzug der Regierung von Bonn nach Berlin als Außenministerium.

1938/39 arbeitete Holzmann am Bau von Adolf Hitlers neuem Amtssitz, der Neuen Reichskanzlei in der Wilhelmstraße. Außerdem war Holzmann als

Neubau der Reichsbank in Berlin, 1934–1940

Neue Reichskanzlei, 1938/39

eines von sieben Bauunternehmen an den Vorarbeiten für den Bau der großen Kuppelhalle in Berlin beteiligt. Das von Albert Speer entworfene Gebäude war das bis dahin gewaltigste projektierte Bauwerk des Hochbaus, ein Kuppelbau von 250 m Höhe und Spannweite. Dem Petersdom in Rom nachempfunden, sollte es nach dem ausdrücklichen Wunsch Hitlers in Ziegelmauerwerk ausgeführt werden. Er glaubte, nur ein gemauertes Bauwerk könne im Gegensatz zu einer Stahlbetonkonstruktion die angestrebte 1000jährige NS-Herrschaft durchhalten.[56] Bis auf Gründungsarbeiten für das Fundament in den Jahren 1938/39 blieb dieser Plan, dessen Ausführung ein Höhepunkt des zur Welthauptstadt «Germania» umgestalteten Berlins hätte werden sollen, gigantomane Utopie.

Der geplanten Neugestaltung Berlins fiel auch das alte Gebäude der Berliner Holzmann-Niederlassung am Schöneberger Ufer zum Opfer. Der im gemäßigten NS-Monumentalstil gehaltene Neubau wurde bis Oktober 1939 an der Heerstraße als Teil der neu angelegten Ost-West-Achse errichtet (Entwurf Paul Emmerich), wo er sich bis heute in der gleichen Funktion befindet. In einer Übersicht der Berliner Verwaltungsbauwerke erhielt die Holzmann-Niederlassung gemischte Noten:

«Der fünfgeschossige Stahlbetonskelettbau im Vier-Ständersystem mit Mittelgang hat ein Achsmaß von 4,60 m. Jeweils zwei hochrechteckige Fenster sind in einer Achse zusammengefaßt, und das ergibt bei Unterteilung Einzelbüros von brauchbaren Abmessungen für zwei Kopf an Kopf gestellte Schreibtische. Diese Anordnung hat

Neubau der Berliner Niederlassung in der Heerstraße, 1939/40

aber den Nachteil, daß immer nur ein Arbeitender von der richtigen linken Seite Licht bekommt. Das große Walmdach, die Fassaden – teilweise mit Natursteinplatten verkleidet, teilweise verputzt – und die Fensterachsen entsprechen den damals üblichen Formen.»[57]

Wie die zeitgenössische Korrespondenz mit dem Amt des «Generalinspektors der Reichshauptstadt» (Albert Speer) zeigt, mußte bei der Gestaltung und Ausführung des Gebäudes wegen kleinster Details Rücksprache gehalten werden, diente die Ost-West-Achse doch als Mustermeile nationalsozialistischer Stadtplanung. Sogar um die Baustellenschilder kümmerte sich der «Architekt des Führers» selbst. So teilte er dem zuständigen Baubüro der Philipp Holzmann AG am 20. Juli 1938 mit:

«Für die im Zuge der Neugestaltung Berlins zu errichtenden Bauten wird von mir ein Einheitsschild für die Baustellen bestimmt [...] Die Schilder werden von mir beschafft und zur Verfügung gestellt [...] Gleichzeitig bitte ich um Bezeichnung der Stellen, an welchen die Schilder aufgestellt werden sollen [...] Die Kosten für die Anfertigung und Aufstellung der Bauschilder werden von mir übernommen.»[58]

Mit der Detailverliebtheit war es jedoch mit Kriegsbeginn schlagartig vorbei. Nicht einmal mehr die Einfassung für den Vorgarten des ansonsten fertiggestellten Niederlassungsgebäudes durfte Holzmann ausführen. Die Verschönerung des Gebäudes eines Privatunternehmens war natürlich nicht kriegswichtig.[59]

Die Frankfurter Zentrale in der Taunusanlage 1 hätte im Grunde genommen auch erneuert oder erweitert werden müssen. Doch 1938 erwarb Holzmann das ehemalige Geschäftshaus der jüdischen Bank Lazard Speyer-Ellissen (1906 hatte Holzmann das Gebäude selbst errichtet) in der Taunusanlage 11, nur wenige Schritte vom Firmensitz entfernt. Die Traditionsbank war 1934 liquidiert und ein Teil der Belegschaft von der Deutschen Bank übernommen worden. Im Dezember 1938 zogen sämtliche Betriebsabteilungen von Holzmann und die Krankenkasse in dieses Geschäftshaus ein, so daß im eigentlichen Stammhaus jetzt nur noch die Hauptverwaltung und die Technische Abteilung untergebracht waren.[60] Als im März 1944 das Stammhaus erheblichen Bombenschaden erlitt, wurde die Hauptverwaltung weitgehend in das unbeschädigte Gebäude Taunusanlage 11 verlagert.[61]

An einem anderen Kernbereich der Verwirklichung von NS-Musterarchitektur war das Unternehmen seit Anfang 1937 beteiligt. Auf dem Obersalzberg,[62] Hitlers alpiner Residenz oberhalb von Berchtesgaden, baute die Niederlassung München in Arge mit der Süddeutschen Held und Francke AG eine SS-Kaserne mit einem Auftragsvolumen von 3 Mio. RM. In derselben Arge wurde das Gästehotel Platterhof auf dem Obersalzberg errichtet.[63]

Viele der hier aufgeführten Repräsentationsbauten wurden mit Werksteinen aus Muschelkalk, Sandstein oder Granit in Steinmetzarbeit verblendet; es trat

Bau der Kongreßhalle auf dem Nürnberger Reichsparteitagsgelände, 1938–1940

eine Renaissance des Steinmetzgewerbes ein, das bei den Industriebauten und dem Siedlungsbau der zwanziger Jahre kaum zur Geltung gekommen war. Die firmeneigenen Steinmetzbetriebe, die bis 1914 eine große Bedeutung für die Philipp Holzmann AG gehabt hatten, erlebten eine kurze Blüte, die jedoch mit dem Beginn des Zweiten Weltkriegs abrupt endete.[64]

Im Umfeld des Reichsparteitagsgeländes in Nürnberg erwartete Holzmann 1938 – in Arge mit Hochtief, Siemens-Bauunion und Deutsche Bau AG – mit dem Bau des Deutschen Stadions (das für die Olympiaden, die ab 1944 immer in Deutschland stattfinden sollten, gedacht war) einen 100-Millionen-Auftrag. Ähnlich wie die Kuppelhalle in Berlin und eine geplante riesige Elbbrücke in Hamburg ging das Projekt über kleinere Vorarbeiten nicht hinaus. Die Kongreßhalle auf dem Nürnberger Gelände wurde dagegen im Außenbau fast vollendet. Sie ist heute eine der größten NS-Bauruinen.

Von den unvollendeten Prestigeobjekten der NS-Zeit, an denen die Philipp Holzmann AG beteiligt war, erlangte die KdF-Ferienanlage Prora auf Rügen am meisten Bekanntheit. Die Erhaltung bzw. Vollendung des zweieinhalb km langen Gebäudekomplexes an der Ostsee führte nach der Wiedervereinigung zu lebhaften Diskussionen.

Weniger spektakulär war die Arrondierung des Grundbesitzes, den das Unternehmen in den Jahren ab 1933 betrieb. Insgesamt erhöhte sich der

Grundbesitz der Philipp Holzmann AG von knapp 2,3 Mio. m^2 im Jahre 1933 auf gut 2,6 Mio. m^2 im Jahre 1944. Zum Vergleich: Das Fürstentum Monaco hat eine Fläche von 1,95 Mio. m^2. Den größten Grundbesitz-Einzelposten bildete das mehrfach erweiterte Gehespitzgelände in Neu-Isenburg, das mit 125 393 m^2 zu Buche schlug.

Wie bereits erwähnt, gingen der Siedlungsbau und der Bau von privaten Häusern erheblich zurück. Zwar wurde 1934 noch die Siedlungsgesellschaft Garten und Heim GmbH in Köln mit einem Kapital von 20000 RM gegründet, doch bereits zwei Jahre später taucht diese Gesellschaft, die für Minderbemittelte Eigenheime bauen sollte, im Geschäftsbericht nicht mehr auf.[65] 1936 wurde auf dem Gelände der Philipp Holzmann AG in München-Schwabing ein Wohnhausblock mit 120 Wohnungen auf eigene Rechnung ausgeführt. Außerdem baute Holzmann auf diesem Gelände für fremde Rechnung einige Wohnhäuser und für eigene Rechnung drei Einfamilienhäuser, die gewinnbringend verkauft werden konnten.[66] Lediglich die Aktiengesellschaft Hellerhof, Gemeinnützige Wohnungsbaugesellschaft in Frankfurt am Main, konnte Jahr für Jahr von einer «lebhaften Neubautätigkeit» berichten.[67] Aber auch diese Gesellschaft wird im Geschäftsbericht für 1940 nicht mehr erwähnt. Der Geschäftsbericht für 1942 verdeutlicht den Grund: «Im Jahre 1942 haben wir unsere Betriebseinrichtungen und Arbeitskräfte ausschließlich für die uns übertragenen kriegswirtschaftlichen Bauaufgaben eingesetzt.»[68]

Tiefbau

Abgesehen von den umfangreichen Erd- und Deckenarbeiten im Zuge des Reichsautobahnbaus brachten die Jahre 1933–1939 für die Tiefbauabteilung sehr vielfältige Aktivitäten und überstiegen vom Umsatz her sogar die Tätigkeiten im Hochbau. Die Erdbewegungen, die das Unternehmen in diesen Jahren vollbrachte, beliefen sich auf 55 Mio. m^3, davon 14,5 Mio. m^3 im Kanal- und Flußbau, 13 Mio. m^3 im Straßenbau, 6,5 Mio. m^3 im Hafenbau, 6 Mio. m^3 im Eisenbahnbau und der Rest für die übrigen Fundamentaushübe.[69]

Im Eisenbahnbau wurden 125 km Bahnlinie gebaut, meist in Verbindung mit der Erweiterung oder der Neugründung von Industriebetrieben. So entstanden die Bahnanlagen für die Helmstedter Kohlengruben, die 10 km lange Anschlußbahn für die Riebeckschen Montanwerke in Göthewitz, die 6 km lange Anschlußbahn in stärkster Steigungsstrecke für das Kupferwerk Sontra und die 7 km lange, im Felsen liegende Industriebahn Fürstenhagen. Den größten Bahnbau führte die Hannoveraner Niederlassung mit der 40 km langen Bahn Uchtspringe–Hillersleben für die Braunschweiger Landeseisenbahngesellschaft aus. Umfangreich waren auch die Umbauarbeiten für die Bahnhöfe Berlin-Tempelhof (2,6 Mio. RM), Augsburg, Stettin, Chemnitz, Furth und Flöha in Sachsen.

Im Tunnelbau beseitigte die Dresdner Niederlassung den Oberauer Tunnel (Strecke Dresden–Riesa) und baute neu den Gleisbergtunnel der Strecke Dresden–Altenberg, während die Berliner Niederlassung den Landwehrkanal für die Nord-Süd-Bahn untertunnelte und die Unterfahrung der neuen Spree (Moltkestraße) durchführte, beides Bauten zwischen 2 und 3 Mio. RM.

Im Hafen- und Seebau entstanden neue Kaianlagen und Ufermauern in Hamburg, auf Helgoland, in Rostock und Kiel, und schließlich sind als größte Seebauten dieser Zeit die Aushubarbeiten für die vierte Hafeneinfahrt und für die Docks sowie der Bau der Seedeiche und der Ostmole in Wilhelmshaven mit einer Gesamtauftragssumme von fast 20 Mio. RM bemerkenswert.

Im Fluß- und Kanalbau wurden die Elbe bei Roßlau und die Saale bei Schkopau ausgebaut, die Donauregulierung bei Straubing wurde im großen Umfang weitergeführt, und die Flüsse Paar, Amper und Tiroler Ache wurden für fast 5 Mio. RM reguliert. Ferner baute Holzmann die großen Schleusenanlagen Dörpen, Aschendorf mit dem Seitenkanal Papenburg, die Schleusentreppe Wüsteneutsch im Elster-Saale-Kanal und die anschließenden Strecken mit einer neuartigen Einbringung der Tondichtung, die Schleuse und den Kanal Klodnitz in Schlesien sowie die Schleusen Fürstenau, Sandhof des Masurischen Kanals und die 16 km lange Kanalstrecke bei Öbisfelde, wobei viele 100000 m^3 Beton zu verarbeiten waren. Erwähnung verdienen auch noch der Stichkanal Bledenstedt, der die Reichswerke Hermann Göring mit dem Mittellandkanal verband, mit seinem Hafen und einer 3 km langen Kaimauer und der Mittellandkanalhafen für das Volkswagen-Werk Fallersleben.

Seit Januar 1938 war Holzmann an verschiedenen Tiefbauprojekten sowie am Bau von Wohnungen und anderen Gebäuden als Subunternehmen tätig.

> «Der Zweigstelle Hannover ist die Herstellung eines Stichhafens am Mittellandkanal bei Fallersleben für die neue Volkswagenfabrik von der Gesellschaft zur Vorbereitung des Deutschen Volkswagens m.b.H., Berlin-Grunewald, übertragen worden. Objekthöhe RM 524415,–. Die Bauzeit ist bis zum 1.10.1938 vorgesehen. Es handelt sich um den ersten Ausbau des 200 m langen und 70 m breiten Hafenbeckens. Die Ufermauer wird in Larssen – Profil II ausgeführt, im übrigen sind in der Hauptsache 175000 Kubikmeter Boden zu bewegen, davon 105000 Kubikmeter im Nassen zu gewinnen.»[70]

Ein großes Problem beschäftigte die Verantwortlichen für den Bau des Volkswagenwerkes von Anfang an, nämlich die Frage, woher die Arbeitskräfte für die Baumaßnahmen, aber auch später für die Produktion kommen sollten.[71] Robert Ley hatte in den Verhandlungen über die Standortfrage die Warnungen Paul Pleigers, die in Salzgitter entstehenden Reichswerke Hermann Göring könnten die im Raum Braunschweig verfügbaren Arbeitskräfte vollständig absorbieren, in den Wind geschlagen. Jedoch bald nach dem ersten Spatenstich am 26. Februar 1938 zeigte sich, daß die Beschaffung von

Arbeitskräften neben der schwierigen Materialbeschaffung das Hauptproblem des gesamten Projektes darstellte.[72] Prompt mußte Holzmann Ende August 1938 die Arbeiten am Hafen für die Volkswagen-Fabrik bei Fallersleben vorübergehend einstellen, «da die dort beschäftigten Arbeiter vom Arbeitsamt zu den Arbeiten der Hermann-Göring-Werke überwiesen wurden. Nach Zuteilung von italienischen Arbeitern konnte der Betrieb am 7.9.1938 wieder aufgenommen werden. Wie uns berichtet wird, lassen sich die Italiener gut an.»[73]

Für die Reichswerke Hermann Göring baute Holzmann gleichzeitig den Stichkanal in Salzgitter. An dem Projekt über 12,5 Mio. RM waren auch die Firmen Dyckerhoff & Widmann, Hochtief und Möller zu gleichen Teilen beteiligt. Die Führung der Arge lag bei Lenz & Co.[74]

Überhaupt war Holzmann zu diesem Zeitpunkt in einer schwierigen Lage, was die Personalsituation betraf. Der verstärkte Einsatz beim Bau des Westwalls, die Heranziehung zu kriegswichtigen Projekten und schließlich die noch nicht vollendeten eigenen Projekte beanspruchten die gesamte Belegschaft wie nie zuvor. So kam der Einsatz von Arbeitern aus dem «angeschlossenen» Österreich und dem Sudetenland sowie von italienischen Saisonarbeitern dem Unternehmen sehr gelegen, um seine vielfältigen Aufgaben zu erfüllen.

Die Arbeiten für das Volkswagenwerk gingen indes weiter. Der Zweigstelle Hannover, die für diese Region zuständig war, wurde im September 1938 der Bau eines Dükers übertragen.[75] Der Auftrag stellte den ersten Bauabschnitt eines 258 m langen Heizrohrkanals dar, und zwar den Teil, der den Mittellandkanal kreuzt. Die Länge des jeweiligen Bauabschnittes betrug 86 m. Der Heizrohrkanal bestand aus einem gewölbten Kanal von 3,20 m unterer lichter Weite und von 1,95 m lichter Höhe. Die Kosten waren auf 530000 RM festgesetzt. Um den Verkehr auf dem Mittellandkanal aufrechtzuerhalten, erfolgte die Ausführung in zwei Teilen nach einem von Holzmann patentierten Gründungsverfahren mit einer unter Wasser eingebrachten Eisenbetonsohle, die gegen Auftrieb gesichert wurde.

Auch in den nachfolgenden Jahren war Holzmann an Bauten für das Volkswagenwerk beteiligt, so zum Beispiel der Leichtmetallgießerei, des Konzentrationslagers «Arbeitsdorf» und der dazugehörigen Unterkunftsbaracken der SS sowie der Baracken der Bauleitung und der beteiligten privaten Baufirmen. Die Oberaufsicht lag bei dem Architektenbüro Karl Kohlbecker, als Subunternehmen fungierten neben der Berliner Baufirma Wiemer & Trachte die Zweigniederlassung Hannover von Philipp Holzmann und Christian Salzmann.[76]

Im Oktober 1938 wurde Holzmann der Bau von 270 Siedlungswohnungen übertragen.[77] Die Bauzeit sollte lediglich 16 Wochen betragen. Die Objekthöhe belief sich auf 1,2 Mio. RM.

Beteiligungen im Ausland

Zu den Auslandsbeteiligungen der Philipp Holzmann AG in den 1920er bis 1940er Jahren zählten: Compañía General des Construcciones, Santiago de Chile (Construcil, 96,5%), Compañía General des Construcciones del Perú, Lima (Copru, 26%), Compañía General de Obras Públicas, Buenos Aires (Geopé, 63%), Companhia Geral de Obras e Construcções, Rio de Janeiro (Geobra, 64,95%), Syndicat Européen d'Entreprises, Paris (13%), und die Schweizer Tochtergesellschaft Sofitec in Basel.[78]

Die Beteiligungen spiegeln deutlich die Konzentration des Auslandsgeschäftes auf Südamerika wider. In diesen Ländern konnte Holzmann bis weit in die Kriegsjahre hinein ertragreiche Geschäfte tätigen. In Argentinien arbeitete die Geopé ab 1937 wieder erfolgreich und konnte zahlreiche Projekte fertigstellen, unter anderem:

- Regenabwasserkanäle in Buenos Aires
- Fortsetzung der Untergrundbahnlinie Plaza Constitución-Calle Boedo (1700 m in offener Baugrube)
- unterirdische Parkplätze in Buenos Aires
- Getreidesilo im Hafen von Buenos Aires (64 m hoch).

Der Personalbestand der Geopé betrug in diesem Jahr fast 4000 Arbeiter und Angestellte. Da aber weder neues Personal eingestellt noch weitere Kredite zu erwarten waren, mußte die Geopé in den nachfolgenden Jahren vorsichtig agieren.[79] Immerhin konnte noch eine Anzahl von Bauaufträgen von privater Seite ausgeführt werden, darunter der interessante Bau eines Stadions für den Fußballklub Boca Juniors in gewagter Eisenbetonkonstruktion. Das Stadion, das im endgültigen Ausbau 100000 Personen fassen sollte, mußte wegen des ungünstigen Baugrundes auf Frankipfählen gegründet werden.

Im Jahre 1940 wurden aus den oben genannten Gründen nur in beschränktem Maße neue Aufträge hereingenommen. Zu Beginn des Zweiten Weltkriegs waren die Folgen des zunächst auf Europa beschränkten Krieges nicht fühlbar. Argentinien hatte sich in bezug auf die Fabrikation von Zement längst von der Einfuhr unabhängig gemacht; Sand und Kies wurden aus dem Río de la Plata gewonnen, Holz konnte ersatzweise aus Brasilien, Stahl und Eisen, wenn Europa ausfiel, aus den USA bezogen werden und, was Geräte und Maschinen anlangte, so hatte sich die argentinische Bauindustrie schon seit einiger Zeit an die modernsten amerikanischen Maschinen gewöhnt, insbesondere an die Spezialmaschinen für Eisenbetonfahrbahnen, die Schleppschaufeln, Bulldozer usw. mit Raupenschlepper-Antrieb. Daher bestanden in Hinsicht auf die Durchführbarkeit keine Bedenken gegen die Übernahme neuer Arbeiten. Auch die alten Kunden blieben zunächst der Geopé treu. So erteilte die CADE den Auftrag auf die neue Ausbaustufe «Superusina»

(Großkraftwerk) im Neuen Hafen von Buenos Aires, eine Arbeit, die eine Bausumme von fast 4 Mio. Pesos erreichte. Weiterhin übernahm die Geopé eine Wasserbauarbeit: die Eindeichung eines Überflutungsgeländes bei der Stadt Santa Fé, eine Erdbewegung großen Umfangs, die mit Einsatz modernsten amerikanischen Gerätes bewältigt wurde.

Das Jahr 1940 kann als das letzte erfolgreiche in der Geschichte der Geopé bezeichnet werden. Ab 1941 stellte die argentinische Regierung das Unternehmen unter «Beobachtung». Zwei Regierungsvertreter zogen in die Räume der Geopé ein und kontrollierten jede Geschäftstätigkeit. Als dann 1943 die Militärregierung an die Macht gelangte, alle Beziehungen nach Deutschland abbrach und ihm im März 1945 den Krieg erklärte, war das Schicksal der Geopé besiegelt. Im Juli 1945 schließlich wurde sie beschlagnahmt.

Ähnlich erging es der Construct in Chile. 1937 traten vorübergehend eine Belebung der Bautätigkeit und eine Vergrößerung des Auftragsbestandes ein. Namentlich nach dem großen Erdbeben 1939 beteiligte sich die Construct maßgebend am Wiederaufbau von Industrieanlagen im Gebiet von Concepción. Seit dem Jahr 1942 waren aber keine Aufträge mehr einzubringen. Als dann die Regierung Chiles die Beziehungen zu den Achsenmächten abbrach, war auch das Schicksal der Construct besiegelt. Die Generalversammlung beschloß daher, die Gesellschaft zu liquidieren, was dann auch unter staatlicher Kontrolle und Blockierung der Vermögenswerte vor sich ging. Auch die Copru in Peru wurde 1941 liquidiert, nachdem sie noch 1936–1939 von der Regierung mit Aufträgen für zahlreiche Brückenbauten (Straßenbrücke über den Rio Chira) bedacht worden war.

Die Geobra in Brasilien konnte nach 1935 noch einige bedeutende Bauwerke durchführen, so zum Beispiel den Bau des Hafens von Maceió in der Bucht von Jaraguá im Staate Alagoas und den Bau einer Stahlbetonbrücke von 140 m Länge über den Rio Tubarão im Staate Santa Catarina. In die Tage der Übernahme eines großen Hallenbaus in São Paulo im März 1943 fiel die Verfügung der brasilianischen Regierung, durch die die Geobra unter Staatsaufsicht gestellt wurde. Am 27. Dezember des selben Jahres wurde die Liquidierung eingeleitet, deren Durchführung sich bis April 1945 hinzog. Nachdem das gesamte Inventar verkauft und sämtliche Angestellten nach Maßgabe der gesetzlichen Bestimmungen abgefunden worden waren, wurde am 7. April 1945 die technische und kaufmännische Organisation der Geobra endgültig aufgelöst. Damit schied die Geobra nach 17 Jahren ihres Bestehens aus der Bauwirtschaft Brasiliens aus.

Darüber hinaus war Holzmann in der Türkei und vor allem im Iran tätig.[80] In Teheran baute Holzmann von 1936 bis 1940 die Universitätsklinik Teheran (Bimarestan Pahlevi), die Deutsche Gesandtschaft und die Empfangshalle des Bahnhofs in Teheran. Als im September 1941 die Russen und Briten im Iran einmarschierten, mußten alle Arbeiten unterbrochen werden. Das gesamte

Aufsichtspersonal einschließlich der Monteure der deutschen Firmen wurde interniert und schließlich nach Australien gebracht. Die Frauen und Kinder kamen am 28. September 1947, nach völliger Ausplünderung, an der türkischen Grenze an. Sie wurden in Istanbul von dem dortigen Leiter der Holzmann-Niederlassung mit dem Nötigsten versehen und nach Deutschland weitergeleitet. Die Männer wurden ein halbes Jahr später freigelassen.[81]

4. «Übernahme» der Bauwirtschaft durch die Organisation Todt

Die Organisation Todt und das Unternehmen

Erstmals beim Westwallbau und dann im Zweiten Weltkrieg wurden die Mitgliedsfirmen der Wirtschaftsgruppe Bauindustrie, zu denen auch die Philipp Holzmann AG zählte, für kriegswichtige Bauvorhaben im Reich und in den besetzten Gebieten verpflichtet. In den besetzten Gebieten erfolgte ihre Verwendung im Rahmen der Organisation Todt. Mit Kriegsbeginn wurde die OT für die Bauindustrie zum bestimmenden Faktor. Das besondere Merkmal dieser NS-Massenorganisation war, daß ihr ganz überwiegend Ausländer angehörten. So betrug im Jahr 1943 der deutsche Anteil der zu diesem Zeitpunkt etwa eine Mio. Mann starken Organisation gerade einmal 5%. Im Verlauf des Krieges führte die OT für Staat und Wehrmacht ein Bauprogramm durch, das der britische Geheimdienst am Kriegsende als «das eindrucksvollste seit der römischen Zeit»[82] bezeichnete.

Die OT war nicht das Ergebnis einer fixierbaren legislativen oder exekutiven Entscheidung. Es gab weder einen Befehl noch ein Gesetz oder eine Verordnung über ihre Aufstellung. Seit dem Dienstantritt Fritz Todts (1891–1942) als Generalinspektor für das deutsche Straßenwesen im Jahre 1933 entwickelte sie sich aus kleinsten Anfängen zur kriegswichtigsten Organisation außerhalb von Wehrmacht und SS. Ihre Struktur änderte sich von Jahr zu Jahr. Sie wurde den Erfordernissen der jeweiligen Aufträge angepaßt.[83]

Den Namen «Organisation Todt» prägte Hitler 1938 auf dem Reichsparteitag in Nürnberg, als er den Einsatz der OT beim Westwallbau würdigte. Seit Ende 1938 war Todt als Generalbevollmächtigter für die Bauwirtschaft Kontrolleur sämtlicher Straßenbauvorhaben. Für ein deutsches Bauunternehmen, besonders für die Branchenführer, gab es spätestens seit diesem Zeitpunkt keine Möglichkeit, größere Arbeiten vor allem im Tiefbau ohne Absprache mit der OT durchzuführen. Zur organisatorischen Einbindung in die Ministerialbürokratie kam es erst nach dem Tode Todts (8. Februar 1942 bei einem Flugzeugabsturz) mit dem Dienstantritt Albert Speers, als die OT in das Reichsministerium für Bewaffnung und Munition einbezogen wurde.

Die größten Bauaufträge führte die OT in den besetzten Gebieten durch: Verkehrswege, Fernmeldenetze, Fabriken, Rohstofförderungsanlagen, Brükken, Baracken und natürlich Befestigungswerke und andere Verteidigungsanlagen. Ihr oblagen aber auch wehrmachtsunabhängige, für das Reich jedoch kriegswichtige Arbeiten wie Sicherstellung, Reparatur und Wiederinbetriebnahme und Nutzung wirtschaftlicher Einrichtungen und Ressourcen in den besetzten Gebieten sowie ab 1943 auch der Einsatz im Reichsgebiet bei der Auslagerung von Rüstungswerken in bombensichere Bunkeranlagen und bei der Beseitigung von Bombenschäden.

In der OT arbeiteten deutsches OT-Personal, Ausländer, vor allem aus West- und Nordeuropa, Kriegsgefangene, KZ-Häftlinge und Zwangsarbeiter. Die gleiche Zusammensetzung fand sich auch bei Philipp Holzmann. Allerdings ist es äußerst schwierig festzustellen, welche Ausländer bei Holzmann direkt angestellt waren und welche Ausländer von der OT auf den Baustellen zur Verfügung gestellt wurden. Mit der Verminderung der Belegschaft bei Philipp Holzmann durch Einberufung von Stammpersonal an die Front stieg seit 1940 der Anteil von Ausländern im Unternehmen kontinuierlich an. Der Geschäftsbericht für 1941 berichtet, daß der Anteil der weiblichen Angestellten erheblich angewachsen sei und der Ausfall durch Einberufungen zum Wehrdienst und der zusätzliche Bedarf an Arbeitskräften im wesentlichen hätten ausgeglichen werden können, teilweise durch Einstellung von Ausländern.[84]

Generell wurden ausländische Arbeitskräfte seit Beginn des Krieges sowohl in der Landwirtschaft als auch in allen kriegswichtigen Unternehmen dringend benötigt, respektive in der Bauwirtschaft.

Deutsche und ausländische Arbeitskräfte in der Bauindustrie im August 1944[85]

	Beschäftigte insgesamt	davon ausländische Arbeitskräfte	davon Zivilarbeiter	Kriegs-gefangene	Ausländeranteil an der Gesamt-beschäftigung in %
Gesamtwirtschaft	28853794	7651970	5721883	1930087	26,0
Bauindustrie	1440769	478057	349079	128978	32,3

Der Anteil der ausländischen Arbeiter am Bau war mit 32,3%, das heißt knapp einem Drittel, über sechs Prozentpunkte höher als im Durchschnitt der Gesamtwirtschaft. Nur in der Landwirtschaft (46,4%) und im Bergbau (33,7%) war der Anteil ausländischer Arbeiter noch höher.

Staatsangehörigkeit der ausländischen Zivilarbeiter und Kriegsgefangenen in der Bauwirtschaft im August 1944[86]

	Belgier	Franzosen	Italiener	Niederländer	Russen	Polen	«Protektoratsangehörige»	Insgesam
Zivilarbeiter	19349	36237	35241	32025	77991	67601	44870	37907
Kriegsgefangene	1557	23203	45543	–	32298	827	–	12897
Insgesamt	20906	59440	80814	32025	110289	68428	44870	47805
Gesamtzahl der in der Wirtschaft eingesetzten Zivilarbeiter und Kriegsgefangenen	253648	1254749	585337	270304	2758312	1688080	280273	761597
davon in der Bauwirtschaft in %	8,2	4,7	13,8	11,9	3,6	4,1	16,0	6,

Der Einsatz ausländischer Arbeitskräfte und Kriegsgefangener während des Zweiten Weltkriegs trug wesentlich dazu bei, den Krieg zu verlängern und die landwirtschaftliche Produktion in Deutschland nicht nur zu sichern, sondern sogar auf hohem Niveau zu halten.[87]

Gleich bei Kriegsbeginn wurde ein Teil der Holzmann-Stammbelegschaft zur Wehrmacht eingezogen. Die Einberufungen betrafen im Verlauf des Krieges rund 7700 Arbeiter und Angestellte. Zum Vergleich: 1933 beschäftigte das Unternehmen 7000 Arbeiter und Angestellte, 1939 ca. 21000, jeweils inklusive der Saisonarbeiter.[88]

Aus den Bilanzunterlagen des Unternehmens lassen sich bis einschließlich des Jahres 1942 die Entwicklung der Arbeiter-, Angestellten- und Kriegsgefangenenzahlen, die Summe der Löhne und Gehälter 1937–1942 sowie der Anteil Holzmanns an Argen ablesen.[89]

Jahr	Zahl der Arbeiter und Angestellten	Geschäftstätigkeit	gezahlte Löhne und Gehälter insgesamt
1937	13410	eigene Betriebe	26322930,22
	(davon 1010 Angestellte)	Anteil an Argen	1753752,17
		zusammen	28076682,39
1938	20810	eigene Betriebe	39962279,67
	(davon 1300 Angestellte)	Anteil an Argen	4698521,77
		zusammen	44660801,44
1939	21359	eigene Betriebe	43865159,69
	(davon 1612 Angestellte)	(einschließlich besetzte Gebiete)	
		Anteil an Argen	6401251,00
		zusammen	50266411,63

1940	21477 (davon 1779 Angestellte)	eigene Betriebe (einschließlich besetzte Gebiete) Anteil an Argen zusammen	44140672,72 6688438,27 50829110,99 davon 206220,15 für Kriegsgefangene
1941	30347 (davon 1963 Angestellte u. 1336 Kriegsgefangene)	eigene Betriebe (einschließlich besetzte Gebiete) Anteil an Argen zusammen	49668144,25 8745321,20 58413465,45 davon 1224602,15 für Kriegsgefangene
1942	24840 (davon 1894 Angestellte u. 1426 Kriegsgefangene)	eigene Betriebe (einschließlich besetzte Gebiete) Anteil an Argen zusammen	48756064,54 8178878,49 56934943,03 davon 1349842,72 für Kriegsgefangene
1943	22245 (davon 1875 Angestellte u. 1230 Kriegsgefangene)	eigene Betriebe (einschließlich besetzte Gebiete) Anteil an Argen zusammen	46684236,75 6905368,05 53589604,80 davon 1234590,40 für Kriegsgefangene

1940 tauchte zum ersten Mal ein geringer Betrag für Kriegsgefangene auf. In den beiden nachfolgenden Jahren wurden die Zahl der Kriegsgefangenen und die gezahlten Löhne genau ausgewiesen. Demnach zahlte Holzmann für einen Kriegsgefangenen 916,60 RM im Jahr. Eine detailliertere Aufgliederung liefert das Nachrichtenblatt des Unternehmens. Danach waren am 15. Oktober 1940 bei Holzmann ohne Kriegsgefangene und ohne Beschäftigte am sogenannten Atlantikwall 24071 Mitarbeiter beschäftigt, davon waren 7200 Ausländer, also rund 30%.[90] Am 15. Mai 1941 beschäftigte Holzmann 21327 Mitarbeiter. Davon waren 9027 Ausländer, also 42,4%. Ein Jahr später hatte sich die Bautätigkeit Holzmanns «weiterhin wesentlich in die besetzten Gebiete verlagert. Die dortigen Arbeiten stellen an die Bauleitung und die deutsche Gefolgschaft ganz besondere Aufgaben, zumal die Zahl der auf diesen Baustellen eingesetzten ausländischen Arbeiter beträchtlich zugenommen hat.»[91]

Diese Ausländer und die genannten Kriegsgefangenen wurden demnach von Holzmann entlohnt. Es ist zu vermuten, daß die Zahl der ausländischen Arbeiter 1943 über 10000 lag. Da für 1943 und 1944 keine konkreten Zahlen vorliegen, die Lohnkosten 1944 mit ca. 48 Mio. RM aber ähnlich hoch waren wie 1942, dürfte sich die Gesamtzahl der Mitarbeiter nicht geändert haben.

Allerdings ist eine andere Zusammensetzung zu vermuten. Zudem dürften die nun vermehrt eingesetzten KZ-Häftlinge, die fast ausschließlich von der OT bezahlt wurden, nicht mitgezählt sein. Der durchschnittliche Arbeitsverdienst je Lohnstunde betrug im Jahre 1942 bei Holzmann für einen Vollarbeiter 84 Reichspfennig und für einen Kriegsgefangenen 36 Reichspfennig.[92] Ein Jahr später verdiente ein Vollarbeiter durchschnittlich 79 Reichspfennig und ein Kriegsgefangener 38 Reichspfennig.

Die Bauunternehmen waren bereits beim Bau des Westwalls in Rahmenverträge eingebunden. Hierbei hatte sich Fritz Todt für Selbstkostenerstattungsverträge, die sogenannten OT-Selbstkostenverträge, entschieden. Den Unternehmen wurden alle angefallenen Kosten ersetzt, so zum Beispiel die Lohn- und Gehaltskosten, Abschreibungen, Sozialaufwendungen, Fracht- und Fahrtkosten. Am 1. Januar 1942 trat im Osten der sogenannte Ost-Bauvertrag in Kraft, der das Unternehmerentgelt neu berechnete. Der «Reichstarifvertrag über den Leistungslohn im Baugewerbe» vom 2. Juli 1942 schrieb schließlich die Leistungslohnarbeit im gesamten Deutschen Reich vor.

Allerdings waren der Arbeitermangel und der Leistungsabfall trotz häufiger gegenteiliger Beteuerung Ende 1941 auf allen Baustellen eklatant, so daß eine neue Bewertung der Leistung gefordert wurde. Zeitlohnarbeit sollte auf solche Fälle beschränkt werden, in denen technische Gründe eine Arbeit im Leistungslohn nicht zuließen. Die Einführung des Leistungslohns sollte den «rückhaltlosen und restlosen Einsatz aller Schaffenden» fördern.[93]

Mit dem Jahr 1943 wurde der Leistungslohn bei Holzmann eingeführt. Im Januar 1943 stieg die Anzahl der Leistungslohnbaustellen um 75%, im Februar erfolgte eine Erhöhung um weitere 19%. Die Erfassung aller im Leistungslohn Arbeitenden stieg von 2670 im Dezember 1942 auf 3150 im Januar 1943 und im Februar auf 4441 Mann an. Der Anteil der Leistungslohnstunden an den Gesamtarbeitsstunden betrug im Februar 53%.

In den Nachrichtenblättern finden sich detaillierte Angaben über die Entwicklung der Leistungslohnarbeiten in den Jahren 1942/43.[94] So waren etwa im Februar 1943 in 31 Fällen Minderverdienste entstanden. Diese Minderverdienste betrafen in der Hauptsache Ostarbeiter, ausländische Zivilarbeiter und Kriegsgefangene.

Die festgelegten Leistungsstufen und Bewertungszahlen setzten sich im Unternehmen durch. «Gute Leistungen konnten entsprechend entlohnt werden, Minderverdienste erziehen zu besseren Leistungen.»[95] Auch für Kriegsgefangene, die bisher erst in wenigen Fällen in die Leistungslohnarbeit einbezogen worden waren, reichten die vorhandenen Stufen aus, da die Leistungslohnstunden mit der Verrechnungsleistung der Kriegsgefangenen in die Abrechnung eingeführt wurden. Ausländische Zivilarbeiter wurden in die ihrer Leistung entsprechende Stufe eingereiht und die sich bei ihnen ergebenden Leistungslohnvergütungsstunden mit dem vollen Tariflohn bezahlt.

Fast durchweg gingen die Baustellen nach einigen Anlaufmonaten dazu über, die verschiedenen Leistungsgruppen mehr und mehr zusammenzufassen und möglichst zu einer Leistungsgemeinschaft zu vereinigen.

Die Arbeitnehmer bei Holzmann waren in vier Gruppen aufgeteilt, je nach Qualifikation der Mitarbeiter.[96]

Gruppe 1	Hilfspoliere, Hilfsschachtmeister usw.	5,9%
Gruppe 2	Facharbeiter (Postengesellen)	11,4%
Gruppe 3a	Spezialfacharbeiter	15,9%
Gruppe 3b	Berufe mit dreijähriger Ausbildung	26,0%
Gruppe 3d	Berufe mit zweijähriger Ausbildung	0,9%
Gruppe 4	Helfer	39,9%
Insgesamt		100,0%

Die Organisation Todt und die Bauunternehmen trugen Ende 1942 und Anfang 1943 dem auf allen Baustellen sichtbaren Leistungsverfall Rechnung. Immer weniger Stammarbeiter standen auf den Baustellen einem Heer von ausländischen Zivilarbeitern, Kriegsgefangenen und KZ-Häftlingen gegenüber. Holzmann versuchte dieses Problem dadurch in den Griff zu bekommen, daß der Vorstand jährlich neue Mitarbeiter zu Stammarbeitern erhob. Unter diesen Ernennungen waren auch zunehmend Mitarbeiter aus den besetzten Gebieten, wobei auch hier keine genaue Aufgliederung vorliegt.[97] 1940 wurden lediglich 624 Mitarbeiter zu Stammarbeitern ernannt, so daß die Gesamtzahl der Stammarbeiter auf 2585 stieg. 1941 aber erhob der Vorstand bereits 3492 Mitarbeiter zu Stammarbeitern, darunter offensichtlich auch ausländische Fachkräfte.

Die Stammarbeiter bildeten etwa seit Mitte 1941 nur noch die Basistruppe auf Holzmann-Baustellen der OT. Die anderen Arbeitskräfte setzten sich dann aus ausländischen Zivilarbeitern, Kriegsgefangenen und Häftlingen zusammen, wobei allerdings drei Phasen in bezug auf den Einsatz und die Zusammensetzung der Arbeitskräfte zu unterscheiden sind:

- 1. Phase (1939 bis 1941/42): Einsatz von Kriegsgefangenen und ausländischen Zivilarbeitern
- 2. Phase (1941/42 bis Mitte 1943): Einsatz von Kriegsgefangenen, ausländischen Zivilarbeitern und Häftlingen
- 3. Phase (Mitte 1943 bis Kriegsende): Einsatz von allen verfügbaren Kräften, vor allem von Häftlingen aus den Konzentrationslagern.

Natürlich waren die Übergänge in den einzelnen Phasen fließend. Schon 1941 wurden von der OT auf vereinzelten Baustellen Häftlinge eingesetzt, zum Beispiel in Frankreich seit 1941 die in den französischen Internierungslagern inhaftierten rund 10000 «Rotspanier», die von den Baufirmen entlohnt wurden, in denen sie beschäftigt waren.[98]

Seit Mitte 1942 begann der Einsatz von Zwangsarbeitern aus den Konzentrationslagern zuzunehmen, die Zahl steigerte sich 1943 kontinuierlich, und nahm dann 1944/45 ein erschreckendes Ausmaß an. Im April 1944 existierten 165 Außenlager der 20 Konzentrationslager. Bis Kriegsende erhöhte sich die Zahl der Außenlager auf 1000 mit 600000 Insassen, angesichts der 7,7 Mio. ausländischen Fremdarbeiter und Kriegsgefangenen zwar eine geringe Zahl, jedoch im Hinblick auf die enorme Sterblichkeitsrate bei diesen Zwangsarbeitern eine erschreckende Ziffer.[99]

Schon bald nach Kriegsbeginn bildete sich eine straffe Struktur der Baustellen heraus, die in der Regel wie folgt zustande kam: Die OT beauftragte zumeist mehrere Bauunternehmen (in Argen), eine Baumannschaft aus Stammarbeitern zusammenzustellen. Ihnen oblag die bautechnische Durchführung unter Aufsicht der OT. Von der OT zugewiesen wurden dann Kriegsgefangene, ausländische Zivilarbeiter und Häftlinge.[100] Beim Baustab Speer-Osteinsatz beispielsweise wurden im April/Mai 1942 in Berlin vier Holzmann-Trupps zusammengestellt, zwei Hochbau- und zwei Eisenbahnbautrupps. Alle vier Trupps wurden in der Ukraine eingesetzt. Von der Niederlassung Berlin wurden 124, von Leipzig 74, von Frankfurt am Main 41, von Bitterfeld 28 und von Düsseldorf zwölf Gefolgschaftsmitglieder dienstverpflichtet, insgesamt also 279 Arbeiter. Davon waren 102 Hilfsarbeiter, alle übrigen Facharbeiter, Vorarbeiter, Poliere und Schachtmeister sowie Angestellte. Zu diesen stießen noch 79 Arbeiter von Subunternehmen. In der Ukraine wurden die Trupps dann durch Kriegsgefangene, ukrainische Zivilarbeiter und Häftlinge ergänzt.[101]

Das Verhältnis OT/Bauunternehmen ist äußerst schwierig zu beschreiben, da auf den Baustellen, die fast ausschließlich in Argen geführt wurden, oft nicht ersichtlich war, wer zu wem gehörte. Ferner wurden nach dem Krieg häufig zur Entlastung von Vorstandsmitgliedern oder aber auch des gesamten Unternehmens alle Verantwortung und Schuld an unmenschlicher Behandlung auf den Baustellen der OT zugewiesen und die Bauunternehmen als deren Opfer dargestellt. Teilweise wurde sogar behauptet, die Bauindustrie habe Widerstand gegen die OT geleistet. Martin Arndt, bei Kriegsende das einzige Nichtparteimitglied des Vorstands von Philipp Holzmann, beschreibt die OT und deren Verhältnis zum Unternehmen in einem Bericht von 1947, der «an 14 führende Herren im Ausland» geschickt wurde, dementsprechend:

«Während des Krieges ist die Bauwirtschaft, die vor große Aufgaben gestellt wurde, mehr und mehr in die Hände der Organisation Todt übergegangen, die nicht nur die Lenkung des Einsatzes der Bauwirtschaft übernahm, sondern unmittelbar in die Ausführungen eingriff. Die Bauwirtschaft galt nicht als geschützte Industrie, wie es z.B. die Rüstungswerke waren, ihre Löhne waren niedriger als die gehobenen Löhne der Rüstungsbetriebe, die ein Abwandern der Belegschaft der Bauwirtschaft zur Rüstungswirtschaft zur Folge hatten. Die Bauwirtschaft wurde dadurch mehr und mehr zu einem Rahmenbetrieb, der für die einzelnen Bauvorhaben die Geräte, das leitende Personal, Aufseher und einige Stammarbeiter stellte, dem aber im übrigen die für die Durchführung der Arbeiten notwendigen Arbeitskräfte durch die Org. Todt, oder andere öffentliche Auftraggeber gestellt wurden. Die Verfügungsfreiheit über die Geräte war nur eine sehr bedingte, da die O.T. auch in den Gerätebesitz eingriff und sich gegebenenfalls vorbehielt, Geräte der einen Firma einer anderen zur Benutzung zu überweisen. Die Neubeschaffung von Geräten war den Firmen aus der Hand genommen; sie waren nach Maßgabe ihrer Bestellungen auf die Zuweisungen durch die O.T. angewiesen. Die Bauwirtschaft ordnete einen Vertreter zur Wahrnehmung ihrer Interessen zur O.T.-Zentrale ab. Diesen außerordentlich schwierigen, verantwortungsvollen und von allen Seiten bekämpften Posten hat lange Zeit Herr Imm inne gehabt, bis er seinen Posten zur Verfügung stellte, weil er mit den Maßnahmen der O.T.-Leitung nicht mehr einverstanden war. Die immer weiter steigenden Ansprüche der O.T., die sichtlich die ganze Bauwirtschaft in ihre ausschließliche Verwaltung übernehmen wollte, wurde nachhaltig bekämpft von der Wirtschaftsgruppe Bauindustrie und später von dem Hauptausschuß Bau.

In diesem Gesamtrahmen hat sich auch die Arbeit unseres Unternehmens während der Kriegszeit abgespielt. Es war uns aber gelungen, unsere Organisation und unseren Gerätepark zusammenzuhalten und im Rahmen des Möglichen zu ergänzen.»[102]

Es ist richtig, daß beim Bau des Westwalls und in der ersten Phase bis 1941/42 die Spitze der OT fast ausschließlich aus Ingenieuren und Technikern der staatlichen Bauämter und der Reichsbahnverwaltung bestand. Die Bauwirtschaft stellte lediglich einen Vertreter zur Wahrnehmung ihrer Interessen an die OT ab. Als dann aber aus den Behörden kein Personal mehr zur OT wechseln durfte und spätestens ab 1942 die Bauwirtschaft nur noch an kriegsbedingten Projekten arbeitete, verstärkte sich der Einfluß der OT erheblich. Offensichtlich mußten die Bauunternehmen danach Angestellte an die OT abgeben – viele Mitarbeiter der Baufirmen gingen aber auch freiwillig wegen der besseren Bezahlung zur OT. Das Ziel war, die Leistungsfähigkeit der OT zu stärken oder zumindest aufrechtzuerhalten. Vor allem ab 1944 waren Holzmann-Angestellte auch bei der OT tätig: «Die Gehaltslisten für die zur O.T. abgestellten Angestellten sollten der Zentrale umgehend zugeleitet werden. Herr Holzmann übernimmt es, eine einheitliche Regelung zu treffen.»[103]

Im August 1944 beschloß der Vorstand, einen Ingenieur zur OT-Einsatzgruppe Kyffhäuser in Weimar abzustellen.[104] Auch für Sonderaufgaben mußten Mitarbeiter an die OT abgestellt werden. Somit waren die Bauunternehmen zumindest seit 1944 verstärkt in die Aktivitäten der OT einbezogen, das heißt aber auch, daß sie für die Zuweisung und Beaufsichtigung von Kriegsgefangenen, ausländischen Zivilarbeitern und Häftlingen mitverantwortlich waren.

Allerdings wehrte sich Holzmann gegen eine fatale Vereinnahmung der Bauindustrie durch die OT. Als der «Inspekteur Stellungsbau» im November 1944 vorschlug, «die gesamten vorhandenen Kräfte der Bauwirtschaft» als

OT-Soldaten einzuziehen,[105] um die ganze Bauwirtschaft planmäßig zu erfassen und ihren Einsatz im Sinne der OT als oberste Baubehörde zu steuern, lehnte das Vorstandsmitglied Friedrich Linsenhoff dieses Ansinnen mit dem Hinweis ab, daß die planmäßige Erfassung der Bauindustrie nichts Neues darstelle, «denn auch jetzt sind sämtliche Baufirmen mit ihrem gesamten Personal dem Amt Bau-OT einsatzmäßig unterstellt».[106]

Linsenhoff wollte zumindest eine Restselbständigkeit der Bauunternehmen erhalten. Er bezweifelte, daß durch eine wehrmachtsähnliche Gliederung der Bauwirtschaft die Leistungsfähigkeit gesteigert würde. Darüber hinaus war er strikt gegen eine Übernahme sämtlicher Zahlungen und Abrechnungen mit Ausnahme der Zahlung des Grundlohns für Angestellte und Arbeiter. Zudem lehnte er eine ständige Pauschalabfindung als Grundentschädigung für die Baufirmen ab, da diese bedeutend niedriger ausfallen würde, als die bisher aufgrund der üblichen Zuschläge zu den Lohnkosten errechneten Sätze. Schließlich sah er nicht ein, daß die Unternehmen für vorübergehend zugeteilte Arbeitskräfte keine Prozente erhalten sollten. Auch weigerte sich der Vorstand mit Rückendeckung des Aufsichtsratsvorsitzenden Hermann J. Abs, Baurat Wilhelm Imm, den Leiter der Tiefbauabteilung Frankfurt am Main, auf Wunsch von Albert Speer und Xaver Dorsch, des «Sonderbeauftragten für die kriegsmäßige Führung», in den Vorstand zu berufen.[107] Beide wollten Imm gleichzeitig in der OT anstellen, «um die vielen Aufträge der OT und ihre Durchführung in Händen des bewährten Herrn Imm zu sehen».[108] Vor allem diese Doppelfunktion lehnte Abs entschieden ab. Imm blieb daraufhin in seiner Position in Frankfurt und nahm Sonderaufgaben für die OT wahr. Trotz dieser konsequenten und erfolgreichen Abwehr eines «Kontrolleurs» im Vorstand zeigt der Vorgang die enge Verquickung von Bauunternehmen und OT.

Dennoch darf nicht der Eindruck entstehen, Holzmann habe nur für die OT gearbeitet. Auch hier muß stark differenziert werden. Die großen Projekte in den besetzten Gebieten wie beispielsweise der Atlantikwall, Befestigungsbauten in Norwegen, Kraftwerksbau, Reparatur von Straßen und Brücken etc. unterstanden der OT. Die Bauunternehmen bekamen von der OT die Aufträge und verrechneten ihre Arbeitsleistung mit ihr. Die eingesetzten Arbeiter wurden von der OT oder dem Bauunternehmen bezahlt. Von wem die Entlohnung vorgenommen wurde, spielt letztlich keine Rolle, da das Geld in jedem Falle von der OT kam. Daneben war Holzmann aber auch verstärkt an Bauprojekten, allerdings fast ausschließlich im Inland, beschäftigt, deren Auftraggeber die Partei, die Wehrmacht oder aber vereinzelt die kriegswichtigen Unternehmen waren. Bis Ende 1942 spielten diese Projekte ebenfalls eine wichtige Rolle. Im Laufe des Jahres 1944 allerdings mit dem Rückzug der OT-Einheiten aus den besetzten Gebieten und dem Einsatz bei den Projekten der Verteidigung des Reiches, geheimen Sonderprojekten etc. verschwammen mehr und mehr die Konturen zwischen OT und Bauunternehmen. Die OT war nun bestrebt, die gesamte Bauwirtschaft einzugliedern und ihr jede Selbständigkeit zu rauben.

Diese Eingliederungsversuche zeigen deutlich, daß sich ein planwirtschaftlicher Staatskapitalismus immer stärker herausbildete, der eindeutig den Vorrang der Politik in sich barg. Zwar wehrten sich die führenden Persönlichkeiten der Bauindustrie gegen eine totale organisatorische Eingliederung – etwa in Form von Kriegsbaugemeinschaften –, aber letztlich hätten sie wenig dagegen unternehmen können. Das Ende des Krieges ersparte der Bauwirtschaft diese letzte Demütigung.

Bei einer Betrachtung des Kundschaftskontos der Niederlassung Berlin von Philipp Holzmann fällt auf, daß auch noch Ende 1944 zahlreiche Bauprojekte nicht von der OT kamen. Viele dieser Projekte wurden nicht fertiggestellt. Die OT war bei allen Geheim- und Sonderprojekten der Auftraggeber. Und gerade hier kam es zum verstärkten Einsatz von KZ-Häftlingen.

Projekte und Auftraggeber nach dem Stand vom 31. Dezember 1944, Kundschaftskonto der Niederlassung Berlin[109]
(Bezeichnung des Baukontos und ggf. Name des Auftraggebers)

- Litzmannstadt II. Bauteil Zellgarn A.G.
- Wilhelminenhofstraße II Allg. Electricitäts-Gesellschaft
- Gartenufer
- Kurfürstenallee Reichm. für Bewaffnung und Munition
- Gatow, OT
- Wriezen Generalbauinspektor
- Zentralmarkthalle Generalbauinspektor
- Märkisch-Rietz Baubevollmächtigter d. Reichsminister Speer
- Potsdamer Bahnhof Eisenbahn-Betriebsamt
- Siemensstadt Röhrenwerk Siemens & Halske
- Lore I OT Oberbauleitung III
- Lore II OT Oberbauleitung IV
- Universität Preußische Bau- und Finanzdirektion
- Lore III OT Oberbauleitung III
- Am Zoo Oberste Baultg. Reichsautob.
- Bauzug Gomel Oberste Baultg. Reichsautob.
- Bautrupp H II/603
- Bautrupp O II/304
- Bautrupp H I/105
- Ludwigsfelde Rheinmetall-Borsig
- Fasanenstraße Preuß. Bau- u. Finanzdirektion
- Bad Saarow Reichsm. f. Bewaffn. + Munition
- Brücke Warschau Ostbahn, Eisenbahndirektion Warschau
- Schloßumbau Reichsstatthalter Osten
- Div. kleine Bauten Posen
- Deutsche Reichsbahn Posen
- Rittergut Grossendorf Adolf Brüning Frankfurt/Hoechst
- Braunkohlenwerke Wartheland
- Rotental Electricitätswerke Warthefeld Posen
- Berlin, Warschauerstraße
- C. F. Dellschau, Posen
- Fähnrichstraße, Osten Reichsstatthalter i. Warthegau
- Schwabenstr. Verwaltungsgeb. Deutsche Waffen- + Munitionsfabrik
- Posen-West
- Deutsche Waffen- + Munitionsfabrik

- Splitterschutzwände Guntersh. Stadtwerke Posen
- Ordenslandstr. Posen Telefunken Gesellschaft für drahtlose Telegrafie
- Basabunker Deutsche Reichsbahn, Posen
- Sondereinsatz IX OT Oberbauleitung IX Posen
- Athanasiental Schuh + Co., Obersitz
- Santer Elektricitätswerke Wartheland
- Osteinsatz Konin
- Estenlager
- Bauzug R.B. 208 Reichsbahndirektion Brüssel
- F.-Bunker Pallasstraße Reichspostdirektion Berlin
- Plötzensee Preuß. Wasserstraßenamt Berlin
- Venetia Venetia, Berlin
- Bunkerprogramm Wien Sonderbauleitung Nord, Wien
- Bunker OT Kladow OT, OBL Heydekrug
- Schleuse Spandau Wasserbauamt Potsdam
- Lanke OKW, Berlin
- Einsatz Adler
- OT, Litzmannstadt
- Einsatz Birsula OT, OGL Kuban
- Siemensstadt Siemens & Halske A.G.
- VAW. Erdarb. Elektrodenfabr. VAWAG Lautawerk
- Wittenberge Kurm. Zellwolle + Zellulose AG
- Flak-Turm Wien Reichsminister für Bewaffnung und Munition
- Taganrog, OT Taganrog
- Erw. Kraftw. Trattendorf Elektrowerke A.G., Berlin
- F.-Turm Stiftskaserne Reichsminister für Bewaffnung und Munition
- Fliegerschäden Stettin, Oberbürgermeister der Stadt Stettin
- Barackenbau Altdamm Pomm. Heimstätte GmbH, Stettin
- Stollenbau Stettin Stadtverwaltung Stettin
- Bunkerbau Pölitz Hydrierwerke A.G., Pölitz
- Einsatz D II OT, OBL Stettin III
- Stinnes Hugo Stinnes GmbH, Stettin
- Wolgast Hfukofa, Wolgast
- Heyka II Märk. Elektricitätsw. AG, Berlin
- Kiesbetrieb Kunzendorf Kiesverkaufsbüro
- Wilhelm Energievers.Oberschles. AG., Kattowitz
- Waldenburg Wifo GmbH, Berlin
- Waldenburg II I. G. Farbenindustrie A.G.
- Blechhammer III Oberschles. Hydrierwerke AG
- OT I/23 Generalbauinspektor d. Reichshauptstadt
- Peiskretscham Reichsbahndirektion Oppeln
- Neue Königstraße
- Gäßnerweg
- Einsatz Rastenburg OT
- Belfortstraße
- Calandrellestraße
- Brücknerstraße 20
- Brücknerstraße 21
- Walsroderstraße 9b
- Kriegsgefangenen-Gemeinschaftslager
- Eyraschstraße Oberkommando der Kriegsmarine
- Taubenstraße Reichswirtschaftsmin.
- Tempelhofer Weg Efha Werke Berlin-Britz
- Rosenthalerstraße
- Hotel am Zoo, Val. Köhler & Sohn, Berlin
- Kino Puck
- Caprivallee
- Frontregiment Berlin
- Willi-Walterstraße Generalbauinspektor der Reichshauptstadt
- Genestraße Generalbauinspektor der Reichshauptstadt
- Ostendstraße, AEG
- Lehnitz Siedlungsbauten Versuchsstelle für Höhenflüge
- TVA Ruda Fritz Hermann, Litzmannstadt
- Wilhelmplatz Generalbauinspektor

- Verschiebebahnhof Luisenhain
  Deutsche Reichsbahn
  Posen
- Diverse Bauten Posen
  Deutsche Reichsbahn
  Posen
- Schönefeld VI
  Henschel Flugzeugwerke
- Marienfelde
  Generalbauinspektor der Reichshauptstadt
- Tegel
  Rheinmetall Borsig A.G.
- Grenzallee
  Henschel Flugzeugwerke
- Prinz Albrecht Palais
  Bauinsp. d. Waffen-SS u. Polizei
- Leipzigerstraße 3
  Staatliche Bauleitung
  Sonderaufgaben

lie Bandbreite der
ıren kriegsbedingt
ıstimmen oder sie
so eindeutig, daß
Seiten des Unter-

rium OT schließ-
ıal aus mehreren
ıb es starke Fluk-
inzelne OT-Ein-
;, andere taten es.
el unberücksich-
:se Unklarheiten
samtumfang der
.000 und 2 Mio.
dlage von Agen-
ngestellte Studie
g zwischen Mai
ırbeitskraft von

inden mit Vor-
Mann umfaßt
oo Mann ange-
usländern und

rs für die OT,
n und 800000
f Reichsgebiet
ooo Mann. In
zusammenzie-
twa 1,4 Mio.,
330000 Deutschen und etwas über einer Million Ausländern. Unter ihnen waren jüdische Zwangsarbeiter, Kriegsgefangene und Strafgefangene.[113] Zu ähnlichen Ergebnissen kam der «Bericht über die Überprüfung und Verein-

fachung der Organisation und Verwaltungsgrundlagen der OT», den der Chef des SS-Wirtschaftsverwaltungshauptamtes Anfang 1945 zusammenstellte.

Anfang Oktober 1944 schlug Hitler vor, Spezialtrupps der OT von den Schanzarbeiten der Reichsverteidigung abzuziehen, um aus ihnen mobile Spezialeinheiten aufzustellen, die vor allem im Straßen- und Wasserbau eingesetzt werden sollten. Unter dem Namen «Front-OT» stellte auch Holzmann Einsatztrupps zur Verfügung.[114] Den Zusammenbruch des Verkehrsnetzes allerdings konnte auch die Front-OT nicht verhindern.

Der Westwall

Beim Bau des sogenannten «Westwalls» wurde die Zwangsehe zwischen der OT und den privaten Bauunternehmen erstmals Wirklichkeit. Die Mitwirkung der Philipp Holzmann AG am Westwall bedeutete einen weiteren wesentlichen Einschnitt in die unternehmerische Freiheit. Bis zu diesem Zeitpunkt konnte das Unternehmen in vielen Bereichen noch selbst entscheiden, welche Aufträge es übernehmen wollte. Allerdings hatte es hierfür die personellen Voraussetzungen durch die «Arisierung» von Vorstand und Aufsichtsrat schaffen müssen. Nach dem Krieg wurde dieser Wendepunkt von Hans Meyer-Heinrich entsprechend beklagt: «Der Bau des Westwalles aber wurde ihm [dem Unternehmen] befohlen. Zum ersten Male in unserer langen Geschichte wurden wir ‹eingesetzt›. Die erste Stufe der kommenden Kriegswirtschaft wurde betreten.»[115]

Auch die Beteiligung an den großen Regierungsbauten unterlag bestimmten Zwängen, die jedoch dort nicht so offen zu Tage traten wie beim Bau des Westwalls. Doch auch der Reichsautobahnbau trug, gerade bezüglich der Bereitstellung von Bauarbeitern, schon den Charakter eines rein staatlichen Projekts. Die ausführenden Privatunternehmen befanden sich im «Arbeitseinsatz» und tauchten in offiziellen Berichten so gut wie nie namentlich auf.

Eine enge Zusammenarbeit der privaten Baufirmen mit der OT, die die Oberaufsicht über den Bau des insgesamt 630 km langen Befestigungsgürtels hatte, wurde selbstverständlich. Der Westwall war als Pendant zur französischen Maginotlinie auf der westlichen Rheinseite gedacht. Die oberste Bauleitung dieses Milliardenbaus lag in den Händen des Generalinspektors für das Deutsche Straßenbauwesen, Fritz Todt, der das Aufsichtspersonal aus dem Bestand seines Geschäftsbereiches, insbesondere aus der Beamtenschaft des allgemeinen Straßenbaus und der Reichsautobahn, zur Verfügung stellte. Da das gesamte deutsche Baugewerbe voll beschäftigt war und bereits ein fühlbarer Mangel an Bauarbeitern bestand, konnten die erforderlichen Arbeitskräfte nur zum kleinsten Teil durch Einschränkung von weniger vordringlichen Bauten beschafft werden. Am 22. Juni 1938 wurde daher die «Verordnung zur

Sicherstellung des Kräftebedarfs für Aufgaben von besonders staatspolitischer Bedeutung» erlassen, nach der für jeden deutschen Staatsangehörigen Dienstverpflichtungen auf begrenzte Zeit ausgesprochen werden konnten.

Für die Ausführung des Westwalls verpflichtete Todt rund 1000 Firmen, die ihre Stammarbeiter und Gerätschaft zu den Baustellen bringen mußten. Auf dem Höhepunkt der Bautätigkeit Ende 1938 war rund eine halbe Million Arbeiter am Westwall eingesetzt. Die Reichspost mußte 4100 Omnibusse zur Verfügung stellen, um die Arbeiter von den Unterkünften (überwiegend in Massenquartieren) zu den Baustellen und zurück zu bringen. Die Reichsbahn setzte bis zu 9000 Waggons für den Baustofftransport ein. Diese Inanspruchnahme der Reichsbahn löste die erste große Transportkrise des Dritten Reiches aus. Für die Betreuung der zumeist zwangsrekrutierten Arbeiter, die in Baracken untergebracht waren, war die «Deutsche Arbeitsfront» (DAF) zuständig. Die Löhne beim Westwallbau entsprachen etwa den Tarifen beim recht gut bezahlten Reichsautobahnbau, das heißt bis zu 90 RM die Woche.[116]

Befestigungsanlagen hatten in den dreißiger Jahren Hochkonjunktur. In zahlreichen Staaten Mitteleuropas wurden Befestigungsanlagen errichtet, so in Frankreich die Maginot-Linie, in der Tschechoslowakei die Befestigungsanlagen der Schöber-Linie und in Deutschland die Befestigungsanlagen des Oder-Warthe-Bogens und eben des Westwalls.[117] Wie ernst Hitler die Dringlichkeit des Ausbaus der Westbefestigung einstufte, geht auch aus seiner Forderung vom 28. Mai 1938 hervor, bis zum 1. Oktober 1938, also innerhalb von vier Monaten, 1800 Schartenstände und 10000 Bunker fertigzustellen.[118]

Todt organisierte den Ausbau des Westwalls in ähnlicher Weise wie den Reichsautobahnbau mit seinen 15 Obersten Bauleitungen. Für die Westbefestigung schuf er im November 1938 19 Oberbauleitungen, die sich auf den Grenzraum von Kleve bis Basel verteilten. Sein Hauptquartier schlug er im Hotel Kaiserhof in Wiesbaden auf und vergab die Arbeiten von dort aus durch die 19, später 22 Oberbauleitungen an je einen, in Ausnahmefällen an zwei Hauptunternehmer.[119] Auftrag und Form der Zusammenarbeit unterlagen strengster Geheimhaltung. Ein erfahrener Ingenieur sollte zur «Sicherung des restlosen Einsatzes aller in Betracht kommenden Kräfte und Maßnahmen im Zusammenwirken zwischen Oberbauleitung und Hauptunternehmer» beitragen.[120] Der Hauptunternehmer war verpflichtet, auf der Baustelle die Baumaschinen und Geräte aus seinem Maschinenpark zur Verfügung zu stellen. Für Neuanschaffungen stand ein zinsloser Kreditfonds des Generalinspektors zur Verfügung.

In der Vorstandssitzung vom 21. Juni 1938 berichtete Hans Meyer-Heinrich, der im Vorstand die Leitung der Holzmann-Aktivitäten am Westwall übernommen hatte, über den Stand der Arbeiten an den Verteidigungsanlagen.[121] In dieser Sitzung wurde beschlossen, die Hochbauabteilung der Zentrale mit 40% und die Zweigstelle Mannheim mit 60% an der Durchführung der Arbeiten zu beteiligen. Zu diesem Zeitpunkt ging der Vorstand noch davon aus, daß Holzmann die Federführung innerhalb der beteiligten Firmengruppen nur so lange übernehmen würde, bis ein einheitlicher Bauvertrag abgeschlossen war. Die Bauleitung der Philipp Holzmann AG residierte in Freiburg im Breisgau.[122]

Da Holzmann zu den Generalunternehmen gehörte, hielt sich ein Ingenieur des Unternehmens fast ständig in Wiesbaden auf, um die Verhandlungen mit der OT zu führen und die Ergebnisse nach Freiburg weiterzuleiten. Im Oktober 1938 berichtete Meyer-Heinrich seinen Vorstandskollegen in Frankfurt, daß Todt auf einer Sitzung der Generalunternehmer die Umstellung der bestehenden Selbstkostenverträge auf Akkordverträge gefordert habe, um für die Arbeiter bessere Verdienstmöglichkeiten zu erzielen. Zumindest solle dieser neue Vertrag für jene Unternehmen zur Anwendung kommen, die Anfang des folgenden Jahres noch einen größeren Auftragsteil zu leisten hatten. Der Vorstand beschloß daher, «die Arbeiten weiterhin mit größter Beschleunigung zu betreiben, um bis zur Pause einen möglichst großen Teil nach dem Selbstkostenvertrag abzuwickeln».[123] Meyer-Heinrich sollte Todt die grundsätzliche Bereitschaft, in Zukunft nach dem Akkordvertrag zu arbeiten, mitteilen. Die Umstellung auf Akkordvertrag zwang Holzmann, die Organisation durch Zusammenlegung der vorhandenen drei zu zwei Bauabteilungen zu vereinfachen.[124] Zudem beschloß der Vorstand, nach Abwicklung des bisherigen Auftrags neue Westbauaufgaben möglichst nur im Freiburger Abschnitt unter Verwertung der dort geschaffenen Einrichtungen zu übernehmen.

Der Holzmann übertragene, rund 100 km lange südlichste Teil des Befestigungsgürtels erstreckte sich von Weil am Rhein, dem rechten Rheinufer und seinem grundwasserreichen Vorland folgend, bis nach Nonnenweier, südlich von Offenburg, und war in drei Abschnitte untergliedert, die mit den erforderlichen Hauptwerkstätten, Lager-, Eisenbieger- und Zimmererplätzen, Unterkunfts-, Kranken- und Bürobaracken ausgestattet waren. Das von Holzmann und 85 Subunternehmern eingesetzte Personal errichtete 621 Bauwerke verschiedener Größe und verbaute 440000 m³ Beton und Stahlbeton.

Aus den Arbeiten der Philipp Holzmann AG wurde eine Summe von 30 Mio. RM erzielt, von der 60% auf die von Holzmann eingesetzten Nebenunternehmer entfielen. Die Hauptarbeiten, die Ende Juni 1938 begonnen hatten, waren bis zum April 1939 durchgeführt. Freiburg, wo sich der Sitz der Bauleitung befand, lag etwa 30 km von der nächstgelegenen Arbeitsstelle entfernt.

Der Höchststand der Belegschaft einschließlich derjenigen der Subunternehmen betrug Ende August 1938 rund 13800 Personen. Durch Einberufungen zum Heeres- und Reichsarbeitsdienst erfolgte vorübergehend eine Verminderung der Belegschaft auf ca. 12000 Mitarbeiter. Doch bereits im November war die Zahl der Beschäftigten auf 15000 angestiegen. Die Arbeiten wurden in Tag- und Nachtschicht durchgeführt. Betonierung und Entladung auf den Bahnhöfen wurden auch sonntags nicht unterbrochen. Der tägliche Waggoneingang betrug 150–200 Stück. Außerdem kamen täglich fünf Schiffe mit Kies den Rhein aufwärts. Für Baustoffe und Bauhilfsstoffe (Zement, Eisen, Kies, Spundwände, Holz usw.) waren bis zum 30. September 1938 rund 6 Mio. RM aufgewendet. Zur Beförderung der Baustoffe zur Baustelle wurden 450 Lastwagen mit Anhänger eingesetzt.[125]

Die Unterbringung der Arbeiter erfolgte in der Hauptsache in Privatquartieren in den benachbarten Ortschaften in einer Entfernung von 50–60 km von der eigentlichen Arbeitsstelle. Der Rest war in zwei Gemeinschaftslagern von je 300 Mann untergebracht. Die Beförderung der Leute zu den zahlreichen Arbeitsstellen erfolgte durch 170 Omnibusse. Die Reichspost legte mit ihren Omnibussen bis zum 30. September 1938 rund 675 000 km zurück.

An leitendem Personal wurden ca. 70 Ingenieure und Techniker, ca. 120 kaufmännische Angestellte und ca. 200 Poliere und Schachtmeister beschäftigt. Von diesem Personal konnten nur ca. 30% aus dem Stammpersonal der Firma gestellt, der Rest mußte neu eingestellt werden. Dieser verhältnismäßig hohe Prozentsatz Neueingestellter erschwerte die Durchführung der Arbeiten erheblich, zumal neben der überaus beschleunigten Einrichtung der 100 km langen Baustrecke ein sehr starker Wechsel in der Belegschaft Ende September und Anfang Oktober überwunden werden mußte.

Auch die militärischen Maßnahmen im Grenzbezirk Freiburg Ende September und Anfang Oktober 1938 wirkten sich auf die Personen- und Lastenbeförderung störend aus. So wurden der Baustelle über Nacht 120 Personenomnibusse und 400 Lastwagenzüge entzogen. Da die Arbeiten keine Unterbrechung erfahren durften, waren umfangreiche Umdispositionen des Arbeitereinsatzes und der Materialverteilung erforderlich.

Eine große Erschwernis der Arbeit bedeutete das Hochwasser des Rheins im August, das weit ins Hinterland vordrang und das tiefergelegene Gelände unter Wasser setzte. Zur Beseitigung des Hochwassers und zur Bewältigung des Grundwassers waren 250 Pumpen auf den verschiedenen Baustellen eingesetzt. 34 Rammen arbeiteten Tag und Nacht, und 270 Betonmischmaschinen sorgten für ein ununterbrochenes Betonieren der Bauwerke.

Am 22. Dezember 1938 trat die vorgesehene Winterpause ein. Die Belegschaft wurde in der zweiten Dezemberhälfte von 15 000 auf 4000 Mitarbeiter vermindert, von denen etwa die Hälfte am 22. Dezember auf Weihnachtsurlaub ging. Für die große Zahl der Dienstverpflichteten war am 15. Dezember die Dienstzeit abgelaufen. Die Heimreise erfolgte in Sonderzügen in alle Teile des Deutschen Reiches.

Alle am Westwall beteiligten Arbeiter erhielten auf einem Kameradschaftsabend in Freiburg am 10. Dezember von Fritz Todt «eine künstlerisch gehaltene Druckschrift mit Widmung».[126] Holzmann verteilte gleichzeitig eine Plakette mit dem Spruch «Dem Arbeiter zur Ehr, der Heimat zur Wehr». Die Arbeiten waren zu diesem Zeitpunkt weitgehend abgeschlossen. Die Restarbeiten wurden bis zum 31. März 1939 durchgeführt.

Als technisch-konstruktive Leistung war der Bau des Westwalls nicht von überragender Bedeutung, aber als organisatorischer Masseneinsatz war er in der Bauwirtschaft ohne Beispiel. Für die am Westwall beteiligten Bauunternehmen waren die dort gemachten Erfahrungen bereits ein Vorgeschmack auf die Arbeit in den «Kriegsbaugemeinschaften».

Während des Westwallbaus mußte der Vorstand feststellen, daß eine Schulung der Mitarbeiter «in einheitlicher Richtung bezüglich der Menschenführung und der Betriebsführung» unbedingt erforderlich war.[127] Die Organisation dieser Schulungen übernahm das Vorstandsmitglied Martin Arndt.

Bei Kriegsbeginn – der Westwall war noch nicht fertiggestellt – wurden zahlreiche Bauarbeiter zur Wehrmacht eingezogen, so daß schließlich nur noch 80000 Arbeiter zurückblieben. Viele setzten sich aber auch einfach ab und kehrten in ihre Wohnorte zurück. Xaver Dorsch, der von Todt zum «Sonderbeauftragten für die kriegsmäßige Führung» berufen wurde, sollte die sogenannten «Frontarbeiter» erziehen. Militärischer Gehorsam und Disziplin bildeten nun die obersten Grundsätze. Westwallarbeiter, die durch schwere Disziplinlosigkeit und Arbeitsverweigerung auffielen, wurden zunächst vor ein Kriegs- oder Feldgericht gestellt. Die Abneigung gegen die militärische Ausrichtung und die Arbeitsbedingungen führten dazu, daß die Gefängnisse schließlich mit OT-Arbeitern überfüllt waren. Die Oberbauleitung errichtete daher sogenannte «Not-Arrestlokale», in die auch von der Gestapo politische Gefangene und «Arbeitsbummelanten» aus den umliegenden Industriebetrieben eingeliefert wurden.[128] SS-Standartenführer Hermann Pister, der spätere Kommandant des KZ Buchenwald, kam Anfang Oktober 1939 zu den SS-Sicherungsstäben der OT und organisierte für Todt SS-Polizeihaftlager für die einzelnen Bauabschnitte anstelle der Not-Arrestlokale, so «Homburg-Nord» für die Oberbauleitungen Homburg, Pirmasens und Saarbrücken, «Vicht» in Gressenich bei Aachen für die Oberbauleitungen Aachen, Düren, Bonn und Geldern sowie «Uthlede» bei Wesermünde für die Oberbauleitung Bremen.[129] Gleichzeitig wurde auch das «SS-Sonderlager Hinzert» als «Muster-Polizeihaftlager» errichtet.

Auch in den nachfolgenden Jahren spielten die «Erziehungslager» in der Nähe großer Baustellen eine wichtige Rolle, so etwa das Arbeitserziehungslager Hunswinkel bei Lüdenscheid, das am 22. August 1940 errichtet wurde. Die wirtschaftliche «Betreuung» oblag laut Vertrag dem Bauunternehmen Hochtief.[130] Arbeitserziehungslager gab es aber auch bei den Baustellen des Atlantikwalls, so zum Beispiel in Watten-Eperlecques, das von der 5. SS-Baubrigade geleitet wurde.[131]

Nach Abschluß der Waffenstillstandsverhandlungen im Wald von Compiègne im Juni 1940 wurde der Bau des Westwalls endgültig eingestellt. Die gesamte Innenausstattung der Bunker und ihre Waffen wurden demontiert und einer neuen Verwendung am Atlantikwall zugeführt. Niemand glaubte zu diesem Zeitpunkt, daß der Westwall gegen Ende des Krieges nochmals in den Blickpunkt rücken würde.

Strategisch allerdings waren die Anlagen des Westwalls – von den Engländern später «Siegfried-Linie» genannt – weitgehend ohne Bedeutung. Beim Vormarsch der Alliierten auf das Reichsgebiet 1944/45 wurden sie ohne größeren deutschen Widerstand durchbrochen.

5. Kriegswirtschaftliche Bauaufgaben in allen Teilen Europas

Die Ausgangsposition

Der Einsatz der Betriebseinrichtungen und Arbeitskräfte für kriegswirtschaftliche Bauaufgaben[132] begann wenige Tage nach dem Einmarsch deutscher Truppen in Polen und dehnte sich dann schrittweise im Gefolge der deutschen Truppen auf alle eroberten Gebiete aus. In nicht einmal sechs Jahren Krieg hinterließ die Bautätigkeit Holzmanns innerhalb des deutschen Machtbereiches in Europa seine Spuren, von Norwegen bis Griechenland, von Rußland bis an die Pyrenäen. Holzmann war im Gegensatz zu 1933 bei Kriegsbeginn sofort in alle Projekte einbezogen und nahm von Anfang an als führendes Bauunternehmen Deutschlands eine exponierte Stellung im nationalsozialistischen System, insbesondere in der Organisation Todt, ein. In der Festschrift des Unternehmens von 1949 beschreibt das ehemalige Vorstandsmitglied Hans Meyer-Heinrich die Bauleistung dieser sechs Jahre wie folgt: «Im Zweiten Weltkrieg hat die Philipp Holzmann AG 58 Millionen Kubikmeter Erde bewegt, 4,4 Millionen Kubikmeter Stahlbeton gestampft und 680000 Kubikmeter Steine vermauert.»[133]

Hinter diesen Zahlen verbirgt sich die nahezu vollständige Mobilisierung eines Bauunternehmens für die deutsche Kriegswirtschaft. Die von Holzmann ausgeführten Bauten im Auftrag von OT, Wehrmacht und SS sowie einer Reihe großer Rüstungsbetriebe unterschieden sich in vieler Hinsicht von allen bisherigen Bauten der ersten 90 Unternehmensjahre, handelte es sich doch bei vielen Projekten um Bunkerbauten, Behelfsbauten, Wiederaufbaumaßnahmen oder, zum Teil gigantische, Geheimprojekte im Reichsgebiet, die nie ein Zivilist zu Gesicht bekam. Daneben wurde das Unternehmen für den Bau der «Festung Europa» eingesetzt, sei es durch die Mitarbeit am Atlantikwallbau, am Bau von Befestigungsanlagen und Verbindungswegen an der norwegischen Küste oder von Kraftwerken in der Ukraine.

Mit keiner Silbe geht der Autor auf die Bautätigkeit in den besetzten Gebieten, die Kriegsgefangenen, die zivilen Arbeitskräfte oder gar Zwangsarbeiter ein. Das Kapitel «Die Arbeiten im Operationsgebiet» umfaßt in der 410seitigen Festschrift gerade eine Seite.

«Bei allen diesen Aufgaben während des Krieges, ob in der Heimat oder in den besetzten Gebieten, haben alle Glieder unserer Firma oft unter den primitivsten Lebensbedingungen, vielfach unter großer Lebensgefahr durch feindliche Fliegerangriffe, bei der Durchführung der übernommenen Arbeiten ihre Pflicht getan, und es ist deshalb auch eine geschichtliche Notwendigkeit, diese Leistung, die im guten Glauben für unser Vaterland erfüllt wurde, voll und ganz anzuerkennen.»[134]

Es ist auffallend, daß ein Vorstandsmitglied, das während der gesamten Kriegszeit die Baustellen bereiste und die Zustände dort aus eigenem Ansehen kannte, im Rückblick von einer «geschichtlichen Notwendigkeit» spricht und retrospektiv stolz auf das Geleistete ist.

Mit Beginn des Krieges mußten alle Arbeiten an privaten Bauten sofort eingestellt werden, während öffentliche Bauten, wie zum Beispiel der Reichsautobahnbau, erst Ende 1941 beendet wurden. Die Baumaßnahmen im Reichsgebiet wurden gänzlich auf den Sektor Industriebau für Rüstungsbetriebe konzentriert.

Die Eigenkapitalausstattung der Philipp Holzmann AG wurde 1941, erstmals seit 1933, wieder kräftig angehoben. Aufgrund der Verordnung zur Begrenzung von Gewinnausschüttungen vom 12. Juni 1941 wurde «zur Wiederherstellung eines angemessenen Verhältnisses zwischen dem im Unternehmen arbeitenden Kapital und dem Grundkapital» – so wurde der Vorgang damals beschrieben – dieses um 12,9 Mio. RM auf 25,8 Mio. RM erhöht.[135] Diese Berichtigung des Aktienkapitals wurde im Jahresabschluß für 1940 bereits berücksichtigt. Von dem Berichtigungsbetrag entfielen allein rund 8,4 Mio. RM auf die Baugeräte und das Bauinventar und rund 1,8 Mio. RM auf Grundstücke und Gebäude. Von diesem erhöhten Kapital durften zur Begrenzung der Kriegsgewinne nicht mehr als 6% Dividende ausgeschüttet werden.

Zum 100. Geburtstag von Wilhelm Holzmann, dem Vater des damaligen Betriebsführers, wurde 1942 die Wilhelm Holzmann-Stiftung mit einem Kapital von 150000 RM errichtet, aus deren Zinsen Prämien für mustergültige Betriebsführung von Bau- und Betriebsstellen und Verbesserungsvorschläge in der allgemeinen Verwaltung vergeben wurden[136] ebenso wie die seit 1936 durchgeführten «Leistungswettkämpfe» zur Förderung der Betriebsidentifikation. Letztere Maßnahme war jedoch ein auch in anderen Unternehmen übliches NS-Propagandainstrument.

Ein Blick in die einschlägigen Wirtschaftshandbücher während der Kriegsjahre vermittelt oberflächlich das Bild einer sich organisch weiterentwickelnden Privatwirtschaft. Ein Blick in die Auftragsbücher der Philipp Holzmann AG in den Jahren 1939–1945 zeigt jedoch ungeschminkt das Gegenteil: Die Bauwirtschaft wurde zur reinen Erfüllungsgehilfin von Staat und Wehrmacht, eine Entwicklung, die allerdings, mit Ausnahme der USA, auch für die anderen kriegsführenden Länder zutraf. Diese Entwicklung kam vor allem jenen Kräften im Staat entgegen, die auf einen Staatssozialismus hinarbeiteten. Gewiß, auch in Großbritannien gab es bei den Mitgliedern der *Labour Party* im Kabinett diese Bestrebungen, gleichsam aus der kriegswirtschaftlichen Notwendigkeit eine friedenswirtschaftliche Tugend werden zu lassen. Aber hier gab es doch erhebliche Unterschiede. In Deutschland war dieser Prozeß ein Element der sich totalisierenden Diktatur, in Großbritannien hingegen basierte der Versuch, staatlichen Sozialismus einzuführen, auf einer parlamentarischen Demokratie. Die Kriegswirtschaft machte ein freies unternehmerisches Wirtschaften unmöglich. Durch zahlreiche Anordnungen, die sich im Laufe der Zeit lawinenartig häuften, wurde auch die Bauwirtschaft in die enge Jacke der Planwirtschaft gesteckt, die nach und nach zur Zwangsjacke wurde. Normative Kostenpläne, Kalkulationsvorschriften, Baupreisverordnungen, Einheitsverträge mit Gruppenbildung, die bei der Individualität des Bauschaffens überall und nirgends hinpaßten, eindringliche Vorschriften für die Geräteergänzung sind nur einige Stichworte zur Kennzeichnung dieser Kriegswirtschaftsformen.

Die Philipp Holzmann AG als größtes deutsches Bauunternehmen unterhielt über alle Vorstandsmitglieder enge Beziehungen zur OT. Die Vorstandsmitglieder bereisten die Baustellen auch in den besetzten Gebieten und mußten sich über den Einsatz von Kriegsgefangenen, ausländischen Zivilarbeitern und Häftlingen im klaren sein. Sie waren von Anfang an bestrebt, bei allen größeren Bauprojekten der Partei, der Wehrmacht, der OT oder aber auch privater kriegswichtiger Unternehmen eine führende Rolle zu spielen.

Durch die enge Beziehung zur Deutschen Bank gelang es dem Vorstand zudem, sich durch Vorstandsmitglieder, Filialdirektoren und Aufsichtsratsmitglieder der Bank bei vielen Unternehmen und deren Bauprojekten ein hervorragendes Entrée zu sichern. Vor allem der Aufsichtsratsvorsitzende der Philipp Holzmann AG, Hermann J. Abs, setzte sich wiederholt für Holzmann bei befreundeten Banken in den besetzten Gebieten ein und eröffnete dem Unternehmen wertvolle Geschäftsbeziehungen, unter anderem in Holland. «Im Rahmen der Neuordnung des europäischen Wirtschaftsraumes wurden die deutschen Handelsbeziehungen zu den westlichen Nachbarländern vertieft und ausgestaltet», schrieb Abs Anfang 1941 an Holzmann und empfahl, sich mit der seit langem zur Deutschen Bank in freundschaftlichem Verhältnis stehenden Handel-Maatschappij H. Albert de Bary & Co. N.V., Amsterdam, in Verbindung zu setzen.[137]

Aber auch zu Griechenland konnten Abs und sein Vorstandskollege Karl Kimmich Holzmann hervorragende Geschäftsbeziehungen eröffnen. «Die Deutsche Bank hat – einer seit Jahrzehnten bestehenden Tradition folgend – mit der Banque Nationale de Grèce, Athen, ein Abkommen getroffen, wonach im Rahmen des wirtschaftlichen Aufbaus Griechenlands liegende Pläne und Projekte in beiderseitiger Zusammenarbeit studiert und gefördert werden sollen.»[138]

Spätere Bauaktivitäten in den Niederlanden und in Griechenland bestätigen die erfolgreiche Einführung Holzmanns durch die Deutsche Bank. Aber auch bei zahlreichen kriegswichtigen Unternehmen konnte die Deutsche Bank helfen, so zum Beispiel bei I. G. Farben. Holzmann war auf fast allen Baustellen der I. G. Farbenwerke präsent. Auch hier betätigte sich Abs als Vermittler, saß er doch gleichzeitig auch im Aufsichtsrat der I. G. Farben.[139]

Die unheilvolle Verstrickung der Philipp Holzmann AG in die von der OT, der Wehrmacht und der SS geforderten Aktivitäten nahm im Verlauf des Krieges kontinuierlich zu. Ihren Höhepunkt erreichte sie zweifelsohne 1944 und 1945 bis zum Kriegsende. Gerade in den letzten Monaten des Krieges eskalierten die Übergriffe auf den Baustellen, vor allem beim hektisch forcierten Bunker- und Stollenbau. Nun wurden vermehrt KZ-Häftlinge von der OT eingesetzt. Die SS mußte ihre bis Anfang 1944 aufrechterhaltene ideologisch begründete Forderung, KZ-Häftlinge nicht zu beschäftigen, aufgeben.[140] Auf fast allen Baustellen, an denen Holzmann beteiligt war, arbeiteten nun KZ-Häftlinge unter unmenschlichen Bedingungen. Der «totale Baueinsatz» war eine Folge des «totalen Krieges».[141]

Einbindung in alle Bauprojekte

Der Zweite Weltkrieg hatte noch keine Woche gedauert, da traf am 6. September 1939 bei der Philipp Holzmann AG der Auftrag für die erste kriegsbedingte Baumaßnahme ein. Die Reichsbahndirektion Berlin beauftragte die Zweigstelle Breslau mit der «Wiederherstellung zerstörter Eisenbahnbrücken im ehemalig polnischen Gebiet».[142] Das Auftragsvolumen von 120000 RM war zwar finanziell nicht bedeutend, aber richtungsweisend für einen nicht unerheblichen Teil der Bautätigkeit in der Kriegs- und Nachkriegszeit. Ein neues Arbeitsgebiet eröffnete sich für die Philipp Holzmann AG, denn der Wiederaufbau zerstörter oder beschädigter Bauwerke gehörte bis dahin kaum zu den Charakteristika Holzmannschen Bauens.

Wie das Beispiel vom 6. September 1939 zeigt, wurde das Unternehmen gleich bei Kriegsbeginn damit beauftragt, Bauzüge unter Führung erfahrener Ingenieure mit den nötigsten Baumaschinen, mit Handwerks- und Rüstzeug und etwa 40 Facharbeitern aufzustellen und zum sofortigen Einsatz bereitzuhalten. Sieben Bautrupps wurden zum Teil als Eisenbahnzüge, zum Teil als motorisierte LKW-Kolonnen gebildet. Sie hatten die Aufgabe, Zerstörungen an wichtigen Verkehrswegen (S-Trupps) behelfsmäßig zu beseitigen und Brücken (B-Trupps) zu reparieren. Im Polenfeldzug waren es vor allem die gesprengten Weichselbrücken, die wiederhergestellt werden mußten.

Die Bautrupps funktionierten nach einem festen System, wie das Beispiel des «Straßentrupps Bayern» zeigt.[143] Der Landstraßenbevollmächtigte des Wehrkreises VII (Ministerialbauabteilung München) erteilte den Firmen Philipp Holzmann AG und Süddeutsche Held & Francke Bau AG in München den Auftrag zur Aufstellung eines Straßenbautrupps. Der S-Trupp wurde am 14. September 1939 aus Mitarbeitern der beiden beteiligten Firmen zusammengestellt und in den folgenden Tagen nach Weisung des Landstraßenbevollmächtigten ausgerüstet. Am 21. September 1939 verließ der S-Trupp in Stärke von zwei Bauführern, einem Techniker, einem Rechnungsführer und 35 Mann mit der Bahn München und traf am 22. September nachmittags in Oppeln ein, um den weiteren Einsatzbefehl abzuwarten. Die Ausrüstungsgeräte wurden von den einzelnen Abgangsstationen des Altreichs nach der Station Lublinitz dirigiert und später auf Veranlassung der Bauleitung nach der Station Klomnice weitergeleitet. Die Ausrüstung bestand in der Hauptsache aus fünf Straßenwalzen, zwei Aufreißern, drei Steinbrechern, vier Wasserwagen, vier Teerspritzmaschinen, einem Vorwärmer, einer Feldschmiede, vier Werkzeugkisten mit Kleingerät und Werkzeug, einem Wohnzelt, Baubuden und drei Wohnwagen sowie drei Personenkraftwagen. Die Geräte waren in elf Waggons verladen. Das Ausladen der Geräte auf der Station Klomnice wurde am 29. September begonnen und am 2. Oktober beendet. Am gleichen Tag wurde der S-Trupp mit Lastwagen nach seinem Standquartier Gidle gefahren.

Nach Anweisung der Bauleitung waren zunächst zwei Strecken, zusammen 38 km, instand zu setzen. Die Arbeit bestand in der Ausbesserung von Schlaglöchern durch Auspickeln und durch Einschlämmen von Schotter unter Sand- und Wasserbeigabe und in der darauf folgenden Walzung; teilweise wurden auch Teerungen mit Kaltasphalt vorgenommen. Dem S-Trupp wurden zur Hilfeleistung ca. 900 Mann vom Deutschen Arbeitsdienst zur Verfügung gestellt. Die durchschnittliche Tagesleistung betrug bei elfstündiger Arbeitszeit rund 1,6 km. Der S-Trupp wurde anfangs durch das Kommando des Arbeitsdienstes gegen Ersatz der Kosten verpflegt, später durch eine eigene Mannschaft aus firmeneigenen Feldküchen.

Die beiden Baustrecken waren am 30. Oktober 1939 fertiggestellt. An diesem Tag wurde das Gerät auf Waggons verladen, um an einer neuen Straßenstrecke südlich von Krakau eingesetzt zu werden. Die Arbeiter des S-Trupps Bayern wurden auf Personen- und Kraftwagen nach Myslenice, zum neuen Standquartier, befördert. Die Arbeiten an dieser Straße konnten jedoch erst am 10. November aufgenommen werden, da die Waggons erst am 9. November eintrafen.

Der Beginn der Arbeiten verzögerte sich hier auch insofern, als die Zuweisung von polnischen Zivilarbeitern anstelle des Deutschen Arbeitsdienstes bei Eintreffen des S-Trupps noch nicht geregelt war. Die Vermittlung der aus der Umgebung stammenden polnischen Hilfsarbeiter geschah nach längeren Verhandlungen der Bauleitung durch das inzwischen errichtete Arbeitsamt Krakau. Die Höchstbeschäftigtenzahl an polnischen Arbeitern betrug 207. Die Arbeitsleistung der polnischen Zivilarbeiter wurde als sehr zufriedenstellend beurteilt. Wie bei der ersten Strecke lag die durchschnittliche Tagesleistung trotz der geringeren Arbeiterzahl bei 1,6 km, obwohl die Arbeitszeit infolge der kürzeren Tage nur noch zehn Stunden betrug. Sie hätte noch besser ausfallen können, wenn nicht die Schotterzufuhr vielfach infolge Mangels an Kraftwagen gestockt hätte.[144]

Wegen zunehmenden Frostes und Schneefalls wurden die Arbeiten am 25. November 1939 eingestellt. Die Geräte wurden am 3. Dezember verladen. Nach Beendigung der Verladearbeiten wurden die polnischen Arbeiter dem Arbeitsamt zur Verfügung gestellt. Der S-Trupp Bayern traf am 7. Dezember wieder in München ein.

Die Verbindung zwischen dem S-Trupp Bayern und der Zentrale in Frankfurt war während des Einsatzes aufgrund der noch fehlenden Postverbindung sehr erschwert. Die Postsendungen mußten alle nach Oppeln und später nach Lublinitz gerichtet sein. Bei der zweiten Arbeit waren die Verhältnisse insofern besser, als inzwischen in Krakau ein Postamt errichtet war und der S-Trupp die Verbindung mit der Holzmann-Niederlassung Breslau aufgenommen hatte. Die Arbeiter klagten hauptsächlich während des Baus der ersten Strecke über die mangelhafte Unterkunft und Verpflegung, während sie mit der Verpflegung und Unterbringung beim zweiten Einsatz sehr zufrieden waren.

Die Abrechnung für die beiden ersten Strecken erfolgte auf der Basis eines Selbstkostenvertrages. Für die weitere Baustrecke war ein Akkordvertrag pro Meter Straße vereinbart. Da der Einheitspreis nach den Grundsätzen der ersten Baustrecke nachgewiesen werden mußte, kam die Abrechnung ebenfalls dem Selbstkostenvertrag gleich.

Der Vorstand ordnete auch die Kompetenzen der Niederlassungen neu. Bereits Mitte Oktober wurde der Zweigniederlassung Königsberg das Gebiet nördlich der Linie Bromberg–Thorn zugeteilt. In Bromberg beabsichtigte die Dynamit AG eine größere Munitionsfabrik zu errichten. Königsberg sollte zudem die an Ostpreußen grenzenden südlichen Gebiete bis hin zum Bug bearbeiten. Das übrige besetzte Gebiet wurde der Zweigniederlassung Berlin mit der Weisung zugeteilt, die Zweigniederlassungen Stettin und Breslau in geeigneter Weise einzuschalten.[145] Anfang 1940 wurden dann vom Vorstand die Gebietsgrenzen der Zweigniederlassungen Berlin und Königsberg endgültig festgelegt.[146] Die Zweigniederlassung Berlin errichtete in Posen einen Lagerplatz mit Bahnanschluß.

Posen wurde in der nachfolgenden Zeit zum wichtigen Dreh- und Angelpunkt der Aktivitäten Holzmanns in Polen. Am 21. November 1940 fand das Richtfest des von der Niederlassung Posen der Firma Holzmann erbauten Dienst-, Wohn- und Nebengebäudes am Gurka-See für den Reichsstatthalter in Posen statt. Reichsstatthalter Greiser dankte Holzmann für die Errichtung dieses Gebäudes:

«Auf besondere Anordnung des Führers sei gerade dieser Bau am Gurka-See während der Kriegsmonate erstellt worden, da er ein Symbol für die Wiederinbesitznahme urdeutschen Landes sein sollte. Die zu erstellenden Bauten sollten ferner den Baugedanken, den Baustil und die deutsche Tatkraft verkörpern und damit Richtschnur für alle weiteren großen Bauten im Reichsgau Wartheland sein.»[147]

Gleichzeitig würdigte er die Leistungen Holzmanns im Wartheland. Holzmann habe sich für den Wiederaufbau bereits sehr früh eingesetzt und somit einen großen Vorsprung gegenüber den anderen Unternehmen erhalten. In der Tat hatte Holzmann rascher als andere Unternehmen die neue Situation erkannt und eine schlagkräftige Organisation in Polen aufgebaut.

In gleicher Weise ging Holzmann auch im Protektorat Böhmen und Mähren vor, das «vorbehaltlich einer endgültigen Regelung nach Kriegsende der Zweigniederlassung Dresden zur Bearbeitung» zugeteilt wurde.[148]

Bereits Ende 1939 führte Holzmann an verschiedenen Baustellen Leistungsvergleiche durch. So meldete die Niederlassung Wien Anfang 1940 «interessante Erfahrungswerte über die Leistung der Kriegsgefangenen im Erdlos der Reichsautobahn Steyrermühl».[149] Hier waren bei einer Mutterbodenandeckung einer Einschnittsböschung auf der einen Seite Tschechen und auf der anderen Seite polnische Kriegsgefangene eingesetzt. Die Tschechen brauchten für den Quadratmeter Mutterbodenandeckung 0,85 Stunden, während die polnischen Kriegsgefangenen 1,7 Stunden benötigten. Ein weiterer Vergleich zwischen der Leistung von Kriegsgefangenen und von angeworbenen Arbeitern beim Kippen und Einbau von Erdmassen bestätigte dieses Ergebnis. Es war klar, daß Holzmann ausländische Zivilarbeiter den Kriegsgefangenen vorzog.

Genauso wie im Generalgouvernement und im Protektorat ging Holzmann auch beim sogenannten Westfeldzug gegen Holland, Belgien und vor allem Frankreich vor. Bereits vor Beginn des Frankreichfeldzuges hatten die elf Oberbauleitungen des Westwalls von Fritz Todt die Weisung erhalten, «Frontoberbauleitungen» mit motorisierten Frontarbeiterkolonnen zu bilden, die dem Heer direkt nach dem Einmarsch folgen sollten.[150] Auch hier stellte Holzmann verschiedene Bautrupps auf, die Straßen reparierten und Brücken wiederaufbauten. So erhielt das Unternehmen am 5. Juni 1940 den Auftrag, mehrere Behelfsbrücken über die Maas zu schlagen.[151]

Nach Beendigung der Kampfhandlungen gegen Frankreich im Jahre 1940 hatten die der Front folgenden Bautrupps ihre ursprüngliche Bedeutung verloren und bildeten so in vielen Fällen den Kern der Firmeneinsätze in den besetzten Gebieten, wobei als Einsatzstelle nicht mehr, wie bisher, die Reichsbahn oder die Wehrmacht, sondern die OT auftrat.

Zunächst allerdings mußten die Kriegsschäden beseitigt werden. Hierzu gehörte bis Ende 1940 der Bau von 807 Brücken mit einer Gesamtlänge von 24 100 m. Ferner mußten 6000 km Straßen repariert und in zahlreichen Orten Bahnhöfe, Fabriken und Häuser wiederaufgebaut werden.[152] Holzmann war zunächst stark in diese Arbeiten involviert, so zum Beispiel in Lothringen, wo rund 2000 Häuser völlig zerstört und 11 700 Häuser schwer beschädigt waren. Bei diesen Bauarbeiten (Abbruch-, Aufräumungs- und Instandsetzungsarbeiten) war Holzmann mit 650 Mitarbeitern, darunter 300 Lothringer und Elsässer, beschäftigt.[153] Die Bauaktivitäten mußten jedoch Ende April 1941 aufgegeben werden, da die Facharbeiter vor allem am Atlantikwall benötigt wurden.

Wie alle deutschen Bauunternehmen war auch die Philipp Holzmann AG an der Front und in den besetzten Gebieten gewissermaßen zu einer Art Untereinheit der OT geworden, die zum Bau von Flugplätzen, zur Wiederherstellung von Industrieanlagen, Straßen, Eisenbahnen und Kanälen, aber vor allem auch zum Bau der umfangreichen Befestigungsanlagen am Atlantikwall mit ihrem technischen, jedoch nicht mit ihrem unternehmerischen Know-how eingesetzt wurde.

Holzmann war von Anfang an in den Bau der gigantischen Festungsanlagen an der Küste gegenüber England einbezogen. Der Sandboden der französischen Küste war äußerst ungeeignet, um hier riesige Betonbauten, zum Beispiel Bunker zum Schutze der U-Boote vor Fliegerangriffen oder Beobachtungsstände aus Stahl (Schartenstände), zu errichten. Holzmann hatte mit den unterschiedlichen Methoden der Pfahlgründungen, des Baus von Spundwänden usw. bereits eine jahrzehntelange Erfahrung vorzuweisen. Aber auch im Herstellen und Verarbeiten von Stahlbeton gehörte Holzmann zur Spitzengruppe der deutschen Bauindustrie. So ist es nicht verwunderlich, daß das Unternehmen den größten Anteil am Bau des Atlantikwalls hatte. Die Größenordnung der Beteiligung der 84 deutschen Unternehmen, die am Atlantikwall arbeiteten, geht eindeutig aus einer Abrechnungsliste der OT-Einsatzgruppe West hervor:

Abrechnungsliste der OT-Einsatzgruppe West vom 10. November 1944:[154]

Unternehmen	Abrechnungsbetrag 1940/41
1. Philipp Holzmann	33 630 173 RM
2. Deidesheimer	21 212 977 RM
3. Burmeister	20 150 000 RM
4. Deutsche Bau	19 811 852 RM
5. Berger	11 202 658 RM
6. Wayss & Freytag	10 691 994 RM

7.	Siemens-Bauunion	9586394 RM
8.	Koch & Mayer	9013839 RM
9.	Friedrich Hans	9057829 RM
10.	Stöhr Karl	7606033 RM
11.	Sager & Woerner	6694930 RM
12.	Arge Wiesbaden	6589336 RM
13.	Züblin	4115645 RM
14.	Eigen Bauges.	4872412 RM
15.	Grün & Bilfinger	3408782 RM

Nach dieser Aufstellung waren bis November 1944 insgesamt 84 Unternehmen, das heißt 28% aller dort eingesetzten Firmen, mit einer Auftragssumme von 247121150 RM erfaßt. Diese Auftragssumme betraf 65% der von der Abwicklungsstelle der OT-Einsatzgruppe West abgewickelten Gesamtauftragssumme in Höhe von 380 Mio. RM, das heißt, lediglich die größeren Baufirmen waren abgerechnet. Holzmann hatte an der Abrechnungssumme einen Anteil von 16% (33,6 Mio. RM), war mit Abstand also das größte Bauunternehmen, das am Atlantikwall eingesetzt war.

Insgesamt wurden 1943 rund 4,5 Mio. m³ Eisenbeton verarbeitet. Unter den 264000 Arbeitskräften befanden sich 152000 französische Zivilarbeiter, die auf die OT-Oberbauleitungen an der Kanal-, Atlantik- und Mittelmeerküste Frankreichs verteilt waren: Rouen, Cherbourg, St. Malo, Brest, Lorient, St. Nazaire, La Rochelle, Bordeaux, Bayonne und Marseille. Holzmann war an fast allen hier genannten Abschnitten beteiligt.

Anfang 1943 erhielt Holzmann von der OT-Zentrale einen Auftrag, Marine-Sonderbauten in Marseille und Lorient durchzuführen.[155] Holzmann entschied sich für Lorient, wo ein neuer Bauabschnitt von U-Boot-Ständen eingerichtet werden sollte. Die neuen Arbeiten betrafen den Abschnitt IV. Hier sollten 675000 m³ Beton in 18 Monaten verarbeitet werden.[156] Fast beendet waren zu diesem Zeitpunkt die Arbeiten auf den Baustellen «Condor», «Port Louis» und «Ile de Croix».

Der Vorstand hatte sich zu diesem Zeitpunkt mit zahlreichen Problemen auseinanderzusetzen. Es gab zum Beispiel erhebliche Schwierigkeiten mit den beschäftigten Subunternehmen, da diese oft zu klein waren, um den hohen Anforderungen vor allem in der Materialbeschaffung gerecht zu werden.[157] Ein Oberbauleiter beispielsweise war für eine Großbaustelle von 3000–7000 Arbeiter verantwortlich, ein Bauleiter einer Großbaustelle für 800–3000 Mitarbeiter. Ferner gab es Unstimmigkeiten in bezug auf die Bezahlung. Obwohl der OT-Tarif an allen Baustellen galt, wollte Holzmann für Angestellte der Großunternehmen, die über eine reichere Erfahrung verfügten, gewisse Meßzahlen für die Bewertung der Angestellten, vor allem der Ingenieure, einführen. Der monatliche Grundverdienst eines OT-Arbeiters war mit 0,90 RM Stundenlohn und 200 Arbeitsstunden je Monat auf 180 RM angesetzt. Holzmann und die Großunternehmen an den Baustellen in den besetzten Westgebieten wollten diesen Grundlohn je nach Stellung und Leistung eines Angestellten um ein Vielfaches multiplizieren, ein Ansinnen, mit dem sie schließlich scheiterten.

Holzmann wollte aufgrund der starken Beanspruchung, die sich für die Bauten an der Westküste ergab, einen Auftrag in St. Omer ablehnen, den Holzmann in Arge mit Polensky und Zöllner durchführen sollte. In St. Omer sollten Abschußrampen für die V2 gebaut werden. Die OT zog in St. Omer 5000 Arbeiter zusammen, um bei Watteu die Anlagen mit Kraftwerk, Ladestationen und Tunnelbahnhöfen in fünf Stockwerken zu bauen. Jeder Bunker war mit 120000 m³ Stahlbeton veranschlagt. Holzmann erhielt in St. Omer einen Auftrag über 4 Mio. RM. Aus den Niederlassungen Berlin, Hamburg, Halle und Wien wurden erfahrene Stammarbeiter zusammengezogen. Der Auftrag umfaßte die gesamte Planbearbeitung dieses Bauvorhabens, die in Zusammenarbeit mit der OT in Berlin durchgeführt wurde sowie Betonarbeiten. Die Erdarbeiten und «die andere Hälfte der Betonarbeiten wurden Polensky und Zöllner übertragen. Die Bauzeit sollte sieben Monate nicht überschreiten.»[158] Kaum war das Bauwerk zur Hälfte fertig, wurde es durch einen alliierten Bombenangriff völlig zerstört. Gerade dieses Beispiel zeigt überdeutlich die Kurzlebigkeit vieler Militärbauten an der Atlantikküste.

Als Mitte Juni 1944 die Alliierten landeten, begann der überstürzte Rückzug aller OT-Einheiten und somit auch der Stammarbeiter der Philipp Holzmann AG. Die frei gewordenen Stammarbeiter wurden dann beim Bauvorhaben Lüneburger Versuchsschießplatz und den gerade übernommenen Großbauvorhaben Wolffleben, Riese, Sondereinsatz Flos oder beim Bauvorhaben Erla-Werke eingesetzt. Auf allen diesen Baustellen arbeiteten KZ-Häftlinge.

Ähnlich wie die Arbeiten für den Atlantikwall verliefen auch die Arbeiten in Norwegen im Rahmen der «Operation Wiking», die aufgrund eines Führerbefehls im Oktober 1941 begann.[159] Bereits im Mai 1941 hatte Holzmann mit der Siemens-Bauunion über den Bau eines Kraftwerks in Norwegen verhandelt.[160] Mit der Durchführung des umfangreichen Bauprogramms wurde vom Generalinspektor für das deutsche Straßenwesen, Organisation Todt, die Oberste Bauleitung Reichsautobahn (OBR) in Frankfurt am Main beauftragt.

Die OBR Frankfurt am Main sollte etwa fünf bis sechs Einheiten stellen. Jede Einheit sollte sich zusammensetzen aus:

a) 25–30 Mann eigenem Personal und
b) einer Anzahl von Firmen mit etwa
3000–4000 Stammarbeitern und
6000–7000 weiteren Arbeitskräften, die auf Anforderung der eingesetzten Firmen ggf. noch dienstverpflichtet werden müssen.

Ferner ist beabsichtigt, jeder Einheit noch eine größere Zahl russischer oder freier sowjetrussischer Arbeitskräfte zuzuweisen.

Nach Angabe der OT werden für den gesamten Einsatz benötigt
etwa 2000 Stammarbeiter
etwa 4000 zusätzlich zugewiesene und dienstverpflichtete Arbeitskräfte
etwa 15 000–20 000 Kriegsgefangene oder ausländische Arbeiter.[161]

Um die bei den Bunkerbauten am Westwall gesammelten Erfahrungen für diese Baumaßnahme ausnutzen zu können, war beabsichtigt, für die Einsatzgruppe «Wiking» in erster Linie diejenigen Bauunternehmen zu berücksichtigen, die am Westwall eingesetzt worden waren. Die Wirtschaftsgruppe Bauindustrie wurde von der OT deshalb gebeten, geeignete Firmen zu benennen. Ferner war vorgesehen, für jede Einheit eine besonders leistungsfähige Firma zu bestimmen, die als Generalunternehmer von der OT eingesetzt werden sollte.

Die von der Wirtschaftsgruppe Bauindustrie vorgeschlagenen und von der OT mit der Durchführung der Arbeiten beauftragten Bauunternehmen mußten über die Arbeitsämter ihre Belegschaft einschließlich der Stammarbeiter und, soweit erforderlich, weitere zusätzliche Kräfte dienstverpflichten. Gegen die Mitnahme ausländischer Arbeitskräfte, soweit sie sich hierzu bereit erklärten, bestanden keine Bedenken.

Die Verpflichtung der Arbeitskräfte für die OT-Einsatzgruppe «Wiking» war begrenzt. Der Einsatz selbst war ein OT-Einsatz.[162] Das Personal der Einheiten (OBR- und Firmenangehörige) gehörten zum Wehrmachtsgefolge.

Insgesamt arbeiteten 198 deutsche Bauunternehmen von 1942 bis 1944 in Norwegen.[163] Sie waren im Festungsbau (OTF), Marinebau (OTM), Straßenbau (OTSE), Hafenbau (OTH) und Bahnbau (OTB) tätig. Ferner wurden Luftwaffenbauten ausgeführt. Ein Leistungsverzeichnis vom November 1942 beinhaltet die wichtigsten Bauunternehmen und ihr Tätigkeitsfeld:[164]

1) Betonbunker
Strabag, Weimar
Schwerm & Lange, Köln
Carl Brandt, Bremen
Arge Hordmark, Hamburg
Siemens-Bauunion, Berlin
Wayss & Freytag, Berlin
Diehl, Essen

2) Felsbunker
Strabag, Weimar
Milke, Soest
Boersch, Kassel

3) Straßenbau
Strabag, Weimar
Bodmann, Göttingen
Boersch, Kassel
Braun & Fleckenstein, Ludwigshafen
Gaiser, Thiele & Nufer, Furchenbach

4) Eisenbahnoberbau u. Tunnelbau
Phil. Holzmann, Hannover
Universale Hoch- u. Tiefbau, Wien
Grün & Bilfinger, Trondheim
Polensky und Zöllner, München
Peter Bauwens, Köln
Rose, Berlin

5) Anlegerbau
Hermann Moeller, Kiel
Ohlendorff'sche Bauges., Hamburg
Butzer, Dortmund
Henry Dehning, Bremen

6) Barackenbau
Arge Sachsen, Dresden
Christoph & Unmack, Bonn-Beuel
Ostsee Holzindustrie, Stettin
Arge Pommern, Stettin

Die Philipp Holzmann AG war also im Eisenbahnoberbau und im Tunnelbau tätig. Hitler hatte erkannt, daß der Eisenbahnbau – die Strecke endete hinter Trondheim – zur Versorgung der Besatzungstrupppen und für den Transport des Erzes eine besondere Stellung einnehmen mußte. Die OT-Einsatzgruppe «Wiking» begann im Mai 1942 mit den Vermessungsarbeiten. Holzmann erhielt auf der Strecke zwischen Fauske und Narvik (Nordnorwegen) das Baulos VII, das eine Gebirgsstrecke von 32 km Länge und 7–8 km Tunnel umfaßte.[165]

Außer Holzmann waren am Bau der Strecke Fauske–Narvik noch folgende Bauunternehmen beteiligt:[166]

- Grün & Bilfinger, Hamburg
- Heinrich Butzer, Hamburg
- Hochtief, Essen
- Mayreder, Wien
- Universale, Wien
- Richter, Kassel
- Fix, Peter Söhne AG u Fix Wilh., Bernau
- Christoph & Unmack, Berlin.

Die ursprünglichen Einsatzplanungen wurden nur teilweise verwirklicht, da es in der ersten Hälfte 1942 bereits äußerst schwierig war, ein Projekt dieser Dimension durchzuführen. Bis zum 30. Juni 1942 waren an Arbeitskräften tatsächlich 5011 deutsche Arbeiter gestellt. Insgesamt waren also Ende Juni 1942 rund 7000 deutsche Arbeitskräfte in Norwegen tätig. Die im März 1942 bei OKW angeforderten 20000 russischen Kriegsgefangenen wurden nicht genehmigt. Aus diesem Grunde wurden auf Anregung der Einsatzgruppe Oslo Verhandlungen mit dem Reichsführer und dem Reichskommissar für die besetzten norwegischen Gebiete über den Einsatz von 10000 KZ-Häftlingen aus Kroatien und Serbien verhandelt. Ende Juni 1942 wurden dann 5000 KZ-Häftlinge aus Serbien und Kroatien zur Verfügung gestellt. Ferner stellte der Reichsminister der Justiz 2000 Strafgefangene bereit.[167] Wie die deutschen Arbeiter, die Kriegsgefangenen, die Strafgefangenen und die KZ-Häftlinge auf die einzelnen Baustellen aufgeteilt wurden, ist nicht nachzuvollziehen.

Ende 1943 waren bei der Oberbauleitung Fauske für die Bahnbauten 4610 Arbeitskräfte tätig, zumeist russische Kriegsgefangene, die 1942 zur Verfügung gestellt worden waren. Ein Jahr später stieg die Arbeiterzahl auf 7741 an, davon 6336 Kriegsgefangene und 795 Deutsche.[168]

Außerdem war Holzmann auch in Belgien, den Niederlanden und auf dem Balkan, in Griechenland und Italien mit Bautrupps für die OT im Einsatz. Hier handelte es sich um kleinere Bauprojekte, zu deren Durchführung Holzmann eine gewisse Anzahl von Stammarbeitern zur Verfügung stellte; die restlichen benötigten Arbeiter waren zumeist ausländische Zivilarbeiter, Kriegsgefangene und zunehmend nach 1942 Zwangsarbeiter. So erbaute die Niederlassung Düsseldorf seit Mitte 1941 in Venlo eine Siedlung, die aus 54 Unterkunfts- und Zweckbauten sowie drei Wirtschaftsgebäuden bestand. Da deutsche Arbeitskräfte nicht bereitstanden, mußten holländische verpflichtet werden. An deutschen Kräften waren eingesetzt: ein Oberbauleiter, zwei Bauführer, zwei Techniker, vier Poliere, ein Maschinenmeister, ein Magaziner und an holländischen Führungskräften: drei Bauführer, 14 Poliere, 54 Vormänner, ein Chefarchitekt und 14 Hochbautechniker. Auch die Abteilungen für Einkauf und Arbeitseinsatz waren mit Holländern besetzt.[169] In der Spitze waren auf dieser Baustelle 3600 holländische Arbeiter beschäftigt. Unter den 38 Lohnbuchhaltern befanden sich nur zwei Deutsche. Die den holländischen Arbeitern gezahlten Löhne lagen fast 30% höher als die deutschen Löhne. Im übrigen hatten die holländischen Arbeiter kein Interesse an einer schnellen Fertigstellung des Gebäudekomplexes und arbeiteten zwar technisch einwandfrei, aber langsam.

Bereits in den ersten Monaten des Jahres 1941 plante Xaver Dorsch im Auftrag Todts den Einsatz mobiler OT-Einheiten unter dem Decknamen «Jacob» (benannt nach dem Pioniergeneral Jacob), die sofort nach dem Einmarsch in Rußland zur Verfügung stehen sollten. Schon in der Vorstandssitzung vom 3. Juni 1941 wurde das «Bauvorhaben Jacob» behandelt und genehmigt.[170] Martin Arndt berichtete von dem Vorhaben Todts, die Philipp Holzmann AG und einige andere Baufirmen für einen Sondereinsatz «Brückenbau im Osten» zu gewinnen. Der Vorstand beschloß daraufhin, alle Standorte und Einsatzmöglichkeiten zu prüfen. Als die Sowjetunion am 22. Juni 1941 angegriffen wurde, standen der Wehrmacht 20 einsatzbereite OT-Einheiten zur Verfügung.

Die von der Holzmann-Niederlassung Berlin aufgestellten zwei OT-Bautrupps gelangten bereits Ende Juni im Gefolge der deutschen Truppen nach Rußland. Ein Trupp arbeitete in der Nähe von Dünaburg (Lettland), der andere hinter der mittleren Front. Letzterer führte hauptsächlich Straßenbauarbeiten aus und reparierte Brücken. An einer Stelle gelang es ihm, ein Sägewerk wiederherzustellen. Mit Hilfe des an Ort und Stelle geschlagenen und gesägten Holzes gelang es diesem Bautrupp, eine 52 m lange Brücke mit 7,20 m Fahrbreite in acht Tagen für den Frontverkehr betriebsfertig zu erbauen. Der Trupp folgte den Wehrmachtseinheiten immer weiter nach Rußland hinein. Ende Juli 1941 standen diesem Trupp zur Wiederherstellung von Brücken und Straßen bereits 360 russische Kriegsgefangene und 800–1000 russische Zivilgefangene zur Verfügung.[171]

Die Aufträge an Holzmann in Rußland häuften sich, so daß der Vorstand im September 1941 Richtlinien für den Arbeitseinsatz gab.[172] Die Trupps der bisher eingesetzten Niederlassungen Berlin und Königsberg sollten nur diejenigen Arbeiten übernehmen, die sie mit den ihnen zur Verfügung stehenden Kräften durchführen konnten oder die notwendig waren, um in einer Region Fuß zu fassen. Der Vorstand wollte das vorhandene Stammpersonal nicht bei kleinen Projekten einsetzen, sondern für große Aufgaben bereithalten. In und um Reval übernahm Holzmann zahlreiche Bauprojekte, so auch von der Baltischen Oel GmbH im Rahmen des Mineralölsonderprogramms des Reichsmarschalls Göring den Auftrag zur Errichtung eines Ölscheidewerkes. Von der Schichau-Werft GmbH, die von der deutschen Kriegsmarine in Reval mit Werftarbeiten betraut worden war, erhielt Holzmann einen Unterauftrag. Für diese Arbeiten wurden jüdische Häftlinge eingesetzt, die im Gefängnis von Reval inhaftiert waren.[173] Es handelte sich um 140 weibliche jüdische Frankfurterinnen, Berlinerinnen und Pragerinnen,[174] die für Holzmann arbeiteten.

Während des Jahres 1942 wurden ständig neue Holzmann-Trupps aufgestellt, die zum Brückenbau, Straßenbau oder aber zur Instandsetzung der Eisenbahnanlagen in der Ukraine eingesetzt wurden.[175] Im Rahmen des «Baustab Speer-Osteinsatzes» stellte auch die Hochbauabteilung einen Trupp aus 110 Gefolgschaftsmitgliedern auf. Heinrich Holzmann verabschiedete diesen «Hochbautrupp I» auf dem Frankfurter Hauptbahnhof und wies die Teilnehmer darauf hin, «daß unsere Mithilfe bei dem großen Ringen im Osten mit einem zähen Gegner für den Endsieg von allergrößter Bedeutung sei».[176] Der Trupp fuhr zunächst nach Berlin, wo vier Holzmann-Trupps, zwei Hochbau- und zwei Eisenbahnoberbautrupps, zusammengestellt wurden. Sie alle wurden in der Ukraine eingesetzt.[177]

Das größte Projekt führte Holzmann in Arge mit der Siemens-Bauunion und Grün & Bilfinger in der Ukraine durch. Es handelte sich um die Wiederherstellung des Kraftwerks Saporoschje, das die gesamte Energie für das Donez-Becken lieferte. Unter dem Namen «OT-Einsatz Dnjepr-Strombau» wurde unter Leitung der OT eine ingenieurtechnisch hochwertige Bauleistung vollbracht. Die Siemens-Bauunion erhielt die Führung in der Arge, da das Unternehmen bereits beim Bau dieses Kraftwerks in den Jahren 1927–1932 die Russen beraten hatte und daher die Örtlichkeiten und die technischen Daten des Bauwerks kannte.[178]

Das etwa 1400 m lange Stauwehr bestand aus einzelnen Pfeilern in einem lichten Abstand von 13 bis zu einer Höhe von 60,50 m und dazwischenliegenden massiven Wehrkörpern von rund 42 m Höhe und 38 m Sohlenbreite. Auf dem Wehrrücken setzten sich 9,70 m hohe Schützentafeln auf, mit deren Hilfe der Hochwasserabfluß reguliert wurde. Die Russen hatten bei ihrem Rückzug in der Mitte des Wehres dessen oberen Teil von 12 m Höhe mit den Pfeilern auf einer Strecke von rund 190 m gesprengt. Dazu benutzten sie den oberen, durch den Wehrkörper in Richtung der Wehrachse verlaufenden

Kontrollganges. Bei dieser Explosion waren 3000 Menschen, die sich über den Damm zurückzogen, getötet worden.

Am 31. Dezember 1942 um 16 Uhr konnte die erste Turbine in Betrieb gesetzt werden.[179] Die höchste Tagesleistung betrug am 31. August 1943 42 Megawatt.

Am 14. Oktober 1943 wurde das Kraftwerk wieder gesprengt, diesmal von den deutschen Truppen. Ein weiteres Kraftwerk im Donez-Becken, dessen Wiederherstellung die Niederlassung in Berlin im August 1943 übernommen hatte, konnte nicht in Angriff genommen werden, da dieses Gebiet schon von den deutschen Truppen geräumt worden war.[180]

Sowohl beim Bau des Kraftwerks als auch beim Bau zweier Dnjepr-Brücken, ebenfalls in Arge mit der Siemens-Bauunion und Grün & Bilfinger, stellten die beteiligten Unternehmen lediglich eine kleine Mannschaft aus Stammarbeitern. Die große Anzahl der Arbeiter bestand aus Kriegsgefangenen und ukrainischen Zivilarbeitern.[181]

Holzmann übernahm auch Aufträge auf dem Balkan, so zum Beispiel im September 1942 in Arge mit Dyckerhoff & Widmann (Führung) das Projekt «Rossitza-Sperre».

Auch innerhalb des Deutschen Reichs blieb der Philipp Holzmann AG in Kriegszeiten reichlich Beschäftigung. Flaktürme, Flugplätze und Bunkeranlagen bildeten das Gros der heimischen Bauten, denen ebenso wie an der Front

Brückenbau in Rußland, 1942

mitunter nur eine sehr kurze Lebensdauer beschieden war und die kaum eine Herausforderung an das technische Können der Holzmann-Ingenieure darstellten. Mitunter erhielt das Unternehmen dann auch wieder anspruchsvollere Aufgaben. Die Sächsische Werke AG – ausnahmsweise also nicht OT oder Wehrmacht, dafür aber ein kriegswichtiger Energiekonzern – beauftragte die Zweigniederlassung Dresden im Juni 1942 mit der Verlegung der Görlitzer Neiße (die heute die Grenze zu Polen bildet) auf einer Strecke von 3 km in ein weiter westlich gelegenes Flußbett, um die in unmittelbarer Flußnähe gelegenen Kohleflöze besser abbauen zu können. Für den «Verein für die Unterbringung ausländischer Arbeitskräfte» wurde eine Reihe von Unterkünften für das Arbeitslager Heide bei Stettin erstellt.

Nachdem die Ausschöpfung der Energiereserven in der Sowjetunion nicht mehr möglich war, wurde der Bau von Wasserkraftwerken auf Reichsgebiet mit Nachdruck betrieben. Die Philipp Holzmann AG wurde beim Bau des Innkraftwerks bei Kirchbichl, bei den beiden Unterwasserkraftwerken am Lech, dem Kraftwerk Karwin in Oberschlesien und der Enns-Staustufe bei Staning eingesetzt. Unvollendet blieb die große Stauanlage Ybbs-Persenbeug an der Donau, hier wurden schon Anfang 1944 die meisten Facharbeiter für die Ausführung des Geheimprojekts «Riese» in Schlesien abgezogen.

Für die beiden Kriegsjahre 1943 und 1944 fallen die zahlreichen Holzmann-Bauten auf, die durch die Niederlassung in Posen ausgeführt wurden. Sie war organisatorisch an die Berliner Hauptniederlassung angegliedert. Vor allem in der zweiten Jahreshälfte 1944 häufte sich hier der Stellungsbau – Vorbote des militärischen Zusammenbruchs im Osten.[182]

Die größte und für den Osteinsatz bedeutendste Niederlassung allerdings war Berlin, wie die Gesamtzahlen für 1943 belegen:[183]

Berlin	36992071 RM
Düsseldorf	28083569 RM
Hamburg	17811901 RM
München	13522284 RM
Westküste Mitte	13498914 RM

Berlins Bedeutung für Holzmann lag vor allem in der Hauptstadt-Funktion: Hier war der Sitz der für das Unternehmen wichtigen Ministerien, zum Beispiel des Reichsministeriums für Rüstung und Kriegsproduktion, hier lagen die großen Bauobjekte der Partei, und schließlich war die Stadt die Schaltstelle für alle Bauaktivitäten im Osten.[184]

Weitgehend im dunkeln liegt der Anteil der Philipp Holzmann AG an einem Bauprojekt, das zu den berüchtigsten des Zweiten Weltkriegs zählt: das I.G. Farbenwerk in Auschwitz-Monowitz, wenige Kilometer östlich des eigentlichen Vernichtungslagers, das für die Herstellung des Kunstgummis Buna vorgesehen war. Das Projekt wurde nicht vollendet, denn bis zur Produktion des kriegswichtigen Bunas ist es nie gekommen.[185] Daß die Philipp Holzmann AG im Hoch- oder Tiefbau beim Bau des I. G. Farbenwerkes Auschwitz eingesetzt wurde, ist unbestritten. Auftragsvolumen und Auftragsdauer sind jedoch unbekannt. In den Akten der Wirtschaftsgruppe Bauindustrie[186] finden sich aus der Zeit von Dezember 1944 bis Januar 1945 mehrere Rundschreiben des Verbindungsmannes des Arbeitsstabes Bauwirtschaft für die OT-Oberbauleitung Bielitz in Oberschlesien, zu der Auschwitz verwaltungstechnisch zählte, «an alle im Werk Auschwitz tätigen Hoch- und Tiefbau-Firmen». Sie waren auch an die Niederlassung der Philipp Holzmann AG in Berlin sowie an Dyckerhoff & Widmann, Wayss & Freytag und Julius Berger adressiert. Die Bauunternehmen wurden beispielsweise in einem Schreiben vom 18. Dezember 1944 aufgefordert, zu einem Vorschlag zur Bildung einer «Kriegsbaugemeinschaft» im Werk Auschwitz Stellung zu nehmen. Um die «Schlagkraft der in Auschwitz eingesetzten Bauindustrie» zu erhöhen, sollten sich die Unternehmen noch enger als bisher zusammenschließen. Gespenstisch mutet der letzte Passus dieses Schreibens an, zweieinhalb Wochen bevor die Rote Armee Auschwitz erreichte: «Die in Auschwitz tätigen Baufirmen werden hiermit eingeladen, zur Gründungsversammlung am 9. Januar 1945 im Feierabendhaus der I. G. Farbenindustrie A.G., Auschwitz, nachmittags 16 Uhr ihre Vertreter zu entsenden.» Die äußerst zurückhaltende und späte Antwort (vom 6. Januar) der Niederlassung Berlin läßt vermuten, daß Holzmann sich hier keineswegs mehr engagieren wollte. Der Name «Auschwitz» fällt im gesamten Entgegnungsschreiben kein einziges Mal, vielmehr wird nur ganz allgemein auf die Frage der Bildung von Kriegsbaugemeinschaften geantwortet. Kurz darauf hatte sich, aufgrund der militärischen Entwicklung, das Thema «Kriegsbaugemeinschaft» ohnehin erledigt.

Die letzten Kriegsmonate waren geprägt vom Festungs- und Bunkerbau – zu nennen ist zum Beispiel das Geheimprojekt «Riese» in Schlesien –, wobei es allerdings immer wieder vorkam, daß nach einem enormen Aufwand an Personal und Material die halb fertiggestellten Bauten beim Herannahen der Front gesprengt wurden. So erging es auch dem unvollendeten Führerhauptquartier, alias Projekt «Riese», in Schlesien: «Das anstelle des Bauvorhabens ‹Riese› in Mitteldeutschland geplante Bauwerk kommt nicht mehr zur Ausführung. Auf Weisung der OT-Zentrale soll das dafür vorgesehene Personal sofort als Bereitstellungstrupp für den Katastropheneinsatz am Mittellandkanal eingesetzt werden [...] Das benötigte Baugerät soll von der Baustelle Riese und, falls dies nicht mehr gelingen sollte, von anderen Baustellen des Berliner Bezirks und vom Bauvorhaben ‹Diana› genommen werden.»[187]

Was in den zwei letzten Monaten vor der bedingungslosen Kapitulation am 8. Mai 1945 von der Philipp Holzmann AG noch gebaut oder ausgebessert wurde, ist in keinem Auftragsbuch mehr dokumentiert, die letzten Hinweise finden sich in den Nachrichtenblättern des Unternehmens: Stollenbauarbeiten der Niederlassungen Düsseldorf und Stuttgart, Bauvolumen ca. 750000 RM, vorgesehene Bauzeit ca. sechs Monate – tatsächlich nicht fertiggestellt.[188]

6. Ausländische Zivilarbeiter, Kriegsgefangene und KZ-Häftlinge

Auf den Baustellen der Philipp Holzmann AG waren von Kriegsbeginn bis Kriegsende Zwangsarbeiter aus allen Teilen des besetzten Europas beschäftigt. Als größtes Bauunternehmen Deutschlands wurde Holzmann von den zuständigen Arbeitgebern des Nazi-Systems, vor allem der Organisation Todt, zu allen bedeutenden Bauprojekten herangezogen: Straßen- und Brückenbauten, Kraftwerksbau, Festigungsbau, Industriebauten, Sonderbauten und nicht zuletzt im Bunkerbau. Während auf den meisten Baustellen der Einsatz von ausländischen Zivilarbeitern, Kriegsgefangenen und vor allem seit 1943 von KZ-Häftlingen nachgewiesen werden kann, ist eine zahlenmäßige Aufgliederung der Zwangsarbeiter aufgrund der Quellenlage und der Art und Weise, wie diese Arbeitskräfte eingesetzt wurden, kaum möglich. Zum einen arbeiteten die Bauunternehmen in Argen und oft mit zahlreichen Subunternehmen, zum anderen wurden die Zwangsarbeiter innerhalb einer Baustelle wechselweise diesen oder jenen Unternehmen zugeteilt. Die Zuteilung erfolgte normalerweise durch die Organisation Todt, die Bezahlung entweder durch die OT oder durch das Unternehmen direkt. So wurden Franzosen, Holländer, Belgier, Italiener, Norweger und in der Regel auch Polen direkt vom Unternehmen bezahlt. Russische Zivilarbeiter erhielten hingegen ihren geringen Lohn von der Einsatzverwaltung der OT.[189] Der Lohn von KZ-Häftlingen ging an die SS.[190] Im Vertrag zum Bau des Dnjepr-Kraftwerks sind die verschiedenen Kostenkategorien von Arbeitskräften (Deutsche, Polen, Kriegsgefangene, Juden) aufgeschlüsselt.

Sowohl die Straßenbautrupps als auch die Brückenbautrupps wurden in Polen, Frankreich und Rußland sofort durch Kriegsgefangene und anschließend durch zivile Ausländer ergänzt. Vor allem die Zweigniederlassung Wien setzte Tschechen und Polen bei Straßenbau- und Brückenbauarbeiten ein. So wurden südlich von Krakau 207 polnische Arbeiter bei Straßenbauarbeiten beschäftigt, die vom Arbeitsamt Krakau vermittelt und von Holzmann bezahlt wurden.[191]

Als im Januar 1941 der Generalinspektor für das deutsche Straßenbauwesen Holzmann in Arge mit der Siemens-Bauunion umfangreiche Projekte im Küstengebiet des besetzten Westens übertrug, begannen die Arbeiten des Großprojektes Atlantikwall. Hier waren neben Franzosen vor allem Belgier eingesetzt, als Subunternehmer fungierten zahlreiche französische Baufirmen. Auch hier lassen sich keine Zahlen feststellen, da die eingesetzten ausländi-

- 44 -

Arbeitsdienstes gegen Ersatz der Kosten verpflegt, später durch eine eigene Küchenmannschaft aus firmeneigenen Feldküchen.

Besondere Schwierigkeit machte die Beifuhr der Strassenbaustoffe infolge des schlechten Strassenzustandes und des Mangels an Lastwagen. Die nötigen Kraftwagen wurden von dem staatlichen Gerätepark des bayerischen Staates und das Personal von den Strassenbauämtern kostenlos gestellt. Der Schotter wurde bauseits kostenlos nach Station Klomnice geliefert, von wo aus er mit Kraftwagen abgeholt werden musste.

Die beiden Baustrecken waren am 30.10.39 fertiggestellt. An diesem Tag wurde das Gerät auf Waggons verladen, um an der einen neuen Strassenstrecke südlich von Krakau eingesetzt zu werden.
Die Gefolgschaftsmitglieder des S-Trupps Bayern wurden mittels Personen- und Kraftwagen nach Myslenice, dem neuen Standquartier, befördert. Die Arbeiten an dieser Strasse konnten jedoch erst am 10.11. aufgenommen werden, da die Waggons erst am 9.11. eintrafen. Auch auf diesen Strecken handelt es sich um dieselbe Arbeitsweise wie bei den vorgenannten Strecken. Die Ingangsetzung der Arbeiten verzögerte sich hier auch insofern, als die Zuweisung von polnischen Zivilarbeitern an Stelle des deutschen Arbeitsdienstes bei Eintreffen des S-Trupps noch nicht geregelt war. Die Vermittlung der polnischen Hilfsarbeiter geschah nach längeren Verhandlungen der Bauleitung durch das inzwischen errichtete Arbeitsamt Krakau. Die polnischen Arbeiter stammten aus der Umgebung. Die Höchstbeschäftigungszahl an polnischen Arbeitern betrug 207. Die Arbeitsleistung der polnischen Zivilarbeiter war sehr zufriedenstellend. Die durchschnittliche Tagesleistung betrug hier trotz der geringeren Arbeiterzahl ebenfalls 1,6 km wie bei der ersten Strecke, obwohl die Arbeitszeit infolge der kürzeren Tage nur noch 10 Stunden betrug. Sie hätte noch günstiger ausfallen können, wenn nicht die Schotterzufuhr vielfach infolge Mangel an Kraftwagen gestockt hätte.

Wegen zunehmenden Frostes und Schneefall wurden die Arbeiten am 25.11.39 eingestellt. Die Geräte wurden am 3.12. verladen. Nach Beendigung der Verladearbeiten wurden die polnischen Arbeiter dem Arbeitsamt zur Verfügung gestellt. Der S-Trupp Bayern traf am 7.12. in München ein.

Über die beiden verschiedenen Strecken sei noch folgendes bemerkt:

Die erste Strecke wies wesentlich ungünstigere Verhältnisse auf, die die Arbeitsleistung beeinträchtigten.

Die Verbindung zwischen dem S-Trupp Bayern und uns war durch die noch nicht hergestellte Postverbindung sehr erschwert. Unsere Postsendungen mussten alle nach Oppeln und später nach Lublinitz gerichtet sein. Bei der 2. Arbeit waren die Verhältnisse insofern besser, als inzwischen in Krakau ein Postamt errichtet war und der S-Trupp die Verbindung mit unserer Holzmann-Niederlassung Breslau aufgenommen hatte.

Die Gefolgschaftsmitglieder klagten hauptsächlich in der ersten Strecke über die mangelhafte Unterkunft und Verpflegung, während sie mit der Verpflegung und Unterbringung bei der 2. Arbeit sehr zufrieden waren.

Nachrichtenblatt Nr. 4 vom 31. 12. 1940 (Verweis auf polnische Arbeiter)

schen Arbeiter an der Atlantikküste nicht mitgezählt wurden. Am 15. Oktober 1940 betrug die Zahl der Mitarbeiter – wie bereits erwähnt – bei Holzmann ohne Kriegsgefangene und ohne Beschäftigte am Atlantikwall 24071, davon waren 7200 Ausländer, also rund 30%. Am 31. Mai 1941 beschäftigte Holzmann 21327 Mitarbeiter, davon waren 9027 Ausländer, ohne Kriegsgefangene und ohne Mitarbeiter an der Atlantikküste.[192] Ausländische Arbeiter, die in ihren Ländern für Straßen-, Brücken-, Industrie- und Eisenbahnbauten eingesetzt waren, wurden wahrscheinlich zu den Mitarbeitern gezählt. So meldete das Nachrichtenblatt der Philipp Holzmann AG im August 1941: «Von der Organisation Todt sind der Firma weitere umfangreiche Bauarbeiten im besetzten Westgebiet übertragen worden. Die Arbeiten umfassen Erdarbeiten, Erstellung eines Bahnanschlusses, Erstellung einer großen Anzahl Eisenbetongebäude und Unterkunftsbaracken.»[193]

Mit Sicherheit fallen unter diese Gruppe von ausländischen Arbeitern, die als Mitarbeiter ausgewiesen wurden, nicht russische Zivilgefangene, die im August 1941 in Rußland für Holzmann arbeiteten. Die 360 Kriegsgefangenen und 600–1000 russischen Zivilarbeiter waren den Bautrupps von der OT zugeteilt worden und wurden von der OT entlohnt.

Bereits hier wird die Problematik einer genauen Zuordnung der ausländischen Arbeiter sichtbar. Fest steht, daß Holzmann Ende 1941 innerhalb der Belegschaft ca. 43 % Ausländer beschäftigte. Die Zahl der für Holzmann an der Atlantikküste tätigen Ausländer bleibt unklar, vor allem auch die Frage, von wem diese entlohnt wurden. Es kann vermutet werden, daß ein großer Teil dieser Arbeiter direkt von der OT bezahlt wurde, da Holzmann sie ansonsten zu den Mitarbeitern gezählt hätte. Ende 1941 wies das Unternehmen auf die generelle Personalsituation auf den Baustellen hin: «Diese Leistung ist um so beachtlicher, wenn man berücksichtigt, dass ein grosser Teil unserer eingearbeiteten Angestellten zum Militär berufen ist und durch neues Personal ersetzt werden mußte und ein großer Teil der Belegschaft unserer Baustellen aus Ausländern und Kriegsgefangenen besteht.»[194]

Als abgesichert gilt, daß Ende 1941 auf allen Baustellen Holzmanns in den besetzten Gebieten ausländische Zivilarbeiter und Kriegsgefangene beschäftigt waren. KZ-Häftlinge, die für Holzmann arbeiteten, sind zum ersten Mal für Ende 1940/Anfang 1941 beim Bau einer Autobahn in der Nähe von Posen nachgewiesen. Holzmann wurde im Februar 1941 von der Reichsautobahnverwaltung mit den Rohbauarbeiten für den Neubau eines vorläufigen Rasthofs in Posen (Objekthöhe bis zu 1 000 000 RM) beauftragt.[195] Die hierzu erforderlichen Arbeitskräfte kamen aus dem Ende 1940 errichteten Lager in Posen. Die 400 hier internierten Häftlinge arbeiteten für Holzmann und Schellhorn.[196] Ebenfalls beim Autobahnbau wurden auch 300–400 jüdische Häftlinge von den Unternehmen Holzmann, Otto Conrad und Drexl eingesetzt. Sie waren Ende 1940 vom Ghetto Lodz ins Zwangsarbeiterlager Selchow-Spiegelberg (Neumark/Ostbrandenburg) gekommen. Die Häftlinge aus dem Lager Posen wurden im August 1943 nach Auschwitz und Groß-Rosen, die Häftlinge des Lagers Selchow-Spiegelberg nach Schließung des Lagers zum Lauta-Werk der Vereinigten Aluminiumwerke (VAW) bei Senftenberg, ein Außenlager von Auschwitz, transportiert. Die VAW war eine

Tochtergesellschaft der reichseigenen Viag.[197] Schließlich arbeiteten die 400–500 Häftlinge des im Herbst 1940 errichteten Zwangsarbeiterlagers Lobau bei Wien (300 weibliche Häftlinge aus der Ukraine und 100 Jüdinnen) für Holzmann, Niederlassung Wien, die Wirtschaftliche Forschungsgesellschaft mbH, Schmidt & Junk, Hoch- und Tiefbauunternehmung, München–Wien, und für eine Möbelfabrik.

Die Niederlassung Halle schließlich war im Auftrag der SS für Arbeiten im KZ Buchenwald zuständig. Die Bilanzunterlagen für die Kriegsjahre geben jedoch keine Auskünfte über die Zahl der dort beschäftigten Zwangsarbeiter.

Die Jahre 1942 und 1943 waren geprägt von weiteren Arbeiten an der Atlantikküste, dem Bau der Befestigungsanlagen in Norwegen, dem Bau des großen Dnjepr-Kraftwerks sowie zahlreichen kleinen und mittleren Bauprojekten in allen Teilen der eroberten Gebiete. Für den Einsatz «Wiking» in Norwegen (Festungsbau) wurden, wie schon erwähnt, im Juni 1942 auch 5000 KZ-Häftlinge aus Kroatien und Serbien sowie 2000 Strafgefangene eingesetzt. Wie viele KZ-Häftlinge und Strafgefangene von Holzmann beim Bau der eingleisigen vollspurigen Eisenbahn von Fauske über Narvik nach Nyborg eingesetzt wurden, ist anhand der derzeit verfügbaren Quellen nicht festzustellen. Nachweislich arbeiteten russische Kriegsgefangene auf den Baustellen von Holzmann. Auch ihre Zahl sowie die Zahl der zwangsverpflichteten russischen Arbeiter beim Bau des Kraftwerks Saporoschje ist nicht mehr festzustellen. Es existieren zwar seitenlange Berichte über die eingesetzten Geräte und die technischen Daten,[198] mit keinem Wort aber werden die Menschen erwähnt, die an diesem gewaltigen Projekt arbeiteten.

Ab 1943 werden die Nachrichten über neue Projekte noch dürftiger, und Angaben über die Anzahl der Belegschaft, Kriegsgefangenen und ausländischen Zivilarbeiter werden kaum noch gemacht. Sowohl in den Vorstandsprotokollen als auch in den Nachrichtenblättern werden nur noch die Aufträge ohne Ortsangabe genannt. So wird im Oktober 1943 der Auftrag zum Bau der Dynamitfabrik bei Kaufering wie folgt beschrieben: «Von einem Sprengstoffwerk sind der Zweigniederlassung München Bauarbeiten für ein neues Werk für RM 500000,- übertragen worden. Wieweit sich dieser Auftrag vergrößern wird, hängt von der Zuteilung der Arbeitskräfte ab.»[199] Oder ein anderes Beispiel: «Ferner hat die Zweigniederlassung Breslau den Auftrag übernommen, die Betonarbeiten für etwa 18 Bauten für ein Industriewerk auszuführen.»[200]

Es handelt sich hier vermutlich um Bauten für die I. G. Farben in Waldenburg. Mit keiner Silbe wird erwähnt, daß auf beiden Baustellen KZ-Häftlinge eingesetzt waren. Bis Ende 1943 lag der Schwerpunkt der Bautätigkeit der Philipp Holzmann AG in den besetzten Gebieten. Hier wurden auch die ausländischen Arbeitskräfte und Kriegsgefangenen eingesetzt. Vor allem Berlin und Königsberg organisierten den Einsatz im Osten, während die übrigen

Zweigniederlassungen zwar Stammarbeiter und sonstiges Personal zur Verfügung stellten, so etwa Hamburg für den Seebau, im wesentlichen aber weiter in ihrer Region tätig waren. Hier beteiligten sie sich vor allem am Bau von Schutzbunkern, Industrieanlagen oder wie die Filiale München am Bau des Unterwasserkraftwerks am Lech. Offensichtlich waren bei Bauwerken in der regionalen Umgebung bis 1942 keine ausländischen Arbeitskräfte in nennenswertem Umfang beschäftigt. Jedenfalls gibt es keine Hinweise in den Vorstandsprotokollen oder Nachrichtenblättern. 1944 allerdings änderte sich die Situation grundlegend, da mit dem Vorrücken der Russen im Osten und der Landung der Alliierten in Nordfrankreich plötzlich die Sicherung des deutschen Gebietes im Vordergrund stand. Die OT und die Bauunternehmen wurden nun massiv im Reichsgebiet eingesetzt. Mit zunehmender Verschlechterung der militärischen und kriegswirtschaftlichen Lage wuchsen die Forderungen der Privatwirtschaft, den Mangel an Arbeitskräften so rasch wie möglich zu beseitigen.[201] So entschied sich das Rüstungsministerium, aber auch die OT für den Einsatz von KZ-Häftlingen. Hatte Holzmann bis zu diesem Zeitpunkt nur vereinzelt KZ-Häftlinge auf seinen Baustellen beschäftigt, so stieg 1944 die Anzahl rapide an. Die zweite Hälfte des Jahres 1944 und die ersten drei Monate des Jahres 1945 zählen wohl zu den dunkelsten der Unternehmensgeschichte. Zum einen war Holzmann an fast allen Sonderprojekten der OT im Reichsgebiet beteiligt, zum anderen arbeiteten Tausende von KZ-Häftlingen auf diesen Baustellen, und Holzmann als größtes Bauunternehmen hatte hieran einen wesentlichen Anteil.

Eine von der *Jewish Claims Conference* angefertigte Zusammenstellung, die auf Angaben des ITS Arolsen (Internationaler Suchdienst des Roten Kreuzes) beruht,[202] nennt sieben Arbeitslager und KZ-Außenlager, in denen zwischen 1940 und 1945 jüdische und nichtjüdische Zwangsarbeiter für deutsche Firmen, unter anderem auch die Philipp Holzmann AG, arbeiten mußten:

- Ebensee am Traunsee (Außenkommando des KZ Mauthausen): bis zu 8000,
- Markstädt-Fünfteichen (Außenkommando des KZ Groß-Rosen): bis zu 8000,
- Lobau bei Wien: bis zu 500,
- Posen: bis zu 400,
- Selchow-Spiegelberg: bis zu 400,
- Waldenburg: bis zu 600, und vor allem
- das geheime Großbauprojekt «Riese» in Wüstegiersdorf in Schlesien, wo in mehreren Lagern zwischen 12000 und 16000 Zwangsarbeiter eingesetzt waren.

In Ebensee wurde seit dem 18. November 1943 ein Außenlager aufgebaut. Die Hauptaufgabe der dort inhaftierten Häftlinge bestand darin, Stollen für die Wehrmacht zu errichten. Unter anderem arbeiteten hier Holzmann, Siemens-

Bauunion, Siemens-Schuckert, Großdeutscher Schachtbau sowie Hinteregger & Fischer. Am 17. Januar 1944 kamen weitere 500 Häftlinge an, die im offenen Tagebau arbeiteten. Im Februar 1944 stieg die Anzahl der Häftlinge um weitere 350. Im Juni 1944 erhielt Holzmann in Arge mit Polensky und Zöllner den Auftrag, zwei Stollen von je 250 m Länge zu errichten. Hierbei waren 40000 m^3 Felsen auszubrechen.[203]

Das als Bauvorhaben «Riese» bezeichnete Geheimprojekt war eine Großbaustelle in Wüstegiersdorf in Schlesien, abgelegen im Eulengebirge an der Grenze zum Sudetengau. 1944 sollte hier ein neues und sicheres «Führerhauptquartier» mit großen Tunnelanlagen errichtet werden. Als Bauherr fungierte die OT[204]. Ab März 1944 wurde das bereits bestehende Zwangsarbeiterlager für Juden in ein Außenkommando des KZ Groß-Rosen (bei Breslau) umgewandelt. Dem Lager Wüstegiersdorf unterstanden 14 weitere Arbeitslager in der nächsten Umgebung (zwölf Männer- und zwei Frauenlager). Die Personalstärke für den Einsatz beim Bauvorhaben «Riese» betrug etwa 12000–16000 Personen.

An dem Bauprojekt waren die Unternehmen Philipp Holzmann, Heinrich Butzer, Sager & Woerner, Wilhelm Fix, Lenz Barackenbau, die Schlesische Bau AG sowie weitere kleinere Firmen beteiligt. Laut dem Verzeichnis über vorläufige Auftragsmeldungen (ein offizielles Bauauftragsbuch wurde zu dieser Zeit von Holzmann schon nicht mehr geführt) soll der ursprüngliche finanzielle Anteil der Philipp Holzmann AG an diesem Projekt bei 50% gelegen haben. Die Zwangsarbeiter (KZ-Häftlinge und andere Zwangsarbeiter) mußten unter anderem Steinbrucharbeiten, Barackenbau- und Tunnelbauarbeiten verrichten.

In den Vorstandsprotokollen der Philipp Holzmann AG wird das Vorhaben «Riese» zwischen April 1944 und März 1945 mehrmals als Großprojekt erwähnt. Im Protokoll vom 14. Dezember 1944 wird die Abstellung von 210 Holzmann-Stammarbeitern allein an das Projekt «Riese» vermerkt.[205] Als die russischen Truppen näherrückten, wurden die Stollen gesprengt.

Bereits Anfang Februar 1945 stellte der Vorstand von Holzmann fest, daß die Bezirke Königsberg, Posen und Breslau zum Teil oder im ganzen Umfang vom Feind besetzt seien. Die Zweigstelle Königsberg errichtete in Magdeburg und die Zweigniederlassung Breslau in Waldenburg eine Ausweichstellung.[206]

In Waldenburg, einem Außenlager von Groß-Rosen, wo im September 1944 rund 600 Häftlinge interniert worden waren, arbeitete Holzmann am Bau des I. G. Farbenwerkes. Die Insassen des Lagers wurden am 8. Mai 1945 von der russischen Armee befreit. Zur I. G. Farben hatte die Philipp Holzmann AG seit dem Bau des I. G. Farben-Hochhauses in Frankfurt hervorragende Beziehungen. Bei fast allen Bauvorhaben wurde Holzmann berücksichtigt, so auch beim Bunkerbau in Mitteldeutschland (Halle). Mit zahlreichen anderen Unternehmen war Holzmann am Bau des I. G. Farbenwerkes (Bunawerk) in

Auschwitz beteiligt. Der Einsatz der Häftlinge begann im Frühjahr 1941. Im Dezember 1944 arbeiteten insgesamt im Bunawerk Auschwitz 3897 Häftlinge mit meist kurzer Verweildauer, denn die Sterblichkeitsrate war enorm.[207] Insgesamt 23000 von 35000 Zwangsarbeitern mußten hier in den Jahren 1943 bis 1945 ihr Leben lassen. Da die Bauaufsicht und die Organisation bei der OT lagen, fehlen nähere Angaben über die Aufgabengebiete der dort beteiligten Bauunternehmen, so auch für Holzmann.[208] Die Beteiligung Holzmanns am Bau des Bunawerkes in Auschwitz wird weder in Vorstandsprotokollen noch in den Nachrichtenblättern von Holzmann erwähnt. Allerdings gehörte Holzmann im Dezember 1944, wie bereits erwähnt, zu den Unternehmen, die vom Verbindungsmann des Arbeitsstabes Bauwirtschaft für die OT-Oberbauleitung Bielitz wegen Bildung einer Kriegsbaugemeinschaft aller in Auschwitz tätigen Firmen zum 9. Januar 1945 ins Feierabendhaus der I. G. Farbenindustrie, Auschwitz, eingeladen wurden.[209] Zur schnellen und ungehinderten Abwicklung der jeweils vorhandenen Schwerpunktbauten oder Einsätze sollte der Austausch von Kräften jeder Art leihweise vorgenommen werden können und zwar derart, daß entliehene Tagewerke wieder abgearbeitet werden mußten. So umschrieb die OT-Oberbauleitung das schnelle Verschieben von Arbeitskräften. «Beim Verbindungsmann werden Listen über geliehene Arbeitsstunden geführt und zwar getrennt nach Aufsicht, Vorarbeiter, Facharbeiter, Arbeiter und Zwangsarbeiter.»[210]

Die Verrechnung geliehener Tagewerke sollte direkt von Unternehmen zu Unternehmen mit dem für Auschwitz geltenden Tagelohnsatz als Zuschlag geschehen. Auf einem handgeschriebenen Zettel sind Unternehmen genannt, die ebenfalls in der Kriegsbaugemeinschaft mitarbeiten sollten, so Dyckerhoff & Widmann, Berlin, Julius Berger, Berlin, Lenz & Co., Berlin, Heilmann & Littmann, München, Moll, München, Allgemeine Hoch- und Ing. Bau, Düsseldorf usw. Holzmann stimmte dem Interessengemeinschaftsvertrag grundsätzlich zu, bemerkte aber: «Ausschaltung von Leerlauf und Nebeneinanderarbeit ist selbstverständlich. Die Aufgabe von Kriegsbaugemeinschaften muss aber in erster Linie Steigerung der Leistungen der in der KBG zusammengeschlossenen Firmen und Verringerung des Gesamtbedarfs an Menschen und Material sein.»[211] Ferner schlug der Vorstand von Holzmann vor, daß diejenige Firma die Leitung der Kriegsbaugemeinschaft (KBG) übernehmen sollte, die innerhalb der KBG die Hauptleistung erbrachte. Die KBG wurde nie gegründet, da die militärischen Ereignisse im März/April 1945 jede weitere Planung überflüssig machten.

Daß Holzmann auch Bautätigkeiten in den Leunawerken durchführte, geht aus einem Beschluß in der Vorstandssitzung Mitte Juni 1944 hervor: «Es wird beschlossen, der OT-Zentrale vorzuschlagen, von den Holzmann-Osteinsätzen in Stärke von rd. 600 Arbeitskräften, die bisher sämtlich für die Baustelle ‹Diana› bestimmt waren, 1/3 den Baustellen Leuna, Pölitz und Brabag-Magdeburg zuzuweisen.»[212] In den Leunawerken waren im Dezember 1944 Häftlinge aus einem sogenannten Erziehungslager der SS beschäftigt. Hierbei handelte es sich nicht um ein Konzentrationslager.[213]

Laskowitz-Meleschwitz (Markstädt-Fünfteichen) war ursprünglich ein Außenlager des Konzentrationslagers Groß-Rosen. Ab März 1944 wurde Fünfteichen zu einem Straflager umfunktioniert. Hier arbeiteten 7000–8000 Häftlinge vor allem für das Krupp-Berta-Werk, das die V2, Torpedos und Waffen herstellte. Von den Baufirmen waren Grün & Bilfinger, Philipp Holzmann, Schallhorn, Glogau, Mathies und Wayss & Freytag dort tätig.[214]

In einem zwischen 1949 und 1951 von einer Vorläuferorganisation des ITS (Internationaler Suchdienst des Roten Kreuzes) erstellten «Catalogue of Camps and Prisons in Germany and German occupied countries» werden, neben den bereits genannten sieben Lagern, weitere Zwangsarbeiterlager – überwiegend in den besetzten Gebieten Osteuropas und in Schlesien – als «Zulieferer» von Juden für die Arbeit auf Baustellen mit Philipp Holzmann-Beteiligung ausgewiesen: Andrzejow, Gnesen, Grodek, Gutenbrunn, Jagiellonski, Konin, Lautwerk, Lassowitz, Lenzingen, Löbau, Nekla, Peiskretscham, Posen, Reval, Schmiedeberg im Riesengebirge, Steineck, Stephansort, Wreschen.

Dazu kamen die Außenkommandos der KZ Auschwitz (Eintrachtshütte, Lagischa und Neudachs), Vaivara/Estland (Erides, Narwa), Buchenwald (Buchenwald Kläranlage) und Neuengamme (Wittenberge).[215]

Außerdem war, was sich aufgrund von Einzelmeldungen bei der Compensation Treuhand AG im Jahre 1960 und späteren direkten Anfragen bei Philipp Holzmann erschließen läßt, besonders das KZ Dachau mit Außenlagern als Zulieferer von Zwangsarbeitern für das geheime Bauprojekt «Diana II» bei Kaufering am Lech im Jahre 1944 von Bedeutung. Holzmann war am Geheimprojekt «Ringeltaube» mit den Unterprojekten «Diana II», «Walnuß II» und «Weingut II» beteiligt. Hier wurden unterirdische Bunker in drei Etagen für die Produktion des Messerschmitt-Düsenflugzeuges ME 262 gebaut. Das Rüstungsprojekt und die elf KZ-Außenlager erstreckten sich von Klosterlechfeld im Norden bis Seestall im Süden über eine Strecke von etwa 25 km und von Türkheim im Westen bis nach Utting/Ammersee über eine Distanz von etwa 35 km.[216] In den Kauferinger Lagern, Außenlager des KZ Dachau, wurden 50-Mann-Kolonnen gebildet, die zu den drei Baustellen gebracht wurden. Vor Ort wurden sie dann von OT-Mitgliedern übernommen und den Firmen zugeteilt.

Die Arbeitsbedingungen waren hier unmenschlich, wie aus dem Schreiben zahlreicher Häftlinge, die für Holzmann arbeiteten, hervorgeht. «Auf dem Berg, in der Grube, auf den unzähligen Gestellen und Eisentraversen wimmelte es nur so von Arbeitssklaven. Maschinen, Dynamos, Bagger dröhnten, rhythmische Kommandos, Hämmern, Geschrei, Prügel, Wehklagen kamen aus der Erde hervor und vermischten sich in babylonischer Verwirrung»,[217] schildert ein ehemaliger Zwangsarbeiter bei Philipp Holzmann und Leonhard Moll die Atmosphäre auf der Baustelle Diana II. Neben der unzureichenden Ernährung werden vor allem die grausame Behandlung durch SS-Leute im Lager, aber auch Schläge (besonders Fußtritte) durch OT- und Holzmann-Mitarbeiter erwähnt, obwohl sogar vom Schulungsdienst der OT der Einsatz von körperlicher Gewalt gegenüber Zwangsarbeitern offiziell untersagt wurde. Zahlreiche Häftlinge starben in den Lagern, so beispielsweise durch eine Typhusepidemie im Lager IV, aber auch auf den Baustellen.[218] Wer hier nicht umkam, starb Ende April 1945 auf den berüchtigten «Todesmärschen». Nur wenige, zum Beispiel diejenigen, denen die Flucht kurz vor Auflösung des Lagers gelang, überlebten.

Etwa Mitte Mai 1944 begannen die Arbeiten auf der Baustelle Diana II. Die Firma Moll arbeitete auf Weingut II, die Firmen Stöhr und Dyckerhoff & Widmann sowie etwa zehn kleinere Unternehmen auf Walnuß II. Die Unternehmen arbeiteten nach dem Selbstkostenerstattungsvertrag. Mitte Juli 1944 wurden die drei Firmen Holzmann, Stöhr und Dyckerhoff & Widmann zu einer Arge zusammengeschlossen. Federführend für Diana II war Holzmann. In einer Darstellung über die Zwangsarbeit im KZ-Außenlager Kaufering wird die Aufgabenverteilung folgendermaßen beschrieben: «Die OT behielt die Bauhoheit für sich und übertrug Baufirmen die Bauausführung als Regiearbeit. Was im einzelnen zur Wahl der genannten Firmen führte, ist nicht bekannt; indes gibt es bestimmte Indizien, daß die OT bzw. führende OT-Persönlichkeiten bereits früher mit diesen Firmen zusammengearbeitet haben.»[219] Wegen Baustoffmangels (vor allem Zement) wurde ab Mitte Oktober nur noch unregelmäßig gearbeitet. Die KZ-Häftlinge wurden temporär anderen Unternehmen zugeteilt und kehrten bei Wiederaufnahme der Arbeit zum vorherigen Unternehmen zurück. Nach der Stillegung von Diana II im November 1944 wurden die Arbeiter und das Gerät auf andere Baustellen aufgeteilt. Nach der Schlußbilanz per 20. Juni 1948 vom 29. August 1949 bestand für Diana II folgendes finanzielles Beteiligungsverhältnis:[220]

Philipp Holzmann	90,51 %
Fa. Stöhr	5,54 %
Dyckerhoff & Widmann	3,95 %

Während über die Anzahl der bei Holzmann beschäftigten ausländischen Zivilarbeiter und Kriegsgefangenen keine Angaben möglich sind, gibt es zahlreiche Schätzungen über die Anzahl der KZ-Häftlinge. Aufstellungen des *Indemnification Coordinating Office* in Frankfurt am Main führen für Philipp Holzmann, Frankfurt am Main, 620 KZ-Häftlinge auf und für Leonhard Moll und Holzmann, München, 1000 KZ-Häftlinge.[221] Daß die bei den Baufirmen Leonhard Moll, München, und Philipp Holzmann, Zweigniederlassung München, beschäftigten Zwangsarbeiter zusammengezählt wurden, beweist, daß auf den Baustellen für die KZ-Häftlinge oft nicht erkennbar war, für wen sie arbeiteten. Häufig wechselten die Häftlinge auch hier auf Anweisung der OT die Firmen kurzfristig und kehrten dann wieder zur Firma zurück, der sie ursprünglich zugeteilt waren. Oft arbeiteten sie auch für Subunternehmen, die Holzmann zugerechnet wurden. Ernst Katzenstein von der Jewish Claims Conference bezifferte die Anzahl der KZ-Häftlinge in einem Gespräch mit Vertretern der Philipp Holzmann AG 1962 einmal mit 600, ein anderes Mal mit 1300.[222] Offensichtlich war es Ende der fünfziger und Anfang der sechziger Jahre bereits äußerst schwierig, sich über die Anzahl der beschäftigten Häftlinge aus Konzentrationslagern einen Überblick zu verschaffen.[223]

Allerdings meldeten sich infolge eines Aufrufes in der jüdischen Wochenzeitschrift «Aufbau» zahlreiche KZ-Häftlinge und gaben die Unternehmen an, für die sie zwangsweise hatten arbeiten müssen. Der Name Philipp Holzmann war hierbei häufig vertreten.[224] Genannt wurden in diesen Briefen die Konzentrationslager und Baustellen:

- Stollenausbau Südharz (V2-Produktion), KZ Mittelbau-Dora bei Nordhausen (Arge Grün & Bilfinger, Hochtief, Philipp Holzmann), November 1943 bis April 1945
- KZ Kaufering (Landsberg/Lech, Munitionsfabrik), Bunkerbau
- Pillau-Seestadt, Ostpreußen, Straflager, 1. Juli 1938 bis 31. August 1941
- KZ Stutthof, Außenstelle Elbing, Arbeiten für die Firma Schichau auf der Schiffswerft in Elbing
- Reval, Arbeiten für die Firma Schichau, 140 jüdische Mädchen und Frauen
- Markstädt bei Breslau, Werksanlagen für Rüstungsbetriebe
- Reichsautobahn, Lager in Selchow, Kreis Schwiebus
- Arbeitslager Kohtla Goldfields der SS in Estland, Arge Vaivara, Ende 1943 bis September 1944 in Arge mit Butzer
- KZ-Janorzne in Schlesien, 1944/45.

KZ-Häftlinge konnten nur von kriegswichtigen Unternehmen «leihweise» angefordert werden. Diese mußten sich zunächst an das der SS unterstehende Wirtschaftsverwaltungshauptamt (WVHA) wenden, um ihre Arbeitskräfte-Anforderungen prüfen zu lassen. Die Vergütung oder besser «Ausleihgebühr» für die Zwangsarbeit von KZ-Häftlingen (sie schwankte etwa zwischen 4–6 RM pro Tag) wurde von den Firmen an das WVHA gezahlt.[225]

In der Bauwirtschaft allerdings liefen die Anforderungen oder besser Zuteilungen von Zwangsarbeitern über den Bauherrn, in den meisten Fällen die OT oder die Wehrmacht. Die Personalkosten mußten von den Bauunternehmen also an diese Institutionen gezahlt werden. Aus den Listen über Verbindlichkeiten bzw. Forderungen gegenüber OT und Wehrmacht, die die

Philipp Holzmann AG kurz nach Kriegsende aufstellte, sind Vergütungen für die Bereitstellung von Zwangsarbeitern nicht herauszulesen.

Nicht auszuschließen ist, daß sich das Holzmann-Stammpersonal in den Lagern vor Ort geeignete Hilfsarbeiter heraussuchte. Dies behauptet jedenfalls Benjamin Ferencz in «Lohn des Grauens», allerdings ohne Quellenangabe: «Viele Baufirmen wandten sich an die nächsten Lager. Leute wie Moll, Holzmann und Hugo Schneider waren häufige Kunden bei Konzentrationslagern.»[226] Zeitgenössische Unterlagen, die dieses Vorgehen für die Philipp Holzmann AG belegen, sind bislang unbekannt. Da keine regulären Arbeitsverhältnisse bestanden, finden sich in den Personalakten dazu keine Informationen.

7. Forderungen ehemaliger KZ-Häftlinge an die Philipp Holzmann AG

Nach dem Zweiten Weltkrieg sollte es zwölf Jahre – bis Ende 1957 – dauern, bis die Philipp Holzmann AG erstmals wieder mit dem Thema Zwangsarbeiter, das das Unternehmen wie die übrige deutsche Wirtschaft auch in den Jahren des Wirtschaftswunders verdrängt hatte, konfrontiert wurde. Damals wurde das Unternehmen von einer größeren Anzahl (ca. 70 Personen) ehemaliger KZ-Häftlinge verklagt. Es ging dabei vor allem um Arbeiten an dem Bauprojekt «Diana II» bei Kaufering, die die Philipp Holzmann AG 1944 in Arge unter anderem mit Dyckerhoff & Widmann durchgeführt hatte. Das Unternehmen setzte sich daraufhin Anfang 1958 mit dem Bayerischen Bauindustrieverband in Verbindung, der bereits bei früheren Klagen einige der Entlastung von Bauunternehmen dienende Punkte formuliert hatte.[227] Wenig später hatte das Unternehmen, unter Verwendung dieser Punkte, für eingehende Klagen eine eigene Argumentation entworfen,[228] die mit leichter Variation bis in die 1990er Jahre verwendet wurde.

Gleichzeitig versuchte der Vorstand intern zu prüfen, ob Holzmann-Mitarbeiter während des Krieges an Gewaltakten gegenüber Zwangsarbeitern beteiligt gewesen waren. Mitarbeiter, die noch lebten und auf den Baustellen mit Zwangsarbeitern, vor allem KZ-Häftlingen, zusammengearbeitet hatten, gaben zu Protokoll, daß von seiten der Holzmann-Beschäftigten keine Mißhandlungen vorgekommen seien. So gab ein Mitarbeiter zu Protokoll, daß ihm in Reval von den bei Holzmann eingesetzten 140 weiblichen Häftlingen eine Gruppe von elf Frauen unterstellt gewesen sei, die im Gefängnis in Reval inhaftiert gewesen waren. Er berichtete, daß die weiblichen Häftlinge nicht übermäßig beansprucht worden seien und zu ihrer Gefängniskost von Mitarbeitern Holzmanns zusätzliche Nahrungsmittel erhalten hätten. Ein Wachmann, der eine der weiblichen Häftlinge geschlagen habe, sei abgelöst worden. Um nicht im Gefängnis bleiben zu müssen, hätten die Frauen auch sonntags gearbeitet.[229] Ein anderer Holzmann-Mitarbeiter berichtete, daß Personal Holzmanns (Diana II) am Ende des Krieges von den Amerikanern inhaftiert und Nachforschungen angestellt worden seien, ob sie Häftlinge mißhandelt hätten. Diese Untersuchungen seien ergebnislos verlaufen. Lediglich Mitarbeiter von Polensky und Zöllner seien in solchen Verfahren belastet worden.[230]

Am 25. November 1958 trafen sich Vertreter von der Philipp Holzmann AG, Krupp, I. G. Farben, Telefunken und AEG (dort fand die Besprechung statt), um sich über die rechtliche Situation – vor allem vor dem Hintergrund des Londoner Schuldenabkommens von 1952 – in bezug auf Klagen ehemaliger Zwangsarbeiter auszutauschen.[231]

Das Unternehmen berief sich in der Folgezeit darauf, daß es im Gegensatz zu anderen Unternehmen, wegen der andersartig gelagerten Arbeitsbedingungen in der Bauwirtschaft, keine eigenen Unterkünfte für Zwangsarbeiter unterhalten habe.[232]

1968 fand schließlich ein Prozeß gegen die Philipp Holzmann AG vor dem Landgericht Frankfurt statt. Es klagten zwei ehemalige jüdische Zwangsarbeiterinnen, die 1943 in Talinn (Estland) von Holzmann bei der Reparatur von Kaianlagen beschäftigt und angeblich von Stammarbeitern des Unternehmens geschlagen worden waren. Die Klagen wurden abgewiesen, da als Bauherr die Königsberger Schichau-Werft verantwortlich gezeichnet hatte und Holzmann nur als ausführendes Unternehmen eingesetzt gewesen war. Ausschreitungen seitens des Holzmann-Personals konnten nicht nachgewiesen werden. Die vom Unternehmen eingeholten Zeugenaussagen ehemaliger Vorarbeiter vermittelten sogar das Bild, als hätten die ehemaligen Häftlinge gerade für Holzmann besonders gerne gearbeitet – eine Unterstellung, die allerdings ebenfalls nicht nachzuweisen war. Das Unternehmen erklärte sich lediglich (und sehr widerstrebend) bereit, die entstandenen Anwaltskosten von den Klägerinnen nicht zurückzufordern.[233]

Was die Reaktion auf Forderungen ehemaliger Zwangsarbeiter angeht, lassen sich bei der Philipp Holzmann AG verschiedene Phasen ablesen. Noch in den 1970er Jahren wurde lediglich auf die Nichtzuständigkeit des Unternehmens hingewiesen. Seit den 1980er Jahren wurde mit einem Standardbrief (von Fall zu Fall leicht variiert) geantwortet, der genauer die Organisation der Arbeitsabläufe an den Baustellen während des Krieges beschreibt. In allen Fällen aber lautete die wesentliche Argumentation des Unternehmens: Es bestanden keine Vertragsverhältnisse zwischen den Häftlingen und dem Unternehmen. Die Vergütung für die geleistete Arbeit zahlte nicht die Philipp Holzmann AG, sondern der Bauherr. Daß die Philipp Holzmann AG wiederum Beträge an die OT oder die SS für Arbeitskräfte abgeführt hatte, wird in diesen Schreiben nicht erwähnt. Auch die Unterbringung der Häftlinge erfolgte – so die Argumentation – in Lagern, die nicht dem

Unternehmen unterstanden und somit nicht in ihren Verantwortungsbereich fielen.

Unter formaljuristischen Gesichtspunkten war es für die klagenden ehemaligen Zwangsarbeiter tatsächlich aussichtslos, die Philipp Holzmann AG und andere Bauunternehmen zu belangen, konnten diese doch nachweisen, daß sie nicht aus eigener unternehmerischer Entscheidung, sondern auf Weisung staatlicher und militärischer Stellen Bauprojekte durchgeführt hatten und daß mit den eingesetzten Zwangsarbeitern kein Dienstverhältnis bestanden hatte.

Tatsache ist aber, daß eine unabsehbare Zahl von Zwangsarbeitern, Juden und Nichtjuden, ihren Einsatz in der deutschen Bauwirtschaft mit dem Leben bezahlte oder lebenslange physische und psychische Schäden davontrug. Die deutschen Bauunternehmen, auch die Philipp Holzmann AG, waren in dieser Situation für die Betroffenen ein – wenn auch beliebig austauschbarer – Teil des NS-Systems, durch den diese unmenschlichen Lebensbedingungen konkrete Gestalt angenommen hatten.

In den Diskussionen um eine Entschädigung von ehemaligen Zwangsarbeitern seit den 1990er Jahren stand vor allem die moralische Verpflichtung der Unternehmen gegenüber ihren unfreiwilligen Mitarbeitern im Vordergrund.

Juristisch gesehen, bestanden zu diesem und auch zu früheren Zeitpunkten keine individuellen Ansprüche ehemaliger Zwangsarbeiter gegen Unternehmen oder gegen die Bundesrepublik Deutschland.[234] Die Ansprüche wurden nach 1949 von der Bundesregierung nicht als individuelle Forderung, sondern als Teil der Reparationsforderungen der ehemaligen Kriegsgegnerländer betrachtet. Nach internationalem Recht bestehen Reparationsforderungen nur von Staat an Staat, nicht von Einzelpersonen an Staaten.

Das Londoner Schuldenabkommen stellte alle Ansprüche ehemaliger Zwangsarbeiter als Reparationsforderungen bis zum Abschluß eines Friedensvertrags zurück (der nicht geschlossen wurde).

Die Sowjetunion verzichtete auf Reparationen. Sie befriedigte ihre und Polens Ansprüche durch groß angelegte und langfristige (bis Ende 1953 dauernde) Demontagen in ihrer Besatzungszone (SBZ/DDR). Individuelle Forderungen vor allem von polnischen zivilen Zwangsarbeitern (alle polnischen Kriegsgefangenen wurden 1940 automatisch zu zivilen Zwangsarbeitern erklärt) blieben bis zum Ende des Ost-West-Konflikts ohne Erfolg.

Im Zuge der Reparationsverhandlungen von 1959 bis 1964 verpflichtete sich die Bundesrepublik zur Zahlung einer Summe von 876 Mio. DM an elf westliche europäische Länder. Da die Verteilung der Gelder den einzelnen Ländern oblag, erhielten in manchen Fällen auch ehemalige kriegsgefangene Zwangsarbeiter Beträge, obwohl sie von der Bundesregierung als nicht empfangsberechtigt eingestuft waren.

Die Entschädigung in der Bundesrepublik regelte das Bundesentschädigungsgesetz (BEG) vom 29. Juni 1956 in Form von Renten, Kapital-Entschädigungen, Abfindungen, Heilbehandlungen und anderem. Ausländische Zwangsarbeiter erlangten hier aber nur in den wenigsten Fällen Gelder, da sie nicht als rassisch, religiös oder politisch Verfolgte galten und zudem die Wohnsitzvoraussetzungen (in den Grenzen Deutschlands) des BEG in der Regel nicht erfüllten.

Eine Ausnahme bildeten KZ-Häftlinge. Bei ihnen wurde im BEG allerdings nicht die Zwangsarbeit, sondern der damit verbundene Freiheitsentzug mit monatlich 150 DM entschädigt, unabhängig davon, ob ein KZ-Häftling gearbeitet hatte oder nicht.

Die KZ-Häftlinge hatten ohne Lohn in deutschen Unternehmen gearbeitet. Die Unternehmen hatten dagegen den Konzentrationslagern, aus denen die Häftlinge «zur Verfügung gestellt» wurden, in der Regel einen Tagessatz zwischen 4 RM (Hilfsarbeiter und Frauen) und 6 RM (Facharbeiter) gezahlt. Von den im Rahmen des BEG gezahlten Geldern entfielen weniger als 10% an Ausländer.

Die von deutschen Unternehmen ab Ende der fünfziger Jahre an die Jewish Claims Conference gezahlten Beträge zur Entschädigung jüdischer Zwangsarbeiter waren ausschließlich freiwillige Zahlungen ohne Rechtspflicht. Bis 1973 wurden von deutschen Unternehmen 52 Mio. DM an insgesamt 15 000 ehemalige KZ-Häftlinge bezahlt.

Als das Europaparlament 1986 eine Entschließung verabschiedete, die die deutsche Industrie zu Entschädigungszahlungen gegenüber ausländischen Zwangsarbeitern aufforderte, erklärten sich in der Folgezeit mehrere deutsche Großunternehmen zu Zahlungen auf freiwilliger Basis bereit.

Nach dem politischen Umbruch in Osteuropa kam es zu Zahlungen aus öffentlichen Mitteln: 1991 stellte die Bundesregierung 500 Mio. DM für eine deutsch-polnische Stiftung bereit, die Ansprüche polnischer Zwangsarbeiter individuell regeln sollte. Obwohl der Bundestag auch die Beteiligung deutscher Unternehmen am Aufbringen der Stiftungsgelder gefordert hatte, fand sich für eine bindende Verpflichtung keine rechtliche Grundlage.

1993 unterzeichnete die Bundesregierung eine Vereinbarung zur Zahlung von 1 Mrd. DM an ehemalige Zwangsarbeiter in Rußland, Weißrußland und der Ukraine.

Bei allen Zwangsarbeiter-Entschädigungen, die über die staatlichen Reparationsleistungen der fünfziger Jahre und das BEG hinausgehen, handelt es sich um freiwillige (allerdings unter öffentlichem Druck) geleistete Zahlungen, die nicht aufgrund juristischer Ansprüche, sondern unter moralischen Gesichtspunkten und Image-Gründen von Unternehmen und Staat bereitgestellt wurden.

Die Jewish Claims Conference bemüht sich seit 1952, von Unternehmen Entschädigungen für Zwangsarbeiter einzufordern. Dies ist ihr jedoch bis 1999 nur in Einzelfällen gelungen. Mit Hinweis auf das Londoner Schuldenabkommen wurden – so auch bei Holzmann – die Forderungen immer wieder abgelehnt.[235] Obwohl die Klage von Norbert Wollheim gegen die I.G. Farben in Liquidation abgelehnt wurde, konnte er doch auf die Problematik aufmerksam machen und durch viele Zeugen das ganze Ausmaß der Leiden der KZ-Häftlinge offenlegen. Ende der fünfziger, Anfang der sechziger Jahre verhandelte Ernst Katzenstein im Auftrag der Claims Conference mit einigen deutschen Unternehmen, ohne jedoch Erfolg zu haben. Erst in einem Prozeß ehemaliger Zwangsarbeiter gegen Rheinmetall Berlin AG, der zwar für die Klägerseite verlorenging, gelang es, daß Rheinmetall 1964 eine Entschädigung von 2,5 Mio. DM an die Jewish Claims Conference überwies. 1986 überwies die Feldmühle Nobel AG 5 Mio. DM an die Jewish Claims Conference. Weitere Firmen folgten, so:

I. G. Farbenindustrie	27 Mio. DM
Krupp	10 Mio. DM
AEG	4 Mio. DM
Siemens	7 Mio. DM
Daimler-Benz	20 Mio. DM
VW	20 Mio. DM

Seit Mitte der neunziger Jahre, vor allem nach den Enthüllungen in der Schweiz, stellten amerikanische Rechtsanwälte deutschen Unternehmen sogenannte *Class Actions* (Sammelklagen) zu, um die deutschen Banken, Versicherungen und Unternehmen, die in den USA bedeutende Niederlassungen besitzen und Geschäfte tätigen, zu Entschädigungszahlungen zu bewegen. Angesichts von Entschädigungsforderungen ehemaliger Zwangsarbeiter in Milliardenhöhe gerieten deutsche Unternehmen, Banken und Versicherungen verstärkt unter Druck. Da auch die jüdischen Organisationen ihre Forderungen weiterhin aufrechterhielten, die Unternehmen aber bei einer etwaigen Zahlung Rechtssicherheit forderten, schaltete sich Ende 1998 die Bundesregierung unter Gerhard Schröder ein, um im Rahmen eines sogenannten «Versöhnungsfonds der deutschen Wirtschaft», in den deutsche Großunternehmen einzahlen sollen, eine endgültige und vernünftige Regelung in der Entschädigungsfrage zu erreichen.[236]

8. Die Philipp Holzmann AG am Ende des Zweiten Weltkriegs

In den letzten beiden Kriegsjahren wurden in Deutschland und in vielen Teilen Europas große Teile der Bausubstanz zerstört, die die Philipp Holzmann AG in den fast hundert Jahren zuvor errichtet hatte. Stellvertretend für die Vernichtung des Holzmannschen Œuvres läßt sich diese Entwicklung an den verschiedenen Etappen der Zerstörung der von Holzmann selbst genutzten Bauten zeigen:[237]

Hauptverwaltung in Frankfurt am Main nach dem Luftangriff vom 22.3.1944

Schon am 11. Juni 1943 brannte die Düsseldorfer Niederlassung aus und mußte in ein Barackenlager im nahegelegenen Ratingen verlegt werden, das wenige Monate später jedoch ebenfalls abbrannte. Im September 1943 wurde das Mannheimer Büro mit allen Archiven und Akten zerstört, im Oktober die Niederlassung Hannover, hier wurde der Betrieb nach Burgdorf verlegt; im Dezember ging das Leipziger Haus in Flammen auf.

Die Unternehmenszentrale in der Frankfurter Taunusanlage wurde am 22. März 1944 – als an Goethes Sterbetag das alte Frankfurt mit seinen 2000 Fachwerkhäusern verbrannte – schwer getroffen. Das Gebäude konnte zwar im Ganzen gerettet werden, war jedoch für den Verwaltungsbetrieb zunächst unbenutzbar. Dieser wurde in das benachbarte Haus Taunusanlage 11 verlegt. Viele der großen Frankfurter Holzmann-Bauten, die besonders in baukünstlerischer Hinsicht als Visitenkarte des Unternehmens galten, brannten an diesem Tag: das Opernhaus, das Städel, das Hotel Frankfurter Hof und der Hauptbahnhof. Das alte Holzmann-Stammhaus in der Obermainstraße, die Frankfurter Keimzelle des Unternehmens, war schon beim ersten Großangriff auf die Stadt im Oktober 1943 zerstört worden.

Für den Wiederaufbau des bei dem Angriff vom 18. März 1944 völlig zerstörten Goethehauses wollte sich die Philipp Holzmann AG besonders engagieren:

«Es wird vorgeschlagen, der Stadt Frankfurt am Main anzubieten, das durch Bombenangriff zerstörte Goethehaus nach Kriegsende wieder zu errichten und zur Sicherung der Ausführung anläßlich des 195. Geburtstages Goethes [28. August 1944] den als wahrscheinlich angenommenen Baupreis in Höhe von RM 300000.– bei der Deutschen Bank zu hinterlegen. Aus diesem Betrag sollen dann nach beendigtem Krieg die von uns auszuführenden Bauarbeiten bezahlt werden.»[238]

Bis Kriegsende durfte der Wiederaufbau allerdings nicht weiter diskutiert werden, da nach nationalsozialistischer Vorstellung das zerstörte Goethehaus als ewiges Zeugnis anglo-amerikanischer Kulturlosigkeit in Trümmern bleiben sollte. Tatsächlich aber war die Philipp Holzmann AG zwischen 1947 und 1951 am Wiederaufbau des Goethehauses beteiligt.

Im August 1944 brannte das Stettiner, im September das Stuttgarter Büro aus. Um die Jahreswende 1944/45 wurde der Münchener Sitz so schwer getroffen, daß der Betrieb verlegt werden mußte. Beim Untergang Dresdens am Aschermittwoch 1945 wurde auch die dortige Niederlassung zerstört. Kurz vor dem Ende der Kriegshandlungen wurde auch die Niederlassung Halle von Bomben getroffen. Lediglich die Berliner Niederlassung am Kaiserdamm sollte den Krieg weitgehend unbeschädigt überstehen. Schwer in Mitleidenschaft gezogen wurden auch die großen Werk- und Lagerplätze in Neu-Isenburg, Reisholz, Nieder-Neuendorf und München.

Mit dem Rückzug der Wehrmacht im Osten mußten die Niederlassungen in Städten geräumt werden, die laut dem Potsdamer Abkommen später nicht mehr zu Deutschland zählten: Königsberg, Breslau und Stettin. Das verbliebene Personal wich zunächst nach Mittel-, später nach Westdeutschland aus. Schon im September 1944, als sich ein Vordringen gegnerischer Truppen auf Reichsgebiet abzeichnete, kursierte zwischen den Direktoren der Niederlassungen ein Rundschreiben, das schon das nahende Ende vorwegnahm: «Für den Fall, daß für längere Zeit die Verbindung zwischen dem Stammhaus und irgendwelchen Niederlassungen unterbrochen werden sollte, müssen diese Niederlassungen selbständig weiter arbeiten unter möglichst weitgehender Aufrechterhaltung der bestehenden Geschäftsordnungen.»[239]

Vom Jahreswechsel 1945 an sollte dieser Zustand dann nach und nach eintreten. Am 26. März 1945 standen die amerikanischen Panzer in Dreieichenhain, dort, wo sich 96 Jahre zuvor der Kreuzmüller Johann Philipp Holzmann mit einer Bauhandlung selbständig gemacht hatte. Nur wenige Kilometer nordwestlich traf sich an diesem Tag in der Frankfurter Taunusanlage 11 dessen Urenkel Heinrich Holzmann mit seinen beiden Vorstandskollegen Martin Arndt und Hans Meyer-Heinrich noch einmal zu einer Sitzung, bevor die Amerikaner am Tag darauf von Süden her in das schwer zerstörte Frankfurt einzogen. Sie kamen über die nur unvollständig gesprengte Wilhelmsbrücke, früher die Trasse der Main-Neckar-Bahn; Johann Philipp Holzmann hatte hundert Jahre zuvor für ihren Bau die Schwellen geliefert.

Wortlaut des Protokolls der letzten Vorstandssitzung der Philipp Holzmann AG vor dem Ende des Zweiten Weltkriegs:

Falkenstein (Ts.) 29. 3. 1945

Am Montag, den 26. 3. 1945 fand in Frankfurt a.M. eine Vorstandsbesprechung zwischen den Vorstandsmitgliedern, den Herren
Heinrich Holzmann
Dr. Hans Meyer-Heinrich
Dr. Martin Arndt,
statt, in der folgendes festgestellt, bzw. beschlossen wurde.

1. Die zur Vertretung des Vorstandes außerhalb des etwa besetzten Gebietes nach Halle abgeordneten Vorstandsmitglieder, die Herren
Fritz Linsenhoff und
Franz Rudolph
haben in Alsfeld einen Autounfall erlitten, bei dem Herr Linsenhoff leicht verletzt wurde, Herr Rudolph ohne Schaden davonkam. Es ist anzunehmen, daß Herr Rudolph seine Reise wie vorgesehen fortsetzte und daß auch Herr Linsenhoff bald wieder hergestellt und arbeitsfähig sein wird. Es wird daher davon abgesehen, etwa einen anderen Herren des Vorstandes nach Halle zum Ersatz abzuordnen.

2. Für Frankfurt a.M. und Umgebung ist am 25. III. 45 der Räumungsbefehl ergangen, der die Bewohner auffordert, die Stadt beschleunigt zu verlassen.
Infolgedessen können wir auf unsere Gefolgschaft keinen Zwang ausüben, im Stammhaus zu verbleiben.
Von den am Vormittag erschienenen 56 Gefolgschaftsmitgliedern beabsichtigten 33 zunächst in Frankfurt zu bleiben, da sie hierzu durch familiäre Gründe oder durch den Wunsch, ihre Wohnung zu halten, veranlaßt wurden.
Abgesehen davon, daß ein weiterer, regelmäßiger Betrieb des Büros z.Zt. nicht zumutbar ist, gestattet die Zusammensetzung der in Frankfurt verbleibenden Gefolgschaft nicht die Aufrechterhaltung irgendwelchen Betriebes.
Eine Einwirkung des Stammhauses auf die Niederlassungen und irgendwelchen Kurierverkehr mit ihnen ist zur Zeit nicht möglich.

3. Der Vorstand beschließt infolgedessen den Betrieb des Stammhauses bis zur Klärung der augenblicklichen Lage zu schließen und entbindet für diese Zeit die Gefolgschaftsmitglieder von ihren Verpflichtungen gegenüber der Gesellschaft.
Die anwesenden Vorstandsmitglieder halten sich bereit, sofort den Betrieb wieder aufzunehmen, sobald es die Verhältnisse gestatten.

4. Der Beschluß wurde anschließend den noch anwesenden Gefolgschaftsmitgliedern bekannt gegeben.

5. Bevor der Beschluß gefaßt wurde, waren bereits alle Behörden einschließlich der O.T. von Frankfurt verschwunden und nicht mehr erreichbar.

Arndt Meyer-Heinrich Holzmann

Viel hatten die drei Herren an diesem Tag nicht mehr zu besprechen. Das Weltunternehmen Philipp Holzmann konnte, angesichts der völlig ungeklärten Lage in diesem Augenblick, nichts weiteres tun, als den «Laden» auf unbestimmte Zeit zu schließen und die noch verbliebenen Mitarbeiter der Verwaltung vorübergehend von ihrer Dienstpflicht zu befreien, nicht ohne zu bemerken, daß bereits «alle Behörden einschließlich der OT von Frankfurt verschwunden und nicht mehr erreichbar»[240] waren. In diesem letzten Satz des letzten Vorstandsprotokolls vor Kriegsende lag schon die Hoffnung für die kommende Epoche: freie unternehmerische Entfaltung ohne staatliche Gängelung.

VII.
Neubeginn und Wiederaufstieg zu einem internationalen Bauunternehmen 1945 bis 1974

1. Ausgangslage und Wendepunkt

Politische und wirtschaftliche Neuordnung

Nach der bedingungslosen Kapitulation der Deutschen Wehrmacht am 7. Mai 1945 in Reims und am 8. Mai 1945 in Karlshorst vereinbarten die Alliierten auf der Konferenz in Potsdam vom 17. Juli bis 2. August 1945 ihr weiteres Vorgehen: Entmilitarisierung, Entnazifizierung, Dezentralisierung, Beschränkung der Industrieproduktion, Entflechtung der Großindustrie und Banken sowie Wiedergutmachung durch Demontagen.[1] Bereits auf den Konferenzen in Teheran (1. Dezember 1944) und Jalta (3.-11. Februar 1945) hatten der amerikanische Präsident Franklin D. Roosevelt, der britische Premierminister Winston Churchill und der sowjetische Staatschef Josef W. Stalin vereinbart, Restdeutschland in vier Besatzungszonen aufzuteilen, und leiteten so die Zerschlagung Preußens ein.[2] Die US-Armee räumte die von ihr eroberten Teile Sachsens und Sachsen-Anhalts sowie Thüringens zugunsten der Sowjets. So entstanden die vier Besatzungszonen:

- Britische Zone: Schleswig-Holstein, Hannover, Nordrhein-Westfalen
- Amerikanische Zone: Groß-Hessen, Nordwürttemberg, Bayern, Bremerhaven
- Französische Zone: Rheinland-Pfalz, Baden, Südwürttemberg, Hohenzollern (das Saarland war bis zum 31. Dezember 1956 in das französische Währungs- und Wirtschaftsgebiet eingegliedert)
- Sowjetische Zone: Thüringen, Sachsen, Brandenburg, Sachsen-Anhalt, Mecklenburg-Vorpommern.

Deutschland sollte jedoch als wirtschaftliche Einheit erhalten bleiben und unter die Aufsicht eines «Alliierten Kontrollrates» gestellt werden. Dieser nahm in der Vier-Mächte-Stadt Berlin am 30. August 1945 seine Tätigkeit auf. Sein «Plan für Reparationen und für den Nachkriegsbestand der deutschen Wirtschaft» von 1946 verbot unter anderem die Produktion von Traktoren, Seeschiffen und Flugzeugen und begrenzte die zukünftige industrielle Fertigung auf 55% des Standes von 1938, was etwa dem Niveau des Krisenjahres 1932 entsprach. Zwar rückte der Alliierte Kontrollrat vom Morgenthau-Plan, der Deutschland zum reinen Agrarland zurückstufen wollte, wieder ab, an einen planmäßigen Wiederaufbau war jedoch zunächst nicht zu denken.[3] Von Beginn an kontrollierten die Besatzungsmächte den Personen- und Güterverkehr zwischen ihren Zonen mit äußerster Strenge. Alle Zugreisenden mußten samt Gepäck vor der jeweiligen Zonengrenze aussteigen und durften erst nach der Kontrolle jedes einzelnen weiterfahren. Ab Juni 1946 errichtete die UdSSR zusätzlich Grenzsperren nach Westen. Auch Frankreich lehnte die amerikanischen Vorschläge zum vereinbarten Wirtschaftsverbund zunächst ab, um seine Zone stärker ausbeuten zu können, so zum Beispiel durch zügellosen Holzeinschlag im Schwarzwald oder den Abtransport von Kohle aus dem Saarland. Mehr und mehr zeigte sich, daß die Interessen in den einzelnen Besatzungszonen auseinanderklafften. Vor allem die UdSSR machte deutlich, daß sie eigene Wege gehen wollte. Hierzu gehörten die einseitige Festlegung der Grenzen Polens sowie die Förderung kommunistischer Parteien in den östlichen Ländern. Bereits in einer Rede am 5. März 1946 sprach der ehemalige britische Premierminister Winston Churchill vom «eisernen Vorhang», der von Stettin bis Triest niedergegangen sei und den «kalten Krieg» zwischen den beiden Großmächten ankündige.[4] Die Truman-Doktrin (12. März 1947) und die Verkündung des Marshallplans (5. Juni 1947) dokumentierten und festigten lediglich einen Zustand, der sich seit Monaten abgezeichnet hatte. Konsequenterweise wurden am 5. September 1947 in Frankfurt am Main der bizonale Wirtschaftsrat konstituiert und die amerikanisch-britische Bizone errichtet, die sich mit dem Beitritt der französischen Zone am 1. Januar 1949 zur Trizone ausweitete.

Mit dem Auszug des sowjetischen Vertreters am 20. März 1948 aus dem Alliierten Kontrollrat wurde dieser funktionsunfähig. Am 16. Juni verließen die sowjetischen Vertreter auch die Alliierte Stadtkommandatur von Berlin. Der Konflikt der drei westlichen mit der sowjetischen Besatzungszone wurde nun unüberbrückbar. Die Folge waren ein geteiltes Deutschland und ein geteiltes Berlin. Schrittweise wurde nun in den nachfolgenden Monaten die Trennung vollzogen.

Am 21. Juni 1948 erfolgte die Währungsreform in den Westzonen, drei Tage später die Währungsreform in der sowjetischen Zone. Gleichzeitig setzte die Blockade Berlins ein. Die Einführung der beiden Währungen symbolisierte die unterschiedliche zukünftige wirtschaftliche Entwicklung im geteilten Deutschland und verdeutlichte zugleich den endgültigen Bruch zwischen den Mächten. Am 23. Mai 1949 wurde das Grundgesetz der Bundesrepublik Deutschland verkündet, und am 14. August 1949 wurde Theodor Heuss zum Bundespräsidenten, am 15. September Konrad Adenauer zum Bundeskanzler gewählt. Die Bundesrepublik Deutschland gewann mit dem Petersberger Abkommen vom 24. November 1949 ihre beschränkte Souveränität.

In der sowjetisch besetzten Zone gab es seit März 1948 einen Deutschen

Volksrat, der eine eigene Verfassung ausarbeitete. Diese trat am 7. Oktober 1949 in Kraft. Hiernach konstituierte sich aus dem Volksrat die provisorische Volkskammer der Deutschen Demokratischen Republik (DDR), die Otto Grotewohl mit der Bildung einer Regierung beauftragte. Am 27. Mai 1952 errichtete die DDR eine Sperrzone entlang der deutsch-deutschen Grenze.

Die Stunde Null

Fast alle deutschen Großstädte boten nach Kriegsende ein Bild völliger Verwüstung. Millionen von Menschen hausten in Notquartieren oder Kellern. 400 Mio. m³ Trümmer waren wegzuräumen oder in neue, brauchbare Baustoffe umzuwandeln. Etwa 1,4 Mrd. m³ umbauten Raumes waren vernichtet und rund 3000 Brücken gesprengt. Zwei Fünftel aller Verkehrsanlagen und ein Fünftel aller gewerblichen Anlagen waren zerstört. Darüber hinaus mußten Millionen von Flüchtlingen aus dem Osten, Evakuierte, Arbeitsdienstverpflichtete und Ausgebombte untergebracht werden. Zu diesen schätzungsweise 30 Mio. Deutschen kamen über 10 Mio. «heimatlose Ausländer», die sogenannten *Displaced Persons* (DP), ehemalige KZ-Häftlinge, zwangsrekrutierte Arbeitskräfte und Kriegsgefangene, die von den Alliierten befreit worden waren. Viele von ihnen, die aus Polen, der Ukraine und anderen östlichen Ländern kamen, verweigerten die Rückführung in ihre Heimat und verlang-

Trümmerräumung und Trümmerbahn in Frankfurt am Main, 1946

ten, in die USA, nach Kanada oder Australien einwandern zu dürfen. Bis zur Ausreise nach Monaten oder Jahren wurden sie als Hilfs- und Wachpersonal für militärische Anlagen beschäftigt.

Gänzlich überfordert war die amerikanische Besatzungsmacht von der unerwartet hohen Zahl von Soldaten, die sich im Westen der US-Armee ergaben. In riesigen, mit Stacheldraht und Scheinwerfern parzellierten Arealen, zum Beispiel in der Nähe von Bad Kreuznach, mußten diese mit kärglichster Verpflegung unter freiem Himmel bis in den Herbst ausharren, bis sie dann endlich entlassen wurden. Diejenigen, die diese Zeit ausgemergelt überlebten, blieben noch lange Zeit unfähig zu körperlicher Arbeit.[5] Frankreich und die UdSSR hielten kriegsgefangene deutsche Soldaten am längsten zurück. Die letzten Überlebenden aus Rußland kehrten nach der Moskaureise Konrad Adenauers erst 1956 in die Bundesrepublik heim.

Nach dem Zusammenbruch des NS-Systems herrschten auf vielen Gebieten chaotische Zustände. Aus diesem Grunde waren die Besatzungsmächte – auch wegen ihrer eigenen Sicherheitsbedürfnisse – bestrebt, rasch wieder eine bürgerliche Ordnung aufzubauen, Hoffnungen zu wecken und Verzweiflungstaten und kriminellen Handlungen den Boden zu entziehen. So arbeitete auf Anordnung der Militärregierung schon ab Juli 1945 wieder die Industrie- und Handelskammer in Frankfurt am Main mit Martin Arndt vom Vorstand der Philipp Holzmann AG als Vizepräsidenten.[6] Der Zuzug in die Großstädte war nur bei Nachweis einer Unterkunft und eines Arbeitsplatzes erlaubt. Die meisten der eingesetzten Bürgermeister der Dörfer und halbwegs intakten Städte fühlten sich überfordert. Häufig mußten sie gegen die Widerstände der Einheimischen auf unabsehbare Zeit Unterkünfte mit Koch- und Waschgelegenheiten für ihnen zugewiesene Flüchtlinge requirieren. Fast alle Lebensmittel wurden nur gegen Lebensmittelmarken abgegeben, ja praktisch wurden alle Gebrauchsgüter bewirtschaftet. Auch Arbeitskleidung und Schuhe gab es in diesen ersten Jahren nur auf Antrag nach strenger Prüfung gegen «Bezugsscheine», falls Ware in den Geschäften überhaupt vorhanden war. Geld und Preise spielten nur noch eine Nebenrolle; Zigaretten waren die Währungseinheit. Trotz häufiger Razzien florierte der Tauschhandel auf den Schwarzmärkten mit nicht immer legal erworbenen Besitztümern. Manchen Personen, so auch einigen Betriebsräten von Philipp Holzmann, gelang es, abgelegte Schuhe, Jacken oder Overalls bei den amerikanischen Besatzern vor dem Verbrennen zu retten.[7] Die Lebensmittelversorgung verschlechterte sich nach dem Zusammenbruch gegenüber den Kriegsjahren noch weiter. Sie blieb trotz zusätzlicher Mengen von Trockenkartoffeln und Milchpulver aus Militärbeständen und humanitärer Spenden in Form von *Care*-Paketen auch über die ersten Jahre hinaus noch katastrophal. Vordringlichstes Ziel für die Mehrheit war schlichtes Überleben. Man arbeitete gegen Lohn, nur um Lebensmittelkarten zu beziehen, Mehrarbeit wurde nur dort geleistet, wo auch Essen geboten wurde. Grünanlagen und Blumenbeete waren mit Kartoffeln und Kohlrüben bestellt. Auf jedem verfügbaren Flecken wurden Kohl, Salatmöhren oder Tabak angebaut. Kinderwagen, Handkarren, Fahrräder, Kuh- und Pferdegespanne und rare, mit Holzgas aus Hackschnitzeln betriebene Lkws bildeten die noch verfügbaren zivilen Transportmittel. Wo Züge wieder fuhren, waren sie überfüllt. Ein Heer von Menschen war auf der Suche: Eltern suchten nach landverschickten Kindern, Flüchtlinge nach Verwandten und früheren Nachbarn, entlassene Soldaten nach ausgebombten Angehörigen oder deren Gräbern.

Solange der Nahverkehr unzureichend blieb, die Baustellen kaum Tagesunterkünfte geschweige denn Schlafunterkünfte bieten konnten, weil auch Baracken für Flüchtlinge und Vertriebene requiriert waren, verdingten sich einheimische Facharbeiter einzeln oder in festen Kolonnen zu Kleinaufträgen auf dem Land, auch zum Umbau oder zur Beseitigung von Teilschäden bei Bäckern, Metzgern oder Wirten, die zum Lohn Eßbares hinzupackten. Auf regulären Baustellen überwogen vor der Währungsreform unter den Fach- und Hilfsarbeitern Flüchtlinge und Vertriebene, die als Mittellose auf jeden möglichen Erwerb angewiesen waren. Die dort arbeitenden Einheimischen waren fast nur Alte, Lehrlinge und «noch nicht Entnazifizierte». Jahre in Wehrmachtsuniform oder Gefangenschaft hatten nicht wenige im besten Mannesalter von regelmäßigem, verantwortlichem und ausdauerndem Arbeiten entwöhnt.

Holzmann hatte den Verlust von vielen Mitarbeitern zu beklagen. Ein Sechstel des Verwaltungspersonals und ein Siebentel der Stammarbeiter des Unternehmens hatten den Krieg nicht überlebt. Trotzdem ist unverständlich, daß in den Nachrichtenblättern der Nachkriegszeit oder in der 1949 erschienenen Festschrift in markigen Worten von «Blutverlust» und «Blutzoll» an Mitarbeitern gesprochen wird.[8] Die Frage nach der Vergangenheitsbewältigung stellte sich zu diesem Zeitpunkt bei Holzmann noch niemand.

2. Entnazifizierung und Abwicklung der Kriegsfolgen

Entnazifizierung und Neubesetzung von Vorstand und Aufsichtsrat

Die Besatzungsmächte verfügten über zuverlässige Listen sowohl von Gegnern des NS-Regimes als auch von dessen Führungskadern. Nicht nur hohe, sondern auch mittlere und niedere Chargen der NS-Partei und abhängiger Organisationen wurden alsbald in kurz zuvor geräumten Lagern interniert. Nominalmitglieder durften bis zur Klärung ihres Belastungsgrades nur noch einfache Arbeiten verrichten. Im Potsdamer Abkommen waren die Kriterien für die Entnazifizierung festgelegt worden. Am 8. August 1945 beschlossen die Alliierten (Amerikaner, Briten, Franzosen und Russen), in welcher Weise die Hauptkriegsverbrecher verfolgt und bestraft werden sollten. Auf dieser Grundlage begannen im November 1945 die Nürnberger Prozesse. Die Richtlinien für die Strafverfolgung wurden im Kontrollratsgesetz Nr. 10 vom 20. Dezember 1945 aufgestellt.[9] Die Kontrollratsdirektive Nr. 24 vom 12. Januar 1946 klärte dann auch den Umgang mit nominellen NSDAP-Mitgliedern in Wirtschaft und Verwaltung. Hier wurde festgelegt, wie mit Personen in der öffentlichen Verwaltung, in Wirtschaft, Militär und Justiz verfahren werden sollte:

> «Die Entfernung aller Mitglieder der nationalsozialistischen Partei, die ihr aktiv und nicht nur nominell angehört haben, und aller derjenigen Personen, die den Bestrebungen der Alliierten feindlich gegenüber stehen, aus öffentlichen und halböffentlichen und aus verantwortlichen Stellen in bedeutenden privaten Unternehmen.»[10]

Die Entnazifizierung, das Säubern des öffentlichen Lebens von ehemaligen Anhängern des Nationalsozialismus, führte die sowjetische Administration schnell und sehr rigoros durch, sie duldete aber bald auch vormalige NSDAP-Mitglieder in der SED. Britische und französische Behörden stellten pragmatisch-fachliche Effektivität oft über kaum nachprüfbare Gesinnung. Es zeigte sich bald, daß eine Vereinheitlichung der Entnazifizierungsverfahren in den vier Besatzungszonen kaum möglich war. Der Alliierte Kontrollrat unternahm am 12. Oktober 1946 einen letzten Versuch, für alle Zonen eine einheitliche Regelung zu schaffen.[11] Hierbei wurden fünf Kategorien festgelegt:

1. Hauptschuldige
2. Belastete (Aktivisten, Militaristen und Nutznießer)
3. Minderbelastete (Bewährungsgruppe)
4. Mitläufer
5. Entlastete (primär Personen, bei denen der Verdacht bestanden hatte, daß sie den Gruppen 1 bis 4 angehörten, die aber vor einer Spruchkammer nachweisen konnten, daß sie nicht schuldig waren).

Systematisch gingen insbesondere die Behörden in der US-Besatzungszone vor, indem sie Bögen mit 131 Fragen verteilten. Hierin wurde die Mitgliedschaft in der Partei, in unabhängigen Jugend-, Berufs-, Sport und Wohlfahrtsorganisationen erfragt. Die Auswertung erfolgte durch eingesetzte «Spruchkammern», in deren Ermessen es letztlich lag, wie die Schuldigen eingestuft wurden. Im «kalten Krieg» schwand das Interesse der USA an einer weiteren Verfolgung der Schuldigen. Zum 31. März 1948 stellten sie alle Verfahren abrupt ein, bevor die vorgesehenen Verfahren gegen Meistbelastete begonnen und Berufskammern über auferlegte Strafen abschließend entschieden hatten.

Anders als etwa die Großbanken oder die I. G. Farben war die Philipp Holzmann AG als Unternehmen zwar nicht von der Liquidation bzw. Zersplitterung bedroht, doch befand sich das Unternehmen, was die Unternehmensführung anbetraf, in einer äußerst schwierigen Lage:

Martin Arndt (1883–1948)

«Wir haben es absichtlich vermieden, sofort nach dem Zusammenbruch des Reiches eine innere Umgestaltung der Verwaltung unserer Firma durchzuführen, da wir uns bewußt sind, daß es wohl leicht ist, Bestehendes und Bewährtes zu zerschlagen, aber schwierig, einmal Vernichtetes wiederaufzubauen. Von manchen unserer Mitarbeiter haben wir uns schon trennen müssen.»[12]

Diese sehr euphemistische Darstellung verdeckt, daß vor allem der Unternehmensvorstand von den veränderten politischen Verhältnissen nicht unberührt geblieben war. Von den fünf Vorständen Holzmanns konnte zunächst nur Martin Arndt im Amt bleiben. Er war als einziges Vorstandsmitglied nicht in die NSDAP eingetreten und galt somit als politisch unbelastet. Seine vier Kollegen mußten bis zum September 1945 ihre Posten (vorübergehend) räumen. Die Verantwortung, die zeitweise ganz auf Arndt lastete – zusätzlich fungierte er noch als Vizepräsident der Frankfurter Industrie- und Handelskammer –, zehrte an den Kräften dieser überaus integeren Persönlichkeit und führte schließlich zu seinem frühen Tod am 11. Februar 1948. Immerhin stand ihm ab Beginn des Jahres 1946 Walter Kesselheim zur Seite, der als Sohn des langjährigen Holzmann-Vorstands Julius Kesselheim an eine Familientradition im Unternehmen anknüpfen konnte. Franz Rudolph konnte nach der Entnazifizierung (Einstufung als «Mitläufer») schließlich zum 1. Dezember 1947 wieder in den Vorstand eintreten. Der ehemalige «Betriebsführer» und Unternehmensdynastieträger Heinrich Holzmann, schon fast siebzigjährig, und Friedrich Linsenhoff wählten den Weg in den Aufsichtsrat, dem sie bis zu ihrem Tod (1962 bzw. 1966) angehörten. Im Vorsitz des Aufsichtsrats blieb übrigens mit Hermann J. Abs die Kontinuität gewahrt.

Hermann J. Abs war am 16. Januar 1946 verhaftet und nach einigen Tagen im Altonaer Gefängnis nach Bad Nenndorf gebracht worden, wo die Badekabinen als Zellen für die Gefangenen hergerichtet worden waren. Nach 90 Tagen, der Mindesthaft für Arrestierte, wurde Abs entlassen.[13] Er mußte sich bei John Kellam, der im Zivilberuf Revisor der Bank of England war, melden. Auch die Franzosen wollten sich der Beratungstätigkeit von Abs versichern, was aber an der Ablehnung seitens der Briten scheiterte. Abs verbrachte die Zeit Ende 1946 und Anfang 1947 auf dem Bentgerhof bei Remagen. Im Herbst 1947 mußte er sich in Nürnberg nochmals zahlreichen Verhören über seine Tätigkeit bei der I. G. Farbenindustrie und im Bankwesen unterziehen.[14] Auch während dieser Zeit stand er Holzmann als Aufsichtsratsvorsitzender beratend zur Verfügung.

Wirklich problematisch wurde die Situation im Vorstand durch den plötzlichen Tod von Martin Arndt. Der einstweilen suspendierte Hans Meyer-Heinrich war, zu diesem Zeitpunkt ebenfalls entnazifiziert, einsatzbereit. Vorübergehend hatte der Vorstand ihn mit dem Verfassen der Holzmannschen Unternehmensgeschichte für das im Jahr 1949 anstehende hundertjährige Firmenjubiläum beschäftigt. Bei aller Anerkennung für das in dieser Schrift zusammengetragene Material, das für manche Teilbereiche der Unternehmensgeschichte die einzige Quelle darstellt, wird die persönliche Befangenheit des Autors gerade im Hinblick auf seine Rolle und diejenige des Unternehmens während der NS-Zeit überdeutlich. Bei ihm als «dienstältestem» Parteimitglied (immerhin seit Mai 1933) fiel die Schilderung der jüngeren Unternehmensgeschichte erwartungsgemäß sehr oberflächlich aus. Seitens des Betriebsrates wurden schwerste Bedenken gegen die Wiedereinsetzung Meyer-Heinrichs erhoben. Schon im Mai 1947 schrieb Arndt an Abs:

«Herr Edel [Heinrich Edel, Betriebsratsvorsitzender] hat mir erklärt, daß sich der Betriebsrat geschlossen gegen die Wiedereinsetzung des Herrn Meyer-Heinrich aussprechen würde und in dieser Einstellung die Meinung der erdrückenden Mehrheit der Belegschaft sehe. Man halte allgemein die Entscheidung der Spruchkammer für ein Fehlurteil, und es sei bei ihm so viel Material gegen Herrn Dr. Meyer-Heinrich eingelaufen, daß es ausreichen würde, um das gefällte Urteil wieder umzustoßen [...] Anderen Herren des Betriebes gegenüber ist er noch sehr viel rücksichtsloser aufgetreten und hat betont, daß der Betriebsrat die Wiederaufnahme des Spruchkammerverfahrens

Hans Meyer-Heinrich (1885–1976)

aufgrund des bei ihm liegenden Materials verlangen würde, falls Herr Dr. Meyer-Heinrich in den Vorstand berufen würde.»[15]

Arndt selbst wollte Meyer-Heinrich durchaus wieder eingesetzt sehen, da er auf seine Kompetenz – immerhin war Meyer-Heinrich schon 1911 in das Holzmann-Brückenbaubüro eingetreten – nicht verzichten wollte und glaubte, politische Vorbehalte gegen Meyer-Heinrich seien nur vorgeschoben:

«Ich habe den Eindruck, daß Herr Meyer-Heinrich vielmehr die äußere Form seines Auftretens zum Vorwurf gemacht wird. [...] Ich bin überzeugt, daß er ein durchaus sozial denkender, charakterlich vollständig einwandfreier Mensch ist, dem nur seine straffe Form und die Auswirkung seiner Erziehung übelgenommen wird.»[16]

Welche konkreten Vorwürfe seitens des Betriebsrates vorlagen, ist leider nicht bekannt. Aus den Worten Arndts läßt sich jedoch herauslesen, daß viele Mitarbeiter wohl die Chance sahen, sich für eine gewisse «Herrenreiter»-Mentalität Meyer-Heinrichs zu revanchieren. Meyer-Heinrich war nicht nur Mitglied der NSDAP, sondern unter anderem auch Mitglied der SA-Reiterstaffel gewesen. Arndt befürchtete Ende 1947 eine Konfrontation zwischen dem Aufsichtsrat, der für die Wiederberufung des Vorstands zuständig war und die Wiedereinsetzung befürwortete, und dem in dieser Frage ablehnenden Betriebsrat. Der Tod Arndts brachte schließlich die Wende zu Meyer-Heinrichs Gunsten. Die Vorbehalte des Betriebsrates mußten jetzt zurückstehen, ein funktionstüchtiger Vorstand hatte Vorrang gegenüber persönlichen und politischen Bedenken. Hans Meyer-Heinrich blieb bis 1956 Vorstand, engagierte sich besonders beim Wiederaufbau des Auslandsgeschäftes und wechselte nach seinem Ausscheiden in den Aufsichtsrat, dem er bis 1971 angehörte. Er starb 91jährig am 19. Dezember 1976. Im nachhinein ist schwer festzustellen, wie stark die einzelnen Holzmann-Vorstandsmitglieder belastet waren. Fest steht jedoch, daß gerade Meyer-Heinrich das NS-Regime aktiv unterstützt hatte und von der Partei als eine zuverlässige Größe im Unternehmen angesehen worden war. Ähnliches gilt für Baurat Wilhelm Imm, der sowohl von der Partei als auch von der Organisation Todt (OT) als wichtiges Bindeglied angesehen worden war. Zuletzt Leiter der Niederlassung München, war er im März 1946 vorsorglich in den vorläufigen Ruhestand getreten, bevor er am 28. August 1946 auf 40 Jahre Tätigkeit bei Holzmann zurückblicken konnte. Er wurde ohne Spruchkammerverfahren schon im September 1946 von der französischen Militärregierung zum Generalbaudirektor für den Wiederaufbau der Stadt Mainz berufen.[17]

Zentrale – Niederlassungen – Tochtergesellschaften

Am Montag, dem 26. März 1945, versammelten sich 56 Holzmann-Mitarbeiter, die Frankfurt nicht verlassen hatten, in der Taunusanlage, während von Sachsenhausen her bereits amerikanisches Maschinengewehrfeuer herüberschallte. Der Vorstand erklärte den Betrieb bis auf weiteres für geschlossen. Am 28. März wurde die Stadt vollständig von amerikanischen Truppen besetzt. Das nach der Teilzerstörung des Stammhauses in der Taunusanlage 1 als Verwaltungsgebäude genutzte Haus Taunusanlage 11 wurde kurzzeitig von den Amerikanern requiriert. Es konnte aber schon nach wenigen Tagen wieder von Holzmann genutzt werden. Allerdings mußte sich Holzmann das Gebäude mit der Reichsbank teilen, deren unzerstörtes Gebäude beschlagnahmt worden war. Im Juni 1945 mußte die Taunusanlage 11 dann endgültig geräumt werden, und die Verwaltung zog in das halbzerstörte Stammhaus zurück. Nicht nur die administrative Verwaltung, auch der größte Lagerplatz am Unternehmenssitz, das Gehespitzgelände, wurden beschlagnahmt. Im ersten Nachkriegsnachrichtenblatt wird beklagt, daß die Amerikaner dort «viel Material und Gerät entnahmen und alle übrigen Lagervorräte in Unordnung gebracht» hatten.[18]

Während in anderen Branchen sich die Angst vor der Verstaatlichung oder gar der Liquidierung verbreitete, war die Bauwirtschaft der Westzonen hiervon weitgehend verschont. So blieb auch die Organisationsstruktur der Philipp Holzmann AG auf dem Gebiet der späteren Bundesrepublik von den Militärbehörden unangetastet. Ab 1946 verschlechterte sich in der sowjetischen Besatzungszone (SBZ) hingegen die Situation nach ersten positiven Ansätzen zusehends. Während der Verlust der Niederlassungen und Zweigstellen in Stettin, Danzig, Königsberg, Breslau, Posen und auch Wien schnell vom Vorstand als endgültig eingeschätzt wurde, erlitt Holzmann hinsichtlich der mitteldeutschen Niederlassungen einen Verlust auf Raten. Als sich die Direktoren aus Halle, Leipzig, Dresden und Berlin am 9. Mai 1946 erstmals in der Frankfurter Taunusanlage zu einer Lagebesprechung trafen, war aber die kommende Enteignung bereits absehbar. Die Entscheidung, die Niederlassungen in der sowjetischen Besatzungszone einem Leiter, Fritz Herkner, Niederlassung Berlin, zu unterstellen und damit die Position des Unternehmens zu stärken, konnte das Ende der Geschäftstätigkeit in der sowjetischen Besatzungszone nicht verhindern. Aufgrund des im Lande Sachsen durchgeführten Volksentscheids wurde die Dresden angeschlossene Zweigniederlassung Leipzig mit Wirkung vom 1. Juli 1946 entschädigungslos enteignet und als städtischer Betrieb weitergeführt, während die Niederlassung Dresden selbst noch bis ins Jahr 1948 weiterarbeiten konnte. Die Zweigniederlassung Halle wurde durch die Regierung der Provinz Sachsen in treuhänderische Verwaltung genommen. Zum 30. September 1946 wurde sie mit den angegliederten Zweigniederlassungen Magdeburg und Bitterfeld aufgrund einer Verwaltungsanordnung der Provinzialregierung Sachsen entschädigungslos enteignet. Der gesamte Besitz ging 1947 in das Eigentum der Industrie-Werke Sachsen-Anhalt über.

Die Berliner Niederlassung war zwar in ihrer Existenz nicht unmittelbar gefährdet, da sie ihren Sitz im britischen Sektor hatte, doch das gesamte Umfeld mit Zweigniederlassungen und großen Lagerplätzen, wie etwa Nieder-Neuendorf, war unerreichbar. Zwar konnte Holzmann bis weit in das Jahr 1947 noch Bauarbeiten im Ostsektor Berlins durchführen, doch war dieses Terrain spätestens mit der Blockade Berlins ab Juni 1948 gänzlich verloren. Die meisten Baustellen in Ost-Berlin waren bereits im April 1948 enteignet worden. Die Zweigstelle Wolgast in Vorpommern, die als Verbindungsstelle mit den Bauplätzen in der sowjetischen Besatzungszone eingerichtet worden war, fand ebenfalls in der ersten Jahreshälfte 1948 ihr Ende. Als letzter Stützpunkt wurde am 1. Oktober 1948 die Betriebsstelle Eichich in Thüringen zwangsweise enteignet.

Auch der Verlust an Fachkräften als Folge der Enteignungen war für das Unternehmen nicht unerheblich. 126 Angestellte und 2037 Arbeiter mußten zwangsweise ihren Arbeitgeber wechseln. Der Verlust an Gerätschaft betrug, auf den gesamten Gerätepark des Unternehmens bezogen, 57%. Bis zur deutschen Wiedervereinigung 1990 war damit eine Tätigkeit der Philipp Holz-

Instandsetzungsarbeiten Unter den Linden, Berlin (Ost), 1947

mann AG auf dem Gebiet der späteren DDR ausgeschlossen.[19] Der Unternehmensvorstand schätzte bereits im März 1946 die Situation in der sowjetischen Besatzungszone realistisch ein:

«Wir verfolgen die Entwicklung bei den östlichen Niederlassungen aufmerksam und haben alle bestehenden Einspruchsmöglichkeiten gegen die nach unserer Auffassung ungerechtfertigten Eingriffe wahrgenommen, obwohl wir uns gegenwärtig keine Erfolge davon versprechen können. Das spätere Schicksal unserer Betriebe im Osten wird mit der politischen Gestaltung der Dinge jenseits der Zonengrenze entschieden werden, wenn wir auch nicht glauben, daß einmal endgültig durchgeführte Änderungen in den Besitzverhältnissen später wieder rückgängig zu machen sind.»[20]

Obwohl sich seit Anfang 1946 die Handlungsmöglichkeiten in den mitteldeutschen Niederlassungen rapide zu verschlechtern begannen, konnte das Unternehmen dort eine Reihe von Bauten zumindest wiederherstellen, darunter die Wollkämmerei Leipzig, zwei gesprengte Elbbrücken bei Magdeburg, die Elstertalbrücke und die Muldenberg-Talsperre, die Zuckerfabrik Anklam sowie das ehemalige Gebäude der Disconto-Gesellschaft Unter den Linden und das Metropol-Theater in Berlin-Mitte.

Zum Verlust der östlichen Inlandsniederlassungen kam natürlich auch die Schließung sämtlicher Auslandsgesellschaften. In Südamerika gingen die vier großen Tochtergesellschaften, darunter die Geopé, die bisher größte Baugesellschaft Südamerikas, mit einem Kapital von über 4 Mio. Pesos verloren. Die Gesellschaften wurden vom Staat enteignet oder liquidiert. In der Schweiz wurde die «Sofitec» abgetrennt, ebenso gingen die Baubüros in der Türkei, in Portugal, in Bulgarien und im Irak verloren.[21]

Trotz der schwierigen Lage nach Beendigung des Krieges wuchs die Belegschaft der Philipp Holzmann AG schnell wieder an und belief sich Ende 1946, als auch noch die Niederlassungen in der sowjetischen Besatzungszone zum Unternehmen zählten, auf fast 10000 Mitarbeiter. Aber auch nach dem Verlust der dortigen Niederlassungen besaß Holzmann fast 9000 Mitarbeiter in der Westzone, einschließlich der Westsektoren der Stadt Berlin. Der Anteil der Angestellten betrug zu diesem Zeitpunkt zwischen 750 und 900. Dies war knapp ein Drittel der Belegschaft von 1943/44.

Die Behandlung offener Forderungen

Bereits im August 1945 versuchte die Philipp Holzmann AG, Klarheit über Zahlungsansprüche von Nachunternehmern und Unterlieferanten für die OT und sonstige Reichsaufträge zu schaffen. Bisher waren alle Bemühungen der größeren und mittleren Unternehmen des Baugewerbes, aber auch anderer Gewerbezweige, ihre Forderungen gegen das Reich aus OT- und sonstigen Bau- und Lieferungsverträgen abzurechnen und bezahlt zu erhalten, gescheitert. Diese Forderungen beliefen sich bei Holzmann auf viele Millionen Mark.[22] Die Bauunternehmen hatten zur Erfüllung ihrer Leistungsverpflichtungen häufig mit Lieferanten und Nachunternehmern Verträge abgeschlossen und Leistungen erhalten, zu deren Begleichung sie nach bürgerlichem Recht verpflichtet waren. Für die Bauunternehmen war es jedoch unmöglich, ihre Millionenforderungen hereinzubekommen. Nach dem Gesetz Nr. 2 der Militärregierung, Art. 6, Ziffer 10 G, war eine Klage gegen diese Ansprüche zu diesem Zeitpunkt ausgeschlossen. Aber selbst wenn eine Klage zustande gekommen wäre, hätten die Bauunternehmen eine Befriedigung der Forderungen kaum durchsetzen können. Gleichzeitig aber standen sie unter erheblichem Druck, Verbindlichkeiten gegenüber Nachunternehmen zu bezahlen. Nach dem bürgerlichen Gesetz war nämlich der Leistungsträger, soweit er die Aufträge nicht im Namen und für Rechnung des Bauherrn vergeben hatte, zur Zahlung nach Maßgabe der abgeschlossenen Verträge verpflichtet. Aus diesem Grunde mußte er damit rechnen, von den Gerichten nun, nachdem sie wieder installiert waren, verurteilt zu werden. Daher leisteten viele Bauunternehmen diese Zahlungen, was ihnen natürlich mehr und mehr flüssige Mittel entzog.

Diese fatale Situation führte zu ernsten Krisen nicht nur bei den Bauunternehmen, sondern auch in anderen Wirtschaftszweigen. Ein Moratorium, das die Situation entschärft hätte, war nicht möglich, da es keine deutsche Regierungsgewalt mehr gab. Bis Ende 1945 waren Prüfstellen für Forderungen gegen das Heer, die Luftwaffe und Marine in Hamburg errichtet worden sowie eine Abwicklungsstelle der OT in Hamburg-Altona, Stresemannstraße 349. Diese Abwicklungsstelle war für die gesamte britische Besatzungszone zuständig und sollte die OT-Zentrale sowie folgende Einsätze abwickeln:

- Hansa (Deutschland III) einschließlich Einsatz Dänemark
- Deutschland II einschließlich Pölitz
- Kyffhäuser (Deutschland IV), sofern Baustelle oder Lieferungsort in der britisch besetzten Zone lagen
- Tannenberg, einschließlich Rußland-Nord und -Mitte
- Einsatz Wiking, einschließlich Einsatz Finnland
- Brugmann (Einrichtung dieser Abwicklungsstelle war vorgesehen) sowie die zugehörigen Front-OT
- OT-Abwicklungsstelle bei der Wirtschaftsgruppe Bauindustrie München, Oberer Anger 44
- Fachverband Bau, Geislingen, für die OBL Heilbronn, Weinsberg, Balingen, Überlingen
- OBL-Hofheim/Taunus und Gießen
- OT-Einsatz Weingut 1, Ampfing bei Mühldorf am Inn.

Ferner gab es Abwicklungsstellen des Reichsarbeitsdienstes, des Transportkorps Speer, der Transportflotte Speer und des Rüstungslieferungsamtes Hamburg.[23]

Im Juli 1946 wurde Holzmann mitgeteilt, daß künftig alle Rechnungen für die OT an die OT-Erfassungsstelle Hamburg zu senden seien. Die Rechnungen wurden von dieser Stelle registriert, bestätigt und an die einzelnen Vorprüfstellen weitergereicht. Nach Eingang der Vorprüfungsvermerke fertigte die OT-Erfassungsstelle die endgültigen Feststellungsurkunden aus und stellte sie den Unternehmen zu. Für die Einsatzgruppe West beispielsweise wurde eine Vorprüfstelle in Remscheid-Hasten errichtet. Diese Stelle übernahm gleichzeitig auch die Restarbeiten der OT-Abwicklungsstelle West in Oberursel.[24] Für die Bearbeitung der Abrechnung der Objekte Leunawerke und Brabag-Bunker, Magdeburg, wurde eigens ein Vertrags- und Preisprüfer des OT-Einsatzes Italien, der für die OT-Erfassungsstelle Hamburg prüfen sollte, beschäftigt.

Es war klar, daß die Prüfung aller Abrechnungen der OT-Einsätze äußerst schwierig war, zumal viele Unterlagen fehlten, die entweder durch Bombenangriffe vernichtet oder bei der Verlegung von Niederlassungen verlorengegangen waren. So reichte beispielsweise die Zweigniederlassung Berlin zwar bereits im Juni 1946 bei der OT-Erfassungsstelle Hamburg Abrechnungen im Gesamtbetrag von 1 103 457 RM ein. Aber bei diesen Abrechnungen fehlten zahlreiche Unterlagen, so daß eine endgültige Klärung nicht möglich war. Bei der Abrechnung gab es Differenzen zwischen den der Zentrale in Frankfurt vorliegenden Forderungsmeldungen der Zweigniederlassung Berlin an die OT und den von Berlin der OT gegenüber geltend gemachten Forderungen. Es hatte den Anschein, als ob die Forderungen der Zweigniederlassung Berlin an die OT bedeutend höher waren, als sie bisher der Zentrale gemeldet worden waren. Die Zweigniederlassung Berlin hatte zusätzlich noch erhebliche Beträge über Leistungen für die Reichsautobahnen zu verrechnen. In diesem Zusammenhang empfahl die OT-Erfassungsstelle Hamburg dem Vorstand von Holzmann, sich mit der Straßenbau- und Verkehrsgeneraldirektion Bielefeld in Verbindung zu setzen.

Die Verhandlungen mit der OT-Erfassungsstelle in Hamburg zeigen eindeutig, daß es zu diesem Zeitpunkt völlig unmöglich war, realistische Aufstellungen über die Forderungen und Verbindlichkeiten der Philipp Holzmann AG anzufertigen. Das Vorstandsmitglied Arndt wollte zu diesem Zeitpunkt erreichen, daß die OT-Erfassungsstelle die Forderungen und Verpflichtungen übernähme und hierfür eine Bestätigung ausstellte, die es dann Holzmann ermöglicht hätte, die Forderungen und Verpflichtungen zu bilanzieren. Zwar erklärte sich die OT-Erfassungsstelle in Hamburg verschiedentlich bereit, die Verpflichtungen unter Vorbehalt auf die OT zu übernehmen. Holzmann war daher gesetzlich verpflichtet, diese Forderungen in ihre Devisenmeldungen aufzunehmen. Viele Unternehmen lehnten es rundweg ab, Forderungen anzuerkennen. Der Custodian der VDM-Luftfahrtwerke AG, Bad Homburg, weigerte sich, eine Prüfung der Rechnungen Holzmanns vorzunehmen und eine Bestätigung der Forderungen zu geben. Die OT-Erfassungsstelle Hamburg bestätigte auf Anfrage, daß der Custodian hierzu nicht berechtigt sei. Aus diesem Grunde empfahl die OT-Erfassungsstelle, sich beschwerdeführend an das großhessische Finanzministerium zu wenden. Allerdings waren auch hier die Erfolgsaussichten äußerst gering.

Darüber hinaus war das Vermögen vieler Kunden Holzmanns gesperrt. Die OT-Erfassungsstelle in Hamburg empfahl, bei den zuständigen Reichsbankstellen Anträge auf Freigabe von dem aufgrund des Gesetzes Nr. 52 beschlagnahmten Vermögens zu stellen. Für die Freigabe des Vermögens sollte als Begründung angeführt werden, daß Holzmann die Zahlungen in erster Linie zur Erfüllung rückständiger Lohn- und Gehaltsansprüche benötige. Nebenbei könnte auch erwähnt werden, daß die Subunternehmer und Lieferanten Holzmanns Beträge erhalten müßten, um ebenfalls alte Lohn- und Gehaltsansprüche befriedigen zu können. Ferner sollte argumentiert werden, daß die restlichen Gelder für die Durchführung von Arbeiten für die Besatzungsbehörden und für Steuerzahlungen benötigt würden.

Gerade das Problem der Subunternehmer und Lieferanten konnte von Holzmann nicht gelöst werden. Eine Aufstellung der Lieferantenverpflichtungen vom 6. Mai 1946 gegenüber Unternehmen in der sowjetischen Besatzungszone und den ehemaligen deutschen Ostgebieten zeigt, daß die Hoch- und Tiefbauabteilung und die Inventarabteilung in Frankfurt am Main sowie die Niederlassungen München, Stuttgart, Hamburg, Düsseldorf und vor allem Hannover Verpflichtungen in der sowjetischen Zone von über 172982 RM und in den Ostgebieten von über 250337 RM hatten. Ein nicht unerheblicher Teil fiel hierbei auch auf ehemalige Auftragnehmer der Zweigniederlassung Königsberg, die nach Frankfurt verlagert worden war.[25] Es handelte sich dabei zwar um viele kleine Unternehmen und kleine Beträge, doch gerade diese kleinen Unternehmen waren in einer äußerst schwierigen Lage, und ihre Existenz hing nicht selten von der Zahlung eben gerade dieser niedrigen Beträge ab.

Im November 1946 reichte Holzmann dann eine Liste der Forderungen aller Zweigniederlassungen an die OT-Erfassungsstelle in Hamburg ein.[26]

1. Zweigniederlassung Berlin, Forderung: 1 103 457,20 RM, verschiedene Bauten. Bemerkung: Die eingereichten Unterlagen waren nicht aufzufinden, obwohl der Betrag in die Liste der angemeldeten Forderungen eingetragen ist.
2. Zweigniederlassung Berlin, Forderung: 104 774,78 RM, OT-Regiment II-120. Bemerkung: Die Forderung wurde geprüft und das anliegende Feststellungsprotokoll abschließend mit einem Betrag von 100 690,70 RM ausgestellt. Der Abstrich betraf in der Hauptsache kleinere Posten in der Höhe von 4085,00 RM, die das Stammhaus in Frankfurt anzumelden hatte.
3. Zweigniederlassung Berlin,
   Forderung: 237 379,68 RM, OT-Lazarett Galow,
   Forderung: 56 468,53 RM, OT-Wasserborn, Oder-Niederung,
   Forderung: 277 819,21 RM, OT-Bataillon 619/Regiment 167.
4. Zweigniederlassung Berlin-Stettin, Forderung: 359 427,51 RM, OT-Regiment 126–526.
5. Zweigniederlassung Berlin – Berlin-Steinmetz, Forderung: 12 026,14 RM, Baugruppe Keibel. Bemerkung: Es ist strittig, ob die OT für die Baugruppe zuständig ist.
6. Zweigniederlassung Königsberg, Forderung: 14 323,79 RM, Westmole Handelshafen Reval, Forderung: 430 873,30 RM, Arge Vaivara.
7. Zweigniederlassung Leipzig, Forderung: 3539,76 RM, OT-Sonderbauleitung Wurzen. Bemerkung: Forderung ist inzwischen von der OT geprüft und anerkannt worden.
8. Zweigniederlassung Hannover und Stuttgart, Bauten Einsatz Wiking, Rubin und Trieberg-Aktion. Bemerkung: Der Antrag auf Freigabe für die im versiegelten Geldschrank der Fachgruppe Bau, Stuttgart, liegenden geprüften Abrechnungsunterlagen soll von der Zentrale Frankfurt aus beim Württembergischen Finanzminister gestellt werden. Anschließend sollen die Unterlagen zur OT-Erfassungsstelle Hamburg zur Erteilung des endgültigen Feststellungsbescheides geschickt werden. Erst dann kann der Betrag der Forderungen festgesetzt werden.
9. Zweigniederlassung Halle, Forderung: 34 190,90 RM, OT-Frontkomp. Halle-Merseburg.

10. Steinmetz München. Bemerkung: Die OT-Hamburg konnte keine Auskunft über eine Abwicklungsstelle des Reichsneubauamtes Linz geben.
11. Arge Westküste Mitte, Forderung: 64 197,56 RM (Position 1 bis 4). Bemerkung: Von dieser Forderung konnte der Betrag von 30845,30 RM der Rechnung für das zentrale Beschaffungs- und Ausrüstungsamt der Kriegsmarine Hildesheim vom 2. November 1944 nicht anerkannt werden.
12. Zweigniederlassung Düsseldorf, Forderung: 26900 RM, Geldverlust Hoek van Holland.
13. Zweigniederlassung Düsseldorf, Hamburg und Berlin, Forderung: 2613000 RM, diverse Kriegsschäden. Bemerkung: Der Feststellungsbescheid aus Oberursel vom 30.12.1945 wurde storniert und hierfür eine Bescheinigung mit einem Dienstsiegel durch die OT-Hamburg erteilt.
14. Zweigniederlassung Dresden, Forderung: 846000 RM, Stollenbau Rabstein/Sudetenland.
15. Zweigniederlassung Königsberg: Forderung: 5344,60 RM, Flugplatz Heiligenbeil.
16. Kriegsschäden, die bei der Abwicklungsstelle West/Remscheid vorlagen.
    Arge Westküste Mitte, Fremdgeräteverluste 65 526,16 RM,
    Baustelle Florennes, Materialverluste 3675 RM,
    Baustelle Florennes, Sachschäden 3950 RM,
    Dettmer, Petersen, und Bethune 227606 RM,
    Cerfontaines, Givet und Florennes 306958 RM, Lille und Valenciennes 35 869 RM,
    St. Trond und Le Culot 93 605 RM,
    Maastricht/Hoek van Holland 173 443,70 RM,
    Dettmer, Florennes und Hennegau 13 520 RM,
    Hoek van Holland, Geräteverluste 933 418,28 RM,
    Nachtrag Lille 5829,49 RM,
    Arge Westküste Mitte, firmeneigene Geräteverluste 721 074 RM,
    Arge Westküste Mitte, verlorengegangenes Arge-Gerät, Holzmann-Anteil 201 820 RM,
    Arge Westküste Mitte, Barverluste 2500 RM, 1710 RM, 463 RM.

Die Unterlagen wurden an das Kriegsschädenamt Frankfurt am Main weitergeleitet.

Die Forderungen betrugen insgesamt 2790967,63 Mio. RM, die das Unternehmen dringend zur Neubelebung der Aktivitäten der Zentrale und der Zweigniederlassungen gebraucht hätte. Darüber hinaus waren bei der Abwicklungsstelle für Forderungen gegen die ehemalige Wehrmacht und andere aufgelöste Dienststellen in Frankfurt am Main Anfang Dezember 1946 Forderungen in Höhe von 476224,31 RM angemeldet worden. Ein Teil dieser Anmeldungen war bereits an die Hauptstelle in Wiesbaden weitergeleitet worden. Ein anderer Teil konnte jedoch wegen Personalmangels nicht bearbeitet werden.[27] Obwohl für Neuanmeldungen der Termin am 31. Oktober 1946 abgelaufen war, konnte Anfang Dezember eine Nachreichung einmalig und geschlossen erfolgen. Holzmann reichte daher noch folgende Leistungsabrechnungen nach:

Zwolle-Bunker	180578,65 RM
Havelte	17081,98 RM
E-ZUG Paasches	92597,56 RM
Rampenbau Wezeb-Oldebruck	115393,74 RM
An die OT abgelieferte Gelder der Niederlassung Düsseldorf	95290,74 RM

Diese Aufstellung zeigt nochmals deutlich die Verstrickung der Philipp Holzmann AG in die Aktivitäten des nationalsozialistischen Systems. Gleichzeitig wird deutlich, daß Holzmann für die ehemalige Wehrmacht und andere aufgelöste Dienststellen ebenso gebaut hatte wie für die Organisation Todt; angefangen von kleinen Projekten, wie zum Beispiel einem NSDAP-Gauhaus, bis hin zu den großen Projekten in Norwegen und Südfrankreich.

Ende 1946, als die britische und amerikanische Zone wirtschaftlich vereinigt waren und sich die Teilung Deutschlands abzeichnete, rechnete der Vorstand der Philipp Holzmann AG immer noch damit, Forderungen von Gläubigern aus der sowjetischen Zone zu erhalten. Diese wollte er nun nach den Vorschriften aus der amerikanischen und britischen Zone behandeln. Die Regelung, die in der britischen Zone galt, war in einem Schreiben der Landesverwaltung Schleswig-Holstein, Amt für Finanzen, vom 1. Juli 1946 an die Wirtschaftsgruppe Bauindustrie, Bezirksgruppe Nordmark, Gebiet Schleswig-Holstein, festgelegt. Die Reichsbankhauptstelle Kiel hatte in einem Rundschreiben (Nr. 176 vom 1. Juni 1946) eine Anordnung der Militärregierung Hamburg bekanntgegeben und hierin die Frage der Behandlung von Forderungen an Gläubiger aus der sowjetischen Zone gegen Schuldner in der britischen Zone einer Teilklärung zugeführt. In dieser Anführung hieß es:

«Alle in der britischen Zone bestehenden Bankkonten von Personen und Unternehmungen, die ihren Wohnsitz, ihren Sitz oder ihre Hauptniederlassung in der russischen Zone haben, fallen unter die Vorschriften des Art. I 1 (f) des Gesetzes Nr. 52 der Militärregierung in Verbindung mit Art. III der allgemeinen Verfügung Nr. 4.»[28]

Obwohl diese Anordnung ausdrücklich nur von Bankkonten der Gläubiger aus der sowjetischen Zone sprach, legte der Vorstand der Philipp Holzmann AG diese dahingehend aus, daß auch alle übrigen Forderungen von Personen und Unternehmen, die ihren Sitz oder ihre Hauptniederlassung in der sowjetischen Zone hatten, gegen Schuldner in der britischen Zone dem Gesetz Nr. 52 unterlagen. Auf eine Anfrage des Vorstands bei der Reichsbankhauptstelle Kiel wurde diese Auffassung bestätigt. Damit waren die bisherigen Empfehlungen, Überweisungsaufträgen oder Inkassoversuchen von Gläubigern aus der sowjetischen Zone bis zur Klärung nicht stattzugeben, durch die Militärregierung Hamburg nun ausdrücklich gedeckt. Die Reichsbankhauptstelle wies in ihrem Rundschreiben ebenfalls darauf hin, daß der laufende Geschäftsbetrieb der in der britischen Zone bestehenden Zweigniederlassungen von Unternehmen, deren Hauptniederlassung in der sowjetischen Zone lag, durch die Sperrung nicht betroffen sei. Diese Möglichkeit konnte unter Umständen Unternehmen aus der sowjetischen Zone dazu veranlassen, Zweigstellen in der britischen Zone nur zu dem Zweck neu zu errichten, ihre Guthaben in der britischen Zone einzuziehen. Obwohl diese Maßnahme gegen das Gesetz Nr. 52 verstieß und strafbar war, mußten die Schuldner in der britischen Zone auch mit der Möglichkeit einer Umgehung des Gesetzes rechnen und daher gegenüber allen neugegründeten Zweigniederlassungen von Gläubigern der sowjetischen Zone besondere Zurückhaltung in der Befolgung von Zahlungsaufforderungen wahren. Vor allem aber gab es erhebliche Unterschiede in der Auffassung über jene Unternehmen oder Körperschaften, die ihren Sitz eigentlich in der sowjetischen Zone hatten. Diese waren oftmals in die britische Zone ausgewichen, um mit ihren mitgeführten Barbeständen und Wertpapieren, die sie bei Kreditinstituten oder Geschäftsfreunden hinterlegt hatten, nun aus dieser Zone heraus Geschäfte zu tätigen. Die Behandlung dieser «Fluchtvermögen» war bis zu diesem Zeitpunkt ungeklärt.

Nachdem die Enteignung der Zweigniederlassung Halle einschließlich der Zweigstellen Bitterfeld, Magdeburg und Leipzig ausgesprochen worden war, bedeutete der damalige Rechtszustand eine erhebliche Gefährdung für die Philipp Holzmann AG. Durch die Enteignungen waren dem Unternehmen alle Aktiva entschädigungslos weggenommen worden. Die Schulden aus der Zeit vor dem Zusammenbruch waren dagegen an Holzmann haften geblieben. Hieraus erwuchs dem Unternehmen eine erhebliche finanzielle Belastung, deren Ausmaß Ende 1946 noch nicht zu übersehen war. Teilweise führten zu jenem Zeitpunkt beteiligte Unternehmen gegen Holzmann Prozesse, so verklagte beispielsweise die Firma Streif die Zweigniederlassung Magdeburg wegen eines Teils ihrer Forderungen, die sich insgesamt auf 150000 RM beliefen.

Trotz aller genannten Hindernisse konnte der Vorstand der Philipp Holzmann AG 1946 und 1947 eine Reihe von Erfolgen bei der Abwicklung der Forderungen erzielen: «Die Abwicklung unserer noch offenen Bauabrechnungen aus der Zeit vor dem Zusammenbruch haben wir mit Erfolg weiter betrieben; in erheblichem Umfang wurden sie von den eingesetzten Abwicklungsstellen anerkannt und in verschiedenen Fällen bezahlt.»[29] Allerdings blieben alle Bemühungen, die Enteignungen von Betriebsstellen in der Ostzone rückgängig zu machen, ohne Erfolg.

Weitere erhebliche Vermögenseinbußen entstanden dem Unternehmen durch die Blockierung der Ostguthaben und durch die Entwertung der

Bestände an Reichsanleihen, die Holzmann im Rahmen der Betätigung für die öffentliche Hand halten mußte. In der D-Mark-Eröffnungsbilanz zum 21. Juni 1948 stellte der Vorstand fest, daß darüber hinaus erhebliche Verluste durch den Ausfall der nicht mehr zur Abrechnung oder Auszahlung gekommenen Bauforderungen aus Reichs-, OT- oder Wehrmachtsaufträgen entstanden seien.[30] Aus dieser Äußerung geht hervor, daß doch ein großer Teil der aufgestellten Forderungen nicht mehr hereingeholt werden konnte.

Die Währungsreform und ihre Folgen für die Bauindustrie

Die Gründung der Bank deutscher Länder zum 1. April 1948 und der rückwirkende Beitritt der französischen Zone zu den entsprechenden britisch-amerikanischen Vereinbarungen am 19. Juni 1948 schufen die Voraussetzungen für eine Währungsreform in den drei Westzonen.[31] Über Rundfunk und Extrablätter verkündeten am 19. Juni 1948 die drei westlichen Militärgouverneure ein Währungsgesetz, von dem die Bevölkerung und die Wirtschaft erhebliche Veränderungen erwarteten. In den Westzonen traten am 20. Juni 1948 sowohl das Währungs- als auch das Emissionsgesetz in Kraft. Die Deutsche Mark wurde geschaffen, die Ablieferung und Anmeldung von Altgeld und die Erstausstattung für Personen wurden geregelt.[32] Das Emissionsgesetz befaßte sich mit der Noten- und Münzemission durch die Bank deutscher Länder und wies erstmals einer deutschen Notenbank Kompetenzen in der Mindestreservepolitik zu. Besondere Bedeutung für die inhaltliche Ausgestaltung der Währungsreform erhielt das Umstellungsgesetz vom 27. Juni 1948 mit den zahlreichen Durchführungsverordnungen, die ihm nachfolgten. Um den Geldüberhang aus der Kriegsfinanzierung abzubauen und das Preisniveau marktgerecht zu gestalten, wurden Geldvermögen generell 10 : 1 umgestellt. Regelmäßig wiederkehrende Verbindlichkeiten, wie zum Beispiel Löhne, Gehälter, Pensionen, Renten, Mieten und Pachtzinsen, sowie offene Verbindlichkeiten aus Kauf- und Werkverträgen, Auseinandersetzungen zwischen Gesellschaften und Familien und Erbschaftsangelegenheiten hingegen wurden 1 : 1 umgestellt. Von «Uraltkonten» abgesehen, ergab sich schließlich nach weiteren Eingriffen in die Buchungen für Bar- und Spargeld nur ein Umtauschverhältnis von 100 : 6,5. Auszahlungen von den neuen Konten waren für Privatpersonen vorerst auf enge Monatsraten begrenzt. Der Dollarkurs betrug anfangs 3,60 DM. Er erwies sich jedoch bald als Exportbremse und wurde später auf 4,20 DM festgesetzt. Offensichtliche Gewinner waren die Besitzer von Sachwerten, von Hypotheken jedoch wurde eine Gewinnabgabe erhoben. Das spätere Lastenausgleichsgesetz, das ursprünglich mit der Währungsreform hatte verkündet werden sollen, milderte die krassesten sozialen Ungerechtigkeiten.

Der Vorstand der Philipp Holzmann AG nahm die Währungsreform zunächst mit äußerst gemischten Gefühlen auf. Zwar konnten die Beschäftigtenzahlen gehalten werden, jedoch waren die Fortführung vieler Baustellen und die Hereinnahme neuer Aufträge wegen der schwebenden Finanz- und Kreditverhältnisse ungeklärt, und der Vorstand befürchtete, daß starke Einschränkungen in der Bautätigkeit erfolgen könnten, sofern nicht langfristig Kreditmöglichkeiten für die für Holzmann in Frage kommenden Auftraggeber geschaffen würden.[33] Die Auftraggeber von Holzmann hatten in den meisten Fällen von ihrem Rücktrittsrecht Gebrauch gemacht, weniger um stillzulegen, als um günstigere Preisabmachungen für sich zu erzielen. Die meisten Bauverträge hingen daher im Juli und August 1948 in der Schwebe. Bei neuen Submissionen trat bereits ein starker Preisdruck zutage, da eine hohe Nachfrage nach Aufträgen bestand. Wie einschneidend die Währungsreform anfangs war, geht auch aus der Tatsache hervor, daß sich die flüssigen Mittel bei Holzmann vor dem 20. Juni 1948 auf rund 20 Mio. RM beliefen, dem Unternehmen davon nach der Währungsreform aber nur noch 1,2 Mio. DM zur Verfügung standen, während die monatlichen Personalkosten, also Löhne und Gehälter einschließlich der Sozialabgaben, rund 2,5 Mio. DM betrugen. Die Philipp Holzmann AG konnte daher die Löhne und Gehälter zunächst nur in Teilbeträgen auszahlen.

Von größter Tragweite für Holzmann als Bauunternehmen waren die §§ 18 und 20 des Währungsgesetzes. Der § 18 regelte das Umstellungsverhältnis der Reichsmark in D-Mark bei Leistungs- und Lieferungsverträgen. Holzmann arbeitete in der Hauptsache in Werkverträgen. Der § 18 bestimmte nun, daß die Leistungen des Unternehmens, soweit sie der Bauherr bis zum 20. Juni 1948 nicht bezahlt hatte, in D-Mark zu entrichten waren. Ein Hausbau, den Holzmann mit 100000 RM übernommen und bis zum 20. Juni 1948 zur Hälfte abgewickelt hatte und auf den der Bauherr eine Abschlagszahlung von 40000 RM entrichtet hatte, war somit für die von Holzmann erledigte Leistung vor dem 20. Juni 1948 mit 10000 RM im Verhältnis 1:1 umzustellen, das heißt, ganz in D-Mark zu entrichten. Diese Bestimmung hatte bei vielen Bauherren größte Überraschung ausgelöst, da sie es nicht verstanden, daß der Unternehmer für eine Bauleistung, die er in schlechtem Geld gemacht hatte, gutes Geld erhalten sollte. Diese Bestimmung war aber nach Meinung des Vorstands der Philipp Holzmann AG dringend nötig, denn Holzmann mußte nach dem Gesetz für den Monat Juni fast alle Löhne, Gehälter, Pensionen und Mieten in D-Mark bezahlen. Hinzu kam, daß Holzmann die Räumungs- und Schlußreparaturkosten, für die das Unternehmen erhebliche Beträge in Reichsmark zurückgestellt hatte, Beträge, welche aber nun zu 90% verloren waren, in D-Mark nachzahlen mußte. Nach Meinung des Vorstands der Philipp Holzmann AG hatte die Bestimmung des § 18 keinesfalls eine Benachteiligung des Bauherrn, sondern eine Benachteiligung des Unternehmens gebracht.

Bei der Währungsreform am 20. Juni 1948 bestanden noch Forderungen an den Bauherrn von rund 6,6 Mio. RM; bei Jahresende war die Umstellung der

Verträge immer noch nicht abgeschlossen. Ob diese Forderungen einen Wert von nur 660000 DM oder 2,5 Mio. DM darstellten, hing von der Auslegung des § 18 des Währungsgesetzes ab. Bei den ungekündigten Selbstkostenerstattungsverträgen hatte sich der Gedanke, in D-Mark zu zahlen, was in D-Mark gezahlt wurde, und in Reichsmark, was in Reichsmark gezahlt wurde, durchgesetzt. Der Streit ging hier nur noch um die Prozentsätze der Unternehmerzuschläge. Bei den Leistungsverträgen, die nur in wenigen Ausnahmen ungekündigt geblieben waren, war die Umstellung noch im Gange. Die Bauherren der öffentlichen Hand wollten sich erst entscheiden, wenn eine allgemein gültige Anweisung durch ihre vorgesetzte Behörde gegeben wurde.

Es galt daher für den Vorstand der Philipp Holzmann AG, die für die Aufrechterhaltung des Betriebes erforderlichen Kredite sicherzustellen. Die Verhandlungen mit der Hessischen Bank (Nachfolgeinstitut der Deutschen Bank) gestalteten sich dank des Aufsichtsratsvorsitzenden Hermann J. Abs positiv, so daß ohne Hergabe dinglicher Sicherheiten ein Kreditvertrag über 2,5 Mio. DM abgeschlossen werden konnte. Außer den Krediten bei der Hessischen Bank bzw. ihren Schwesterbanken konnte Holzmann Kredite von dem Bankhaus Brinckmann, Wirtz & Co. in Hamburg und der Bayerischen Vereinsbank in München von je 250000 DM erhalten.

Die Sorgen des Vorstands erwiesen sich jedoch im Laufe des Jahres 1949 als unbegründet. Der vielfach erwartete Zusammenbruch der Beschäftigung im Baugewerbe nach der Währungsreform blieb aus. Überraschenderweise entwickelte sich aus den sogenannten Hortungsgewinnen nach der Währungsreform sogar eine kurze Sonderkonjunktur des Baugewerbes. Ende Februar 1949 trat ein allgemeiner Rückgang im Baugewerbe von etwa 15% ein. Fast analog vollzog sich auch der Einbruch bei Holzmann. Diese Frühjahrsdepression wurde nur sehr langsam überwunden. Im letzten Quartal 1949 trat eine Umsatzsteigerung hinzu, so daß Holzmann nunmehr für das Jahr 1949 einen Gesamtumsatz von 64,7 Mio. DM ausweisen konnte. Diese Entwicklung hatte allerdings 1949 nichts mehr mit der Währungsreform zu tun.

Im Unternehmen selbst vollzog sich nach dem Zweiten Weltkrieg eine Strukturveränderung des Geschäfts gegenüber der Zeit vor 1939. Im Jahre 1936 hatte das Unternehmen bei 14600 Beschäftigten einen Umsatz von 75 Mio. RM und 209 selbständigen Baustellen in Deutschland. Im Mittel entfielen auf eine Baustelle 70 Arbeiter mit einem Jahresumsatz von 350000 RM. 1948 hatte des Unternehmen im verkleinerten Deutschland rund 295 Baustellen mit 8000 Arbeitern, das ergab eine Belegschaft von nur 27 Mann je Baustelle und einen gemittelten Umsatz pro Betriebsstelle von 200000 DM. Berücksichtigt man die Teuerungsrate, so bedeutet dies, daß der Jahresumsatz einer Baustelle im Jahre 1948 im Verhältnis zu 1936 um mehr als zwei Drittel gesunken war. Holzmann war also gewissermaßen ein großes Detailgeschäft geworden.[34] Daß diese Strukturänderung erhöhte Verwaltungs- und Bauleistungskosten verursachte, bedarf keiner besonderen Erläuterung. Der Vorstand ging davon aus, daß dieser Zustand sich erst dann ändern werde, wenn auch im Wohnungsbau, der im künftigen Bauvolumen eine besondere Rolle spielen sollte, wieder große, zusammenhängende Aufgaben an das Unternehmen fallen würden und damit eine straffe Rationalisierung der Bauvorgänge ermöglicht werden würde, die dann auch zu einer weiteren Senkung der Baukosten führten.

Auch 1949 fehlten immer noch wirklich große Ingenieuraufgaben. Von den nunmehr 334 Baustellen in Deutschland realisierten lediglich 30 höher qualifizierte Bauten, von denen aber höchstens zehn rangmäßig als eine wirkliche Ingenieurleistung angesehen werden konnten. Hierunter fielen zum Beispiel die Staustufe Neuötting am Inn und Gossmannsdorf am Main, der Abbau und der Neubau der Wilhelmsbrücke in Frankfurt am Main, die Lechbrücke in Ferthofen in Stahlbeton, das große Kraftwerk Goldenberg, die Rheinbrücke Köln-Mülheim und noch einige andere Brücken und Kaibauten. Vor allem für die Ingenieurausbildung der Nachwuchskräfte stellte dies eine bedenkliche Situation dar. Durch den Mangel an großen Ingenieuraufgaben bestand die Gefahr einer fachlichen Verarmung, weshalb Holzmann sich auch im Ausland an Wettbewerben beteiligte.

Im großen und ganzen aber hatte 1949, das Gründungsjahr der Bundesrepublik, auch der Bauindustrie positive Impulse gebracht. Bauaufträge wurden wieder zu Festpreisen vergeben. Anstelle der Fünf-Tage-Woche zu 45 Stunden galt jetzt wieder die 48-Stunden-Woche mit Samstagsarbeit. Facharbeiter waren wieder gesucht und auch bereit, mit Steuer- und Invalidenversicherungskarte für gutes Geld zu arbeiten. Auf der anderen Seite hatten nicht wenige der von den Arbeitsämtern den Baustellen zugewiesenen «Arbeitsuchenden» beim Militär oder beim lukrativen Schwarzmarkthandel regelmäßiges und ausdauerndes Arbeiten verlernt. Durch absichtliches Ungeschick und kleine Sabotagen provozierten sie, daß man sie als ungeeignet wieder an das Arbeitsamt verwies.[35] Hohe Zölle und Steuern machten noch über viele Jahre in Grenznähe Kaffee- und Tabakschmuggel attraktiver als das Arbeiten am Bau. Beim Umbau der Schleuse Friedrichsfeld landeten daher noch 1953 stumpfe Meißel der Abbruchhämmer aufgrund von Sabotage gezielt auf der Kippe anstatt in der Schmiede zum Schärfen.

Trümmer-Verwertungs-Gesellschaft mbH

Eine wesentliche Voraussetzung für die Wiederaufnahme einer größeren Bautätigkeit bestand in der Trümmerbeseitigung. Die Straßen am Unternehmenssitz Frankfurt am Main waren zumeist nur noch Schuttzeilen mit einigen Trampelpfaden dazwischen. Niemand konnte damals einen Zeitpunkt nennen, zu dem die Kriegstrümmer beseitigt sein würden.[36] 30 Jahre, so dachte die Bevölkerung damals, und so lautete auch die Schätzung der offiziellen Stellen der Stadt Frankfurt am Main, würde es mindestens dauern. Die ersten, die halfen, waren die Amerikaner mit Baggern und Lastkraftwagen, um wenigstens die Hauptstraßen wieder frei zu bekommen. Der freiwillige Bürgereinsatz mit Schaufel, Hacke und Spaten war dann die erste Aktion, die aus der Lethargie herausführte. In der Stadt Frankfurt am Main, die mit der Halbierung ihrer Bausubstanz durch Kriegseinwirkungen etwa im Schnitt der deutschen Städte lag, wurde aber bereits wenige Monate nach Kriegsende eine Idee verwirklicht, die später in ganz Deutschland Schule machen sollte: eine Stadt aus ihrem eigenen Trümmerschutt wieder zu errichten. Die Initiative dafür stammte von dem damaligen Leiter des Frankfurter Tiefbauamtes, Adolf Miersch. Zur Organisation dieses bahnbrechenden Vorhabens wurde am 18. Oktober 1945 von der Stadt Frankfurt am Main die Trümmer-Verwertungs-Gesellschaft mbH (TVG) mit einem Kapital von 1,5 Mio. RM gegründet. Das Stammkapital der Gesellschaft wurde von vier Gründern übernommen:

Stadt Frankfurt am Main	900 000 RM
Philipp Holzmann AG, Frankfurt am Main	200 000 RM
Metallgesellschaft AG, Frankfurt am Main	200 000 RM
Wayss & Freytag AG, Frankfurt am Main	200 000 RM

Die Stammeinlagen waren vor Anmeldung der Gesellschaft in voller Höhe bar einzuzahlen.[37] Der Gegenstand des Unternehmens war die Forschung, Planung, einheitliche Lenkung und Durchführung der Beseitigung und der Verwertung der Trümmer im Stadtkreis Frankfurt am Main.[38] Mit einer Bekanntmachung vom 20. Dezember 1945, unterschrieben vom damaligen Oberbürgermeister Kurt Blaum, stellte sich die Stadt Frankfurt selbst die Enttrümmerung als kommunalpolitische Aufgabe. Die Verantwortlichen griffen hier kurzerhand auf das Reichsleistungsgesetz vom 1. September 1939, und zwar vor allem auf die §§ 25 und 11, zurück. In der Bekanntmachung vom 20. Dezember 1945 stellte Blaum kurzerhand fest:

«Die Liegenschaftseigentümer werden jetzt und auch späterhin nicht in der Lage sein, die aus den Kriegshandlungen verbliebenen Gebäudetrümmer zu beseitigen. In Transport wie auch in der Ablagerung werden sich für den einzelnen unüberwindliche Schwierigkeiten ergeben. Die Behebung der hieraus entstehenden öffentlichen Notstände ist Aufgabe der Stadtgemeinde. Dieser obliegt ferner die weitgehende Nutzbarmachung der Trümmermassen für den Wiederaufbau. Auch hieraus ist ein öffentliches Interesse gegeben.»[39]

Konkret hieß dies, daß die Stadt alle Gebäudetrümmer zugunsten der Stadtgemeinde beschlagnahmte. Sogar Strafen wegen Diebstahls und Plünderung stellte die Stadtverwaltung in Aussicht. Die Konsequenz war, daß der Hausbesitzer nicht mehr über die Steine verfügen konnte, aus denen einstmals sein

Trümmerverwertungsanlage im Riederwald, 1947

Anwesen bestanden hatte. Es war das erste große öffentliche Pauschalenteignungsverfahren der Stadt. Später sollten weitere folgen, die von den neuen Wiederaufbaugesetzen sanktioniert wurden.

Im Frankfurter Stadtteil Riederwald wurde eine Trümmerverwertungsanlage mit Brech- und Mahlanlagen errichtet, die pro Tag 2000 t Trümmer zerkleinern konnte. Eine «Trümmerbahn» sammelte – besonders in der stark zerstörten Innen- und Altstadt – Trümmer ein und transportierte sie auf einem eigens dafür gelegten Gleiskörper in den Frankfurter Osten. In Arge mit Wayss & Freytag richtete Holzmann Betonsteinfertigungsanlagen ein, in denen aus Trümmerteilen zunächst Sand und Split und daraus, unter Beimischung von Zement, Vollsteine, Hohlblocksteine und sogar Dach- und Deckensteine hergestellt wurden.

Insgesamt wurden von 1947 bis 1960 von der TVG 5,7 Mio. m^3 an Schutt geräumt, von Dritten – jedoch von der TVG gesteuert und erfaßt – 2,3 Mio. m^3; davon wurden 3,4 Mio. m^3 in der Trümmerverwertungsanlage verarbeitet.

Der kapazitätsmäßig nicht verarbeitbare Überschuß, insbesondere in den Jahren 1949–1954, mußte abgelagert werden. Es handelte sich hier um 4,5 Mio. m^3. Davon dienten 0,7 Mio. m^3 für den Autobahnbau, 0,6 Mio. m^3 für verschiedene notwendige Auffüllungen. 2,2 Mio. m^3 wurden an rund 15 Plätzen mit nennenswerter Aufnahme verkippt und 1,0 Mio. m^3 am Ratsweg neben dem Werk zur späteren Verarbeitung gelagert.

Auf Anweisung der Bauaufsichtsbehörde wurden durch oft schwierige und gefährliche Abbrüche etwa 10000 Gefahrenstellen beseitigt. Die TVG arbeitete ausschließlich auf Weisung des Bauverwaltungsamtes, das auch über die im städtischen Etat bewilligten Mittel für die Enttrümmerung verfügte und sie an die TVG auf Anforderung und gegen Rechnungslegung weiterleitete.[40]

Die TVG durchliefen nach der Währungsreform für die Stadtenttrümmerung rund 50 Mio. DM, davon 9 Mio. DM für die Beseitigung von Gefahrenstellen. Das Betonwerk, das größte in Hessen, erzeugte 1948–1959 241 Mio. Stück Vollsteine, 81 Mio. Stück Hohlblock- und Deckensteine. Aus dieser Produktion hätten bei Annahme eines von Jahr zu Jahr größer werdenden Wohnungstyps des sozialen Wohnungsbaus 70000 Wohneinheiten für 210000–240000 Menschen errichtet werden können.

Die TVG beschäftigte Ende 1959 ca. 470 Arbeiter und Angestellte. Am 1. Dezember 1964 teilte das Presse- und Informationsamt der Stadt Frankfurt am Main mit, daß die Aufgaben der TVG erfüllt seien. Am 31. Dezember 1964 mußte die Trümmer-Verwertungs-Gesellschaft mbH in Liquidation entsprechend dem im April 1963 von den städtischen Körperschaften gefaßten Beschluß ihre Produktion einstellen.[41] Am 14. Dezember 1965 wurde der 72 m hohe Fabrikschornstein der TVG gesprengt. Nach Beendigung des Abbruchs aller Gebäude wurde die Fläche des ehemaligen Werksgeländes in den Grüngürtel zwischen Ostpark und Riederwald einbezogen. Dem Beispiel der Frankfurter TVG folgten zahlreiche andere Städte. Die Philipp Holzmann AG unterhielt zeitweilig in zehn Städten eigene Trümmeraufbereitungsanlagen, so in Berlin, Hamburg, Hannover, Münster, Krefeld, München, Augsburg, Mannheim und Bingen.

3. Das Bauunternehmen und der Wiederaufbau Deutschlands

Die Bauwirtschaft schuf wesentliche Voraussetzungen für den einmaligen Wirtschaftsaufschwung in der Nachkriegszeit. Sie verwandelte die Trümmerlandschaft in prosperierende Städte und Wirtschaftszentren. Die Bauunternehmen errichteten nicht nur zahlreiche Wohnungen, sondern auch Hunderttausende von Betriebsstätten für Verwaltung, Industrie und Handel. Gleichzeitig schufen sie neue Verkehrswege, Straßen und Brücken für den ständig steigenden Güteraustausch. Die Bauwirtschaft war entscheidend daran beteiligt, das neue Gesicht Deutschlands, das Gesicht eines modernen Landes mit hohem Lebensstandard und großer wirtschaftlicher Leistungskraft zu schaffen.[42] Martin Arndt vom Vorstand der Philipp Holzmann AG ging im Januar 1947 davon aus, daß 400 Mio. m^3 Trümmer auf den deutschen Städten lasteten, gleichzeitig 920 Mio. m^3 umbauten Wohnraumes und 380 Mio. m^3 umbauten Raumes der öffentlichen Gebäude, der Industrie usw.

zerstört waren. Zur Wiederherstellung von nur einem Drittel des Wohnraumes und der Hälfte der öffentlichen Gebäude werde die Bauindustrie 20 Jahre benötigen. In der Tat dauerte der Wiederaufbau der Bundesrepublik Deutschland bis Ende der sechziger, Anfang der siebziger Jahre. Arndt stellte vorausschauend fest: «Es wird also auch für uns ausreichende Arbeitsmöglichkeit geben, vorausgesetzt, daß diese Riesenaufgabe finanziert werden kann.»[43]

Niemand konnte zu diesem Zeitpunkt absehen, ob die Finanzierung des Wiederaufbaus wirklich auch gewährleistet werden könne. Aber die Marshallplan-Hilfe, die Investitionsprogramme der Bundesregierung, die Kredite der von Hermann J. Abs am 5. November 1948 ins Leben gerufenen Kreditanstalt für Wiederaufbau (KfW) und seit Anfang der sechziger Jahre die Entwicklungshilfekredite verhalfen vor allem auch der Bauindustrie zu einem ungeahnten, kontinuierlich steigenden Wachstum.

Bauen für die Alliierten

Schon bald nach der Besetzung Frankfurts wurden seitens der Philipp Holzmann AG mit der Militärregierung Verhandlungen über neue Aufträge aufgenommen, die allmählich auch zu Arbeiten in beschränktem Umfang für die Hoch- und Tiefbauabteilungen führten. Es mangelte jedoch permanent an Arbeitskräften, Material und Transportmöglichkeiten. Im wesentlichen handelte es sich bei diesen Aufträgen um das Herrichten gering beschädigter repräsentativer Gebäude für Militärverwaltungen, für Offiziersmessen und Klubhäuser sowie um die Ausstattung von Kasernen. Die Aufträge nach Wünschen der Besatzungsmächte wurden von den kurz zuvor eingesetzten deutschen Behörden erteilt, und für solche Baustellen wurden bevorzugt Materialien requiriert.[44] Ähnliche Aufträge erhielten auch die Niederlassungen München, Nürnberg, Düsseldorf, Hannover, Magdeburg, Halle, Leipzig und Berlin. In Berlin beispielsweise wurde die Zweigniederlassung bereits im August/September 1945 beauftragt, im Tiergarten zum Andenken an die gefallenen Offiziere und Soldaten der Roten Armee ein Denkmal zu errichten.[45]

Anfang 1946 beabsichtigte die amerikanische Besatzungsbehörde, südlich des Rhein-Main-Flughafens «einen neuen, großen Weltflughafen» anzulegen.[46] Das Besatzungs- und Bedienungspersonal sollte nach einer betriebsfertigen Herstellung etwa 1500 Mitarbeiter umfassen, die auch in unmittelbarer Nähe untergebracht werden sollten. Es waren also nicht nur für den eigentlichen Flugbetrieb erforderliche Gebäude wie Hallen, Empfangsgebäude, Werkstätten, Hotels usw. zu errichten, sondern auch viele Unterkunftsgebäude, dazu Kirchen, Schulen, Theater und Ladenbauten. Daneben waren Straßen zu bauen und Versorgungsanlagen zu errichten, Leitungen zu verlegen usw. Die Frankfurter Tiefbauabteilung war zu diesem Zeitpunkt schon seit fast einem Jahr an dem alten Rhein-Main-Flughafen mit der Herstellung von Rollfeldern usw. beschäftigt. Die amerikanische Besatzungsbehörde beauftragte nun Holzmann, ein Planungsbüro zu errichten, durch das die im großen und ganzen bereits feststehenden Pläne für den Weltflughafen im einzelnen zu bearbeiten waren. Dieses Büro wurde von der Hochbauabteilung im März 1946 eingerichtet. Für die beschleunigt durchzuführenden Bauarbeiten wurde Holzmann als Generalunternehmer bestimmt. Holzmann beabsichtigte, weitere Bauunternehmen als Nebenunternehmer einzusetzen. Die Hochbauabteilung war führend und sollte die Arbeiten in engster Zusammenarbeit mit der Tiefbauabteilung ausführen. Nach einem Jahr waren bereits umfangreiche Arbeiten an den Rollfeldern und Straßen in Beton fertiggestellt und 32 betonierte Flugzeugplätze angelegt. Die Straßen waren, nachdem die erste Ausführung mit einem amerikanischen Straßenbaugerät und nach amerikanischer Bauweise nicht zufriedenstellend ausgefallen war, mit dem beim Autobahnbau verwendeten Verdichtungsgerät mit 7,50 m Breite ausgeführt worden. Die Hochbauabteilung hatte zunächst die vor 1945 errichteten Gebäude des alten Flughafens, wie Empfangsgebäude, Flugzeughalle, Garagen usw., die durch die Kriegseinwirkungen stark beschädigt waren, wiederhergestellt und erweitert. Anfang Dezember 1947 wurden diese Gebäude der amerikanischen Militärbehörde zur Benutzung übergeben. Gleichzeitig wurden im südlichen Teil des Geländes Baracken errichtet, die mit über 1000 Personen belegt werden konnten.[47] Die Firmen Hochtief AG, Wayss & Freytag AG sowie Züblin & Co. arbeiteten als Nebenunternehmer und eine Anzahl kleinerer Unternehmen als Nachunternehmer. Im Januar 1947 waren rund 2500 Mann, von denen ca. 400 auf Baracken auf der Baustelle untergebracht waren, mit Arbeiten beschäftigt, die teils im Selbstkostenerstattungsverfahren, teils zu Festpreisen ausgeführt wurden. Sowohl die amerikanische als auch die deutsche Oberbauleitung unterstützten die Arbeiten durch Beschaffung von Arbeitskleidung, Schuhen und zusätzlichen Nahrungsmitteln.

Bereits Ende 1945 und Anfang 1946 hatte die Philipp Holzmann AG in ihrem Stammhaus in Frankfurt am Main, aber auch in zahlreichen Filialen hervorragende Beziehungen zu den jeweiligen Besatzungsmächten geknüpft. Aus diesem Grunde verbesserte sich die Auftragslage von Monat zu Monat. Die Zahl der im Westen tätigen Arbeiter betrug Anfang 1946 4000 und stieg im November des gleichen Jahres auf 6000 Mitarbeiter an. Den Aufträgen nach hätte Holzmann noch weitere 4000 Arbeiter einstellen können.[48] Es war eine sehr merkwürdige Tatsache, daß Anfang 1946 überall Bauarbeiter fehlten. Sie weigerten sich, bei dem immer noch ziemlich niedrig gehaltenen Lohn, um dessen Erhöhung auch die Bauunternehmen bei den zuständigen Behörden kämpften, vom Land in die Stadt zu kommen, wo sie unter wesentlich ungünstigeren Bedingungen hätten arbeiten und dann einen erheblichen Teil ihres Lohnes infolge der außerordentlich hohen Steuersätze wieder hätten abführen müssen.

Die Bauwünsche der Besatzungsmächte hatten stets absoluten Vorrang. So wurde in Mainz das Gebäude der Industrie- und Handelskammer für die französische Militärregierung wiederaufgebaut. Der in Baden residierende Militärgouverneur ließ Schloß Waldhausen bei Mainz-Gonsenheim fürstlich ausstatten, ohne es später nach dem Beitritt zur Trizone und der Entstehung der Bundesrepublik nutzen zu können. Das I. G. Farben-Hochhaus in Frankfurt am Main hatte lediglich durch Beschuß gelitten, war aber von zeitweilig dort untergebrachten *Displaced Persons* erheblich abgenutzt, als die amerikanische Militärregierung es zu ihrem Hauptquartier erkor und auch die umliegenden, noch relativ intakten Wohnbezirke als Sperrgebiet beschlagnahmte. Die Stadt Frankfurt am Main beauftragte die Hochbauabteilung von Holzmann mit den notwendigen und gewünschten Ausbau- und Renovierungsarbeiten sowohl des Hochhauses als auch der Wohnsiedlungen. Den bereits 1945 begonnenen Arbeiten folgten Auftragserweiterungen über 1948 hinaus.[49] 1949 war der bedeutendste Auftrag nach der Geldsumme die Hicog-Siedlung in Frankfurt am Main-Dornbusch. Hier wurden 72 Wohnungen mit einem Volumen von 3,2 Mio. DM errichtet. 1950 wurden außerdem noch die angrenzenden zivilen Hicog-Housing-Projects mit 420 Wohnungen errichtet.

Die Geschäftsbelebung im Jahre 1951 basierte im wesentlichen auf der Hereinnahme von Besatzungsbauten, die rund 45% des Umsatzes gegenüber 15% im Jahre 1950 erreichten. Vor allem in den Bezirken Frankfurt am Main und Düsseldorf bildeten die Besatzungsbauten den größten Anteil.[50]

Auch unter den Auftragszugängen der zweiten Jahreshälfte 1952 hatten die Besatzungsbauten wieder einen bedeutenden Anteil. Der Auftragsbestand betrug zum Beginn des Jahres 1952 23,7 Mio. DM und am Jahresende 54,2 Mio. DM. Hierin enthalten waren die beiden großen Aufträge seitens der amerikanischen Besatzungsbehörden über Flugplatzhochbauten in Sembach und Hahn, die im Spätherbst in Arge mit Grün & Bilfinger und anderen Partnern mit sehr kurzen Bauterminen übernommen wurden. Die Aufträge umfaßten an beiden Stellen die betriebsfertige Herstellung von etwa 50 ein- bis vierstöckigen Gebäuden für Truppenunterkünfte und Betriebsanlagen mit den dazugehörigen Straßen und Parkplätzen mit einer Auftragssumme von rund 65 Mio. DM. Der Holzmann-Anteil hieran betrug etwa 23 Mio. DM, das heißt, fast die gesamte Auftragserhöhung in der zweiten Jahreshälfte betraf diese Projekte.[51] Ähnliche Flugplatzhochbauten wurden für die französische Besatzung in Lahr in Arbeitsgemeinschaft übernommen. Dazu kamen Besatzungsbauten in Wertheim, Mannheim, Trier, Koblenz und Mainz sowie Bauten für ein Lager bei Werl für die britische Besatzungsmacht, die in Arbeitsgemeinschaft ausgeführt wurden und eine Auftragssumme von ca. 5 Mio. DM erreichten. Insgesamt betrug der Anteil der Besatzungsbauten 26% der Gesamtleistung 1952. 1953 wurden für 32,9 Mio. DM Besatzungsbauten ausgeführt. Der prozentuale Anteil der Besatzungsbauten ging 1953 trotz der

Großbauten Hahn und Sembach, die bis Jahresmitte fertiggestellt waren, zurück und erreichte nur 24,5%. Hierzu zählten in Augsburg sieben Wohnblocks für die amerikanische Besatzung (4,1 Mio. DM), ein Zusatzauftrag für das amerikanische «Camp Werl» (0,4 Mio. DM) und Wohnungsbauten für die französische Besatzung (0,4 Mio. DM).

Bis Mitte der fünfziger Jahre ging die Anzahl der Besatzungsbauten kontinuierlich zurück. 1955 betrug der Anteil lediglich 10,4% und 1956 nur noch 7,2%. Zwei Drittel dieser Besatzungsbauten fielen wieder auf das Gebiet der Frankfurter Abteilungen. Neu hinzugekommen waren Tiefbauarbeiten, Parkplätze und Straßen der Aukamm-Siedlung in Wiesbaden sowie Wohnungsbauten in Bielefeld und Detmold.[52] In den nachfolgenden Jahren spielten dann die Bauten für die Besatzungsbehörden nur noch eine geringe Rolle.

Dominanz des Hochbaus

Bis Ende der sechziger, Anfang der siebziger Jahre erhöhte sich der Leistungsumfang der Philipp Holzmann AG ständig. In manchen Jahren gab es Wachstumsraten von über 20%, ja sogar von über 40%. Die Aufgaben dehnten sich auf alle Gebiete des Hoch-, Tief- und konstruktiven Ingenieurbaus aus. Für die verschiedenen Industriezweige errichtete Holzmann Fabrikations-, Betriebs- und Forschungsanlagen, Kraftwerke, Hallen, Kühltürme und Silos. Im Verkehrsbau wurden Holzmann Kreuzungsbauwerke, Straßen- und Flußbrücken, Autobahnen und Fernstraßen, Flughafenanlagen und Tunnelarbeiten zur Ausführung übertragen. Darüber hinaus verlegte Holzmann Erd- und Ferngasleitungen und baute Kanäle und Kläranlagen. Im Wasserbau konnte Holzmann Hafenanlagen sowie Deichbau- und Naßbaggerarbeiten ausführen. Auf dem Hochbausektor erstellte das Unternehmen Geschäftshäuser und Bürogebäude, Kaufhäuser und Einkaufszentren, Krankenhäuser, Kirchen, Schulen und Universitätsgebäude sowie Fernmeldeanlagen und Sendestudios. Den Wohnungsbau konnte Holzmann insbesondere durch die Errichtung zahlreicher Wohnhochhäuser, zum Teil mit vorgefertigten Elementen, erheblich ausweiten. Gerade die Erfolge im industriellen Fertigbau vor allem auch für Wohnungen zeigen, daß die großen Investitionen auf diesem Spezialgebiet zum Erfolg des Unternehmens in dieser Zeit erheblich beitrugen.[53]

Nach der Währungsreform dominierte der Hochbau mit 54% des Umsatzes, gefolgt vom Tiefbau mit 42% des Umsatzes. 4% entfielen auf die Fabrikationsbetriebe, also die Ziegeleien und die Steinbruchbetriebe.[54] In den folgenden Jahren wurde der Umsatz im Tiefbau bis auf 50% gesteigert, so daß Hoch- und Tiefbau zeitweilig gleichbedeutend waren. Bis Anfang der siebziger Jahre gaben die Beseitigung von Kriegszerstörungen und der angestaute Bedarf an neuen Gebäuden den Antrieb für gewaltige Bau- und entsprechende Planungsleistungen. Das zeitweise Abklingen dieser im Durchschnitt hohen Baukonjunktur wurde seit Mitte der siebziger bis Mitte der achtziger Jahre durch den Bauboom der ölfördernden Länder, insbesondere Saudi-Arabiens, überlagert, so daß die Personalstärke des Hochbaubereichs in diesem Zeitraum trotz abnehmender Inlandskonjunktur noch zunahm.

Die konstruktiven Gestaltungsmöglichkeiten von Bauwerken wurden weitgehend vom Stand der Bautechnik bestimmt. In den hier behandelten zwei Jahrzehnten hat diese eine beträchtliche Entwicklung genommen und zwar insbesondere durch

- die Leistungssteigerung von Turmdrehkränen und Autokränen
- zunehmende industrielle Fertigung und Vollmontage von schweren Fertigteilen
- Verbesserung der Schaltechnik
- Verbesserung der Betontechnologie, insbesondere auch der Pumptechnik,
- verbesserte Kenntnisse über das mechanische Verhalten von Stahlbeton, insbesondere zur Verringerung der Rißbreiten (Erhöhung der Lebensdauer, Ermöglichung ausgedehnter fugenfreier Bauwerke, Konstruktion sogenannter Weißer Wannen).[55]

Diese Entwicklungen sowie die zunehmende Industrialisierung des Bauprozesses in Verbindung mit dem Einsatz vorproduzierter Fertigteile prägen bis in die heutigen Tage die Bauweisen im Hochbau. In den ersten Nachkriegsjahren waren Mauerwerksbauten allerdings noch dominierend. Mörtel wurde eimerweise am Seil über Rolle und Schwenkfahne oder in Schubkarren zu den Geschossen hochgezogen. In einfacher Bauweise wurden Anfang der fünfziger Jahre in Frankfurt am Main noch mehrere bedeutende Bauten ausgeführt, darunter der Ausbau des Hotels Hessischer Hof, des Frankfurter Studentenwohnheims und die Rekonstruktion des Goethehauses. Gleichzeitig entstanden das Mutterschutzheim, das Universitätsinstitut für physikalische Chemie, das Verwaltungsgebäude für die Degussa, das Bayer-Haus, das Batelle-Institut und Fernmeldebauten.[56]

Noch 1952 ging ein Vergleich zwischen zwei mechanischen Aufzügen und einem Wolff-Kran an zwei Wohnblöcken in Mannheim preislich zugunsten der Aufzüge aus. Allerdings war zu diesem Zeitpunkt bereits in der Zentrale geplant, ausgereifte «Schnellmontage-Kräne» mit unteren Drehkränzen von Liebherr zu beschaffen. Die Fortentwicklung dieser Kräne, die Verfügbarkeit von Lieferbeton und Verteilermasten beeinflußten Decken- und Wandkonstruktionen nachhaltig.

Auch die Filialen konnten Anfang der fünfziger Jahre schrittweise Fuß fassen. Im Stuttgarter Bezirk konnte allein für Bosch in Dingen ein Fabrikbau für 1,5 Mio. DM übernommen werden. Im Düsseldorfer Bezirk wurde in Arbeitsgemeinschaft ein sehr umfangreicher Industriebau für Phoenix in

Duisburg für 17 Mio. DM übernommen, von denen 3,4 Mio. DM auf Holzmann entfielen. Bei diesem Auftrag wurden vor allem umfangreiche und gegliederte Fundamente mit etwa 90000 m^3 Stahlbeton ausgeführt, die zum Teil während des Betriebes nach einem sehr genauen Arbeitsplan hergestellt werden mußten.[57] Weitere Fabrikbauten für die Firma Wuppermann in Leverkusen konnten ebenfalls ausgeführt werden. In Hamburg übernahm Holzmann den Bau eines Versicherungsgebäudes und eines Geschäftshauses für die Firma Detjen, in Berlin einen Erweiterungsbau für Hertie am Kottbusser Damm. Größere private Wohnungsbauten wurden Mitte der fünfziger Jahre in den Bezirken Bonn, Koblenz, Hamburg und Berlin für zusammen rund 8 Mio. DM übernommen.

Es zeigte sich hierbei, daß die Möglichkeiten für Holzmann, Wohnungsbauten auf dem Wege der Ausschreibung zu annehmbaren Preisen zu akquirieren, sehr begrenzt waren. Grund hierfür war die verschärfte Wettbewerbslage durch die Konkurrenz der kleineren Wohnungsbaufirmen, die bei ihren Bauten mit geringeren Unkosten als die größeren Industrieunternehmen arbeiten konnten. Das Unternehmen versuchte daher in Berlin, einen anderen Weg zu beschreiten und zu besseren Bedingungen zu gelangen, indem es selbst ein Wohnungsbauvorhaben aufzog. Diese Strategie wurde auf alle anderen Filialen übertragen und prägte den Wohnungsbau auf Dauer.

Wiederaufbau des Goethehauses im Großen Hirschgraben, Frankfurt, 1949

Kongreßhalle Berlin («Schwangere Auster»), 1957

Als in der zweiten Hälfte der fünfziger Jahre die Bauten für die Besatzungsmächte erheblich zurückgingen, glaubten viele, es gäbe nun einen Einbruch beim Hochbau. Diese Befürchtungen bewahrheiteten sich jedoch nicht. Im Gegenteil: Holzmann expandierte gerade im Hochbau weiter.[58] Ende der fünfziger Jahre wurden vermehrt im Hochbau die technischen Veränderungen sichtbar. So wurden zum Beispiel in Frankfurt bei der Errichtung der Bundesturnschule für den Hallenbau vorgefertigte Stahlbetonrahmenbinder von ungewöhnlicher Stützweite verwendet. Diese technisch bemerkenswerte Innovation wurde auch in der Folgezeit bei einer Reihe von Gebäuden angewandt.

In Berlin wurde 1957 die Kongreßhalle (Spannbetonbau), im Volksmund «Schwangere Auster» genannt, rechtzeitig zur Interbau unter Federführung von Holzmann fertig. [59] Der Einsturz der Kuppelkonstruktion im Jahre 1980, bei dem es ein Todesopfer gab, brachte den an ihrem Bau beteiligten Unternehmen viele negative Schlagzeilen ein.

Der Bauboom Ende der fünfziger Jahre führte im Wohnungsbauministerium zu Überlegungen, zur Konjunkturdämpfung ein Genehmigungsverfahren für private und öffentliche Hochbauten einzuführen. Dieser Rückgriff auf planwirtschaftliche Methoden einer vergangenen Periode scheiterte jedoch am Widerstand der Wirtschaft. Auch in anderen Ministerien wurden diese planwirtschaftlichen Methoden abgelehnt.[60] In den großen Städten und Industriebezirken traten Ende der fünfziger Jahre vereinzelt Engpässe auf, die in erster Linie durch einen Mangel an Bauarbeitern hervorgerufen wurden. Dieser Arbeitskräftemangel führte auch zwangsläufig zu erhöhten Aufwendungen, für Lagerarbeiten, Transporte und Lohnnebenkosten sowie zu übertariflichen

Lohnabschlüssen, die im Wohnungsbau einige Preiserhöhungen, hauptsächlich im Ausbaugewerbe, verursachten. In der Öffentlichkeit wurde diese «Überhitzung» heftig diskutiert und der gesamten Bauwirtschaft, also auch dem Tief- und Straßenbau, unterstellt. Allerdings waren die Bauunternehmen gerade auf diesen beiden Arbeitsgebieten weit von einer Auslastung entfernt. Die Geräte im Tiefbau waren bei Holzmann zu diesem Zeitpunkt nur etwa mit 75% ausgelastet. Die Preise im Tiefbau waren beispielsweise 1960 nicht gestiegen, die Preise im Erd- und Straßenbau sogar merklich, in einzelnen Sparten bis zu 15%, gesunken. Von Unternehmerseite wurde im Hochbau, der sich in der Tat in einer starken Überhitzungsphase befand, versucht, durch Rationalisierung der Bauvorgänge Abhilfe zu schaffen. Die Möglichkeiten, Arbeitskräfte einzusparen, waren zu diesem Zeitpunkt jedoch fast völlig ausgeschöpft.

Der Vorstand der Philipp Holzmann AG hoffte daher, daß die Fertigteilverfahren im Industriehallen- und Wohnungsbau weiter ausgebaut werden könnten und eine erhebliche Steigerung bringen würden. Er versuchte um die Wende der fünfziger zu den sechziger Jahren, dieser Situation durch Zukauf von Unternehmen oder Übernahme von Patenten Rechnung zu tragen. Für die Herstellung von Fertigteilen für den Wohnungsbau gründete Holzmann am 14. Juli 1961 die Holzmann-Coignet Fertigbau GmbH gemeinsam mit der Edmond Coignet S. A., Paris, die ein wohlabgewogenes Programm auf dem Gebiet der Fertigteile entwickelt hatte. Der Anteil der Philipp Holzmann AG an diesem Unternehmen betrug 70%.[61] Am 12. September 1962 setzte der hessische Staatsminister Heinrich Schneider die Produktionsanlage der Holzmann-Coignet Fertigbau GmbH zum Herstellen von Wohnungen aus vorgefertigten raumgroßen Wand- und Deckenelementen im Werk Gehespitz in Neu-Isenburg in Betrieb. Zunächst sollten viergeschossige, später achtgeschossige Häuser hergestellt werden. Die Nassauische Heimstätte GmbH und die hessische Regierung sicherten für die Anlaufjahre eine Abnahme von mindestens 500 Wohnungen zu. Am 15. Januar 1963 konnte das erste Gebäude im neu angelegten Frankfurter Stadtteil «Nordweststadt» bezogen werden. Bis Ende 1964 waren insgesamt 1392 Wohnungen bezogen. Weitere Montagestellen für moderne Wohnsiedlungen folgten: in Nied 174 Wohnungen, in Goldstein 312, in der Wohnstadt am Limes 992 und in Wiesbaden-Klarenthal 304 Wohnungen. In fast allen Städten in Deutschland baute Holzmann in den nachfolgenden Jahren Häuser, Industriehallen, Verwaltungsgebäude etc. aus Fertigteilen. In Hannover zum Beispiel arbeitete die Zweigniederlassung seit 1962 mit der Firma Ohlsson und Skarne, Stockholm, zusammen und erstellte zahlreiche Wohnungen und Industriebauten mit Betonfertigteilen.[62] Die Fertigbautechnik entwickelte sich in den nachfolgenden Jahren weiter. So wurden beispielsweise bald mit typisierten Schalungen und vorgefertigten Teilen (Schottenbauweise) interessante architektonische Lösungen verwirklicht. Typische Beispiele hierfür sind das 17geschossige Wohnhochhaus des

Bauvereins für Arbeiterwohnungen in Darmstadt-Eberstadt und das zwölfgeschossige Wohnhochhaus in der Tiroler Straße in Frankfurt am Main.

Die Einführung der Fertigbauweise im Hoch- und Industriebau war im wesentlichen aus Rationalisierungsgründen und um der Einsparung von Arbeitskräften willen forciert worden. Von der Technischen Abteilung der Philipp Holzmann AG wurden zwecks Vermeidung hoher Rüstungen Teilmontagebauten bevorzugt, die durch Ortbetondecken auf an Balken angehängter Schalung weitgehend monolithischem Bauen nahekamen, wie das Laborgebäude der Farbwerke Hoechst und die Messehalle 4 in Frankfurt am Main. Für den zweiten Bauabschnitt der Messehalle 4 wurden in fünf Monaten 110000 m^3 umbauter Raum erstellt. Für die Heinrich-Kleyer-Berufsschule wurden die Deckenplatten nach dem Verlegen in einer Feldfabrik mit Dampfnachbehandlung hergestellt und durch Ortbetonvergußstreifen verbunden. Nach dem gleichen Prinzip wurde 1962/63 auch das achtgeschossige Gebäude für die «Vorproduktion ZDF» errichtet mit zwischen 2,60 m und 3,50 m wechselndem Fassadenraster. Für die Decken beiderseits der Mittelflure wurden 12 cm dicke, vorgespannte Hohlplatten (Schäferplatten) verlegt. Auch bei der Errichtung der Düngemittel-Lagerhalle im Hafen Würzburg wurden mit Dampfbehandlung in einer Feldfabrik täglich eine Wandplatte, eine Stütze und ein Ringanker betoniert und zwischengelagert. Die trapezförmigen Stützen wurden im Köcher des breiten Ringfundaments eingestellt, Wandplatten und oberer Ringanker mit Vergußfugen angeschlossen.

Zum wesentlichen Element von Teilmontagen entwickelten sich die «Filigran-Platten», meist 4–6 cm dicke Unterschalen, die die untere Deckenbewehrung als Baustahlgewebe enthielten und durch leichte Fachwerkgitter in ca. 60 cm Abstand so ausgesteift waren, daß sie mit Unterstützungen in ca. 2,5 m Abstand die Lasten des bis zur Gesamthöhe ergänzten Frischbetons und der oberen Bewehrung für durchlaufende Decken schadlos abtragen konnten.

Die Vorteile von Vollmontagen überwogen bei hohen Hallen und beengten Baustellen, wie dies zum Beispiel beim Bau der Messehalle 5 in Frankfurt am Main der Fall war. Für das Nordwest-Zentrum in der Frankfurter Nordwest-Stadt, die Messehallen 6 und 8 sowie viele Jahre später beim Flughafenterminal 2 wurden Teilmontagen bevorzugt.

1965 betrieb die Philipp Holzmann AG folgende Fertigteilwerke:

- Holzmann-Coignet Fertigbau GmbH auf dem Gehespitz-Gelände, Neu-Isenburg, Kapital 1 Mio. DM, 76% Anteil
- Cornierwerk der Bayerischen Fertigbau GmbH in Garching bei München, Kapital 2 Mio. DM, 35% Anteil
- Feldfabrik Horst der Hauptniederlassung Hannover
- Werk Durmersheim der Hauptniederlassung Mannheim
- Fünf Werke der Imbau Spannbeton GmbH & Co. KG in Hanau, Leverkusen, Ulm, Hannover und Plaidt.

Starken Auftrieb brachte noch einmal das forcierte Bauen neuer Hochschulen für die Imbau als Generalunternehmer etlicher Bauten, später die Serie der Einkaufszentren. Nach dem Beispiel des Frankfurter Nordweststadt-Zentrums, «City aus der Retorte»,[63] wurden Wohnzentren, aber auch zahlreiche Einkaufszentren Ende der sechziger, Anfang der siebziger Jahre errichtet, so zum Beispiel die Einkaufszentren Hessen-Center in Bergen-Enkheim, Franken-Center in Nürnberg, Alstertal in Hamburg-Poppenbüttel, Roland-Center in Bremen-Huchtings, in Braunschweig, in Kassel, Aachener Straße in Köln-Weiden, Neu-Isenburg-Zentrum, Rhein-Neckar bei Viernheim und eines bei Ludwigsburg. Sie wurden von der ECE (Einkaufs-Center-Entwicklungs-Gesellschaft, Hamburg) bzw. der Intershop Holding AG, Zürich, konzipiert. Für Objekte dieser Größenordnung gewann das schlüsselfertige Bauen immer mehr an Bedeutung. Hierbei garantierte ein leistungsfähiger «Generalunternehmer» dem Auftraggeber die sachgemäße Ausführung, den Festpreis und auch die Einhaltung der meist sehr knappen Fristen.[64]

Ein typisches Beispiel für den Hochschulbau in Fertigteilen bildet die Ruhruniversität Bochum. Die Entscheidung, diese Hochschule als erste Universität im Ruhrgebiet zu bauen, fiel im Jahre 1961. Im Frühjahr 1964 wurde der Auftrag zum Bau der ersten beiden Institutsgebäude an eine Arbeitsgemeinschaft, an der auch die Zweigniederlassung Bochum beteiligt war, vergeben. Im Mittelpunkt der Bautätigkeit stand die Feldfabrik für die in Sichtbeton herzustellenden Deckenplatten.[65] Bis 1975 liefen die Bauarbeiten. 15 000 Studenten konnten dann in der Ruhruniversität Bochum studieren. Es folgten zahlreiche weitere Universitätsbauten in allen Teilen der Bundesrepublik, so in Gießen, Konstanz, Mainz und Marburg sowie für die Technische Hochschule in Darmstadt. In Zusammenarbeit mit der Tochtergesellschaft Imbau Spannbeton GmbH & Co. KG, Leverkusen, errichtete Holzmann 1970 für das Land Baden-Württemberg in schlüsselfertiger Ausführung Pädagogische Hochschulen in Freiburg, Heidelberg, Karlsruhe, Ludwigsburg, Reutlingen und Schwäbisch-Gmünd[66], des weiteren die Gesamthochschulen Essen und Wuppertal sowie das Bildungszentrum in Kiel.[67]

Während die Wohnbauten der ersten Nachkriegsjahre, wie bereits beschrieben, Mauerwerksbauten waren, wurden die Tragwerke von Bürobauten damals schon durchweg als Stahlbetonskelette mit höchst unterschiedlich gestalteten Fassaden erstellt. Manche erinnerten mit ausgesparten, oft auch stark umrahmten Fenstern in flächiger Werksteinverkleidung an Vorkriegsklassik. Typischer allerdings waren straffe, die Senkrechte betonende enge Raster. Es entstanden mehr und mehr horizontal betonte Bandfassaden, in denen Fenster und Brüstungsbänder sich abwechselten, anfangs noch mit kaschierten Stützen wie beim Bienenkorb- und beim Zürich-Hochhaus, die am Unternehmenssitz in Frankfurt in den Jahren 1954 beziehungsweise 1961 errichtet wurden.

Das seit den sechziger Jahren in höchster Qualität in fast beliebigen Abmessungen lieferbare Floatglas förderte den Trend, die Stützen mehr und mehr von den Fassaden nach hinten abzurücken, um ein glattes Durchführen der Installationsleitungen zu ermöglichen. Beim 1968 bezogenen 18stöckigen Holzmann-Hochhaus waren die Stützen nach außen gerückt, um an jedem Fenster gleiche, umsetzbare Zwischenwände zu ermöglichen und die neben zurückgesetzten Stützen sich einstellenden Schmutzecken zu vermeiden.[68] Beim 1972–1976 errichteten Hochhaus an der Frankfurter Senckenberganlage – zur Zeit der Erbauung das höchste Gebäude Deutschlands – waren fast alle denkbaren Ausführungsarten vereinigt:
- Ortbeton in Gleitschalung für Treppenhaus und Aufzugskerne
- Teilmontage in Untergeschossen und im Flachbereich
- Feuersicher ummantelte Stahlstützen
- Vollmontage der Bürogeschosse
- Abfanggeschoß in drei Ortbetonabschnitten
- Hotelgeschoß mit Schotten und Flurwänden aus Ortbeton
- Naßzellendecken und Brüstungen als Fertigteile, Filigranplatten aus Ortbeton
- Zimmerdecken mit Schubladenschalung aus Ortbeton.

Mit diesem 162 m hohen Hotelbau erreichte der Hochbau bei Holzmann eine neue Dimension. Auf einer Grundfläche von 1685 m^2 betrug der gesamte umbaute Raum 325 000 m^3.

Erwähnenswert ist auch das Bauverfahren, mit dem Anfang der siebziger Jahre das Deutschlandfunk-Hochhaus in Köln errichtet wurde. Es besitzt zwar nur eine Höhe von 102 m, war aber aus architektonischen Gründen als Hängekonstruktion ausgebildet und daher bezüglich des Bauverfahrens beachtenswert. Sämtliche Geschosse des quadratischen Redaktionshauses hängen am Kopf des in Gleitschalung erstellten Stahlbetonkerns. Für die Erstellung des Kopftragwerkes war die Entwicklung einer speziellen, am Kern angehängten Rüstung notwendig. Die Geschoßdecken und die vorgespannten, an der Gebäudeaußenseite liegenden Hängestützen wurden von oben nach unten hergestellt. Hierzu konnte das entsprechende Gerüst einschließlich Schalung geschoßweise abgelassen werden. Während bis Mitte der sechziger Jahre die Horizontalaussteifung im Hochhausbau in der Regel über massive Wandscheiben oder über biegesteife Stockwerksrahmen erfolgte, zeigten theoretische Untersuchungen in der Bundesrepublik und den USA, daß wirtschaftlichere Lösungen durch einen in die Gebäudehülle integrierten Hohlkasten aus biegesteifen Rahmen (Tube-System) möglich waren. Damit war ein räumliches Tragsystem gegeben, das gleichermaßen zur Abtragung der vertikalen und der horizontalen Lasten dient. Eine weitere Konstruktionsvariante ergab sich, wenn man einen derartigen Hohlkasten aus Rahmen

Deutsche Bundesbank, Frankfurt am Main, 1968–1972

über die Geschoßdecken mit Wandscheiben der innenliegenden Kerne schubsteif verband (Tube-in-tube-Lösung). Letzteres System wurde von der Philipp Holzmann AG erstmals beim Bau ihres Verwaltungsgebäudes in der Taunusstraße in Frankfurt am Main 1968 angewendet und bei der Errichtung des Bürohauses für die Deutsche Bank AG 1983 konsequent weiterentwickelt.[69]

Die Zahl der Hochbauten, die von Holzmann in den sechziger und siebziger Jahren gebaut wurde, ist kaum feststellbar. Einige Gebäude, wie die 1968–1972 entstandene Deutsche Bundesbank in Frankfurt am Main, die unter Federführung der Philipp Holzmann AG mit einem Bauvolumen von 38 Mio. DM errichtet wurde, die Universitätsklinik in Frankfurt am Main (1969) oder die rechtzeitig zum einhundertjährigen Bestehen der Farbwerke Hoechst (1963) errichtete Jahrhunderthalle, die eine tragende Ortbetonkuppel von mehr als 80 m Durchmesser und 30 m Höhe besitzt, sind Meilensteine der Bautechnik.

Auch die Industriebauten bildeten in diesem Zeitraum eine feste Komponente im Leistungsumfang, so zum Beispiel die zahlreichen Silobauten (beispielsweise vorgespannter Zuckersilo im Werk Plattling/Niederbayern der Süddeutschen Zucker AG, 1965) oder die Kraftwerksbauten (beispielsweise das RWE-Kraftwerk in Niederaußem und Block 2 des Kernkraftwerks Philippsburg). Außer dem Bau von Flaschenkellern, Leer- und Vollguthallen, Malzsilos, Sudhaus, Gärkeller-Hochhaus und zwei Tanklager-Hochhäusern für die Henninger-Brauerei errichtete Holzmann auch den Henninger-Turm in Frankfurt-Sachsenhausen als damals höchstes Silo Deutschlands.[70] Für zahlreiche Industrieunternehmen baute Holzmann die Produktionsgebäude,

Jahrhunderthalle, Frankfurt-Höchst, 1961–1963

so für die Farbwerke Hoechst, Bayer, BASF, Daimler Benz, Volkswagenwerk, Ford Werke, Spaten-Franziskanerbräu, Michelin, Goddrich, Alibert, Südzucker, BBC, Portland-Zementwerke usw.

Für viele dieser Unternehmen errichtete Holzmann auch die Verwaltungsgebäude, so für die Allianz-Lebensversicherung in Köln, die Iduna-Versicherung in Gelsenkirchen, für die Deutsche Krankenversicherung in Köln und Bielefeld, die Deutsche Bank in Frankfurt am Main, Göttingen und Osnabrück, die Genossenschaftliche Zentralbank in Frankfurt am Main, die Bausparkasse Schwäbisch Hall in Berlin, die Farbwerke Hoechst in Frankfurt am Main, für das Volkswagenwerk in Wolfsburg, für BMW in Hamburg, Olivetti in Frankfurt am Main, Carl Freudenberg in Weinheim usw. Nicht zu vergessen sind die zahlreichen Bauten auf den Flughäfen in Frankfurt am Main, Hamburg und Düsseldorf sowie auf dem Olympiagelände in München, zum Beispiel die Schwimmhalle. Alle diese großen Bauten wurden in Arbeitsgemeinschaften errichtet, so daß keines der Bauunternehmen die Lorbeeren allein für sich in Anspruch nehmen kann. Der Arge-Anteil bei Holzmann lag beispielsweise 1963 bei 41% und 1964 bei 37%.[71]

Brückenbauten im Spannbetonverfahren

Beim Spannbeton handelt es sich im Prinzip um Bauteile, bei denen der Beton durch Einleiten von Druckkräften derartig vorgespannt wird, daß er unter Gebrauchslast nicht oder nur begrenzt auf Zug beansprucht wird. Auf Bau-

Olympia-Schwimmhalle, München, 1972

stellen wird das Spannbetonverfahren folgendermaßen angewendet: In einem betonierten Bauteil befinden sich in Blechröhren frei bewegliche Stahlzugglieder, die nach genügender Erhärtung des Betons gegen diesen gespannt und im gespannten Zustand verankert werden. Nach dem Spannen werden die Blechröhren mit Zementmörtel verpreßt, so daß nach dessen Erhärtung ein Verbund zwischen den Stahlzuggliedern und dem umgebenden Beton des Betonbauteils entsteht.

In der Nachkriegseuphorie wollten sich viele Unternehmen, so auch die Philipp Holzmann AG, mit eigenen Spannverfahren profilieren. Einzelne Niederlassungen hatten schon zum Teil vom Büro Leonhardt & Bauer entworfene und mit dem – nach den Erfindern Leonhardt und Bauer benannten – System Leoba vorgespannte Brücken gebaut. Nach dem Entwurf der Technischen Abteilung erhielt die Tiefbauabteilung Frankfurt im Herbst 1952 den Auftrag für die längs und quer vorgespannte Einfeld-Brücke über die Erf in Bürgstadt nahe Miltenberg mit 25 m Spannweite.

Großen Anteil an der Weiterentwicklung des Spannbetons hatte der Ingenieur Wolfgang Zerna von der TH Hannover, der bereits für Polensky und Zöllner ein Spannverfahren unter Verwendung von geripptem SIGMA-Ovalstahl entwickelt hatte, bevor er in Zusammenarbeit mit Holzmann einen Sondervorschlag für eine Brücke über die Leine bei Schwarmstedt als dreistetigen Plattenbalken ausarbeitete.

Auf der Gehespitz wurde eine Versuchswerkstatt eingerichtet, um geeignete Materialien für Wicklung der Verankerungskörper, für Keile sowie Druck- und Zwischenplatten herzustellen oder zu beschaffen, einen rationellen Produktionsablauf für die Ankerkörper zu entwickeln, vor allem aber auch um Pressen für die Vorspannung zu konstruieren und bauen zu lassen.[72] 16 Jahre später berichtete ein Polier in der Mitarbeiterzeitschrift Holzmann-Kurier über die Anfangsphase:

«Im Jahr 1952 war zu scharfen Preisen der Auftrag für die 145 m lange Leinebrücke Schwarmstedt erteilt worden. Hier sollte erstmals das eigene Holzmann-Spannverfahren angewandt werden. Alle Verrichtungen und Handgriffe, die heute im Spannbetonbau selbstverständlich sind, waren damals noch unbekannt, und deshalb brachte jeder Tag neue Probleme. Der Spannstahl aus Rheinhausen ließ sich nicht abrollen, nicht sortieren. Hüllrohre platzten auf, Bolzen scherten ab, Spindeln flogen durch die Luft, Pressenkörper weiteten sich zum Bierfaß, Verpreßkappen dichteten nicht – und immer wieder mußte Wladislaus Großschmidt neue Werkzeuge und Hilfsmittel finden, um eine Schwierigkeit nach der anderen zu meistern, ohne den Mut zu verlieren, bis wir die stolze Leinebrücke übergeben konnten.»[73]

Mit der Entwicklung eines eigenen Verfahrens wollte sich Holzmann unabhängig von anderen Spannverfahrensanbietern die großen Entwicklungsmöglichkeiten im Spannbetonbau erschließen. Bei der ersten, 1952 mit einem Vorläufer dieses Verfahrens gebauten Leinebrücke Schwarmstedt und einer großen Zahl weiterer bis 1958 erbauter Brücken war für die Anwendung des Verfahrens noch eine Zustimmung der Obersten Bauaufsichtsbehörde im Einzelfall erforderlich.

Ein weiterer Fortschritt wurde durch das am 20. Juli 1961 zugelassene Spannverfahren KA erzielt, bei dem Verankerungen wie Kopplungen durch Klemmpakete erfolgten, bei denen die Klemmkraft durch hochfeste Schrauben bewirkt wurde. Damit ergaben sich wesentlich einfachere Ankerkörper. Das Anspannen und Nachlassen wurde einfach und sicher. Die Kopplungen wurden dadurch praxistauglich, daß der Weg für das feldweise Bauen langer Brücken möglich war.

Im Laufe der Zeit veränderte sich der Markt für Spannverfahren erheblich. Es traten große Anbieter auf, die den Baustellen alle spannstahlrelevanten Arbeiten im Paket anboten. Holzmann war nicht willens, als flächendeckend arbeitende Spannverfahrensfirma tätig zu werden. Das bis dahin verfolgte Prinzip, über die Spannbetonabteilung den Baustellen nur die erforderlichen güteüberwachten Materialien, Know-how und einige erfahrene Monteure anzubieten, konnte sich nicht mehr durchsetzen. Die Kosten der ständigen Weiterentwicklung waren wegen zu geringer Umsätze nicht zu decken. Die kopflastig gewordene Spannbetonwerkstatt auf der Gehespitz wurde 1973 geschlossen. In den beiden Jahrzehnten nach 1950 verschwanden insbesondere die großen Stahlbaufirmen vom Markt, im Hochbau wegen steigender Brandschutzansprüche und zunehmend rationellerer Betonverarbeitung, bei Brücken wegen der stetig wachsenden Bedeutung der Spannbetonentwicklungen.[74]

Manche gute Idee fand erst bei zweiter Gelegenheit Anerkennung: War bei der Mainbrücke in Kitzingen ein Sondervorschlag erfolglos geblieben, so wurde er bei der Caprivibrücke in Berlin ausgeführt.[75] Bis 1957 konnte die Technische Abteilung eine Reihe von Brückenkonzeptionen als Sondervorschläge realisieren:[76] die Leinebrücke bei Schwarmstedt, die Fuldabrücke in Guxhagen, die Kaiserbrücke in Bad Ems, die Siegbrücke in Charlottental, die Mangfallbrücke Willing, die Feldwegbrücke Diedenbergen, die Caprivibrücke in Berlin, die Berliner Brücke in Wolfsburg, die Straßenbrücke bei Stockstadt, das Kreuzungsbauwerk Offenbach, die Murg-Brücke bei Kuppenheim, die Anschlußstelle Wiesbaden-Nordenstadt und die Überführung Westerbachstraße in Frankfurt-Rödelheim.

Doch mit der wirtschaftlichen Entwicklung Deutschlands wurden die Planungen für den wachsenden Verkehr sowie die gestellten Ansprüche größer. Ungehinderter Verkehrsfluß wurde zu einem vorrangigen Ziel. Schiefwinklige bis schleifende Kreuzungen der Verkehrsebenen wurden zum Normalfall. Schiefwinklige Platten bildeten eine Standardaufgabe. Dabei erwiesen sich schließlich wenige Lager mit großen Abständen auf den Auflagerbänken als die unanfälligere Lösung. Allerdings wurden Brücken zwischen Rampen und Widerlagern weithin abgelöst von Hochstraßen.

Die Caprivibrücke war noch ohne Turmkran erstellt worden. Doch immer häufiger wurden Kräne jetzt auch bei kleinen Brücken selbstverständlich, so zum Beispiel bei der Augusta-Viktoria-Brücke in Berlin. Dadurch sanken die Stundensätze für das Bewehren und Betonieren beträchtlich.[77] In der Technischen Abteilung wurde eine Vielzahl an Möglichkeiten durchdacht und durchkonstruiert. Die Hochstraße in München-Freimann mit 22000 m² fugenloser Brückenfläche war die letzte Brücke, die noch ausschließlich mit Rechenschiebern und elektrischen Rechenmaschinen bearbeitet wurde. Der notwendige Aufwand förderte im Jahre 1960 den Entschluß zur Einführung elektronischen Rechnens für die Technische Abteilung. Bereits auf der Arbeitstagung vom 1. bis zum 3. Februar 1962 waren vereinfachte Brückenquerschnitte, große umsetzbare Gerüst- und Schalungsabschnitte, das Entlasten der Lehrgerüstträger durch schon erhärtete Hauptträger beim Betonieren der Fahrbahn und das Einspannen hoher, schlanker Pfeiler Hauptthemen. In den nachfolgenden Jahren wurden zahlreiche Brücken errichtet, von denen nur einige genannt werden sollen:

- Fußgängerbrücke Köln-Eifelallee[78]
- Brücke über den Elbe-Lübeck-Kanal bei Mölln[79]
- Urbachviadukt bei Bad Waldsee[80]
- Autobahnbrücke über den Main bei Randersacker.[81]

Die Autobahnbrücke über den Main bei Randersacker hat eine Gesamtlänge über 540 m und ist auf Frankipfählen gegründet. Der Überbau ist ein vierstegiger Plattenbalken mit Bauhöhen von 3,80 m bis 6,50 m über den Strompfeilern bei Stegbreiten von 0,56 bis 2 m, Längsspannglieder gekoppelt und über den Strompfeilern überlappt, Stege vorbetoniert, Kragarme vor dem Koppeln ballastiert, Fahrbahn mit Fertiger betoniert.

Wo es der Baugrund zuließ, wurden Lehrgerüst-Fundamente umsetzbar gebildet:

- Flutbrücke Rhede-Aschendorf[82]
- Rißtalbrücke Hochdorf[83]
- Brücken im Hunsrück über das Tiefenbachtal mit sieben 52-Meter-Feldern bis zu 92 m über Talsohle und den Pfädchensgraben mit zehn 53,10-Meter-Feldern bis zu 58 m über dem Tal[84]
- Moselbrücke Mülheim-Lieser[85]
- Autobahnkreuz Leverkusen mit fünf Brücken zwischen 136 m und 710 m und insgesamt 2400 m Länge bei unterschiedlichen Querschnittshöhen (im Volksmund Spaghetti-Knoten genannt).[86]

1970 erhielt Holzmann (Niederlassung Nürnberg) den Zuschlag, die Hangbrücke Würgau[87] zu errichten. In nur fünfeinhalb Monaten vollendete das Unternehmen dieses 411 m lange Bauwerk. Beim Bau wurde mit einer verschiebbaren Leergerüstkonstruktion gearbeitet, die in den Werkstätten der Lagerplätze der Niederlassungen Nürnberg und München vorgefertigt und nach einem minutiösen Transportplan zur Baustelle gebracht wurde.

Am 25. Oktober 1971 eröffnete Verkehrsminister Georg Leber die 189 km lange Autobahnstrecke zwischen Gießen und Dortmund, die sogenannte Sauerlandlinie, mit 153 kleinen, mittleren und großen Brücken, davon allein 38 Talbrücken.[88] Die Zweigniederlassung Siegen baute hiervon vier, die Zweigniederlassung Gießen drei Brücken: Talbrücke Sechshelden, Talbrücke Rinsdorf, Überführungsbauwerk Scheda, Talbrücke Germinghausen, Talbrücke Gerlingen, Dilltalbrücke, Talbrücke Volkersbach.

Bis 1972 wurden nach Holzmann-eigenen Verfahren 330 Spannbetonstraßenbrücken erbaut.[89]

Autobahnkreuz Leverkusen, 1971–1973

Verkehrsbauten, Autobahnlose, U- und S-Bahn-Bauten

Die Tiefbauabteilung Frankfurt mit den Niederlassungen Mannheim und Stuttgart erhielt 1958 nach längeren vergeblichen Bemühungen wieder bedeutende Aufträge beim Autobahnbau. Mitte Juni wurde Holzmann in Arge die Ausführung des 13 km langen Deckenloses F 3 bei Waldaschaff für 13,8 Mio. DM, Holzmann-Anteil 4,5 Mio. DM, übertragen.[90] Das Unternehmen war damit in der Lage, das seit längerer Zeit stilliegende Deckengerät und sogar den größten Teil eines sogenannten 90er Spurgerätes, das seit Kriegsende keine nennenswerte Beschäftigung mehr gefunden hatte, einzusetzen. Ferner erhielt Holzmann ein Erdbaulos auf der Strecke südlich von Baden-Baden in Arge für 5,3 Mio. DM, Anteil Holzmann 1,4 Mio. DM, zugeteilt. Dieses Los war insofern bemerkenswert, als das Dammschüttmaterial neben der Autobahn in der Rheinebene mittels eines Saugschwimmbaggers in einem neu angelegten Becken gewonnen und mit Lkw auf die Strecke gebracht wurde, ein wirtschaftlicher Bauvorgang, der aber die Neuanschaffung des dafür erforderlichen Schwimmgerätes durch die Arge erforderte. In den nachfolgenden Jahren wurden weitere Aufträge beim Autobahnbau übernommen, so zum Beispiel 1961 die Verbreiterung der Autobahn bei Leverkusen um die fünfte und sechste Fahrbahn[91] oder Erdarbeiten und ein Deckenlos am Autobahnkreuz Wetzlar und an der Autobahnzufahrt Siegen-Achenbach.[92]

Der Autobahnbau, der Bau von Betondecken für verkehrsreiche Straßen und die Erdbauarbeiten wurden von mehreren Holzmann-Unternehmen ausgeführt: der Deutschen Asphalt- und Tiefbau-GmbH (DEBAG), die 1942 in Braunschweig als Tochtergesellschaft der Deutschen Asphalt AG, der Limmer und Vorwohler Grubenfelder gegründet worden war, der Deutschen Asphalt-GmbH (DAG), 1945 für Arbeiten in Bayern errichtet, und der Tochtergesellschaft Scheid Straßenbaugesellschaft mbH, Limburg;[93] das 1875 gegründete Unternehmen hatte Holzmann 1958 erworben. In den sechziger und siebziger Jahren waren diese Unternehmen beim Bau und der Reparatur fast aller Autobahnen tätig.

Weit größere Bedeutung aber erlangte der U-Bahn-Bau. In Berlin, Frankfurt, Hamburg, Köln und München war Holzmann maßgeblich am U-Bahn-Bau beteiligt. Seit Anfang der fünfziger Jahre wurde in Hamburg das U-Bahn-Netz erweitert. Bis 1965 wurden die Tunnels in erster Linie in offener Bauweise hergestellt. Unter Federführung von Holzmann waren in dieser Zeit in Hamburg 13 Baulose mit einer Tunnellänge von 5483 m ausgeführt worden, davon 1877 m für Haltestellen. Von den fünf bis 1971 in Hamburg im Schildvortriebverfahren (bergmännische Bauweise) ausgeführten oder noch im Bau befindlichen U-Bahn-Streckenlosen waren drei an eine Arbeitsgemeinschaft unter Leitung von Holzmann vergeben.[94] Eine wesentliche Neuerung war die Einführung einer Tunnel-Bohrmaschine mit drehpendelndem Schneidkopf. Dieser vollmechanische Schild wurde erstmals in Hamburg beim U-Bahn-Baulos Rosenstraße eingesetzt. Die Vortriebsmaschine, mit deren Hilfe besonders auch unter den Stadtzentren bei allen Bodenverhältnissen Tunnels wirtschaftlich und sicher hergestellt werden konnten, war von der Hauptniederlassung Hamburg zusammen mit der Technischen Abteilung in Frankfurt und der Firma Bade entwickelt worden.

Holzmann kann im U-Bahn-Bau auf eine lange Tradition zurückblicken. Bereits Ende des 19. Jahrhunderts hatte das Unternehmen mit dem U-Bahn-Bau in Berlin begonnen.[95] Bis 1965 wurden in Berlin 100 km U-Bahn-Netz errichtet. Hamburg war die zweite Stadt, die ein U-Bahn-Netz baute und entscheidend die weitere Entwicklung prägte. Die Beispiele Berlin und Hamburg machten Schule. Die von Verkehrsnöten geplagten Großstädte München, Frankfurt am Main und Köln wollten nach den Erfahrungen in Berlin und

Hamburg ebenfalls einen wesentlichen Teil ihres Massenverkehrs unter die Erde verlegen.

Der Magistrat der Stadt Frankfurt am Main hatte aufgrund der Vorarbeiten der Philipp Holzmann AG 1959 Gutachten von K. Leibbrand von der TH Zürich, Philipp Holzmann, Wayss & Freytag, Hochtief und der Allweg-Forschungs-GmbH, Köln, angefordert. Nach Planung und öffentlicher Diskussion wurde 1961 der Bau einer U-Bahn beschlossen.[96]

Die Allweg-Bahn hatte bereits für die Zweigniederlassung Köln in Arge eine 1,8 km lange Versuchsstrecke in Köln-Fühlingen gebaut, die seit Mitte 1957 für Besichtigungen und Probefahrten freigegeben war. Von K. Leibbrand beraten, entschied sich die Stadt Frankfurt am Main 1961 zum Bau von nach Signalen fahrenden U-Bahnen und gegen auf Sicht fahrende Unterpflasterbahnen. Das Streckennetz entsprach weitgehend dem von Holzmann, Wayss & Freytag sowie Hochtief übergebenen Gutachten. Mit der Aus-

U-Bahn-Bau, Frankfurt am Main, ab 1963

führungsplanung beauftragt wurde die Arge Stadtbahnplanung, die unter Führung der Philipp Holzmann AG 1962 mit den Unternehmen Wayss & Freytag AG und der Hochtief AG gegründet worden war. Der Auftrag der Arge umfaßte die Aufstellung der baureifen Entwürfe aller Bauwerke der Stadtbahn, die neue Festlegung der Trassen für um- oder neuzuverlegende Kanäle und Leitungen, die Vermessungsarbeiten und schließlich die Fertigstellung der Baupläne. Mit den Bauarbeiten konnte im Juni 1963 begonnen werden. Holzmann erhielt den Auftrag zum Bau des Stadtbahnloses 1 innerhalb des ersten Bauabschnittes. Im August 1965 folgte der Auftrag für den Bau des U-Bahnhofes an der Hauptwache.[97] Am 4. Oktober 1968 wurde der erste Teilabschnitt der Frankfurter U-Bahn zwischen Hauptwache und Nordwestzentrum in Betrieb genommen. Weitere Aufträge schlossen sich an, so ab Beginn der siebziger Jahre der S-Bahn-Bau.

In den nachfolgenden Jahren konnte sich Holzmann im U-Bahn-Bau einen hervorragenden Namen schaffen. 1962 erhielt das Unternehmen ein neues Los für 8 Mio. DM in einer Viererer-Arbeitsgemeinschaft zum Bau einer U-Bahn in der Berliner Yorckstraße. Hierdurch wurde die seit mehreren Jahren ununterbrochene Reihe der U-Bahn-Bauten fortgesetzt. 1967 war Holzmann in Berlin, Frankfurt, Hamburg, Köln und München am U-Bahn-Bau maßgeblich beteiligt. Für das erste Baulos einer unterirdischen Verkehrsanlage in Hannover und für das Kreuzungsbauwerk am Marienplatz in München war Holzmann federführend tätig.[98] Der seit Jahren in Hamburg angewandte vollautomatische Vortriebsschild hatte sich so gut bewährt, daß Holzmann 1967 ein neuer großer Auftrag für ein U-Bahn-Los am Hamburger Karl-Muck-Platz erteilt wurde und dafür ein zweiter Schild beschafft werden mußte. Im gleichen Jahr wurde der Vertrag der Arge Stadtbahnplanung Frankfurt verlängert. Von der Stadt Bonn wurde Holzmann ein ähnlicher Planungsauftrag erteilt und für das erste U-Bahn-Baulos in Bonn mit der Federführung beauftragt.[99] Aufgrund der Erfahrung der Ingenieure der Philipp Holzmann AG wurde das Unternehmen 1970 am Bau der Ostlinie der Metro Amsterdam beteiligt.[100] Beim Bau fast aller U-Bahnen in Deutschland erhielt Holzmann in den nachfolgenden Jahren weitere U- und S-Bahn-Lose, so zum Beispiel in Herne und in Stuttgart.

Grund- und Wasserbau

Die Aufgabengebiete im Grund- und Wasserbau sind der allgemeine Grundbau und der Spezialtiefbau mit tiefen Baugruben, Unterfangungen und Gründungen aller Art, der Tunnelbau mit unterschiedlichen Bauweisen (offen und bergmännisch, Spritzbetonbauweise bzw. neue österreichische Tunnelbauweise, mit Tunnelvortriebsmaschinen oder unter Einsatz von Gefrierverfahren) und der Wasserbau mit Hafenanlagen, Wehr- und Stauanlagen, Wasserkraftanlagen und ähnlichem. Ein weiterer wichtiger Arbeitsbereich sind Forschungs- und Entwicklungsarbeiten unterschiedlichster Art, wie zum Beispiel 1978 die Entwicklung neuartiger Verfahren zum Dichten von Kanälen.

Sofort nach Kriegsende erhielt Holzmann zahlreiche Aufträge zur Durchführung dringlicher öffentlicher Bauvorhaben. Hierbei ging es insbesondere um die Instandsetzung von Hafeneinrichtungen, Deichbauten und Flußregulierungen.[101] Vor allem mußten die Flüsse und die Hafenanlagen zunächst von den Trümmern eingestürzter Brücken, aber auch von Wracks befreit werden. Allerdings blieben diese Arbeiten im Tief- und Ingenieurbau eingeschränkt, da für den dringenden Ausbau der Wasserwege, der See- und Binnenhäfen von der öffentlichen Hand nur geringe Mittel bereitgestellt wurden.[102] Aber mit Beginn der fünfziger Jahre verbesserte sich die Lage vornehmlich im Wasserbau.[103] Es kam zu einigen bemerkenswerten Projekten, so zum Beispiel zu interessanten Aufträgen der Hamburger Niederlassung, die einen Teil des umfangreichen Naßbaggergerätes einsetzen konnte, vor allem beim vierten Bauabschnitt des Leitdammes Cuxhaven in Arge mit 1,8 Mio. DM (Holzmann-Anteil 0,6 Mio. DM), der Baggerung des Amerika-Hafens in Arge 0,8 Mio. DM (Holzmann-Anteil 0,4 Mio. DM) und der Hellinganlage für die Howaldtwerke in Arge 0,8 Mio. DM (Holzmann-Anteil 0,6 Mio. DM). Ferner wurden weitere Schutzbauten auf Norderney übernommen. Holzmann war in diesem Jahr auch am Beginn der Bauarbeiten am größten deutschen Flußkraftwerk Jochenstein bei Passau mit einem Gesamtvolumen von 38 Mio. DM beteiligt, an denen sich, neben deutschen, auch österreichische Bauunternehmen beteiligten.

In den nachfolgenden Jahren kam es zu zahlreichen herausragenden Bauaufträgen, gerade im Wasserbau, durch die das gesamte Tiefbaugeschäft eine wesentliche Belebung erfuhr. So erhielt Holzmann auch 1954 große Arge-Aufträge, zum Beispiel die Hennetalsperre, den Deichbau Sylt, die Breitenbachtalsperre und das Kraftwerk Frimmersdorf im Auftrag der RWE.[104] In den nachfolgenden Jahren beauftragte der Wasserwirtschaftsverband Siegerland Holzmann mit weiteren Arbeiten an der Breitenbachtalsperre. Zum gleichen Zeitpunkt wurde Holzmann mit der Verbreiterung des Dortmund-Ems-Kanals beauftragt (Holzmann-Anteil 0,5 Mio. DM).

Es war klar, daß auch weiterhin die Hamburger Niederlassung im Wasserbau die bedeutendsten Projekte erhielt, so zum Beispiel den interessanten Bau der Westmole in Helgoland. Dieser Bau konnte trotz seines schwierigsten Teils, des Antransports und des Einsatzes von Senkkästen, termingemäß beendet werden. Darüber hinaus errichtete die Hamburger Niederlassung eine Kaimauer im Hamburger Hafen (2,8 Mio. DM) und weitere Kaimauern in Cuxhaven und Kiel (1 Mio. DM). Vor allem Hamburg und Bremen waren auch stark an den Naßbaggerarbeiten beteiligt.[105] In den nachfolgenden Jahren setzte sich die gute Beschäftigung im Wasserbau fort:

1956:
- Rivirissperre bei Trier
- Aufstockung der Ruhrtalsperre, Schwammenaul/Eifel
- Beton- und Stollenarbeiten am Sylvensteinspeicher
- Oberwasserkanal der Alzwerke in Burgkirchen
- Erdarbeiten für Speicherbecken und Krafthaus des Pumpspeicherwerkes Geesthacht
- Pumpwerk in Sipplingen für den Zweckverband Bodensee-Wasserversorgung
- Druckluft- und Stollenarbeiten für den Hauptsammelkanal in Essen

1957:
- Hafenerweiterung Duisburg-Huckingen
- Schleuse und Wehr der Mainstaustufe Knetzgau
- Uferbefestigungen im Shell-Hafen Hamburg
- Helling- und Kranbauten in Lübeck
- Bau des dritten Schiffshebewerks in Henrichensburg
- Düker im Rhein und im Dortmund-Ems-Kanal

1958:
- Tiefbauarbeiten für die Bodensee-Wasserversorgung
- Kanalverbreiterung bei Heidelberg.[106]

Ab 1958 drängten holländische Unternehmen mit äußerst billigen Preisen in das von der Filiale Hamburg intensiv betriebene Naßbaggereigeschäft. Die holländischen Unternehmer boten sich mit ihrem Gerät an verschiedenen Stellen auch als Arge-Partner an. Verhandlungen von Holzmann mit der Bundesregierung mit dem Ziel, im engen Markt bei Naßbaggerarbeiten einem Eindringen der Holländer entgegenzuwirken, blieben erfolglos, wobei Bonn auf den gemeinsamen Markt hinwies.[107] Anfang der sechziger Jahre ging der Anteil des Tiefbaus am Gesamtumsatz weiter zurück, vor allem wegen der weniger umfangreichen Erdbauprogramme der Wasserbauverwaltungen. Darüber hinaus war Holzmann als Großbauunternehmer bei den meisten öffentlich ausgeschriebenen Bauten etwas ins Hintertreffen geraten, weil sich mittlere Unternehmen, durch ihre Baugeräteinvestitionen gedrängt, zu sehr niedrigen, für Holzmann oft unannehmbaren Preisen Teile dieses Gebietes erobert hatten.[108] Dennoch konnte in diesem Jahr für den alten Naßbagger «Vulkan» aus der Vorkriegszeit eine Arbeit im Main bei Schweinfurt für 2 Mio. DM hereingeholt werden. Ferner wurde ein Flußhafenbau in Frankfurt am Main für 2 Mio. DM in Arbeitsgemeinschaft übernommen. Darüber hinaus begann Holzmann in einer eigenen Dockanlage mit der Produktion von Stahlbetonpontons.[109]

Die Jahre 1960 und 1961 standen unter keinem guten Stern, vor allem wegen des Unglücks an dem von Holzmann errichteten Leuchtturm «Roter Sand» im Jahre 1960. Aufgrund von sehr schlechtem Wetter und von Sturm hatten beim Anfahren der Hubinsel III und beim Absenken aufgrund von Bodenschwierigkeiten lange Wartezeiten in Kauf genommen werden müssen, die Gründung verlief aber planmäßig. Beim weiteren Ausbau über Wasser trat jedoch Ende August eine zweite folgenschwere Verzögerung durch Abrutschen der Insel an den vier Beinen ein. Es gelang dann, nach der riskanten Wiedergeradestellung der Hubinsel unter Zuhilfenahme der beigeholten Insel V, den Abtransport vorzunehmen. Die Arbeiten mußten bis zum Frühjahr 1963 unterbrochen werden. Der zweite Nordseeleuchtturm Kalkgrund wurde dann allerdings mit der Hubinsel V planmäßig fertiggestellt. Nach diesen schwierigen Jahren konnten aber die Arbeiten sowohl im Naßbaggergeschäft als auch im übrigen Wasserbau wieder erfolgreich gestaltet werden.

Die im Frühjahr von Holzmann übernommene Arbeit auf Föhr für den Spüler V nahm technisch und wirtschaftlich einen derart guten Verlauf, daß die Stilliegezeiten mangels Einsatz in den Jahren davor ausgeglichen werden konnten. Im Sommer 1962 konnte der neue Eimerketten-Schwimmbagger Titan, in der Travemündung in Lübeck eingesetzt werden. Er erfüllte alle in ihn gesetzten Erwartungen und wurde in den nachfolgenden Jahren bei zahlreichen Baggerarbeiten eingesetzt, so zum Beispiel bei Naßbagger- und Deicharbeiten in Wilhelmshaven in einer Dreier-Arge. Die Einsätze und die guten Aussichten im Naßbaggergeschäft führten dazu, daß Holzmann die Naßbagger-Flotte ständig ergänzte, was einen Aufwand von 12 Mio. DM erforderte.[110] In den nachfolgenden Jahren kam es zu weiteren Naßbaggerarbeiten, wobei auch die Schwimmbagger Ajax und Achilles und ein holländischer Mietbagger eingesetzt wurden, so zum Beispiel bei der Moselkanalisierung 1963.

Die Niederlassung München konnte ihre jahrzehntelange Erfahrung und Beschäftigung bei großen Wasserbauten an der Donau und am Inn auch Anfang der sechziger Jahre fortsetzen. Sie war hier insbesondere am Bau einer Schleuse in Strullendorf für die Rhein-Main-Donau AG für 7 Mio. DM in Arge beschäftigt.[111]

Die Niederlassung Hamburg hatte in den Jahren 1959 und 1960 für die Kieler Howaldtwerke die Docks VII und VIII gebaut. Nach einem bautechnischen Ideenwettbewerb, bei dem Holzmann in Konkurrenz zu allen maßgeblichen Ingenieurbauunternehmen stand, wurde dem Unternehmen allein für 18 Mio. DM 1964 Aufträge für eine schwierige Verlängerung und Verbreiterung von Dock VII, die Errichtung von zwei Kranhallen und von zwei Werkshallen erteilt, die in den nächsten Jahren gute Beschäftigung boten. Trotz der Erfolge im Wasserbau zu Beginn der sechziger Jahre endete 1965 zunächst einmal die Reihe der großen Wasserbauaufträge, die München, Düsseldorf und vor allem Hamburg über ein Jahrzehnt eine führende Stellung eingebracht hatten. Auch neue Aufträge in Hamburg (zum Beispiel der Hafen Brunsbüttelkoog an der Elbmündung und der Howaldt-Auftrag für die Dockerweiterung) konnten das Gesamtergebnis nicht verbessern.[112] 1968 allerdings wurde die Entwicklung durch einige Großprojekte ungewöhnlichen Umfangs begünstigt, bei denen Holzmann mit technischen Sondervorschlägen hervortreten konnte und demzufolge auch die Federführung innerhalb der Arbeitsgemeinschaft übertragen bekam. Es handelte sich hier insbesondere um den Bau des neuen Elbtunnels in Höhe von Övelgönne als neue Hamburger Elbtunnelunterquerung für den Autobahnverkehr. 1968 wurde Holzmann mitgeteilt, daß das Unternehmen einen Auftrag mit einer Bausumme von insgesamt rund 150 Mio. DM für das Los 3 erhalten habe. Die Arbeiten Holzmanns beim U-Bahn-Neubau mit dem vollautomatischen Holzmann-Bade-Schild fielen für die Hansestadt Hamburg so zufriedenstellend aus, daß dem Unternehmen inzwischen die Schild-Los-Strecke übertragen wurde. Diese großen und langfristigen Objekte sicherten der Niederlassung Hamburg bis Anfang der siebziger Jahre eine gute Beschäftigung.[113]

Ende der sechziger, Anfang der siebziger Jahre war Holzmann an Naßbaggerarbeiten in der Jade, im Main, in der Unterelbe bei Brunsbüttelkoog und für den Elbtunnel in Hamburg tätig. Darüber hinaus hatte Holzmann Aufträge zum Ausbau des Mittellandkanals erhalten.[114] Es handelte sich um Rammarbeiten und Abdichtungen nach dem Spezialverfahren Hoton.

Zur Verbesserung der Schiffahrtsverhältnisse im Elbe-Seitenkanal baute Holzmann die Schleuse Uelzen. In Bremerhaven entstanden 1970 unter Einsatz schwerster Baugeräte die 750 m langen Containerkaianlagen für Schiffe mit großem Tiefgang. In Wilhelmshaven erweiterte Holzmann die Tankerlöschbrücke unter Verwendung einer Hubinsel der Tochtergesellschaft Hubinsel GmbH, die 1958 zusammen mit der Strabag AG gegründet worden war.[115]

1973 übernahm Holzmann neben zahlreichen anderen Wasserbauarbeiten die Verlegung eines Dükers durch den Main, Böschungsarbeiten am Nord-Ostsee-Kanal sowie den Bau eines Yachthafens für die Gemeinde Maasholm in Holstein. Ein Jahr später verlegte Holzmann eine Erdgasleitung im Wattenmeer zwischen Juist und Greetsiel.[116] Die vom Ekofisk-Feld in der Nordsee nach Emden verlaufende Erdgasleitung führt zwischen der Insel Juist und dem ostfriesischen Festland auf 23,5 km Länge durch das Wattenmeer. Mit einem Betonmantel versehene isolierte Stahlrohre mußten in den Meeresboden versenkt werden. Für das Baggern und die Rohrverlegung wurde unter Führung Holzmanns eine besondere Technik entwickelt: Ein Schneidkopfsaugbagger hob zunächst einen 10 m breiten Graben aus. Das Aushubmaterial wurde durch einen Spülgutverteiler neben der Trasse abgesetzt. Auf einem nachfolgenden Verlegeschiff wurden die an Land vorbereiteten Rohre an das Ende des bereits verlegten Rohrstrangs angeschweißt.

4. Der Wiederaufbau des Auslandsgeschäftes

Im November/Dezember 1948 nahm der Vorstand der Philipp Holzmann AG erstmals Kontakte zum Ausland auf:

«In den letzten Wochen haben wir auch die ersten schwachen Versuche, wieder mit dem Ausland Fühlung zu bekommen, aufgenommen. So stehen wir in einem Gedankenaustausch mit einer argentinischen Gesellschaft zwecks Anbahnung von gemeinsamen Arbeiten und beteiligen uns an dem internationalen Wettbewerb für große und schwierige Verkehrsanlagen in Stockholm. Es ist klar, daß wir hier, wie bei allen Auslandsfragen, mit großer Vorsicht vorgehen müssen, solange wir weder einen Rechtsschutz noch einen Handelsvertrag mit dem Auslande besitzen.»[117]

Interessant ist die Begründung für das Bemühen des Vorstands, im Ausland neue Projekte an Land zu ziehen.

«Die Gefahr der geistigen Verarmung, die kleine Auftragsdecke und der große Preisdruck in Deutschland und schließlich die Tradition unserer Firma veranlassen uns, uns wieder in verstärktem Maß im Ausland nach Bauaufträgen umzusehen.»[118]

So begannen für die Ingenieure der Philipp Holzmann AG ab Juli 1950 zahlreiche Auslandsreisen, die dazu dienen sollten, neue Kontakte zu knüpfen und Geschäfte abzuschließen. Zunächst unternahmen sie zusammen mit den Ingenieuren von Grün & Bilfinger eine Reise nach Indien und verhandelten dort mit der indischen Baufirma HIND Constructions Ltd. in Bombay. Diese Verhandlungen konnten positiv abgeschlossen werden: Holzmann und Grün & Bilfinger entsandten sechs Ingenieure und Maschinentechniker als Berater nach Bombay. Der Vertrag war für drei Jahre abgeschlossen und erbrachte rund 600000 DM. Die Aufgabe der entsandten Techniker bestand darin, für den Bau der Konartalsperre bei Kalkutta, der von der Baufirma HIND ausgeführt wurde, ein Objekt von 40 Mio. Rupien, die indischen Arbeitskräfte an amerikanischen Maschinen zu schulen und sowohl für die Baustelleneinrichtung als auch für die Unterhaltung der Maschinen zu sorgen. Hierbei war das Ziel der deutschen Unternehmen, über die Bauberatung zu einer echten Bauarbeitsgemeinschaft mit der Firma HIND zu gelangen.[119] Der Vertrag bot Holzmann die Möglichkeit, die Verhältnisse in Indien zu studieren, ohne eigene Kosten aufzuwenden.

Auch in Pakistan konnten aussichtsreiche Verbindungen hergestellt werden. Es handelte sich hier insbesondere um die Beteiligung an der Ausschreibung des großen Hafens von Chittagong (heute Bangladesch).

In der Türkei beteiligte sich Holzmann zur gleichen Zeit an einem internationalen Wettbewerb für den Bau der Kaianlage Tophane im Hafen von Istanbul. Von zwölf Firmen bot Holzmann das beste und billigste Projekt an, wobei die Kranlieferung durch die Firma C.H. Jucho vorgesehen war. Es handelte sich hier um einen Bau von 6,5 Mio. Ltq, also rund 10 Mio. DM, von denen etwa 15% auf den Anteil Jucho entfielen. Den zweiten Preis erhielt die englische Firma Braithwait, während alle anderen deutschen, französischen, türkischen und dänischen Firmen ausgefallen waren. Die Bauausführung verzögerte sich jedoch, da durch die Wahlen in der Türkei eine Umorientierung stattgefunden hatte und die für diesen Bau vorgesehene Summe vom neuen Hafenbaudirektor anderweitig verwendet wurde.

In Aussicht gestellt waren in der Türkei auch Arbeiten an einem besonders großen Projekt, nämlich dem Bau der Talsperre am Sakariyafluß, etwa 160 km westlich von Ankara. Für dieses Großprojekt von etwa 50 Mio. DM, zu dem Holzmann von der Etibank zu einem Angebot herangezogen worden war, schloß sich das Unternehmen zu einer Arbeitsgemeinschaft mit der türkischen Großfirma RAR, deren Inhaber ein ehemaliger Holzmann-Ingenieur war, und den deutschen Firmen Hochtief und Siemens-Bauunion (SBU) zusammen. Es handelte sich hier um einen 100 m hohen Staudamm und einen 1000 m langen, großen Wasserstollen sowie um eine Kraftwerksanlage mit vier Turbinen. Allerdings mußte Holzmann hier eine große Enttäuschung erleben. Das Unternehmen war bei den genannten Objekten mit kleinem Abstand der günstigste Bieter, in Sariyar sogar die einzige Firma, die bedingungsgemäß angeboten hatte. Für die Vorarbeiten an der Sariyar-Sperre war

Staudamm Sariyar, Türkei, 1954–1957

Holzmann sogar der Auftrag bereits erteilt. Dieser wurde aber wieder storniert, weil ein türkisches Unternehmen nachträglich das Angebot Holzmanns unterbot, was nach türkischer Gesetzgebung möglich war. Die Sariyar-Sperre wurde nun nicht mehr als ganzes, sondern getrennt nach ihren Hauptteilen Tunnel, Kraftwerk und Sperre von neuem ausgeschrieben. Da der Tunnelbau bereits vergeben war, blieb für Holzmann lediglich eine Beteiligung an der Sperre, die nunmehr als Betonsperre geplant war, übrig.

Die Arbeiten in der Türkei standen unter keinem guten Stern. Das galt insbesondere für den Sperrenbau Sariyar. Nachdem die Umleitung des Sakariyaflusses sich durch Fehlmaßnahmen des Bauherrn um über sechs Monate verzögert hatte, sollte Anfang Mai 1954 endlich mit der Betonierung der Sperre begonnen werden. Die großen Maschinenanlagen, insgesamt ein Objekt im Umfang von fast 10 Mio. DM, waren für diese Baustelle nach dem Vertrag vom Bauherrn auf Vorschlag des türkischen Unternehmers zum großen Teil aus den USA beschafft worden. Ihre Montage war zwar zeitgerecht beendet worden, die Anlage zeigte aber derart große Mängel, insbesondere an den gebraucht gekauften Kabelkränen, daß sie erst Anfang September in Betrieb genommen werden konnten. Dann brachte sie jedoch die zugesicherten Leistungen nicht. Nach wochenlangen Verhandlungen gelang es, ein neues Bauprogramm durchzusetzen, wonach der Aufstau des Flusses gegenüber dem alten Vertragsprogramm um mehr als ein Jahr verzögert wurde. Dieser Zeitplan war aber äußerst fraglich. Um das Bauziel zu erreichen, versuchte Holzmann, Maschinen aus Deutschland im Wert von rund 360000 US-Dollar (1,5 Mio. DM) anzukaufen. Nach wiederum harten Verhandlungen erklärte sich der Bauherr schließlich bereit, diese Maschinenergänzung auf seine Kosten durch Holzmann beschaffen zu lassen. Da er aber zu diesem Zeitpunkt keine Devisen aufbringen konnte, erklärten sich die deutschen Partner der Arbeitsgemeinschaft bereit, diese Summe vorzulegen. Die Devisenbeträge sollten dann vom Bauherrn, beginnend im Herbst 1955, in drei bis vier Raten an die Arbeitsgemeinschaft zurückgezahlt werden. Holzmann ging zu diesem Zeitpunkt bereits davon aus, daß zwar kein Barverlust eintreten werde, sofern die türkische Regierung zahle, aber auch kein Gewinn für die langjährige Arbeit bei einer Objekthöhe von rund 80 Mio. DM erzielt werden könne. Zu den finanziellen Problemen des Projekts kamen die unerfreuliche wirtschaftliche Lage der Türkei und die starke Inflation hinzu. Die Waren verschwanden im Schwarzhandel oder waren überhaupt nicht zu erhalten. Es fehlte nicht nur an Materialien, es fehlte vielmehr auch an qualifizierten türkischen Facharbeitern und Technikern. Das gesamte Projekt in der Türkei war zunächst ein großer Mißerfolg, und der Vorstand von Holzmann beschloß daher: «Die hier geschilderte Lage der türkischen Wirtschaft mit Bezug auf das Bauen im Ausland verbietet, zur Zeit neue Projekte in diesem Lande zu verfolgen.»[120]

Staudamm und Kraftwerk Sariyar wurden am 2. Dezember 1956 in einem offiziellen Festakt der türkischen Regierung in Anwesenheit der Arge-Vertreter feierlich eingeweiht. Allerdings hatte die Türkei die von Holzmann geforderte Zahlung in Dollar nicht im vollen Umfang geleistet. In endlosen Verhandlungen wurde Holzmann dann nach der Begleichung von 1 Mio. US-Dollar erneut eine Zusage über 750000 US-Dollar bis Jahresende 1957 gegeben, von denen jedoch lediglich 200000 US-Dollar gezahlt wurden. Der Vorstand rechnete «noch auf lange Zeit mit großen Außenständen».[121] 1958 war die Baustelle Sariyar endgültig abgenommen und die Ausführungsgarantie zurückgegeben. Dagegen hatte Holzmann von der Restforderung lediglich 520000 US-Dollar realisieren können.[122]

Nach dem Sturz der Regierung Menderes setzte eine Untersuchungswelle in der Türkei ein, die bezweckte, der gestürzten Regierung korruptes Verhalten nachzuweisen. In diesem Zusammenhang wurden 1960 auch die Dollarzahlungen an die Arbeitsgemeinschaft für das Sariyar-Projekt genau untersucht. Tatsächlich stellten die türkischen Beamten einen Formfehler bei der Auszahlung von 400000 US-Dollar fest, so daß die gesamte weitere Bezahlung sich nochmals verzögerte. In den nachfolgenden Jahren sah sich Holzmann mit einer Reihe von Prozessen konfrontiert, die von Arbeitern und Subunternehmern gegen das Unternehmen angestrengt wurden. Die meisten Prozesse wurden durch einen Vergleich beendet. Ein letzter Versuch des Vorstands, die in der Türkei ohne Transfermöglichkeit verbleibenden Beträge in eine dort zu gründende Gesellschaft einzubringen und damit vor dem totalen Einfrieren zu bewahren, führte leider nicht zum Erfolg, da ein entsprechender Antrag von der türkischen Regierung abgelehnt wurde.

Während das Sariyar-Projekt mit Verlusten und vielen Schwierigkeiten und Prozessen endete, konnten beim Hafenbau Samsun am Schwarzen Meer in

Hafen Samsun, Türkei, 1961

der Türkei die Arbeiten 1961 beendet werden. Auch dieses Projekt lief über ein Jahrzehnt, wurde jedoch, nachdem zahlreiche Zusatzarbeiten beendet waren, von der türkischen Regierung vollständig bezahlt und abgewickelt.[123]

Aber nicht nur in der Türkei, auch in den anderen Staaten lief das Auslandsgeschäft äußerst schwierig an. Wie auch die anderen deutschen Großunternehmen machte Holzmann in den ersten Jahren nach 1950 schlechte Erfahrungen im Ausland. Fast ausnahmslos erlitten die Unternehmen überall schwere Rückschläge, über die die Unternehmensspitze zum Teil erst aus der Presse erfuhr. Die Risiken im Ausland waren jedenfalls so bedeutend, daß die Auslandsarbeiten nicht mehr wie früher als unbedingt sichere Einnahmequelle betrachtet werden konnten: «Solange ein so scharfer Konkurrenzkampf im Ausland besteht, und zum Teil auch so unklare Rechtsverhältnisse in den unterentwickelten Ländern sind, empfiehlt es sich, das Auslandsgeschäft mit der nötigen Zurückhaltung zu betreiben.»[124]

Allerdings wußte der Vorstand der Philipp Holzmann AG auch, daß die Verbindungen mit dem Ausland nicht verlorengehen durften. Offensichtlich nahmen die großen Bauunternehmen an, daß sie im Ausland die gleichen positiven Ergebnisse erzielen konnten wie zumindest teilweise vor dem Ersten Weltkrieg, aber auch zwischen den beiden Weltkriegen. 1951 betrug die Gesamtauftragssumme von Holzmann im Ausland 17,5 Mio. DM. Die Summe der Auslandsbürgschaften betrug zum gleichen Zeitpunkt 2,648 Mio. DM. Der Auslandsumsatz im Jahre 1956 belief sich auf rund 16 Mio. DM, hieran war die Türkei mit den Baustellen Sariyar und Samsun zu 60% beteiligt. Das Ergebnis dieser beiden Baustellen beeinflußte daher wesentlich das Gesamtergebnis der Auslandsabteilung. Bis in die späten fünfziger Jahre war das Auslandsgeschäft eher ein Verlust- als ein Erfolgsgeschäft.

Nur wenige Projekte im Ausland konnten in den frühen fünfziger Jahren erfolgreich beendet werden, so zum Beispiel 1953 Schacht- und Stollenarbeiten in Aliveri/Euböa mit einem Holzmann-Anteil von rund 4,8 Mio. DM. Dieses Projekt konnte sogar mit einem kleinen Gewinn abschließen.

In Pakistan machten die Arbeiten im Straßen- und Brückenbau technisch und wirtschaftlich zwar zunächst einen guten Fortschritt, endeten jedoch aufgrund der ungewöhnlich langen Regenzeit Mitte 1956 mit einem Verlust. Die Entschlußlosigkeit des Bauherrn, der sich unfähig zeigte, derartige Projekte zügig durchzuführen, verursachte weitere Schwierigkeiten, so daß Holzmann auch diese Projekte mit einem negativen Ergebnis abschloß. Die Baustelle Nai-Baran-Fluß konnte aufgrund der Abwertung der pakistanischen Rupie ebenfalls nicht erfolgreich beendet werden.[125] Ende der fünfziger Jahre ließ die Wirtschaftskonjunktur auch im Ausland nach. Dies hatte zur Folge, daß zum einen der Wettbewerb um die zurückgehende Zahl von Aufträgen schärfer wurde und zum anderen der Anteil der vollfinanzierten Projekte bei den internationalen Ausschreibungen kleiner wurde. Infolgedessen gewann die

Frage der Finanzierung, womit gelegentlich auch die freihändige Vergabe verbunden war, für Holzmann ständig an Bedeutung. Dagegen bereiteten dem Vorstand von Holzmann die fehlenden Gleitklauseln in den Auslandsverträgen weniger Sorgen. Sie hatten sich zu diesem Zeitpunkt bei einigen Arbeiten sogar günstig ausgewirkt, da die Preise gegenüber den Ansätzen Holzmanns gefallen waren und die für Kostensteigerungen einkalkulierten Risikobeträge nicht in Anspruch genommen werden mußten.

In allen Ländern, in denen das Unternehmen in den fünfziger Jahren tätig war, konnte mit weiteren Aufträgen gerechnet werden, wenn Holzmann entweder bereit war, mehr oder weniger weitgehend zu finanzieren, oder durch besondere Umstände einen Sondervorteil, zum Beispiel eine devisensparende Bauweise, eine technisch bessere und womöglich billigere Lösung oder Vergleichbares, bieten konnte. Unter diesen Umständen spielte für Holzmann die Hermes-Garantie nun auch als Voraussetzung für Finanzierungen eine bedeutende Rolle. Daneben bemühte sich der Vorstand seit langem, über den Hauptverband der Deutschen Bauwirtschaft eine Verbesserung der Hermes-Deckung für die Bauwirtschaft zu erreichen. Ziel war es, die Deckung aller Risikobeträge zu erreichen. Der Vorstand von Holzmann ging davon aus, daß hierdurch der zur Verfügung stehende Plafond bei jedem einzelnen Bauauftrag geringer in Anspruch genommen werden mußte als bisher und daß damit auch ein größerer Umfang an Bürgschaften zur Verfügung stehen würde.[126]

Im Irak war Holzmann bereits 1953/54 am Bau der Kufa-Brücke über den Euphrat beteiligt, die Ende 1954 fertiggestellt wurde. Bei diesem Brückenbau gab es aufgrund einer unvorhergesehenen Gründungsschwierigkeit große Mehraufwendungen, über die mit dem Staat Irak verhandelt werden mußte. 1955 konnte mit dem Bau der Amarabrücke ebenfalls termingerecht begonnen werden. Die Ingenieure von Holzmann rechneten damit, daß die Amarabrücke 1957 fertiggestellt werden könnte, falls Seibert, Saarbrücken, den Stahlüberbau trotz großer Transportschwierigkeiten termingerecht durchführen konnte. Ebenso wie die Amarabrücke brachten zwei Beratungsaufgaben für eine Textilfabrik in Bagdad und eine Getreidemühle in Mosul ein gutes Ergebnis. 1958 konnte Holzmann im Irak einen weiteren Erfolg verbuchen. Die irakische Regierung beauftragte das Unternehmen, die Zentralbank in Bagdad zu bauen. Es war der erste große Hochbau der Nachkriegszeit im Ausland.

Im gleichen Jahr war Holzmann an einer großen Erdarbeit am Managil-Projekt (Sudan) beteiligt. Allerdings hatten sich die Bauherren hinsichtlich der Masse der Erdarbeiten derart verrechnet, daß Holzmann, wie vertraglich vorgesehen, mit der Regierung über Zusatzaufträge verhandeln mußte. Darüber hinaus verursachte die Baumwollmißernte eine prekäre Wirtschaftslage im Sudan, so daß die Zahlungen nicht rechtzeitig erfolgten. Dennoch erzielte dieses Projekt ein gutes Ergebnis.

Die Planungsarbeiten für das Hüttenwerk Rourkela in Indien liefen 1958 programmäßig, ebenso die Bauarbeiten, an denen Holzmann beratend mitwirkte. Der Zahlungsmodus über *Promissory Notes* aufgrund des Kreditabkommens mit der Indischen Republik begann sich nach anfänglichen Schwierigkeiten einzuspielen.[127]

Der Bau der Maracaibo-Brücke in Venezuela verzögerte sich 1958 durch den Regierungswechsel erheblich. Die neue Regierung änderte die Planung ab, so daß an die Stelle der zunächst geplanten Mittelöffnung von 420 m mehrere Öffnungen von je 230 m traten. Auch wollte die neue Regierung die ursprünglich vorgesehene Bausumme von 420 Mio. DM kürzen. Der Bau der Maracaibo-Brücke in Arbeitsgemeinschaft gehörte Ende der fünfziger Jahre zu den interessantesten Auslandsprojekten. 1961 waren die fünf großen Öffnungen ausgeführt; die 8,3 km lange Spannbetonbrücke wurde im Juli 1962 fertiggestellt.[128]

In einem Bericht über die bisherige Auslandstätigkeit zog der Vorstand 1960 eine durchaus positive Bilanz.[129] Er stellte fest, daß sich im Irak die Situation für das Unternehmen stabilisiert habe. Das so wichtige Finanzierungsproblem sei durch die deutschen Entwicklungshilfepläne einer Teillösung nahegebracht worden. Was den Wettbewerb auf den internationalen Märkten anbelangte, stellte der Vorstand 1960 fest, daß die zunächst so gefürchtete Ostblock-Konkurrenz bisher nicht im erwarteten Umfang zum Zuge gekommen war. In diesem Zusammenhang sei es interessant, die Entwicklung der russischen Hilfe für den Assuan-Staudamm in Ägypten zu verfolgen. Diese habe jetzt dazu geführt, daß internationale Ausschreibungen veröffentlicht würden, um Unternehmen zu finden, welche die in einzelne Lose aufgeteilten Arbeiten am Assuan-Staudamm unter russischer Anleitung mit russischem Material und Gerät ausführen sollten.

Die Auslandsabteilung der Philipp Holzmann AG konnte 1960 einen Umsatz im Ausland von etwa 30 Mio. DM erzielen. Diese Leistung war nur im Jahre 1958 übertroffen worden, als die großen Erdarbeiten am Managil-Kanal im Sudan im vollen Gange waren. Zu diesem Zeitpunkt arbeitete Holzmann im Irak (Zentralbank, Kheir-Brücken, Kufa-Brücke, vier Staustufen und Schiffsschleusen in Gharraf, Kut-Brücke), in Indien (Hüttenwerk Rourkela), in Malaysia (Baustelle Cameron-Highlands), im Sudan (Sennar-Kraftstufe, Zuckerfabrik Guneid, Staudamm Khashmel Girba), in Nigeria (Eisenbahnbau Bauchi, Onitsha-Brücke), in Uruguay (Kraftwerk bei Baygorria), in Venezuela (Brücke über den Maracaibo-See) und auf Zypern (Verladebrücke Karavostassi).[130]

Trotz anfänglicher Schwierigkeiten stiegen Anfang der sechziger Jahre die Aktivitäten im Ausland kontinuierlich an. Es konnte eine Reihe von neuen Projekten akquiriert werden: im Tunnelbau (Amsterdam), für Verkehrs- und Industriebauten (Liberia), für kleinere Brücken- und Silobauten (Irak), für eine Zuckerfabrik (Sudan) sowie für umfangreiche Stollenbauten (Malaysia). Darüber hinaus hatte Holzmann damit begonnen, in den skandinavischen Ländern Naßbaggerungen durchzuführen.

1963 erhielt Holzmann ebenfalls zahlreiche neue Aufträge, so den Zuschlag für den Bau des Hafens Sheiba in Kuweit. Mit dem Auftrag für den Bau einer vorgespannten Startbahn des Flughafens Beja in Portugal wurde Holzmann eine technisch interessante und neuartige Aufgabe aufgrund eigener Entwicklungsarbeiten übertragen. In Arbeitsgemeinschaft übernahm Holzmann zudem den Bau einer Textilfabrik in Afghanistan und des Pong-Neeb-Staudammes in Thailand. Diese Wasserkraftanlage wurde aus deutscher Kapitalhilfe finanziert, womit Holzmann erstmalig bei einem von Deutschland geförderten Entwicklungsprojekt zum Zuge kam.[131]

Besonders 1965 konnte bei der Auslandstätigkeit der Philipp Holzmann AG die erwartete Leistungssteigerung erzielt werden. In diesem Jahr konnten vor allem die Aktivitäten im Afrika-Geschäft weiter ausgebaut werden. Neben bedeutenden Zusatz- und Anschlußaufträgen wurden Holzmann Straßen- und Brückenbauten in Malawi sowie – als Gemeinschaftsarbeit – im Senegal und in Sierra Leone übertragen. Die Arbeiten für Industrieanlagen in Liberia, ein Krankenhaus im Senegal, die Zuckerfabrik Khashm el Girba im Sudan, Textilfabriken in Nigeria und Afghanistan, ein Waisenhaus in Amman, ein Silo im Irak und den Pong-Neeb-Staudamm in Thailand konnten 1965 beendet werden.[132]

Zu Ende des Jahres 1964 wies die Auslandsabteilung bereits einen Auftragsbestand von 144 Mio. DM aus. 1965 konnte ein weiterer Zugang von 37 Mio. DM verzeichnet werden. Der Umsatz der Auslandsabteilung stieg von 35,6 Mio. DM Ende Oktober 1964 auf 66,3 Mio. DM Ende Oktober 1965. Eine Folge dieser höheren Leistungen war natürlich auch ein Ansteigen der Zahl der Beschäftigten, die Ende 1965 184 Angestellte und 3250 Arbeiter (1964 175 Angestellte und 2311 Arbeiter) betrug.[133] Der Auftragsbestand erhöhte sich 1968 auf 225 Mio. DM, 1969 auf 413 Mio. DM, fiel jedoch 1970 auf 307 Mio. DM. Die Abnahme 1970 war ein Indiz für den immer härter werdenden Wettbewerb auf dem Auslandsmarkt. Die deutsche Bauwirtschaft mußte unter diesen harten Bedingungen zudem noch die Aufwertung der D-Mark verkraften. Mit Ausnahme des großen Auftrages über 60 Mio. US-Dollar für das Militärlager in Tabuk, Saudi-Arabien, war es Holzmann nicht gelungen, für den D-Mark-Bedarf des Unternehmens Währungsklauseln in den Bauverträgen durchzusetzen. Diese hätten Holzmann vor Verlusten bei der Abwertung ausländischer Währungen und einer Aufwertung der D-Mark geschützt.[134]

Anfang der siebziger Jahre konzentrierte Holzmann die ganze Kraft des Unternehmens auf die neuen Baustellen. Der Vorstand beschränkte die Akquisition vornehmlich auf Länder und Stellen, an denen das Unternehmen bereits tätig war und die es Holzmann aufgrund vor Ort gewonnener Kenntnisse erlaubten, die Preisvorstellungen für Neuaufträge eher zu verwirklichen.

In Saudi-Arabien bemühte sich Holzmann um Anschlußaufträge in Riyadh und Taif, Tabuk und Dammam sowie im Persischen Golf um weitere Naßbaggerarbeiten. Die neuen Aufträge beliefen sich in Libyen auf 10 Mio. DM und die Anschlußaufträge in Saudi-Arabien und im Arabischen Golf auf 58 Mio. DM. Erwähnenswert ist für 1974 auch ein Auftrag in den USA mit einer Bausumme von ca. 3 Mio. US-Dollar. Gemeinsam mit einem amerikanischen Unternehmen hatte Holzmann den Zuschlag für eine Bentonit-Schmalwand als Baugrubenschutz für ein Atomkraftwerk in Gary, Indiana, erhalten.

Der Auftragsbestand erreichte im November 1974 insgesamt 772 Mio. DM. In der Auslandsabteilung arbeiteten zu diesem Zeitpunkt 186 Ingenieure, 188 Kaufleute, 316 deutsche Fachkräfte sowie 5600 lokale Arbeitskräfte.[135]

5. Die Menschen im Unternehmen

Nachdem am 1. Dezember 1947 Franz Rudolph und am 4. Mai 1948 auch Hans Meyer-Heinrich wieder in den Vorstand der Philipp Holzmann AG eingetreten waren und Martin Arndt am 11. Februar 1948 verstorben war, bestand der Vorstand Mitte 1948 aus Walter Kesselheim, Hans Meyer-Heinrich und Franz Rudolph. In der Aufsichtsratssitzung am 4. Dezember 1948 wurde vor allem die Wiederberufung des im Unternehmen nicht unumstrittenen Meyer-Heinrich hervorgehoben:

> «Im inneren Leben unserer Firma ist wichtig, die am 4. Mai dieses Jahres beschlossene Wiederberufung des Herrn Dr. Meyer-Heinrich in den Vorstand der Gesellschaft. Damit bestand der Vorstand wieder aus drei Köpfen. Nach der Tradition unserer Firma haben wir den neuen Vorstand wieder streng kollegial aufgebaut, alle Mitglieder sind untereinander gleich.»[136]

Daß Meyer-Heinrich allerdings im Vorstand in den nachfolgenden Jahren eine führende Stellung innehatte, geht schon aus der Tatsache hervor, daß er in den Sitzungen stets den Bericht zur Lage des Unternehmens gab und auch in der Öffentlichkeit als Primus inter pares auftrat. Zunächst wurde folgende interne Geschäftsregelung getroffen:

– Walter Kesselheim:
in der inneren Verwaltung: Personal und Finanzen,
in der äußeren Verwaltung: Hoch- und Tiefbauabteilung,
Fabrikationsbetriebe und Zweigniederlassung Berlin

– Franz Rudolph:
in der inneren Verwaltung: das technische Büro,
in der äußeren Verwaltung: die Zweigniederlassungen Hamburg, Bremen, Düsseldorf und Koblenz sowie das nordeuropäische Ausland

– Hans Meyer-Heinrich:
in der inneren Verwaltung: Materialverwaltung, Einkaufs-, Versicherungs-, Grundstücksabteilung, Rechts-, Geräte- und Maschinenwesen,
in der äußeren Verwaltung: Zweigniederlassungen Hannover, München, Stuttgart, die Werk- und Lagerplätze sowie das gesamte Ausland mit Ausnahme von Nordeuropa.

Auch diese Ressortverteilung zeigt deutlich, daß Meyer-Heinrich sowohl in der inneren als auch in der äußeren Verwaltung wichtige Geschäftsbereiche innehatte. Von großer Bedeutung war in der nachfolgenden Zeit das Auslandsgeschäft, das mit Ausnahme von Nordeuropa in seinem Tätigkeitsbereich lag. Zweifelsohne war Meyer-Heinrich am Wiederaufbau der Philipp Holzmann AG in seiner Vorstandszeit bis 1956 entscheidend beteiligt. Insbesondere erwarb er sich Verdienste in den Bereichen Mechanisierung und Rationalisierung sowie für den Wiederaufbau des Auslandsgeschäfts. Nach dem Ausscheiden Meyer-Heinrichs aus dem Vorstand wurde Walter Kesselheim Vorstandsvorsitzender und leitete das Unternehmen bis zu seinem Ausscheiden 1974. Es war eine äußerst erfolgreiche Zeit, die von mehreren Rekordergebnissen gekrönt war. Die Angliederung und Neugründung von Tochtergesellschaften, die «Aufgeschlossenheit für moderne Baumethoden, [ihr] Organisationstalent und [ihr] ausgeprägtes Verständnis für Wirtschafts-, Finanz- und Personalprobleme» trugen entscheidend dazu bei, die Position der Philipp Holzmann AG als führendes Bauunternehmen in Deutschland und im internationalen Wettbewerb zu festigen.[137]

Ende 1945 beschäftigte Holzmann insgesamt 750 Angestellte und 6350 Arbeiter, deren Tätigkeit sich zunächst natürlich im wesentlichen auf die Trümmerbeseitigung und den Wiederaufbau der Betriebsstätten beschränkte.[138] Nach der Währungsreform erlebte die Bauindustrie im September eine Sonderkonjunktur, die ihre Spitze etwa im September 1948 mit einer Beschäftigungsziffer im Vereinten Wirtschaftsgebiet (Trizone) mit 880000 im Bauhaupt- und Nebengewerbe erreichte. In diesem Monat hatte Holzmann eine Belegschaft einschließlich Berlins von 892 Angestellten und 7757 Lohnempfängern, zusammen also 8649 Mitarbeitern. Ende Februar 1949 trat allerdings vorübergehend ein allgemeiner Rückgang im Baugewerbe von etwa 15% ein, und es entstand eine Erwerbslosenzahl von 167000 Arbeitern, von denen allein 112000 Baufacharbeiter waren. Fast analog vollzog sich der Einbruch bei Holzmann. Die Belegschaft betrug Ende Februar 1949 mit 825 Angestellten und 6765 Lohnempfängern 7590

Beschäftigte. Der Tiefstand wurde im April 1949 mit 7417 Mitarbeitern erreicht.[139]

Auch 1950 unterlag die Belegschaftszahl erheblichen Schwankungen; im Jahresdurchschnitt betrug sie 815 Angestellte und 6160 Arbeiter, zusammen also 6975 Mitarbeiter. Jedoch konnte 1951 sowohl die Arbeiter- als auch die Angestelltenzahl erhöht werden, da sich auf allen Gebieten des Baus eine Belebung bemerkbar machte. Die Belegschaftsspitze wurde im Mai mit 8370 Mitarbeitern erreicht, zum Jahresbeginn hatte die Mitarbeiterzahl lediglich 6510 betragen.

In den nachfolgenden Jahren wuchs die Mitarbeiterzahl bis 1975 weiterhin kontinuierlich an. Ende der fünfziger, Anfang der sechziger Jahre war die Mitarbeiterzahl im Ausland durch die zahlreichen Projekte und einige Großprojekte erheblich angewachsen. Durch Einstellung von bereits in Deutschland bewährten Kräften aus den Niederlassungen und der Zentrale mit dem Ziel, weitere, auch für das Ausland qualifizierte Führungskräfte mit Hilfe von speziellen Schulungen im Büro und auf der Baustelle zu gewinnen, verfügte die Auslandsabteilung nunmehr über einen verjüngten und bewährten Mitarbeiterstab, der es ermöglichte, die übernommenen Aufträge programmgemäß abzuwickeln. 1960 beschäftigte die Auslandsabteilung in der Zentrale und im Ausland einen Mitarbeiterstab von 165 Angestellten und auf den Baustellen im Ausland 3300 Arbeiter, von denen allein rund 1600 Arbeiter auf die Baustellen Orissa (Indien) und Maracaibo entfielen.[140]

Ende der fünfziger Jahre machte sich auch die Abwanderung von Arbeitskräften zu den stationären Industrien bemerkbar, da diese den Arbeitnehmern attraktivere Bedingungen boten. Auch die stark vermehrte Beschäftigung von Ausländern – Ende 1959 waren dies 71000 im Baugewerbe – konnte den Abgang nicht aufhalten. Die Bauleistung wurde weiter merklich durch die effektive Verkürzung der Arbeitszeit (ab Mai 1960 von 45 auf 44 Stunden) beeinträchtigt.[141] In der zweiten Hälfte der fünfziger Jahre begannen alle Bauunternehmen, ausländische Arbeitskräfte im Inland einzustellen. Zunächst kamen diese vornehmlich aus Italien. Ende 1955 wurde in Rom ein deutsch-italienisches Anwerbeabkommen abgeschlossen, das als Vorbild für weitere bilaterale Vereinbarungen dieser Art diente.[142]

Der Vorstand von Holzmann begrüßte es, daß die Bundesregierung eine Reihe von Verordnungen erlassen hatte, die die Beschäftigung von Ausländern erleichterten, so unter anderem durch die Gewährung von Darlehen für Unterkünfte an die Unternehmen und die Sicherung der Wiederbeschäftigung bei der gleichen Firma. Holzmann versuchte dem Abwandern von Arbeitskräften zu den stationären Industrien dadurch zu begegnen, daß neue, komfortablere Arbeiterunterkünfte geschaffen wurden. Hierbei bevorzugte das Unternehmen Unterkünfte in Massivbauweise, die später, bei etwaigem Absinken der Mitarbeiterzahl, als Wohnungen benutzt werden konnten. Es hatte sich nämlich ergeben, daß bei der notwendigen zentralen Lage der Unterkünfte in den Großstädten und den zum Teil stark gestiegenen Grundstückspreisen die Erstellung nicht viel teurer war als ein platzaufwendiges Barackenlager. 1960 bestand bereits eine Wohnanlage in Frankfurt, gleichzeitig wurden Arbeiterunterkünfte in Massivbauweise in Stuttgart errichtet, und in Düsseldorf wurde eine provisorische Wohnanlage errichtet.[143]

Die Leistung der ausländischen Mitarbeiter beurteilte der Vorstand der Philipp Holzmann AG Mitte 1961 als im allgemeinen befriedigend. Gleichzeitig stellte er fest, daß «Anzeichen einer Erschöpfung der ausländischen Arbeiterreserven» schon erkennbar waren.[144]

Erstmals Ende 1960 erwähnte der Vorstand Ausländer im Unternehmen. Es handelte sich dabei um 1200 Arbeitskräfte, meist Italiener.[145] 1961 waren dann bereits 1690 und 1962 2384 ausländische Arbeiter bei Holzmann beschäftigt. Die Zahl der Italiener war prozentual zurückgegangen, dafür aber waren Griechen, Spanier und Jugoslawen hinzugekommen.[146] Insgesamt war jedoch 1962 eine leichte Entspannung am Arbeitsmarkt festzustellen, wenn auch der Mangel an Arbeitskräften in den Ballungsgebieten sich weiterhin bemerkbar machte. Zur Unterbringung der Belegschaft mußten besonders aufgrund der gestiegenen Ausländerzahl weitere Unterkünfte geschaffen werden. Ende 1962 verfügte Holzmann über 6800 Unterkunftsplätze gegenüber 5000 in der Mitte des Vorjahres. Diese waren Ende 1962 mit 5300 Arbeitern belegt.[147] Auch 1963 konnte der Arbeitskräftemangel nur durch die Einstellung ausländischer Arbeitskräfte gedeckt werden. Zum Teil kehrten diese ausländischen Arbeiter während der Frostperiode im Winter 1963/64 zeitweise wieder in ihre Heimat zurück.

Einige Schwierigkeiten ergaben sich dadurch, daß verschiedene Länder ihre Arbeitskräfte mehr als in den Jahren zuvor für Arbeiten im eigenen Lande brauchten.[148] 1964 stellte der Vorstand der Philipp Holzmann AG fest: «Die Gruppe der Ausländer wird mehr und mehr zu einem festen, zuverlässigen Bestandteil unserer Belegschaft.»[149] Nach einem Rückgang im Jahre 1963 war die Zahl der im Inland beschäftigten Ausländer wieder auf 3050 gestiegen. Immer noch überwogen, trotz eines leichten Rückgangs, Italiener mit 40%, die wegen ihrer guten Arbeit sehr gesuchten Jugoslawen folgten mit 20%, Türken mit 19% und Griechen mit 9%. Holzmann verfügte in diesem Jahr über 7370 Bettenplätze in firmeneigenen Unterkünften, von denen Ende 1964 5700, also etwa drei Viertel, belegt waren. Die Aufstockung der Bettenplätze ging in erster Linie auf die Fertigstellung der Wohnanlage in Frankfurt-Griesheim zurück.

Auffällig ist bei der Betrachtung der Entwicklung der Mitarbeiterzahlen Anfang der sechziger Jahre das ständige Ansteigen des Angestelltenanteils auf etwa 20% der gewerblichen. Die Verkürzung der Arbeitszeit, die in einigen Arbeitsgebieten vermehrte Arbeitsvorbereitung infolge der fortgeschrittenen

Mechanisierung und die etwas vergrößerte Werbearbeit bei Holzmann können diese Erhöhung nur zum Teil erklären. Vielmehr hatte hier wohl die Hochkonjunktur zur Einstellung zahlreicher Mitarbeiter im Angestelltenbereich geführt und zu diesem nicht unerheblichen Strukturwandel hinsichtlich der Zusammensetzung der Gesamtbelegschaft beigetragen.

1965 beschäftigte Holzmann im Kernunternehmen 12000 Mitarbeiter, der gesamte Konzern jedoch 21659, davon im Ausland 3433 und bei den Tochtergesellschaften 4308.

Im September 1965 waren im deutschen Bauhauptgewerbe noch 215000 Gastarbeiter beschäftigt. 1967 ging dann die Zahl auf 130000 zurück. Entsprechend verminderte sich die Zahl auch bei Holzmann auf 1550. Der Wettbewerb und der Preisdruck hatten 1967 infolge des Rückganges der Nachfrage und der zu hohen Baukapazitäten eine rasche Verminderung der Zahl der beschäftigten Ausländer bewirkt. Doch die Belebung der Bauindustrie Ende der sechziger Jahre führte zu vielen Neueinstellungen. Die Beschäftigungslage aufgrund dieser Hochkonjunktur im Baugewerbe führte bereits Anfang 1969 dazu, daß Unternehmen sich mit weit über die tariflichen Zusicherungen hinausgehenden Angeboten inländische und ausländische Arbeitskräfte gegenseitig abwarben.[150] Selbst die Zahlung von Auslösungen an ausländische Arbeiter nahm immer mehr zu, obwohl die Ausländer jahrelang ohne Auslösung mit der Beschäftigung in Deutschland zufrieden gewesen waren.

Auch 1970 verschärfte sich der Wettbewerb auf dem Auslandsmarkt. Die Bauindustrie beschäftigte 1970 185000 Deutsche weniger und 55000 Ausländer mehr als 1966. Der Verlust von 135000 Beschäftigten betraf vorwiegend Bauhelfer und Hilfsarbeiter. Während die Anzahl der polnischen und bulgarischen Arbeiter 1970 etwas zurückging, gab es weiterhin ein hohes Angebot an Arbeitskräften aus Jugoslawien, und neuerdings, so stellte der Vorstand fest, waren auch die «Engländer unter den billigsten Bietern».[151]

Die Belegschaft des Konzerns stieg bis 1970 auf 26300 Mitarbeiter, die Zahl der Beschäftigten im Inland auf 19700, davon waren 5100 Gastarbeiter. Hierzu bemerkte der Geschäftsbericht für 1970:

> «Der Mangel an deutschen Arbeitskräften hat dazu geführt, daß auf unseren Inlandsbaustellen jeder dritte Lohnempfänger Ausländer ist. Der Lösung der mit den Gastarbeitern zusammenhängenden vielfältigen menschlichen und betrieblichen Probleme gilt unsere besondere Aufmerksamkeit. Sie können jedoch nicht allein auf der Unternehmensebene bewältigt werden, sondern es bedarf hierzu tatkräftiger Maßnahmen staatlicher und privater Institutionen.»[152]

Nach dem Spitzenjahr 1970 ging in den nachfolgenden Jahren die Baukonjunktur leicht zurück und damit auch die Zahl der Beschäftigten. Im Inland sank die Belegschaft 1973 um 3,1% auf 18700. Auf den Inlandsbaustellen beschäftigte Holzmann 4400 Gastarbeiter, das waren 31% der gewerblichen Arbeitskräfte. Im gleichen Jahr wurden 343 Auszubildende bei Holzmann auf ihre zukünftigen Aufgaben vorbereitet, 222 hiervon waren technische oder kaufmännische und 121 gewerbliche Lehrlinge. Von den Mitarbeitern im Inland waren 1973 4148 länger als zehn Jahre, davon 509 über 25 Jahre bei Holzmann tätig.

Erstmals war Holzmann 1974 gezwungen, durch die ungünstige Auftragslage in einigen stationären Betriebsstätten vorübergehend zur Kurzarbeit überzugehen.[153] Bei entsprechenden Voraussetzungen bot Holzmann den Arbeitnehmern Aufhebungsverträge an und älteren Mitarbeitern die Inanspruchnahme von vorgezogenem Ruhegeld im Rahmen der flexiblen Altersgrenze.

Natürlich spielen am Bau für die Menschen die Arbeitssicherheit und der Schutz der Mitarbeiter eine entscheidende Rolle. Ende der sechziger, Anfang der siebziger Jahre stiegen als Folge des konzentrierten Einsatzes von Maschinen und Geräten die Unfallhäufigkeit und die Zahl der Berufskrankheiten deutlich an. Diese Entwicklung veranlaßte den Gesetzgeber, Gegenmaßnahmen zu ergreifen. Mit Erlaß des Arbeitssicherheitsgesetzes am 12. Dezember 1973 wurde die Verpflichtung zur Verbesserung der Arbeitssicherheit und des Gesundheitsschutzes in der gewerblichen Wirtschaft Gesetz. Die Umsetzung der Unfallverhütungsvorschriften überließ der Gesetzgeber den betroffenen Sozialpartnern, sowohl den Arbeitgebern als auch den Arbeitnehmern. In dem am 18. Juni 1975 erlassenen Rundbrief zur Organisation der Arbeitssicherheit, der in den Grundzügen bis in die heutigen Tage Geltung hat, wurde vom Holzmann-Vorstand die Aufgabe fixiert: «Die grundsätzliche Aufgabe der Abteilung Arbeitssicherheit besteht darin, den Vorstand, die Führungskräfte aller Ebenen, den Betriebsrat, den Sicherheitsbeauftragten und alle Arbeitnehmer bei der Bekämpfung von Unfallgefahren zu beraten und zu unterstützen.»[154]

Zwar war es bis zum Beginn der achtziger Jahre für die Sicherheitsfachkräfte äußerst schwierig, den Bauarbeitern zu vermitteln, daß zum Beispiel Sicherheitsschuhe ein Muß auf der Baustelle waren und der Schutzhelm grundsätzlich zu tragen war, aber im Laufe der nachfolgenden Jahre gelang es den Sicherheitsfachkräften, die Sicherheit am Bau durch Beratung und Schulung erheblich zu verbessern.

Die Mitarbeiter der Philipp Holzmann AG erhalten neben den normalen gesetzlichen Sozialleistungen eine Reihe von Sonderleistungen, so zum Beispiel Heirats- und Geburtsbeihilfen, Leistungen aus der Unterstützungskasse Philipp Holzmann GmbH, Unfallversicherung und Sterbegeld. 1974 zahlten die Unterstützungskassen im Konzern durch Gewährung einmaliger und laufender Beihilfen zur sozialen Sicherung der Pensionäre und in Not geratenen Mitarbeiter insgesamt über 2,4 Mio. DM aus. An Sonderzuweisungen wurden den Unterstützungskassen insgesamt 2,03 Mio. DM zugeführt.[155]

Mitarbeiterzahlen der Philipp Holzmann AG von 1945 bis 1974

Jahr	Arbeiter	davon Ausländer	Angestellte	Insgesamt
1945	6350	–	750	7100
1950	6160	–	815	6975
1955	9313	–	1125	10438
1960	9356	1200	1542	10898
1965	10120	3300	2179	12299
1970	16760	5100	2940	19700
1974	13800	3290	2800	16600

6. Holzmann – das führende Bauunternehmen in Deutschland

Nach dem Zweiten Weltkrieg entwickelte sich Holzmann rasch zum führenden Bauunternehmen in Deutschland, wie ein Vergleich mit den wichtigsten Bilanzpositionen der anderen führenden Bauunternehmen Siemens-Bauunion, Beton- und Monierbau, Grün & Bilfinger und Hochtief zeigt:

Geschätzte Umsätze[156]

	Siemens-Bauunion	Beton- und Monierbau	Grün & Bilfinger	Hochtief	Holzmann
1958/59 bzw. 1959 in Mio. DM	70,3	199	ca. 150	291	ca. 320
1957/58 bzw. 1958 in Mio. DM	60,4	175	ca. 125	260	ca. 280
1956/57 bzw. 1957 in Mio. DM	61,5	170	ca. 115	220	ca. 230
Veränderung in %					
1958 auf 1959	+ 16%	+ 14%	+ 23%	+ 12%	+ 17%
1957 auf 1958	– 2%	+ 3%	+ 10%	+ 18%	+ 22%
Anteil des Arge-Umsatzes am Gesamtumsatz 1958/59 bzw. 1959	54%	nicht genannt	40%	44%	41%
Umschlagsfaktor der Bilanzsumme					
1959	3,2	3,5	4,2	3,0	3,0
1958	3,5	3,5	3,9	3,0	2,9
Eigenkapitalumschlag					
1959	13,8	19,0	15,0	23,9	19,1
1958	12,1	18,9	12,3	22,0	19,0

Ein Vergleich der Umsatzzahlen ist zwar insofern problematisch, als nicht genau bekannt ist, wieviel über Arbeitsgemeinschaften abgewickelt wurde. Dazu kommt, daß die meisten Gesellschaften den Umsatzanteil des Auslandsgeschäfts nicht nannten, sondern nur allgemein von zunehmenden Schwierigkeiten sprachen oder auch von gewissen Rückschlägen. Dennoch kann aus dem Trend über mehrere Jahre ersehen werden, wie sich die Entwicklung der einzelnen Gesellschaften gestaltete. Bei allen Gesellschaften war das Jahr 1959 durch eine hohe Zuwachsrate gekennzeichnet. Trotzdem erreichten Hochtief und Holzmann nicht die Steigerung des Vorjahres, zum Teil bedingt durch stärkere Rückgänge im Auslandsgeschäft. Alle anderen Gesellschaften erhöhten ihren Umsatz gegenüber dem Vorjahr erheblich. Der Kapitalumschlag (Umsatz geteilt Bilanzsumme) zeigt, daß alle zum Vergleich herangezogenen Gesellschaften ihre Bilanzsumme annähernd gleich oft umgesetzt hatten. Nach dem Eigenkapitalumschlag (Umsatz geteilt durch Eigenkapital) war der Umschlagfaktor bei der SBU am geringsten, das heißt, der Anteil des Eigenkapitals am Gesamtkapital war am größten. Bemerkenswert ist außerdem, daß nur die SBU und Grün & Bilfinger ihren Umsatz aus dem «reinen Baugewerbe» erzielten, während die übrigen Gesellschaften noch Nebenbetriebe unterhielten. Bei einem Vergleich des Jahresgewinns sowie des Grundkapitals und der Dividende wird ersichtlich, daß Holzmann und Hochtief fast gleichauf lagen, während die anderen Unternehmen wesentlich niedrigere Quoten auswiesen:

Ertragslage[157]

	Siemens-Bauunion	Beton- und Monierbau	Grün & Bilfinger	Hochtief	Holzmann
	1958/59	1959	1959	1959	1959
Jahresgewinn in Mio. DM	0,592	1,102	0,748	1,275	1,233
Grundkapital in Mio. DM	4,000	7,200	6,615	7,750	7,740
Dividende					
Stammaktien	14%	15%	11%	16%	16%
Vorjahr	12%	12%	10%	14%	14%

1959 beschloß der Vorstand der Philipp Holzmann AG, durch Umwandlung von Rücklagen das Stammkapital von 7,740 Mio. DM im Verhältnis 3:2 um 5,160 Mio. DM auf 12,900 Mio. DM zu erhöhen. Das erhöhte Kapital war erstmals für 1960 dividendenberechtigt. Die führende Rolle der Philipp Holzmann AG zeigt sich auch bei einem Vergleich der Börsenkurse:

Börsenkurse[158]

	Beton- und Monierbau	Grün & Bilfinger	Hochtief	Holzmann
Ende 1958	290%	300%	345%	400%
Mitte 1959	425%	410%	530%	675%
Ende 1959	400%	400%	570%	880%
Mitte 1960	600%	460%	915%	1750%

1950 betrug der Umsatz von Holzmann 75,7 Mio. DM, stieg aber bereits 1951 auf 110,9 Mio. DM, dies entspricht einer Steigerung von 55%.[159] Das Grundkapital veränderte sich seit der Währungsreform 1948 bis 1959 nicht. Die Dividende auf das Stammkapital betrug in diesem Jahr 4%.[160]

Die positive Entwicklung bei Holzmann hielt bis Ende der sechziger Jahre ungebrochen an. Zwar gab es das eine oder andere unbefriedigende Jahr, so zum Beispiel 1967, aber in der Gesamtheit muß die Entwicklung als äußerst günstig bezeichnet werden; teilweise machten sich sogar Anzeichen von Überhitzung bemerkbar. Sowohl die Auftragseingänge in Frankfurt als auch bei den inländischen Niederlassungen entwickelten sich erfreulich. 1970 erreichte Holzmann eine Umsatzsteigerung von insgesamt 45–47%, wovon etwa 10% auf erhöhte Fremdleistungen, 10–12% auf die Vermehrung der Zahl der Arbeitskräfte und 20–25% auf Preissteigerungen zurückzuführen waren. Die Tochtergesellschaften erzielten in diesem Jahr mit 420 Mio. DM rund 27% des Konzernumsatzes von insgesamt etwa 1,5 Mrd. DM.[161]

Obwohl das Jahr 1971 noch mit einem Auftragsbestand von über 1 Mrd. DM begann, zeichnete sich bereits eine Einschränkung der Bautätigkeit und eine damit verbundene Abwärtsentwicklung der Auftragseingänge ab. Es gab zwar keinen Anlaß, die nachlassende Bautätigkeit zu dramatisieren, Vorstand und Aufsichtsrat hegten jedoch die berechtigte Sorge, daß bei anhaltender Lohn- und Kostensteigerung die inflationäre Entwicklung auch in der Bauwirtschaft nicht zum Stillstand zu bringen sein würde.[162]

1973 und 1974 waren schwierige Jahre für die Bauwirtschaft. Die Bauindustrie fühlte sich sowohl von der Bundesbank als auch von der Bundesregierung im Stich gelassen, da diese – wegen der als vorrangig angesehenen Preisstabilität – weder eine selektive Konjunkturförderung zugunsten der zweifellos hart in Mitleidenschaft gezogenen Bauindustrie vornahmen noch sonstige Maßnahmen zur Verbesserung der Situation in der Bauindustrie trafen. Aus diesem Grunde sah der Vorstand Maßnahmen zur Kapazitätseinschränkung und Strukturänderung vor, um den Anpassungsprozeß so zu vollziehen, daß die Personal- und Sachkosten in Einklang mit den erzielten Preisen standen.[163]

Die Vertreter der Bauindustrie hatten sich an Steigerungsraten von 45% gewöhnt und waren mit Jahresbauleistungssteigerungen von lediglich knapp

5–10% nicht mehr zufrieden. 1974 zum Beispiel stieg die Jahresbauleistung von Holzmann im Konzern um 5,7% auf 2,191 Mrd. DM (im Vorjahr 2,074 Mrd. DM) an. Dabei verringerte sich die Inlandsleistung um 2,6% auf 1,882 Mrd. DM (im Vorjahr 1,933 Mrd. DM), während im Auslandsgeschäft eine Zunahme auf 309 Mio. DM (im Vorjahr 141 Mio. DM) zu verzeichnen war. Der Leistungsanteil der Tochtergesellschaften von Holzmann hatte sich auf 696 Mio. DM (im Vorjahr 637 Mio. DM) erhöht. Von der Gesamtleistung Holzmanns wurden 29% in Arbeitsgemeinschaften im In- und Ausland abgewickelt. Überhaupt hatten die Beteiligungsgesellschaften im Laufe der sechziger Jahre immer stärker an Bedeutung gewonnen. Zahlreiche Tätigkeitsfelder wurden in die Tochtergesellschaften ausgegliedert. 1974 konnten die Beteiligungsgesellschaften ihren Anteil an der Jahresbauleistung des Konzerns von 32% behaupten. Der durchschnittliche Personalbestand bei den Tochtergesellschaften betrug 5300 Mitarbeiter.

Die Imbau Industrielles Bauen GmbH, Leverkusen, errichtete nach dem Uniplan-Bausystem öffentliche und gewerbliche Hochbauten. Die Bayerische Fertigbau GmbH, Garching bei München, als Tochtergesellschaft der Imbau im süddeutschen Raum, erstellte vorwiegend Reihenhäuser und mehrgeschossige Wohnanlagen. Die 1969 erworbene Paul Thiele GmbH für Hoch- und Tiefbau, Hamburg, hatte sich auf die Produktion und Montage von Fertigteilen von Einkaufszentren, Industrie-, Instituts- und Schulbauten spezialisiert. Die Concept-Bau, Baukoordinierung und Betreuung GmbH, Leverkusen, führte Marktanalysen durch und prüfte die Anwendbarkeit verschiedener Bausysteme für den Wohnungsbau. Die Comta Fertigbau GmbH, Frankfurt am Main, befaßte sich vornehmlich mit der Errichtung schlüsselfertiger Bauten. Die Deutsche Asphalt GmbH, Frankfurt am Main, die Gußasphalt im Straßen- und Brückenbau, bei Abdichtungen von Gebäuden, Deichen und Kanälen und als Bodenbelag für den Hoch- und Industriebau verarbeitete, sowie ihre Tochtergesellschaft, die Heinrich Lönholdt GmbH, Frankfurt am Main, die hauptsächlich für die Muttergesellschaft Spezialbaustoffe aus Asphalt und Kunststoff produzierte, sowie die Scheid Straßenbaugesellschaft mbH, Limburg, die sich auf den Einbau bituminöser Beläge und die Abwicklung großer Reparaturlose bei Straßen und Bundesautobahnen spezialisiert hatte, erzielten seit ihrem Bestehen sehr gute Ergebnisse. Die seit Jahrzehnten auf dem Gebiet der Gründung von Bauten nach Spezialverfahren für Bohr- und Rammpfähle tätige Frankipfahl-Baugesellschaft mbH, Düsseldorf, leistete vor allem beim Brückenbau hervorragende Dienste. Die Fundamenta Grundbau GmbH, Frankfurt am Main, war vornehmlich auf den Gebieten Baugrubenumschließung, Wasserhaltung und Ankerherstellung tätig. Seit 1958 war die Hubinsel GmbH, Köln, eine Gemeinschaftsgründung der Strabag AG und der Philipp Holzmann AG, beim Bau von zahlreichen Häfen im In- und Ausland sowie von Tankeranlegern aktiv. Die Ingenieur-Gemein-

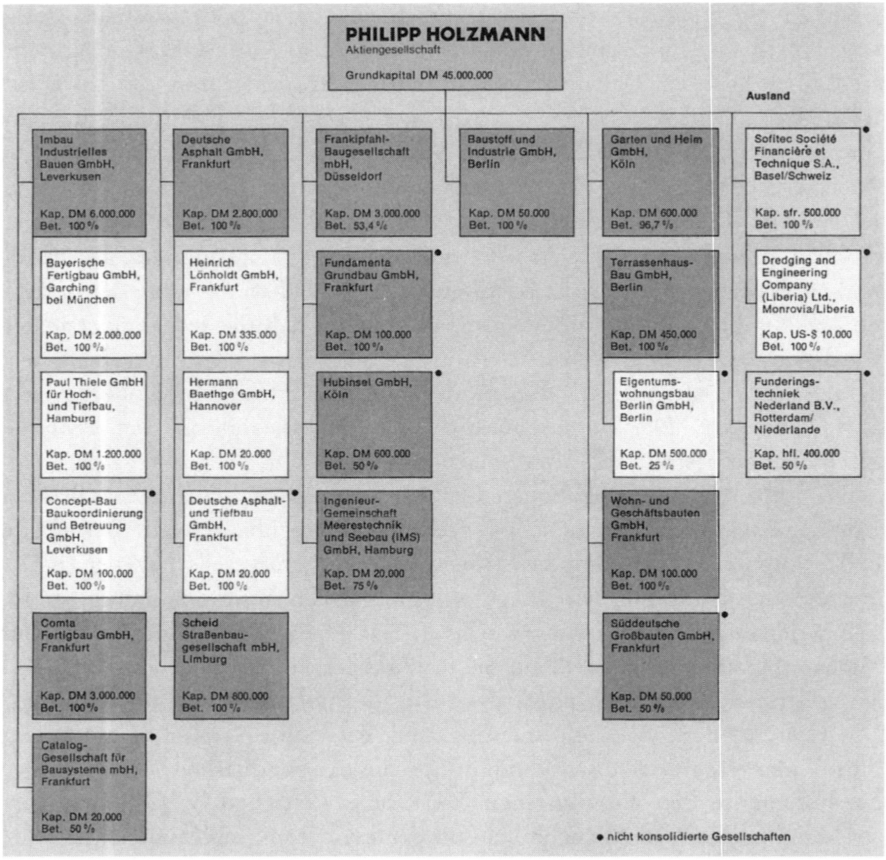

Beteiligungsstruktur der Philipp Holzmann AG 1974

schaft Meerestechnik und Seebau (IMS) GmbH, Hamburg, die erst 1974 gegründet worden war, wurde vom Bundesministerium für Forschung und Technologie mit der Planung und Systemführung für eine bei Helgoland zu errichtende Forschungsplattform beauftragt, die der Meeresforschung und der Kontrolle der Meeresverschmutzung dienen sollte. Holzmann hatte an dieser Gesellschaft eine Beteiligung von 75%. Das Aufgabengebiet der Baustoff und Industrie GmbH, Berlin, schließlich umfaßte den regionalen Baustoffhandel und konzerninterne Gerätevermietung.[164]

Ende der sechziger Jahre hatte sich gezeigt, daß spezielle Aufgaben nicht durch die einzelnen Niederlassungen, sondern nur durch zentrale Abteilungen oder durch die spezialisierten Tochtergesellschaften erfolgreich abgewickelt werden konnten. Das fortschreitende Bauen mit Fertigteilen brachte zum Beispiel dem Flaggschiff der Holzmann-Tochtergesellschaften, der Imbau, über

Verwaltungshochhaus der Philipp Holzmann AG, Frankfurt am Main, 1968

Jahre hin eine optimale Kapazitätsauslastung. 1971 beschloß der Vorstand auf einer Tagung mit den Niederlassungsleitern, die Produktentwicklung für alle Niederlassungen durch die Abteilung «Generalunternehmer» gemeinsam mit der Technischen Abteilung zu betreiben. Die Abteilung «Generalunternehmer» hatte seit ihrer Gründung ihre Tätigkeit ständig ausgedehnt und ihre Bedeutung in der Öffentlichkeit schnell zugenommen.

Während mit seiner Fertigstellung am 2. Oktober 1968 das 18geschossige Verwaltungshochhaus der Philipp Holzmann AG in der Taunusstraße als neuestes Wahrzeichen des stürmisch wachsenden Frankfurter Büro- und Bankenviertels die alte Silhouette der Mainmetropole überragte, glich der Steinmetzlagerplatz der Philipp Holzmann AG auf der Gehespitz im Frankfurter Stadtwald aufgrund der dort gelagerten historischen Gebäudeteile einer archäologischen Fundstätte. Die Palette der Holzmannschen Aktivitäten reichte von kunstvollen Steinmetzarbeiten bis hin zu Fertigbauteilen, einem Bauwerk wie dem Frankfurter «Terminal Mitte», einem Bauwerk in «Jumbo»-Dimension, Brücken in Spannbeton, im Schildvortrieb gebauten U- und S-Bahnen sowie einer Pipelineverlegung im Wattenmeer. Das Leistungsangebot der Philipp Holzmann AG hatte sich in der Zeit nach dem Zweiten Weltkrieg auf fast alle Gebiete der Bauindustrie ausgedehnt.

VIII.
Zeiten des Booms und Zeiten der Krise – 1974 bis 1999

1. Veränderungen der politischen und wirtschaftlichen Rahmenbedingungen

Die Vervierfachung des Ölpreises im Herbst 1973, das Ende des Bretton-Woods-Systems mit der nachfolgenden Neuordnung des Währungssystems, die Finanzierung der Zahlungsbilanzdefizite und die stark steigende Verschuldung des Staatshaushaltes seit 1976 wirkten sich negativ auf den Arbeitsmarkt und auf die Inflationsrate aus. Während die Inflationsrate in der Bundesrepublik im Vergleich zu den übrigen Ländern der westlichen Welt relativ niedrig gehalten werden konnte, rückte das Problem der Vollbeschäftigung von Jahr zu Jahr stärker in den Vordergrund und bildet bis heute ein schier unlösbares Problem. Hinzu kam, daß sich die wirtschaftliche Lage vieler Unternehmen verschlechterte und der Spielraum ihrer Kalkulation kontinuierlich enger wurde. Inflation und Rezession kennzeichneten seit Beginn der Weltwirtschaftskrise im Jahre 1974 die Entwicklung.[1]

Die Vervierfachung des Ölpreises Ende 1973 führte dazu, daß der Leistungsbilanzüberschuß der Industrieländer (1973 noch 3,9 Mrd. US-Dollar) im Jahre 1974 in ein Leistungsbilanzdefizit von 35 Mrd. US-Dollar überging, bei den Entwicklungsländern von einem Defizit von 2 Mrd. US-Dollar auf ein Defizit von 25 Mrd. US-Dollar, während bei den OPEC-Ländern (Organization of Petroleum Exporting Countries) ein Überschuß von 65 Mrd. US-Dollar entstand.[2]

Die Mitte der siebziger Jahre eintretende Weltwirtschaftskrise entschärfte die gefährliche Zahlungsbilanzsituation. Der Welthandel ging gegenüber dem Vorjahr um 7,5 % zurück, und die Leistungsbilanzdefizite reduzierten sich auf 11,7 Mrd. US-Dollar. 1976 jedoch erhöhten sie sich wieder auf 29 Mrd. US-Dollar. Diese Ungleichgewichte der Zahlungsbilanz konnten kaum noch durch innere Anpassungsmaßnahmen oder durch Wechselkursänderungen beseitigt werden. Die ölexportierenden Länder ihrerseits konnten aber den plötzlichen Reichtum nicht so schnell in zusätzliche Importe und inländische Investitionen umsetzen, so daß ihnen nichts anderes übrig blieb, als ihre «Petro-Dollars» in die ölimportierenden Länder zurückzuschleusen (Recycling). Da aber die OPEC-Staaten an gewinnbringenden Geldanlagen interessiert waren, legten sie ihre Gelder in den währungsstarken Ländern an.

Die Bauindustrie war durch umfangreiche und einschneidende Stabilitätsmaßnahmen von Bundesregierung und Bundesbank sowie durch die Energiekrise erheblichen Belastungen ausgesetzt. Im Wohnungsbau bewirkten die stabilitätspolitischen Maßnahmen, daß Anschlußaufträge ausblieben; im Verlauf des Jahres 1973 fand daher die expansive Periode im Baugewerbe ihr Ende. Aber auch die Tatsache, daß vielfach Neubauten infolge der hohen Grundstücks-, Bau- und Finanzierungskosten nicht mehr kostendeckend vermietet bzw. verkauft werden konnten und außerdem der Bedarf überschätzt worden war, hatte zu einem Abflauen der Wohnungsbaunachfrage geführt. Gleichzeitig ging die Bautätigkeit für Bund, Länder und Gemeinden weiter zurück.[3] Die zunehmende Abkühlung des konjunkturellen Klimas erforderte im Laufe des Jahres 1974 eine Korrektur des wirtschaftspolitischen Kurses. Durch gezielte Maßnahmen der Bundesregierung sollten neue Bauprojekte und öffentliche Investitionen gefördert sowie mit Zulagen die Investitionstätigkeit der Unternehmen angeregt werden, um hierdurch die wachsende Arbeitslosigkeit einzudämmen.[4] 1975 spürte die Bauindustrie stärker als 1974 die rückläufige Entwicklung auf allen Gebieten der Wirtschaft. Das Bauvolumen in der Bundesrepublik erreichte 1975 144,5 Mrd. DM, was einem realen Rückgang gegenüber dem Jahre 1974 um 7,5% entsprach. Damit war die Baubranche preisbereinigt auf den Leistungsstand von 1969 zurückgefallen.[5] In keinem anderen Wirtschaftszweig mußte der Personalbestand so stark abgebaut werden wie im Bauhauptgewerbe. Von Mitte 1973 bis Mitte 1975 ging die Zahl der Beschäftigten um 21% zurück. 1975 waren durchschnittlich 10,5% oder 141500 Arbeitskräfte weniger beschäftigt als im Jahr zuvor. Neben der Reduzierung des Personals erfolgte ein Abbau der Überstunden, in verstärktem Umfang mußte auch Kurzarbeit eingeführt werden.

2. Überblick zur Entwicklung bei Philipp Holzmann

Die Bauunternehmen suchten natürlich nach einem Ausweg aus dieser schwierigen Situation und verstärkten ihr Auslandsgeschäft erheblich. Hierbei kam ihnen vor allem der stark gewachsene Reichtum der OPEC-Staaten zugute. Die Bauleistung der Philipp Holzmann AG im Ausland vergrößerte sich in der Dekade von 1974 bis 1984 von Jahr zu Jahr und machte schließlich 1984 mehr als zwei Drittel der gesamten Jahresbauleistung aus.

Durch die stetige Erhöhung der Bauleistungen im Ausland, insbesondere eben in den OPEC-Ländern, entging die Bauwirtschaft in der zweiten Hälfte der siebziger Jahre und in den beginnenden achtziger Jahren der Krise und konnte große Gewinne erzielen. Von 1973 bis 1985 stieg bei Holzmann die Bauleistung im Ausland um fast das Vierzigfache an, während sie im Inland nur geringfügig stieg. Hierbei waren jährliche Erhöhungen zwischen 20% und 100% durchaus normal, zum Beispiel erhöhte sich die Leistung im Ausland 1976 gegenüber 1975 um 107,7% auf 1186 Mio. DM.[7] Holzmann konnte

Jahresbauleistung der Philipp Holzmann AG in Mio. DM[6]

	Ausland	davon USA	Inland	Gesamt	Holzmann	Beteiligungen der Philipp Holzmann AG
1973	141		1933	2074	1437	637
1974	309		1882	2191	1500	691
1975	571		1744	2315	1690	625
1976	1186		1652	2838	2256	582
1977	1662		1662	3324	2714	610
1978	2421		1776	4197	3542	655
1979	3788		1986	5774	3851	1923
1980	3981		2348	6266	3936	2330
1981	5430		2244	7674	3722	3952
1982	5213		2288	7501	3210	4291
1983	5429		2439	7868	4215	3653
1984	5495		2638	8133	4399	3734
1985	5226		2226	7452	3156	4296
1986	4009	1469	2517	6526	2499	4027
1987	2143	1363	2560	5796	2327	3469
1988	1990	1485	2687	5807	1994	3813
1989	2473	1602	3992	7872	2227	5645
1990	3280	1667	4963	9283	2935	6348
1991	4562	1549	6442	11004	3487	7517
1992	4759	1508	7113	12472	3709	8763
1993	4288	2247	8177	12465	3648	8817
1994	4024	2032	9066	13090	3786	9304
1995	4386	2032	9708	14094	4242	9852
1996	4945	2362	9247	14192	4517	9675
1997	5448	3175	8967	14415	4273	10142
1998	5402	3799	6652	12054	3544	8510

zu Beginn des Jahres 1976 in Saudi-Arabien einen Großauftrag im Wert von 2 Mrd. DM hereinnehmen.[8] Im Jahre 1981 wurden rund vier Fünftel der Gesamtleistung im Ausland erbracht. In diesem Jahr erhielt Holzmann Auslandsaufträge aus insgesamt 31 Ländern. Von den neuen Auslandsaufträgen entfielen 39% auf OPEC-Staaten und 55% auf die USA. Zu diesem Zeitpunkt bestand in den OPEC-Ländern noch immer ein beachtlicher Baubedarf; allerdings wurden die Konkurrenz und der Wettbewerb härter.

Dem Vorstand war bereits 1975 bewußt, daß der Bauboom in den OPEC-Ländern eines Tages zu Ende sein würde. Bereits zu diesem Zeitpunkt setzte sich in einigen dieser Länder zunehmend «eine realistischere und kritische Betrachtungsweise über hochfliegende Pläne und Projekte durch, die im ersten Bewußtsein großen Reichtums konzipiert»[9] worden waren. So mußte Holzmann schon 1975 die Annullierung von Auftragsabsichtserklärungen im Iran hinnehmen. Außerdem kam es zur Verzögerung von Bauausschreibungen im Oman oder gar zur Aufhebung von Ausschreibungen, wenn Preisvorausschätzungen durch die eingehenden Angebote weit überschritten wurden. Holzmann beispielsweise verlor bereits 1975 ein großes Projekt in Abu Dhabi. Allerdings übte das Unternehmen in Saudi-Arabien keine Zurückhaltung bei den Ausschreibungen und der Vergabe neuer Bauaufträge. Im Gegenteil, die Minister erhielten dort Vollmachten, Projekte direkt zu vergeben. Dies wertete man bei Holzmann folgendermaßen: «Es liegt auf der Hand, daß wir diese besondere Situation mit ausschöpfen wollen, d.h., Saudi-Arabien ist unser Akquisitionsschwerpunkt.»[10]

Natürlich wollten alle Bauunternehmen vom Bauboom der OPEC-Länder profitieren. So verschärfte sich von Jahr zu Jahr der Wettbewerb, was auch Philipp Holzmann zu spüren bekam. Allein in Saudi-Arabien betätigten sich 1977 215 sogenannte *large-scale-constructors* aus Europa, den USA und Asien, die um Anteile am Baumarkt rangen, der durch Zurückstellung großer Projekte schrumpfte.[11] So war es nicht verwunderlich, daß für Holzmann Anfang der achtziger Jahre bereits Saudi-Arabien in den Hintergrund trat; die Neuaufträge blieben mit nur 1,2 Mrd. DM weit hinter dem Gewohnten zurück. Das «Bauklima» für westliche Firmen hatte sich hier stark abgekühlt. Wichtigster Markt für die deutsche Bauindustrie wurde 1981 der Irak. 4,9 Mrd. DM, das waren 56% der neuen Aufträge, kamen aus dem Zweistromland. Allerdings sollten sich einige dieser Projekte für fast alle beteiligten deutschen Bauunternehmen Ende der achtziger Jahre negativ in den Bilanzen auswirken.[12]

Der Vorstand der Philipp Holzmann AG war sich im klaren darüber, daß er nicht allein auf den Bauboom in den OPEC-Ländern setzten durfte, sondern sich nach anderen Möglichkeiten umsehen mußte, um eine langfristige, kontinuierliche Ertragslage zu sichern. Aus diesem Grunde sah sich der Vorstand vor allem in den USA nach Entwicklungsmöglichkeiten um. Im Oktober 1978 bereits wurde er fündig, und Holzmann übernahm die Firma J. A. Jones in Charlotte, North Carolina, zu 100%. Jones entpuppte sich in den nachfolgenden Jahren bis heute als eine zukunftsweisende Investition, die Jahr für Jahr am Auslandsertrag der Philipp Holzmann AG großen Anteil hatte. Wie wichtig diese Akquisition war, zeigte sich im Laufe der achtziger Jahre, als das Baugeschäft in den OPEC-Ländern erheblich abflaute.

Zwei Tendenzen machten sich nun bemerkbar. Das USA-Geschäft trug seit Beginn der achtziger Jahre wesentlich zur Festigung des Auslandsgeschäfts bei. Gleichzeitig versuchte der Vorstand von Holzmann, die in den OPEC-Ländern erzielten Gewinne auch in Europa anzulegen und im Zuge der europäischen Vereinigung in allen europäischen Ländern Niederlassungen zu errichten. Hierbei verfolgte der Vorstand die Strategie, im europäischen Ausland keine eigenen Niederlassungen aufzubauen, sondern mit dort ansässigen und gut eingeführten Bauunternehmen zu kooperieren bzw. diese zu übernehmen. In der zweiten Hälfte der achtziger Jahre und Anfang der neunziger Jahre nahm das Europageschäft eine bedeutende Rolle ein. Allerdings hatte der Vorstand hier nicht die für die Zukunft ertragreichsten Unternehmen gekauft. Gerade die Investition in Frankreich erwies sich als Fehlgriff.

Verteilung der Inlands- und Auslandsleistung in Prozent[13]

	1978	1980	1982	1984	1986	1988	1991	1993	1995	1997
Europa	1	1	1	1	3	5	13	12	12	12
Afrika	3	3	6	4	3	3	2	1	1	1
Amerika	–	24	44	34	48	38	23	18	14	32
Asien	54	34	19	29	8	4	2	3	4	2
Ausland gesamt	58	62	70	68	62	50	40	34	31	47
Inland	42	38	30	32	38	50	60	66	69	53
Insgesamt	100	100	100	100	100	100	100	100	100	100

Nach 1984 ging das Geschäft in den OPEC-Ländern, aber auch im übrigen Ausland, erheblich zurück. Ende der achtziger Jahre war es bereits – unter solchen Verlusten hatten übrigens auch zahlreiche andere Bauunternehmen zu leiden – relativ bedeutungslos geworden. Die im Irakgeschäft seit dem Konflikt mit dem Nachbarland Iran eingetretenen Verluste konnten aber durch die Ergebnisse im Inlandsgeschäft, im Europa- und Amerikageschäft weit mehr als ausgeglichen werden. Die maschinellen Kapazitäten wurden erstmals 1986 wieder intensiv genutzt. Dies führte zu einer kräftigen Belebung der Baugeräteinvestitionen im Inland.[14] Das Inlandsgeschäft stieg in den nachfolgenden Jahren weiter an und konnte erstmals 1988 mit dem Auslandsgeschäft wieder gleichziehen. In den Jahren nach 1990 wurde das Inlandsgeschäft wieder das dominierende Tätigkeitsfeld der Philipp Holzmann AG.

Allerdings belastete der Vorstand das Inlandsgeschäft, aber auch Teile des europäischen Geschäfts, mit erheblichen Risiken. Die Projektentwicklung wurde zu einer der bedeutendsten Aktivitäten, die von den Hauptniederlassungen, der Abteilung Generalunternehmer und Beteiligungsgesellschaften getragen wurde. Das Projektgeschäft, also die komplette Ausführung und Vermarktung eines Bauwerks in den Händen eines Unternehmens, nahm 1989 in seiner Bedeutung zu. Der Zuwachs gegenüber 1988 betrug gut 50%. Der Wert der bebauten Grundstücke lag Ende 1989 bei 650 Mio. DM, davon waren bereits 402 Mio. DM verkauft. Der Gesamtwert aller sich zu diesem Zeitpunkt in der Entwicklung befindlichen eigenen und fremden Grundstücke betrug einschließlich des Bauvolumens zum Jahresende 3,7 Mrd. DM.[15] In den nachfolgenden Jahren gewann die Projektentwicklung weiter an Bedeutung; der Gesamtwert, der in den verschiedenen Stadien der Entwicklung befindlichen Projekte betrug zum Jahresende 1990 bereits 6,3 Mrd. DM einschließlich der Grundstücke und Bauleistungen und war damit um gut

70% gestiegen. Der Anteil der Muttergesellschaft betrug zu diesem Zeitpunkt 5 Mrd. DM, das waren rund 80%.

Grundsätzlich, so versicherte der Vorstand, würde mit den Bauarbeiten jeweils erst dann begonnen, wenn die wirtschaftliche Verwertung eines Vorhabens weitgehend gesichert war.[16] In einem Papier «Strategieansatz des Philipp Holzmann Konzerns» vom Dezember 1991[17] wies der Vorstand der Philipp Holzmann AG auf die Bedeutung der «Projektentwicklung» und die technischen Leistungen «Planen und Beraten» hin und darauf, wie wichtig die Ausrichtung der vorhandenen Ressourcen auf das richtige Produkt sei, damit Personal, Kapital und Informationen wirtschaftlich und gewinnbringend eingesetzt werden können. Risikountersuchung, Risikoabdeckung und Risikobegrenzung seien bei der gegebenen Vielfalt von Bauprojekten unabdingbare Erfordernisse. Die Risikobetrachtung im Verhältnis zu den gegebenen Chancen müsse gegebenenfalls auch zum Verzicht führen.

> «Wir sehen uns heute am Beginn einer vierten Phase. Sie ist geprägt durch die Ausschöpfung des vollen Potentials der zahlreichen Unternehmensbeteiligungen und Niederlassungen. Dabei werden wir uns auf die Geschäftsbereiche konzentrieren, bei denen der Einsatz unseres Know-how zu einer starken Marktpräsenz mit nachhaltig gutem Ertragspotential führt.»[18]

Die im Strategiepapier von 1991 proklamierten «Visionen» führten jedoch direkt in die Krise. Nachdem das Jahr 1994 noch einigermaßen ertragreich gewesen war, mußte der Vorstand 1995 Farbe bekennen und mitteilen, daß er für dieses Jahr keine Dividende zahlen könne. Die hohen Verluste der Philipp Holzmann AG beruhten auf einer neuen Bewertung der Sparte Projektentwicklung. Wegen umfangreicher Risikovorsorge im Projektgeschäft wurde das Gesamtergebnis des Jahres 1995 mit etwa 460 Mio. DM belastet.[19] Anlaß für diese Entwicklung war ein Gutachten der Wirtschaftsprüfungsgesellschaft KPMG, das der Holzmann-Aufsichtsrat in Auftrag gegeben hatte, um das Projektgeschäft im Licht der gefallenen Immobilienpreise neu bewerten zu lassen. Trotz zum Teil unvollständiger Information seitens des Vorstands hatte der Aufsichtsrat Verdacht geschöpft, wie sich zeigen sollte, viel zu spät. Bei einer Gesamtbauleistung von rund 14 Mrd. DM jährlich waren die eigenen Bauvorhaben unverhältnismäßig groß. Besonders gefährlich war hierbei die «Kopflastigkeit», die dadurch entstand, daß Holzmann vor allem im Rhein-Main-Gebiet Grundstücke eingekauft hatte. Allein in der Region Frankfurt besaß Holzmann Grundstücke für Projekte mit einem Volumen von 5 Mrd. DM.[20] Der Vorstand hatte offensichtlich zahlreiche Grundstücke gekauft, ohne sich Gedanken darüber zu machen, wann die Büros und Wohnungen fertig sein würden und wieviel Neubau der Markt in welchen Zeiträumen verkraften könne. Vor allem versäumte es der Vorstand, schon beim Kauf einen Zeitpunkt festzusetzen, an dem man sich rigoros von dem Grundstück hätte wieder trennen müssen, sollte bis zu diesem Zeitpunkt kein Mieter gefunden sein, das Baurecht nicht vorliegen oder ein anderer Grund gegeben sein, warum die Fläche nicht bebaut werden könne. Die Ursache für solche Fehler wurde in der öffentlichen Kritik allgemein in der mangelnden Erfahrung im Projektgeschäft gesehen. Vor allem wurde bemängelt, daß Holzmann mit der Projektentwicklung nur begonnen habe, um den eigenen Bauabteilungen Aufträge zu verschaffen. Bestimmend seien in diesem Zusammenhang die «Bauleute», nicht die «Kaufleute» gewesen, was zu mancher Fehleinschätzung geführt habe. Aufgrund der Wiedervereinigungseuphorie habe der Vorstand zudem in der Hoffnung auf weiter steigende Immobilienpreise in der Boomphase zu viele unbebaute Grundstücke zu teuer gekauft.

Aber nicht nur im Projektgeschäft, sondern auch bei einigen Beteiligungsgesellschaften gab es erhebliche Probleme, so bei der Held & Francke AG und vor allem bei der französischen Tochter Nord-France.

Zu allem Überfluß mußte sich der Vorstand in dieser Phase gegen eine Mehrheitsübernahme des Frankfurter Baukonzerns durch die Essener Hochtief AG zur Wehr setzen. Dies trug weder zur Stabilisierung des Konzerns noch zur Motivation der Mitarbeiter bei. Die Krise hatte demnach viele Facetten, ihre Bereinigung erforderte ein neues Unternehmens- und Personalkonzept.

3. Erfolgreich im Auslandsgeschäft

Saudi-Arabien – Modernisierung eines Wüstenstaates

Nachdem Holzmann bereits seit den fünfziger Jahren im Irak gearbeitet und 1964 seine Aktivitäten in Kuwait mit dem Bau des Hafens Sheiba begonnen hatte,[21] beauftragte in den nachfolgenden Jahren auch Saudi-Arabien Holzmann mit Projekten, so zum Beispiel 1966 mit Arbeiten in Al Hassa und 1968 mit dem Versetzen von Caissons für eine Kaimauer in Damman, dem Bau eines Bewässerungssystems und einer Zementfabrik.[22] 1970 aber begannen die Arbeiten in Saudi-Arabien ein größeres Ausmaß anzunehmen. Anfang dieses Jahres erhielt die Auslandsabteilung der Philipp Holzmann AG den Auftrag, nahe der alten Siedlung Tabuk ein technisches Ausbildungszentrum mit allen notwendigen städtischen Einrichtungen schlüsselfertig zu erbauen. Außer den Gebäuden mit rund 550000 m^3 umbauten Raumes waren in dem Auftrag die komplette Wasserversorgung, Abwasser- und Kläranlage, Sportanlagen, 15 km Stadtstraßen und eine 5 km lange Verbindungsstraße einschließlich Brücke nach Tabuk enthalten.[23]

Tabuk war bis zu diesem Zeitpunkt zwar als Oase bekannt, aber kaum mehr als eine verträumte Beduinensiedlung. Nun sollte hier eines der neuen Zentren entstehen, die König Faisal an strategisch und wirtschaftlich wichtigen Stellen Saudi-Arabiens errichten ließ und die als Kristallisationspunkte für die weitere Entwicklung des Landes gedacht waren. Zunächst einmal mußte das Gebiet jedoch verkehrsmäßig erschlossen werden, damit man die Baustoffe von den Häfen ca. 800 km durch Syrien und Jordanien und Dschidda ca. 1200 km über Wüstenstraßen heranschaffen konnte. Drei Jahre lang rollten zunächst auf diesen nicht gerade bequemen Straßen tagein tagaus Transporte, rund 10000 t Material monatlich. Für Personenbeförderung, Transportüberwachung und Notdienste wurde ein Flugzeug eingesetzt, das im Monat ca. 100 Stunden unterwegs war. Zur Bewältigung dieses 60-Millionen-Dollar-Projekts setzte die Auslandsabteilung der Philipp Holzmann AG 250 Mitarbeiter ein, zu denen noch 2500 vor Ort eingestellte Arbeiter hinzukamen. Für die Unterbringung der Holzmann-Belegschaft einschließlich der Subunternehmer sowie der Bauaufsicht wurde am Rande des Baugeländes ein Camp mit 90 Gebäuden errichtet einschließlich Schule, Hospital, Selbstbedienungsläden, Bäckerei, Kantine, Clubs, Swimmingpool und Sportanlagen. Da auf der Baustelle alle Betonsteine, Betonrohre und Betonfließen selbst hergestellt wurden, war es notwendig, unweit der Baustelle auch ein Produktions- und Lagerzentrum zu errichten, das eine Aufbereitungsanlage, Betonmischanlagen, ein Betonfertigteilwerk, Betonsteinfließen-, Rohr- und Fabrikationsanlagen, eine Asphaltmischanlage, Werkstätten, Magazin und Lager enthielt.

Im September 1973 war das Bauziel erreicht, und König Faisal und sein Gefolge konnten zu den dreitägigen Einweihungsfeierlichkeiten anreisen. Sportliche Veranstaltungen, Schwertertänze, Huldigungen der Sippen und Stämme vor ihrem König, eine große Militärparade und ein prachtvolles Feuerwerk gaben dem Fest ein malerisches Gepräge. Das Projekt war der Beginn einer gewaltigen Bautätigkeit, die sich in den nachfolgenden Jahren für Philipp Holzmann in Saudi-Arabien auftat.

Die Ölquellen, die den Reichtum des Landes mit seinen rund 6 Mio. Einwohnern (1970) begründet hatten, waren in der Regierungszeit des Gründers von Saudi-Arabien, Abdul Asis Ibn Saud, der 1925 die heilige Stadt Mekka erobert und 1926 den Königstitel angenommen hatte, entdeckt worden. Bereits in den dreißiger Jahren hatte die Standard Oil Company of California mit ersten Bohrungen im Osten des Landes begonnen. Nach der Vervierfachung des Ölpreises 1973 flossen Saudi-Arabien, einem der bedeutendsten Ölförderländer der Welt, schier unermeßliche Mittel zu, die König Faisal für den Ausbau des Landes verwenden wollte.

Die guten Erfahrungen, die man in Saudi-Arabien mit der Philipp Holzmann AG gemacht hatte, führten dazu, daß das Unternehmen dort nach 1973 zum bedeutendsten Bauunternehmer aufstieg. Bedingt durch den Ölboom, mußte die Kapazität des Hafens Damman vergrößert werden, so daß die Regierung Saudi-Arabiens den Bau eines zusätzlichen Hafenbeckens international ausschrieb. Im Juni 1976 wurde der Auftrag an eine Arge unter der

Federführung Philipp Holzmanns für die «schlüsselfertige» Erstellung der kompletten Anlage von 16 Schiffsliegeplätzen und drei Roll-on-roll-off-Anlandestellen erteilt. Hauptkonstruktionselement für die Kaimauer stellten 199 Stahlbetonsenkkästen dar. Diese bis zu 2900 t schweren Senkkästen wurden an Land auf einem speziell angelegten Fertigungsplatz im Gleitverfahren hergestellt. Von dort wurden sie auf Spezialfahrzeugen zu einem eigens für diesen Zweck erbauten Hebewerk gefahren, wo sie zu Wasser gelassen wurden. Die Errichtung eines eigenen Bauhafens mit einer Pierlänge von ca. 600 m wurde erforderlich, um die mehr als 300000 t Baugeräte und Baustoffe fristgerecht anliefern zu können. Der gesamte Hafen war der Küste als hydraulisch aufgespülte Insel vorgelagert und mit dem Festland durch einen 6 km langen Damm verbunden.[24]

Zu dieser Zeit ging fast ein Drittel der gesamten Bauleistung Saudi-Arabiens an Holzmann. So erhielt das Bauunternehmen 1978 von Saudi-Arabien einen Auftrag zum Bau von 1800 Wohnungen in Tabuk, der nun bedeutendsten Stadt im Nordwesten des Landes. Der Auftragswert betrug rund 2,3 Mrd. DM, die Abwicklung erfolgte unter Beteiligung des schwedischen Baukonzerns Skanska sowie einiger Holzmann-Töchter. In der Spitze wurden 3000 Arbeitskräfte beschäftigt, davon 10% europäisches Personal.[25] Um die großen Projekte in Tabuk durchführen zu können, baute Holzmann am Roten Meer in Sharma einen Nachschubhafen, der nach sechsmonatiger Bauzeit den Betrieb aufnehmen konnte.

Außer in Tabuk errichtete Holzmann auch in Al Batin, Dharan und vielen anderen Orten Bauwerke für das Königreich Saudi-Arabien. So wurde Holzmann auch die schlüsselfertige Ausführung von fünf Krankenhäusern in Al Kobar, Hofuf, Jeddah, Yizan und Medina übertragen, die 1979 fertiggestellt werden konnten.[26] In Riyadh wurde 1978 der Auftrag für den Bau einer Nachsorgeklinik sowie eines Verwaltungsgebäudes für den saudi-arabischen Entwicklungsfonds erteilt. Darüber hinaus erhielt Holzmann zahlreiche Betriebs- und Wartungsverträge für die von dem Bauunternehmen erstellten Krankenhäuser sowie Wohn- und Büroeinheiten. Anfang der achtziger Jahre baute Holzmann das Verwaltungsgebäude der Saudi-Arabian Monetarian Agency, einen Krankenhauskomplex in Riyadh und errichtete zwei Start- und Landebahnen von 4,2 km Länge für den Flughafen von Riyadh.[27]

In den nachfolgenden Jahren allerdings stagnierte die Bautätigkeit in Saudi-Arabien infolge der rückläufigen Einnahmen aus dem Ölgeschäft. Gleichzeitig hatte sich in allen erdölexportierenden Ländern die Tendenz verstärkt, Aufträge an einheimische Baufirmen zu vergeben oder sie zumindest an Projekten mit zu beteiligen. Viele saudi-arabische Ingenieure hatten Ende der siebziger, Anfang der achtziger Jahre ihre Studien in England und den USA beendet und kamen nun nach Saudi-Arabien zurück, wo sie rasch erkannten, daß die ausländischen Baufirmen relativ großzügig kalkuliert und erhebliche

Medizinisches Zentrum Dharan, Saudi-Arabien, 1983

Saudi-Arabian Monetary-Agency, 1985

Erträge aus dem Saudi-Arabien-Geschäft erzielt hatten. Gleichzeitig wurde der Konkurrenzkampf auch durch ostasiatische Bauunternehmen und Konkurrenzfirmen aus den Ostblockländern härter, die mit niedrigen Lohnkosten und günstigen Finanzierungsmöglichkeiten aufwarten konnten, während die Bundesregierung die Gewährung von Bürgschaften und Garantien restriktiver handhabte als die Heimatstaaten vieler Konkurrenten von Holzmann.[28]

Holzmann in den USA: Der Kauf von J. A. Jones Construction Company und Lockwood Greene Engineers Inc.

Am 9. Januar 1979 wurde der Erwerb der J. A. Jones Construction Company in Charlotte, North Carolina, besiegelt. Die Ingenieure von Holzmann kannten dieses bedeutende Bauunternehmen aus den USA von verschiedenen Baustellen in Saudi-Arabien her. Hier waren auch erste Kontakte zwischen dem Vorstand der Philipp Holzmann AG und der Leitung von J. A. Jones Construction Company geknüpft worden.[29] Die Gespräche in den USA hatte das Vorstandsmitglied Hermann Becker mit Edwin L. Jones jr., dem Präsidenten des Baukonzerns, sowie mit Paul Ferguson, dem Vizepräsidenten, geführt. Die J. A. Jones Construction Company war 1890 in Charlotte durch James Edison Jones errichtet worden. Schon bald war das junge Bauunternehmen in North Carolina durch zuverlässige und leistungsfähige Arbeit bekannt geworden. Jones dehnte sich in den ersten 50 Jahren seiner Geschichte vor allem in den Südstaaten der USA aus und begann bereits 1920, in der Panamazone die ersten Bauten im Ausland auszuführen. Es folgten danach Arbeiten in einigen Ländern Südamerikas sowie in Kanada. Später übernahm Jones Aufträge in Okinawa, Vietnam, Laos sowie dann zunehmend im Irak, in Persien und Pakistan. Seit 1974 arbeitete Jones in Saudi-Arabien.

Die Ausdehnung der Bautätigkeit von Jones in den USA in den fünfziger und sechziger Jahren gipfelte 1968 im Erwerb von zwei alteingesessenen, angesehenen Baufirmen, der Chas. H. Tompkins & Co. und der William L. Crow Construction Company. Im Süden wurden Zweigniederlassungen errichtet: Atlanta/Georgia (1946), Louisiana (1948) sowie New Orleans, Dallas/Texas (1974).

Am 10. Januar 1979 stimmte die Versammlung der Anteilseigner der US-Gesellschaft, in der mehr als 95% der ausgegebenen Anteile vertreten waren, dem Übernahmeantrag mit einer Mehrheit von rund 98% zu. Damit wurde die J. A. Jones Construction Company eine 100prozentige Tochtergesellschaft der Philipp Holzmann USA Inc., einer Holdinggesellschaft, deren Anteile sich voll im Besitz der Philipp Holzmann AG befinden. Die Jones-Aktionäre erhielten eine Abfindung von 40612 US-Dollar je Anteil. Für den Kauf des Unternehmens wandte Holzmann damit insgesamt 75 Mio. US-Dollar auf. Die Geschäftstätigkeit von Jones wurde unter Beibehaltung des Firmennamens durch das bisherige Management weitergeführt. Dem *Board of Directors* der US-Firma traten die Holzmann-Vorstandsmitglieder Hermann Becker und Gerhard Keil bei.[30]

Die J. A. Jones Construction Company nimmt bis heute unter den ausschließlich mit Bauausführungen – ohne Planung – befaßten Unternehmen in den Vereinigten Staaten eine Spitzenstellung ein. Das Unternehmen beschäftigte 1978 rund 11400 Mitarbeiter, erbrachte eine Bauleistung von ca. 620 Mio. US-Dollar[31] und war in 28 Staaten der USA tätig. Die Palette der Bauaufgaben, die Jones teilweise auch als Generalunternehmer durchführte, reichte von Brücken, Hotels, Schulen bis zu kompletten Industrieanlagen. Darüber hinaus besaß das Unternehmen eine große Erfahrung beim Bau von konventionellen Kraftwerken und Kernkraftwerken. Der Eintritt von Jones in das Kraftwerksgeschäft hatte sich auf recht ungewöhnliche Weise vollzogen. 1943 war Jones mit dem Bau des großen Werkes Oak Ridge in Tennessee beauftragt worden, das die erforderliche Energie für die Produktion von spaltbarem Material für die erste Atombombe liefern sollte. Die Bedingung dabei war, daß neun Monate nach Baubeginn der erste Dampferzeuger in Betrieb gehen sollte. Bis

Peachtree Center, Atlanta/Georgia, 1979

Verwaltungsgebäude J. A. Jones in Charlotte/North Carolina

zu 20000 Bauarbeiter waren für Jones auf dieser Baustelle tätig. Der Bau dieses Kraftwerks war ein großer Erfolg für Jones, weil hier nicht nur technisch und organisatorisch Höchstleistungen erbracht wurden, sondern auch der vorgesehene Kostenrahmen nicht überschritten wurde.

Die Leistungsfähigkeit von Jones zeigte sich, nicht anders als bei Holzmann, an den großen Bauvorhaben, die das Unternehmen ausführte. Zu nennen sind im Süden der USA das Peachtree Center Plaza Hotel in Atlanta/Georgia, die National Gallery of Arts in Washington, ein 300-Betten-Krankenhaus in Atlanta/Georgia, die betriebswirtschaftliche Fakultät der Louisiana State University sowie zahlreiche Verwaltungsgebäude, so für IBM, Shell, Xerox und die Pittsburgh Plate Glass-Industries.

Nach der Übernahme entwickelte sich Jones zu einem Juwel der Philipp Holzmann-Gruppe. Mit dem 75-Millionen-Dollar-Kauf hatte der Vorstand von Holzmann eine weitreichende Entscheidung getroffen. Mit Jones wollte sich Holzmann den nordamerikanischen Markt erschließen und von dort in andere amerikanische Märkte vordringen. Holzmann hatte aber mit dem Erwerb des amerikanischen Unternehmens auch eine Voraussetzung dafür geschaffen, das Übergewicht eines Landes (Saudi-Arabien) zu verringern und das Risiko im Auslandsgeschäft breiter zu streuen. Die Geschäftsleitung von Jones versprach sich aus dem Holzmann-Engagement vor allem die Übertragung von Know-how und neue Impulse für zukunftsorientiertes Bauen.

Struktur der Philipp Holzmann AG in den USA 1981[32]

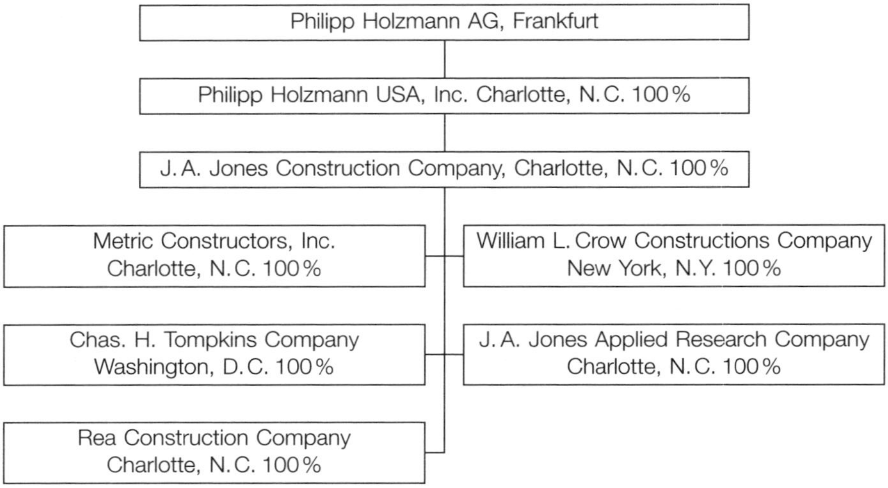

Im März 1981 stimmten über 90% der Stammaktionäre und der Vorzugsaktionäre von Lockwood Greene Engineers Inc., Spartanburg/South Carolina, dem Übernahmeangebot durch die Philipp Holzmann USA Inc. zu. Holzmann hatte dieses Unternehmen erworben, um der im Vergleich zu Deutschland anderen Struktur des Baumarktes in den USA Rechnung zu tragen. Die Bauunternehmen in den USA, die *Contractors,* befassen sich ausschließlich mit der Baudurchführung und verfügen über keine eigenen Abteilungen für Entwurf und Statik. Diese Arbeiten übernehmen in den USA als *Architects-engineers* bezeichnete Planungsfirmen, die sich auf die verschiedenen Bausparten spezialisiert haben. Sie entwerfen Projekte des Hoch- und Tiefbaus, planen darüber hinaus die Produktionsabläufe für Industrieanlagen, Materialflußbewegungen sowie Versorgungs- und Entsorgungsanlagen.

Lockwood Greene Engineers Inc. Spartanburg war eine solche Firma. Sie war 1832 gegründet worden und ist somit noch älter als die Philipp Holzmann AG und eine der ältesten Planungsfirmen der Welt.[33] Das Unternehmen beschäftigte 1980 über 1200 Mitarbeiter und unterhielt in New York, Atlanta und Dallas Niederlassungen. In diesem Jahr wurde ein Honorarumsatz für Planungsarbeiten von 50 Mio. US-Dollar erzielt. Die Planungen entsprachen einem Bauvolumen von etwa 1,2 Mrd. US-Dollar.

Der Schwerpunkt von Lockwood Greene in den USA liegt auf der Planung von Industrieanlagen und gewerblichen Bauten. Besonders hervorzuheben sind in diesem Zusammenhang die organische und anorganische Chemie, die Metallverarbeitung, die Elektrostahlerzeugung, die pharmazeutische Industrie, die Nahrungsmittelindustrie und die Druckindustrie. Weitere Planungsaktivitäten sind der Bau von Hafen- und Verladeanlagen, der Krankenhausbau, der Bau von Schulen und Hochschulen sowie von Forschungslabors. Die Palette der Tätigkeiten reicht von Gesamtplanungen, Standort- und Wirtschaftlichkeitsuntersuchungen, Baustatik bis zur Baustellenüberwachung für den Bauherrn.

Zahlreiche bekannte Industrieunternehmen in den USA zählen zu den regelmäßigen Auftraggebern von Lockwood Greene. Auch für eine Reihe deutscher und europäischer Konzerne wurden Industrieanlagen in den USA geplant. Darüber hinaus führte Lockwood Greene seit mehr als 80 Jahren auch Projekte außerhalb der USA aus, so zum Beispiel in Saudi-Arabien. Der Kontakt zu Lockwood Greene war wie der zu Jones auf den dortigen Baustellen entstanden. Lockwood Greene wurde von Holzmann als selbständiges Unternehmen unter dem gleichen Management weiter geführt. Vom Vorstand der Holzmann AG traten Hermann Becker, Gerhard Keil und Wilfried Krabbe dem *Board of Directors* bei. Zwischen Lockwood Greene und Jones hatten seit Jahrzehnten gute Verbindungen bestanden. Zahlreiche Bauwerke, die Lockwood Greene geplant hatte, wurden von Jones als *Contractor* ausgeführt. Beide Firmen sollten auch nach dem Erwerb durch Holzmann unabhängig voneinander operieren. Mit dem Kauf dieses Unternehmens war es dem Vorstand der Philipp Holzmann AG gelungen, Planen und Bauen in den USA zusammenzufassen.[34]

Die Präsenz im übrigen Ausland

Obwohl die Bauleistungen im Ausland zu über 90% in Saudi-Arabien erbracht wurden und sich erst durch den Kauf von Jones 1979 mit einem hohen Anteil in die USA verlagerten, pflegte Holzmann aber auch zu einer Reihe von anderen Ländern intensive Beziehungen, so zum Beispiel zu Algerien, Ägypten, der Elfenbeinküste, Gabun, Liberia, Libyen, Nigeria, Südafrika, Pakistan und natürlich auch zum Irak. So übernahm Holzmann beispielsweise 1978 weitere Arbeiten in Pakistan am Tarbela-Damm und war auch an Bauaufträgen im Rahmen des Indus Basin Projects beteiligt.

Vor allem in Afrika führte Holzmann eine Reihe von Arbeiten durch, so war das Unternehmen zum Beispiel in Algerien am Bau des Staudammes Saada, des Erdgashafens Arzew und beim Bau einer Schmiermittelfabrik in Arzew beteiligt. An der Elfenbeinküste übernahm Holzmann Lose bei Bauarbeiten für die 265 km lange Straße Man-Odienne. In Liberia erhielt Holzmann den Auftrag zur Herstellung eines schlüsselfertigen Kraftwerksgebäudes in Monrovia. In Libyen war das Unternehmen im Bau von Industrie- und Verwaltungsgebäuden tätig, und in Nigeria baute Holzmann im Niger-Delta bei Onne einen Hafen für Schiffe bis maximal 7000 t.[35] In Gabun war Holzmann an der Planung und Ausführung der Transgabun-Eisenbahn von Owendo nach Booné mit einer Länge von 326 km beteiligt.

Eisenbahnbau in Gabun

Im Irak wurde 1982 Holzmann nach längerer Zeit wieder ein größeres Projekt übertragen, und zwar die Herstellung und der Ausbau eines 170 km langen Kanals zwischen Nasiriyah und Basra. Der Kanal sollte salzhaltiges Wasser, das bei der künstlichen Bewässerung von landwirtschaftlichen Nutzflächen anfiel, ins offene Meer abführen. Gleichzeitig war Holzmann damit beauftragt worden, einen Erweiterungsbau der Zentralbank von Bagdad durchzuführen. Darüber hinaus war Holzmann am Wiederaufbau und an Erweiterungsarbeiten des Kraftwerks Daura beteiligt.

Schon Anfang der achtziger Jahre versuchte Holzmann, Aktivitäten in China zu entwickeln. Nach langen Vorarbeiten gelang es schließlich 1988, die Arbeiten für das Beijing Lufthansa German Center in Peking zu beginnen. Die Eröffnung des Baukomplexes fand Anfang Oktober 1992 statt. Bei diesem Projekt war Holzmann auch Investor. Gleichzeitig war Holzmann an dem mit Mitteln der Weltbank finanzierten Bau des Ertan-Wasserkraftwerkes beteiligt. In der Provinz Sezuan führte das Unternehmen unterirdische Arbeiten für die Umleitungsstollen und Kavernen durch. Der Holzmann-Vorstand sah in der sich abzeichnenden wirtschaftlichen Stabilisierung in China sowie der wirtschaftlichen Öffnung zum Westen gute Voraussetzungen für ein nahezu unbegrenztes Wachstum in einem Markt von mehr als 1,1 Mrd. Menschen.[36]

Doch im Gegensatz zu den Auslandsgeschäften mit Saudi-Arabien mußte Holzmann in zahlreichen afrikanischen und asiatischen Staaten mit großen Problemen kämpfen. Bereits im Abschluß von 1981 mußte eine erhebliche Risikovorsorge für das Auslandsgeschäft gebildet werden. Der Grund lag vor allem in der nigerianischen Tochtergesellschaft Horicon Ltd., die infolge der Finanzknappheit des ölexportierenden Landes in starkem Maße in Schwierigkeiten geraten war.[37] Aber auch in anderen Ländern gab es in den nachfolgenden Jahren beträchtliche Schwierigkeiten. So geriet 1983 der Irak mit der Überweisung von etwa 40 Mio. DM in Verzug. Nigeria hatte in diesem Jahr Rechnungen von 115 Mio. DM, Libyen von rund 30 Mio. DM offenstehen. Die Gesamtsumme risikobehafteter Auslandsgeschäfte lag 1982 bei etwa 600 Mio. DM. Den überwiegend im Ausland verdienten Jahresüberschuß in der Bilanz von 1982 benutzte der Vorstand der Philipp Holzmann AG, um Vorsorge zu treffen: 20 Mio. DM des Jahresüberschusses von 56 Mio. DM flossen in eine Rücklage für Auslandsrisiken.

Die Marktsituation in den traditionellen Auslandsmärkten der Bauindustrie verschlechterte sich in der zweiten Hälfte der achtziger Jahre zusehends. Die wachsende Stärke der D-Mark und der schwache Dollar verschärften die Situation zusätzlich. International ausgeschriebene Projekte waren immer hart umkämpft, meistens auf einem Preisniveau, das für Holzmann nicht akzeptabel war. Hinzu kam, daß in fast allen Ländern eine leistungsfähige lokale Bauindustrie herangewachsen war, die durch eine protektionistische Gesetzgebung gegenüber ausländischen Firmen bevorzugt wurde. So konnte nur durch Kooperation mit lokalen Firmen (*Joint Ventures*) bei bestimmten Projekten Konkurrenzfähigkeit erzielt werden. In den Schwellenländern waren vereinzelte Projekte auf der sogenannten BOT-Basis (Build-Operate-Transfer) realisierbar. Derartige Projekte erforderten jedoch einen hohen Vorkostenaufwand und konnten somit nur begrenzt und in leistungsfähigen Konsortien angegangen werden. Auch hier war inzwischen ein verstärkter Konkurrenzkampf zu verzeichnen.

Obwohl sich 1987 die Lage im Irak durch den Golfkrieg weiter verschlechterte, konnte Holzmann bei der Abwicklung der Baustellen Fortschritte erzielen. Aus den durchgeführten Arbeiten Kanalbau, Zentralbankbau in Bagdad und Daura-Kraftwerk stand Holzmann noch mit rund 80 Mio. DM im Risiko aus der Haftung der ungedeckten Kreditteile.[38] 1988 verringerte sich das Obligo der Philipp Holzmann AG im Irak aus ungedeckten Kreditteilen geringfügig um 1 Mio. DM auf rund 105 Mio. DM. Als der Irak die Tilgung seiner Auslandsschulden im Anschluß an das gegen ihn verhängte Embargo einstellte, entschlossen sich die Firmen der deutschen Exportwirtschaft sowie die kreditgebenden Banken mit bundesgedeckten Forderungen 1990, Schadensanträge bei Hermes einzureichen. Auch Holzmann beteiligte sich daran. Betroffen war vor allem der für den Bau des Kanals nach Nasiriyah abgeschlossene Vertrag. Auf den Lieferantenkredit für das Kraftwerk Daura in Höhe von rund 12,1 Mio. DM waren bis zu diesem Zeitpunkt Zahlungen von rund 1,75 Mio. DM geleistet worden, so daß zu diesem Zeitpunkt rund 10,3 Mio. DM ausstanden. Davon waren 1,175 Mio. DM überfällig, der Rest war in den Jahren 1991–1993 zahlbar.[39] Holzmann hatte zu diesem Zeitpunkt alle Aktivitäten im Irak eingestellt. Die Forderungen, die wertberichtigt bzw. zurückgestellt waren, hielt Holzmann gegenüber dem Irak aufrecht. Diese Forderungen sind bis heute nicht beglichen.

Das Auslandsgeschäft spielte für Holzmann abseits der USA und Europas auch in der zweiten Hälfte der neunziger Jahre eine untergeordnete Rolle. 1997 betrug der Auftragseingang in Asien, Afrika, Australien lediglich 3% des Gesamtergebnisses. Holzmann war in diesen Regionen verstärkt im Tiefbau, insbesondere im Bereich Wasserkraft (Dämme, Tunnel, Kavernen), tätig. Auf diesem Gebiet verfügt Holzmann über technologisches Know-how, das nicht in allen ausländischen Märkten vorhanden ist. Die Kunden erwarteten vom Anbieter ein komplettes Angebot von Planung über den Bau bis zum Betrieb.

In der zweiten Hälfte der neunziger Jahre positionierte sich Holzmann zunehmend in China. Der ungebrochene chinesische Bauboom läßt vermuten, daß die Präsenz dort in den kommenden Jahren weiter ausgebaut werden kann. 1997 unterhielt Holzmann in China sieben laufende Baustellen, darunter die Großbaustellen des größten Kavernenkraftwerks der Welt in Ertan

Deutsche Botschaft Peking, 1996–1998

sowie die Untertagearbeiten für das Unterwasserkraftwerk Xiaolangdi. Im Mai 1998 konnte die Auslandsabteilung der Philipp Holzmann AG schlüsselfertig den Neubau der Deutschen Botschaft in Peking übergeben. Bei diesem aus fünf Gebäuden bestehenden Objekt war das Unternehmen auch für den gesamten Innenausbau verantwortlich, der größtenteils von der Philipp Holzmann-Schreinerei in Neu-Isenburg gefertigt wurde.[40]

In der Türkei war Holzmann am Bau des Staudammes Birecik beteiligt, im Mittleren Osten hatte Holzmann noch geringe Anteile an Bauten in Saudi-Arabien und den Vereinigten Emiraten.

Seit Mitte der achtziger Jahre verlagerte sich die Auslandstätigkeit der Philipp Holzmann AG außerhalb Europas und der USA verstärkt auf im Ausland ansässige Tochter- und Beteiligungsgesellschaften und damit in die Entwicklungsländer. Diese Tendenz, so nahm der Vorstand der Philipp Holzmann AG an, hätte eigentlich auf der Linie entwicklungspolitischer Ziele der Bundesregierung liegen müssen. Für Projekte, die in solchen Ländern abgewickelt wurden, erhielt Holzmann aber keine Hermes-Deckung. Damit war ein wesentlicher und zunehmender Teil des Auslandsgeschäfts von der Risikoabsicherung ausgeschlossen. So war zum Beispiel im Irak das große Kanalprojekt mit einer Länge von 172 km zwischen Nasiriyah und Basra lediglich mit 62% Hermes gedeckt, 38% befanden sich im sogenannten Krisengebiet, das auf einer Breite von 50 km entlang der iranischen Grenze liegt.[41]

Gleichzeitig war in den Entwicklungsländern ein hoher Anteil von Kleinstaufträgen festzustellen, während in der Blütezeit des Auslandsgeschäfts die Großprojekte dominiert hatten. Dieser Trend zu Kleinstaufträgen in diesen Staaten war typisch für den von der Weltbank und gleichgerichteten Institutionen finanzierten Baumarkt in den Entwicklungsländern. Lediglich die deutsche Kreditanstalt für Wiederaufbau schrieb beschränkt für deutsche Unternehmen größere Projekte aus. Die Bauwirtschaft allgemein und der Vorstand der Philipp Holzmann AG begrüßten dieses Vorgehen, das den Gepflogenheiten der Nachbarstaaten und der USA entsprach. Dabei allerdings kam es häufig vor, daß die deutschen Auftragnehmer die Arbeiten postwendend an billige Arbeiter aus China weitervergaben, so zum Beispiel 1988 bei einem Straßenbauprojekt im Nordjemen.

Steigende Bedeutung des Europageschäfts

Da die traditionellen Auslandsmärkte der deutschen Bauindustrie mehr und mehr an Bedeutung verloren, sahen sich die deutschen Bauunternehmer naturgemäß nach anderen Märkten um. Erst seit Mitte der achtziger Jahre interessierte sich die Philipp Holzmann AG für ihre europäischen Nachbarn. Bis zu diesem Zeitpunkt wurde gerade einmal 1% der Bauleistungen in den europäischen Nachbarländern erzielt. Erst im Geschäftsbericht des Jahres

1987 wurde Europa als eine gesonderte Position im Auslandsgeschäft aufgeführt.[42] Wichtige Projekte waren:
- Belgien: schlüsselfertige Errichtung der deutschen Botschaft und der Vertretung bei der Europäischen Gemeinschaft in Brüssel
- Finnland: Vertiefung des Hafens von Kokkola unter Einsatz von Eimerkettenbaggern
- Griechenland: Bau von zwei Universitätskrankenhäusern in Heraklion und Joannina
- Italien: Erd- und Brückenarbeiten für die Autobahn bei Rom, Bau der Deutschen Botschaft beim Vatikan und der Deutschen Schule in Rom
- Niederlande: Beteiligung an der Errichtung des Autobahnbrückenbauwerkes Gooische Knoop in Amsterdam sowie der Schleuse Nieuwe Staten Zyl bei Beerta
- Norwegen: Ausbaggerung von 400000 m^3 Boden im Hafen von Drammen
- Schweiz: Beteiligung am Bau des 27 km langen, ringförmigen Tunnels für das Europäische Kernforschungsinstitut (CERN).

In Österreich arbeitete die Holzmann Baugesellschaft mbH Veitsch eng zusammen mit der Ed. Ast & Co. Baugesellschaft mbH, Graz/Österreich, vor allem an den U-Bahn-Projekten in Wien. Diese Firma war aus der im Jahre 1893 gegründeten Firma Ed. Ast & Co. hervorgegangen, deren Bautätigkeit sich bis 1918 über das ganze Gebiet der damaligen österreichisch-ungarischen Monarchie erstreckt hatte. Mit der Firma Ast hatte die Philipp Holzmann AG bereits jahrzehntelang bei verschiedenen Projekten eng zusammengearbeitet. Das größte Projekt wurde in den sechziger Jahren beim Bau des Hafens Sheiba in Kuwait von den beiden Unternehmen in Kooperation realisiert. Am 27. Mai 1987 übernahm die Philipp Holzmann AG von der Ed. Ast Beteiligungsgesellschaft AG in Graz 60% der Ed. Ast & Co. Baugesellschaft mbH. Die Firma Ast erbrachte 1986 eine Bauleistung von ca. 220 Mio. DM, davon 40% außerhalb Österreichs. Das Unternehmen gehörte damit zu den zehn größten österreichischen Baugesellschaften. Im Jahresdurchschnitt wurden 1986 insgesamt 2000 Mitarbeiter beschäftigt.[43] Rückwirkend zum 1. Januar 1989 erhöhte Holzmann die Beteiligung an der Firma Ast von 60% auf 100%. Der Kaufpreis für den 40-Prozent-Anteil betrug 60 Mio. ÖS. Damit hatte Holzmann seit dem Engagement 1987 insgesamt 132 Mio. ÖS für den Erwerb der Firma Ast aufgewendet.[44]

Dieses Prinzip, im Ausland keine eigenen Niederlassungen aufzubauen, sondern mit dort ansässigen, bekannten Baufirmen zu kooperieren und sich an ihnen zu beteiligen, versuchte Holzmann auch in den anderen europäischen Ländern anzuwenden. So beteiligte sich Holzmann in Großbritannien an der britischen Tilbury Group plc., Twyford, Reading, mit 14,95% der Aktien, die im November 1990 auf 29% erhöht wurden. Holzmann war damit der größte Einzelaktionär der Gruppe, Advanta lag mit 15% an zweiter Stelle. Insgesamt wandte Holzmann 37,7 Mio. britische Pfund für den Erwerb der 29% auf.[45]

1989 erwarb Holzmann in den Niederlanden eine 49prozentige Beteiligung an der Zanen Verstoep Deelnemingen B.V., s'Gravenhage. Diese Gesellschaft hielt sämtliche Geschäftsanteile des Hochbauunternehmens Hillen & Roosen und der hauptsächlich im Tiefbau tätigen Dubbers-Malden-Gruppe. Hillen & Roosen baute vor allem Wohn- und Bürogebäude in Amsterdam, in Hoenerloo und Sloterdijk und errichtete auch das Carlton-Hotel in Amsterdam sowie die Flughafenhalle in Amsterdam-Schiphol. Die Dubbers-Malden-Gruppe war am Bau von Fabrikations- und Lagerhallen in Nijmweegen und s'Heerenkog, einer Eisenbahnunterführung in Hengelo sowie an Reparaturarbeiten an der Ysselbrücke bei Rijksaterstaat beteiligt.

Auf der Iberischen Halbinsel begann Holzmann seine Aktivitäten im Sommer 1989 mit der Gründung zweier Tochtergesellschaften in Madrid und Barcelona. Im selben Jahr wurde ein Kooperationsvertrag mit einer spanischen Großbaufirma für Vorhaben im Spezial- und Tiefbau und im Bereich Umwelttechnik abgeschlossen. Im Dezember 1989 erwarb die Madrider Tochtergesellschaft Philipp Holzmann Ibérica S. A., die gleichzeitig als Obergesellschaft für alle Spanien- und Portugalaktivitäten fungierte, eine Beteiligung an dem renommierten spanischen Bauunternehmen JOTSA Juan Obregón Toledo, S. A., einem Unternehmen, das seit 1953 in Madrid, Barcelona, Córdoba und an der Costa del Sol, der Costa Blanca sowie auf Mallorca tätig war. Das Unternehmen erreichte 1992 eine Bauleistung von 200 Mio. DM. Die Aktivitäten der JOTSA konzentrierten sich auf den Hochbau, Büro- und Geschäftsbauten, Busineßparks, Einkaufszentren, Industrie- und Fabrikbauten sowie Golf- und Sportanlagen. So baute die JOTSA die Bürobauten im Gewerbepark «La Moraleja» bei Madrid sowie das Verwaltungsgebäude der Deutschen Bank España in Sant Cugat bei Barcelona.[46]

In Italien gestalteten sich die Aktivitäten von Holzmann zunächst äußerst schwierig. Ein Auftrag für den Staudamm Corleone in Sizilien wurde von Holzmann 1990 gestoppt. Bei den Auftraggebern waren betrügerische Machenschaften offenbar geworden. Ein darauffolgender Prozeß wurde von Holzmann bei vollem Ersatz für den Aufwand gewonnen.

In der Nähe von Bozen baute Holzmann die Ortsumgehung Mühlbach. Es handelte sich hier um ein interessantes Ingenieurbauwerk (Tunnel, Brücken und Galerien) über eine Strecke von 4,8 km mit einem Auftragswert von 50 Mio. DM. In Partnerschaft mit einer italienischen Firma erhielt Holzmann den Zuschlag für ein kommunales Klärwerk in der Nähe von Neapel.[47]

Ende 1989 beteiligte sich die Philipp Holzmann AG an der Gruppe Nord France mit 40%: «Damit haben wir uns in einer Gesellschaft mittlerer Größenordnung engagiert, mit der wir unser Interesse am gemeinsamen

Markt in Frankreich abdecken wollen.»[48] Nord France war im französischen Geschäft mit Schwerpunkt Ile de France und Nordfrankreich und außerdem im frankophonen Afrika sowie in den karibischen Departements vertreten. Das Unternehmen war vorwiegend im Hochbaubereich tätig und hoffte, durch die Beteiligung Holzmanns einen stärkeren Zugang zum öffentlichen Tiefbau zu erreichen. Das Ergebnis in den Jahren 1988 und 1989 war durchaus positiv. Holzmann hatte für den Abschluß 1989 und 1990 mit dem Verkäufer – der Gruppe Pélège – eine Gewinngarantie vereinbart, die durch eine Passivgarantie abgesichert war. Die Nord France stellte Holzmann jedoch bald vor große Probleme, da die Bilanzen vom Holzmann-Vorstand offensichtlich viel zu optimistisch beurteilt worden waren. So entstand eines der größten Verlustgeschäfte im europäischen Beteiligungsbereich. Bereits in den Jahren 1990 und 1991 machte die negative Entwicklung der Ergebnisse eine Kapitalerhöhung notwendig. Im Juni 1991 wurde das Grundkapital der Nord France um 27109100 Francs auf 81327350 Francs erhöht. Aufgrund des Agios führte dies zu einer Kapitalverstärkung um ca. 150 Mio. Francs. Die Gruppe Pélège beteiligte sich nicht mehr an der Kapitalerhöhung, da ihr eigenes Geschäft äußerst schlecht verlief. Hierdurch wurde die Philipp Holzmann AG im August 1991 Mehrheitsaktionär mit einem Anteil von 57,55%.

Erst von diesem Zeitpunkt an war es Holzmann möglich, aktiv die Geschäftspolitik zu bestimmen. Der Vorstand entsandte sofort einen eigenen, auslandserfahrenen Controller. Es zeigte sich jedoch bald, daß die in der Halbjahresbilanz zum 30. Juni 1991 ausgewiesenen Verluste zum größten Teil bereits in den Jahren 1989 und 1990 eingetreten waren, so daß die Vermutung nahelag, daß die Gruppe Pélège aus diesem Grunde verkauft hatte. Gleichzeitig stellte der Vorstand fest, daß die Bewertungskriterien in der Bilanz der Nord France nicht den bei Holzmann gültigen Anforderungen entsprachen, so daß eine Bestandsaufnahme unabdingbar war. Diese zeigte Ende 1991, daß die Nord France einen erheblichen Verlust bringen würde. Daraufhin wurde der Präsident der Nord France entlassen, und von der Wirtschaftsprüfungsgesellschaft wurde als zusätzlicher Pflichtprüfer ein neuer Präsident ausgesucht und am 1. Januar 1992 unter Vertrag genommen. Zusammen mit ihm wurde dann die dringend notwendige personelle Erneuerung der Führungsmannschaft betrieben. Trotz der Freisetzung von 1400 Mitarbeitern erzielte die Nord France 1992 einen Verlust von umgerechnet 50 Mio. DM. Auch die positive Einschätzung des Vorstandsvorsitzenden der Philipp Holzmann AG, Lothar Mayer, für das Jahr 1993 bestätigte sich nicht.[49] Erstmals im Jahre 1994 erreichte die Nord France ein ausgeglichenes Betriebsergebnis. Die Philipp Holzmann AG hatte ihren Anteil in diesem Jahr durch eine Kapitalerhöhung auf 91,75% erhöht.[50] Der Vorstand glaubte nun, die Nord France sei saniert. Das stellte sich allerdings bald als folgenschwerer Irrtum heraus.

Auch 1995 konnte das Ergebnis nicht positiv gestaltet werden. Schuld waren Verluste aus einem vertraglich und technisch komplizierten Kaufhausprojekt in Montpellier. Die Bauleistungen der Nord France betrugen 1995 mit 2115 Mitarbeitern 2,2 Mrd. Francs (635 Mio. DM). Auftragszugang und Auftragsbestand waren marktbedingt jedoch rückläufig.[51] Auch 1996 gelang es daher der Nord France infolge der wirtschaftlichen und strukturellen Krise und des Preisverfalls im französischen Baumarkt nicht, das Sanierungsprogramm erfolgreich abzuschließen. Zwei Großbaustellen sowie Forderungsabschreibungen mit Berichtigungen im Immobilienbereich sowie Vorsorgemaßnahmen und Sozialplankosten führten zu einem erheblichen Verlust.[52]

1997 wurde die grundlegende Sanierung der Nord France weiter betrieben. Durch Auftragsselektion und Schließung von Betriebsteilen verminderte sich die Leistung von 2 Mrd. Francs (590 Mio. DM) im Jahre 1996 auf etwa 1,6 Mrd. Francs (490 Mio. DM). Das negative Ergebnis von 350 Mio. Francs in diesem Jahr beinhaltete Verluste aus der ganzen oder teilweisen Schließung von Tochtergesellschaften, Forderungsabwertungen sowie Sozialplankosten und zusätzliche Rückstellungen für Drohverluste und Risiken.[53]

Das europäische Geschäft von Holzmann wird heute im wesentlichen über Beteiligungsgesellschaften in den jeweiligen Ländern bestritten. Diese Gesellschaften erzielten in Europa 1997 eine Leistung von etwa 1,3 Mrd. DM und damit 20,1 % weniger als 1996. Hier machten sich der Verkauf der britischen Beteiligung Tilbury Douglas plc. und das Zurückfahren des Geschäfts in Frankreich bemerkbar. Das Gesamtergebnis im europäischen Bereich war in diesem Jahr vor allem durch Verluste bei der Nord France geprägt.

4. Wechselhafte Entwicklung im Inlandsgeschäft

Bis 1986 dominierte bei der Philipp Holzmann AG ganz klar das Auslandsgeschäft. Das Inlandsgeschäft spielte in der Ertragslage und im Bauleistungsvolumen zeitweise eine äußerst geringe Rolle. Erst ab 1987 gewann mit dem Nachlassen der Auslandstätigkeit vor allem in den ölexportierenden Ländern das Inlandsgeschäft wieder verstärkt an Bedeutung, bis es Anfang der neunziger Jahre wieder über 60 % der gesamten Bauleistung ausmachte.[54] Die deutsche Wiedervereinigung bewirkte für die Bauwirtschaft einen Konjunkturschub in den neuen, aber auch in den alten Bundesländern, der bei Holzmann durch umfangreiche eigene Projektentwicklungen noch verstärkt wurde. Etwa ab Mitte der neunziger Jahre erlahmten jedoch die Antriebskräfte drastisch.

Holzmann war Ende der siebziger, Anfang der achtziger Jahre im Inland im Wohnungsbau, im Bau von Verwaltungs- und Dienstgebäuden, Schulen, Universitäten und Krankenhäusern, im Industrie- und Kraftwerksbau, im Tunnelbau, im Brücken- und Straßenbau, im Seehafenbau sowie im Bau von Abwasser- und Versorgungseinrichtungen tätig.

Wohnungsbau

Der Wohnungsbau veränderte sich Ende der siebziger, Anfang der achtziger Jahre vor allem strukturell.[55] An die Stelle des frei finanzierten Mietwohnungsbaus war der Bau von Reihenhäusern und Eigentumswohnungen, die zunehmend nach Bauherrenmodellen finanziert wurden, getreten. Während zu diesem Zeitpunkt sich der Wohnungsbau noch vorwiegend auf die Schaffung neuer Siedlungsgebiete in der Nähe von Großstädten und die Errichtung von Trabantenstädten konzentriert hatte, traten nun mehr und mehr Projekte zur Schließung von Kriegslücken in Innenstadtbereichen und Maßnahmen zur Sanierung von Altstadtgebieten in den Vordergrund. Ein besonders herausragendes Beispiel hierfür war die Mitwirkung am Wiederaufbau des kriegszerstörten Frankfurter Opernhauses als Konzert- und Kongreßgebäude «Alte Oper» unter Wahrung der erhaltenen Fassade und einiger historischer Innenräume (Wiedereröffnung am 28. August 1981).[56]

Verwaltungs- und Dienstgebäude

Unzählige Verwaltungs- und Dienstgebäude führte Holzmann in der Zeit von 1979 bis 1999 aus. 1981 zum Beispiel baute Holzmann in Frankfurt die Verwaltungsgebäude für die Degussa und die Metallgesellschaft, errichtete in

«Alte Oper» Frankfurt am Main, wiederaufgebaut bis 1981

Dortmund ein Verwaltungshochhaus für die Uhde GmbH und führte den zweiten Bauabschnitt für den Neubau der Westdeutschen Landesbank Girozentrale durch. In Köln wurde die Hauptverwaltung der Colonia-Versicherung errichtet.[57] Es folgten in den nachfolgenden Jahren weitere interessante Verwaltungs- und Dienstgebäude:

- 1980–1984 die 155 m hohen Doppeltürme der Zentrale der Deutschen Bank AG in Frankfurt am Main
- 1982 für die IBM in Ulm, für das Bankhaus Hauck in Frankfurt, für Bayer Leverkusen ein Forschungsgebäude in Monheim, in Frankfurt das Museum für Kunsthandwerk sowie das Film- und das Architekturmuseum
- 1983 Neubau für die Hauptverwaltung der Kundenkreditbank in Düsseldorf, ein Bürogebäude für die BHF-Bank in Frankfurt, ein Büro- und Geschäftshaus im Rahmen der Ostbebauung des Hauptbahnhofes in Düsseldorf
- 1984 Bürogebäude für die Landeszentralbank in Frankfurt, die Hamburg-Mannheimer Versicherungs AG in Düsseldorf, die Kreditanstalt für Wiederaufbau in Frankfurt, die Deutsche Bank in Eschborn
- 1985 Bürohäuser der Lurgi und der Frankfurter Allgemeinen Zeitung sowie je ein schlüsselfertiges Einkaufscenter in Stuttgart-Feuerbach und Hamburg-Eidelstedt
- 1986 Bundesverkehrsministerium in Bonn-Bad Godesberg, Neuausbau des Gästehauses der Bundesregierung auf dem Petersberg bei Königswinter
- 1987 Kundenzentrum Börneplatz der Stadtwerke Frankfurt am Main.

Eine besonders interessante und für die Zukunft typische Bauaufgabe bildete 1987 die Sanierung des Gebäudes der Hauptverwaltung der Landeszentralbank in Düsseldorf. Sie wurde von Holzmann in einer Bauzeit von nur sieben Monaten ausgeführt. Die Gesamtfassade einschließlich Fenster und Natursteinverkleidung war bei Aufrechterhaltung des Bürobetriebes zu erneuern. Dies schloß das Heizungs- und Lüftungssystem im Fassadenbereich und die Renovierung der Innenräume ein.[58]

1988 wurden das Stadtzentrum Schenefeld bei Hamburg und mehrere Aufträge der Projektgesellschaft «Gewerbe im Park» in Düsseldorf, Köln, München und Ratingen in schlüsselfertiger Ausführung durchgeführt.

1989 prägten die charakteristischen Vorhaben des öffentlichen Hochbaus das Bild: Verwaltungsgebäude, Schulen, die Staats- und Universitätsbibliothek Göttingen und die Stahlbauarbeiten für den Plenarsaal des Deutschen Bundestages in Bonn. Im gewerblichen Hochbau sind eine Anzahl von einzelnen Projekten hervorzuheben, so die Poseidon-City Süd in Hamburg und die Kurfürstengalerie in Kassel.

1990 nahm der Auftragswert der Hochbauten für Verwaltung und Wirtschaft um etwa 15 % gegenüber dem Vorjahr zu, obwohl ihr Anteil am Auftragseingang leicht rückläufig war. Etwa drei Viertel der Aufträge waren schlüsselfertig auszuführen.[59] Typische große Vorhaben dieses Arbeitsgebietes waren ein Verwaltungsgebäude mit Tiefgarage in Garching-Hochbrück, Fertigungshallen in Bremen für die Mercedes Benz AG und für die Ford Werke AG in Köln.

Ende der achtziger, Anfang der neunziger Jahre dominierten die eigenen Projektentwicklungen. Zu den größten Aufträgen privater Investoren gehörten beispielsweise 1991 der Bau eines kompletten Büro- und Verwaltungsgebäudes am Kaiserleikreisel in Offenbach im Rahmen einer eigenen Projektentwicklung mit einem Auftragswert von 90 Mio. DM der Bau eines Verwaltungsgebäudes der Dresdner Bank in Frankfurt am Main und für das «Haus der Mode» in Eschborn/Taunus.[60]

Beim Bau des Trianon-Hauses in Frankfurt am Main von 1990 bis 1992 konnte im Zusammenwirken der TH Darmstadt, der Hauptniederlassung Frankfurt und des Baustofflabors erstmals in Deutschland ein hochfester Beton B 85 zum Einsatz gebracht werden. Das 186 m hohe Gebäude besitzt 47 Ober- und vier Untergeschosse.

Auf die Niederlassung Düsseldorf kam ab 1996 mit der Errichtung des Bürokomplexes Neuer Zollhof im Auftrag der Kunst- und Medienzentrum Rhein-Main GmbH ein sehr ungewöhnliches Projekt zu. Die von dem amerikanischen Stararchitekten Frank O. Gehry entworfenen welligen oder stark geneigten Gebäude stellten die Holzmann-Ingenieure vor teilweise völlig neue Aufgaben, da hier die üblichen Berechnungsgrundlagen außer Kraft gesetzt waren. So ist eines der drei Gebäude (Haus B) stark gekrümmt und weicht bis zu 1,70 m aus dem Lot. Verkleidet wurde es mit 10000 Edelstahlblechen, die so auf den schiefen Flächen angebracht werden mußten, daß die Fugen exakt waagerecht verlaufen. Die Bebauung des insgesamt 12500 m² großen Geländes, für das die Philipp Holzmann Bauprojekt AG sowohl die Projektleitung als auch die Vermarktung übernahm, wurde im Sommer 1999 abgeschlossen. [61] Mit der Kölnarena baute die Philipp Holzmann AG gemeinsam mit der Tochter Imbau zwischen 1996 und 1998 die bislang größte Mehrzweckhalle Deutschlands. Überspannt wird das 300-Millionen-DM-Projekt von einem markanten 184 m langen und am Scheitelpunkt 76 m hohen Stahlbogen.

Gerade am Unternehmenssitz Frankfurt am Main trugen die in den achtziger und neunziger Jahren von der Philipp Holzmann AG – meist in Argen errichteten – Hochhausbauten sehr zum Erscheinungsbild der Stadt als «Mainhattan» bei. In den letzen Jahren vor der Jahrtausendwende war die Niederlassung Frankfurt hier an einer Reihe von Großprojekten beteiligt. Das Congress-Center-Messe-Frankfurt (1994–1996) und die sogenannte Frankfurter Welle (1998–2000) setzen als Bauten in der Horizontalen neue städtebauliche Akzente, während Japan Center (1993–1996), Eurotheum und Main Tower (beide 1997–1999) die Frankfurter Skyline erweitern. Bei dem 110 m

Trianon, Frankfurt am Main, 1990–1992

Neuer Zollhof, Düsseldorf, 1996–1999

hohen Eurotheum setzte Holzmann erstmals hochfesten Beton für einen Großteil der Geschosse ein. Dadurch konnte weitgehend auf Innenwände verzichtet werden, was den Nutzern – die sieben obersten der 23 Etagen sind als Wohnungen konzipiert – eine freie Raumgestaltung ermöglicht.[62] Im Schatten des Eurotheums, nur durch die Junghofstraße getrennt, steht übrigens das älteste von Holzmann errichtete Verwaltungsgebäude, die ehemalige Außenstelle der Königlich-Preußischen-Bank von 1874. Das Eurotheum wiederum steht im Schatten des in Arge mit Hochtief entstandenen Main Towers (Gesamtbauleistung: 293,5 Mio. DM). Der besondere Reiz dieses 200 m hohen Gebäudes, dem im Sockelbereich eine historische Fassade vorgeblendet ist, besteht in der Kombination aus einem quadratischen mit einem verglasten zylindrischen Turm. Bei diesem Bauwerk wurde die sogenannte Deckelbau-

Kölnarena, 1996–1998

weise angewendet, ein Verfahren, bei dem gleichzeitig nach oben wie nach unten gebaut wird. Während der Turm in die Höhe wuchs, wurden, nach Errichtung des ersten Untergeschosses, die restlichen vier Untergeschosse und die Bodenplatte hergestellt.[63]

Ende 1998 begann die Niederlassung Frankfurt als Generalunternehmer mit der schlüsselfertigen Einrichtung der Main Plaza am Deutschherrnufer im Rahmen der völligen Neugestaltung des ehemaligen Schlachthofgeländes als Wohn- und Gewerbeviertel in attraktiver Lage am südlichen Mainufer. Das Kernstück der Main Plaza besteht aus einem eigenwillig gestalteten 80 m hohen Turm mit 140 Wohnungen. Der Kronenbereich des durchgehend mit einer Klinkerfassade versehenen, 32eckigen Gebäudes ist mit Blattgold verziert. Bei der Gründung des Gebäudes wurde mit einem kombinierten Einsatz von Frankipfählen und den erschütterungsarmen Atlaspfählen gearbeitet.

Frankfurter Welle, 1998–2000

Seit Mitte der neunziger Jahre büßte die Bauindustrie ihren fast fünf Jahre lang anhaltenden Schwung ein. In Westdeutschland führten die Einschränkung der öffentlichen Bauinvestitionen sowie die Abschwächung im Wohnungs- und Wirtschaftsbau zu einem Rückgang der gesamten Bauinvestitionen von real 1,2%. In Ostdeutschland fiel die Zunahme der Baukonjunktur schwächer aus als erwartet. Die Zuwachsrate fiel von 21% (1994) auf 8,2% (1995).

Auch 1996 und 1997 hielt die negative Entwicklung an und erstreckte sich auf alle Sparten des Baugewerbes. Am ausgeprägtesten traf sie den öffentlichen Bau und den Wirtschaftsbau, der insbesondere in den neuen Bundesländern unter dem Rückgang der Investitionen litt.[64] Der verschärfte Wettbewerb zeigte sich auch in einem anhaltenden Preisverfall.

Kraftwerksbau

Im Kraftwerksbau konnte Holzmann Anfang der achtziger Jahre Anschlußaufträge für die Kernkraftwerke Emsland, Krümmel, Voerde und Philippsburg sowie das Gemeinschaftskernkraftwerk Neckar II in Neckarwestheim übernehmen, darüber hinaus im Alleinauftrag den Bau des Fernwärmekraftwerks Gelsenkirchen-Buer. Für die Kraftwerke Flingern und Lauswand in

Düsseldorf baute Holzmann Anlagen zur Rauchgasentschwefelung einschließlich der schwierigen Pfahlgründungen. Auch in den nachfolgenden Jahren konnten im Kraftwerksbau zahlreiche Neuaufträge und Erweiterungsaufträge ausgeführt werden, so zum Beispiel für ein Heizkraftwerk in Herne, eine Ersatzanlage für das Kraftwerk Wachtberg in Frechen und eine Erweiterung des Kraftwerks Nord mit Wirbelschichtkessel für VW in Wolfsburg. Ende der achtziger Jahre flaute der Kraftwerksbau ab und beschränkte sich im wesentlichen auf die Wartung bestehender Kraftwerke und den Neubau von Kleinkraftwerken der Städte und Industriebetriebe. Hierbei gewann die Gewinnung von Energie aus der Verbrennung von Müll an Bedeutung.[65]

Am 1. Januar 1989 übernahm die Philipp Holzmann AG die Mehrheit der Gesellschafteranteile an der Steinmüller-Gruppe. Energietechnik, Verfahrenstechnik und Umwelttechnik sind die Spezialgebiete, auf denen die Steinmüller-Gruppe tätig ist. Vor allem als führender Dampfkesselhersteller hatte sich das Unternehmen im Laufe seiner Entwicklung einen Namen gemacht.[66]

Brücken- und Straßenbau

Der Geschäftsbereich Brücken- und Straßenbau wurde Anfang der achtziger Jahre durch die Zurückhaltung der öffentlichen Hand im Fernstraßenbau nachhaltig beeinträchtigt. Größere Brücken wurden nur noch in geringer Zahl ausgeschrieben. Nachfrage bestand vor allem nach Bauwerken zur Modernisierung des Nahverkehrsnetzes und zur Beseitigung von Bahnübergängen. 1983 erhielt Holzmann von der Deutschen Bundesbahn den Auftrag, die Bartelsgrabenbrücke bei Zellingen mit 1,2 km Länge und einer maximalen Pfeilerhöhe von 50 m sowie die südliche Fliedetalbrücke mit einer Länge von 628 m zu errichten.[67] Die Deutsche Bundesbahn wollte mit der Nord-Süd-Strecke von Hannover nach Würzburg den Anschluß an ein neues Eisenbahnzeitalter, den Schnellverkehr mit Fahrtgeschwindigkeiten von über 200 km pro Stunde, erreichen. Zwischen Hannover und Würzburg mußten die Eisenbahnzüge die deutschen Mittelgebirge überwinden. Bisher waren die Eisenbahnlinien den Flußtälern gefolgt. Zahlreiche Kurven erforderten die Einhaltung einer relativ niedrigen Fahrgeschwindigkeit. Die Trasse der Neubaustrecke führte dagegen nahezu geradlinig an den Städten Göttingen, Kassel und Fulda vorbei. Es gab weder Kurven unter 7 km Radius noch Steigungen von mehr als 1,25%. Die Verwirklichung dieser Konzeption erforderte eine große Zahl von Tunneln, Dämmen, Einschnitten und Brücken. Die Hauptniederlassungen der Philipp Holzmann AG in Frankfurt und Hannover sowie die Zweigniederlassungen Gießen und Würzburg führten Aufträge für die Neubaustrecke Hannover–Würzburg aus.[68]

Als bedeutende Brücken sind weiterhin zu nennen die Main-Brücke bei Kitzingen (1989), die Gandetal-Brücke der Neubaustrecke Hannover–Würzburg (1989) und 1990/91 die Grunderneuerung der Untermainbrücke in Frankfurt am Main. Die Hauptniederlassung Frankfurt am Main arbeitete hier mit den Konzerngesellschaften Lavis, Deutsche Asphalt, Zeidler & Wimmel sowie Lömpel zusammen.[69]

Unter kaufmännischer und technischer Geschäftsführung der Hauptniederlassung Berlin entstand in Arbeitsgemeinschaft die neue 600 m lange Oderbrücke bei Frankfurt an der Oder. Die vierspurige Autobahnbrücke, die aus zwei Teilen mit je zwei Fahrbahnen besteht, wurde Ende 1994 fertiggestellt.[70]

Tunnelbau

Im Tunnelbau erhielt Holzmann vor allem im U- und S-Bahn-Bau aufgrund der langjährigen Erfahrung im Schildvortrieb weiterhin zahlreiche neue Aufträge, obwohl die Kommunen wegen der schwierigen Haushaltssituation eine erhebliche Reduzierung des weiteren Ausbaus beschlossen hatten. Ab den achtziger Jahren war ein durch den Auftragsrückgang mitverursachter starker Preisdruck bei den Neuausschreibungen zu spüren. U- und S-Bahn-Aufträge erhielt Holzmann Anfang der achtziger Jahre in Bochum, Bielefeld, Düsseldorf und Duisburg. Seit Mitte 1984 war die Hauptniederlassung Hannover mit der Ausführung des Bauloses C01 für das Stadtbahnnetz von Hannover beauftragt. Zum Alleinauftrag gehörte der Bau von zwei Tunnelröhren von 526,6 m und 503,8 m Länge mit Hilfe einer vollmechanischen Schildvortriebsmaschine, die im Zusammenwirken mit der Herstellerfirma Bade & Thelen GmbH von der Philipp Holzmann AG entwickelt wurde. Seit März 1986 war die Schildvortriebsmaschine bei verschiedenen Projekten im Einsatz.[71]

See- und Wasserbau

Neben zahlreichen Abwasser- und Versorgungseinrichtungen in fast allen Städten Deutschlands konnte Holzmann einige herausragende Projekte im See- und Wasserbau bearbeiten, so erhielt das Unternehmen zum Beispiel 1981 den Auftrag für ein Fährterminal in Kiel und den Ausbau des Südkais in Hamburg. Darüber hinaus war Holzmann am Ausbau vieler Kanäle, so etwa des Mittellandkanals und des Dortmund-Ems-Kanals, beteiligt. Schließlich führte Holzmann Arbeiten für verschiedene Werften aus, beispielsweise für die Schlichting-Werft, für die eine Hebeanlage in Lübeck-Travemünde gebaut wurde.

Mehr und mehr ging in den achtziger und neunziger Jahren die Bautätigkeit in allen Bereichen auf die Tochtergesellschaften und Beteiligungen über, so daß deren Anteil am Gesamtgeschäft bis Anfang der neunziger Jahre erheblich zunahm.

5. Die deutsche Wiedervereinigung und das Engagement Holzmanns in den neuen Bundesländern

Kaum eine andere Branche setzte so viele Hoffnungen in die Wiedervereinigung wie die Bauindustrie, konnte sie doch aufgrund des desolaten Zustandes der Straßen, Häuser, Industrie- und Bahnanlagen in Ostdeutschland mit schier unendlichen Bauaufträgen rechnen: «Die Vereinigung von Ost und West war für Deutschland in diesem Jahr das herausragende Ereignis. Die wirtschaftliche Fehlentwicklung in Ostdeutschland und die fortgeschrittene Umweltzerstörung werden die gesamte deutsche Wirtschaft und vor allem die Bauindustrie vor gewaltige Aufgaben stellen.»[72]

In den neuen Bundesländern waren die Fehlleistungen von mehr als 40 Jahren Sozialismus und Planwirtschaft deutlich zutage getreten. Die Anpassungsprobleme waren groß und schlugen sich in einem Rückgang der Produktion und in der Freisetzung von Arbeitskräften nieder. Vor allem die Bauwirtschaft war davon stark betroffen. Entscheidungsbereitschaft und weitreichende Veränderungen waren die Voraussetzungen für künftiges Wachstum und neue Arbeitsplätze. Die Modernisierung und der Ausbau der Infrastruktur waren vorrangige Aufgaben für alle Bauunternehmen. Nach Überwindung rechtlicher und administrativer Hindernisse werde es, so war die Meinung der Philipp Holzmann AG, in den neuen Bundesländern zu einer nachhaltigen Belebung der Bautätigkeit kommen. Die Bauwirtschaft im vereinten Deutschland habe deshalb guten Grund, mit Optimismus in die Zukunft zu sehen.

Bereits 1990 hatte Holzmann zusammen mit den Beteiligungsgesellschaften über 30 Stützpunkte eingerichtet. Hierbei verfolgte der Vorstand die Strategie, an allen Plätzen, an denen Holzmann vor dem Zweiten Weltkrieg eine Niederlassung hatte, wieder präsent zu sein. Aus diesem Grunde wurden mit der Treuhandanstalt Verhandlungen geführt, um in den neuen Bundesländern bereits bestehende Baugesellschaften zu übernehmen, so zum Beispiel die Erfurter Hochbau GmbH, deren Übernahme bereits 1991 stattfand.

Die Grundvoraussetzung für den Wirtschaftsaufschwung in den neuen Bundesländern bestand in einer funktionierenden Infrastruktur im Verkehrs- und Kommunikationsbereich. So gründete die im Straßenbau tätige Deutsche Asphalt mit einem Partner die Deutsche Asphalt Leipzig in Taucha, eröffnete in Magdeburg eine Zweigniederlassung, beteiligte sich in Arnstadt/Thüringen an einer Straßen- und Tiefbaugesellschaft und errichtete dort mit demselben Partner eine Asphaltmischanlage. In Ost-Berlin übernahm die Deutsche Asphalt ein Straßenbauunternehmen. Die Berneburg-Gruppe erwarb von der Treuhandanstalt einen Straßenbaubetrieb mit Mischanlagen in Neustrelitz. Die Scheid Straßenbaugesellschaft übernahm im Frühjahr 1991 ein Straßenbauunternehmen in Meiningen und gründete in Bad Blankenburg eine Zweigniederlassung. Die Franki Grundbau errichtete Zweigstellen in Berlin-Ost und Leipzig, die Josef Möbius Bau-Gesellschaft gründete eine Zweigstelle in Magdeburg und die Imbau Industrielles Bauen Zweigniederlassungen in Walldorf bei Meiningen und Rostock. Fertigteilwerke wurden bei Berlin und Dresden aufgebaut. Die Beteiligungsgesellschaft von Holzmann, die Josef Skipiol Straßenbaustoffe, beteiligte sich bei der Gründung an zwei Cottbuser Unternehmen für Baustoffhandel und Betonwarenproduktion mit je 74%. In Leipzig nahm die Zweigniederlassung der Scheu & Wirth AG ihre Arbeit auf. Ebenfalls in Leipzig wurden Niederlassungen der Holzmann Logistics Services für den medizintechnischen Bereich und der HIG Holzleimbau Industrie eingerichtet.

Ein weiterer großer Aufgabenbereich lag für Holzmann in der Beseitigung, Verringerung und Vermeidung von Umweltschäden. Bereits im Mai 1990 hatte Holzmann im sächsischen Freiberg die G.E.O.S. Ingenieurgesellschaft mbH gegründet (später G.E.O.S. Freiberg Ingenieurgesellschaft mbH). Sie ging aus dem volkseigenen Betrieb Geologische Forschung und Erkundung Freiberg hervor. Dieser typische DDR-Betrieb mit etwa 1700 Mitarbeitern mußte nun marktwirtschaftlichen Verhältnissen angepaßt werden. Die G.E.O.S. beschäftigte sich im wesentlichen mit Boden- und hydrogeologischen Gutachten. Sie wurden benötigt für die Erkundung von Rohstofflagerstätten (zum Beispiel für Braunkohle, Baurohstoffe) und Altlasten verschiedener Art. Daneben war die Gesellschaft auch auf Gebieten der Abfallwirtschaft, der Deponieplanung und -sanierung sowie der Begutachtung von Abwässern tätig.[73]

Über diese Engagements hinaus war der Vorstand von Holzmann bestrebt, zahlreiche Kooperationsvereinbarungen mit ortsansässigen Unternehmen zu treffen. Als erste große Bauaufträge wurden die Fertigstellung des Hotels Belvedere in Weimar, Auftragssumme 75 Mio. DM, der Ausbau der Landeszentralbank-Filialen in Berlin und Potsdam sowie der Bau des Finanzamtes in Meiningen übernommen. In Dresden projektierte Holzmann in der Innenstadt einen Gebäudekomplex mit einer Bruttogeschoßfläche von 41 000 m^2. Gleichzeitig wurde bei Wismar in Mecklenburg-Vorpommern ein Fachmarktzentrum auf einem 40 000 m^2 großen Grundstück erbaut. Diese ersten Direktaufträge sowie die Leistung der übernommenen Betriebe in den neuen Bundesländern erbrachten 1990 ein Bauvolumen von rund 100 Mio. DM. Der Holzmann-Konzern beschäftigte zum Jahresende 1990 in den neuen Bundesländern rund 1000 Mitarbeiter. Für 1991 rechnete man mit einer Leistungssteigerung auf etwa 600 Mio. DM und einem weiteren Anstieg der Mitarbeiterzahl.[74] Im September 1991 hatte der Holzmann-Konzern dann mehr als dreißig Stützpunkte in den neuen Bundesländern.

Holzmann in den neuen Bundesländern

Philipp Holzmann AG
HN Berlin
HN Nordhessen-Thüringen, Erfurt
ZN Dresden
ZN Halle
ZN Magdeburg
ZN Rostock
ABH Cottbuser Baustoffhandel GmbH, Cottbus
ABS Cottbuser Baustoffwerke GmbH, Cottbus
Asphaltmischwerke Anklam-Vorpommern GmbH, Anklam
Asphaltmischwerke Arnstadt GmbH, Arnstadt
AWS Asphaltwerk Schmalkalden GmbH & Co. KG, Meiningen
Baustoffe, Recycling und Containerdienst GmbH, Magdeburg
Bau-Union Zwickau GmbH, Zwickau
Deutsche Asphalt GmbH
Betriebsstelle Arnstadt
Betriebsstelle Magdeburg
Betriebsstelle Stralsund
Deutsche Asphalt Berlin GmbH, Berlin
Deutsche Asphalt Leipzig GmbH, Leipzig
Erfurter Hochbau GmbH, Erfurt
Franki Grundbau GmbH
Zweigstelle Berlin
Zweigstelle Leipzig
G.E.O.S. Freiberg Ingenieurgesellschaft mbH, Freiberg
NL Berlin
NL Dresden
NL Halle
NL Leipzig
NL Weißwasser
HIG Holzleimbau-Industrie GmbH
NL Leipzig
NL Neuruppin
Philipp Holzmann – Held & Francke Bau AG
NL Dresden
NL Leipzig
imbau Industrielles Bauen GmbH
ZN Meiningen, Walldorf
ZN Rostock
imbau Sachsen Baugesellschaft mbH, Dresden
Stahlbau Lavis GmbH
Büro Halle
Lömpel Bautenschutz GmbH & Co. KG
Zweigstelle Weimar
Sächsische Quarzporphyr-Werke GmbH, Röcknitz
Scheid Straßenbaugesellschaft mbH
ZN Bad Blankenburg
Scheu + Wirth AG
NL Dresden
NL Leipzig
NL Zwickau
Rolf Schuchardt Straßen- und Tiefbau GmbH, Arnstadt

Steinmüller-Instandsetzung Kraftwerke Gesellschaft für Energie- und Umwelttechnik mbH, Peitz
Straßen- und Tiefbau GmbH Meiningen, Meiningen
Straßenbau Neustrelitz GmbH, Neustrelitz
Umweltschutz Nord GmbH & Co.
NL Neubrandenburg
Umweltschutz Ost GmbH, Berlin

Zenker Hausbau GmbH + Co.
Beratungszentrum Berlin
Musterhauspark Erfurt
Beratungszentrum Königs Wusterhausen
Beratungszentrum Weixdorf
Zenker-Fenster GmbH & Co. KG
NL Leipzig
Zuschlagstoffe Haldensleben GmbH, Haldensleben

Philipp Holzmann in den neuen Bundesländern, Stand 1991[75]

Der Start in den neuen Bundesländern war nicht leicht. Die Mitarbeiter des Holzmann-Konzerns mußten feststellen, daß es weder Räumlichkeiten für Büros noch für Wohnungen gab. Zumeist mußten sie zunächst in Hotels wohnen, so zum Beispiel im Interhotel in Halle, ein Hotel, das von seinem Komfort her nicht mit einem westlichen Haus zu vergleichen war. Das Hotelzimmer diente zunächst als Arbeitsplatz. Die Büroräume wurden zum 1. Oktober

1991, dem offiziellen Eröffnungstermin der Zweigniederlassung Halle, angemietet, und zwar im Gebäude der HAMIBAG (Hallesche Mitteldeutsche Bau-Aktiengesellschaft) in der Straße des Kraftwerks.[76] Die größten Schwierigkeiten lagen in der Anfangszeit im Bereich der Kommunikation. Am meisten fehlte den Vertretern der Philipp Holzmann AG das Telefon. Das Telefonieren in die alten Bundesländer ging am besten von 20.00 Uhr bis 2.00 Uhr in der Nacht, doch zu diesen Uhrzeiten war in den Niederlassungen in den alten Bundesländern oder in der Zentrale niemand mehr zu erreichen.

Neben der Organisation akzeptabler Büroarbeitsplätze bestanden die Tätigkeiten der ersten Monate vor allem darin, Geschäftsverbindungen und Kontakte zu den zuständigen Behörden herzustellen. Dabei wurde immer wieder deutlich, daß selbst die neuerrichteten Behörden nicht mit denen in Westdeutschland zu vergleichen waren. So stellten die Vertreter von Philipp Holzmann mit Schrecken fest, daß Katasterpläne zwar vorhanden waren, aber auf ihnen bereits gebaute Häuserzeilen nicht eingetragen waren.

Äußerst schwierig war es in der Anfangszeit auch, einheimische Arbeitskräfte zu finden, diese auszubilden und auf den kaufmännischen oder technischen Stand der westdeutschen Arbeitskräfte zu bringen.

Nach 1991 wurden die ersten umfangreichen Bauten in den neuen Bundesländern fertiggestellt, so zum Beispiel ein Bürogebäude mit Supermarkt und Parkhaus in Dresden, Riesaer Straße, das Einkaufszentrum Rathaus-Center in Dessau und die Berufgenossenschaftliche Klinik in Halle/Saale (1994), das City-Carré in Magdeburg sowie das Hotel Königshof in Dresden (1995).

Es wurden auch Bauprojekte übernommen, die weniger vom Volumen her bemerkenswert waren als vielmehr von ihrer zeitgeschichtlichen Bedeutung. So errichtete die Hauptniederlassung Hannover in Zusammenarbeit mit der Hauptniederlassung Hamburg 1990/91 die Straßenbrücke über die Elbe bei Dömitz als Bindeglied verschiedener Wirtschaftsräume im Zuge des Ausbaus der Bundesstraße 191 zwischen Ost und West. Etwa 45 Jahre lang hatte diese Brücke nur als Ruine existiert, als Mahnmal des Krieges, das in äußerst anschaulicher Weise die Trennung zwischen Ost und West, nämlich Niedersachsen und Mecklenburg-Vorpommern, verdeutlichte. Zerstört worden war die Straßenbrücke durch amerikanische Fliegerbomben in den letzten Tagen des Zweiten Weltkriegs. Übriggeblieben waren nur die Pfeiler und Teile der Vorlandbrücken. Die Sanierung der Brückenpfeiler wäre teurer geworden als ein Neubau. Die neue Brücke wurde daher an derselben Stelle wie ihre Vorgängerin mit einer Länge von etwa 1000 m errichtet. Das Flußbett der Elbe wurde durch eine 178 m weit gespannte Stabbogenkonstruktion, die Vorlandbereiche wurden jeweils durch Spannbetonbauteile überbrückt. Insgesamt wurden 24300 m^3 Beton verbaut sowie 1700 t Betonstahl und 480 t Spannbeton benötigt, die Stabbogenbrücke des Mittelteils erforderte eine Konstruktion von 1700 t.[77]

Brücke Dömitz, 1990/91

Fast jede Zweigniederlassung in den neuen Bundesländern hat ihre eigene lange Geschichte, so zum Beispiel auch die Hauptniederlassung in Dresden. Hier hatte die Philipp Holzmann AG bereits 1907 ein Baubüro eröffnet. Bis zum Zweiten Weltkrieg baute Holzmann in Sachsen in den Niederlassungen Dresden und Leipzig – letztere wurde 1927 gegründet – vor allem Industriegebäude und Brücken, beispielsweise in den Jahren 1907–1910 die Augustusbrücke über die Elbe in Dresden. Unmittelbar nach dem Zweiten Weltkrieg war Holzmann bei Trümmerräumungen und Instandsetzungen des zerstörten Dresdens engagiert. Nach der Wiedervereinigung 1990 war Holzmann daher von Anfang an bestrebt, an seine Bautradition in Sachsen anzuknüpfen. Mit dem Bezug der neuen Büroräume im Holzmann-Haus in der Bergstraße 2 kehrte die Hauptniederlassung Sachsen im Juli 1995 auf das ehemalige Dresdner Niederlassungsgelände zurück. Für die Sanierung von Silobauwerken und Türmen sowie den Neubau in Gleitschalungsbauweise war die Sächsische Spezialbau GmbH (SSB) in ganz Sachsen tätig. Die Hauptniederlassung Sachsen brachte 1994 mit 214 Angestellten und 593 gewerblichen Mitarbeitern einen Umsatz von ca. 320 Mio. DM. In der Ingenieurgesellschaft für Bautechnik mbH (IBTL) verfügt Holzmann über ein leistungsstarkes technisches Büro in Sachsen. Der zentrale Werkplatz ist in Leipzig angesiedelt, dort befinden sich auch die Zimmerei und der zentrale Schalungsbetrieb.[78]

Ende 1993 war der Holzmann-Konzern mit mehr als hundert Stützpunkten in Ostdeutschland vertreten.[79] Das unternehmerische Ziel bestand darin, das im Westen zurückgehende Bauvolumen im Osten mehr als auszugleichen.

1993 konnte dieses Vorhaben in Ostdeutschland im Hoch- und Tiefbau für öffentliche und private Auftraggeber auch erreicht werden. Alle deutschen Bauunternehmen, so auch die Philipp Holzmann AG, waren mit großem Optimismus in den neuen Bundesländern gestartet. Vor allem im Straßenbau und in der Sanierung der Reichsbahn sahen die Vorstände der Bauunternehmen ein langfristiges Betätigungsfeld. Viele erwarteten eine Aufbautätigkeit ähnlich wie in der Bundesrepublik Deutschland nach dem Zweiten Weltkrieg. Aber die Visionen, hier für die nächsten zwanzig Jahre ein gewinnbringendes Tätigkeitsfeld zu finden, zerschlugen sich relativ rasch. Dennoch versuchten alle westdeutschen Bauunternehmen, in allen Regionen der neuen Bundesländer gewaltige Aktivitäten zu entfalten. Es war nicht nur das Geld, das die Bauunternehmen antrieb, dort tätig zu werden. Die Euphorie über die Wiedervereinigung Deutschlands führte zu manchen Akquisitionen und Fehlurteilen, die ohne emotionale Bindung nicht möglich gewesen wären.

Doch 1995 bereits wurde deutlich, daß die Baueuphorie in Ostdeutschland erheblich an Schwung verloren hatte. 1996 mußte Holzmann in den ostdeutschen Ländern, zum Beispiel in Sachsen, schwere Rückschläge hinnehmen. Die Belastungen in Sachsen aus Forderungsausfällen, Altverträgen und Verlusten der Bau-Union Zwickau GmbH führten zu einem negativen Gesamtergebnis der Direktion Ost.[80] In Berlin baute Holzmann zu diesem Zeitpunkt Wohnungen mit 100000 m^2 Bruttogeschoßfläche und zwei schlüsselfertige Einkaufszentren in Lichtenberg und im Wedding. Das Kreiskrankenhaus Güstrow mit einem Volumen von 192 Mio. DM konnte 1996 vorfristig fertiggestellt werden. Die bereits erwähnte Autobahnbrücke über die Oder, eine der bedeutendsten europäischen Verkehrsanbindungen, war Ende 1994 so gut wie vollendet. Von 1995 bis 1998 baute Holzmann mit der Meerestechnik Werft in Wismar (1998 an den norwegischen Konzern Aker RGI ASA verkauft) eine der modernsten Werften Europas. Die schlüsselfertig übergebene Werfthalle besitzt die stattlichen Ausmaße von 400 m Länge, 155 m Breite und 70 m Höhe.

Auch 1997 ging bei der Direktion Ost die Leistung zurück. Der Markt war durch Überkapazitäten und harten Wettbewerb geprägt. Holzmann konzentriert sich seit 1997 in den neuen Bundesländern auf die technische Kompetenz und auf Spezialmärkte. In Berlin-Marzahn wurde eine Unfallklinik mit einem Bauvolumen von 486 Mio. DM in Arbeitsgemeinschaft fertiggestellt. Herausragende Objekte waren weiterhin ein Wohnungsvorhaben in Spandau, Tunnelbauaufträge im Regierungsviertel sowie der Neubau einer Talbrücke über die Große Striegis. Außerdem ist Holzmann am Wiederaufbau der Frauenkirche in Dresden beteiligt.[81]

Meerestechnik-Werft in Wismar, 1995–1998

6. Der Weg in die Krise

Seit Mitte der achtziger Jahre, das heißt seit dem Einbrechen des Auslandsgeschäfts, war der Vorstand von Holzmann gezwungen, seine Unternehmensstrategie vollkommen zu überdenken. Hierbei kristallisierten sich in den nachfolgenden Jahren mehrere Strategielinien heraus, die nach und nach verwirklicht wurden. Die Vorstandsmitglieder Hermann Becker (seit 1981 Vorstandssprecher), Hans-Dieter Anders, Lothar Mayer, Peter Schmidt, Heinz Seifert und Michael Westphal begannen Mitte der achtziger Jahre eine Diversifikationspolitik, die darauf abzielte, in Baunebenbereiche einzusteigen, die Projektentwicklung zu forcieren und in den europäischen Ländern verstärkt präsent zu sein. «Der Trend geht weg vom reinen Bau hin zum Spezialisten und Dienstleister»,[82] formulierte Hermann Becker die zukünftige Strategie.

Wie kein anderes Bauunternehmen setzte Holzmann unter der Leitung von Michael Westphal auf die Bauland- und Projektentwicklung: «Die Projektentwicklung ist eine unserer gewichtigen Aktivitäten, die von den Hauptniederlassungen, der Abteilung Generalunternehmer und Beteiligungsgesellschaften getragen wird.»[83]

Dieses Modell funktionierte so: Holzmann sicherte sich ein Grundstück per Kauf oder Option, plante, bebaute, vermietete, verwaltete und unterhielt es für den Investor, zum Beispiel eine Versicherung, der das ganze Objekt dann kaufen sollte. Der Vorteil dieser Methode bestand darin, daß die Konkurrenz in jeder Phase des Projektes ganz legal vollständig ausgeklammert wurde. Allerdings bargen derartige Geschäfte auch erhebliche Risiken, weil Holzmann langfristig hohe Vermietungsgarantien eingehen mußte. Seit Ende der achtziger, Anfang der neunziger Jahre betrieb Holzmann das Immobilienprojektgeschäft im großen Stil. Der Erwerb, die Erschließung, die Vermietung und der Verkauf von Grundstücken ohne Koordination zwischen den Hauptniederlassungen und den Tochtergesellschaften sowie ein unzureichendes Controlling in der Zentrale führten Holzmann dann aber in eine äußerst prekäre Situation.

Das Projektentwicklungsgeschäft wurde von allen anderen Bauunternehmungen ebenfalls betrieben, doch Holzmann forcierte es in einem Ausmaß, daß trotz der immer wiederholten Beteuerungen, Vorsicht walten zu lassen, in diesem Geschäftsbereich das Controlling mangels Abstimmungsdefiziten unzureichend war. 1989 betrug der Zuwachs gegenüber dem Vorjahr gut 50%. Der Wert der bebauten Grundstücke lag per 31. Dezember 1989 bei 656 Mio. DM. Davon waren bereits 402 Mio. DM (61%) verkauft. Der Gesamtwert aller sich in der Entwicklung befindlichen eigenen und fremden Grundstücke einschließlich Bauvolumens betrug zum Jahresende 1989 bereits 3,7 Mrd. DM. Auch in den nachfolgenden Jahren nahm das Projektgeschäft weiter zu. 1993 betrug der auf Holzmann entfallende Gesamtwert der sich in den verschiedenen Stadien befindlichen Projekte knapp 9 Mrd. DM. Dieses Volumen umfaßte die zu entwickelnden Grundstücke im Eigen- und Fremdbesitz sowie die dafür vorgesehenen Baumaßnahmen. Der im Verkaufspreis enthaltene Grundstückswert betrug rund 1,4 Mrd. DM. Vom genannten Verkaufspreis befanden sich noch etwa 6 Mrd. DM im Planungsstadium, für ein Verkaufsvolumen für rund 3 Mrd. DM war die Planungsphase abgeschlossen. Davon war bis zum 31. Dezember 1993 gut die Hälfte verkauft. Im Geschäftsbericht für 1991 definierte der Vorstand noch einmal die Strategie im Projektgeschäft: «Grundsätzlich ist es unsere Politik, die Überleitung in die Bauphase erst bei sichergestellter Vermarktung vorzunehmen.»[84]

Der Vorstand wollte in den nachfolgenden Jahren wegen der Sensibilität der westdeutschen Immobilienmärkte weitere Projekte vorsichtig angehen. Unter diesem Vorbehalt sollten auch die Planungen im Osten Deutschlands vorgenommen werden. Mit dem Projektgeschäft beabsichtigte der Vorstand, dem

Unternehmen eine zusätzliche Chance zu eröffnen, vom reinen bauausführenden Unternehmen zum echten Dienstleister aufzusteigen.[85] Im Geschäftsbericht für 1993 gab er daher die Devise aus: planen, beraten und forschen, entwickeln, bauen, verwalten, betreiben und warten.[86] Mit dem Immobilienprojektgeschäft wollte Holzmann die Bauergebnisse aller Betriebe verbessern, aber auch die sich durch das Projektmanagement ergebenden Chancen nutzen. Der Ausbau des Betreibergeschäfts war dabei natürlich unerläßlich. So sollte mehr Unabhängigkeit vom harten Baugeschäft geschaffen werden. Gleichzeitig sollte das Vordringen in Bereiche wie Wasserversorgung und Abwasserentsorgung, Müllverbrennung und Verkehrswege ein besseres Ergebnis ermöglichen.

Ende 1994 betrug der Gesamtwert der Projekte in der Realisierungsphase 5 Mrd. DM. Davon entfielen 0,7 Mrd. DM auf Objekte, deren Grundstücke bereits verkauft waren und deren Baubeginn unmittelbar bevorstand. Weitere 2,8 Mrd. DM waren im Bau und 1,5 Mrd. DM fertiggestellt. Der Anteil der verkauften Projekte belief sich auf 59%. Für Projekte im Gesamtvolumen von 4,7 Mrd. DM hatte allerdings die Realisierung noch nicht begonnen. Im gleichen Jahr wurden für 1,6 Mrd. DM neue Projekte aufgenommen, insgesamt für 1 Mrd. DM Projekte veräußert, die auch unter realistischer Einschätzung von Mietgarantien zum Ertrag des Konzerns beitrugen.[87]

Noch im Geschäftsbericht für 1994 begründete der Vorstand, seit 1992 von Lothar Mayer als Vorsitzendem geführt und von Hermann Becker als Aufsichtsratsvorsitzendem kontrolliert, den gewaltigen Ausbau der Anlagen-Projektentwicklung und der Immobilien-Projektentwicklung.[88] Hierbei sollten Infrastrukturinvestitionen aus den öffentlichen Haushalten durch privatwirtschaftliche Modelle ergänzt werden. Der Mangel an staatlichen Mitteln zwinge zur Partnerschaft mit der privaten Wirtschaft (Public Private Partnership).

Diese Build-Operate-Transfer- (BOT) und Design-Build-Finance-Operate-(DBFO) Betreiber- oder Kooperationsmodelle sind in ihrer Grundstruktur erfolgversprechend und zukunftsorientiert, wenn die hierzu notwendige Organisation vorhanden ist, das Controlling funktioniert und die Größenordnung überschaubar ist. Alle drei Elemente aber waren bei Holzmann unterentwickelt, so daß letztlich niemand im Vorstand, mit Ausnahme vielleicht von Michael Westphal, der für die Projektentwicklung und gleichzeitig für das Controlling bis 1993 zuständig war, die Risiken einschätzen konnte. Überschaubarkeit und das Einhalten bestimmter Controlling-Prinzipien wurden offenbar nicht mit der notwendigen Ernsthaftigkeit behandelt. Es wurde «ein viel zu großes Rad» in diesem Bereich gedreht, wie viele Konkurrenten, die ebenfalls dieses Geschäft pflegten, anmerkten. Der Vorstand von Holzmann war stolz, von Anfang an stärker als alle anderen Bauunternehmen diese Chance genutzt und ausgebaut zu haben: «Die Philipp Holzmann AG beschreitet die Zusammenarbeit in dieser Größenordnung als erster privater Investor in Deutschland.»[89] Als Beispiele führte der Vorstand die Stadtentwicklung auf dem Rebstockgelände und das Westhafen-Projekt in Frankfurt an.

Bei einer Jahresleistung von 14 Mrd. DM mit einem hohen Anteil eigener Bauvorhaben war es unabdingbar, daß bei einem Einbrechen der Immobilienpreise die Objekte nicht mehr gewinnbringend abgesetzt werden konnten. Da diese Projekte mit Krediten finanziert waren, wirkte die Last der Zinsen erdrückend.[90] Der Ausfall von Mieten etc. erhöhte Monat für Monat die Verluste.

Es erhärtete sich der Verdacht, daß der Vorstand die Projektentwicklung nur deshalb so forciert hatte, um das eigene Baugeschäft zu steigern und in der Expansion alle anderen weit hinter sich zu lassen. Viele eigene Immobilien waren, wie sich beim Konjunktureinbruch 1995 herausstellte, zu hoch bewertet, so zum Beispiel der Galluspark, Frankfurt am Main, der Büropark an der Messe Frankfurt am Main, die City West, Stuttgart, die Industriestraße Vaihingen, Stuttgart, das KHD-Restgelände, Köln, das Circoleum Bad Homburg, der Gewerbepark Schiphol, Amsterdam, und viele andere.[91]

«Philipp Holzmann wollte teilnehmen an der gesamten Wertschöpfungspalette im Lebenszyklus eines Bauwerkes: Von der Grundstücksbeschaffung über Planung und Entwicklung, schlüsselfertiges Bauen und Betreiben. Die Renditechancen waren größer als im normalen Bauwettbewerb.»[92]

Neben der Projektentwicklung wirkte sich auch der unkontrollierte Zukauf von Beteiligungen im In- und Ausland negativ auf die Entwicklung aus. Niemand war bei dem unterentwickelten Organisations- und Kontrollsystem in der Lage, diese über 500 Beteiligungen zu überwachen. Um das Wegbrechen des Auslandsgeschäfts vor allem in Saudi-Arabien zu kompensieren, hatte der Vorstand die Geschäftspolitik verändert und auf eine Erweiterung auf andere Märkte hin orientiert. Mit der Übernahme von J. A. Jones Construction Company 1979 und Lockwood Greene Engineers Inc. 1981 waren die ersten Schritte zur geographischen Diversifikation vollzogen. Bald folgte, vor allem mit den Beteiligungen Tilbury Douglas in Großbritannien, Hillen & Roosen und Dubbers-Malden in den Niederlanden, Nord France in Frankreich und JOTSA in Spanien sowie Ed. Ast & Co. Baugesellschaft in Österreich, der Ausbau der Präsenz der Philipp Holzmann AG in den wichtigsten Ländern Westeuropas. Im Inland wollte der Vorstand durch den Zukauf von Unternehmen schwach besetzte Regionen ausbauen. Aus diesem Grunde wurde Held & Francke dazugekauft. Neben der geographischen Diversifikation dehnte Holzmann seine Aktivitäten auf den Bau in benachbarten und verwandten Bereichen aus und erweiterte das Unternehmen auf dem Rohstoffsektor und in den Zukunftstechnologien, um die weitere Entwicklung krisensicherer zu gestalten. Der Erwerb der Beteiligungen Steinmüller, Umweltschutz Nord, Harbauer sowie des Planungsunternehmens Lockwood Greene in den USA sollte den Geschäftsbereich Energie- und Umwelttechnik aufbauen. Stolz führte der Vorstand aus, daß durch den Kauf von Steinbrüchen in den westlichen und östlichen Bundesländern das Unternehmen an 1,2 Mrd. t Rohstoffen beteiligt sei und somit einen Vorrat für mehr als 50 Jahre besitze.[93]

IMS, G.E.O.S. Freiberg und GERI sowie Lockwood Greene sollten die Kristallisationspunkte des Ingenieurbereiches bilden. Gleichzeitig war Holzmann in Baunebenbereiche eingestiegen, so etwa kaufte das Unternehmen die Regensburger Heizungs-, Klima- und Sanitärgesellschaft Scheu & Wirth AG, die das Engagement im schlüsselfertigen Bauen ergänzen sollte.

Unter dem Begriff «operation and maintenance» wollte Holzmann nach und nach ein weiteres attraktives Einsatzgebiet entwickeln, dazu zählten auch Extraleistungen wie die Wartung öffentlicher Gebäude und Industrieanlagen oder den Betrieb von Labors. In den USA baute Holzmann sogar Braunkohle ab und lieferte sie 25 Jahre lang an ein Kraftwerk. Beim Bau eines Sportstadions im saudi-arabischen Riyadh betrieb die Philipp Holzmann AG von der Bandenwerbung bis zum Würstchenverkauf alle Dienstleistungen. Doch viele der Beteiligungen (Nord France, Deutsche Asphalt, Held & Francke, Hillen & Roosen) produzierten Verluste. Allein 1995 mußte Holzmann auf seine Beteiligungen (hauptsächlich Nord France) fast 130 Mio. DM abschreiben.

Anfang November 1995 hatte der Aufsichtsrat ein Sondergutachten bei der Wirtschaftsprüfungsgesellschaft KPMG in Auftrag gegeben, um das Projektgeschäft zu durchleuchten. Hierbei stellte sich heraus, daß Geschäftsabwicklung und Risikobeurteilung der Projektgemeinschaften der Philipp Holzmann AG nicht der aktuellen Marktentwicklung entsprachen. Hieraus ergaben sich Verlustübernahmen, Abwertungen und Vorsorgemaßnahmen, die bei Vebau und der Philipp Holzmann AG zu einem negativen Ergebnis führten. Diese Maßnahmen belasteten das Gesamtergebnis mit rund 460 Mio. DM. Hieraus ergab sich ein negatives Ergebnis aus gewöhnlicher Geschäftstätigkeit von 345 Mio. DM. Der Jahresfehlbetrag für 1995 erreichte 360 Mio. DM. Er wurde durch Auflösung von Gewinnrücklagen ausgeglichen. Holzmann zahlte nach Jahrzehnten positiver Entwicklung erstmals 1995 keine Dividende.

Trotz des Controllings und seit 1993 ständig aufgestellter neuer Strukturprogramme im Projektgeschäft und bei den Beteiligungen blieb die Organisation bei Holzmann undurchsichtig. Im Februar 1995 hatte der Vorstand der Philipp Holzmann AG als Führungsgesellschaft für das Projektgeschäft die GfP (Gesellschaft für Projektentwicklung) gegründet, deren operativer Teil durch die HOG-Gesamtprojekte repräsentiert wurde.[94] Im Juli 1995 übernahm dann Holzmann die im Immobilienprojektgeschäft tätige Vebag-Vebau-Gruppe, an der Holzmann seit 1984 über die Sofitec in der Schweiz beteiligt war, zu 100%. Die Vebag-Vebau-Gruppe war in der Immobilienprojektentwicklung mit Schwerpunkt in Deutschland tätig, so unter anderem beim Galluspark in Frankfurt am Main.

Das Vebau-Projektgeschäft aus den Jahren 1989–1992 war durch Bürgschaften der Philipp Holzmann AG gesichert. Das Immobilien-Projektgeschäft hatte sich, nach Aussagen Lothar Mayers auf der Pressekonferenz am 21. Mai 1996, vornehmlich in der Vebau-Gruppe und im Unternehmensbereich HOG-Gesamtprojekte abgespielt. Die neue Holzmann BauProjekt AG sollte nun alle Altprojekte zu Ende führen.[95] Offensichtlich wußten weder die meisten Vorstandsmitglieder noch der Aufsichtsrat, was sich in der Vebau abspielte.

Strategie und Analyse gehörten nicht zu den Stärken der meisten deutschen Bauunternehmen, da in fast allen die Praktiker dominierten. Im Vorstand der Holzmann AG saßen neben zwei Kaufleuten vier Bauingenieure. Alle hatten ihr Geschäft von der Pike auf gelernt und sich jahrzehntelang im Unternehmen hochgearbeitet. Über die Frage, inwieweit der Wechsel im Aufsichtsratsvorsitz von Horst Burgard, Deutsche Bank, zu Hermann Becker, ebenfalls Bauingenieur, zur Krise beitrug, lassen sich nur Vermutungen anstellen. Fest steht jedoch, daß der Übergang der Kontrollfunktion auf den ehemaligen Vorstandssprecher einen Bruch in der Kontinuität darstellte. Die Einflußnahme und die langwierigen Übernahmeversuche durch die Hochtief AG banden im Vorstand Kapazitäten und Kräfte, die dann in den Bereichen Strategie und Analyse des Unternehmens fehlten. Letztlich wirkte sich die Unklarheit über die Zukunft des Unternehmens demotivierend auf die Mitarbeiter der Philipp Holzmann AG aus.

Im Laufe des Jahres 1996 stellte sich dann heraus, daß die Verluste weit höher waren, als die KPMG Deutsche Treuhandgesellschaft in ihrem Gutachten angenommen hatte. Für das Jahr 1996 wurden Belastungen von rund 1,5 Mrd. DM ausgewiesen, für 1995 und 1996, so wurde geschätzt, standen insgesamt rund 3 Mrd. DM Verluste zu Buche. Es zeigte sich, daß im Vorstand der Philipp Holzmann AG eine Reihe falscher Entscheidungen getroffen worden war. In der Presse wurde gemutmaßt, daß Mitarbeiter in leitenden Funktionen zudem in die eigene Tasche gewirtschaftet und dem Unternehmen so erheblichen Schaden zugefügt hatten.[96] Die Verlustquellen lagen insbesondere in Sanierungsaufwendungen, im Immobilienprojektgeschäft, in Restrukturierungsaufwendungen und im operativen Bereich. Dazu kamen negative Ergebnisbeiträge aus Thailand und Frankreich. Ferner hatten operative Verluste bei zwei Obergesellschaften und bei Tochtergesellschaften sowie Abschreibungen und Forderungen bei Beteiligungsunternehmen das negative Ergebnis mit verursacht. Die Beteiligungsgesellschaften in Frankreich und

Thailand machten 120 bzw. 238 Mio. DM Verluste, im Immobilienprojektgeschäft schlugen 858 Mio. DM negativ zu Buche, für Sozialplankosten (Stellenabbau) wurden rund 300 Mio. DM ausgegeben.

Zu den Unternehmen, die für die Verluste hauptsächlich verantwortlich waren, zählten Nord France, Hillen & Roosen, Philipp Holzmann Österreich, die Deutsche Asphalt, Philipp Holzmann-Held & Francke Bau AG, Franki Grundbau, die Hauptniederlassungen Erfurt und Sachsen, HIG und Zenker Fenster. Mayer war optimistisch, daß sein Sanierungsprogramm und die neue Struktur des Unternehmens Erfolg haben würden.[97] Um eine bessere Kontrolle zu erhalten, wurden für die über 500 Beteiligungen zu diesem Zeitpunkt 20 Führungsgesellschaften geschaffen. Bei vielen Beteiligungen und Tochtergesellschaften hatten sich zudem erhebliche Defizite im Management herausgestellt. Sanierungsteams sollten die einzelnen Beteiligungen und Tochtergesellschaften prüfen. Ferner sollten strengere Maßstäbe im Neugeschäft angelegt werden. Allerdings zeigten alle diese Maßnahmen wenig Erfolg.

Michael Westphal hatte bereits zum 13. Mai 1996 und Gerhard Lögters zum 30. Juni 1997 den Vorstand verlassen. Mit Rainer Klee ab 1. Juni 1996 (Finanzressort) und Johannes Ohlinger ab 1. August 1997 wurde der Vorstand durch jüngere Mitglieder ergänzt. Am 10. April 1997 übernahm Carl L. von Boehm-Bezing, Deutsche Bank, den Vorsitz im Aufsichtsrat. Er plädierte für eine offene und geradlinige Politik. Das hieß aber auch, den Vorstandsvorsitzenden auszuwechseln, zumal trotz aller Versprechungen neue Verluste entdeckt wurden und immer noch keine Transparenz bestand.[98]

7. Auf dem Weg zu einem neuen Konzern – Sanierung und Neuausrichtung

Mit der Berufung von Carl L. von Boehm-Bezing zum Aufsichtsratsvorsitzenden begann eine neue Phase in der Sanierung und Konsolidierung des Unternehmens. Eine seiner Hauptaufgaben bestand darin, einen neuen Vorstandsvorsitzenden zu suchen. Dieses Vorhaben gestaltete sich allerdings äußerst schwierig, da der Personalmarkt die geeignete Führungskraft zu diesem Zeitpunkt nicht zur Verfügung stellen konnte.[99] So dauerte es nochmals sechs Monate, bis eine Lösung gefunden war.

Am 19. September 1997 übernahm Heinrich Binder den Vorstandsvorsitz bei der Philipp Holzmann AG. Er folgte Lothar Mayer, der einen Tag vor der Aufsichtsratssitzung sein Mandat niedergelegt hatte. Heinrich Binder war von 1992 bis Mitte August 1997 Vorstandsvorsitzender des Automobilzulieferers Kolbenschmidt AG mit Sitz im württembergischen Neckarsulm gewesen. In dieser Zeit hatte er maßgeblich dazu beigetragen, das Unternehmen aus einer äußerst schwierigen Situation heraus zu sanieren und nachhaltig in die

Gewinnzone zu führen.[100] Den neuen Vorsitzenden von Aufsichtsrat und Vorstand oblag es nun, den Konzern neu zu strukturieren und für die Zukunft im nationalen und internationalen Geschäft wettbewerbsfähig zu gestalten. Neben den branchenspezifischen Problemen (hohe Branchenfragmentierung, latente Überkapazitäten, Professionalisierung der Abnehmer), die nicht nur zu einem ruinösen Wettbewerb zwischen den Bauunternehmen, sondern gleichzeitig zu einem Verfall der Renditen geführt hatten, galt es vor allem, die hausgemachten Probleme in den Griff zu bekommen.

Um dieses Ziel zu erreichen, stellte der Vorstand ein Gesamtprogramm für die Sanierung und Neuausrichtung auf.[101]

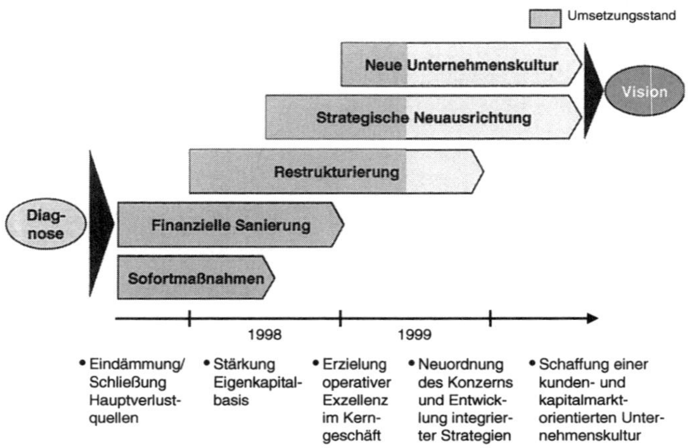

Restrukturierungsprogramm ab 1997

Zunächst wurde die Ausgangslage systematisch diagnostiziert. In diesem Prozeß wurden alle Führungsgesellschaften eingebunden. Die differenzierte Auswertung der Geschäftsdaten, ein internes Benchmarking, Interviews mit Kunden, Mitarbeitern, Lieferanten und externen Experten legten rasch die Stärken und Schwächen des Konzerns offen, zeigten die Hintergründe und Ursachen der Probleme, verdeutlichten den Umfang des Handlungsbedarfs bezüglich der Ergebnislücke sowie den Zeit- und Finanzrahmen und lieferten so die Vorgaben, welche Maßnahmen sofort und unausweichlich zu treffen waren.

Diese Sofortmaßnahmen betrafen insbesondere die Abwicklung unrentabler Einheiten (beispielsweise Nord France, Philipp Holzmann Thailand). Vor allem die Risiken in der Immobilienprojektentwicklung sollten systematisch abgebaut werden und neue Aufträge nur nach strenger Prüfung der Margen hereingenommen werden.

Diese Restrukturierung bedurfte aber insbesondere eines strengen Risikomanagements, dessen Instrumente (operativer «Turnaround» auf Problembaustellen, Risikobewertung mit verbesserten Datenbasen und Berichtssystemen, Trainingsprogramme für Bauleiter) zu einer Steigerung der Leistungen auf den Baustellen und der Rendite aus den Projekten führen sollten.

In diesem zukunftsorientierten Konzept sollen Risikominimierung und Transparenz dazu beitragen, die Philipp Holzmann AG neu zu positionieren, das Image in der Öffentlichkeit aufzubessern und eine neue Unternehmenskultur aufzubauen. Der Austausch eines Großteils der Führungsebene, die Einführung der leistungsorientierten Bezahlung und die Verbindung von kaufmännischer und technischer Managementkultur bilden Schlüssel zu einer Veränderung und Weiterentwicklung der Führungskultur. Durch diese Maßnahmen, gerade auch im Bereich der Unternehmenskultur, hofft der Vorstand, die Mitarbeiter, nach einer langen Phase der Unsicherheit, neu zu motivieren und das Selbstvertrauen zu stärken. [102] Eine feste Einheit im Konzernsitz und starke Identitäten in den einzelnen Bereichen und Regionen sind allerdings hierfür die Voraussetzungen, damit die «neue» Philipp Holzmann AG eine Zukunft hat.

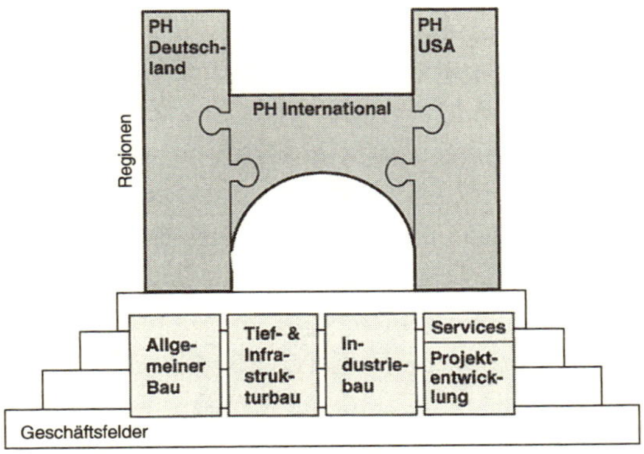

Konzernstruktur 1999[103]

Trotz mancher Rückschläge scheint dieses Konzept aufzugehen. Die Sanierung des Projektgeschäfts und die Bereinigung im Beteiligungsbereich wiesen bis ins Jubiläumsjahr 1999 Fortschritte auf. Die ersten wichtigen Maßnahmen begannen bereits in der ersten Hälfte des Jahres 1998 zu greifen.[104] Das Projektgeschäft sollte bis auf einen kleinen Rest zurückgefahren werden.[105] Um diese Zielvorgabe zu erreichen, beabsichtigte der neue Finanzvorstand Rainer Klee, sich bis Ende 2000 von den Vorhaben auf dem Rebstock-Gelände, im Westhafen, am Kaiserlei, im Galluspark und im Deutschherrnviertel (alles Vorhaben in Frankfurt am Main) zurückzuziehen. Die zuständige Holzmann BauProjekt AG, an deren Spitze bisher «Bauleute» das Sagen hatten, setzte

Kaufleute als Vertriebsspezialisten ein. Der Verkauf einiger verlustreicher Projekte, wie zum Beispiel des Stadtzentrums Schenefeld bei Hamburg im April 1999, unterstützten das Sanierungskonzept.

Die verlustreichen Beteiligungen wie Nord France und Philipp Holzmann Thailand wurden abgeschrieben. Die Deutsche Asphalt wurde saniert, allerdings auf Kosten von über 2000 Arbeitsplätzen. Bei Scheu & Wirth – hier waren 1998 wieder Verluste entstanden – wurden im April 1999 die Vorstände entlassen und die Sanierung eingeleitet. Von zahlreichen Beteiligungen trennte sich Holzmann, so auch von der Gummersbacher Tochter L. & C. Steinmüller im Juli 1998.[106] Nach der Veräußerung von Randaktivitäten und unrentablen Gesellschaften konzentrierte sich Holzmann auf vier Kernbereiche: den Allgemeinen Bau, den Tief- und Infrastrukturbau, den Industriebau und den Bereich Dienstleistungen.[107] Holzmann wollte nicht mehr reiner Bauausführer sein, sondern ein «globaler, integrierter Baudienstleistungskonzern mit starker Serviceorientierung, mit technologischer Kompetenz für komplexe Infrastruktur- und Industriebauobjekte».[108]

Alle diese Schritte in eine solide Zukunft hätten aber keine Aussicht auf Erfolg gehabt, wäre es Vorstand und Aufsichtsrat nicht gelungen, das in den Jahren zuvor verlorene Kapital wieder hereinzuholen. Aus diesem Grunde plante der Vorstand eine Kapitalerhöhung und die Emission einer Wandelanleihe. Holzmann verfügte Anfang Juli 1998 lediglich noch über 30 Mio. DM. Durch die Wandelanleihe über 500 Mio. DM und eine Kapitalerhöhung über 200 Mio. DM sollten dem Unternehmen nun 700 Mio. DM frische Mittel zufließen. Gleichzeitig erhöhten die beteiligten Banken unter Führung der Deutschen Bank die Kreditlinien um 300 Mio. DM, so daß Holzmann insgesamt auf einen Liquiditätsrahmen von 1 Mrd. DM zurückgreifen konnte. In Einzelgesprächen hatte der Vorstand die Core-Institute von der Notwendigkeit der Kapitalerhöhung und der Emission einer Wandelanleihe aufgrund der ersten Erfolge im Sanierungsprogramm und der Vorlage einer strategischen Neuausrichtung für den Konzern überzeugt. Immerhin hatten sich die Verluste in den Krisenjahren 1996/97 auf weit über 3 Mrd. DM gesteigert.

Die entscheidende Frage blieb aber, ob Hochtief sich an der Kapitalerhöhung beteiligen würde oder nicht. Zwar hatte sich vorübergehend eine Annäherung zwischen Hochtief und Holzmann vor allem im Auslandsgeschäft ergeben. In diesem Zusammenhang beabsichtigte Hochtief, mindestens 50 Prozent der Amerika-Beteiligungen Holzmanns zu übernehmen. Dies war jedoch unvereinbar mit der von dem neuen Vorstandsvorsitzenden Binder geplanten strategischen Neuausrichtung des Konzerns. Als die Übernahme dann scheiterte, verzichtete Hochtief auf eine Beteiligung an der Kapitalerhöhung.[109] Von diesem Zeitpunkt an war klar, daß Hochtief das Interesse an Holzmann verloren hatte.

Die Barkapitalerhöhung wurde vom Markt besser als erwartet aufgenommen. Holzmann bot die jungen Aktien aus der Kapitalerhöhung um nominal 65,8 Mio. DM auf 285,2 Mio. DM im Verhältnis 10:3 zum Preis von 160 DM an. Brutto flossen Holzmann somit 210,5 Mio. DM zu. Die Eigenkapitalquote stieg aufgrund der Kapitalerhöhung und dank der Steinmüller-Veräußerung von 7 auf 10%. Mit der Emission der Wandelanleihe über 500 Mio. DM erfolgte dann eine weitere Steigerung auf 15%.

Gleichzeitig bündelte Holzmann seine Auslandsaktivitäten in der Philipp Holzmann International in New York. Davon ausgenommen war allerdings das gesamte amerikanische Geschäft.[110] Gerade im Auslandsgeschäft konnten 1998 bedeutende Erfolge erzielt werden. Während im Inland in diesem Jahr die Bauleistungen um 16,6% zurückgingen, konnte das Unternehmen im Ausland um 3% zulegen und so eine Jahresbauleistung von 11,9 Mrd. DM erzielen. Damit war der Auslandsanteil mit 5,2 Mrd. DM von knapp 39% auf 44% gestiegen.[111]

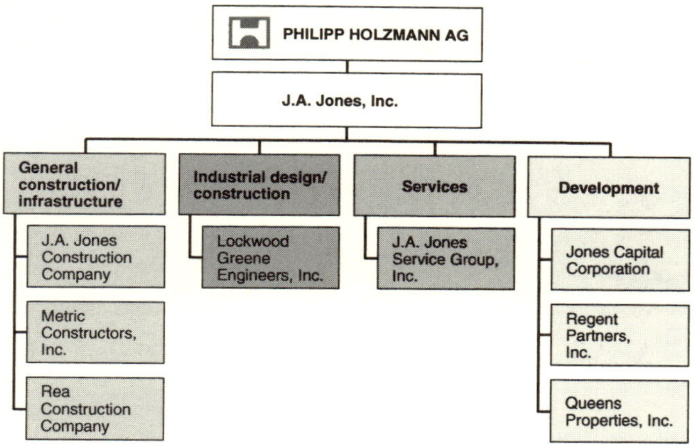

Philipp Holzmann in den USA 1999[112]

Holzmann hatte damit den Weg zu einem deutsch-amerikanischen Konzern eingeschlagen. Technisches Know-how in die USA zu transferieren und Managementqualitäten nach Deutschland zu bringen lautete die neue Devise.

Ende 1998 wurde schließlich der Aktionärskreis der Philipp Holzmann AG neu geordnet. Die belgische Gevaert Gruppe beteiligte sich über ihre Tochter Geberna N.V., Antwerpen, mit 24,6% am gezeichneten Kapital der Philipp Holzmann AG. Sie übernahm den 15-Prozent-Anteil der Hochtief AG in Essen und 4,1% von der 25-Prozent-Beteiligung der Deutschen Bank. Das Gesamtinvestment belief sich auf rund 8 Mrd. bfr, umgerechnet etwa 390 Mio. DM.[113] Hochtief erhielt zum 18. Dezember 1998 im Gegenzug Holz-

Frankfurter Skyline 1999 mit Eurotheum, Main Tower und Japan-Center

mann-Wandelanleihen in Höhe des abgegebenen Anteils. Der Vorstandsvorsitzende der Gevaert Holding N.V., André Leysen, sah in seinem Engagement eine zukunftsorientierte Investition und gleichzeitig einen neuen Akzent in der Anlagenstrategie.

Mit den neuen Kernaktionären Deutsche Bank und Gevaert beginnt eine neue Epoche für die Philipp Holzmann AG.

ANHANG

Tabellarische Übersichten

*Aufsichtsratsvorsitzende der Philipp Holzmann AG seit der AG-Gründung 1917**

Zeitraum	Name
Oktober 1917 bis August 1925	Sigmund H. Wormser
August 1925 bis Juni 1932	Otto Riese
Juni 1932 bis Juni 1939	Alfred Blinzig
Juni 1939 bis August 1969	Hermann Josef Abs (Ehrenvorsitzender von August 1969 bis Februar 1994)
August 1969 bis August 1985	Wilfried Guth
August 1985 bis November 1989	Alfred Herrhausen
Januar 1990 bis August 1992	Horst Burgard
August 1992 bis April 1997	Hermann Becker
seit April 1997	Carl L. von Boehm-Bezing

*Vorstandsmitglieder der Philipp Holzmann AG seit der AG-Gründung 1917**

Zeitraum	Name
Oktober 1917 bis August 1918	Adolf Haag
Oktober 1917 bis Dezember 1922	Georg Franke
Oktober 1917 bis April 1924	Carl Kölle
Oktober 1917 bis April 1924	Otto Riese (Vorsitzender)
Oktober 1917 bis Dezember 1928	Eduard Holzmann
Oktober 1917 bis Juni 1931	Julius Kesselheim (Vorsitzender ab April 1924)
Oktober 1917 bis Juni 1932	Ferdinand Grages (Vorsitzender ab Juni 1931)
Oktober 1917 bis Juli 1945	Heinrich Holzmann (Vorsitzender ab März 1936)
November 1917 bis August 1930	Paul Rheindorff
November 1917 bis Juni 1932	Hellmuth Cuno
Februar 1918 bis Oktober 1933	Charles A. Rosenthal
Juni 1918 bis Oktober 1933	Hermann Galewski (Vorsitzender ab Juli 1932)
April 1925 bis März 1936	Otto Richter

* Stand: Juli 1999

Januar 1930 bis März 1936	Robert Hartmann (Vorsitzender ab Oktober 1933)
April 1936 bis September 1945	Friedrich Linsenhoff
April 1936 bis Juli 1945 Mai 1948 bis Dezember 1956	Hans Meyer-Heinrich
Juni 1937 bis Juli 1945 Dezember 1947 bis Juli 1966	Franz Rudolph
Februar 1938 bis Februar 1948	Martin Arndt
Januar 1946 bis August 1974	Walter Kesselheim (Vorsitzender ab Juli 1966)
April 1956 bis Dezember 1968	Hans Knipping
Juli 1966 bis Dezember 1971	Georg Kirchner
Juli 1966 bis Juni 1973	Hans Ramm
Juli 1966 bis Juni 1978	Kurt Hecker (Vorsitzender ab August 1974)
Januar 1972 bis Dezember 1987	Wilfried Krabbe
August 1973 bis Dezember 1985	Gerhard Keil
August 1973 bis August 1992	Hermann Becker (Sprecher ab Juli 1978)
Mai 1978 bis August 1992	Heinz-Erich Seifert
Mai 1978 bis Dezember 1993	Peter Schmidt
Januar 1986 bis Dezember 1990	Hans-Dieter Anders
Januar 1986 bis Mai 1996	Michael Westphal
Januar 1988 bis September 1997	Lothar Mayer (Sprecher ab August 1992) (Vorsitzender ab Januar 1994)
Januar 1991 bis Mai 1997	Jürgen Schönwasser
Juli 1991 bis Juni 1997	Gerhard Lögters
August 1992 bis Juni 1998	Dieter Rappert
Januar 1993 bis Dezember 1997	Lothar G. Freitag
seit Juni 1996	Rainer Klee
seit August 1997	Johannes A. Ohlinger
seit September 1997	Heinrich Binder (Vorsitzender)

Jahresbauleistung (in Mio. DM) seit 1948 (Währungsreform)

Jahr	Gesamtbauleistung	AG	Beteiligungen
1948	64,7	64,0	0,7
1949	65,7	64,7	1,0
1950	75,7	74,7	1,0
1951	110,9	108,9	2,0
1952	106,0	103,5	2,5
1953	138,9	136,4	2,5
1954	165,7	161,7	4,0
1955	219,1	189,8	29,3
1956	222,4	190,3	32,1
1957	234,4	200,3	34,1
1958	293,1	241,7	51,4
1959	348,3	283,0	65,3
1960	391,0	313,4	77,6
1961	505,5	408,7	96,8
1962	558,5	438,1	120,4
1963	654,5	488,2	166,3
1964	751,7	545,1	206,6
1965	853,7	637,9	215,8
1966	947,8	719,6	228,2
1967	830,9	630,9	200,0
1968	927,6	696,1	231,5
1969	1187,9	873,6	314,3
1970	1693,8	1222,4	471,4
1971	2034,1	1431,5	602,6
1972	2129,6	1463,9	665,7
1973	2073,7	1437,2	636,5
1974	2191,1	1500,5	690,6
1975	2315,4	1690,1	625,3
1976	2837,6	2255,5	582,1
1977	3323,5	2713,9	609,6
1978	4196,7	3542,3	654,4
1979	5774,2	3851,5	1922,7
1980	6266,0	3936,2	2329,8
1981	7674,0	3721,9	3952,1
1982	7501,4	3209,7	4291,7
1983	7868,0	4215,0	3653,0
1984	8132,7	4398,5	3734,2
1985	7451,6	3156,2	4295,4
1986	6526,3	2499,5	4026,8
1987	5796,2	2327,0	3469,2
1988	5806,7	1993,8	3812,9
1989	7872,3	2227,3	5645,0

1990	9282,4	2934,9	6347,5
1991	11003,5	3486,9	7516,6
1992	12471,7	3709,2	8762,5
1993	12464,7	3647,6	8817,1
1994	13089,7	3785,3	9304,4
1995	14093,8	4241,5	9852,3
1996	14191,9	4516,5	9675,4
1997	14415,1	4273,5	10141,6
1998	12053,7	3544,2	8509,5

Grundkapital der Philipp Holzmann AG seit 1948 (Währungsreform)

Jahr	Mio. DM
per 21. Juni 1948	7,7
1960	12,9
1962	17,2
1964	25,6
1971	32,0
1972	36,0
1973	45,0
1977	60,0
1980	75,0
1981	90,0
1989	112,5
1990	140,6
1993	159,5
1994	219,4
1998	285,2
1999	285,4

*Mitarbeiterzahlen des Konzerns Philipp Holzmann seit 1945**

Jahr	Mitarbeiterzahl (inklusive Beteiligungen)
1945	7100
1962	18100
1965	21700
1966	20200
1967	20900
1968	21300
1969	23600
1970	26300
1971	25200
1972	23700
1973	22500
1974	21600
1975	22400
1976	25000
1977	26300
1978	27500
1979	41100
1980	43400
1981	41300
1982	37600
1983	37950
1984	35700
1985	29600
1986	27400
1987	23450
1988	22770
1989	28700
1990	36810
1991	40410
1992	43680
1993	43798
1994	41917
1995	44863
1996	48373
1997	43726
1998	33884

* bis 1993 wirtschaftlich Beschäftigte,
ab 1994 tatsächlich Beschäftigte

Anmerkungen

I.
Die unruhige Jahrhundertmitte

1 M. Pohl, Köln 1848, in: Anno: Magazin für Unternehmensgeschichte 1/1993, S. 24f.
2 J. M. McKean, Das aufkommende Industriezeitalter, in: Baukunst des Abendlandes, hg. von M. Reaburn, Stuttgart 1982, S. 210.
3 W. König/W. Weber, Netzwerke Stahl und Strom 1840–1905, in: Propyläen Technikgeschichte, hg. von W. König, Berlin 1990, S. 112f.
4 T. Nipperdey, Deutsche Geschichte 1866–1918, Bd. 1: Arbeitswelt und Bürgergeist, München 1990, S. 253f.
5 H. Kellenbenz, Deutsche Wirtschaftsgeschichte, Bd. 2, Vom Ausgang des 18. Jahrhunderts bis zum Ende des Zweiten Weltkriegs, München 1981, S. 74f.
6 Ebd., S. 33.
7 T. Nipperdey, Deutsche Geschichte, S. 251.
8 F. Redlich, Der Unternehmer. Wirtschafts- und sozialgeschichtliche Studien, Göttingen 1964, S. 307.
9 H. Kellenbenz, Deutsche Wirtschaftsgeschichte, Bd. 2, S. 33.
10 F. Redlich, Der Unternehmer, S. 307.
11 W. Klötzer, Frankfurt am Main von der Französischen Revolution bis zur preußischen Okkupation 1789–1866, in: Frankfurt am Main. Die Geschichte der Stadt, Sigmaringen 1991, S. 327.
12 M. Pohl, Konzentration im deutschen Bankwesen 1848–1980, Frankfurt am Main 1982, S. 49ff.
13 Zitiert nach: R. Schwemer, Geschichte der Freien Stadt Frankfurt, 4 Bde., Frankfurt am Main 1910–1918, Bd. 3.1, S. 12f.
14 Klötzer, Frankfurt am Main, S. 329.
15 V. Rödel, Fabrikarchitektur in Frankfurt am Main 1774–1924, Frankfurt am Main 1984, S. 37.
16 V. Rödel, Fabrikarchitektur, S. 38f.
17 V. Rödel, Fabrikarchitektur, S. 37.
18 W. Klötzer (Hrsg.), Frankfurter Biographie, Frankfurt am Main 1994, Bd. 1, S. 323f.
19 V. Rödel, Fabrikarchitektur, S. 41.

II.
Die ersten Jahre – vom Handwerksbetrieb zum Bauunternehmen

1 Schriftwechsel zwischen Karlfried Sonntag und dem Pfarramt Bonames, Archiv Philipp Holzmann AG.
2 Dreieichenhain – 700 Jahre Stadt 1256 bis 1956, o.O. o.J., S. 4f.
3 Die folgenden genealogischen Angaben basieren im wesentlichen auf den Nachforschungen Erwin Scotlands in der unveröffentlichten Holzmann-Geschichte aus dem Jahr 1921.

4 L. Gall, Bürgertum, liberale Bewegung und Nation, München 1996, S. 87.
5 W. Wittmann, Der Unternehmer, Stuttgart 1986, S. 16.
6 Adressbücher der Stadt Frankfurt am Main, Jahrgänge 1865–1870.
7 Diese Darstellung Philipp Holzmanns ist in mehreren Typoskripten überliefert, Archiv Philipp Holzmann AG.
8 Erläuterung zur Photographie in: D. Bartetzko u.a., Wie Frankfurt photographiert wurde 1870–1914, München 1977, S. 104f.
9 So bei seinem Schriftwechsel mit dem Senat der Freien Stadt Frankfurt zur Erlangung des Bürgerrechts oder einer Firmenanzeige aus dem Jahr 1852.
10 H. Meyer-Heinrich (Hrsg.), Philipp Holzmann AG im Wandel von hundert Jahren 1849–1949, Frankfurt am Main 1949, S. 12.
11 T. Nipperdey, Deutsche Geschichte, S. 251.
12 L. Brake, Die ersten Eisenbahnen in Hessen, Wiesbaden 1991, S. 207f.
13 H. Meyer-Heinrich, Philipp Holzmann 1849–1949, S. 16.
14 Zeugnis der kgl.-bayerischen Eisenbahnbau-Sektion vom 24. 7. 1854. Das Original ist im Foyer der Hauptverwaltung der Philipp Holzmann AG in der Frankfurter Taunusanlage ausgestellt.
15 Zitiert und transkribiert aus: Senats-Supplikation 641/5, Institut für Stadtgeschichte Frankfurt am Main.
16 Quittung in Senats-Supplikation 641/5, Institut für Stadtgeschichte Frankfurt am Main.
17 R. Roth, Stadt- und Bürgertum in Frankfurt am Main, München 1996, S. 441.
18 V. Rödel, Fabrikarchitektur, S. 150.
19 D. Bartetzko, Wie Frankfurt photographiert wurde, S. 104.
20 W. König/W. Weber, Netzwerke Stahl und Strom, S. 99.
21 H. Meyer-Heinrich, Philipp Holzmann 1849–1949, S. 16.
22 V. Rödel, Fabrikarchitektur, S. 220.

III. Expansion in Deutschland – 1865 bis 1895

1 A. von Gwinner, Lebenserinnerungen, Frankfurt am Main 1992, S. 14.
2 J.W. von Goethe, Dichtung und Wahrheit, in: Goethes Werke in 12 Bänden, Berlin/Weimar 1968, Bd. 8, S. 15f.
3 Ebd., S. 16.
4 Ebd., S. 16.
5 H. Meyer-Heinrich, Philipp Holzmann 1849–1949, S. 19.
6 W. Forstmann, Frankfurt am Main in Wilhelminischer Zeit, 1866–1918 (= Veröffentlichungen der Frankfurter Historischen Kommission, XVII), Sigmaringen 1991, S. 349ff.
7 Lothar Gall, Bismarck. Der weiße Revolutionär, Frankfurt 1980, S. 373ff.
8 M. Pohl, Die Lombardkasse 1923–1998, München 1998, S. 7.
9 Geschichte der Frankfurter Zeitung, Frankfurt am Main 1911, S. 211 und S. 283ff.
10 Die Disconto-Gesellschaft 1851 bis 1901, Berlin 1901, S. 337.
11 M. Wirth, Geschichte der Handelskrisen, Frankfurt am Main 1858, S. 467ff.
12 Handbuch der deutschen Aktiengesellschaften, diverse Jahrgänge 1907–1918.
13 Fusion IB/Philipp Holzmann 1917, HIDB, Holzmann-Fusion.
14 E. Achterberg, Der Bankplatz Frankfurt am Main, Frankfurt am Main 1955, S. 101f.
15 Zitiert aus: Handbuch der deutschen Aktiengesellschaften, Jahrgang 1912.

16 St. Fisch, Grundbesitz und Urbanisation. Entwicklung und Krise der deutschen Terraingesellschaften 1870–1914, in: Geschichte und Gesellschaft 16 (1989), S. 34–61, hier S. 35.
17 H. Meyer-Heinrich, Philipp Holzmann 1849–1949, S. 28.
18 Auszug aus dem Handelsregister zu Frankfurt am Main die Firma «Philipp Holzmann & Co.» betreffend, Archiv Philipp Holzmann AG, IB.
19 V. Rödel, Fabrikarchitektur, S. 33 und S. 91.
20 Die nachfolgenden Ausführungen basieren wesentlich auf der Arbeit von H. Meyer-Heinrich, Philipp Holzmann 1849–1949, S. 27–76, da für diese Zeit historische Unterlagen nur in geringem Umfang vorhanden sind.
21 E. Scotland, Philipp Holzmann, unveröffentlichtes Manuskript 1938, S. 5.
22 Ebd., S. 4.
23 V. Rödel, Ingenieurbaukunst in Frankfurt am Main 1806–1914, Frankfurt am Main 1983, S. 332.
24 Zitiert nach V. Rödel, Ingenieurbaukunst, S. 332.
25 Frankfurt am Main und seine Bauten, hg. vom Architekten- und Ingenieurverein 1886, Selbstverlag, S. 143 ff.
26 Paul Wallot erlangte später als Architekt des Berliner Reichstags Bedeutung.
27 W. Hagedorn, Bankgebäude in Frankfurt am Main von 1874–1914, Frankfurt am Main 1990, S. 62.
28 Frankfurt am Main 1886–1910. Ein Führer durch seine Bauten, hg. vom Frankfurter Architekten- und Ingenieurverein, Frankfurt am Main 1910, S. 179.
29 Ebd.
30 M. Pohl, Das Bayernwerk, München 1921–1996, München 1996, S. 15 f.
31 M. Pohl, Emil Rathenau und die AEG, Mainz 1988, S. 90 f.
32 H. Meyer-Heinrich, Philipp Holzmann 1849–1949, S. 44.
33 V. Rödel, Ingenieurbaukunst, S. 41–43.
34 Bauwerke der Gründerzeit, HB-Bildatlas Spezial 11, Hamburg 1984, S. 27–29.
35 Zitiert nach: Michael S. Cullen, Der Reichstag. Die Geschichte eines Monuments, 1990, Stuttgart, S. 134
36 Ebd., S. 179 und 269 f.
37 Zitiert nach H. Meyer-Heinrich, Philipp Holzmann 1849–1949, S. 20 f.
38 W. Gorr, Frankfurter Brücken, Frankfurt am Main 1982, S. 139.
39 Nach H. Meyer-Heinrich war die Pforzheimer Eisenbaufirma Gebr. Benckiser mit der Eisenkonstruktion beauftragt. H. Meyer-Heinrich, Philipp Holzmann 1849–1949, S. 23; vgl. auch W. Gorr, Frankfurter Brücken, S. 143.
40 Zitiert nach H. Meyer-Heinrich, Philipp Holzmann 1849–1949, S. 54.
41 Ebd., S. 55 f.
42 V. Rödel, Ingenieurbaukunst, S. 169.
43 E. Scotland, Philipp Holzmann, unveröffentlichtes Manuskript 1921, S. 4.
44 H. Schomann, Der Frankfurter Hauptbahnhof, Stuttgart 1983, S. 41.
45 Zitiert nach H. Schomann, Der Frankfurter Hauptbahnhof, S. 107 f.
46 E. Scotland, Philipp Holzmann, unveröffentlichtes Manuskript 1921, S. 14–16.
47 E. Scotland, Philipp Holzmann, unveröffentlichtes Manuskript 1921, S. 63 f.

IV.
Internationalisierung – von Deutschland in die Welt 1895 bis 1917

1 H. Meyer-Heinrich, Philipp Holzmann 1849–1949, S. 88.
2 M. Pohl, Emil Rathenau und die AEG, S. 39ff. und S. 69ff.
3 E. Scotland, Philipp Holzmann, unveröffentlichtes Manuskript 1921, S. 28.
4 B. Rudloff, Die Geschichte der Gesellschaft für den Bau von Untergrundbahnen, 1894–1939, Berlin 1939, S. 1.
5 Vertrag zwischen der AEG und Baurat Schnabel vom 25.9.1894 (Berlin) und 26.9.1894 (Bromberg), HIDB, Gesellschaft für Untergrundbau.
6 Gesellschaft für elektrische Hoch- und Untergrundbahnen, HIDB, Gesellschaft für elektrische Hoch- und Untergrundbahnen.
7 Verhandlungsbericht über die Sitzung des Aufsichtsrates der Gesellschaft für den Bau von Untergrundbahnen GmbH in Berlin vom 7.11.1918, HIDB, Gesellschaft für Untergrundbahnen.
8 Geschäftsbericht der Internationalen Baugesellschaft für 1890, S. 4f.
9 H. Meyer-Heinrich, Philipp Holzmann 1849–1949, S. 79.
10 H. Meyer-Heinrich, Philipp Holzmann 1849–1949, S. 80.
11 Würdigung Otto Riese am 13.5.1939, HIDB, Philipp Holzmann.
12 E. Scotland, Philipp Holzmann, unveröffentlichtes Manuskript 1938, S. 21.
13 Ebd.
14 Zitiert nach H. Meyer-Heinrich, Philipp Holzmann 1849–1949, S. 82.
15 J. Jeske, Die größte Bank der Welt, in: FAZ vom 29.12.1998, S. 11.
16 L. Gall u.a., Die Deutsche Bank 1870–1995, München 1995, S. 71.
17 K. Helfferich, Georg von Siemens, Bd. 3, Berlin 1923, S. 20.
18 Zitiert nach J. Lodemann/M. Pohl, Die Bagdadbahn, Mainz 1989, S. 9.
19 Ebd., S. 11–13.
20 Ebd., S. 34.
21 Ebd., S. 46.
22 O. Richter, Die Anatolische Bahn und die Bagdadbahn, in: H. Meyer-Heinrich, Philipp Holzmann 1849–1949, S. 249ff.
23 J. Lodemann/M. Pohl, Die Bagdadbahn, S. 36.
24 Prospekt der Société de Port de Haidar Pascha, HIDB, Haidar Pascha.
25 Hellmuth Cuno, Hochbauten in der Türkei, in: H. Meyer-Heinrich, Philipp Holzmann 1849–1949, S. 265ff.
26 Bauvertrag zwischen der Société du Chemin de Fer Ottoman d'Anatolie und der Gesellschaft für die Bewässerung der Koniaebene, HIDB, Koniaebene.
27 Osmanischer Lloyd vom 7.9.1913.
28 Frankfurter Zeitung, 1. Morgenblatt vom 4.4.1914.
29 C.-P. Meyer, Das Geld-, Bank- und Währungswesen im ehemaligen deutschen Schutzgebiet Deutsch-Ostafrika, Diss. Aachen 1995, S. 8.
30 H.-U. Wehler, Bismarck und der Imperialismus, Frankfurt am Main ²1985, S. 334f.
31 W. Westphal, Geschichte der deutschen Kolonien, Frankfurt am Main/Berlin 1987, S. 116ff.
32 Gebhardt, Handbuch der deutschen Geschichte, hg. von H. Grundmann, Bd. 3, 9., neu bearbeitete Auflage, Stuttgart 1970, S. 291f.
33 Resümee über die Teilnahme der Deutschen Bank an den Arbeiten für den Bau einer Centralbahn in Deutsch-Ostafrika, HIDB, Centralbahn.

34 Protokoll der 81. Sitzung des Reichstags vom 24. April 1901, S. 2354.
35 Ebd., S. 2354.
36 Ebd., S. 2355.
37 Vertrag zwischen der Firma Philipp Holzmann & Co. und dem Ingenieur Herrn Kroeber zu München, HIDB, Centralbahn.
38 Brief A. v. Gwinner an O. Riese vom 20. 6. 1903, HIDB, Centralbahn.
39 Brief Deutsche Bank an Arthur Koppel vom 10. 10. 1904, HIDB, Centralbahn.
40 Schreiben Bank für Handel und Industrie an Deutsche Bank vom 10. 1. 1908, HIDB, Centralbahn.
41 Geschäftsbericht der Internationalen Baugesellschaft für 1911, S. 7.
42 Geschäftsbericht der Internationalen Baugesellschaft für 1913, S. 8.
43 Brief Philipp Holzmann an Deutsche Bank vom 28. 12. 1912, HIDB, Ruandabahn.
44 Notiz über Ostafrikanische Eisenbahngesellschaft, Bau der Stichbahn Tabora– Ruanda vom 6. 8. 1914, HIDB, Ruandabahn.
45 Frankfurter Zeitung vom 1. 11. 1913.
46 Frankfurter Zeitung vom 29. 1. 1994.
47 Geschäftsbericht der Internationalen Baugesellschaft für 1914, S. 7.
48 Geschäftsbericht der Philipp Holzmann AG für 1917, S. 6.
49 Brief Deutsche Bank an Sal. Oppenheim vom 10. 5. 1922, HIDB, Ruandabahn.
50 Brief O. Riese an A. v. Gwinner vom 2. 12. 1904, HIDB, Empire-Engineering-Corporation.
51 Brief O. Riese an A. v. Gwinner vom 21. 1. 1905, HIDB, Empire-Engineering-Corporation.
52 Geschäftsbericht der Internationalen Baugesellschaft für 1905, S. 5.
53 Brief A. v. Gwinner an O. Riese vom 8. 2. 1905, HIDB, Empire-Engineering-Corporation.
54 Brief A. v. Gwinner an O. Riese vom 13. 8. 1912, HIDB, Empire-Engineering-Corporation.
55 M. Pohl, Deutsche Bank Buenos Aires 1887–1987, Mainz 1987, S. 61 f.
56 F. Seidenzahl, Die Anfänge der Deutsch-Überseeischen Elektricitäts-Gesellschaft, in: Beiträge zu Wirtschafts- und Währungsfragen und für Bankgeschichte, Nr. 1 bis Nr. 20, Mainz 1984, S. 170.
57 Geschäftsbericht der Internationalen Baugesellschaft für 1913, S. 8.
58 Geschäftsbericht der Internationalen Baugesellschaft für 1913, S. 7.
59 H. Meyer-Heinrich, Philipp Holzmann 1849–1949, S. 131
60 Die Bauwerke wurden entnommen aus: H. Meyer-Heinrich, Philipp Holzmann 1849–1949, S. 92–128.
61 Zitiert nach H. Meyer-Heinrich, Philipp Holzmann 1849–1949, S. 95.
62 O. Stockhausen, Der Elbtunnel in Hamburg und sein Bau, Sonderabdruck in: Zeitschrift des VDI für 1912, S. 2.
63 Ebd., S. 17.
64 V. Rödel, Ingenieurbaukunst, S. 176–179.
65 Geschäftsbericht der Internationalen Baugesellschaft für 1905, S. 6f.; 1911, S. 7; 1913, S. 6f. und 1914, S. 6f.

V.
Inflation und Krise – 1917 bis 1933

1 Geschäftsbericht der Philipp Holzmann AG für 1918, S. 5.
2 Geschäftsbericht der Philipp Holzmann AG für 1919, S. 5.
3 Bericht der Deutschen Bank Filiale Frankfurt am Main an Hermann J. Abs vom 12. 2. 1944, HIDB, Philipp Holzmann AG.
4 Geschäftsbericht der Philipp Holzmann AG für 1921, S. 5f.
5 Geschäftsbericht der Philipp Holzmann AG für 1922, S. 6.
6 Geschäftsbericht der Philipp Holzmann AG für 1923, S. 10.
7 Geschäftsbericht der Philipp Holzmann AG für 1922, S. 5.
8 Die schwankende Schuld des Reiches betrug Ende 1920 152727180000 Mark, Ende 1921 249921550000 Mark. Der Notenumlauf der Reichsbank belief sich Ende 1920 auf 68805008000 Mark und Ende 1921 auf 113639464000 Mark. Geschäftsbericht der Commerz- und Privatbank für 1921, S. 59.
9 Geschäftsbericht der Darmstädter-National-Bank für 1921, S. 7.
10 H. Meyer-Heinrich, Philipp Holzmann 1849–1949, S. 160.
11 H. Meyer-Heinrich, Philipp Holzmann 1849–1949, S. 161. Vgl. zum Thema Inflation G. D. Feldman, The Great Disorder, New York/Oxford 1993, besonders S. 358ff. und S. 754ff. und Knut Borchardt, Das Gewicht der Inflationsangst in den wirtschaftspolitischen Entscheidungsprozessen während der Weltwirtschaftskrise, in: Die Nachwirkungen der Inflation, hg. von G. D. Feldman/E. Müller-Luckner, München 1984, S. 233–260.
12 E. Kolb, Die Weimarer Republik, München 1988 (= Oldenbourg Grundriß der Geschichte Bd. 16), S. 64ff. und S. 115ff.
13 Geschäftsbericht der Philipp Holzmann AG für 1926, S. 5.
14 H. Meyer-Heinrich, Philipp Holzmann 1849–1949, S. 193.
15 Bericht der Deutschen Bank Filiale Frankfurt am Main an Hermann J. Abs vom 12. 2. 1944, HIDB, Philipp Holzmann.
16 Zitiert nach H. Meyer-Heinrich, Philipp Holzmann 1849–1949, S. 195.
17 Geschäftsbericht der Philipp Holzmann AG für 1932, S. 3.
18 Brief A. v. Gwinner an S.H. Wormser vom 2. 5. 1917, HIDB, Internationale Baugesellschaft/Philipp Holzmann.
19 Brief S.H. Wormser an A. v. Gwinner vom 23. 5. 1917, HIDB, Internationale Baugesellschaft/Philipp Holzmann.
20 Brief A. v. Gwinner an S. H. Wormser vom 19. 6. 1917, HIDB, Internationale Baugesellschaft/Philipp Holzmann.
21 Brief S. H. Wormser an A. v. Gwinner vom 21. 6. 1917, HIDB, Internationale Baugesellschaft/Philipp Holzmann.
22 Brief A. v. Gwinner an O. Riese vom 24. 7. 1917, HIDB, Internationale Baugesellschaft/Philipp Holzmann.
23 Brief O. Riese an A. v. Gwinner vom 30. 7. 1917, HIDB, Internationale Baugesellschaft/Philipp Holzmann.
24 Brief O. Riese an A. v. Gwinner vom 1. 9. 1917, HIDB, Internationale Baugesellschaft/Philipp Holzmann.
25 Geschäftsbericht der Philipp Holzmann AG für 1917, S. 10f.
26 H. Meyer-Heinrich, Philipp Holzmann 1849–1949, S. 139.
27 Ebd., S. 151.
28 D. W. Dreysse, May-Siedlungen, Frankfurt am Main 1987, S. 3. und S. 32.

29 H. Risse, Frühe Moderne in Frankfurt am Main 1920 bis 1933, Frankfurt am Main 1984, S. 128f.
30 H. Meyer-Heinrich, Philipp Holzmann 1849–1949, S. 199.
31 Geschäftsbericht der Philipp Holzmann AG für 1921, S. 6.
32 Geschäftsbericht der Philipp Holzmann AG für 1918, S. 5.
33 Geschäftsbericht der Philipp Holzmann AG für 1920. S. 7.
34 J. M. Keynes, The Economic Consequences of the Peace, London/Basingstoke 1971 (= Collected Writings Bd. II), S. 49.
35 F. Seidenzahl, Die Anfänge der Deutsch-Überseeischen Elektricitätsgesellschaft, S. 173.
36 W. Kossmann, Holzmann in Argentinien und Uruguay, in: H. Meyer-Heinrich, Philipp Holzmann 1849–1949, S. 303ff.
37 H. Schloemann, Holzmann in Brasilien, in: H. Meyer-Heinrich, Philipp Holzmann 1849–1949, S. 322ff.
38 N. Mayrock, Holzmann in Peru, in: H. Meyer-Heinrich, Philipp Holzmann 1849–1949, S. 329–335.
39 K. Kellermann, Holzmann in Chile, in: H. Meyer-Heinrich, Philipp Holzmann 1849–1949, S. 335–346.
40 K. A. Leeger, Holzmann in Iran, Persien, in: H. Meyer-Heinrich, Philipp Holzmann 1849–1949, S. 273–279.

VI.
Bauen für den «Führer» – Holzmann von 1933 bis 1945

1 Aktennotiz von A. Blinzig vom 18.9.1933, HIDB, Philipp Holzmann, Handakte Blinzig 1932–1938.
2 HStA Wiesbaden, Abt. 485/246, «OBR Frankfurt am Main».
3 Ebd.
4 Aktennotiz von A. Blinzig vom 26.9.1933, HIDB, Philipp Holzmann, Handakte Blinzig 1932–1938.
5 HStA Wiesbaden, Abt. 485/246, «OBR Frankfurt am Main».
6 Brief Ch. A. Rosenthal an P. Reusch vom 5.5.1934, HIDB, Philipp Holzmann, Handakte Blinzig 1932–1938.
7 Brief A. Blinzig an P. Reusch vom 19.6.1934, HIDB, Philipp Holzmann, Handakte Blinzig 1932–1938.
8 Brief R. Hartmann an A. Blinzig vom 2.12.1934, HIDB, Philipp Holzmann, Handakte Blinzig 1932–1938.
9 Ebd.
10 Brief R. Hartmann an A. Blinzig vom 9.12.1934, HIDB, Philipp Holzmann, Handakte Rosenthal.
11 Vertrag zwischen Sofitec und Ch. A. Rosenthal vom 9.12.1934, HIDB, Handakte Rosenthal.
12 Brief Ch. A. Rosenthal an A. Blinzig vom 3.12.1934, HIDB, Philipp Holzmann, Handakte Rosenthal.
13 Brief A. Blinzig an Ch. A. Rosenthal vom 28.12.1934, HIDB, Philipp Holzmann, Handakte Rosenthal.
14 Aktennotiz Pollems an Hermann J. Abs vom 13.8.1938, HIDB, Handakte Abs.
15 Geschäftsberichte Philipp Holzmann AG, Jahrgänge 1932–1934.
16 Manfred Pohl, Viag 1923–1998, München 1998, S. 129f.

17 HStA Wiesbaden, Abt. 485/246.
18 Ebd.
19 Auflistung im Entwurf einer Stellungnahme zur Klageschrift der Spruchkammer gegen Hans Meyer-Heinrich vom 27.8.1946, Archiv Philipp Holzmann AG, Personalakte Meyer-Heinrich.
20 HIDB, P2326, Philipp Holzmann AG, Allgemeines.
21 Dazu: L. Gall, A man for all seasons? Hermann Josef Abs im Dritten Reich, in: Zeitschrift für Unternehmensgeschichte 2/1998, S. 123–175.
22 Gliederung nach: H. Meyer-Heinrich, Philipp Holzmann 1849–1949, S. 207.
23 Hj. Henning, Kraftfahrzeugindustrie und Autobahnbau in der Wirtschaftspolitik des Nationalsozialismus 1933 bis 1936, in: Vierteljahrschrift für Sozial- und Wirtschaftsgeschichte 2/1978, S. 244.
24 Zitiert nach J. Stelzner, Arbeitsbeschaffung und Wiederaufrüstung 1933–1936, Diss. Tübingen 1976, S. 53.
25 H. Meyer-Heinrich an die Spruchkammer in Frankfurt am Main, 2.9.1946, Archiv Philipp Holzmann AG , Personalakte Meyer-Heinrich.
26 Ebd., S. 6.
27 Geschäftsbericht der Philipp Holzmann AG für 1933, S. 5.
28 Geschäftsberichte Philipp Holzmann AG, Jahrgänge 1933–1939.
29 H. Meyer-Heinrich, Philipp Holzmann 1849–1949, S. 208.
30 Geschäftsberichte Philipp Holzmann AG für 1932, 1934 und 1939.
31 Handbuch der deutschen Aktiengesellschaften für 1933 und 1941.
32 Franz W. Seidler, Die Organisation Todt. Bauen für Staat und Wehrmacht 1938–1945, Bonn 1998, S. 238.
33 Hj. Henning, Kraftfahrzeugindustrie und Autobahnbau, S. 217
34 Zitiert nach K. Kaftan, Der Kampf um die Autobahnen, Berlin 1955, S. 113.
35 J. Giesberts, Autobahnbau und § 13, in: HAFRABA, Mitteilungsblatt des Hafraba e.V., Heft 12, 3. Jg., 1.12.1930, S. 1.
36 Zitiert nach K. Kaftan, Der Kampf um die Autobahnen, S. 29.
37 Manfred Pohl, Die Strabag, S. 42.
38 Hj. Henning, Kraftfahrzeugindustrie und Autobahnbau, S. 234f.
39 Schreiben der Obersten Bauleitung Reichsautobahn vom 11.12.1933, HStA Wiesbaden, Abt. 485/246.
40 K. Borchardt, Handel, Kreditwesen, Versicherung, Verkehr 1914–1970, in: Handbuch der deutschen Wirtschafts- und Sozialgeschichte, Bd. II, Stuttgart 1976, S. 867.
41 Manfred Pohl, Die Strabag 1923–1998, München 1998, S. 139f.
42 K. Kaftan, Der Kampf um die Autobahnen, S. 38f. und J. Stelzner, Arbeitsbeschaffung und Wiederaufrüstung, S. 95.
43 Brief Philipp Holzmann AG an Oberste Bauleitung für den Bau der Kraftfahrbahnen Frankfurt am Main (OBK) vom 14.1.1934, HStA Wiesbaden, Abt. 485/246.
44 Reichsautobahnen, Brief Bauleitung Frankfurt am Main an Philipp Holzmann AG vom 6.2.1935, HStA Wiesbaden, Abt. 485/776.
45 Brief Reichsautobahnbau, OBK, an Philipp Holzmann AG vom 6.2.1935, HStA Wiesbaden, Abt. 485/776.
46 Brief OBK Frankfurt am Main an Philipp Holzmann AG vom 18.3.1936, HStA Wiesbaden, Abt. 485/776.
47 Ebd.
48 Nachrichtenblatt Nr. 8 vom 30.11.1938, S. 56.
49 Vgl. zu diesem Thema D.P. Silverman, Hitler's Economy. Nazi Work Creation Programs 1933–1936, Cambridge 1998, S. 147ff. und S. 200ff.

50 Werte nach: E. Schütz/E. Gruber, Mythos Reichsautobahn. Bau und Inszenierung der «Straßen des Führers», Berlin 1996, S. 80.
51 Brief Beauftragter des Reichsarbeitsministers beim Generalinspektor für das deutsche Straßenwesen, Abt. Wiesbaden vom 18. 12. 1939, HStA Wiesbaden, Abt. 485/294.
52 Stimmungsbericht vom 1.11 1938, HStA Wiesbaden, Abt. 485/330.
53 Ebd.
54 H. Meyer-Heinrich, Philipp Holzmann 1849–1949, S. 218.
55 «Farbe und Licht gegen Düsternis», in: Der Spiegel 22/1998, S. 64.
56 F. Dischinger, Weitgespannte Tragwerke, in: Der Bauingenieur, 24. Jg. (1949), Heft 7, S. 195 ff.
57 Berlin und seine Bauten, Teil IX (Industriebauten/Bürohäuder), Berlin 1971, S. 162.
58 BA Berlin, R4606, Nr. 2846, «Generalinspektor der Reichsautobahn».
59 Ebd.
60 H. Meyer-Heinrich, Philipp Holzmann 1849–1949, S. 209.
61 Vorstandsprotokoll vom 9. April 1944.
62 Die gesamte Bautätigkeit auf dem Obersalzberg wird in der 1999 eingerichteten Dokumentationsstätte am Obersalzberg wissenschaftlich erforscht. Nähere Hinweise in: Die Dokumentationsstätte am Obersalzberg in Berchtesgaden, in: Vierteljahrshefte für Zeitgeschichte, 2. Heft 1998, , S. 327 ff.
63 Nachrichtenblätter Nr. 4 vom 31. 7. 1938.
64 H. Meyer-Heinrich, Philipp Holzmann 1849–1949, S. 219.
65 Geschäftsbericht der Philipp Holzmann AG für 1934, S. 8 und für 1935, S. 6.
66 Geschäftsbericht der Philipp Holzmann AG für 1936, S. 7 und Handbuch der deutschen Aktiengesellschaften, Jg. 1939.
67 Geschäftsbericht der Philipp Holzmann AG für 1938, S. 7.
68 Bauprojekte zusammengestellt aus: Geschäftsberichte der Philipp Holzmann AG (Jahrgänge 1933–1939) und H. Meyer-Heinrich, Philipp Holzmann 1849–1949, S. 213 ff.
69 Bauprojekte zusammengestellt aus: Geschäftsberichte Philipp Holzmann AG (Jahrgänge 1933–1940), Nachrichtenblätter Philipp Holzmann AG (ab 1938) und H. Meyer-Heinrich Philipp Holzmann 1849–1949, S. 213 f.
70 Nachrichtenblatt Nr. 1 vom 30. 4. 1938, S. 2.
71 H. Mommsen/M. Grieger, Das Volkswagenwerk und seine Arbeiter im Dritten Reich, Düsseldorf 1996, S. 283 f.
72 Ebd.
73 Nachrichtenblatt Nr. 6 vom 30. 9. 1938, S. 40.
74 Nachrichtenblatt Nr. 1 vom 30. 4. 1938, S. 2.
75 Nachrichtenblatt Nr. 6 vom 30. 9. 1938, S. 40.
76 H. Mommsen/M. Grieger, Das Volkswagenwerk und seine Arbeiter im Dritten Reich, S. 511, Fußnote 52.
77 Nachrichtenblatt Nr. 7 vom 31. 10. 1938, S. 44.
78 Handbuch der deutschen Aktiengesellschaften, Jahrgänge 1933, 1939 und 1944.
79 Geschäftsbericht der Philipp Holzmann AG für 1938, S. 8.
80 Geschäftsbericht der Philipp Holzmann AG für 1938, S. 6.
81 H. Meyer-Heinrich, Philipp Holzmann 1849–1949, S. 279.
82 F. W. Seidler, Die Organisation Todt, Klappentext.
83 Ebd., S. 15 ff.
84 Geschäftsbericht der Philipp Holzmann AG für 1941, S. 4.
85 U. Herbert, Geschichte der Ausländerbeschäftigung in Deutschland 1880 bis 1980, Berlin/Bern 1986, S. 144

86 U. Herbert, ebd., S. 145.
87 A. Barkai, Das Wirtschaftssystem des Nationalsozialismus. Ideologie, Theorie, Politik 1933–1945, Frankfurt am Main 1988, S. 224.
88 Geschäftsberichte der Philipp Holzmann AG für 1933 und 1939.
89 Bilanzunterlagen für 1937 bis 1942, Archiv Philipp Holzmann AG, Bilanzen.
90 Nachrichtenblatt Nr. 7 vom 31.7.1941, S. 57.
91 Nachrichtenblatt Nr. 12 vom 31.12.1943, S. 115.
92 Verschiedene statistische Angaben für 1942, Archiv Philipp Holzmann AG, Bilanzen.
93 Nachrichtenblatt Nr. 9 vom 30.9.1941, S. 74.
94 Nachrichtenblatt Nr. 4 vom 30.4.1943, S. 30.
95 Ebd., S. 31.
96 Nachrichtenblatt Nr. 6 vom 30.6.1942, S. 50.
97 Zusammengestellt nach den Geschäftsberichten der Philipp Holzmann AG, Jahrgänge 1940–1942.
98 F. W. Seidler, Die Organisation Todt, S. 140f.
99 U. Herbert, Geschichte der Ausländerbeschäftigung in Deutschland 1880 bis 1980, Berlin/Bern 1986, S. 130.
100 Niederschrift über die Vorstandssitzung vom 28.3.1942, Archiv Philipp Holzmann AG, Vorstandsprotokolle.
101 Nachrichtenblatt Nr. 5 vom 31.5.1942, S. 39.
102 Bericht von M. Arndt vom 28.1.1947, Archiv Philipp Holzmann AG, Vorstandsprotokolle.
103 Niederschrift über die Vorstandssitzung vom 27.3.1944, Archiv Philipp Holzmann AG, Vorstandsprotokolle.
104 Niederschrift über die Vorstandssitzung vom 11.8.1944, Archiv Philipp Holzmann AG, Vorstandsprotokolle.
105 Vorschlag über die Eingliederung der gesamten Bauwirtschaft in das kriegsbedingte Bauen vom 4.11.1944, HIDB, Handakte Abs.
106 Stellungnahme zu den Vorschlägen über die Eingliederung der gesamten Bauwirtschaft in das kriegsbedingte Bauen, HIDB, Handakte Abs.
107 Brief von Hermann J. Abs an Heinrich Holzmann vom 11.8.1944, HIDB, Handakte Abs.
108 Ebd.
109 Kontoübersicht der Kundschaft der Niederlassung Berlin, Archiv Philipp Holzmann AG, Bilanzen.
110 F. W. Seidler, Die Organisation Todt, S. 146f.
111 BA Berlin, NL 318/3, Bl. 78f, «Nachlaß Wolters».
112 BA/Militärarchiv Freiburg, RW 4/v. 13.
113 Werte nach F. W. Seidler, Die Organisation Todt, S. 147.
114 Niederschrift über die Vorstandssitzung vom 23. und 24.10.1944, Archiv Philipp Holzmann AG, Vorstandssitzungen.
115 H. Meyer-Heinrich, Philipp Holzmann 1849–1949, S. 224.
116 F. W. Seidler, Die Organisation Todt, S. 15.
117 Ch. Tempel, Kurze Beschreibung der Geschichte des Westwalls in den Jahren 1938–1945, in: Wir bauen des Reiches Sicherheit – Mythos und Realität des Westwalls, Berlin 1992, S. 8ff.
118 M. Pohl, Die Strabag, S. 169.
119 Vgl. auch D. Bettinger/M. Büren, Der Westwall. Die Geschichte der deutschen Westbefestigungen im Dritten Reich, Osnabrück 1990, Bd. 1, S. 102, und F. W. Seidler, Fritz Todt, Baumeister des Dritten Reiches, München 1986, S. 163ff.
120 Zitiert nach Ch. Tempel, Geschichte des Westwalls, S. 18.

121 Ergebnis der Vorstandssitzung vom 21.6.1938, Archiv Philipp Holzmann AG, Vorstandsprotokolle.
122 Ergebnis der Vorstandssitzung vom 22.8.1938, Archiv Philipp Holzmann AG, Vorstandsprotokolle.
123 Ergebnis der Vorstandssitzung vom 28.10.1938, Archiv Philipp Holzmann AG, Vorstandsprotokolle.
124 Ergebnis der Vorstandssitzung vom 2.12.1938, Archiv Philipp Holzmann AG, Vorstandsprotokolle.
125 Nachrichtenblatt Nr.7 vom 31.10.1938, S.45f.
126 Nachrichtenblatt Nr.9 vom 31.12.1938, S.65.
127 Protokoll der Vorstandssitzung vom 10.10.1938, Archiv Philipp Holzmann AG, Vorstandsprotokolle.
128 G. Lotfi, Die Arbeitserziehungslager der Geheimen Staatspolizei im Zweiten Weltkrieg, Diss. Bochum 1998, S.79f.
129 Ebd., S.80f.
130 B. Siekmann, Forschungsprojekt Hochtief. Unveröffentlichtes Manuskript, Archiv Hochtief AG 1998.
131 M. Pohl, Die Strabag, S.171.
132 Geschäftsbericht der Philipp Holzmann AG für 1942 (Bericht des Vorstands).
133 H. Meyer-Heinrich, Philipp Holzmann 1849–1949, S.232.
134 Ebd.
135 Handbuch der deutschen Aktiengesellschaften, Jg. 1942.
136 Geschäftsbericht der Philipp Holzmann AG für 1942.
137 Brief Hermann J. Abs an Philipp Holzmann vom 8.3.1941, HIDB, Handakte Abs.
138 Brief Hermann J. Abs/Karl Kimmich an Philipp Holzmann AG vom 5.8.1941, HIDB, Handakte Abs.
139 Die nicht sehr einflußreiche Rolle des Aufsichtsrats bei I.G. Farben behandelt L. Gall, A man for all seasons?
140 U. Herbert, Geschichte der Ausländerbeschäftigung, S.347.
141 Vgl. auch K. Hildebrand, Das Dritte Reich, München/Wien [2]1980 (= Grundriß der Geschichte Bd.17), S.83f. und A. Barkai, Das Wirtschaftssystem des Nationalsozialismus, S.220ff.
142 Philipp Holzmann AG, Bauauftragsbuch 16, Nr.4057, Archiv Philipp Holzmann AG
143 Nachrichtenblatt Nr.4 vom 31.12.1940, S.43–45.
144 Ebd.
145 Ergebnis der Vorstandssitzung vom 10.10.1939, Archiv Philipp Holzmann AG, Vorstandsprotokolle.
146 Ergebnis der Vorstandssitzung vom 22.1.1940, Archiv Philipp Holzmann AG, Vorstandsprotokolle.
147 Nachrichtenblatt Nr.2 vom 29.2.1940, S.38.
148 Nachrichtenblatt Nr.4 vom 31.12.1940, S.39.
149 Nachrichtenblatt Nr.1 vom 31.1.1940, S.7.
150 F.W. Seidler, Die Organisation Todt, S.27.
151 Philipp Holzmann AG, Bauauftragsbuch 17, Nr.4241, Archiv Philipp Holzmann AG
152 F.W. Seidler, Die Organisation Todt, S.32.
153 Nachrichtenblatt Nr.4 vom 30.4.1941, S.30.
154 Schreiben an die Wirtschaftsgruppe Bauindustrie vom 11.11.1944, BA Berlin, R 13 VIII, Nr.262.
155 Niederschrift über die Vorstandssitzung vom 11.1.1943, Archiv Philipp Holzmann AG, Vorstandsprotokolle.

156 Niederschrift über die Vorstandssitzung vom 24.2.1943, Archiv Philipp Holzmann AG, Vorstandsprotokolle.
157 Vorschlag für Arbeitsgemeinschaftsverträge für Baueinsätze in den besetzten Westgebieten, BA Berlin, R 13 VIII, Nr. 262.
158 Nachrichtenblatt Nr. 3 vom 31.1.1943, S. 19.
159 F. W. Seidler, Die Organisation Todt, S. 54ff.
160 Niederschrift über die Vorstandssitzung vom 24.5.1941, Archiv Philipp Holzmann AG, Vorstandsprotokolle.
161 Ebd.
162 Schreiben des Reichsarbeitsministers an die Präsidenten der Landesarbeitsämter vom 14.3.1942, HStA Wiesbaden, Abt. 485/480.
163 Rundschreiben Nr. 6 der Wirtschaftsgruppe Bauindustrie, Verbindungsstelle Norwegen, BA Berlin, R 13 VIII, Nr. 264.
164 Aktennotiz vom 3.11.1942: Anfertigung von Leistungsverzeichnissen für die neuen Leistungsverträge in Norwegen, BA Berlin, R 13 VIII, 265.
165 Niederschrift über die Vorstandssitzung vom 13.7.1942, Archiv Philipp Holzmann AG, Vorstandsprotokolle.
166 Gesamtpersonaleinsatz, Stand 30.6.1942, HstA Wiesbaden, Abt 485/480.
167 Bericht über die Tätigkeit des Nachschubstabes Wiking für die Zeit vom 1.3.1942 bis 30.6.1942, HStA Wiesbaden, Abt. 485/480.
168 F. W. Seidler, Die Organisation Todt, S. 58.
169 Nachrichtenblatt Nr. 3 vom 31.3.1942, S. 18f.
170 Niederschrift über die Vorstandssitzung vom 3.6.1941, Archiv Philipp Holzmann AG, Vorstandsprotokolle.
171 Nachrichtenblatt Nr. 8 vom 31.8.1941, S. 65.
172 Niederschrift über die Vorstandssitzung vom 24.9.1941, Archiv Philipp Holzmann AG, Vorstandsprotokolle.
173 Schreiben an das Landgericht Frankfurt am Main vom 10.10.1958, Archiv Philipp Holzmann AG, Forderungen ehemaliger KZ-Häftlinge.
174 Aktenvermerk vom 4.3.1958, Archiv Philipp Holzmann AG, Forderungen ehemaliger KZ-Häftlinge.
175 Niederschrift über die Vorstandssitzung vom 28.3.1942, Archiv Philipp Holzmann AG, Vorstandsprotokolle.
176 Nachrichtenblatt Nr. 1 vom 31.1.1942, S. 6.
177 Nachrichtenblatt Nr. 5 vom 31.5.1941, S. 39.
178 Nachrichtenblatt Nr. 11 vom 30.11.1941, S. 84.
179 Nachrichtenblatt Nr. 1 vom 31.1.1943, S. 1.
180 Nachrichtenblatt Nr. 8 vom 31.8.1943, S. 71.
181 Nachrichtenblatt Nr. 8 vom 31.8.1943, S. 75.
182 Philipp Holzmann AG, Verzeichnis der vorläufigen Auftragsmeldungen, Nr. 4729.
183 Aktennotiz der Niederlassung Berlin an M. Arndt vom 17.11.1944, Archiv Philipp Holzmann AG, Niederlassung Berlin.
184 Kundschafts-Konto per 31.12.1944, Archiv Philipp Holzmann AG, Niederlassung Berlin.
185 Peter Hayes, Die IG Farben und die Zwangsarbeit von KZ-Häftlingen im Werk Auschwitz, in: Konzentrationslager und deutsche Wirtschaft 1939–1945, Opladen 1998, S. 129ff.
186 BA Berlin, R13 VIII, Nr. 251.
187 Niederschrift über die Vorstandssitzung vom 7.3.1945, Archiv Philipp Holzmann AG, Vorstandsprotokolle.

188 Nachrichtenblatt Nr. 2 vom 28. 2. 1945, S. 11.
189 F. W. Seidler, Die Organisation Todt, S. 212ff.
190 Vertrag zwischen der OT-Einsatzgruppe Rußland-Süd Einsatz Dnjepr-Kraftwerk und der Arbeitsgemeinschaft vom 1. 10. 1942, BA Berlin, R 13 VIII, Nr. 256, S. 10, § 6.
191 Nachrichtenblatt Nr. 4 vom 31. 12. 1940, S. 44.
192 Nachrichtenblatt Nr. 7 vom 31. 7. 1941, S. 57.
193 Nachrichtenblatt Nr. 8 vom 31. 8. 1941, S. 59.
194 Nachrichtenblatt Nr. 12 vom 31. 12. 1941, S. 92.
195 Nachrichtenblatt Nr. 2 vom 28. 2. 1941, S. 11.
196 M. Weinmann (Hrsg.), Das nationalsozialistische Lagersystem (CCP), Frankfurt am Main [3]1998, S. 682.
197 M. Pohl, Viag 1923–1998, S. 205.
198 Nachrichtenblatt Nr. 5 vom 31. 3. 1943, S. 37–41.
199 Nachrichtenblatt Nr. 10 vom 31. 10. 1943, S. 93.
200 Nachrichtenblatt Nr. 6 vom 30. 6. 1944, S. 46.
201 U. Herbert, Geschichte der Ausländerbeschäftigung, S. 147.
202 International Tracing Service, Vorläufiges Verzeichnis der Konzentrationslager und deren Außenkommandos sowie anderer Haftstätten unter dem Reichsführer-SS in Deutschland und deutsch besetzten Gebieten, Arolsen 1969.
203 Nachrichtenblatt Nr. 6 vom 30. 6. 1944, S. 46.
204 Jewish Claims Conference Frankfurt, Akte Slave Labour II.
205 Niederschrift über die Vorstandssitzung am 14. 12. 1944, Archiv Philipp Holzmann AG, Vorstandsprotokolle.
206 Niederschrift über die Vorstandssitzung am 6. 2. 1945, Archiv Philipp Holzmann AG, Vorstandsprotokolle.
207 G. Plumpe, Die IG Farbenindustrie AG, Berlin 1990 (= Schriften zur Wirtschafts- und Sozialgeschichte, Bd. 37), S. 631/32.
208 Vgl. P. Hayes, Industry and ideology, IG Farben and the Nazi era, New York/New Rochelle/Melbourne/Sydney 1989, S. 348ff.
209 Schreiben OT-Oberbauleitung Bielitz an alle in Auschwitz tätigen Hoch- und Tiefbaufirmen, BA, Zwischenlager Dahlwitz-Hoppegarten R 13 VIII – Wirtschaftsgruppe Bauindustrie Nr. 251.
210 Durchführungsbestimmungen der Kriegsbaugemeinschaft (KBG 7 Auschwitz), BA Berlin, R 13 VIII, Nr. 251.
211 Brief der Philipp Holzmann AG an die Wirtschaftsgruppe Bauindustrie vom 6. 1. 1945, BA Berlin, R 13 VIII, Nr. 251.
212 Niederschrift über die Vorstandssitzung am 16. 6. 1944, Archiv Philipp Holzmann AG, Vorstandsprotokolle.
213 G. Plumpe, Die IG Farbenindustrie AG, S. 631.
214 M. Weinmann (Hrsg.), Das nationalsozialistische Lagersystem, S. 646.
215 Zusammenstellung der Lager mit Zwangsarbeitern für die Philipp Holzmann AG aufgrund Ergebnis der Anfrage des Bundesinnenministeriums beim ITS Arolsen vom 16. Oktober 1998.
216 Landsberg im 20. Jahrhundert, Themenhefte Landsberger Zeitgeschichte, S. 29.
217 Ebd., S. 25f.
218 Interview mit Pfarrer Friedrich Schafranek (ehemaliger KZ-Häftling in Kaufering) am 26. 1. 1999.
219 E. Raim, Die Dachauer KZ-Außenkommandos Kaufering und Mühldorf. Rüstungsbauten und Zwangsarbeit im letzten Kriegsjahr, Landsberg 1992, S. 106.

220 Brief Dyckerhoff & Widmann an Philipp Holzmann vom 6.3.1958, Archiv Philipp Holzmann AG, Entschädigungsfragen.
221 Liste von Firmen, die KZ-Häftlinge beschäftigten, vom 5.4.1962, Indemnification Coordinate Office, Jewish Claims Conference Frankfurt am Main.
222 Aktennotiz vom 26.6.1962, Archiv Philipp Holzmann AG, Entschädigungsfragen.
223 Brief S. Kagan (Conference on Jewish Material Claims against Germany) an E. Katzenstein und K. Mai vom 24.7.1958.
224 Jewish Claims Conference Frankfurt, Akte Slave Labour.
225 U. Herbert, Geschichte der Ausländerbeschäftigung, S. 142.
226 B. B. Ferencz, Lohn des Grauens. Die Entschädigung jüdischer Zwangsarbeiter – ein offenes Kapitel deutscher Nachkriegsgeschichte, Frankfurt am Main/New York 1986, S. 54.
227 Lohnforderungen, Schreiben der Rechtsabteilung Philipp Holzmann AG vom 23.4.1955, Archiv Philipp Holzmann AG, Akte Lohnforderungen.
228 Aktenvermerk vom 20.2.1958, a.a.O.
229 Aktennotiz vom 4.3.1958, Archiv Philipp Holzmann AG, Entschädigungsfragen.
230 Aktennotiz vom 20.2.1958, Archiv Philipp Holzmann AG, Entschädigungsfragen.
231 Ergebnisprotokoll der Besprechung vom 25.11.1958, Archiv Philipp Holzmann AG, Entschädigungsfragen.
232 Schreiben vom 6.5.1960, Archiv Philipp Holzmann AG, Entschädigungsfragen.
233 Aktenvermerk vom 12.6.1968, Archiv Philipp Holzmann AG, Entschädigungsfragen.
234 Die folgenden Angaben stützen sich vor allem auf die Publikationen: Zwangsarbeit bei Daimler-Benz (ZUG Beiheft 78), Stuttgart 1994, darin besonders die Kapitel 2.1.: B. Hopmann, Zwangsarbeit in der dt. Wirtschaft (S. 35–46) und 3.4.3.: B. Brüninghaus, Wiedergutmachung und andere Rentenleistungen (S. 452–463) sowie: U. Herbert, Nicht entschädigungsfähig? Die Wiedergutmachungsansprüche der Ausländer, in: Wiedergutmachung in der Bundesrepublik Deutschland, hg. von L. Herbst/C. Goschler, München 1989, S. 273–302.
235 K. Brozik, Die Entschädigung von nationalsozialistischer Zwangsarbeit durch deutsche Firmen, in: Entschädigung für NS-Zwangsarbeit, Baden-Baden 1998, S. 36.
236 Vgl. zu dieser Problematik B. Heß, Entschädigung für NS-Zwangsarbeiter vor US-amerikanischen und deutschen Zivilgerichten, in: Die Aktiengesellschaft, Heft 4/1999, 4. Jg., S. 145 ff.
237 Angaben über die Niederlassungen in: Philipp Holzmann AG, Nachrichtenblätter und Vorstandsprotokolle (Jahrgänge 1943–1945).
238 Niederschrift über die Vorstandssitzung vom 11.8.1944, Archiv Philipp Holzmann AG, Vorstandsprotokolle.
239 Anhang zur Niederschrift über die Vorstandssitzung vom 12.9.1944, Archiv Philipp Holzmann AG, Vorstandsprotokolle.
240 Niederschrift über die Vorstandssitzung vom 26.3.1945, Archiv Philipp Holzmann AG, Vorstandsprotokolle.

VII.
Neubeginn und Wiederaufstieg zu einem internationalen Bauunternehmen – 1945–1974

1 Potsdamer Abkommen vom 2.8.1945, in: J. Hohlfeld (Hrsg.), Dokumente der Deutschen Politik und Geschichte von 1848 bis zur Gegenwart, Bd. 6: Deutschland nach dem Zusammenbruch 1945, Urkunden und Aktenstücke zur Neuordnung von Staat und Verwaltung sowie Kultur, Wirtschaft und Recht, Berlin o.J., S. 26–40.

2 H.M. Müller, Schlaglichter der deutschen Geschichte, Mannheim 1990, S. 312.
3 H.J. Abs, Entscheidungen 1949–1953. Die Entstehung des Londoner Schuldenabkommens. Mainz/München 1991 und M. Pohl, Wiederaufbau, Kunst und Technik der Finanzierung, Mainz 1973, S. 10ff.
4 U. Loth, Die Teilung der Welt. Geschichte des Kalten Krieges, München 1983, S. 118ff. und Holzmann-Kurier Nr. 3, August 1965, S. 2f.
5 G. Kirchner, Ausgangslage und einige Wendepunkte der Bundesrepublik, S. 6, Archiv Philipp Holzmann AG, Aufzeichnungen von Mitarbeitern.
6 H. Meyer-Heinrich, Philipp Holzmann 1849–1949, S. 395 und Nachrichtenblatt Nr. 3 vom 30. 6. 1945, S. 20.
7 G. Kirchner, Ausgangslage und einige Wendepunkte der Bundesrepublik, S. 7., Archiv Philipp Holzmann AG
8 H. Meyer-Heinrich, Philipp Holzmann 1849–1949, S. 241–244 und Nachrichtenblatt Nr. 7 vom 31. 12. 1945, S. 2
9 R.-K. Rößler (Hrsg.), Die Entnazifizierungspolitik der KPD/SED 1945–1948, Dokumente und Materialien, Goldbach 1994, S. 20, vgl. auch das Kontrollratsgesetz Nr. 10 vom 20. 12. 1945.
10 Direktive Nr. 24 des Kontrollrats vom 12. 1. 1946: Entfernung von Nationalsozialisten und Personen, die den Bestrebungen der Alliierten feindlich gegenüberstanden aus Ämtern und verantwortlichen Stellen, zitiert nach: R.-K. Rößler (Hrsg.), Entnazifizierungspolitik, S. 64ff. und insbesondere S. 75ff., Kap.:Wirtschaftsführer
11 Direktive Nr. 38 des Kontrollrats vom 12.101946: Verhaftung und Bestrafung von Kriegsverbrechern, Nationalsozialisten und Militaristen und Internierung, Kontrolle und Überwachung von möglicherweise gefährlichen Deutschen, in: R.-K. Rößler (Hrsg.), Entnazifizierungspolitik, S. 97ff.
12 Nachrichtenblatt Nr. 7 vom 31. 12. 1945, S. 3
13 Hermann J. Abs. Eine Bildbiographie, hg. von M. Pohl, Mainz 1981, S. 52f.
14 L. Gall, A man for all seasons?
15 Brief Martin Arndt an Hermann J. Abs vom 21. 5. 1947, HIDB, Holzmann/Abs.
16 Ebd.
17 Nachrichtenblatt Nr. 1 vom 31. 1. 1947, S. 15.
18 Nachrichtenblatt Nr. 3 vom 30. 6. 1945, S. 19.
19 Lagebericht des Vorstands vom 15. 6. 1947, HIDB, Philipp Holzmann AG.
20 Lagebericht des Vorstands an den Aufsichtsrat vom 29.10.1946, Archiv Philipp Holzmann AG, Aufsichtsratsprotokoll.
21 H. Meyer-Heinrich, Philipp Holzmann 1849–1949, S. 398.
22 Brief Philipp Holzmann an Wirtschaftsgruppe Bauindustrie vom 24. 8. 1945, Archiv Philipp Holzmann AG, Forderungen, vgl. auch Geschäftsbericht der Philipp Holzmann AG für 1945, S. 5.
23 Anmeldung von Forderungen, Archiv Philipp Holzmann AG, Forderungen.
24 Aktennotiz über die Rücksprache mit Herrn Dr. Krämer und Herrn Landesverwaltungsrat Weller von der OT-Erfassungsstelle Hamburg am 26. 7. 1946, verfaßt von M. Arndt am 7. 8. 1946, Archiv Philipp Holzmann AG, Forderungen.
25 Liste der Verbindlichkeiten und Lieferanten in der russischen Zone und zu sonstigen Ostgebieten vom 6. 5. 1946, Archiv Philipp Holzmann AG, Forderungen.
26 Aktennotiz über die Verhandlungen mit Herrn Weller von der OT-Erfassungsstelle Hamburg am 14. 11. 1946, Archiv Philipp Holzmann AG, Forderungen.
27 Aktennotiz vom 19. 11. 1946 für eine Besprechung mit Herrn Bachmann von der Abwicklungsstelle für Forderungen gegen die ehemalige Wehrmacht und andere aufgelöste Dienststellen am 4. 12. 1946, Archiv Philipp Holzmann AG, Forderungen.

28 Vermerk für M. Arndt vom 11.12.1946, Archiv Philipp Holzmann AG, Forderungen.
29 Geschäftsbericht der Philipp Holzmann für 1946, S.6.
30 Geschäftsbericht der Philipp Holzmann für 1948–1949, S.9.
31 C.-L. Holtfrerich, Die Deutsche Bank 1945–1957, in: L. Gall u.a., Die Deutsche Bank 1870–1995, München 1995, S.409–578, hier S.490ff.
32 Die Währungsgesetze sind abgedruckt bei E. Langen, Die neuen Währungsgesetze, Essen 1948 und R. Stucken, Deutsche Geld- und Kreditpolitik 1914 bis 1963, Tübingen ^{3}1964.
33 Verhandlungsniederschrift über die außerordentliche Sitzung des Arbeitsausschusses des Aufsichtsrates der Philipp Holzmann AG am 10.8.1948, Archiv Philipp Holzmann AG, Aufsichtsratsprotokolle.
34 Niederschrift über die Aufsichtsratssitzung vom 23.9.1949, Archiv Philipp Holzmann AG, Aufsichtsratsprotokolle.
35 G. Kirchner, Ausgangslage und einige Wendepunkte der Bundesrepublik, S.20.
36 FAZ vom 27.4.1963.
37 Gesellschaftsvertrag (mit den in der Gesellschafterversammlung vom 13.3.1946 beschlossenen Änderungen) § 5, Institut für Stadtgeschichte Frankfurt am Main, S3/2341.
38 Ebd., § 3.
39 Bekanntmachung des Stadtkreises Frankfurt am Main vom 20.12.1945, Institut für Stadtgeschichte Frankfurt am Main, S3/2341.
40 P. Jordon, 15 Jahre Trümmer-Verwertungs-Gesellschaft m.b.H., Frankfurt am Main, unveröffentlichtes Manuskript o.J., Institut für Stadtgeschichte Frankfurt am Main S3/2341.
41 Mitteilung des Presse- und Informationsamtes der Stadt Frankfurt am Main vom 1.12.1964, Institut für Stadtgeschichte Frankfurt am Main, S3/2341.
42 Rückblick auf zwanzig Jahre Wiederaufbau, in: Holzmann-Kurier Nr.3, August 1965, S.2f.
43 Vorstandsbericht von M. Arndt vom 28.1.1947, Archiv Philipp Holzmann AG, Vorstandsprotokolle.
44 Nachrichtenblatt Nr.3 vom 30.6.1945, S.19f.
45 Nachrichtenblatt Nr.4 vom 30.9.1945, S.25.
46 Nachrichtenblatt Nr.3 vom 3.3.1946, S.19.
47 Nachrichtenblatt Nr.1 vom 31.1.1947, S.1f.
48 Vorstandsbericht von M. Arndt vom 18.1.1946, Archiv Philipp Holzmann AG, Vorstandsprotokolle.
49 Nachrichtenblatt Nr.2 vom 28.2.1947, S.8.
50 Bericht zur Geschäftslage Inland, Aufsichtsratssitzung vom 5.5.1952, Archiv Philipp Holzmann AG, Aufsichtsratsprotokolle.
51 Bericht zur Geschäftslage Inland, Aufsichtsratssitzung vom 2.5.1953, Archiv Philipp Holzmann AG, Aufsichtsratsprotokolle.
52 Bericht zur Geschäftslage Inland, Aufsichtsratssitzung vom 17.12.1956, Archiv Philipp Holzmann AG, Aufsichtsratsprotokolle.
53 Geschäftsbericht der Philipp Holzmann AG für 1965, S.8.
54 Bericht über die Lage der Firma, erstattet in der Aufsichtsratssitzung vom 23.9.1949, Archiv Philipp Holzmann AG, Aufsichtsratsprotokolle.
55 Chronologische Übersicht der Technischen Abteilung, S.9, Archiv Philipp Holzmann AG, Berichte von Mitarbeitern.
56 Bericht zur Geschäftslage Inland, Aufsichtsratssitzung vom 2.5.1953, Archiv Philipp Holzmann AG, Aufsichtsratsprotokolle.
57 Bericht zur Geschäftslage Inland, Aufsichtsratssitzung vom 6.4.1954, Archiv Philipp Holzmann AG, Aufsichtsratsprotokolle.

58 Bericht zur Geschäftslage Inland, Aufsichtsratssitzung vom 17.12.1956, Archiv Philipp Holzmann AG, Aufsichtsratsprotokolle.
59 Holzmann-Kurier Nr. 1 1968, S. 9.
60 Bericht zur Geschäftslage Inland, Aufsichtsratssitzung vom 12.12.1960, Archiv Philipp Holzmann AG, Aufsichtsratsprotokolle.
61 Holzmann-Kurier Nr. 4, November 1965, S. 8f.
62 Holzmann-Kurier Nr. 4, November 1966, S. 6f.
63 Holzmann-Kurier Nr. 2, Juli 1967, S. 6f.
64 Holzmann-Kurier Nr. 2, Juli 1970, S. 8f.
65 Holzmann-Kurier Nr. 1, März 1969, S. 12f.
66 Geschäftsbericht der Philipp Holzmann AG für 1970, S. 9.
67 Geschäftsbericht der Philipp Holzmann AG für 1974, S. 12.
68 Holzmann-Kurier Nr. 3, November 1968, S. 2f.
69 Entwicklung neuer Bauweisen im Hochbau, Archiv Philipp Holzmann AG, Berichte von Mitarbeitern.
70 Holzmann-Kurier Nr. 3, November 1970, S. 7.
71 Bericht zur Geschäftslage Inland, Aufsichtsratssitzung vom 11.12.1964, Archiv Philipp Holzmann AG, Aufsichtsratsprotokolle.
72 Spannbeton, Archiv Philipp Holzmann AG, Berichte von Mitarbeitern.
73 Holzmann-Kurier Nr. 1, März 1969, S. 9.
74 Nachrichtenblatt von 1953, S. 65 und Technische Berichte vom Mai 1958, S. 1.
75 Nachrichtenblatt von 1955, S. 131.
76 Technische Berichte vom Mai 1958.
77 Nachrichtenblatt für 1958, S. 12.
78 Nachrichtenblatt für 1962, S. 42 und S. 134, Technische Berichte für Oktober 1972, S. 4.
79 Nachrichtenblatt für 1962, S. 46 und S. 139, Holzmann-Kurier Nr. 2, Mai 1965, S. 5.
80 Nachrichtenblatt für 1962, S. 4 und S. 97.
81 Nachrichtenblatt für 1962, S. 52 und 47.
82 Technische Nachrichten Nr. 3 für 1966, S. 19.
83 Technische Nachrichten Nr. 3 für 1966, S. 29.
84 Technische Berichte für September 1973, S. 14.
85 Technische Nachrichten Nr. 5 für 1967, S. 109.
86 Holzmann-Kurier Nr. 2, Juli 1971, S. 2 und Technische Berichte für September 1973, S. 10.
87 Holzmann-Kurier Nr. 1, März 1971, S. 12f.
88 Holzmann-Kurier Nr. 2, Juli 1972, S. 10f.
89 Technische Berichte für September 1973, S. 35.
90 Geschäftslage Inland, Aufsichtsratssitzung vom 19.6.1958, Archiv Philipp Holzmann AG, Aufsichtsratsprotokolle.
91 Geschäftslage Inland, Aufsichtsratssitzung vom 19.6.1961, Archiv Philipp Holzmann AG, Aufsichtsratsprotokolle.
92 Geschäftsbericht der Philipp Holzmann AG für 1970, S. 9.
93 Holzmann-Kurier Nr. 3, August 1965, S. 8f. und Nr. 1, März 1967, S. 8f.
94 Holzmann-Kurier Nr. 1, März 1971, S. 7.
95 Vgl. Kap. IV., Untergrundbahnen.
96 Holzmann-Kurier Nr. 2, Mai 1966, S. 2f.
97 Holzmann-Kurier Nr. 2, Juli 1970, S. 12f.
98 Geschäftsbericht der Philipp Holzmann AG für 1967, S. 8.
99 Geschäftsbericht der Philipp Holzmann AG für 1968, S. 8.

100 Geschäftsbericht der Philipp Holzmann AG für 1970, S. 8.
101 Geschäftsbericht der Philipp Holzmann AG für 1947, S. 6.
102 Geschäftsbericht der Philipp Holzmann AG für 1950, S. 6.
103 Bericht zur Geschäftslage Inland, Aufsichtsratssitzung vom 5. 5. 1952, Archiv Philipp Holzmann AG, Aufsichtsratsprotokolle.
104 Bericht zur Geschäftslage Inland, Aufsichtsratssitzung vom 6. 4. 1954, Archiv Philipp Holzmann AG, Aufsichtsratsprotokolle.
105 Bericht zur Geschäftslage Inland, Aufsichtsratssitzung vom 28. 11. 1955, Archiv Philipp Holzmann AG, Aufsichtsratsprotokolle.
106 Bericht zur Geschäftslage Inland, Aufsichtsratssitzung vom 19. 6. 1958, Archiv Philipp Holzmann AG, Aufsichtsratsprotokolle.
107 Bericht zur Geschäftslage Inland, Aufsichtsratssitzung vom 19. 6. 1961, Archiv Philipp Holzmann AG, Aufsichtsratsprotokolle.
108 Bericht zur Geschäftslage Inland, Aufsichtsratssitzung vom 19. 6. 1961, Archiv Philipp Holzmann AG, Aufsichtsratsprotokolle.
109 Geschäftsbericht der Philipp Holzmann AG für 1960, S. 8.
110 Bericht zur Geschäftslage Inland, Aufsichtsratssitzung vom 11. 12. 1962, Archiv Philipp Holzmann AG, Aufsichtsratsprotokolle.
111 Bericht zur Geschäftslage Inland, Aufsichtsratssitzung vom 11. 12. 1964, Archiv Philipp Holzmann AG, Aufsichtsratsprotokolle.
112 Bericht zur Geschäftslage Inland, Aufsichtsratssitzung vom 17. 12. 1965, Archiv Philipp Holzmann AG, Aufsichtsratsprotokolle.
113 Berichte zur Geschäftslage Inland, Aufsichtsratssitzungen vom 19. 12. 1967 und vom 17. 12. 1968, Archiv Holzmann, Aufsichtsratsprotokolle.
114 Geschäftsbericht der Philipp Holzmann AG für 1969, S. 9 und für 1970, S. 9.
115 M. Pohl, Die Strabag, S. 253.
116 Geschäftsbericht der Philipp Holzmann AG für 1975, S. 13.
117 Lagebericht des Vorstands an den Aufsichtsrat zur Sitzung am 4. 12. 1948, Archiv Philipp Holzmann AG, Aufsichtsratsprotokolle.
118 Bericht für den Aufsichtsrat über die Geschäftslage 1949/50 vom 25. 6. 1950, Archiv Philipp Holzmann AG, Aufsichtsratsprotokolle.
119 Ebd.
120 Bericht über die Auslandsarbeiten 1954, Aufsichtsratssitzung vom 14. 12. 1954, Archiv Philipp Holzmann AG, Aufsichtsratsprotokolle.
121 Bericht über die Auslandsarbeiten 1955, Aufsichtsratssitzung vom 28. 11. 1955, Archiv Philipp Holzmann AG, Aufsichtsratsprotokolle.
122 Bericht über die Auslandsarbeiten 1958, Aufsichtsratssitzung vom 19. 6. 1954, Archiv Philipp Holzmann AG, Aufsichtsratsprotokolle.
123 Bericht über die Auslandsarbeiten 1961, Aufsichtsratssitzung vom 19. 6. 1961, Archiv Philipp Holzmann AG, Aufsichtsratsprotokolle.
124 Bericht über die Auslandsarbeiten 1954, Aufsichtsratssitzung vom 14. 12. 1954, Archiv Philipp Holzmann AG, Aufsichtsratsprotokolle.
125 Geschäftsbericht der Philipp Holzmann AG für 1954, S. 8.
126 Bericht über die Auslandsarbeiten 1958, Aufsichtsratssitzung vom 19. 6. 1954, Archiv Philipp Holzmann AG, Aufsichtsratsprotokolle.
127 Geschäftsbericht der Philipp Holzmann AG für 1956, S. 8.
128 Geschäftsbericht der Philipp Holzmann AG für 1961, S. 8.
129 Bericht über die bisherige Auslandstätigkeit im Jahre 1960 vom 12. 12. 1960, Archiv Philipp Holzmann AG, Aufsichtsratsprotokolle.
130 Geschäftsbericht der Philipp Holzmann AG für 1960, S. 8.

131 Geschäftsbericht der Philipp Holzmann AG für 1963, S. 8.
132 Geschäftsbericht der Philipp Holzmann AG für 1965, S. 8f.
133 Bericht über die Auslandstätigkeit im Jahre 1965, Aufsichtsratssitzung vom 17. 12. 1965, Archiv Philipp Holzmann AG, Aufsichtsratsprotokolle.
134 Bericht über die Auslandstätigkeit im Jahre 1971, Aufsichtsratssitzung vom 1. 6. 1971, Archiv Philipp Holzmann AG, Aufsichtsratsprotokolle.
135 Bericht über die Geschäftslage im Ausland, Aufsichtsratssitzung vom 13. 12. 1974, Archiv Philipp Holzmann AG, Aufsichtsratsprotokolle.
136 Lagebericht des Vorstands an den Aufsichtsrat zur Sitzung am 4. 12. 1948, Archiv Philipp Holzmann AG, Aufsichtsratsprotokolle.
137 Handelsblatt vom 23. 4. 1969.
138 Geschäftsbericht der Philipp Holzmann AG für 1945, S. 6.
139 Bericht über die Lage der Firma, Aufsichtsratssitzung vom 23. 9. 1949, Archiv Philipp Holzmann AG, Aufsichtsratsprotokolle.
140 Bericht über die Auslandstätigkeit im Jahre 1960, Aufsichtsratssitzung vom 12. 12. 1960, Archiv Philipp Holzmann AG, Aufsichtsratsprotokolle.
141 Bericht zur Geschäftslage Inland, Aufsichtsratssitzung vom 12. 12. 1960, ebd.
142 U. Herbert, Geschichte der Ausländerbeschäftigung, S. 191.
143 Bericht zur Geschäftslage Inland, Aufsichtsratssitzung vom 19. 3. 1961, Archiv Philipp Holzmann AG, Aufsichtsratsprotokolle.
144 Ebd.
145 Bericht zur Gesamtlage Inland, Aufsichtsratssitzung vom 12. 12. 1960, Archiv Philipp Holzmann AG, Aufsichtsratsprotokolle.
146 Bericht über die Geschäftslage im Inland, Aufsichtsratssitzung vom 11. 12. 1962, Archiv Philipp Holzmann AG, Aufsichtsratsprotokolle.
147 Ebd.
148 Bericht über die Geschäftslage im Inland, Aufsichtsratssitzung vom 6. 6. 1963, Archiv Philipp Holzmann AG, Aufsichtsratsprotokolle.
149 Bericht über die Geschäftslage im Inland, Aufsichtsratssitzung vom 11. 12. 1964, Archiv Philipp Holzmann AG, Aufsichtsratsprotokolle.
150 Bericht über die Geschäftslage im Inland, Aufsichtsratssitzung vom 18. 6. 1965, Archiv Philipp Holzmann AG, Aufsichtsratsprotokolle.
151 Protokoll über die Aufsichtsratssitzung vom 10. 12. 1970, Archiv Philipp Holzmann AG, Aufsichtsratsprotokolle.
152 Geschäftsbericht der Philipp Holzmann AG für 1970, S. 11.
153 Geschäftsbericht der Philipp Holzmann AG für 1974, S. 21.
154 Zitiert nach Materialübersicht über «Fürsorge und Schutz der Mitarbeiter» vom 17. 10. 1996, Archiv Philipp Holzmann AG, Mitarbeiterberichte.
155 Geschäftsbericht der Philipp Holzmann AG für 1974, S. 22.
156 Wirtschaftliche Lage der Bauindustrie 1959, S. 2, Archiv Philipp Holzmann AG, Aufsichtsratsprotokolle.
157 Ebd., S. 3.
158 Ebd., S. 4.
159 Bericht zur Geschäftslage Inland, Aufsichtsratssitzung vom 5. 5. 1952, Archiv Philipp Holzmann AG, Aufsichtsratsprotokolle.
160 Geschäftsbericht der Philipp Holzmann AG für 1950, S. 9.
161 Protokoll über die Aufsichtsratssitzung vom 10. 12. 1970, Archiv Philipp Holzmann AG, Aufsichtsratsprotokolle.
162 Bericht über die Geschäftslage im Inland, Aufsichtsratssitzung vom 15. 12. 1972, Archiv Philipp Holzmann AG, Aufsichtsratsprotokolle.

163 Bericht über die Geschäftslage im Inland, Aufsichtsratssitzung vom 13.12.1974, Archiv Philipp Holzmann AG, Aufsichtsratsprotokolle.
164 Geschäftsbericht der Philipp Holzmann AG für 1974, S. 15–17.

VIII.
Zeiten des Booms und Zeiten der Krise – 1974 bis 1999

1 W. Engels, Notenbanktechnik. Instrumente und Verfahren der monetären Stabilitätspolitik, Frankfurt am Main 1979, S. 74.
2 F. E. Aschinger, Das neue Währungssystem: Von Bretton Woods bis zur Dollarkrise 1977, Frankfurt am Main 1978, S. 38ff.
3 Geschäftsbericht der Philipp Holzmann AG für 1973, S. 7.
4 Geschäftsbericht der Philipp Holzmann AG für 1974, S. 7.
5 Geschäftsbericht der Philipp Holzmann AG für 1975, S. 7.
6 Zusammengestellt nach den Bilanzzahlen der Geschäftsberichte der Philipp Holzmann AG von 1973 bis 1998.
7 Geschäftsbericht der Philipp Holzmann AG für 1976, S. 6.
8 Geschäftsbericht der Philipp Holzmann AG für 1981, S. 10.
9 Bericht über die Geschäftslage im Ausland, Aufsichtsratssitzung vom 18.12.1975, Archiv Philipp Holzmann AG, Aufsichtsratsprotokolle.
10 Ebd.
11 Bericht über die Geschäftslage im Ausland, Aufsichtsratssitzung vom 5.12.1977, Archiv Philipp Holzmann AG, Aufsichtsratsprotokolle.
12 Bericht über die Geschäftslage im Ausland, Aufsichtsratssitzung vom 3.12.1981, Archiv Philipp Holzmann AG, Aufsichtsratsprotokolle.
13 Zusammengestellt nach den Bilanzen der Philipp Holzmann AG von 1978 bis 1997.
14 Bericht über die Geschäftslage im Inland, Aufsichtsratssitzung vom 17.12.1986, Archiv Philipp Holzmann AG, Aufsichtsratsprotokolle.
15 Geschäftsbericht der Philipp Holzmann AG für 1989, S. 25.
16 Geschäftsbericht der Philipp Holzmann AG für 1990, S. 25.
17 Strategieansatz des Philipp Holzmann Konzern, Dezember 1991, Archiv Philipp Holzmann AG, Strategiepapiere.
18 Ebd., Kap. 1, «Vision»
19 FAZ vom 20.4.1996.
20 FAZ vom 25.5.1996.
21 Geschäftsbericht der Philipp Holzmann AG für 1964, S. 8.
22 Geschäftsberichte der Philipp Holzmann AG für 1968, S. 9 und für 1970, S. 10.
23 Holzmann-Kurier Nr. 1, Januar 1974, S. 12.
24 Holzmann-Kurier Nr. 1, März 1978, S. 20f.
25 Handelsblatt vom 24.4.1978.
26 Geschäftsbericht der Philipp Holzmann AG für 1978, S. 12.
27 Geschäftsbericht der Philipp Holzmann AG für 1981, S. 16.
28 Geschäftsbericht der Philipp Holzmann AG für 1982, S. 15.
29 Interview mit Hermann Becker vom 20.10.1998.
30 Vereinigte Wirtschaftsdienste vom 10.1.1979.
31 Holzmann-Kurier Nr. 1, März 1979, S. 23.
32 Holzmann-Kurier Nr. 1, Mai 1981, S. 9.
33 Holzmann-Kurier Nr. 2, Oktober 1981, S. 17.

34 Geschäftsbericht der Philipp Holzmann AG für 1981, S. 15.
35 Geschäftsberichte der Philipp Holzmann AG für 1978, S. 13 und für 1982, S. 16f.
36 Geschäftsbericht der Philipp Holzmann AG für 1992, S. 29.
37 Wertpapier vom 15.7.1982.
38 Bericht über die Geschäftslage im Ausland, Aufsichtsratssitzung vom 3.12.1987, Archiv Philipp Holzmann AG, Aufsichtsratsprotokolle.
39 Bericht über die Geschäftslage im Ausland, Aufsichtsratssitzung vom 14.12.1999, Archiv Philipp Holzmann AG, Aufsichtsratsprotokolle.
40 Philipp Holzmann journal 3/1998, S. 23.
41 Bericht über die Geschäftslage im Ausland, Aufsichtsratssitzung vom 10.12.1984, Archiv Philipp Holzmann AG, Aufsichtsratsprotokolle.
42 Geschäftsbericht der Philipp Holzmann AG für 1987, S. 25.
43 Holzmann-Kurier Nr. 2, September 1987, S. 12f.
44 Bericht über die Geschäftslage im Ausland, Aufsichtsratssitzung vom 13.12.1989, Archiv Philipp Holzmann AG, Aufsichtsratsprotokolle.
45 Bericht über die Geschäftslage im Ausland, Aufsichtsratssitzung vom 14.12.1990, Archiv Philipp Holzmann AG, Aufsichtsratsprotokolle.
46 Holzmann-Kurier Nr. 1, April 1993, S. 4f.
47 Bericht über die Geschäftslage im Ausland, Aufsichtsratssitzung vom 14.12.1990, ebd.
48 Bericht über die Geschäftslage im Ausland, Aufsichtsratssitzung vom 11.12.1991, Archiv Philipp Holzmann AG, Aufsichtsratsprotokolle.
49 FAZ vom 8.2.1993.
50 Geschäftsbericht der Philipp Holzmann AG für 1994, S. 33.
51 Geschäftsbericht der Philipp Holzmann AG für 1995, S. 29f.
52 Geschäftsbericht der Philipp Holzmann AG für 1996, S. 26.
53 Geschäftsbericht der Philipp Holzmann AG für 1997, S. 47.
54 Vgl. Tabelle Jahresbauleistung 1973–1998
55 Geschäftsbericht der Philipp Holzmann AG für 1979, S. 12.
56 1873–1880 hatte Philipp Holzmann das Frankfurter Opernhaus erbaut.
57 Geschäftsbericht der Philipp Holzmann AG für 1981, S. 12.
58 Geschäftsbericht der Philipp Holzmann AG für 1987, S. 14.
59 Geschäftsbericht der Philipp Holzmann AG für 1990, S. 19.
60 Geschäftsbericht der Philipp Holzmann AG für 1991, S. 18.
61 Philipp Holzmann journal 1/1998, S. 16ff.
62 Philipp Holzmann journal 3/1998, S. 36.
63 Philipp Holzmann journal 1/1999, S. 14f.
64 Geschäftsbericht der Philipp Holzmann AG für 1997, S. 9.
65 Geschäftsbericht der Philipp Holzmann AG für 1988, S. 16.
66 Holzmann-Kurier Nr. 3, Dezember 1988, S. 10f.
67 Geschäftsbericht der Philipp Holzmann AG für 1983, S. 11.
68 Holzmann-Kurier Nr. 3, Dezember 1984, S. 11–13.
69 Geschäftsbericht der Philipp Holzmann AG für 1991, S. 27.
70 Holzmann-Kurier Nr. 1, April 1995, S. 24. 1874–1876 war die Untermainbrücke als erstes Brückenbauwerk des Unternehmens errichtet worden.
71 Holzmann-Kurier Nr. 2, September 1986, S. 6f.
72 Holzmann-Kurier Nr. 3, Dezember 1990, S. 3.
73 Holzmann-Kurier Nr. 3, September 1991, S. 10f.
74 Geschäftsbericht der Philipp Holzmann AG für 1990, S. 18.
75 Holzmann-Kurier Nr. 3, Dezember 1991, S. 7.
76 Holzmann-Kurier Nr. 2, September 1991, S. 8.

77 Holzmann-Kurier Nr. 3, Dezember 1991, S. 6.
78 Holzmann-Kurier Nr. 3, Dezember 1995, S. 45.
79 Geschäftsbericht der Philipp Holzmann AG für 1993, S. 20.
80 Geschäftsbericht der Philipp Holzmann AG für 1996, S. 22f.
81 Geschäftsbericht der Philipp Holzmann AG für 1997, S. 30f.
82 Capital, November 1988.
83 Geschäftsbericht der Philipp Holzmann AG für 1990, S. 9.
84 Geschäftsbericht der Philipp Holzmann AG für 1991, S. 23.
85 Geschäftsbericht der Philipp Holzmann AG für 1992, S. 19.
86 Geschäftsbericht der Philipp Holzmann AG für 1993, Zwischenblatt.
87 Geschäftsbericht der Philipp Holzmann AG für 1994, S. 25.
88 Geschäftsbericht der Philipp Holzmann AG für 1994, S. 49.
89 Ebd., S. 50.
90 FAZ vom 15. 5. 1996.
91 Capital, Juni 1996.
92 Schreiben von Lothar Mayer vom 7. 5. 1999, Antwort auf Fragen zum Thema Projektfinanzierung.
93 Geschäftsbericht der Philipp Holzmann AG für 1993, S. 19.
94 Börsen-Zeitung vom 16. 2. 1995.
95 Börsen-Zeitung vom 22. 5. 1996.
96 FAZ vom 20. 8. 1998.
97 Börsen-Zeitung vom 2. 11. 1996.
98 Börsen-Zeitung vom 22. 1. 1998.
99 Interview mit Carl L. von Boehm-Bezing am 14. 5. 1999.
100 Philipp Holzmann journal 2/97, S. 3.
101 Strategiepapier «Sanierung und Neuausrichtung der Philipp Holzmann AG» vom 26. Mai 1999
102 Ebd. und Interview mit Heinrich Binder am 5. 5. 1999.
103 Strategiepapier «Sanierung und Neuausrichtung»
104 FAZ vom 25. 8. 1998.
105 Handelsblatt vom 19. 2. 1998.
106 Börsen-Zeitung vom 17. 7. 1998.
107 Ausführungen von Heinrich Binder anläßlich der Hauptversammlung am 24. 8. 1998.
108 FAZ vom 20. 10. 1998.
109 Börsen-Zeitung vom 21. 10. 1998.
110 Handelsblatt vom 11. 12. 1998.
111 Frankfurter Neue Presse vom 19. 2. 1999.
112 Strategiepapier «Sanierung und Neuausrichtung», Nr. 32
113 Handelsblatt vom 21. 12. 1998.

Abkürzungen

Abt.	Abteilung
a. D.	außer Dienst
AG	Aktiengesellschaft
Arge	Arbeitsgemeinschaft
BA	Bundesarchiv Berlin
Bd.	Band
Bde.	Bände
BEG	Bundesentschädigungsgesetz (vom 29.6.1956)
bfr	belgische Franken
BOT	Build-Operate-Transfer
DBFO	Design-Build-Finance-Operate
bzw.	beziehungsweise
ca.	circa
CHADE	Compañía Hispano-Americano de Electricidad
CADE	Compañía Hispano-Americano de Electricidad
CERN	Conseil Européen pour la Recherche Nucléaire
cm	Zentimeter
Copru	Compañía General de Construcciones del Perú S. A.
D.H.V.	Deutscher Handlungsgehilfenverband
DAF	Deutsche Arbeitsfront
DDR	Deutsche Demokratische Republik
DM	Deutsche Mark
D-Mark	Deutsche Mark
etc.	et cetera
f.	folgende Seite
FAZ	Frankfurter Allgemeine Zeitung
ff.	folgende Seiten
fl.	Gulden
G.d.A	Gewerkschaftsverband der Angestellten
Geobra	Companhia Geral de Obras e Construcções, Sociedade Anónima
Geopé	Compañía de Obras Públicas, Sociedad Anónima
Gestapo	Geheime Staatspolizei
GEZUVOR	Gesellschaft zur Vorbereitung der Reichsautobahn e.V.
GmbH	Gesellschaft mit beschränkter Haftung
ha	Hektar
HAFRABA	Verein zur Vorbereitung der Autostraße Hansestädte–Frankfurt–Basel
hg.	herausgegeben
HIDB	Historisches Archiv der Deutschen Bank
Hrsg.	Herausgeber
HSta	Hessisches Hauptstaatsarchiv
IB	Internationale Baugesellschaft
ITS	International Tracing Service
Jg.	Jahrgang

k.A.	keine Angabe
Kap.	Kapitel
KBG	Kriegsbaugemeinschaft
KdF	Kraft durch Freude
km	Kilometer
KZ	Konzentrationslager
lfd	laufend
Ltq	türkische Pfund
M	Mark
m	Meter
m^2	Quadratmeter
m^3	Kubikmeter
Mio.	Million(en)
Mrd.	Milliarde(n)
Nr.	Nummer
NSBO	Nationalsozialistische Betriebszellen-Organisation
NSDAP	Nationalsozialistische Deutsche Arbeiterpartei
OBK	Oberste Bauleitung der Kraftfahrbahnen
OBR	Oberste Bauleitung der Reichsautobahnen
ÖS	Österreichische Schillinge
o.J.	ohne Jahr
OKW	Oberkommando der Wehrmacht
OPEC	Organization of Petroleum Exporting Countries
OT	Organisation Todt
OTB	Organisation Todt Abteilung Bahnbau
OTF	Organisation Todt Abteilung Festungsbau
OTH	Organisation Todt Abteilung Hafenbau
OTM	Organisation Todt Abteilung Marinebau
OTSE	Organisation Todt Abteilung Straßenbau
PS	Pferdestärke
RAB	Reichsautobahn
Ribau	Reichsverband industrieller Bauunternehmungen
RM	Reichsmark
S.	Seite
SBZ	Sowjetische Besatzungszone
SED	Sozialistische Einheitspartei Deutschlands
Sfr.	Schweizer Franken
SS	Schutzstaffel
t	Tonne
TH	Technische Hochschule
TVG	Trümmer-Verwertungs-Gesellschaft mbH
VAW	Vereinigte Aluminiumwerke
Wibau	Wirtschaftsgruppe Bauindustrie
WVHA	Wirtschaftsverwaltungsamt
Z.d.A.	Zentralverband der Angesellten
ZUG	Zeitschrift für Unternehmensgeschichte

Benutzte Archive

Archiv Philipp Holzmann AG, Frankurt am Main
Bundesarchiv Berlin (BA)
Hessisches Hauptstaatsarchiv (HStA), Wiesbaden
Historisches Institut der Deutschen Bank (HIDB), Frankfurt am Main
Institut für Stadtgeschichte (IfS), Frankfurt am Main

Auswahlbibliographie

Hermann J. Abs, Entscheidungen, 1949–1953. Die Entstehung des Londoner Schuldenabkommens. Mainz/München 1991

Erich Achterberg, Der Bankplatz Frankfurt am Main, Frankfurt am Main 1955

F. E. Aschinger, Das neue Währungssystem: Von Bretton Woods bis zur Dollarkrise 1977, Frankfurt am Main 1978

Avraham Barkai, Das Wirtschaftssystem des Nationalsozialismus. Ideologie, Theorie, Politik 1933–1945, Frankfurt am Main 1988

Dieter Bartetzko u. a., Wie Frankfurt photographiert wurde 1870–1914, München 1977

Berlin und seine Bauten, Teil IX (Industriebauten/Bürohäuser), Berlin 1971

D. Bettinger/M. Büren, Der Westwall. Die Geschichte der deutschen Westbefestigungen im Dritten Reich, Bd. 1, Osnabrück 1990

Knut Borchardt, Handel, Kreditwesen, Versicherung, Verkehr 1914–1970, in: Handbuch der deutschen Wirtschafts- und Sozialgeschichte, Bd. II, Stuttgart 1976

Knut Borchardt, Das Gewicht der Inflationsangst in den wirtschaftspolitischen Entscheidungsprozessen während der Weltwirtschaftskrise, in: Die Nachwirkungen der Inflation, hg. von Gerald D. Feldman/E. Müller-Luckner, München 1984

Ludwig Brake, Die ersten Eisenbahnen in Hessen, Wiesbaden 1991

Karl Brozik, Die Entschädigung von nationalsozialistischer Zwangsarbeit durch deutsche Firmen, in: Entschädigung für NS-Zwangsarbeit, Baden-Baden, S. 33–48

Michael S. Cullen, Der Reichstag. Die Geschichte eines Monuments, Stuttgart 1990

D. W. Dreysse, May-Siedlungen, Frankfurt am Main 1987

Wolfram Engels, Notenbanktechnik. Instrumente und Verfahren der monetären Stabilitätspolitik, Frankfurt am Main 1979

Gerald D. Feldman, The Great Disorder, New York/Oxford 1993

Benjamin B. Ferencz, Lohn des Grauens. Die Entschädigung jüdischer Zwangsarbeiter – ein offenes Kapitel deutscher Nachkriegsgeschichte, Frankfurt am Main/New York 1986

Stefan Fisch, Grundbesitz und Urbanisation. Entwicklung und Krise der deutschen Terraingesellschaften 1870–1914, in: Geschichte und Gesellschaft 16 (1989), S. 34–61.

Frankfurt am Main und seine Bauten, hg. vom Frankfurter Architekten- und Ingenieurverein 1886 (im Selbstverlag)

Frankfurt am Main 1886–1910. Ein Führer durch seine Bauten, hg. vom Frankfurter Architekten- und Ingenieurverein, Frankfurt am Main 1910
Lothar Gall, Bürgertum, liberale Bewegung und Nation, München 1996
Lothar Gall, A man for all seasons? Hermann Josef Abs im Dritten Reich, in: Zeitschrift für Unternehmensgeschichte 2/1998, S. 123–175
Lothar Gall u. a., Die Deutsche Bank 1870–1995, München 1995
Wolfgang Gorr, Frankfurter Brücken, Frankfurt am Main 1982
Waltraud Hagedorn, Bankgebäude in Frankfurt am Main von 1874–1914, Frankfurt am Main 1990
Peter Hayes, Die IG Farben und die Zwangsarbeit von KZ-Häftlingen im Werk Auschwitz, in: Konzentrationslager und deutsche Wirtschaft 1939–1945, Opladen 1998
Peter Hayes, Industry and ideology, IG Farben and the Nazi era, New York/New Rochelle/Melbourne/Sydney 1989
Karl Helfferich, Georg von Siemens, 3 Bde., Berlin 1921–1923
Hansjoachim Henning, Kraftfahrzeugindustrie und Autobahnbau in der Wirtschaftspolitik des Nationalsozialismus 1933 bis 1936, in: Vierteljahrschrift für Sozial- und Wirtschaftsgeschichte 2/1978, S. 217–242
Ulrich Herbert, Geschichte der Ausländerbeschäftigung in Deutschland 1880 bis 1980, Berlin/Bern 1986
Ulrich Herbert, Nicht entschädigungsfähig? Die Wiedergutmachungsansprüche der Ausländer, in: Wiedergutmachung in der Bundesrepublik Deutschland, hg. von Ludolf Herbst/Constantin Goschler, München 1989, S. 273–302
B. Heß, Entschädigung für NS-Zwangsarbeiter vor US-amerikanischen und deutschen Zivilgerichten, in: Die Aktiengesellschaft, Heft 4/99, 4. Jg.
Klaus Hildebrand, Das Dritte Reich, München/Wien [2]1980 (= Grundriß der Geschichte Bd. 17)
Paul Jordon, 15 Jahre Trümmer-Verwertungs-Gesellschaft m.b.H., Frankfurt am Main, unveröffentlichtes Manuskript o. J.
Kurt Kaftan, Der Kampf um die Autobahnen, Berlin 1955
Wolfgang Klötzer, Frankfurt am Main von der Französischen Revolution bis zur preußischen Okkupation 1789–1866, in: Frankfurt am Main – Die Geschichte der Stadt, Sigmaringen 1991
Wolfgang König/Wolfhard Weber, Netzwerke Stahl und Strom 1840–1905, in: Propyläen Technikgeschichte, hg. von Wolfgang König, Berlin 1990
Eugen Langen, Die neuen Währungsgesetze, Essen 1948
Jürgen Lodemann/Manfred Pohl, Die Bagdadbahn, Mainz 1989
Gabriele Lotfi, Die Arbeitserziehungslager der Geheimen Staatspolizei im Zweiten Weltkrieg, Diss. Bochum 1998
Wilfried Loth, Die Teilung der Welt. Geschichte des Kalten Krieges, München 1983
John Maule McKean, Das aufkommende Industriezeitalter, in: Baukunst des Abendlandes, hg. von Michael Reaburn, Stuttgart 1982
Claus-Peter Meyer, Das Geld-, Bank- und Währungswesen im ehemaligen deutschen Schutzgebiet Deutsch-Ostafrika, Diss. Aachen 1995
Hans Meyer-Heinrich, Philipp Holzmann AG im Wandel von hundert Jahren 1849–1949, Frankfurt am Main 1949
Hans Mommsen/Manfred Grieger, Das Volkswagenwerk und seine Arbeiter im Dritten Reich, Düsseldorf 1996
H. M. Müller, Schlaglichter der deutschen Geschichte, Mannheim 1990
Thomas Nipperdey, Deutsche Geschichte 1866–1918, Bd. 1: Arbeitswelt und Bürgergeist, München 1990

Gottfried Plumpe, Die IG Farbenindustrie AG, Berlin 1990 (= Schriften zur Wirtschafts- und Sozialgeschichte Bd. 37)
Manfred Pohl, Wiederaufbau, Kunst und Technik der Finanzierung, Mainz 1973
Manfred Pohl, Konzentration im deutschen Bankwesen 1848–1980, Frankfurt am Main 1982
Manfred Pohl, Deutsche Bank Buenos Aires 1887–1987, Mainz 1987
Manfred Pohl, Emil Rathenau und die AEG, Mainz 1988
Manfred Pohl, Das Bayernwerk, München 1921–1996, München 1996
Manfred Pohl, Die Strabag 1923–1998, München 1998
Manfred Pohl, Die Viag 1923–1998, München 1998
Edith Raim, Die Dachauer KZ-Außenkommandos Kaufering und Mühldorf. Rüstungsbauten und Zwangsarbeit im letzten Kriegsjahr, Landsberg 1992
Fritz Redlich, Der Unternehmer. Wirtschafts- und sozialgeschichtliche Studien, Göttingen 1964
Heike Risse, Frühe Moderne in Frankfurt am Main 1920–1933, Frankfurt am Main 1984
Volker Rödel, Ingenieurbaukunst in Frankfurt am Main 1806–1914, Frankfurt am Main 1983
Volker Rödel, Fabrikarchitektur in Frankfurt am Main 1774–1924, Frankfurt am Main 1984
Bruno Rudloff, Die Geschichte der Gesellschaft für den Bau von Untergrundbahnen, 1894–1939, Berlin 1939
Bert Schmiale, Zur Tätigkeit der Philipp Holzmann AG im Rahmen der Nahostexpansion der Deutschen Bank AG, Diss. Berlin (Ost) 1987
Heinz Schomann, Der Frankfurter Hauptbahnhof, Stuttgart 1983
Erhard Schütz/Eckhard Gruber, Mythos Reichsautobahn. Bau und Inszenierung der «Straßen des Führers», Berlin 1996
Richard Schwemer, Geschichte der Freien Stadt Frankfurt, 4 Bde., Frankfurt am Main 1910–1918
Erwin Scotland, Philipp Holzmann (Unternehmensgeschichte), unveröffentlichtes Manuskript, Frankfurt am Main 1921
Erwin Scotland, Philipp Holzmann (Biographie), unveröffentlichtes Manuskript, Frankfurt am Main 1938
Franz W. Seidler, Fritz Todt, Baumeister des Dritten Reiches, München 1986
Franz W. Seidler, Die Organisation Todt. Bauen für Staat und Wehrmacht 1938–1945, Bonn 1998 [Koblenz 1987]
Barbara Siekmann, Forschungsprojekt Hochtief. Unveröffentlichtes Manuskript, Archiv Hochtief AG, Essen 1998
D. P. Silverman, Hitler's Economy. Nazi Work Creation Programs 1933–1936, Cambridge 1998
J. Stelzner, Arbeitsbeschaffung und Wiederaufrüstung 1933–1936, Diss. Tübingen 1976
Otto Stockhausen, Der Elbtunnel in Hamburg und sein Bau, Sonderabdruck in: Zeitschrift des VDI für 1912
Rudolf Stucken, Deutsche Geld- und Kreditpolitik 1914 bis 1963, Tübingen ^{3}1964
Hans-Ulrich Wehler, Bismarck und der Imperialismus, Frankfurt am Main ^{2}1985
Martin Weinmann (Hg.), Das nationalsozialistische Lagersystem (CCP), Frankfurt am Main ^{3}1998
W. Westphal, Geschichte der deutschen Kolonien, Frankfurt am Main/Berlin 1987
Waldemar Wittmann, Der Unternehmer, Stuttgart 1986

Personenregister

Firmen- und Institutionenregister

Deutsche Geschichte des 19. und 20. Jahrhunderts

Gordon Alexander Craig
Deutsche Geschichte 1866–1945
Vom Norddeutschen Bund
bis zum Ende des Dritten Reiches
Aus dem Englischen von Karl Heinz Siber
77. Tausend. 1996. 806 Seiten. Leinen
Beck's Historische Bibliothek

Manfred Görtemaker
Geschichte der Bundesrepublik Deutschland
Von der Gründung bis zur Gegenwart
1999. 915 Seiten.
Leinen

Thomas Nipperdey
Deutsche Geschichte 1800–1918
Broschierte Sonderausgabe 1998
1998. 2671 Seiten mit 36 Tabellen.
3 Broschuren in Kassette

Gerhard A. Ritter
Über Deutschland
Die Bundesrepublik in der deutschen Geschichte
1998. 303 Seiten.
Leinen

John C. G. Röhl
Wilhelm II.
Die Jugend des Kaisers 1859–1888
1993. 980 Seiten mit 32 Abbildungen.
Leinen

Heinrich August Winkler
Weimar 1918–1933
Die Geschichte der ersten deutschen Demokratie
1999. 709 Seiten. Broschierte Sonderausgabe

Verlag C. H. Beck München